Handbook of Community Psychology

コミュニティ心理学ハンドブック

日本コミュニティ心理学会 [編]

東京大学出版会

Handbook of Community Psychology
Edited by Japanese Society of Community Psychology
University of Tokyo Press, 2007
ISBN 978-4-13-016111-4

刊行によせて

　21世紀に突入した現代社会は、確かにさまざまな生活領域で便利にはなってきた。しかし、そこで生活している人々の幸福を侵害する問題は、あとを絶たない。コミュニティ心理学は、これらの諸問題に対して、個人レベル、集団レベル、組織レベル、さらには社会・国家レベルでの解決に向けて取り組んでいかなければならない使命をもっている。「コミュニティ」の衰退は、すべての人間にとって深刻な問題であり、その再生をいかにして実現させるかが、われわれの最大の関心事である。

　日本においてコミュニティ心理学が旗揚げされたのは、1975年4月のことである。それから30余年の歳月が流れ、ようやくその存在が認知されるようになってきた。とはいえ、コミュニティ心理学がどのような研究領域で、何を目指す学問なのかについては、未だ十分に理解されているとは言い難い。

　そこで、日本コミュニティ心理学会が設立されて10年目を迎えようとしているこの節目の時に、改めてコミュニティ心理学の存在意義を世に示し、同時にコミュニティ心理学が掲げる理念、取り組むべき課題、さらには備えるべき方法論を明確にしておくために、『コミュニティ心理学ハンドブック』を刊行することとなった。本書は、日本ならびに諸外国でのコミュニティ心理学の発展の歴史、その中でどのような成果をあげてきたのか、隣接科学とどういう関係にあるのか、これからの課題は何なのか、などについて、日本コミュニティ心理学会の総力を結集して書かれたものである。

　刊行に至るまでには、たくさんの方々にお世話になった。この企画を立ち上げた直後に体調を崩してしまった私に代わって、編集の取りまとめ役を引き受けて頂いた植村勝彦先生をはじめ、日本コミュニティ心理学会常任理事の先生方には、心より感謝の意を表したい。また、総勢45名からなる執筆者の皆さまにも厚く御礼を申し上げる。

　最後に、この出版を快諾してくださった東京大学出版会に感謝申し上げる。

2007年5月

山本　和郎

読者へのメッセージ

　このたび、日本コミュニティ心理学会編『コミュニティ心理学ハンドブック』が、東京大学出版会より刊行される運びとなりました。この日を迎えるまでに、4年余の時間が経過しまして、この間45名の執筆者の方々にご尽力いただき、陽の目を見ることができました。この場をお借りして、皆さまに心から感謝申し上げます。

　振り返ってみますと、本書の出版は第二代学会長山本和郎先生のご発案になり、「コミュニティ心理学とは何であるのか」を、広く心理学領域や関係領域の方々に知っていただくことを企図したものでした。そして、コミュニティ心理学が徐々に認知されるようになった現在でも、コミュニティ心理学の全容が必ずしも十分に知られていないという状況は、それほど変わってはいません。

　このように、コミュニティ心理学は成長期にある「実践の学問」ですが、最新の成果を世に問うという意味では、「コミュニティ心理学シンポジウム」発足（1975年）から30年を経た現在、そして、「日本コミュニティ心理学会」誕生（1998年）から10年目を迎えようとしているこの時期が、ハンドブックの出版には最良のときだと考えています。したがって、本書の第一版をこの機に、なるべく早く世に送り出すことが、「日本コミュニティ心理学会」の責務だと考えています。その後、年を重ねるごとに、新しい実践研究や研究成果がさまざまな領域から出され、学会の場や『コミュニティ心理学研究』誌を通して、多くの方々と共有し議論を交わす中で、成熟したコミュニティ心理学を創出していくことが重要だと考えます。

　さて、ここで第三代学会長の私から、皆さまに是非ともお伝えしたいことが二つあります。一つは、このハンドブックが「協働の産物」であるということです。3年前の会長就任の挨拶で、私は初めて「コラボレーション（協働）」という理念について触れ、『コミュニティ心理学研究』8巻1・2号合併号や、本書の中にも、関連した拙文を掲載いたしました。コミュニティ心理学は、人と環境の協働、組織と組織の協働、専門家同士の協働、専門家と非専門家の協働、女性と男性の協働、マイノリティとマジョリティの協働など、枚挙に暇がないほどたくさんの協働のもとに成り立っている学問と言えます。したがって、本書はまさに「協働の学問」であるコミュニティ心理学の「協働の産物」であると言うことが

できます。

　さらに、お伝えしたいことのもう一つは、「協働は力なり」ということです。1965年に米国マサチューセッツ州のスワンプスコットで、39名の心理学者が集まって、自分たちの実践を問い直し、新しい社会変革の方向性を打ち出したのが、米国コミュニティ心理学の始まりと言われています。最初は一部の人々かもしれませんが、その意識と意思を一つにして協働するならば、社会の体制を変え、コミュニティ環境がそこに住む人々にとって、より良いものに変化する可能性を含んでいます。協働の力を信じて、さまざまな実践や研究をしてこられた執筆者の思いが、このハンドブックには凝集されています。

　そこで、コミュニティ心理学者たちの知恵と経験と協働によってできあがった本書をお読みいただくことによって、日本コミュニティ心理学会に所属している方々にとっては、自分の領域をさらに深く理解することになるでしょう。さらに、臨床心理学・組織心理学・社会心理学・産業心理学・教育学・教育心理学・福祉学・精神医学・看護学・経営学・法学など、さまざまな領域の方々にとっては、コミュニティ心理学に対する理解をさらに深めていただき、協働・参画をとおして、コミュニティ心理学の発展にも寄与していただくことになると信じております。本書の刊行は、コミュニティ心理学が、関連領域の方々と協働するきっかけとなり、協働の力を発揮して「人と環境の適合」や「介入」や「組織・社会の変革」など、多くのコミュニティ心理学の理念を実現することに繋がるに違いありません。このことを念じながら、これを刊行にあたっての読者の皆さまへのメッセージといたします。

　　2007年5月

　　　　　　　　　　　　　　　　　日本コミュニティ心理学会会長　髙畠　克子

目 次

刊行によせて　i

読者へのメッセージ　ii

執筆者一覧　x

I章　コミュニティ心理学の歴史と動向 …………………………1

概　説　2

1　コミュニティ心理学の誕生から現在まで　4

2　日本のコミュニティ心理学　21

II章　コミュニティ心理学の基本概念 ………………………………35

概　説　36

1　生態学的視座　39

2　精神保健における予防　55

3　エンパワメント　70

4　ソーシャルサポート　85

5　コラボレーション　100

6　コミュニティ感覚　115

7　社会変革　130

III章　介入戦略と方法 ……………………………………147

概　説　148

目 次

1 コンサルテーション　150

2 危機介入　173

3 ストレスとコーピング　194

4 ソーシャルサポート・ネットワーキング　205

5 セルフヘルプ・グループ　218

6 コミュニティ・カウンセリング　236

7 メンタリング・プログラム　245

8 予防教育　256

IV章　コミュニティと社会システム　267

概　説　268

1 コミュニティにおける子育て支援　270

2 日本の精神保健福祉の歴史とコミュニティ心理学　287

3 コミュニティの教育力　299

4 社会変動・生活文化の変容のもとでの
　コミュニティ・ライフとアイデンティティ　314

5 ネット社会と匿名性　324

6 コミュニティにおける自殺予防活動　338

V章　コミュニティ心理学の研究法　351

概　説　352

1 コミュニティ・リサーチ　354

2 プログラム評価の計画と方法　377

3 ニーズ・アセスメント　400

　　4 質的研究法　413

　　5 事例研究法　426

VI章　コミュニティ心理学者の役割　439

　概　説　440

　1 臨床心理学的地域援助領域　443

　2 教育領域　454

　3 地域精神保健領域　471

　4 医療・看護領域　484

　5 福祉領域　500

　6 公衆衛生領域　513

　7 産業領域　524

　8 NGO/NPO領域　539

　9 人権擁護領域　551

VII章　コミュニティ心理学の実践的展開　567

　概　説　568

　1 家庭・地域社会領域での実践

　　[1] 地域における虐待防止への取り組み
　　　　その1　東京都における「子ども家庭支援センター」での活動　571
　　[2] 地域における虐待防止への取り組み
　　　　その2　虐待予防の親教育　577
　　[3] DV被害を受けた母子への二次予防的介入　582
　　[4] 高齢者および介護者へのコミュニティ支援　587
　　[5] フェミニスト・アプローチ　592
　　[6] 「いのちの電話」にみる自殺予防活動　598

- [7] 犯罪被害者支援　605
- [8] 災害被害者の心の支援　611
- [9] ボランティア活動とコミュニティ感覚　617

2　教育領域での実践

- [1] いじめ対策　622
- [2] 校内暴力対策　628
- [3] ひきこもり対策　633
- [4] 学生相談対策　640
- [5] 大学カウンセラーによるコミュニティ・アプローチ　646

3　産業領域での実践

- [1] 職場のメンタルヘルス　652
- [2] 勤労者の「うつ病」対策　657
- [3] リストラ失業対策　662
- [4] キャリア支援　667
- [5] 職場の事故防止と安全衛生　673
- [6] 組織変革への支援　678

4　医療・保健・福祉領域での実践

- [1] 病院・病棟での組織的取り組み　683
- [2] 発達障害児の支援活動　688
- [3] HIV感染疾患者への支援　693
- [4] 緩和ケア　697
- [5] 喫煙・アルコール問題　701

5　犯罪防止・刑事司法領域での実践

- [1] 防犯まちづくり　707
- [2] 少年非行の防止　713
- [3] 犯罪者の更生　718
- [4] 犯罪被害者の支援　723

6　都市問題

- [1] 近隣騒音問題　728
- [2] 高層集合住宅問題　734
- [3] ごみ問題　742
- [4] ホームレス問題　748

7　異文化間問題

- [1] 中国帰国者の日本への適応過程と支援のあり方　755
- [2] 外国人留学生の異文化適応　762
- [3] 外国人留学生の支援体制と連携　769
- [4] 留学生支援としての予防的・教育的アプローチ　775

付 録

日本コミュニティ心理学会　倫理綱領　785

コミュニティ心理学関連科目開講状況
　（2006～2007 年度 学部・大学院）　787

和文人名索引　793

欧文人名索引　797

事 項 索 引　801

執筆者一覧（五十音順）

安藤延男（あんどう・のぶお）　　西南女学院大学・九州大学（名誉教授）：I章2節
池田　満（いけだ・みつる）　　　大妻女子大学：I章1節
伊藤亜矢子（いとう・あやこ）　　お茶の水女子大学：III章8節
井上孝代（いのうえ・たかよ）　　明治学院大学：III章6節
今村葉子（いまむら・ようこ）　　鹿児島心理オフィス：VII章4節[3]
植村勝彦（うえむら・かつひこ）*　愛知淑徳大学：II章概説，II章1節，II章7節
氏家靖浩（うじいえ・やすひろ）　東北文化学園大学：VI章3節
榎本光邦（えのもと・みつくに）　足立区教育相談センター：II章4節
加賀美常美代（かがみ・とみよ）　お茶の水女子大学：VII章7節[2]〜[4]
上手幸治（かみて・こうじ）　　　医療法人仁木病院：III章1節
菊住　彰（きくずみ・あきら）　　慶應義塾大学学生相談室：III章3節
北島茂樹（きたじま・しげき）*　　産業医科大学：VI章7節，VII章概説，VII章3節[1][2]
　　　　　　　　　　　　　　　　[4][5]，VII章4節[1]
黒沢幸子（くろさわ・さちこ）　　目白大学：VI章2節
小坂守孝（こさか・もりたか）　　北翔大学：IV章5節
小林寿一（こばやし・じゅいち）　科学警察研究所：VII章5節[1]〜[4]
坂爪洋美（さかづめ・ひろみ）　　和光大学：V章5節
笹尾敏明（ささお・としあき）*　　国際基督教大学：I章概説，I章1節，I章2節，II章6
　　　　　　　　　　　　　　　　節，V章2節，VII章4節[5]，VII章6節[4]
新　雅子（しん・まさこ）　　　　復帰塾：IV章2節
杉村省吾（すぎむら・しょうご）　武庫川女子大学：VII章1節[7][8]
高橋　直（たかはし・なお）　　　武蔵工業大学：VII章6節[1]〜[3]
高畑　隆（たかはた・たかし）　　埼玉県立大学：VI章8節
高畠克子（たかばたけ・かつこ）*　東京女子大学：読者へのメッセージ，II章5節，III章2節，
　　　　　　　　　　　　　　　　VI章概説，VI章9節，VII章1節[5][6]
田畑　治（たばた・おさむ）　　　愛知学院大学：V章4節
藤後悦子（とうご・えつこ）　　　東京未来大学：IV章1節
中川　薫（なかがわ・かおる）　　首都大学東京：VI章6節
中村裕子（なかむら・ゆうこ）　　東京歯科大学市川総合病院：V章3節
鳴澤　實（なるさわ・みのる）　　東京都立大学（名誉教授）：VII章2節[1][2][4]
丹羽郁夫（にわ・いくお）　　　　法政大学：III章4節
久田　満（ひさた・みつる）　　　上智大学：II章2節

執筆者一覧

平川忠敏（ひらかわ・ただとし）　　鹿児島大学：Ⅶ章1節［9］，Ⅶ章4節［2］［4］
深尾　誠（ふかお・まこと）　　　　大分大学：Ⅶ章3節［1］〜［3］
福山清蔵（ふくやま・せいぞう）＊　立教大学：Ⅳ章概説，Ⅳ章3節，Ⅳ章6節
藤　信子（ふじ・のぶこ）　　　　　立命館大学：Ⅶ章1節［4］
星野　命（ほしの・あきら）　　　　北陸大学・国際基督教大学（名誉教授）：Ⅰ章2節，Ⅳ章4節

松嶋秀明（まつしま・ひであき）　　滋賀県立大学：Ⅴ章4節
箕口雅博（みぐち・まさひろ）＊　　立教大学：Ⅲ章概説，Ⅲ章1節，Ⅴ章1節，Ⅶ章7節［1］
三沢直子（みさわ・なおこ）　　　　コミュニティ・カウンセリング・センター：Ⅶ章1節［1］

三島一郎（みしま・いちろう）　　　大東文化大学：Ⅱ章3節，Ⅲ章5節
村本邦子（むらもと・くにこ）　　　立命館大学：Ⅶ章1節［2］［3］
目黒達哉（めぐろ・たつや）　　　　愛知新城大谷大学：Ⅵ章5節
山口桂子（やまぐち・けいこ）　　　愛知県立看護大学：Ⅵ章4節
山本和郎（やまもと・かずお）　　　慶應義塾大学（名誉教授）：刊行によせて，Ⅵ章1節
吉武清實（よしたけ・きよみ）　　　東北大学：Ⅶ章2節［3］［5］
渡辺かよ子（わたなべ・かよこ）　　愛知淑徳大学：Ⅲ章7節
渡辺直登（わたなべ・なおたか）＊　慶應義塾大学：Ⅰ章1節，Ⅴ章概説，Ⅶ章3節［6］

（2007年3月現在）
＊印は各章編集責任者＝概説執筆者

コミュニティ心理学の歴史と動向

概説

笹尾敏明

　昨今、日本で起きているさまざまな事件や事象の背景にある「こころの問題」への世間の関心、さらに介護保険法改定、国際化、情報過剰、そして、そこに潜在する諸問題への解決を、社会全体は迫られている。こうした社会状況は、ハイブリッドで学際的な「コミュニティ心理学」が立ち上げられた、1960年代のアメリカ社会のそれに類似している。人種問題の顕著化と公民権運動の推進を目指した多文化社会が直面する数々の問題、ベトナム戦争終結に伴う精神障害の臨床心理的対処とその効能性の問題、さらに、従来の医学的モデルに基づく「専門家―弱者」の関係において、個人レベルの治療的アプローチの限界などが、この時期のアメリカの社会情勢を示している。1965年5月、アメリカ・マサチューセッツ州ボストン郊外のスワンプスコットに集まった臨床心理学者らが、自分たちの学問分野であるそれまでの臨床心理学のあり方を見直し、さらに、社会変革を志向した精神保健へのアプローチの模索を目指した会議が、コミュニティ心理学の誕生といわれている（Bennett *et al.*, 1966）。

　「コミュニティ心理学」という言葉の響きには、なにか矛盾が生じているとも感じられるかもしれない。なぜならば、従来の心理学の対象は個人であり、コミュニティは、社会学、社会福祉学、地域精神保健学などの、マクロ的視点における学問領域の対象と考えられてきたからである。しかしながら、コミュニティ心理学的視座の真髄は、個人と個人外にある「生態系」との適合にある。コミュニティ心理学の定義に関して意見の一致は難しいが、前述のボストンにおける会議の結果、コミュニティ心理学は、「個人の行動に社会体系が複雑に相互作用する形で関連している心理的プロセス全般について研究を行うものである。この関連を概念的かつ実験的に明確化することによって、個人、集団、さらには社会体系

を改善しようとする活動計画の基盤を提供するものである」としている（Bennett *et al*., 1966, p. 7）。

　コミュニティ心理学的アプローチへの関心はここ数年、急速に伸び続けている。それには、コミュニティ心理学の目指すところが、社会システム（例：家庭、学校、地域、組織など）や、環境面の人間行動・認知に及ぼす相互的な影響を重視し、多様性のある社会において、人間あるいは集団全体が生活しやすく、生活の質（QOL）を促進するための環境づくり、改善へ向けての介入方法の構築、評価の目的をもって実践・研究を進めていくという、いわばホリスティック、かつ包括的な分野であるからともいえる。現在、アメリカでは約2,000名からなるアメリカ・コミュニティ心理学会（The Society for Community Research & Action）、日本では400名ほどの個人会員を有する日本コミュニティ心理学会、さらに、2005年9月にはヨーロッパ・コミュニティ心理学会が立ち上がり、世界各国でコミュニティ心理学的視座に基づく社会問題の解決に取り掛かっている。

　本章では、まず、アメリカで誕生したコミュニティ心理学の社会的・歴史的背景にその発展を概観し、ヨーロッパや諸国でのコミュニティ心理学の発展に関しても触れる（1節）。さらに、2節では、日本におけるコミュニティ心理学の生成、発展、および現況を解説していく。

引用文献

Bennett, C. C., Anderson, L. S., Cooper, S., Hassol, L., Klein, D. C., & Rosenblum, G. 1966 *Community psychology: A Report of the Boston Conference on the Education for Psychologists in Community Mental Health*. Boston University Press.

コミュニティ心理学の誕生から現在まで

笹尾敏明・渡辺直登・池田 満

　心理学に限らず多くの学問分野において、初学者のための入門書あるいは教科書に類する書籍がある。こうした書籍では、その学問分野の基礎概念や理論、応用分野などが記されている。しかし、その学問分野が誕生する歴史的背景が語られているものはあまり多くない。心理学の分野に限ってみても、ヴント（Wundt, W.）に始まる実験心理学の歴史的流れが示されることはあっても、心理学が生まれるまでの歴史や、社会情勢が説かれている入門書は皆無に等しい。翻って、コミュニティ心理学について見てみると、世に出回っている入門書の多くは、コミュニティ心理学が生まれた、歴史的・社会的背景について多くのページを費やしている（Dalton, Elias, & Wandersman, 2001; Duffy & Wong, 1996; Levine & Perkins, 1997; Sarason, 1974; 山本，1986）。言い換えれば、これは、コミュニティ心理学は歴史の流れや社会情勢の中から「必然的」に生まれるべくして生まれた学問分野であることを如実に表しているといえる。本節では、コミュニティ心理学を誕生せしめた時代背景を振り返るとともに、コミュニティ心理学自体が時代とともにどのように変遷していったかの経緯に焦点を当てながら、現在この研究・実践領域に求められている課題について論じる。

[1] コミュニティ心理学の歴史的背景

　歴史を語る方法は大きく分けて、発生した出来事を年代順に検証する方法と、年代にこだわらずテーマごとに追っていく方法とがある。コミュニティ心理学の歴史を検討しようとしたときに気づかされることの一つは、多くの出来事がほぼ

同時期に発生しており、しかも互いが独立してではなく、必然として結びついているというよりは、むしろ連鎖反応的に発生しているということである。したがって本節では、コミュニティ心理学の誕生に至るまでの時代を大きく区切り、個々の出来事を記述、説明する。しかし、年代の流れを理解することも有益であると考え、それぞれの出来事の発生年代を図Ⅰ-1-1にまとめたので、興味をもたれた読者はそれを参考にしてもよいであろう。

[2] 誕生に至るまで

　コミュニティ心理学の歴史は、アメリカ心理学の発展という大きな歴史の中で、どのように位置づけられるのであろうか。その端緒は第二次世界大戦前までさかのぼる。それまで、アメリカ心理学は、実験心理学を中心としたアカデミックな心理学が主流であり、臨床分野は一線を画された存在だった。第二次世界大戦中期以降、その立場に変化が生じてきた。戦地からの帰還兵のうちの半数近くが、専門的治療を必要とする精神障害（例：PTSD）を有しており、当時のアメリカにはその数に対応できるだけの精神科医や臨床家も不足していた。対応を迫られた政府がアメリカ心理学会（American Psychological Association: APA）の協力を要請したことにより、アメリカの心理学界の中において臨床分野が発展する機運が急激に高まった。こうした状況にどう対応するか苦慮したアメリカ心理学会は、1949年コロラド州ボールダーで**科学者―実践家モデル**（Scientist-Practitioner Model）、通称**ボールダー・モデル**（Boulder Model）を提唱した。つまり、科学者としての実践家、実践家としての科学者というアイデンティティを心理学者に求めたのである。この考えは、今日コミュニティ心理学の中で重視される、**参加者―理論家モデル**（Participant-Conceptualizer Model）に受け継がれている。具体的な大学院教育プログラムとしては、研究者としての心理学者になるべくトレーニングを受けた後に、臨床家としてのトレーニングを受けるという形が生まれた。この時、臨床心理学の中での主流派は精神分析学（psychoanalysis）であったが、これは、ナチスによるユダヤ人迫害とそれに伴うユダヤ系移民の流入と、精神分析学の祖であるフロイト（Freud, S.）がユダヤ人であったことと無関係だとは、言えないであろう。こうしてアメリカ社会において、臨床心理学という心理学の応用分野が確固たる地位を占め、発展を遂げようとしていた。

　しかし、これらの心理療法（psychotherapy）に対してアイゼンク（Eysenck,

I章——コミュニティ心理学の歴史と動向

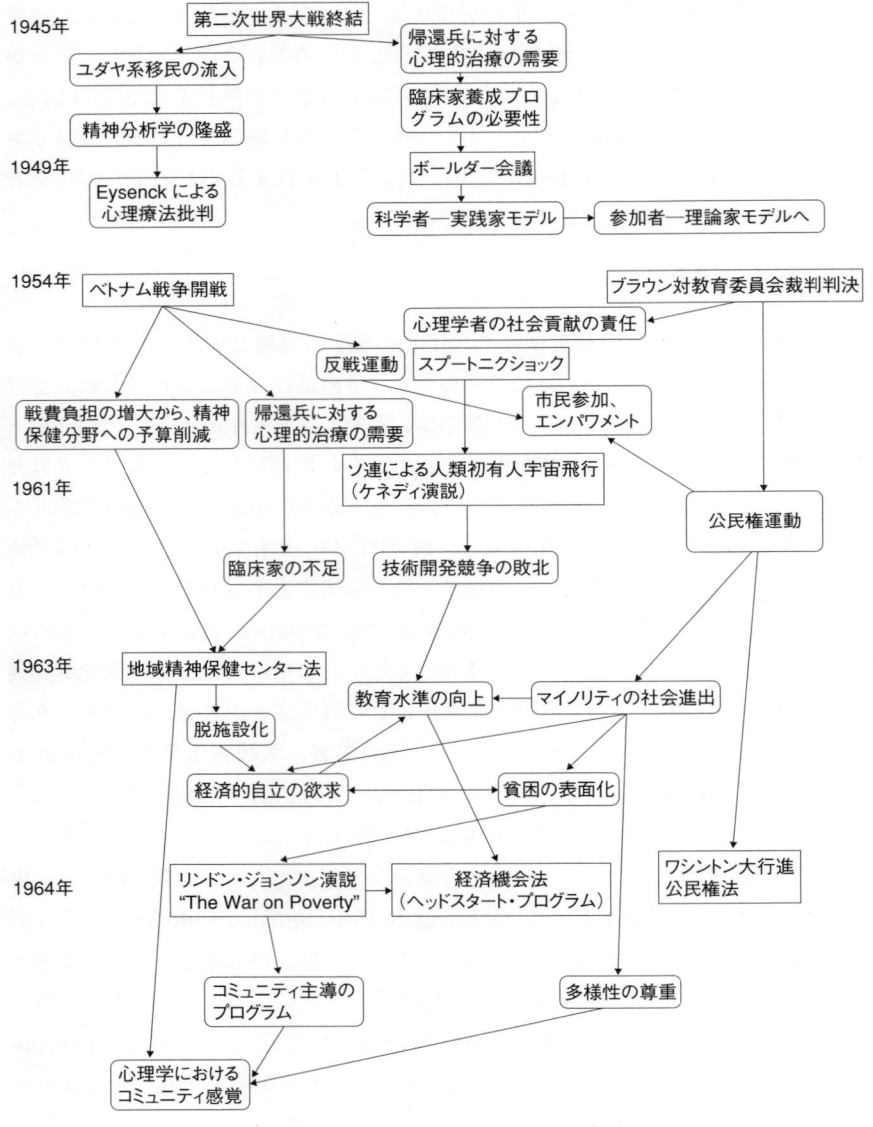

図 I-1-1　アメリカ・コミュニティ心理学の社会文化的背景

H.）が批判を投げかけ、臨床家のアイデンティティに関する危機が生じることとなった。アイゼンクは実験的手法を用いて心理療法の効果についての研究を重ね、1950年の論文を皮切りに、精神分析のみならず、あらゆる心理療法に効果がないと批判する論文を著した（Eysenck, 1952, 1961）。これらの批判に対して、臨床心理学者の多くは無視するか、臨床心理学は実験的手法になじまないとして逆にアイゼンクを批判したが、一部の臨床家にとっては、自らの臨床活動に対して日頃から感じていた疑問をより明確にすることとなった。これは従来の臨床心理学に対する批判として根強く残り、コミュニティ心理学が誕生する素地となった（Dalton, Elias, & Wandersman, 2001 ; Nelson & Prillentensky, 2005）。

[3] 誕生前夜

コミュニティ心理学誕生に直接関わる出来事が、1960年前後にほぼ同時期に発生した。これらの出来事は先に述べたように有機的に結びついており、むしろ一つの出来事が他を誘発したと解釈するほうが妥当なのかもしれない。

第一の出来事は、**ブラウン対教育委員会裁判**（Brown vs. Board of Education）の最高裁判決に端を発する**公民権運動**（Civil Rights Movement）である。それまで黒人と白人は異なる学校に通うことが義務づけられていたことに対し、米国最高裁判所は違憲判決を言い渡した。この判決に対する黒人の支持と白人の反発との間の葛藤が公民権運動の始まりである。黒人の権利主張に始まる公民権運動は、"I Have a Dream"の演説で知られる1964年のキング牧師（King, M. L. Jr.）によるワシントン大行進と公民権法制定によって終結するが、その後、その他のマイノリティや女性の権利問題に発展し、エンパワメントや市民参加といったコミュニティ心理学の中核をなす概念を形作る結果となった。これには、ベトナム戦争の泥沼化と、それに対する反戦運動の機運も大きな影響を与えている。ブラウン対教育委員会裁判について今日ではあまり多く語られないが、コミュニティ心理学において重要なもう一つの要素は、心理学者の研究論文が裁判における証拠として公に認められたことである。つまり、心理学の研究は、象牙の塔である学問の世界のみのものではなく、社会に貢献する力をもっており、また貢献すべきであることが明らかとなったのである。

第二の出来事は、ソビエト連邦による初の人工衛星スプートニクの打ち上げ（1957年）と有人宇宙飛行（1961年）の成功である。一見、心理学には無関係に見える科学技術上のこの偉業は、アメリカ社会に大きな影響を与えた。米ソの

宇宙開発競争の第一目標で、アメリカがソビエト連邦に遅れをとったこの出来事は、アメリカのプライドを大きく傷つけたのみならず、冷戦下における科学技術力、さらには長距離ミサイルや核開発といった戦略面でのアメリカの敗北を意味した。これに危機を感じたアメリカ政府は1958年、いち早く国防教育法（National Defense Education Act）を制定し、才能に恵まれた若者の育成と、それを支えるスクール・カウンセラーの小中学校への配置を行うこととなった。さらに、アメリカ政府は、第二の目標として月面への有人飛行を挙げ、1961年、ケネディ大統領（Kennedy, J. F.）は60年代中に月面へ人を送ることを宣言した。かくしてアメリカは、科学技術力の発展を達成するために教育水準の向上に専心することとなった。

　第三の出来事としては、ジョンソン大統領（Johnson, L.）の演説にある「**貧困との戦い（The War on Poverty）**」宣言である。これは、先に述べた公民権運動によって政治的力を得たマイノリティや、後に述べる**地域精神保健運動**（Community Mental Health Movement）によって地域社会に戻った精神障害者が、経済的に自立し社会的位置を確立していく方法を探るものであった。仕事を得るために必要な要素の一つとして教育を挙げ、教育水準向上のために1964年、経済機会法（Economic Opportunity Act）を制定し、**ヘッドスタート・プログラム（Head Start Program）** を開始した。ヘッドスタート・プログラムは、マイノリティや貧困層の子どもの教育水準向上を通して経済的発展を目指すと同時に、先に挙げた科学技術力向上のための教育水準底上げとも無関係ではなかったであろう。

　第四の出来事は、コミュニティ心理学誕生に直接的に関わる要因として、より重要視されている。つまり、1963年の**地域精神保健センター法**（Community Mental Health Centers Act）の制定に象徴される地域精神保健運動の高まりである。これまでの出来事と同様に、地域精神保健運動が力をもってきた背景には複雑な歴史的・社会的ダイナミックスがあり、統一した見解が存在するわけではない。ここでは、コミュニティ心理学が生まれる最も大きな原動力となったこの出来事について、これまでに挙げた出来事との関係を中心に多角的視点から見てみる。

　公民権運動との関わりから見ると、それまで非人道的な精神病院に「幽閉」されていた精神障害者の人権問題へ関心が向けられるようになったことが考えられる。時を同じくして、1960年代には向精神薬（psychotropic drugs）が開発さ

れ、精神障害のさまざまな問題が薬物によって効果的にコントロールすることが可能になりつつあった。つまり、精神障害者が施設から出て（**脱施設化**）、地域社会で生活することが可能になったのである。

　一方で、現実的な理由から、精神障害者を施設が丸抱えすることが困難となったことも、脱施設化推進の原動力となった。一つには、泥沼化するベトナム戦争の戦費負担や、冷戦下の軍事予算増大から精神保健分野への予算を削減する必要が生じ、また、第二次世界大戦時よりもより深刻な精神的問題を抱えてベトナムから帰還した兵隊に対して、治療する精神科医や臨床家のトレーニングが追いつかず、人的資源の不足が深刻となってきた。さらに、アイゼンクの臨床心理療法批判が追い討ちをかけ、臨床家の心の奥底に暗い影を落としていたことを忘れてはならないであろう。

　こうした状況下、ケネディ大統領は、1963年、精神障害者と精神薄弱者に関する大統領教書を発表、同年に地域精神保健センター法が制定され、地域での精神保健行政が本格化し、それと同時に、施設での専門的治療行為の枠を超えた、地域への介入の必要性が生じる結果となった。ケネディ教書の背景には、ケネディ大統領の実妹が精神遅滞を患っており、ケネディ自身が精神保健行政に強い関心をもっていたことも重要な事実であろう。さらに、この地域精神保健センター法がもたらしたと思われる（あるいは予期され、危惧されていた）影響として、施設を出た精神障害者に対する十分なサポートが提供されず、彼らがホームレス化したことも挙げられる。このことが、マイノリティの機会均等と共鳴してヘッドスタート・プログラムにもつながった。

[4]　コミュニティ心理学の誕生

　こうして、第二次世界大戦に端を発した社会変革が、**スワンプスコット会議**（Swampscott Conference）で知られる、1965年5月4〜8日にマサチューセッツ州のスワンプスコットで行われた、「地域精神保健のための心理学者教育に関するボストン会議（Boston Conference on the Education of Psychologists for Community Mental Health）」で結実した（Bennett *et al*., 1966）。この会議は、自らの学問分野の限界を感じた臨床心理学者を中心に企画され、既存の臨床活動の枠を超え、社会から求められる責任を果たすことができる心理学者をどのように養成するかが大きな議題であった。「コミュニティ心理学」という言葉がはじめて正式に使用されたこの会議には、心理学諸分野のみならず、社会学、福祉

学、医学、看護学の専門家が集まり、「治療よりも予防」「生態学的視座」など、その後のコミュニティ心理学を特徴づけるさまざまな方向性が確認され、コミュニティ心理学が地域精神保健の枠を超えて、社会コンテクストの中に生きる人々の幸福を実現することを目的とした、独立した学問分野であることが確認された。こうして、コミュニティ心理学は、心理学の中の一分野として誕生したのである。

[5]　今日までの発展

その後のコミュニティ心理学の発展も、社会の動向と無関係であることはなかった。初期のコミュニティ心理学の実践活動は、地域における精神保健活動、より具体的には、地域に出た精神障害者の支援に軸をおいていたが、その軸足が**「予防（prevention）」**に移るにつれ、対象者を精神障害者からより広範囲の人々に拡大していった。つまり、社会的弱者のストレスや自尊心の低下という社会的・心理的問題と、雇用、貧困など社会的な問題への関与が、予防の上で欠かすことができないということが明らかになったのである。こうした中で重要な二つの出来事は、移民法の改正と、第二波のフェミニズム運動である。

アメリカは、移民によって作り上げられた国家であることはいうまでもないが、移民の動きは、時代によってさまざまに変化している（Henrietta, Brody, & Dumenil, 1999；Takaki, 1993）。特に、1965年の移民法改正に端を発する移民の流れは、誕生直後のコミュニティ心理学に大きな影響を与えた。この改正では、移民の国籍による受け入れ割り当て枠の撤廃が盛り込まれたため、それまで少数派にとどまっていたラテンアメリカからの移民や、アジア系の移民の数が爆発的に増加した。しかし、人種差別のルーツが根強く残るアメリカ社会において、新たな移民の人々は、それ以前の東欧系移民が経験した以上の社会的抑圧を受けることとなった。この問題は即座に、ヘッドスタート・プログラムなどの教育、経済的機会均等や、地域精神保健施策、ホームレス対策などに影響を与えたことはいうまでもない。

移民層とその流入パターンの変化と呼応したのが、1950年代後半から始まり70年代に最盛期を迎えた、**第二波のフェミニズム運動**（"The Second Wave"）である。1970年に、カリフォルニア大学サンディエゴ校に女性学の講座が開設されたのを皮切りに、全米各地の大学に女性学のブームが巻き起こり、同時にCR（Consciousness Raising：意識昂揚）グループと呼ばれる、女性による女性

のための自助グループが各地で盛んに開かれるようになった。CR グループは、後に共カウンセリング（co-counseling）と呼ばれるようになった女性同士の集まりで、社会的に差別されている女性の立場を女性同士で話し合うことで自覚し、社会への動きとして高めていこうという運動であったが、このグループはすぐに破綻してしまうこととなる。なぜならば、初期は中流階級の白人女性の集まりであった CR グループに、次第に人種的マイノリティ（特に、アフリカ系やヒスパニック系）の女性が加わるようになったことで、女性として差別されている立場を訴えていたはずの白人女性たちが、実は自分たち自身がマイノリティを差別する立場であることに気づかされてしまったのである。こうして、第二波のフェミニズム運動自体は消滅していくことになったが、その思想は、人種、民族、性別、年齢、性的嗜好などのあらゆる社会的多様性への関心と、差別問題への注目というかたちで引き継がれることになった。今日のアメリカのコミュニティ心理学で関心の中心である「**多様性**（diversity）」の問題は、ここから始まったといえる。

　その後のコミュニティ心理学は、1967 年に、アメリカ心理学会第 27 分科会として**アメリカ・コミュニティ心理学会**（The Society for Community Research & Action：**SCRA**）が設立された。また、1973 年には、学会の学術雑誌として "*American Journal of Community Psychology*"（年間 6 号）も発刊され、学会内外のコミュニティ心理学の内情を詳しく綴ったニュースレター "The Community Psychologist"（年間 4 号）を中心に、発展を続けている。学会設立 35 年目にあたる 2000 年には、106 名の学会員によって約 1,000 頁に及ぶ *Handbook of Community Psychology*（Rappaport & Seidman, 2000）の出版もあった。また、1987 年以降、2 年ごとに開催される学会大会（The Biennial Conference on Community Research and Action）も、アメリカ全国持ち回りで開催されている。2005 年 6 月には、イリノイ大学アーバナ・シャンペーン校において、スワンプスコット会議から 40 周年記念の大会が開かれた（笹尾，2005）。

　1990 年代に入って、インターネットを介した SCRA メーリングリストによるコミュニティ心理学の最新の研究や実践に関して、課題や問題点が活発に議論されるようになった。さらに、2001 年の夏には、SCRA 常任理事会は、表 I-1-1 に示すような学会綱領の見直しを図り、特に多様性と**国際性**を強調することで合意を得た。

表Ⅰ-1-1　The Society for Community Research & Action の使命表明文

> アメリカ心理学会（American Psychological Association）の第 27 部門である The Society for Community Research & Action（SCRA）は、理論、研究、社会活動の進歩に貢献しようとする国際的な組織である。その構成員は、コミュニティ、集団、そして個人における健康やエンパワメントの向上および問題の予防に取り組むものである。以下に、SCRA の指針として四つの大原則を示す。
> 1. コミュニティ研究と活動には、人間や場の多様性への明確な尊重と配慮が求められる。
> 2. 人間のもつ能力と問題を最もよく理解するためには、社会的、文化的、経済的な文脈から人間を探求していくことが必要である。
> 3. コミュニティ研究と活動は、多元的な方法論を用いる研究者や実践者、コミュニティの構成員らによる、積極的な協働による産物である。
> 4. コンピテンスやウェルビーイングを促進する場を育成するためには、多複数の社会学的・生態学的レベルにおいて、変革のための方策が必要である。
>
> われわれは、これらの価値観を共有するすべての人を歓迎するものである。
>
> 2001 年 9 月 26 日

[6]　コミュニティ心理学の「定義」と近接領域との関連

　先に述べたように、スワンプスコット会議に集まった臨床心理学者らは、コミュニティ心理学という、心理学における新領域の必要性を認める点での合意はあったが、コミュニティ心理学者の役割や課題についての「定義」に関しては、何年にもわたって議論されてきた。ここでは、いくつかの定義を検討し、他の近接領域との関連を見ていくことにする。

　スワンプスコット会議の報告書によると、次のような定義が挙げられている（Bennett *et al.*, 1966, p. 7）。

> ……複雑な社会的相互関係において、個人の行動と社会システムを結びつける全般的な心理的プロセスの研究……また、そういった結びつきは個人、集団、社会的システムがうまく機能するようなアクション・プログラムへの基盤をなすものと考えられる。

　このパイオニア的な定義は、長い間にわたって引き継がれてきたが、Sarason（1974）のテキストにおいても、新領域の定義は「心理的内面の要因から社会的コンテクストの理解と変革」への焦点のシフトを目指し、さらに、究極的なコミュニティ心理学の目的は**心理学的コミュニティ感覚**（psychological sense of community）の育成であると強調している。さらに、Rappaport（1977）の定義では、社会的権利を剥奪された人々や多様性に注目している。他のコミュニテ

ィ心理学の概説書にも多くの定義があるが、いまだかつてすべてを網羅し、誰もが同じる定義は見当たらない。しかしながら、他のいくつかの隣接領域との比較をすることによって、コミュニティ心理学者が関わる課題が明確になるのではないかと思われる（Trickett & Lustman, 1977）。

地域精神保健（community mental health）――前述したように、地域精神保健運動が活発であった1960年代を背景にコミュニティ心理学が誕生したわけであるが、その設立に当たっては、明確に地域精神保健運動とは異なる領域を目指していた。一つには、地域精神保健は、メンタルヘルスのリハビリと心理的機能回復を目的としていたが、コミュニティ心理学は予防と健康促進を目指している。さらに、コミュニティ心理学の対象は、地理的区分による心理療法の提供でもなく、行政や地方政治の施行される地域や区域での臨床サービスではないとの違いがある。

臨床心理学（clinical psychology）――当初、スワンプスコット会議の参加者全員が臨床心理学の訓練を受けた心理学者で、従来の臨床心理学の手法や教育に関してなんらかの疑問や不満を抱いていた。一つの重要な違いは、臨床心理学は個人のメンタルヘルスの問題を社会的コンテクストから孤立させて理解し、治療にむけたいわゆる「**医療モデル**（Medical Treatment Model）」に基づき、個人のクライアントは問題解決能力に欠け、専門家の援助を必要としているという前提がある。その反面、コミュニティ心理学では、個人を社会コンテクスト内で捉え、個人およびその個人が属する集団のウェルビーイングを高めるために社会変革を擁護し、当事者らとの協働を重視し、予防を念頭に置いた問題解決を目指している。

社会心理学（social psychology）――現代社会心理学の源泉は、1920年代のアメリカにおいて、東欧からの移民の増加に伴った民族間の対立や葛藤やリーダーシップの研究が主だっていたが、実験的アプローチが重要視されることによって、1970年代以降、社会心理学研究の発展が促されるようになった。コミュニティ心理学と社会心理学は、社会的勢力に注目するが、前者は個人外の勢力、後者は個人内におけるその勢力の「解釈」に焦点が置かれる。つまり、社会心理学では、われわれを取り巻く社会に関する個人の認知、思考、態度、情緒といった「社会的認知」が研究対象となるが、コミュニティ心理学においては、現実社会に存在する個人や集団をそのコンテクストに沿って、マクロ的およびマイクロ的な変数に注目する。

社会福祉学（social work）——コミュニティ心理学領域は社会福祉学と重なる点が多い。たとえば、両領域とも、人間の価値観の重要性、個人と社会との相互関係への注目、抑圧された社会階層、さらに問題解決に当たっては、「**欠陥型モデル**」（Deficit Model）よりも「**人間の強み**」（human strengths）に焦点が置かれる。しかし、実際の介入では、社会福祉学では、個人や家族レベルでの介入としてケースワークが中心となるが、コミュニティ心理学では、組織やコミュニティレベルでの介入も重要視され、理論に基づいた実践研究やプログラム評価研究のスキルが、コミュニティ心理学者の教育では大事である。

以上、コミュニティ心理学領域と隣接する分野との比較・対照をしたが、こうした違いや類似性は各領域の存続にとって重要ではあるが、「個人と集団のウェルビーイング」を目指すコミュニティ心理学にとっては二義的な課題なのかもしれない。これは、次にみる世界各国でのコミュニティ心理学の発展をみると、スワンプスコットで産声をあげたコミュニティ心理学という新領域は、その国々の社会的コンテクストによって、コミュニティ心理学のアプローチや姿勢が文化的に支配されていることとも結びついているようである（Kaufman & Ward, 2005）。

[7] 諸外国におけるコミュニティ心理学の発展

1960年代半ばにアメリカで誕生したコミュニティ心理学は、その後世界各国に広がりを見せることとなった。その主たる地域はイギリス、カナダ、オーストラリア、ニュージーランド、南アフリカ、インドなど英語圏の国々、ドイツ、イタリア、フランス、ベルギー、スペインなどのヨーロッパ大陸に位置する国々、メキシコ、キューバ、コスタリカ、ペルー、チリ、ブラジル、アルゼンチンなどのラテンアメリカ諸国、そして日本、韓国などのアジア諸国である。

英語圏の諸国の中でも、イギリスはコミュニティ心理学がよく発展した国として特筆されるであろう。イギリスでは1991年に、エクスターとケント大学の研究者が中心となって学術誌 *"Journal of Community and Applied Social Psychology"*（*JCASP*）が創刊された。その翌年の1992年には、この雑誌の編集者であるオーフォード（Orford, J.）によって、その名も *Community Psychology*（1992）という本が出版された。このように、1990年初頭は、イギリスにおけるコミュニティ心理学の黎明期となった。イギリスのコミュニティ心理学は、アメリカのそれよりも政治活動的、社会運動的な特徴が色濃いものとなっている。

すなわち、政治的にラディカルで、社会正義に価値を置き、社会階級制度のもとで周辺に追いやられている人々、つまりマイノリティをエンパワーすることによって、社会的不平等から解放しようとする方向性が見られる。それと同時に、コミュニティ心理学の社会科学としての厳格さを、理論的にも方法論的にも追究していこうとする姿勢が見られることもその特徴であろう。ことに、伝統的な疫学的手法を用いた調査研究に関しては、アメリカのそれを上回るような証拠と実績を積み重ねている。イギリスには、アメリカのSCRAに当たるような正式な学術組織はまだ存在しないが、主導的な位置にある大学や機関の持ち回りで、毎年2日間にわたってイギリス・コミュニティ心理学会議（UK Community Psychology Conference）が開催されている。また、同会議のもとで、UKコミュニティ心理学ネットワークというWebサイト（www.compsy.org.uk）が開設されており、イングランド、スコットランド、ウェールズ、北アイルランドのイギリス各地で活動する研究者や実務家の情報交換の場となっている。

大陸ヨーロッパにイギリスを加えた諸国は、2006年現在、**ヨーロッパ・コミュニティ心理学会**（European Community Psychology Association：**ECPA**）を通じてつながっている。ECPAは、もともと1995年にローマで立ち上がった**ヨーロッパ・コミュニティ心理学ネットワーク**（European Network of Community Psychology：**ENCP**）の組織が発端である。すなわち、ECPAは、ヨーロッパ各国のコミュニティ心理学者と社会科学者が討論を重ねて作り上げて来た組織で、ヨーロッパ諸国がもつ社会問題の解決に、コミュニティ心理学がどのような役割を果たすことができるかを討論する場として位置づけされている。ENCPが1995年に立ち上がって以来、2005年9月17日にナポリで正式にECPAが立ち上げられるまで、ほぼ2年に一度の間隔で会議が開催されてきた。この間の会議は、リスボン（1998年）、バーゲン（2000年）、バルセロナ（2002年）、ベルリン（2004年）で開催され、文字通りヨーロッパの各国持ち回りで行われてきた。また、会議で討論されるトピックとしては、「持続可能な都市開発」「患者参加とエンパワメント」「コーポレート・シティズンシップ」「コミュニティ価値」「都市における暴力」「コミュニティ・リサーチ法」「コミュニティ・ネットワーキング」など多岐にわたっている。ヨーロッパのコミュニティ心理学の特徴を一言で言い表すのは難しい。ただ、アメリカのコミュニティ心理学が地域精神保健センター法の施行をきっかけとして誕生したのとは異なり、そのようなエポックのなかったヨーロッパのコミュニティ心理学は、臨床心理学よりも、より社

会心理学や社会システム論的な志向性の強いものとなっている。先述した"JCASP"の創刊号の巻頭言には、「社会心理学がコミュニティ心理学に貢献する理論的な基礎を与えるために発刊する」と明記されており、この志向性は、後年のヨーロッパにおけるコミュニティ心理学の傾向を特徴づけたとも考えられる。2006年10月には、ECPA発足後初の大会がポーランドで開催された。

　同じ英語圏であっても、オーストラリアとニュージーランドのコミュニティ心理学は、イギリスとは異なる発展の仕方を遂げてきた。これら二つの国は、もともとアメリカのコミュニティ心理学をモデルとして、自国の個人・社会・政治・環境的問題を解決するためにその適用を試みてきた。その一方、後年になって、旧宗主国であるイギリスのコミュニティ心理学の影響も強く受けるようになっている。オーストラリアにおけるコミュニティ心理学の誕生は、アメリカから10年ほど遅れた1970年代にさかのぼることができる。その現在の志向性は、アメリカとイギリスを折衷させたものとなっている。すなわち、アメリカのコミュニティ心理学の原点として同定できる地域精神保健的な発想と、政治的にラジカルで、社会正義を追求する社会・政治運動的な性格を色濃くもつイギリスのコミュニティ心理学のどちらの特徴をも兼ね備えているのである。オーストラリアには、アメリカのAPAにあたるようなオーストラリア心理学会（Australian Psychological Society: APS）があり、コミュニティ心理学はその中の協会（college）の一つになっている。この協会は、既に2006年で10回目を数える大会（4日間）を開催しているほか、"Network"というAPS公認の査読付き学術誌を発行している。

　ラテンアメリカ諸国のコミュニティ心理学は、アメリカのコミュニティ心理学とは著しく異なっている。アメリカのコミュニティ心理学が、臨床心理学あるいは地域精神保健活動をその起源にもつのに対し、ラテンアメリカ諸国のそれは社会心理学と解放の社会心理学（liberation social psychology）の影響を大きく受けている。その理由は、ラテンアメリカの国々にとっての最大の問題は貧困であり、貧困の解決には社会変革が急務であること、そして貧困の原因の多くは社会的、政治的な抑圧が原因となっていることにある。人々が貧困・抑圧・搾取から解き放たれ、安寧を得るために、コミュニティ心理学者は社会心理学の理論（リーダーシップ論、組織変革論、社会システム論、など）と方法（参加的研究法、アクション・リサーチなど）を用いる必要があった。そして、1990年初頭あたりから、その活動の理念として**解放の神学**（Theology of Liberation）の流れを

汲む「**解放の社会心理学**（Social Psychology of Liberation）」が参照されるようになってきている。「解放の社会心理学」は、教会は貧困・搾取から民衆を開放する責務があり、そのために民衆とともに歩むべきであるとする解放神学の考え方、ならびにフレイレ（Fraire, P.）の主張する「**意識化**（conscientisation）」（自らが社会的、政治的に抑圧されていることを知ること、そして現状は変えることができるという意識をもつこと）を基礎に、近年急速に発展を遂げてきた新領域である。このような背景もあって、ラテンアメリカ諸国では、コミュニティ心理学という言葉よりも、コミュニティ社会心理学という言葉が一般的に用いられている。コミュニティ社会心理学は、ラテンアメリカの国々の大学で広く教えられているが、そのテーマの多くは貧困・抑圧・搾取と関係したものとなっている（たとえば、政治的難民問題、都市における暴力・強盗の問題、政治犯の拷問に関する人権問題など）。また、その中では、具体的な社会変革を起こすためにコミュニティ社会心理学が何をなすべきか、という**変革のアプローチ**（transformational approach）が強調されている。2006年6月には、プエルトリコで第1回の国際コミュニティ心理学会が開催される。「先進国」とは異なるラテンアメリカの国で、この記念すべき大会が開催されることは、今後のコミュニティ心理学の行方を考える上での大きな試金石となるであろう。

[8] 今日の課題と将来の方向性——まとめとして

　今日、アメリカ・コミュニティ心理学を形作る二大潮流は、予防と多様性である。それぞれの概念の詳細については他章に譲り、ここでは現在の実践と研究のトレンドとしての予防と多様性の位置づけを概観し、本節のまとめとする。

　Revenson *et al.*（2002）による"*A Quarter Century of Community Psychology: Readings from the American Journal of Community Psychology*"は、"*American Journal of Community Psychology*（*AJCP*）"が発刊されてから今日に至るまで、それぞれの年代を象徴する研究論文を集めたアンソロジーであり、アメリカのコミュニティ心理学が歩んできた道のりを知る上で有用な書物である。その付録の中に、1978年以降に*AJCP*で特集が組まれたトピックがリストされている。そこを見ると、31回の特集のうち、予防についてと、性別や人種、民族的、文化的マイノリティを含む多様性に関わる特集がそれぞれ7回ずつ組まれている。特に予防については、近年では1999年に2回、2000年に1回の特集が組まれ、関心の高さが窺われる。予防の理論的基礎についても、コミュニ

ティ心理学が生まれた当初に盛んに実践・研究された危機介入などの第二次、第三次予防から、問題の発生を予防する第一次予防の果たす役割が格段に大きくなっている。その背景には、アメリカの経済状況や社会保障制度との関わりが無視できない要素として存在している。つまり近年のプログラム評価で重視される「**費用対効果**（costs vs. benefits）」に象徴されるように、第一次予防は個人やコミュニティに福利をもたらすのみならず、社会にとっても「経済的な」方法であるという考えが定着しているのである。

　並んで重視されている「多様性」については、人種の坩堝（るつぼ）と呼ばれるアメリカ社会を反映しているのみならず、今日的なグローバリズムの影響が大きく働いている。これまでは、アメリカ社会の中に存在するさまざまなマイノリティが、アメリカ社会の中で適応していくことを目的とした実践・研究が中心であった。しかし、グローバリゼーションの波は、たとえば、国際社会という多様な文化、言語や価値観を有する人々がいる舞台において、どのように相互理解を深め共生していくことが可能であるかという、新たな問題をコミュニティ心理学に投げかけている。2001年9月11日のアメリカ同時多発テロ事件は、コミュニティ心理学にとって重大な事件であった（Olson, 2002）。翌2002年にアメリカ・ニューメキシコ州で開催された第9回SCRA大会では、ニュージーランドから参加が予定されていた研究者が、アメリカ政府の対応への批判と、社会状況に対して社会的責任を果たすために生まれたはずのアメリカ・コミュニティ心理学会が明確なビジョンを示すことができないことへの抗議から、参加をボイコットするということが起こった。学会開催中もボイコット騒動は理事会で大きな問題になったが、結局、「自国アメリカ社会への適応」を求め続けていたアメリカ国内のコミュニティ心理学者たちは、明確な行動を起こすことができなかった。現在、世界にはコミュニティ心理学の学術集団として、アメリカ以外に、ヨーロッパ・コミュニティ心理学会、日本コミュニティ心理学会、インド・コミュニティ心理学等が存在し、また、それらには属していないが、コミュニティ心理学的研究や実践活動を続けている研究者や実践研究団体も多く存在する。たとえば、アジア圏では、2004年2月に韓国・ソウルで、日本のコミュニティ心理学者と韓国の臨床心理学者が、第1回コミュニティ心理学日韓共同セミナーを開催し、アメリカとは異なる社会的・文化的背景においてのコミュニティ実践と研究の課題について、相互交流を始めている。2005年2月には、東京で第2回目のセミナー、また、ソウルで第3回目のセミナーが開催された。今後、さらに国際的な協調・

協働体制が必要となることは自明であろう。

　グローバリゼーションは、さらにコミュニティ心理学における方法論の多様性も求めている。従来から指摘されているように、これまでのコミュニティ心理学は、他の心理学諸分野と同様に量的研究（quantitative research）の占める割合が大きく、質的研究（qualitative research）が非常に少ない。この問題は30年以上前から指摘され続けているが、現在発表されている研究論文を見ても、量的研究がほとんどである。しかし、量的研究の代表的手法である質問紙調査では、項目内容が、異なる文化圏において同様に妥当性をもっているのか、未知である。こうした方法論の**文化間妥当性**（cross-cultural validity）は、国際的なグローバル・コミュニティ心理学の構築や諸国のコミュニティ心理学の連携を目指すうえで、今後より一層重要となるであろう（Sasao & Yasuda, 2004）。また、同様に、長年指摘され続けている問題として、研究や介入において生態学的視座を重視しているにもかかわらず、実際には、ほとんどの研究・実践は、個人レベルにとどまっていることが挙げられる。Trickett（1984）は、この状況を「部分的パラダイム獲得（partial paradigm acquisition）」と呼び、「われわれは生態学的視座を展開させつつあるが、それを大学院生にどのように教えるべきか、研究においてどのように概念化させるのか、介入計画に含めるのかをいまだに十分に理解していない」と指摘している（Trickett, 2003）。

追記
＊コミュニティ心理学に関心のある読者は、メーリングリストに次の要領で参加できるのでぜひ試していただきたい。LISTSERV@lists.apa.org 宛に、SUBSCRIBE SCRA-L〈自分の名〉〈自分の姓名〉を本文中に書き込んでメールを送信すれば、SCRAの会員ではなくてもリストに載せてもらえる。

引用文献
Bennett, C., Anderson, L., Cooper, S., Hassol, L., Klein, D., & Rosenbaum, G. 1966 *Community Psychology: A report of the Boston Conference on the education of psychologists for community mental health*. Boston University Press.
Dalton, J. H., Elias, M. J., & Wandersman, A. 2001 *Community Psychology: Linking individuals and communities*. Wadsworth.
Duffy, K. G. & Wong, F. Y. 1996 *Community Psychology*. Allyn & Bacon.
Eysenck, H. J. 1952 The effects of psychotherapy: An evaluation. *Journal of Counseling Psychology*, **16**, 319-324.
Eysenck, H. J. 1961 The effects of psychotherapy. In H. J. Eysenck (Ed.) *Handbook of Abnormal Psychology*, 597-725. Basic Books.

Henrietta, J. A., Brody, D., & Dumenil, L. 1999 *America : A concise history*. Bedford/St. Martin's.

Kaufman, J. & Ward, N. L. 2005 Community psychology from Swampscott to Beyond (Special Feature). *The Community Psychologist*, **38(4)**, 25-36.

Levine, M. & Perkins, D. V. 1997 *Principles of Community Psychology : Perspectives and applications* (2nd ed.). Oxford University Press.

Nelson, G. & Prillentensky, I. 2005 *Community Psychology in Pursuit of Liberation and Well-being*. Palgrave MacMillan.

Olson, B. D. 2002 Applied social and community interventions for crisis in times of national and international conflict. *Analysis of Social Issues and Public Policy*, **2(1)**, 119-129.

Orford, J. 1992 *Community Psychology : Theory and practice*. Wiley.（山本和郎（監訳）1997　コミュニティ心理学――理論と実践．ミネルヴァ書房．）

Rappaport, J. 1977 *Community Psychology : Values, research, and action*. Holt, Rinehart, & Winston.

Rappaport, J. & Seidman, E.（Eds.）2000 *Handbook of Community Psychology*. Kluwer Academic/Plenum Publishers.

Revenson, T. A., D'Augelli, A. R., French, S. E., Hughes, D. L., Livert, D., Seidman, E., Shinn, M., & Yoshikawa, H. 2002 *A Quarter Century of Community Psychology : Readings from the American Journal of Community Psychology*. Kluwer/Plenum.

Sarason, S. B. 1974 *The Psychological Sense of Community : Prospects for a community psychology*. Jossey-Bass.

笹尾敏明　2005　アメリカ・コミュニティ心理学発展における「緊張と葛藤」：1995-2005 Society for Community Research and Action（SCRA）Biennial Conferences へ参加して．コミュニティ心理学研究，**9(1)**，76-85.

Sasao, T. & Yasuda, T. 2004 Theoretical roots of community psychology in Japan. Paper presented at the *8th European Network of Community Psychology Conference*, Berlin, Germany.

Takaki, R. 1993 *A Different Mirror : A history of multicultural America*. Little, Brown and Company.

Trickett, E. J. 1984 Toward a distinctive community psychology : An ecological metaphor for the conduct of community research and the nature of training. *American Journal of Community Psychology*, **12**, 261-279.

Trickett, E. J. 2003 Community Psychology and Human Diversity : Reflections from a U. S. perspective.（米国におけるコミュニティ心理学と多様性の問題．コミュニティ心理学研究，**7(1)**，47-57.）

Trickett, E. J. & Lustman, N. M. 1977 Research, knowledge, and professional growth. In I. Iscoe, B. L. Bloom, & C. D. Spielberger（Eds.）*Community psychology in transition : Proceedings of the national conference on training in community psychology*（pp. 185-194）. John Wiley and Sons.

山本和郎　1986　コミュニティ心理学――地域臨床の理論と実践．東京大学出版会．

日本のコミュニティ心理学

安藤延男・星野 命・笹尾敏明

[1] 日本におけるコミュニティ心理学の夜明け

　前節では、コミュニティ心理学が、従来の臨床心理学のあり方への批判として、1960年代のアメリカ社会を背景に誕生したことを述べた。1969年、アポロ11号の月面着陸の成功に世界中が沸き立ったその年、東京大学では日本心理学会第33回大会が開かれ、そこで「コミュニティ心理学の諸問題」という主題のシンポジウムが実施された。これが、日本における心理学界への「コミュニティ心理学」の記念すべきデビューである。アメリカのコミュニティ心理学の誕生を1965年の「**スワンプスコット会議**」に求めるならば、日本では、それからわずかに5年足らずで、コミュニティ心理学が誕生したことになる。

　このシンポジウムの企画・司会者は水島恵一（非行心理学）であり、ほかに村瀬孝雄（臨床心理学）、山本和郎（地域精神保健）、安藤延男（社会心理学）の3人が登壇した。山本は、1966年にアメリカのウェルズレー人間関係サービス機関（Wellesley Human Relations Services）に留学し、「地域精神衛生ワーカー」としての訓練を受けて帰国していたが、このシンポジウムにおいて彼は、当時の日本では1959年頃から始まっていた「病院臨床心理学」の実践・研究とは違う新しい分野が出現しつつあること、心理学者が「現実の地域社会」に参加し、社会的に貢献する必要性を説いた。安藤も、その主張を支持し、自身と自身が所属する大学コミュニティとの関わりを報告した。以前から両氏と親交があり、以降の日本のコミュニティ心理学の発展に大きく関わった星野命は、既存の心理学と

は異なる、先進的なコミュニティ心理学的な視点からの、これらの発表を聞いて、「胸躍るのを実感した」と当時を回想している（星野，2005）。

1975年には、日本グループ・ダイナミックス学会の同一シンポジウムに関わった安藤、山本、星野が発起人となって、第1回「**コミュニティ心理学シンポジウム**」を九州大学にて開催した。このシンポジウムの正規の参加者は30名余りであったが、全参加者は「合宿」で「全日程出席」を原則とし、それぞれが発表、司会、あるいはディスカッサントの、どれか一つ以上の役割を担うという独特の形式が採られた。この「コミュニティ心理学シンポジウム」は、1998年まで持ち回りにより同様の形式で続き、70名余りの参加者を受け入れるまでに至った。1997年度には『**コミュニティ心理学研究**』刊行会が同人組織として設立され、創刊号（1巻1号）が発行された。そして、翌1998年4月に、「**日本コミュニティ心理学会**」がいよいよスタートしたのである。

[2] 日本のコミュニティ心理学の歩み

このように見てくると、日本におけるコミュニティ心理学の歴史は、ほぼ30年余りということになる。その間に、研究者の育成と研究成果が積み上げられ、最近では心理臨床系や社会福祉系の大学・大学院プログラムにおいて、主要な授業科目の一つとして公表され、参入している。そこで、本節では、主として安藤（Ando, 1989）の行った史的レビューに基づき、これに星野（1980, 1996a, 1996b, 2005）の論旨を加味しつつ、この間の日本のコミュニティ心理学の歩みを辿ってみる。

1) 第1期：胎動期（1960年代後半）

第1期は、コミュニティ心理学の「胎動期」である。1960年代後半の約5年間に相当する。これは、先述した日本心理学会第33回大会のシンポジウムを含む時期であるが、すでにそれ以前から、日本におけるコミュニティ心理学の誕生へ向けた動きがあった。

1967年には「日本地域精神医学会」が設立され、『地域精神医学雑誌』が創刊された。同年に、山本（1967）の「精神衛生コンサルテーション」に関する論文が、続く1968年には、Caplan（1964）の『地域社会精神衛生の理論と実際』（山本和郎訳）が公刊された。同じ時期に安藤（1968）が、大学での学生相談システムの新しいあり方について「学校カウンセリングとチームワーク」の主題の

もと、大学コミュニティの組織化戦略について考察している。一方、企業組織への社会心理学・集団力学の応用として、三隅（1967）により実施された、バス運転士の事故再発防止に集団決定法を適用した、アクション・リサーチが報告された。

以上の諸研究は、それぞれが独立に行われたものであり、「コミュニティ心理学」という新分野のイメージを共有するまでには熟していなかった。しかし、そうした動きが次第に凝縮して、1969年度の日本心理学会第33回大会のシンポジウムが企画されたとみることは妥当であろう。

2）第2期：「誕生からよちよち歩きの時期」（1970年代）

この時期の主な出来事は、前述した1975年春の第1回「コミュニティ心理学シンポジウム」である。4月26日から28日までの2泊3日にわたって、全国から集まった30名余りの者が合宿し、9件の発表を中心に議論を深めた。その成果は、安藤（1979a）による『コミュニティ心理学への道』として公刊されている。

そもそも、こうした合宿方式を採用した直接の動機は、1974年秋に広島大学で行われた日本グループ・ダイナミックス学会でのシンポジウム、「コミュニティ・アプローチと集団力学」が不完全燃焼に終わったことにある。企画・司会にあたった安藤はもとより、当日ディスカッサントとして登壇した山本や星野も、こうした通常の学会形式の問題点と限界を打破するために、新方式の採用に踏み切ったのである。つまり、一般の学会シンポジウムでは、トレンディな論題を取り上げはするものの、時間不足のために、多くが「顔見せ興行」に終わってしまう。そのため、折角のシンポジウムも新分野の開拓や発展になかなかつながらない懸念があったからである。

この時期には、Murrell（1973）の『コミュニティ心理学』（安藤監訳，1977）や、Korchin（1976）による『現代臨床心理学』（村瀬監訳，1980）などが相次いで出版された。また、1978年には『社会精神医学雑誌』が創刊された。山本（1974）による、地域精神保健やコミュニティ心理学に関する主要概念の用語解説、安藤（1979b）の「心理臨床の展開と使命——地域社会や組織体における活動」（岡堂編，1979）などの論文も、コミュニティ心理学を心理臨床の分野に位置づけ普及させるうえで、啓発的役割を果たした。

3) 第3期：「発展の時期」（1980年代〜1997年）

　まず、山本（1984）が、第2回と第4回のコミュニティ心理学シンポジウムの成果を『コミュニティ心理学の実際』として出版した。しかし、この時期で最も注目すべきは、山本（1986）によるわが国初の『コミュニティ心理学——地域臨床の理論と実際』の出版である。そのほか、大学原級残留予防プログラム（college student dropout prevention）のためのコミュニティ・アプローチとその効果評価に関する研究が、安藤（1989）により報告された。

　一方、コミュニティ心理学の研究方法の一端を担う、生態学的心理学に関するBarker & Gump（1964）の『大きな学校・小さな学校——学校規模の生態学的心理学』（安藤監訳，1982）も出版された。また、この分野については、その後、Wicker（1984）の『生態学的心理学入門』（安藤監訳，1994）が追加された。なお、Orford（1976）の『精神障害の社会心理学』（安藤・山本訳，1981）は、精神障害に及ぼす人間関係の影響に関連した諸説の総合的な考察として有益である。

　ここまでの叙述は、星野（1980）と安藤（Ando, 1989）に準拠して述べた。先にも述べたように、20数回にわたる「コミュニティ心理学シンポジウム」のうち、当初の成果は、安藤（編）『コミュニティ心理学への道』（1979a）と、山本（編）『コミュニティ心理学の実際』（1984）として公刊されたが、それ以後はまとまった形では出ていない。しかし、安藤（1989）の『コミュニティの再生』に続く、「コミュニティ心理学シンポジウム」の歴年の参加者55名による大著、山本・原・箕口・久田編著（1995）『臨床・コミュニティ心理学——臨床心理学的地域援助の基礎知識』は、これまでのシンポジウムの全成果を踏まえたものであり、この分野における実践・研究の発展をそのまま反映している。なお、これと期を同じくして、星野（1996a, 1996b）が、日本精神衛生会編『心と社会』誌上に4号にわたって連載した総説「コミュニティ心理学の現在とメンタル・ヘルス」も、最近20余年のコミュニティ心理学の発展を辿るうえで注目すべき文献である。

　ここで、「シンポジウム」で発表され討議されたテーマを振り返ってみると、表Ⅰ-2-1のようになる。これは、1986年に平川忠敏が、1975〜85年を、また1996年には、1986〜95年を星野がまとめ、それらを分野ごとに統合したものである。そこに示されているとおり、一口にコミュニティ心理学といっても、その内容は10分野にもまたがり、その各分野においてさらに細分化が可能である

ことがわかる。特徴的なのは、その多くが、コミュニティの問題をただ取り上げて理解しようというだけでなく、「援助」「サポート」「ケア」「活動」「風土づくり」「コミュニティ形成」といった、積極的な実践介入を伴っているということである。

この時期に前後して、二つの訳書が出版されている。一つは Orford（1992）『コミュニティ心理学——理論と実践』（山本監訳，1997）であり、もう一つは、Duffy & Wong（1996）の『コミュニティ心理学——社会問題への理解と援助』（植村監訳，1999）である。前者は、この分野におけるイギリスやヨーロッパのコミュニティ心理学界の現況を知るうえで、また後者は、学部・大学院の体系的な教科書として、貴重な文献となっている。

この時期は、出版以外の活動も活発であった。星野（2005）は、1995年を「心理学におけるコミュニティ・アプローチ確認の年」として位置づけ、いくつか重要な出来事について言及している。前述の20数回のシンポジウムの集大成ともいえる『臨床・コミュニティ心理学——臨床心理学的地域援助の基礎知識』（山本・原・箕口・久田編著，1995）の出版に加え、この年は、心理臨床家たちが実際のコミュニティに出て、コミュニティ・メンタルヘルスに貢献した年でもあったのである。まず、1995年1月17日に発生して大災害をもたらした阪神・淡路大震災のあと、被災者に対して、日米のメンタルヘルス・ワーカーたち、特に臨床心理士が、被災者の生活の場に赴いてPTSDへの対処を試みたということがある。その4月からは、全国各都道府県の中学校にスクール・カウンセラーが、学校コミュニティの中で、生徒に対するカウンセリングや、教員・保護者に対するコンサルテーションを開始した。また、「日本精神衛生学会」の第11回大会において、星野は「コミュニティ心理学の現在とメンタル・ヘルス」と題して講演し、医学・看護・福祉系に属する会員が多い学会の大会において、心理学系から画期的な発信をした。

4）第4期：学会発足以降〜現在まで

こうした経過を辿りながら、日本のコミュニティ心理学の歴史にも大きな転機が訪れた。まず、「コミュニティ心理学シンポジウム」の主要な参加者により、外部に開かれた「コミュニティ心理学研究刊行会」なる同人組織が結成され、1997年3月に学術雑誌『コミュニティ心理学研究』が創刊されたことである。

それまでも、学会発足や機関誌発行の是非が繰り返し議題にのぼったが、学会

表 I-2-1　コミュニティ心理学シンポジウムでの発表・討議テーマと報告数

テーマ	1975—1985 年	報告数	1986—1995 年	報告数
地域社会の問題	地域社会の構造・特性	13	騒音問題	3
	地域ストレス、不安	2	ゴミ問題	1
	人口密集	2	住環境のストレス	3
	騒音問題	1	地域災害に伴う住民生活	2
	居住構造とストレス	1	地域社会の活性化と住民組織	2
	スラム・ドヤ街の問題	5	スラム・ドヤ街の問題	2
	小計	24 (20%)	小計	13 (15%)
援助システムと対象者の特性	自閉児の親・兄弟への地域援助とコラム	6	自閉児の母親のストレス、適応	2
	心身障害児、家族への援助	3	心身障害児の親子と地域で	2
	非行対策	4	児童の養護と非行の問題	2
	教育相談、システム	2	精神障害者の職業リハビリと自立	2
	精神障害者への援助（精神病院、デイケア、社会復帰センター、精神衛生センター、保健所）	7	早期教育システムとネットワーク	1
	女性のアルコール依存	1	高齢者・老人のケアとソーシャルサポート	3
	高齢者・退職者問題	1	リハビリ病院の地域ケアと心理士の養成	1
	三歳児検診	1	児童虐待ホットラインのアセスメント	1
	成人病対策（高血圧）	1	寿夜間学校	1
	虫歯予防対策	2	インフォーマルなメンタルヘルス資源としての酒場とマスターの援助行動	1
	肥満対策	1	女性のアルコール依存	1
	長期入院の問題	1	浅香山病院リレーションセンターほか	2
	小計	30 (24%)	小計	19 (22%)
異文化接触	帰国子女問題	1	異文化職務訓練と会社コミュニティ	2
	中国帰還者の問題	1	米国進出企業の現地人教育訓練	1
	海外派遣員のリエントリー	1	国際的行動能力の要因と日本人の特徴	2
	中国からの帰国来日者の適応問題	3	タイ国 PHC 国際研修に参加して	1
	小計	3 (2%)	小計	9 (10%)
大学キャンパス・大学生	大学精神保健サービススクリーニング	1	学生のストレスとその対処資源	1
	東大生の意識調査	1	大学生を対象としたソーシャルサポート	1
	原級残留リスクの高い学生への介入	1	学生相談とコミュニティ	1
	大学生の意欲の実態	1	大学生の環境保護運動を促す要因	1
	心理療法への学生の期待	1	その他	4
	都立大学の精神保健の組織と対策	1		
	鹿児島大学の若者達のアイデンティティ確立への援助	1		
	小計	7 (6%)	小計	8 (9%)

テーマ	1975—1985年	報告数	1986—1995年	報告数
職場への介入	企業組織の計画的変更	1	職場におけるストレスと対処行動	1
	企業組織への介入の一事例	1	大学コミュニティにおける組織改革の事例	2
	某産業組織への介入と展開	1	その他	4
	海外勤務者のリエントリー問題	1		
	小計	4 (3%)	小計	7 (8%)
電話援助とその地域システム	ボランティア相談員のメンタルヘルスほか	8	ボランティアの組織・倫理問題ほか	7
	小計	8 (7%)	小計	7 (8%)
介入の方法	コンサルテーション	2	ショッピングモールへの応用行動分析的介入	1
	システム介入	1	学校コンサルテーション活動と経過	1
	行政へのアプローチ	2	学校コンサルテーションの体験的技法論	1
	グループ・アプローチ	3	精神保健コンサルテーションの受容過程	1
	コミュニティ・オーガニゼーション	1	中国からの帰国者に対する精神保健コンサルテーション	1
	時間制限心理療法	1	心理的ストレスにおけるネットワークの緩衝効果	1
	住民参加型福祉サービスによる風土作り	1		
	小計	10 (8%)	小計	7 (8%)
ボランティアとその活動	ボランティア育成	3	河川浄化ボランティア事業におけるコミュニティ形成	1
	学生ボランティア	1	主婦のピア・カウンセラー	
	プレイ・パーク運動	1		
	小計	6 (5%)	小計	1 (1%)
セルフヘルプ・グループ活動	セルフヘルプ・グループの機能と役割	1	自助グループの機能と役割	1
	セルフヘルプ・グループと外的システムの間の連関・連携について	1	グループ・カウンセリングから自助グループへとコミュニティでの組織化	1
	小計	2 (2%)	小計	2 (2%)
理論、コンセプト	コミュニティとは	1	日本におけるコミュニティ心理学	1
	援助、援助行動とは	3	どこへ行く日本のコミュニティ心理学	1
	危機とその対処	1	コミュニティ心理学のキー・ワード	1
	コミュニティ・ワーカーとは	3	学校教育とコミュニティ心理学	1
	生態学的心理学とその応用	2	コミュニティと病院心理学	1
	私とコミュニティ心理学	3		
	小計	10 (8%)	小計	8 (9%)
他		19 (15%)		7 (8%)
	合計	123	合計	88

の維持運営の困難さなどを理由に、実現には至らなかった。しかし、そうした懸案の一つが、かくも一挙に克服されたのは、長年の「シンポジウム」の蓄積もさることながら、中堅・若手研究者の成長に負うところが大きい。第一世代に属する研究者たちは、「合宿シンポジウム方式」の長所とその運営の容易さなどの理由で、その都度の申込みにより年ごとに参加者を決める方式、つまり「一期一会のシンポジウム」を貫いてきた。前述したように、既成学会のシンポジウムのあり方と非効率性への疑念から、「合宿シンポジウム」の方式を選択したという事情からすれば至極当然のことであり、それなりに有効な選択であったというべきだろう。しかし、その一方で、コミュニティ心理学の研究・教育の活動を一層組織化し、併せて、研究成果の定期公刊体制を確立したいという悲願もあった。研究活動の「質と量」の問題が「運営方式の選択」の問題と絡んで、常に懸案としてあがっていたのも当然であるといえる。

　コミュニティ心理学シンポジウムの一大転機を象徴するもう一つの動向は、学会設立に関するものである。1997年の第22回シンポジウムにおいて「学会設立準備委員会」が設置され、学会設立に関する慎重な事前検討が行われた。その議論に基づき、1998年3月の第23回シンポジウムの最終日に、学会設立総会が招集され「1998年度をもって日本コミュニティ心理学会を発足する件」が提案、可決された。また、先述の「コミュニティ心理学研究刊行会」は、この時点で、新学会に発展的に合流する方向で調整することも決められた。こうした過程を経て、とうとう1998年4月、「日本コミュニティ心理学会」が発足したのである。

　コミュニティ心理学会の発足にあたって、当時の学会長であった安藤延男は、コミュニティ心理学を「個人と環境との交互作用や社会システム相互間の複雑な交絡などの研究と、そこで発生する心理・社会的な諸問題の解決を自らの中心課題とする革新的な臨床社会心理学である」と位置づけ、「こうした重要課題の解決に関心をもつ専門家（または専門職）なら誰でも、コミュニティ心理学の『傘』の下に結集することができる」と述べた。さらに、「そうした多様な専門家（または専門職）の結集を可能にする傘のような概念が、コミュニティ心理学である」とした。しかし、集まった人たちの専門分野が多様であるがゆえに、「コミュニティ心理学者とは何か」が問われることになる。安藤（1998b）は、「スワンプスコット会議」において、同じ問いについて議論された結果として示された、コミュニティ心理学者についての四つのタイプ、すなわち「『社会運動をす

る』心理学者」、「『社会実践をする』心理学者」、「社会工学者」、「新しいタイプの臨床心理学者」を紹介している。これらのうち「『社会工学者』は、環境設計や都市工学、行政・政策学分野、地域づくり運動などを包含するものであり、狭義の「心理学」と地域社会の課題とを橋渡しする中間項的役割を担うジャンル」であるとし（安藤，1998b, p. 1）、この学会が、21世紀の福祉社会の実現のために、そこに住む人々の「健康と自己実現」（ウェルビーイング）に寄与せんとする研究者・実践家の出会いの広場となることを期待するメッセージを発信した。

[3]　その後の学会動向

　学会が発足し、学会誌が創刊されて以降の研究動向を概観するために、これまでに発刊された『コミュニティ心理学研究』誌を振り返ってみる。星野（2005）は、『コミュニティ心理学研究』1巻1号から8巻1・2合併号までの、カテゴリー別掲載論文数および総頁数（表Ⅰ-2-2）、それら掲載論文のテーマを分類してまとめた（表Ⅰ-2-3）。

　表Ⅰ-2-2を見ると、原著論文の合計が20テーマ、シンポジウムが25件、また、特集論文が10テーマであったことがわかる。また、事例報告と事例研究の合計も7テーマあるが、ここには、個人会員による投稿と共に、特定のテーマについての何人かの寄稿があり、つまり特集においても、これまでシンポジウム活動に主眼が置かれてきた伝統が今にも生きていることが見受けられる。さらに顕著な点は、「職場への介入」が6点、「介入の方法」が14点、計20点あり、実際のコミュニティへの介入という、実践に関心が寄せられてきたこともわかる。しかしながら、単一の学校や企業などのような、いわゆる「閉ざされた社会システム」に関するアクション・リサーチに比べると、行政組織や地域（まち）づくりのような、現場の複雑な社会システムへの介入に関する研究報告は相対的に少ない。また、その他に分類されてはいるが、教育関係が5テーマ、異文化接触も5テーマあり、「地域社会問題」や「援助システムと対象者の特性」に比べると、数こそ多くはないが、会員の関心の広さを物語っているといえる（表Ⅰ-2-3）。コミュニティ心理学の実践・研究分野は、焦点を絞ることが難しいが、それだけに人間の地域コミュニティ生活の全面において、知恵と工夫をこらし、問題の広く深い理解と解決、そして住民への支援を志向しているといえる。星野（2005）による、日本のコミュニティ心理学の簡略版年表を付録として付けたので、興味ある読者は参考にしてほしい。

表I-2-2 『コミュニティ心理学研究』1巻1号〜8巻1・2合併号（全15冊）における
カテゴリー別掲載論文数および総頁数

	1巻 1号	1巻 2号	2巻 1号	2巻 2号	3巻 1号	3巻 2号	4巻 1号	4巻 2号	5巻 1号	5巻 2号	6巻 1号	6巻 2号	7巻 1号	7巻 2号	8巻 合併号	計
実践研究	3	1														4
調査研究	2	1												2		5
評論	3															3
総説			4		1	1		1			1					8
特集論文		6					4									10
講演					1		1		2				1			5
原著			3	3	2	2		2	2	1	1		3		1	20
資料								1				1				2
事例報告						1			1	2		2				6
事例研究														1		1
シンポジウム・分科会(1)										9						9
シンポジウム(2)							4					5	3		4	16
エッセイ		1														1
アカデミックエッセイ				2	1		2				1					6
総頁数	122	91	89	89	61	76	105	77	83	92	54	72	85	42	60	1198

　本節では、1節「コミュニティ心理学の誕生から現在まで」に引き続いて、日本におけるこの新学問領域の生成・発展の小史を試みた。1965年の「スワンプスコット会議」を公式な始まりとし、その数年後には、日本の心理学研究・実践に導入され、30年以上過ぎている。それ以前において、日本では社会心理学、病院臨床心理学などの分野では、すでにコミュニティ・アプローチが存在しつつはあったが、やはりコミュニティ心理学が実践研究領域として発展してきたその背景には、「合宿形式」を重視した「コミュニティ心理学シンポジウム」の役割は大きいであろう。昨今の「心理学ブーム」はともかく、「こころ」の問題に端を発する学校内の事件や犯罪事件などの増加が拍車をかけ、一般社会における「心理職」への関心が今までになく高まりつつあるなか、コミュニティ心理学が期待されているものは多大であろう。欧米でのコミュニティ心理学の発展と比較すると、日本でのコミュニティ心理学は、日本の文化的な文脈の中で発展し続け

表Ⅰ-2-3 『コミュニティ心理学研究』1巻1号～8巻1・2合併号（全15冊）掲載論文のテーマ（星野，2005）

地域社会の問題		ボランティアとその活動	
ゴミ捨て行動への介入策	1	子育て支援ボランティアの養成と変容	1
環境保全態度	1	NPO活動（安心とつながり）のネットワーク	1
援助システムと対象者の特性		中学生のヘルパーによるサポートシステム	1
保健所デイケア	1		
女性センター相談室	1	電話による地域援助とそのシステム	1
DVシェルター活動	1	セルフヘルプ・グループ（SHG）活動	
老健施設	1	その活動	3
異文化接触		自助資源としてのインターネット	1
留学生のサポートシステムと適応ほか	3	理論およびコンセプト	
中国帰国者へのサポートシステム	1	日本コミュニティ心理学小史	1
外国人労働者のストレス	1	臨床分野への貢献と展開	1
職場への介入		大学キャンパス・大学生	
会社コミュニティにおけるサポート	4	組織の設計と立ち上げ	1
メンタリングと人材開発	1	教員―学生間の葛藤	1
リストラによる失業者	1	医学生の態度変容	1
介入の方法		その他（教育関係ほか）	
エンパワメント	4	学級風土研究	3
電子メールによるサービス	1	中学生の有力化・無力化	1
乳がん患者へのサポートグループによる介入	1	老人ホームスタッフのバーンアウト	1
		バーンアウト尺度	1
境界性人格障害のデイケア	1	学校におけるコンフリクト解決	1
保育士による親へのサポート	1	地方都市の教育行政支援	1
トラウマを受けた子どもへの支援	6	教員文化、高校教員の協働性	1
		家族の集る場（描画法）	1
		山村留学家族と地域住民	1

てきているが、今後の課題もいくつか残されている。たとえば、従来の臨床心理士が関わってきたメンタルヘルス領域を超えて、広義の意味における生態学的視座に沿い、**地理的コミュニティ**（geographical community）はもちろんのこと、**機能的コミュニティ**（functional community）など幅広いコミュニティでの実践・研究活動が期待される。それに伴い、高等教育・専門教育における「コミュニティ心理学教育」の充実を図ることも重要となるであろう。

引用文献

安藤延男　1968　学校カウンセリングとチームワーク――組織化のための戦略を中心に．教育と医学，**16**(4)，304-310.

安藤延男（編）1979a　コミュニティ心理学への道．新曜社．

安藤延男　1979b　心理臨床の展開と使命――地域社会や組織体における活動．岡堂哲雄（編）　心理臨床入門，290-310．新曜社．

Ando, N. 1989 Community psychology in Japan: A historical review. *Applied Psychology: An International Review*, **38**(4), 397-408.

安藤延男（編）1989　コミュニティの再生．現代のエスプリ，**269**．至文堂．

安藤延男　1998a　日本コミュニティ心理学小史――1960年代後半から現在まで．コミュニティ心理学研究，**2**(1)，67-70.

安藤延男　1998b　巻頭言：日本コミュニティ心理学会の発足にあたって．コミュニティ心理学研究，**2**(1)，1.

Barker, R. & Gump, P. (Eds.) 1964 *Big School, Small School: High school size and student behavior*. Stanford University Press.（安藤延男（監訳）1982　大きな学校・小さな学校――学校規模の生態学的心理学．新曜社．）

Bennett, C., Anderson, L. S., Cooper, S., Hassol, L., & Rosenbaum, G. (Eds.) 1966 *Community Psychology: A report of the Boston conference on the education of psychologists for community mental health*. Boston University Press.

Caplan, G. 1964 *Principles of Preventive Psychiatry*. Basic Books.（山本和郎（訳）1968　地域社会精神衛生の理論と実際．医学書院．）

Duffy, K. & Wong, F. Y. 1996 *Community Psychology*. Allyn and Bacon.（植村勝彦（監訳）1999　コミュニティ心理学――社会問題への理解と援助．ナカニシヤ出版．）

星野　命　1980　コミュニティ心理学――その歩みと課題．社会精神医学，**3**(3)，29-37.

星野　命　1995a　コミュニティ心理学の現在とメンタル・ヘルス（第1回）．心と社会，No. 81，72-77.

星野　命　1995b　コミュニティ心理学の現在とメンタル・ヘルス（第2回）．心と社会，No. 82，90-97.

星野　命　1996a　コミュニティ心理学の現在とメンタル・ヘルス（第3回）．心と社会，No. 83，80-86.

星野　命　1996b　コミュニティ心理学の現在とメンタル・ヘルス（第4回）．心と社会，No. 84，108-113.

星野　命　2005　境界を越える心理学――コミュニティ心理学の旅立ち・道程・旅先．コミュニティ心理学研究，**9**(1)，41-59.

Korchin, S. J. 1976 *Modern Clinical Psychology*. Basic Books.（村瀬孝雄（監訳）1980　現代臨床心理学．弘文堂．）

三隅二不二　1967　バス運転士の事故防止に関する集団決定の効果．九州大学教育学部紀要教育心理学部門，**11**(2)，23-31.

Murrell, S. A. 1973 *Community psychology and social systems*. Behavioral Publications.（安藤延男（監訳）1977　コミュニティ心理学．新曜社．）

Orford, J. 1976 *The Social Psychology of Mental Disorders*. Penguin Books.（安藤延男・山本和郎（共訳） 1981 精神障害の社会心理学．新曜社．）

Orford, J. 1992 *Community Psychology: Theory and practice*.（山本和郎（監訳）1997 コミュニティ心理学——理論と実践．ミネルヴァ書房．）

Wicker, A. W. 1984 *An Introduction to Ecological Psychology*. Cambridge University Press.（安藤延男（監訳） 1994 生態学的心理学入門．九州大学出版会．）

山本和郎 1967 地域精神衛生と臨床心理学．臨床心理学研究，**6**，117-126．

山本和郎 1974 地域精神衛生．佐治守夫・水島恵一（編）臨床心理学の基礎知識．有斐閣．

山本和郎（編）1984 コミュニティ心理学の実際．新曜社．

山本和郎 1986 コミュニティ心理学——地域臨床の理論と実際．東京大学出版会．

山本和郎・原 裕視・箕口雅博・久田 満（編著） 1995 臨床・コミュニティ心理学——臨床心理学的地域援助の基礎知識．ミネルヴァ書房．

付録　日本のコミュニティ心理学の簡略版年表（星野，2005より一部抜粋・改変）

年	主な出来事
1965	アメリカのボストン郊外のスワンプスコットで，「地域精神衛生にたずさわる心理学者の教育に関する会議」が開催された．
1969	東京大学で開かれた日本心理学会第33回大会において「コミュニティ心理学の諸問題」をテーマにシンポジウムが行われ，山本・安藤・村瀬が登壇し発言した．
1975	日本における「コミュニティ心理学シンポジウム」が初めて九州大学で開催された．発起人は安藤・山本・星野で，30名余りが参加した．「全員合宿」を原則とし，そのうえ，すべての参加者が発表か司会かディスカッサントなどの役割のいずれかを担うという不文律も決められた．以降，同様の形式で1998年まで23回開催され，「学会」結成の史的基盤となった．
1979	安藤が『コミュニティ心理学への道』を編集，出版した．ここに，第1回コミュニティ心理学シンポジウム（1975）の成果がまとめられた．
1984	山本がコミュニティ心理学シンポジウムの第2回と第4回の成果を編集した『コミュニティ心理学の実際』を出版した．
1986	山本が『コミュニティ心理学——地域臨床の理論と実際』を出版した．
1989	安藤が『コミュニティの再生』を編集，出版した（『現代のエスプリ』第269号）．
1992	英国でOrfordが，『コミュニティ心理学——理論と実践』を出版した．これは山本の監訳により，1997年に出版された．
1995	日本精神衛生学会第11回大会において，星野が大会長講演「コミュニティ心理学の現在とメンタルヘルス」を行った． 山本・原・箕口・久田（編著）による『臨床・コミュニティ心理学』が出版された．
1997	3月『コミュニティ心理学研究』1巻1号が刊行された．

1998	第 23 回コミュニティ心理学シンポジウムの会期末に、「日本コミュニティ心理学会」の設立総会を開催した。安藤の「巻頭言：日本コミュニティ心理学会の発足にあたって」が、『コミュニティ心理学研究』2 巻 1 号に掲載された。
1999	日本コミュニティ心理学会第 1 回大会が東京都府中市で開催された。公開シンポジウムが「子どもを育むコミュニティ」をテーマとして行われた。 植村が Duffy & Wong の『コミュニティ心理学』を「社会問題への理解と援助」という副題をつけて監訳し出版した。
2000	日本コミュニティ心理学会第 2 回大会が福岡県福岡市で開催された。公開シンポジウムが「ドメスティック・バイオレンスの現状と展望」をテーマとして行われた。
2001	日本コミュニティ心理学会第 3 回大会が愛知県名古屋市で開催された。山本第二代会長が、「コミュニティ心理学の臨床分野への貢献、そしてさらなる展開へ」をテーマに講演した。
2002	3 月に、日本コミュニティ心理学会第 4 回大会が山形県上山市で開催された。シンポジウム「コミュニティの心の問題にどう取り組むか——コミュニティ・アプローチによる臨床・実践の展開」が行われた。 同年、異例の 12 月に、日本コミュニティ心理学会第 5 回大会が東京都新座市にて、「多様化社会における協働を求めて——コミュニティ心理学への挑戦」をテーマに開催された。また、海外からの招聘講演者として、イリノイ大学（シカゴ）の、Trickett が "Community Psychology and Human Diversity: Reflections from a U. S. Perspective" というテーマで教育講演をした。
2003	日本コミュニティ心理学会第 6 回大会が鹿児島県鹿児島市で開催された。 初学者向けの研修会「コミュニティアプローチの実際」が東京で開催され、全国各地から積極的な参加があった。
2004	日本コミュニティ心理学会第 7 回大会が京都府京都市で開催された。「多領域で支える、暴力被害者支援を目指して」というテーマでシンポジウムが行われた。海外からは、ハーバード大学の Harvey が「暴力被害者を支えるコミュニティの生態学的架け橋」というテーマで講演し、シンポジウムと事例検討会に参加された。
2005	日本コミュニティ心理学会第 8 回大会が石川県金沢工業大学において開催された。公開シンポジウムが「犯罪被害者支援をめぐる諸問題」をテーマに行われた。さらに、星野が「境界を越える心理学——コミュニティ心理学の旅立ち・道程・旅先」のテーマで大会記念講演をした。

II章 コミュニティ心理学の基本概念

概説

植村勝彦

　コミュニティ心理学は若くて新しい心理学の分野であるので、その成長も早く、したがって、その定義とともに、理念や目標や関心領域も少しずつ変化していっている。現に、スワンプスコット会議での精神障害者への地域精神保健を中核とした関心から、今や大きくシフトして、生活のあらゆる側面、そして社会問題と呼ばれるものにまで拡大している。コミュニティ心理学の定義として、比較的最近の例を挙げれば、次のようである。

　　コミュニティ心理学は、集団や組織（そしてその中の個人）に影響を与える社会問題や社会制度、およびそのほかの場面に焦点を合わせる。その目標は、影響を受けたコミュニティ・メンバーとのコラボレーション（協働）の中で作り出される革新的で交互的な介入を用いて、コミュニティや個人の幸福をできるだけ完全にすることである（Duffy & Wong, 1996　植村監訳 1999）。

　　コミュニティ心理学は、コミュニティや社会への個人の関係に関わりをもつ。コミュニティ心理学者は、協働的な研究や活動を通して、個人やコミュニティや社会にとっての生活の質を理解し、高めようと努める（Dalton, Elias, & Wandersman, 2001）。

　こうした定義を受けて、コミュニティ心理学がその理念や目標としているテーマには、次のようなものがある。

　Duffy & Wong（1996）は、「コミュニティ心理学の理念と目標」として、①治療よりもむしろ予防　②強さとコンピテンス（有能さ）の強調　③生態学的視座の重要性　④多様性の尊重　⑤エンパワメント　⑥代替物の選択　⑦アクション・リサーチ　⑧社会変革　⑨他の学問とのコラボレーション　⑩コミュニティ

感覚、を挙げる。また、同じく Dalton, Elias, & Wandersman（2001）は、「コミュニティ心理学における七つの中核的価値」として、①個人の幸福 ②コミュニティ感覚 ③社会的公正 ④市民参加 ⑤コラボレーションとコミュニティの強さ ⑥人の多様性の尊重 ⑦経験に基づくこと、を挙げている。

わが国では、山本（2000）が、「臨床心理学的地域援助の10の理念」として、①コミュニティ感覚 ②社会的文脈内人間 ③悩める人の援助は地域社会の人々との連携で ④予防を重視 ⑤強さとコンピテンスを大切に ⑥エンパワメントの重要性 ⑦非専門家との協力 ⑧黒子性の重視 ⑨サービス提供の多様性と利用しやすさ ⑩ケアの精神の重要性、を挙げ、また金沢（2004）は、「コミュニティ心理学の主要概念」として、①予防 ②能力強化と成長促進 ③コミュニティ資源の向上 ④自助と相互援助 ⑤エンパワメント ⑥社会的マーケティングと社会システムの設計・評価 ⑦社会システムの変化、を挙げている。

最近の国内外の研究者が提示したこれらのテーマはいずれも、Rudkin（2003）が同様の発想に基づいて幾人かの研究者の挙げるテーマを総括し、「コミュニティ心理学への案内となる五つの原理」としてまとめたものに含まれるであろう。五つの原理とはすなわち、①研究や理論や実践は、ある価値システムのなかで発展する ②人は、個人が生活しているたくさんの水準の社会的文脈を理解することなくして、個人を理解することはできない ③多様なグループ、特に公権を奪われたグループの視座に敬意が払われなければならない ④人の生活上の有意味な改善は、時として社会変革を要求する ⑤研究や理論や実践は、欠陥モデルよりもむしろ強さモデルを通して最も前進する、というものである。

本章では、先に挙げた国内外の研究者によって重複して取り上げられていた、生態学的視座、予防、エンパワメント、ソーシャルサポート、コラボレーション、コミュニティ感覚、および社会変革、のコミュニティ心理学にとって中核をなす七つの基本概念や理念を解説するものである。

引用文献

Dalton, J. H., Elias, M. J., & Wandersman, A. 2001 *Community Psychology : Linking individuals and communities*. Wadsworth.

Duffy, K. G. & Wong, F. Y. 1996 *Community Psychology*. Allyn & Bacon.（植村勝彦（監修） 1999 コミュニティ心理学. ナカニシヤ出版.）

金沢吉展 2004 コミュニティ援助の理念. 金沢吉展（編） 臨床心理学的コミュニティ援助論, 1-55. 誠信書房.

Rudkin, J. K. 2003 *Community Psychology: Guiding principles and orienting concepts*. Prentice Hall.
山本和郎　2000　コミュニティ心理学の臨床分野への貢献　そしてさらなる展開へ．コミュニティ心理学研究，**5(1)**，39-48．

1 生態学的視座

植村勝彦

[1] 生態学的視座とは

　コミュニティ心理学は、人間の行動を**生態学的視座**（ecological perspective）から捉える。この視座は、すべての行動が、その人がおかれている文脈（context）との相互作用の中で生起すると考えるもので、Lewin（1951　猪股訳 1956）の有名な公式である $B = f(P, E)$、つまり人の行動（B）は、人（P）の側の要因と、その人を取り巻いている環境（E）の要因との相互作用によって決定される、という考え方を心理学の中に定着させるだけでなく、この考え方に基づいた心理学を積極的に展開しようとしている。というのも、この公式を否定する心理学者はいないだろうが、現実には、心理学はこれまで人の行動を理解する努力において、情動や欲求、パーソナリティといった人の要因の方をもっぱら強調し、環境の要因にはほとんど関心を払ってこなかったという歴史的経緯があるからである（Bronfenbrenner, 1979　磯貝・福富訳　1996）。

　文脈内存在としての人間（person-in-context）という視点（Orford, 1992　山本監訳　1997）は、この個人主義的なバイアスを修正することを目的としており、人の行動は、彼がその一部分でありつつ、影響を受けたり与えたりしている社会的場面やシステムという文脈の中での相互作用の結果である、と考える。人は自分がいる場面に影響を与え、一方、場面はその中にいる人に影響を与える。したがって、もしもその人に何らかの不具合が生じているならば、人と環境の双方が検査される必要があり、そしておそらく両方が何らかの変化を求められるだ

ろう。生態学的視座とは、人と環境（物理的・社会的・文化的）との間の関係の最適の釣り合いを確立することに意義を見いだしており、1975年にオースチンで開かれた「コミュニティ心理学の訓練に関する全国会議」では、**人―環境適合**（person-environment fit: Murrell, 1973　安藤監訳　1977）はこの会議の共通のテーマとして設定され（山本，1986）、今日でもコミュニティ心理学の重要な理念の一つである（Duffy & Wong, 1996　植村監訳　1999）。

　ただ、この「文脈内存在としての人間」という視点で人の行動を扱う作業は決して簡単なものではない。Orford（1992）がいうように、人とその環境との間の関係はほとんど常に相互的（reciprocal）で非常に複雑なものであり、相互に影響し合いながら分離不可能な全体を構成している。また、それは連続性をもち長期間にわたることも多く、その過程で新たに生まれたり修正されたりする行動もあり、それらを概念化したり査定することを困難にしている。さらに、「重要な点は、この分野には統一的なまたは先頭を行く理論が、渇望されているにもかかわらず、まだ存在していないということである（p. 19）」。こうした状況の下で、彼はその先導的で有望な理論的概念になりうると信じるものとして、Barker（1968）の行動場面の概念、環境心理学、Moos（1973）の社会的風土と雰囲気の概念、Bronfenbrenner（1979）の入れ籠システム、Leary（1957）らの対人行動理論、の五つを挙げている。また、Levine & Perkins（1997）は、Kelly（1966）の生態学的アプローチと、環境についての心理学的見地に立つ三つの代表的理論としてのMoosの社会的風土の知覚、Barkerの行動場面、Sarbin（1970）の社会的役割を挙げている。一方、Scileppi, Teed, & Torres（2000　植村訳　2005）は、Lewin（1951）の場の理論、Barkerの行動場面、Moosの社会的風土尺度、Kellyの生態学の原理、Bronfenbrennerの児童発達の生態学的理論、の五つを挙げ、またDalton, Elias, & Wandersman（2001）は、Barkerの生態学的心理学と行動場面、Kellyの四つの生態学的原理、Moosの社会的風土の次元、Seidman（1988）の社会秩序、および環境心理学を挙げている。さらに新しいところで、Rudkin（2003）は、Barkerの行動場面、Moosの社会的風土尺度、心理的コミュニティ感覚、Kellyの生態学的アナロジー、Bronfenbrennerの生態学的モデルの五つを挙げている。

　このように、コミュニティ心理学における思考の多くは、個人の行動は生態学的文脈を考えることなくしては理解することができない、という基本的仮定にその源をもっており、文脈内存在としての人間についての、良好な人―環境適合を

記述し、分析し、評価するのに必要な研究の道具として、いくつもの生態学的モデルが研究者によって挙げられている。ここではその代表として、Barker、Kelly、Moos、Bronfenbrennerの各理論と、生態学的視座というには偏っている嫌いはあるが、Lewinの公式にいう環境の要因に焦点を合わせている環境心理学について、簡潔に紹介することとする。

[2]　Barker の生態学的心理学と行動場面理論

Barker（1968）は、行動の研究は実験室や作られた場面ではなく、日常の事態でなされるのがもっともよい、との信念のもとに、ある環境場面では誰もが示す行動と、その場面の構造特性との間の関係を明らかにする研究を、独自の方法論に基づく観察によって行った。

Barker は、**生態学的心理学**（ecological psychology）とは「人の目標志向的活動とこれらの活動が生じる行動場面との間の相互依存的な関係についての学問である」（Wicker, 1979　安藤監訳　1994, p. 22）と定義し、その活動の生態を捉える際の最も重要な観察記述の基本単位として「行動場面」を考えた。**行動場面**（behavior setting）とは「序列化された一連の活動を実行するために協調的に相互作用をする代替可能な人々と人間以外の諸成分とで構成されており、時間的・空間的な境界をもち、かつ自己調節機能を備えた階層システム」（Wicker, 1979, p. 17）と定義されるが、それは人間行動にとっての直接的でリアルな物理的・社会的環境であり、構成概念ではない（安藤，1993）。

特定の時間に特定の場所で起こる行動は定型化されたものである。地理的・物理的環境特性や、人の集まりによって生じる社会的環境特性が相互に関連して一つの行動場面を形成する。そしてこの行動場面に直面した人は誰もが、それに対応した行動を示すようになる。つまり行動場面は、そこに臨んだ者に共通の行動様式（定立型：standing pattern）を起こさせる力をもっていると考えられる。そして、ある行動場面で現れる行動と、その行動場面の物理的・社会的環境特性の構造や機能との関係を明らかにすることで、人の日常行動の予測が可能になるというものである。

たとえば、大学での講義は一つの行動場面である。教師・学生という人間と、机・椅子・黒板・ノートなど人間以外の諸成分で構成され、決められた時間割に従い特定の教室で行われる。教師は講義プログラムに従って、講話をし板書を行うなど一連の活動を実行するが、学生もまた、椅子に座りノートをとるなどの協

調的な相互作用が行われる。このとき、行動場面を構成する人間と人間以外の成分は自己調節的な関係をもっており、たとえば、黒板は教師にとって十分に大きくて書きやすく、学生にとっては見やすい場所や高さに設置されている。このように、調節機能を果たしている人―環境ユニットをBarkerは「シノモルフ（synomorph）：類似形態型」と呼んだが、行動と環境の間には適合（fit）があり、普段は当たり前のこととして、意識されることはあまりない。

　Barkerはわかり切ったことを提言しているように見えるかもしれない。しかし、行動場面がその目的に合致しない行動を示すときこそ、この理論はその分析力を発揮する。たとえば、場違いの行動はなぜ起こるのか、同じ目的で作られた場面でも、何か物理的な次元で違う点があったらどんな変化が起こるのか、行動場面の安定した構造の一部分だけ持続した場合何が起こるのか（Ittelson *et al.*, 1974a　望月訳　1987）。このように、行動場面の特性によって差の生じるのは行動のどの部分であるかが明らかにされることで、行動場面や行動の本質が逆照射されることになる。

　Barkerはまた、行動場面が、成立を妨げる障害を排除して、行動パタンを一定に保つプロセスを研究することを重要視しており、行動場面の中にいる人が代わっても行動を維持する四つの「回路」があることを見いだした。行動場面における回路とは、プログラム、目標、逸脱への対抗、拒否権、の四つである。プログラム回路とは活動そのものであり、講義場面でいえば、教師による講義や学生による受講活動である。たとえば、休講に対しては代講者が行うとか補講措置がとられ、欠席者は仲間にノートを見せてもらうだろう。目標回路とは、その社会的場面が形作られている目的を表しており、講義場面は必要な知識や技術を提供する目的で行われる。逸脱への対抗回路は、プログラムにない行動を減じたり取り除いたりするために用いられる方略である。教師は、授業に出席しようとしない学生を防ぐために出席を義務づけたりするだろう。逸脱への対抗回路が失敗するとき、拒否権回路が作用し始める。これは、その場面から逸脱者を放逐する規則から成る。出席停止の措置がとられたり、単位が与えられないかもしれない。しかし、その行動場面が多くの学生の放逐を生んでいるとすれば、回路自体を調査することも有益である。Barkerのモデルは、代替物を探すことを奨励しており、行動の定立型に影響を及ぼすであろう。

　また、行動場面は、基本的行動プログラムを遂行するのに、最適な人数と、人数の上限と下限をもつ。最適な人数をもたない行動場面では、最適な人数の場面

とは異なる事象が生じる。この人員不足状態および人員過剰状態で生じる、現象的結果および心理的結果を説明する理論が「人員配置理論（manning theory/staffing theory）」である。Barker & Gump（1964　安藤監訳　1982）は『大きな学校、小さな学校』において、人員不足状態にある学生数の少ない高校と、適正人員および人員過剰状態の高校について、行動場面の数や参加人数、役割、満足感などを調べ、学校の大きさが生徒の参加の程度に影響することを見いだした。たとえば、前者の高校の生徒は後者よりも、より多くの学校行事で責任のある役割を果たし、その結果、より「活動に積極的だった」「重要な役割を担っていた」「自信を得た」「必要とされていると感じた」などの反応が多かった。Barker & Gump（1964）は、大きな学校には多くのチームやクラブがあっても、最良の生徒だけがグループに参加することを奨励されることに注目している。試しに出場することは恥をかくことになるかもしれず、能力に自信のない生徒は、滅多にチームのスクリーニングに参加しない。対照的に小さな学校では、チームはメンバー表を満たすために生徒を必要としており、能力とは無関係にすべての生徒が参加することを奨励されることが、上のような結果をもたらしたと考えた。

　ところで、この最重要単位である「行動場面」は、どのようにして識別・選定されるのだろうか。詳しくは Wicker（1979）に譲るが、Barker は二つの行動場面の間の構造的・力動的な相互依存性を測定する「K テスト」なるインベントリー調査法を考案し、そのテストの値が 21 点（これを K 分割点と呼ぶ）以上になれば、二つの行動場面は互いに独立したものであると認定する方法（K–21 法）を開発している。そしてこれを用いて、Barker とその共同研究者たちは大きな教会と小さな教会、サービス行動場面（ヨセミテ国立公園）などさまざまな行動場面調査を行った。その全貌は Wicker（1979）や安藤（1993）に要領よく紹介されているが、日本でも行動場面調査法を用いて、三浦らは、活気のある団地と活気のない団地の比較を行っている（三浦ら，1985；山本，1986）。

　ただ、安藤（1993）によれば、行動場面調査の原法の手続きはきわめて複雑であり、これを簡略にすることを試みる中で、行動場面の記述に用いた項目に因子分析を適用し、基本的構造を抽出することで対象間の比較を行ったり、また、対象内で生起している全行動場面を確認し記述する代わりに、典型的な行動場面だけを抽出してそれを精査する方法が開発された。そして、やがて「コミュニティ全体」とか「組織体全体」の行動場面調査から、必要な特定の行動場面を抽出

して調査するという方向に研究が展開していった。こうした流れを受けて、日本でも、西本・佐古（1993）らのチームが総合選択制高校を対象に、学園におけるハウス制が大規模校のもつ匿名性を緩和する機能を果たしているかどうかを質問紙や事例研究によって検討し、高橋（2001）や箕口（2002）は、精神科病棟のリロケーションが患者の行動場面に及ぼす効果を自然観察をもとに検証している。また熊澤（1998）は、精神科の施設規模（大・小）がデイケア・プログラムの構造に及ぼす影響を、行動場面プログラムの構成要因項目を因子分析することで比較している。

　Barkerの生態学的心理学に対しては、文化的環境の側面および行動場面が個人にもつ意味を考慮していない（石井，2001）、行動場面という単位は閉ざされた系の中での行動と環境のみに有効という限界があり、また物理的環境の、特に構造化されていないが人間行動にとって意味のある空間（たとえば、空き地での子どもの遊び）が記述されない（山本，1986）などの批判があるが、こうした限界にもかかわらず、生態学的心理学はコミュニティ心理学に一つの重要な視座を提供したことは疑いようのない事実である。

[3]　Kellyの生態学の原理

　Kelly（1966；1970）は、コミュニティの中での個人の機能に影響を及ぼす力を理解するために、生態学的視座を用いることの重要性を示唆し、コミュニティ心理学者が、生活に困難を抱えている人々を援助するための効果的な方略を開発する中で、彼らを支援するための四つの生態学原理を提示している。

1）相互依存

　ある社会システムのすべての部分は一緒に作動しており、一つの部分における変化はシステムを構成しているすべての部分に影響を及ぼす。この**相互依存**（interdependence）の原理は、一般システム理論における本質的構成概念であり、Kellyの理論に特有のものではない。システム内の一つの要素が変えられるとシステムにストレスを生む。もしも相互関連している成分のすべてがこの改訂された要素と調和できれば、この変化は受容されシステムは安定するが、調和できなければ、そのときシステムは自らを調節し、分裂を導く現状を再確立するべく抵抗するので、この変化は拒絶されるだろう。

　たとえば、脱施設化の方針に沿って障害者がコミュニティに復帰する場合、本

人への心理治療や社会的スキルの訓練とともに、それ以上に受け入れ側のコミュニティに、彼らの生活を保障する物理的・社会的・人的な資源や環境が整備されている必要がある（佐藤・北野・三田，2002）。

2）資源の循環

第二の生態学原理は**資源の循環**（cycling of resources）で、これはどのように資源が利用されるかに関わるものである。いかなる社会システムにおいても資源やエネルギーが存在しており、それらがそのシステムを通してどのように転移されるかを考えることは有用である。ある部分で廃棄物であるものが別の部分では有益な資源となりうる。

たとえば、成人した子どもをもつ母親は「空の巣症候群」によるうつ状態を経験しているかもしれないが、地域の若い母親たちから、経験豊富な子育て支援ボランティアとして期待されているかもしれない。現に、行政からの委託事業やシルバー人材センター、NPOが参入していることが報告されている（朝日新聞，2003. 5. 30）。資源の循環は人的資源に限定されない。たとえば、学校の建物は使用していない時間に、地域のグループのための会合場所やレクリエーションの場として利用されるし、5年前のコンピュータはもはや企業では旧式で使えないかもしれないが、生徒の教材用としては十分に役に立つであろう。

3）順応

Kellyの第三の原理は**順応**（adaptation）で、これはある特定の生育地や環境の中で生活し、成長するためのその個人の能力に関わるものである。順応は個人のコンピテンス（有能さ）を高めたり、人が広範囲な生育地の中で成長することを可能にしたり、その環境を親しみのあるものとすることで人の成長が促進される。順応は、よりよい「人と環境の適合性」を創り出すというコミュニティ心理学の中心テーマを表現している。

たとえば、古川（1978）は、カツオ・マグロ遠洋漁業を主産業とする中部太平洋沿岸の小漁村における成人知的障害者の生活状況について報告している。この村では男性の知的遅滞者は一人前の労働者として扱われ、就業し家庭をもつ者が多く、村人の態度は受容的であり、知的遅滞が問題になることは少ないという。そしてそれを支える社会的背景として、主産業である漁業の技術的単純性、漁業利益配分における古い平等原則の残存、職場・地域における強い血縁的紐

4）遷移

　第四の生態学原理は**遷移**（succession）であり、環境は変化するので、より順応に富むポピュレーションは順応の低いものに取って代わるだろう、というものである。環境は「行動から中立である」のではなく、むしろ環境はあるポピュレーションを好み、他を強圧するのが自然生態の原理であり、人間生態も類似するという。たとえば、経済が停滞しているとき職務は少なく、失業者がわずかの職を求めて競争する。その結果、心身にハンディをもつ障害者の雇用機会はますます減り、障害者の雇用を会社に奨励している政府の勧告は留保されがちになる。

　この遷移の原理は、一つの社会システムとしてコミュニティを見ること、そしてそのシステムの中に存在しているマクロレベルの傾向を認識すること、をコミュニティ心理学者に可能にする。こうした中での効果的な介入は、必要としているポピュレーションが、資源やサービスに対して確実にアクセスできるようにすることである。

　このように、Kellyの四つの生態学原理は、社会環境のダイナミックスを記述するのに独特の有用な概念を提供している。特に、資源の循環や遷移など、他のアプローチでは強調されない側面を取り上げているところにも特徴がある。また、これらの概念の間には因果関係を特定していない。つまり、これらは因果モデルとしてよりも一般的概念として意図されており（Kelly, 1970）、さらに観察や測定の特定の方法とも結びついていない。つまり、その意味するものは、それらがそれぞれの場面のユニークな生態に依存すべきであるということである（Dalton, Elias, & Wandersman, 2001）。

[4] Moosの社会的風土の知覚

　Barkerは場面が行動にどのように影響するかを明らかにしたが、Moos（1973）は同じタイプの場面の間の差異を測定するための道具を開発することに関心をもった。たとえば、学級間の比較や病棟間の比較を、そこに在籍する人々への質問紙による心理尺度得点の集団平均値によって明らかにしようとするものである。

　課題統覚テスト（TAT）を開発したMurray（1938）は、行動はパーソナリティにおける個人差とともに、環境の圧力や要求によって影響を受けることを示

した。彼は個人のパーソナリティの差異を測定するための道具の開発に力を尽くしたが、環境場面を研究する方法を誰かが開発してくれることを望んでいた。Moos はこのニーズを満たすために、一連の**社会的風土尺度**（social climate scale）を開発したが、それは、ある特定の環境場面の中に住んでいたり働いている人々の、その環境場面に対する知覚を集めることによって、その場面や環境の雰囲気や社会的風土に関する関係者の総意を示すプロフィールを提示することができるというものである（Orford, 1992）。

彼が開発した尺度には、病棟の社会環境をアセスメントするための「病棟雰囲気尺度（WAS）」や精神医学的治療プログラムの心理社会的環境を測定するための「コミュニティ志向的プログラム環境尺度（COPES）」、知覚された家族の質を測定するための「家族環境尺度（FES）」、学級環境の圧力を雰囲気として捉える「学級環境尺度（CES）」など8種類のものがある。これらの尺度項目は、いずれも「この病棟は」とか「うちの家族は」「メンバーの活動は」といった表現がとられ、「私は」という一人称形式の質問ではない。つまり、個人による当該場面や環境の「全体の雰囲気」の知覚を問う形式になっている点に特徴をもっている。彼によれば、環境はさまざまでも共通の項目の組み合わせで記述することができ、それは大きく「関係性の次元」「個人的発達の次元」「システム維持と変革の次元」の三つのカテゴリーにまとめられるが、環境が異なるとその各カテゴリー次元内では独自の構成要素（下位尺度）が成立する。そしてこれら8種類の環境尺度は、いずれも9ないし10の下位尺度（各10項目）から構成されている（Moos, 1976　望月訳　1979）。

関係性の次元は、メンバーが他者と関わりをもっているか、互いにサポートし合っているか、言いたいことが言える雰囲気か、などの程度を測定するもので、WAS を例にとれば「関与」「援助」「自発性」の3下位尺度がこれを構成し、FES では「凝集性」「感情表出」「葛藤」がこれを構成している。個人的発達の次元は、自己決定ができることや、課題志向的であったり達成をメンバーが評価する雰囲気があるか、個人的問題についての態度決定など、個人的な成長に関わる次元で、WAS には「自律性」「現実的な態度決定」「個人的問題の態度決定」「怒りと攻撃性」の四つの下位尺度が、FES では「独立性」「達成志向」「知的・文化的志向」「活動的・娯楽的活動志向」「道徳的・宗教的強調」の五つが用意されている。最後のシステム維持と変革の次元は、プログラムの目標の明確さやスタッフの構成、秩序と計画性など、当該環境場面をシステムや組織として捉えた

ときの管理的視点の次元を測定するもので、同じく WAS では「秩序と組織」「明瞭性」「統制」の3下位尺度が、FES では「組織」と「統制」の二つから成っている（Orford, 1992）。

　こうして、たとえば Cruser（1995）は、二つのタイプの病院プログラム、一つは管理病棟の、いま一つは社会復帰病棟のプログラムに対して、患者とスタッフの双方に WAS を行い、プロフィールを描くことで両プログラムのさらなる発展につなげている。また Roberts & Smith（1994）は、入院患者を社会に再統合する助けとなる治療的環境を高めることを試み、対人スキルや ADL、コミュニティ志向性などを高めるために病棟のプログラムを再設計し、介入の前後にWAS を実施して病棟の社会環境が有意に変化したことを明らかにしている。

　この Moos タイプの尺度はいくつか作られており、日本でも、伊藤（1999；2001）が学級風土質問紙を作成し、中学校を対象にクラス比較をしたり、学級編成時の生徒のメンタルヘルスが風土形成に与える影響を調べることで、この尺度の臨床的妥当性を検討している。

　Moos の社会的風土尺度は、三つの次元に見られるように、重要ではあるが場面と人との関係からだけでは見えない側面を測定している点に特徴がある。これらの特質を測定するには個人の認知に頼らざるを得ず、Barker らの行動場面理論にはないやり方で場面の特徴を捉えるこのアプローチは、質問紙による方法の得失は多々あるものの、コミュニティ心理学の研究と実践の双方を豊かなものにしてきた功績は大きいといえよう。

[5]　Bronfenbrenner の児童発達の生態学理論

　Bronfenbrenner（1979）は、児童発達の理論のほとんどがその子どもが発達する文脈に対して十分な関心を払わず、子どもを文脈から独立した一つの存在物として扱っていることに異を唱え、「理論および実証的研究両方のレベルで、研究モデルの中に文脈を組み込むための基礎を提供しようとする（p. 22）」意図のもとに『人間発達の生態学』を著した。そして、「人間発達の生態学は、積極的で成長しつつある人間を、そうした発達しつつある人間が生活している直接的な行動場面の変わりつつある特性との間の漸進的な相互調整についての科学的研究である。この過程は、これらの行動場面間の関係によって影響を受け、さらにそれら行動場面が組み込まれているもっと広範な文脈によって影響を受ける（p. 23）」と定義し、この理論の中核となる社会的文脈を、彼がミクロ、メゾ、

エクソ、マクロと呼ぶ、一組の同心円を類推させる四つの入れ籠状のシステムで構成されるものと想定した。

最小の位相は**ミクロシステム**（microsystem）レベルと呼ばれる。この位相は、家庭や学級のような、個々の子どもが直接的な経験をもち自らの存在を見いだす場面であり、このシステムはその子どもが規則的に、また頻繁に相互作用する人々や物体を含んでいる。このレベルでの分析は、家族や教室の構造や力学が研究でき、たとえば学級の風土がその子どもの学業成績や対人行動の発達に及ぼす効果の理論的根拠を提供するだろう。

次の**メゾシステム**（mesosystem）の位相は、二つあるいはそれ以上のミクロシステム間の連結からなっており、子どもの家庭と学校や、病院と患者の家族との連携に見られるような、これらのミクロシステム相互間の関係である。Murrell（1973）は、家庭・仲間・学校の三つのミクロシステムのすべてのメンバーの価値観や目標が合意に達しているとき、子どもはこれらを重要なものとして受容する可能性が高く、その行動はこれらの目標に合わせるように焦点づけられ効果を発揮することを明らかにしている。

第三の位相は**エクソシステム**（exosystem）レベルで、これは子どもが直接経験をもつミクロシステムと、その子が直接入ることはないが、それにもかかわらずその子どもの直接的環境で生じることに影響を及ぼす環境場面の間の関係である。たとえば、教育委員会や親の勤務先などがこれに当たり、教育委員会の学校管理方針が変われば、子どもの生活に影響を及ぼすだろう。

最も大きな位相が**マクロシステム**（macrosystem）である。この位相にはイデオロギーや文化、政治的・経済的条件のような規模の大きな社会的要因が含まれ、たとえば、労働市場の様相（失業率）や社会の性別役割観などはその社会の人々の生活に影響を及ぼす。

すでに述べたように、これらの位相はすべてそれぞれが独立のものではなく、相互に関連し合っている。例を挙げることで理解を助けよう。小学3年生のJが勉強に注意を集中できないという問題を抱えているとしよう。個人的な分析のレベルでは、Jには、算数や国語の特別な個別指導であるとか、あるいはまた集中力を欠くという障害に対する心理治療やときには薬物治療が必要だ、と教師は考えるだろう。生態学的な見方では、Jを取り囲む環境や文脈に考慮を払う。実際、Jの家庭は両親が離婚問題に直面しており、その原因が父親の失業にあり、さらにはそれが、不景気による会社の人員削減の結果である。こうした背景が両

親の不和とJの怠学につながっているのかもしれない。そうであるならば、多分Jにもっとも役立つのは仲間や家族や教師からのソーシャルサポートであり、教師の特別な個別指導ではないであろう（Duffy & Wong, 1996）。

小泉（2001）は、アンカーポイント（個人と環境との相互交流を促進する機能をもつもの）という概念を用いて、これを意図的、積極的に提供することで、小学校から中学校への環境移行場面での子どもたちの適応の援助や、問題行動の予防の可能性を紹介している。また学校をアンカーポイントとすることで、校区が意味ある存在として個々人の中に位置づけられることによって、地域内のミクロシステムを増やし、それに伴ってメゾシステムが形成され、地域社会全体が子どもに直接的・間接的な影響力をもつことにより、校区をエクソシステムとして位置づけることが可能になり、学校・家庭・地域社会の連携で全体を一つのシステムとする生態学的アプローチを構想している（小泉，2002）。

Bronfenbrennerの4次元モデルはわかりやすく、また従来の心理学からの発達研究に欠けていた視座を与えるものとしてきわめて重要である。ただ、このモデルに基づく実証的研究を行うとなると、簡単には運ばないことも容易に予測できる。とはいえ、前例の子どもJにとってのエクソシステムやマクロシステムについていえば、彼がどのようにそれを認知し感じているかについてのデータが得られれば、それは少なくともJの内面世界において、そうしたシステムがその子どもと意味のある関係で結ばれていることのデータになるわけで、そうしたデータを欠いた研究よりは、より情報価の高いものになるに違いない。

[6]　環境心理学

環境心理学（environmental psychology）とは、本間（1999）の説明を要約すれば次のようである。それは物理的（自然、人工）環境と人間の行動・経験との間の相互交換（transaction）を扱う研究領域であり、Proshanskyらは、これまでの伝統的心理学で扱われた対象のもつ刺激を個別に扱うのではなく、環境を一つの意味のある全体として把握すること、具体的な問題解決に向けて理論と応用の連結を強調すること、人にとって好ましい環境とは何かといった目的志向的存在として扱うこと、学際的側面を強調すること、を強調している。そして、そこで扱われる研究対象には、環境知覚・評価では美的評価、態度が、環境認知として認知地図、探索があり、社会関係としては対人距離など空間を媒介とした他者関係に注目し、環境問題としては災害や騒音などの環境悪化とそれに伴う環境

ストレス問題が、さらには環境保全と行動変容として保護と開発、リサイクルなどがある。

一方、人間と環境の適合性を志向し、介入することによってそれを変革しようとするコミュニティ心理学は、環境を物理的なものに限定して扱う限りにおいて、紹介した環境心理学の関心とは多くの点で共通性が見られる。Wandersman & Nation（1998）は、アメリカでは環境心理学とコミュニティ心理学はほぼ同じ歴史的時代に興り、両者の創始者は同じではないが、共に物理的環境と行動に関心をもつ社会心理学者たちであったとしている。

こうした環境心理学者とコミュニティ心理学者に共通の関心であるコミュニティレベルのトピックとしては、環境汚染問題、人口密集問題、高層住宅の影響、建築設計の影響などが挙げられている（山本，1986；Orford, 1992；Dalton, Elias, & Wandersman, 2001）。

環境汚染によるコミュニティ災害としては、1977年ナイアガラ瀑布近くのラブ運河地区で、有毒な化学廃棄物のゴミ捨て場の上に建てられた住宅の住民に流産や出生異常などを含む健康被害が現れたことをきっかけに、家主連合が結成され、その後市民活動が展開された事例（Stone & Levine, 1985）や、スリーマイル島核プラント施設での重大な放射能漏れ事故に伴う付近の住民の健康や食物問題への長期の危険性と、当該の会社や政府機関の一貫性のない対応が住民にもたらしたストレスの事例（Baum & Fleming, 1993）などを挙げることができよう。日本でも1999年、茨城県東海村の核燃料工場での放射能漏れ事故発生に伴う対応問題は記憶に新しい。こうしたテクノ災害への住民の反応は、環境心理学とコミュニティ心理学の一つの共有領域になってきている。

環境設計の影響については、家具の配置や仕事空間などのミクロシステムから、施設の物理的形状やニュータウンの設計まで幅広く考えられる（Ittelson *et al.*, 1974b　望月・宇津木訳　1987）。Orford（1992）によれば、Sommer & Ross は、精神科病棟のデイルームの椅子を、それまでの壁に沿って一列に並べてある配列（社会的フーガ状態）から円形のコーヒーテーブルを中心とした会話のできる配列（社会的ペダル状態）に変えただけで、患者間の相互作用が劇的に増加したことを報告しているし、Holahan & Saegert は、精神科病棟の改装に際して、病棟全体を明るいオフホワイトで塗装したり、廊下や病室のドアや壁を明るい色に塗り替えることで、患者の社会的行動が増加したり交流が活発になったことを報告している。

高層住宅の居住環境の影響については、3歳児の自立の遅れや住環境ストレスなどとの関連（山本，2001）、精神症状（うつ状態など）との関連（Freeman, 1984）などが報告されている。ただ、そのような環境に住むことが特定の健康状態や社会的な結果と因果関係にあることを示すことは、関連する要因が多種多様であるだけに容易なことではなく、単純な関係を発見しようと期待するのには無理がある、とOrford（1992）は警告している。

　とはいえ、このように環境心理学は、物理的環境の重要性を強調することで、他のアプローチより以上に近隣住区やコミュニティのもつ社会的な視座を補い、完全なものへと近づけてくれる点で有用である。

　本節では、生態学的視座を代表する五つの理論を紹介してきた。これらは別々のものであるにもかかわらず、明らかに多くの接点があり、重なり合っている点がある。Dalton, Elias, & Wandersman（2001）は、こうした視座を比較することを試み、高校において生徒たちによって行われる一つの演劇場面を例として、Barkerでは俳優や裏方の人員配置理論から、Kellyの理論ではメンバーの相互依存や金銭・施設などの資源の循環の原理から、Moosでは公演環境の知覚質問紙の作成の観点から、環境心理学からは座席や音響など物理的環境の影響を、それぞれ取り上げながら論じている。

　このように、生態学的視座は、人間行動のより全体的な理解のための理論的根拠と、コミュニティにおける精神保健をはじめとするさまざまな生活の質（QOL）を高めるための多様で効果的な方略のための基礎を提供してくれる。ただ、はじめにも述べたように、統一理論を発展させる努力は、引き続き残された課題であることは認めなければならないだろう。

引用文献

安藤延男　1993　生態学的心理学の展開．心理学評論，**36**(3)，497-513．

Barker, R. G. 1968 *Ecological Psychology: Concepts and methods for studying the environment of human behavior*. Stanford University Press.

Barker, R. G. & Gump, P. V. 1964 *Big School, Small School: High school size and student behavior*. Stanford University Press.（安藤延男（監訳）　1982　大きな学校、小さな学校．新曜社．）

Baum, A. & Fleming, I. 1993 Implications of psychological research on stress and technological accidents. *American Psychologist*, **48**, 665-672.

Bronfenbrenner, U. 1979 *The Ecology of Human Development: Experiments by nature and design*. Harverd University Press.（磯貝芳郎・福富　護（訳）　1996　人間発達の生態学．川島書店.）

Cruser, D. A. 1995 Evaluating program design in the hospital setting. *Journal of Mental Health Administrations*, **22**, 49-57.

Dalton, J. H., Elias, M. J., & Wandersman, A. 2001 *Community Psychology: Linking individuals and communities*. Wadsworth.

Duffy, K. G. & Wong, F. Y. 1996 *Community Psychology*. Allyn & Bacon.（植村勝彦（監訳）　1999　コミュニティ心理学．ナカニシヤ出版.）

Freeman, H. 1984 Housing. In H. Freeman（Ed.）*Mental Health and the Environment*. Churchill Livingstone, Ch. 7.

古川宇一　1978　ある漁村の成人知的遅滞者の生活状況について――地域社会における精神薄弱問題の社会学的研究．特殊教育研究，**15**(3)，34-46.

本間道子　1999　環境心理学．中島義明他（編）　心理学辞典，137．有斐閣．

石井眞治　2001　環境刺激と人間．岩田　紀（編）快適環境の社会心理学，8-28．ナカニシヤ出版．

伊藤亜矢子　1999　学級風土質問紙作成の試み――学級風土を捉える尺度の帰納的な抽出．コミュニティ心理学研究，**2**(2)，56-66.

伊藤亜矢子　2001　学級風土質問紙の臨床的妥当性検討の試み――学級編成時の生徒のメンタルヘルスが風土形成に与える影響を中心に．コミュニティ心理学研究，**5**(1)，11-22.

Ittelson, W. H., Proshansky, H. M., Rivlin, L. G., & Winkel, G. H. 1974a *An Introduction to Environmental Psychology*. Holt, Rinehart & Winston.（望月　衛（訳）　1987　環境心理の基礎．彰国社.）

Ittelson, W. H., Proshansky, H. M., Rivlin, L. G., & Winkel, G. H. 1974b *An Introduction to Environmental Psychology*. Holt, Rinehart & Winston.（望月　衛・宇津木保（訳）　1987　環境心理の応用．彰国社.）

Kelly, J. G. 1966 Ecological constraints on mental health services. *American Psychologist*, **21**, 535-539.

Kelly, J. G. 1970 Toward an ecological conception of preventive interventions. In D. Adelson & Kalis（Eds.）*Community Psychology and Mental Health*. Chandler, 126-145.

小泉令三　2001　トランジション――環境移行での援助．心理学ワールド，**13**，21-24.

小泉令三　2002　学校・家庭・地域社会連携のための教育心理学的アプローチ――アンカーポイントとしての学校の位置づけ．教育心理学研究，**50**(2)，237-245.

熊澤千恵　1998　精神科デイ・ケアの施設規模がプログラムに及ぼす影響．愛知県立看護大学紀要，**4**，23-33.

Leary, T. 1957 *Interpersonal Diagnosis of Personality*. Ronald.

Levine, M. & Perkins, D. 1997 *Principles of Community Psychology: Perspectives and applications*（2nd Ed.）. Oxford University Press.

Lewin, K. 1951 *Field Theory in Social Science*. Harper.（猪股佐登留（訳）　1956　社会科学における場の理論．誠信書房.）

箕口雅博　2002　病院のエコロジー——精神病院のリロケーション効果に関する生態学的心理学．心理学ワールド，**18**，9-12．

三浦由理・山賀千博・山本和郎・渡辺圭子　1985　生態学的心理学の方法による団地コミュニティ構造の分析．慶應義塾大学大学院社会学研究科紀要，**25**，19-31．

Moos, R. H. 1973 Conceptualization of human environment. *American Psychologist*, **28**, 652-665.

Moos, R. H. 1976 *The Human Context: Environmental determinants of behavior*. John Wiley & Sons.（望月　衞（訳）1979　環境の人間性．朝倉書店．）

Murray, H. A. 1938 *Explorations in Personality*. Oxford University Press.

Murrell, S. A. 1973 *Community Psychology and Social Systems: A Conceptual framework and intervention guide*. Behavioral Publications.（安藤延男（監訳）1977　コミュニティ心理学．新曜社．）

西本憲弘・佐古順彦　1993　伊奈学園——新しい高校モデルの創造と評価．第一法規．

Orford, J. 1992 *Community Psychology: Theory and Practice*. John Wiley & Sons.（山本和郎（監訳）1997　コミュニティ心理学．ミネルヴァ書房．）

Roberts, J. & Smith J. 1994 From hospital community to the wider community: Developing a therapeutic environment on a rehabilitation ward. *Journal of Mental Health*, **3**, 69-78.

Rudkin, J. K. 2003 *Community Psychology: Guiding Principles and Orienting Concepts*. Prentice Hall.

Sarbin, T. R. 1970 A role theory perspective for community psychology: The structure of social identity. In D. Adelson & B. Kalis (Eds.) *Community Psychology and Mental Health: Perspectives and challenges*. Chandler.

佐藤久夫・北野誠一・三田優子　2002　障害者と地域生活．中央法規．

Scileppi, J. A., Teed, E. L., & Torres, R. D. 2000 *Community Psychology: A common sense approach to mental health*. Prentice Hall.（植村勝彦（訳）2005　コミュニティ心理学．ミネルヴァ書房．）

Seidman, E. 1988 Back to the futute, community psychology: Unfolding a theory of social intervention. *American Journal of Community Psychology*, **16**, 3-24.

Stone, R. A. & Levine, A. G. 1985 Reactions to collective stress: Correlates of active citizen participation at Love Canal. *Prevention in Human Services*, **4**, 153-177.

高橋　直　2001　精神病院のリロケーション——行動場面の自然観察．やまだようこ・サトウタツヤ・南　博文（編）カタログ現場心理学，80-87．金子書房．

Wandersman, A. & Nation, M. 1998 Urban neighborhood and mental health: Psychological contributions to understanding toxicity, resilience and interventions. *American Psychologist*, **53**, 647-656.

Wicker, A. W. 1979 *An Introduction to Ecological Psychology*. Books/Cole.（安藤延男（監訳）1994　生態学的心理学入門．九州大学出版会．）

山本和郎　1986　コミュニティ心理学——地域臨床の理論と実践．東京大学出版会．

山本和郎　2001　超高層集合住宅．岩田　紀（編）快適環境の社会心理学，90-116．ナカニシヤ出版．

精神保健における予防

久田　満

[1] 予防とは

1) 公衆衛生の考え方

　コミュニティ心理学を伝統的臨床心理学との比較で特徴づける主たる要素の一つは、「治療より予防」という基本理念である（Davison & Neale, 1994　村瀬監訳　1998；Duffy & Wong, 1996　植村監訳　1999；Korchin, 1976　村瀬監訳　1980 など）。一般に医療といえば「病気の治療」が連想されるが、医療の中には疾患の予防を中心的課題に位置づける公衆衛生（学）という領域がある。アメリカにおいて公衆衛生の基礎を作ったウインスロウ（Winslow, C. E. A.）によれば、**公衆衛生**（public health）とは「疾病を予防し、寿命を延長し、身体的・精神的な健康と能率の増進を図る科学と技術」と定義され、その歴史は意外に長い。臨床医学とは異なり、明らかに「予防」に重点が置かれていることから、近年では予防医学（preventive medicine）と呼ばれることもある。

　公衆衛生における疾病予防の実践は、いわゆる伝染病の制圧にその源を見ることができる。しばしば引用される古典的研究に、ロンドンの医師スノウ（Snow, J.）の業績がある。コレラが世界的に流行した 1850 年頃、彼は地図上にコレラによる死亡者の発生場所をプロットし、その結果からコレラはブロードストリートを中心に発生し、死亡者の大多数がこの地区の共同井戸の水を飲んでいたことを突き止めた。そして、コレラの発病者と非発病者との間でこの共同井戸の水の飲用状況を確認したところ、明らかに飲用者の発症率が高いことが判明した。こ

のような一連の疫学調査から、彼はブロードストリートの共同井戸の使用中止を当局に申し入れ、新たな患者の発生を未然に防いだのである。この介入がしばしば紹介されるのは、コレラ菌発見の30年も前のことだったからでもある。つまり、彼の予防的介入は、たとえ病因が特定されなくても、なんらかの対策を講じることが可能であることを証明したのである。

　疾病の予防を考えるとき、それぞれの疾病の自然史を考慮しなければならない。その疾病がどのような経過で発症し、治癒もしくは死亡に至るかという時間的な流れのことである。感染症（伝染病）が制御すべき疾病の中心であった時代には、「感染」→「潜伏期」→「発症」→「治癒あるいは死亡」という単純な自然史（単一病因モデル）を考えれば十分であったが、がんや心臓病などの生活習慣病の予防を考えるためには、心理的・社会的なものも含めて多岐にわたる要因を考慮する必要がある（多因子病因モデル）。つまり、近年の疾病予防は医師一人ひとりの範疇を超えて、社会全体で取り組まなければならない課題となっている。

　公衆衛生では、疾病の自然史に従って、予防を三つの段階に分けるのが基本となっている。一次予防、二次予防、そして三次予防である。

　一次予防（primary prevention）とは、疾病が存在しない「健康期」にある人々に働きかけて疾病の発生を未然に防ぐことである。ある期間内（通常1年間）に新たに発生した患者数を単位人口当たりで表した指標を**発生率**（incidence：罹患率ともいう）というが、一次予防とは一定の集団における発生率を減らすことである。身体疾患では一般に、生活環境の改善、予防接種、健康教育などによって実施される。がんの一次予防を意図した中学生や高校生に対する禁煙指導やエイズなどの性感染症の一次予防としての性教育は、この例である。

　二次予防（secondary prevention）は、罹患してはいるが症状が未だ見られない状態、すなわち「無症状臨床期」の人々に対して行われる早期発見と早期治療である。健康診断（たとえばレントゲン検査や内視鏡検査によるがん検診）によって無症状の時期に疾患を発見し有効な治療や処置を施せば、その疾病の重篤化や慢性化、あるいは合併症を防ぐことができる。ある時点、またはある期間（通常1年間）における患者数（新たな患者数＋以前からの患者数）を単位人口当たりで表した指数を**有病率**（prevalence）というが、二次予防とは一定の集団における有病率を下げる努力である。

　三次予防（tertiary prevention）は、すでに発病した人々に対して行われるも

のである。一般の治療と明確には区別できないが、その意味するところは、一通りの治療が終わり、「安定・回復期」にある人々に対する社会復帰（リハビリテーション）と再発の予防である。後遺症や機能障害が残らないように早期に理学療法を開始することや、虚血性心疾患や脳梗塞の患者に対する再発予防のための投薬などがその例である。

　予防を一次、二次、三次に分けるという考え方は、日本でも一般に広く認められており、厚生労働省の精神保健行政の方針もこのモデルに従って立てられている（精神保健福祉研究会，2003）。しかし、これら三つのレベルの予防は厳密に区別されるものではなく、現実には一連の医療行為として実施されている。また、ある疾病の一次予防が他の疾病の増加をもたらすことがあり、複数の疾病を視野に入れて実施することもある。さらに、一次予防だけが単独で行われるだけでなく、同時に二次予防や三次予防を組み合わせた形で、同時並行的に実行されること（総合的予防とも呼ばれる）も多い。

2）Caplan の予防精神医学

　公衆衛生における予防という概念を精神医療の中に持ち込んだ Caplan（1964 新福監訳　1970）の考え方は、後述するような批判はあるものの、今日の理論や実践に大きな影響を与えてきた。彼が豊富な経験を基に名著『予防精神医学の諸原則』を執筆したのは、1960年代初頭のアメリカにおいてであり、その後のアメリカにおける精神医療、とりわけ地域精神保健の理論と実践は、彼の概念モデルが基本となって展開してきた（石原・篠崎，1979）。また、その中で論じられているさまざまな課題やそれに対する取り組みは、今現在の日本における精神医療の課題と重なることが少なくない。

　彼は「予防精神医学」という言葉を次のように定義している（p. 17）。すなわち、①地域社会においてあらゆる型の精神異常の発生を減らす（一次予防）、②それでもなお起こる精神異常のうち多くのものの罹患期間を短縮する（二次予防）、③それらの精神異常から生ずる障害を軽減する（三次予防）ための計画を樹立、実行するために利用される理論と実際の両面の専門的知識の集成である、と。Caplan の予防精神医学という考え方は、コミュニティ全体の精神健康に関するニーズに応えるプロセスであり、精神科医は患者となったケースはもちろん、地域社会の中の潜在的ケースに対しても精神健康の維持・増進という責任（地域責任性）をもつということである。同時に彼は、その実現には精神科医だ

II章—コミュニティ心理学の基本概念

けでなく、心理学者、ソーシャルワーカー、看護専門職、さらには教育や法律の専門家、市民指導者や非専門家との協働が必要であることを強調している。

[2] 精神障害の一次予防

　Caplanの一次予防における概念的モデルは、人間が健全に成長していくためには、おのおのの発達段階において必要とされる必需品が適切かつ持続的に「供給（supply）」されなければならないという基本仮説から出発する。適切な食事を摂らなければ栄養が不足して身体的障害を引き起こすのと同じように、心の発達にも必需品があるという。換言すれば、精神障害の一次予防の実現のためには、以下のような必需品の供給が課題となる。

　まず、物質的供給である。これには適切な食事や住居環境、危険から逃れられる避難場所、レクリエーションの機会などが含まれる。「健全なる精神は健全なる身体に宿る」というスローガンにもあるように、乳幼児の身体的発達を保証することで一次予防が可能となる。

　二つ目は心理社会的供給である。Caplanは家族関係を最重要視している。今日の日本でも大きな社会問題となっている「児童虐待」を例に、母親からの心理社会的供給が絶たれることが精神の健康維持にとって重大な問題であると指摘している。とはいえ、一次予防の概念は、乳幼児期に限らず一生を通じて適用されるものであり、たとえば、高齢者が友人や仲間との相互作用を通じて受ける知的および情緒的刺激や尊敬、社会的な活動への参加の機会などが供給されるべきであるという。Caplanの理論体系には、精神分析ないし自我心理学の影響が色濃く反映されていて、乳幼児期の環境、特に母子関係が良好ならば精神障害は予防できると考えた。彼が妊婦や母親の教育に重点を置いたのはそのためである。

　三つ目は、社会文化的供給である。これは、その人の社会的・文化的役割や職業に対する期待、あるいは肯定的評価を意味し、とりわけ中高年齢者の精神健康の維持・増進にとって不可欠な要素である。高齢者の孤立化を防ぎ、同世代あるいは異世代との交流の機会を提供することは、日本を含む高齢社会における最重要課題の一つである。

　以上の概念モデルをさらに単純化すれば、一次予防とは、対象の三つの側面、すなわち生物学的側面、心理社会的側面、そして制度的側面への働きかけであるといえる（小田，1993）。生物学的側面に対する働きかけの例として、地域の保健センターなどにおける両親学級や新生児相談活動がある。妊産婦に対して感染

症(たとえば風疹)対策の指導をしたり、適切な栄養や運動、脳などに障害を引き起こす有害物質(酒、タバコ、薬品など)に関する情報を提供する。同時に、先天性代謝障害などの身体疾患のスクリーニング検査を実施する。心理社会面への対応としては、適切な親子関係の形成を意図した子育て支援事業や、大学での新入生や留学生に対するオリエンテーションなどが日本でも広く行われている例である。制度的対応としては、青少年に対するアルコールの販売規制、育児休暇や介護休暇制度の導入などが挙げられよう。運転時のシートベルト着用を義務づける法律は、身体障害に対する一次予防であると同時に、頭部の外傷を原因とする精神障害に対する一次予防とも考えられる。

Caplan の第一次予防の考え方の中でもう一つ重要なことは、日常生活上での危機の意義を明確にしたことである。彼は、その人のそれまでの行動様式を急激に変化させるような人生の出来事(life events)、たとえば失業、事故、入院、結婚、愛する人の死などが精神障害に陥る前段階に起こっていることに注目し、危機状態にある人に対しての適切な対応が一次予防における有力な手段であると位置づけた。この対応は今日、危機介入と呼ばれるが、彼に続く理論家や実践家によって精錬され、コミュニティ心理学における重要な方法論となっている(詳しくはⅢ章2節参照)。

ところで、すでに述べたように、他の多くの身体疾患と同様、精神障害も単一の要因によって発生するものではない。発生の可能性を高める要因(**リスク要因**:risk factor)としては、個人の遺伝的・生物学的脆弱性や高いストレス感受性、さらには強烈なストレッサーという環境要因などが挙げられる。一方、発生の可能性を低下させる要因(**保護要因**:protective factor)には、個人に備わった認知・行動的な対処能力(コーピング)や自己効力感、あるいはソーシャルサポートの入手可能性などがある。つまり、精神障害の発生率を低下させる予防的介入とは、下に示した方程式の分子を減少させ、分母を強化することであるといえる(小椋, 2000)。

$$\text{精神障害の発生率} = \frac{\text{リスク要因}}{\text{保護要因}}$$

Cowen (1996) は、一次予防プログラムを、リスク要因が介入の対象になる形態と保護要因が対象になる形態とに分けた上で、後者の方が望ましいとしている。対象者のネガティブな側面を強調して修正するよりも、より健康になるため

のストレス・マネジメント教育やアサーション・トレーニング、あるいはエアロビクスのエクササイズのほうがイメージ的にも明るくて、スティグマの恐れもなく参加しやすい（Scileppi, Teed, & Torres, 2000　植村訳　2005）。近年の一次予防の概念には、古典的な意味での発生予防（preventive intervention）だけでなく、より積極的な意味での健康増進（promotive intervention）あるいはヘルス・プロモーション（health promotion）の理念が含まれている。

　アメリカにおける一次予防の具体例は、Scileppi, Teed, & Torres（2000）に数多く紹介されている。

［3］　二次予防

　二次予防は、未だ症状を呈していない潜在的な患者やわずかに疾患の兆候を示す人々を対象とし、罹患期間を短縮して重篤化や慢性化を防ぐことを目的として行われる。そのためには早期の診断技術と有効な治療方法が必要となるが、この「診断と治療」という側面だけを見れば特に予防と呼ぶ必要はないだろう。しかし、Caplanが主張するように、二次予防の目的は、ある一定の地域内での有病率を低下させることである。したがって、医療施設に訪れる患者だけを診るのではなく、その地域内のすべての潜在患者に注意を向けなければならない。いかに素早く、かつ効率よく患者を見つけ出すかが二次予防の課題となる。発症から治療開始までの期間（未治療期間）が短いほど再発率が低く、予後も良好であることは、身体疾患に限らず、統合失調症を含む多くの精神障害にも当てはまるという証拠がある（小椋，2000）。

　精神障害の早期発見・診断が現実のものとなるためには、まず第一に、しばしば用いられる心理テストの改良が必要である。心理テストの良し悪しは、**信頼性**（reliability）と**妥当性**（validity）によって評価されるが、特に妥当性に関しては、そのテストの有する健常と異常とを判別する力が十分に高いことが要求される。一般に、ある心理テストの得点が精神障害者において高く、健常者においては低ければ妥当性があるといえる。心理テストを診断の補助として使用する場合、目安としてある得点を正常と異常との**判別点**（cut-off point）とする。十分に注意深く診察され、診断が下った患者のうちの何パーセントが判別点以上の得点を示すかを**感度**（sensitivity）といい、健常者のうちの何パーセントが判別点以下の得点を示すかを**特異度**（specifity）という。感度と特異度は逆相関の関係にあるが、ともに高い（100パーセントに近い）ことがそのテストの有用性が高

いことを意味する。

　精神障害の早期発見を意図した心理テストの開発は、ビネー（Binet, A.）らの知能検査にその起源を見ることができるが、その後の100年間におびただしい数の心理テストが作成されている。改めて言うまでもなく、心理テストだけで診断が付くということは精神障害の場合期待できない。しかし、精度の高い心理テストを用いて、ある特定の集団にスクリーニングを実施することで、効率のよい早期発見が可能となる。学校（小学校から大学まで）や職場、アメリカでは軍隊がスクリーニングに適した場所と考えられている。日本では、誕生から就学までの間にいくつかの集団検診があり、その場が早期発見の場として機能している。また、多くの大学では新入生全員を対象にある種の集団心理テストを実施し、その結果からなんらかの精神障害が疑われる学生を見つけ出し、保健センターや学生相談室などで問診や治療を行うという一連のプログラムを導入している。

　早期発見がある程度可能となったとしても、精神障害を疑われる人々をどのようにして治療に繋げるかが大きな課題として残る。まず、精神障害とその治療に関する情報を、本人のみならず周囲の人々（家族、教師、職場の同僚など）や組織の管理的立場にある人々、さらには精神科以外の医師（たとえば、かかりつけの内科医）に的確かつ効率よく伝える努力が必要である。そしてその情報には、最低限以下の3点が含まれていなければならない（Korchin, 1976）。第一は初期の兆候や症状。たとえば「とても疲れているのに早朝目が覚めてしまう」は意外に知られていないうつ病の初期症状である。第二は利用可能な資源についての情報。どこに行けば誰に会えるか、そこではどんな治療や支援が得られるか、費用はいくらかなど。そして第三に、精神障害や精神医療についての誤解や偏見を取り除くような情報である。近年、日本では精神科の敷居が低くなったといわれる。大都市周辺では精神科や心療内科のクリニックが目立つようになってきた。しかし、地方では精神医療に対する偏見は依然強く、二次予防の中心的課題は、いかにしてその偏見をなくすかであると言っても過言ではない。匿名で前記のような情報が入手できる電話相談やメール相談の二次予防としての存在意義が、今後ますます大きくなっていくと予想される。同時に、対象者の来談を待つだけでなく、専門家の方から出かけていく姿勢（seeking mode）や、一人で抱え込まずに専門家・非専門家を問わず、チームで取り組む体制作りが求められるであろう。

近年、日本では自殺者の急増が関係者の関心を集めているが、高齢者のうつ病に対する二次予防を中核とした自殺予防の成功例として、新潟大学医学部精神医学教室の活動を紹介する（高橋ら，1998；高橋，2004）。彼らは、高齢者自殺の多発地域として知られていた新潟県松之山町において、うつ病の「早期発見・早期治療」を中核とする自殺予防活動を実施し、介入前には年平均 434.6 人（対10 万人）だった高齢者自殺率を 10 年間で 123.1 人（同）、さらにその後の 4 年間で 96.2 人（同）にまで減少させた。介入に先立ち、松之山町の 65 歳以上の高齢者全員（約 1,000 人）を対象にスクリーニング用の自己評価式抑うつ尺度（Self-rating Depression Scale：SDS）を用いて疫学調査を行った。その SDS 得点によって、うつ病の疑いのある高齢者および自殺のリスク要因（過去にうつ病の病歴がある人、配偶者と死別した直後の人、医療機関から退院した直後の人など）を有している高齢者一人ひとりに精神科医が診断面接を行った結果、うつ病に罹患している高齢者は、年間 50〜70 人と推定された。

　これらのデータを基に、1986 年以降、毎年 6 月下旬から 7 月初旬にかけて高齢者全員に SDS を実施し、疑いのある高齢者には 7 月下旬に診断面接を行った。このような一連の活動から同定されたうつ病高齢者に対して、地元の診療所の医師に薬物治療を、また三人の保健師には個別訪問指導を依頼した。このようにして、大学病院の精神科医、地元の診療所医師、そして保健師による協働支援体制を敷いたのである。さらに、一次予防として、地域住民全体に対する教育・啓発活動も並行して実施した。「心の健康づくり相談会」と称する懇談会などを集落ごとに開催し、老人会はもとより婦人会、民生委員会、町役場職員なども巻き込み、高齢者の自殺を「町全体の問題」として捉え、そして「自分たちにも何かできることはないか」を考えてもらうように働きかけたのである。

　新潟県松之山町におけるこの活動は、長期にわたる大規模な予防活動であるが、地域社会における予防活動のあり方を考える際の一つのモデルになるように思われる。

[4] 三次予防とリハビリテーション

　三次予防とは、端的にいえば疾病の遷延因子を減らし、慢性化に伴う障害の程度を最小限に食い止めることである。その中には再発予防という側面も含まれる。疾病からの回復期にある人々に焦点を当てるところが特徴である。すでに障害に陥ってしまったものの回復期にある人、あるいは生物学的な意味で回復した

人々が対象となる。時に「機能回復訓練」あるいは「社会復帰」と訳される**リハビリテーション**の本来の意味は、無実の罪や破門、名誉の喪失などで人間として望ましくない状態に陥った人を再び望ましい状態へと立ち戻らせること、すなわち「全人間的復権」である（上田，1987）ことを忘れてはいけない。

アメリカにおける三次予防は、1960年代の地域精神保健運動の流れの中で活発化した。1963年2月、故ケネディ大統領は、アメリカ合衆国議会に向けて「精神病および精神薄弱に関する教書」を発した（Kennedy, 1963　村松訳 1964）。その中で彼は、「今や大胆で新しい対策の望まれるときがきた」と叫び、「1オンスの予防は1ポンドの治療にまさる」として一次予防の重要性を説き、さらに「患者を施設に閉じ込めて、衰えさせてしまうという無関心さは、予防、治療およびリハビリテーションによって代えられるであろう」と述べて三次予防の推進を訴えたのである。その年の10月に「地域精神保健センター法」が成立し、急激に**脱施設化**（deinstitutionalization）が進行した。つまり、三次予防とは、当時のアメリカでは当然のことと考えられていた施設収容型ケアに対するアンチテーゼであるといえる（Rappaport, 1977）。

日本での三次予防の実践は、1902（明治35）年の呉秀三らによる「精神病者慈善救治会」の結成にまで遡ることができる。しかし、その後低迷が続き、本格的な取り組みが始まったのは1987年の「精神保健法」の成立からである。この法律で「精神障害者の社会復帰の促進」が明文化され、その後に成立した「障害者基本法（1993年）」および「精神保健福祉法（1995年）」によって、ようやく国家レベルでの計画（障害者プラン―ノーマライゼーション7ヶ年戦略）が具体化することになった。

三次予防では、診断が付いた時点から、病院内の治療と並行して社会復帰に向けてのプログラムを開始することが重要である。そのプログラムの中には、外出や外泊の頻度をなるべく多くして、地域社会との交流を維持する工夫が含まれることが望まれる。その他に、ホスピタリズムを回避し、新規入院患者の在院期間を短縮するとともに、長期在院患者ができるだけ早く地域社会に戻れるようさまざまな努力がなされる。作業療法やレクリエーション活動、社会的スキルの獲得を目指した集団療法、個々の能力や興味に応じた職業訓練プログラムなどが、日本でもしばしば実行されている例である。

同時に、多様なサービスを地域内に用意して、再入院を防止することも重要である。アメリカでは、1960年代以降、施設と地域社会との間に「橋渡し」的な

施設、たとえばハーフウェイ・ハウスやナイト・ホスピタルなどが数多く作られてきた。日本でも、前記の法律などに基づいて、社会復帰施設（生活訓練施設、ショートステイ施設、福祉ホーム、授産施設、福祉工場など）や医療施設（精神科デイケア施設など）が整備されてきている（精神保健福祉研究会，2003）。

以上のような、いわば公的な施策とともに、三次予防において注目すべきは、セルフヘルプ・グループの存在である。これについては、Ⅲ章5節で述べられているので詳細は省くが、ここでは、日本においては歴史的に古くかつ比較的規模が大きいものとして、全国精神障害者家族会連合会（全家連）と全日本断酒連盟の名を挙げておきたい。

三次予防が効果的に進むためには、中間施設や各種支援機関へのアクセスが容易であり、誰でも気軽に相談できるような体制にすることが重要課題となる。また、保健医療機関、中間施設、種々の福祉施設、職業指導施設、セルフヘルプ・グループなどの間に緊密な連携体制が確立されていることが大切である。しかし、より重要なのは、地域社会の中に不信感や恐怖心ではなく、精神障害や精神障害児者に対する理性的で人道的な態度を発展させることである（Korchin, 1976）。改めて言うまでもなく、コミュニティ心理学は、人と環境の適合性の向上を目指す学問領域である。その目的を果たすためには、精神障害者にとって住みよい環境づくり（ハード面でのバリアフリー）のみならず、共に暮らす一般住民の受容的態度（心のバリアフリー）の育成が必要不可欠である。精神障害とは、個人の内部における純粋な病理（illness）というよりも、周囲の人々や社会全体との関係性から生じる現象、すなわち**事例性**（caseness）としての側面が強い。したがって、かなり重篤な病理を抱えていても、コミュニティがそれをカバーするだけの許容度を有していれば、「問題」とはならないのである。

Caplanは、個々人を対象に行われるリハビリテーションと三次予防を区別した。三次予防は、個人の問題を超えて、地域全体を視野に入れ、地域全体としての機能低下をいかに防ぐかが課題となる。このコミュニティとしての機能には、当然のことながら、障害者を受け入れ共に支えあうという機能（山本，1986）も含まれている。

[5] 予防の将来

1）予防の利点と問題点

今日、日本では、統合失調症を中心とした狭義の精神障害に加えて、多種多様

な心の問題がクローズアップされ、その解決が急がれている。乳幼児の虐待、青少年の非行や犯罪、配偶者間暴力（DV）、犯罪や災害の被害者、不登校、いじめ、社会的引きこもり、アルコール依存や薬物依存、エイズなどの性感染症、過労死、中高年齢者の自殺、高齢者の介護など枚挙にいとまがない。これらの諸問題に対する治療的対応ももちろん重要ではあるが、先に引用したケネディの言葉を借りれば、「今や大胆で新しい対策、すなわち予防の望まれるときがきた」といえよう。

　予防の利点として Rappaport（1977）は、①治療効果に限界がある疾病でも、一次予防や三次予防なら対応できる　②治療を必要としているが、それが受けられない多くの人々にも働きかけることができる　③困難な症例の治療に必要なマンパワーの不足を解消し、専門家一人ひとりにかかる負担を減らすことができる　④その分余った時間とエネルギーを予防できなかった難治性疾患の治療法の開発に費やすことができる、などを挙げている。

　さらに付け加えれば、予防の方がより経済的であるという大きな利点がある。統合失調症に焦点を当て、詳細にその一次予防、二次予防、三次予防の社会経済的評価を行った田中（2000）によれば、再発予防と社会復帰には十分な社会的、経済的意味があると言う。

　以上のような多くのメリットがあるにもかかわらず、アメリカにおいてすら予防に費やされる予算はわずかであると言う（Scileppi, Teed, & Torres, 2000）。その理由は、第一に、健康な人々の将来の危険性を考えるよりも、今そこで苦しんでいる人々に何かを施すほうが医療者にとって、また役人や政治家にとっても魅力的であるからである。したがって、ほとんどの精神科医や臨床心理士は個人レベルの治療に満足していて、予防的介入にまでは関心が及ばない。第二に、この点と関連して、大学や大学院、研修施設（主として病院）では、予防的介入のトレーニングを受ける機会がないことが挙げられる。教える側に関心がなければ後継者は育たない。

　第三に、ほとんどの精神障害が、単に生物学的要因だけではなく、社会的・経済的な多くの要因を含む問題であり、医療者だけでは取り組めないことも阻害要因となっている。しかも日本では、いわゆる縦割り行政とも絡んで医療職と他の専門職との連携が不十分であり、社会経済的あるいは法的要因にまでは介入しづらいという現状がある。研究レベルでも、予防の効果を判定するためには、長期にわたるフォローアップが必要であり、論文としてまとめるためにはかなりの精

神的、経済的負担がかかることも、予防的介入が進展しない理由の一つであろう。

2) 倫理的問題

さらに、予防を実践しようとすると、そこには多くの複雑な倫理的問題が待ち受けている。近年の革命的ともいえる目覚ましい医療技術の進歩によって、臓器移植、再生医療、人工授精、遺伝子診断や遺伝子治療といった、半世紀前までは想像すらできなかったような治療が可能となった。その一方で、行き過ぎた医療に対する反発や患者側の権利意識の向上によって、たとえばインフォームド・コンセントという言葉が一般大衆にも知られるようになってきた。このような時代の流れは精神医療にも大きな影響を与え、いくつかの深刻な倫理的問題が提起されている（山本，2000）。

ところで、「予防」という用語は、近年アメリカにおいては、医学的診断が付く前の状態の人々に対する一次予防に限定して用いられる傾向にある。精神障害の予防に関するアメリカ医学研究所（Institute of Medicine: IOM）の報告書でも、発病してしまった対象を早期に同定し治療的処置を施す二次予防は「治療または処置（treatment）」、従来の三次予防は、再発率の減少とリハビリテーションを含むアフターケアから成る「維持（maintenance）」と呼び（Mrazek & Haggerty, 1994; Munoz, Mrazek, & Haggerty, 1966）、発症の予防と区別されるようになった。

さらに予防は、その対象とする集団によって、以下の三つのサブカテゴリーに分類されている。一つは、**普遍的予防**（universal prevention）と呼ばれ、すべての人々を対象とした介入である。適切な栄養、禁煙、歯磨き、シートベルトの着用、予防接種、職場・学校・地域ぐるみのストレス・マネジメント・プログラムなどの、専門家の直接的関与を必要としない、低コストで実施に際しての危険性が少ないプログラムである。しかし、万人に有効といっても、他のすべての治療的・予防的介入と同様、その実施に際してはあくまでも対象者個々人の自律性を尊重しなければならない（いわゆる自律尊重の原理）。プライバシーの保護も当然である。

二つ目は**選択的予防**（selective prevention）と呼ばれ、発病する可能性が平均より高い下位集団を対象としたプログラムである。年齢、性別、職業などの区別しやすい特徴をもつ一群の人々で、生物学的、心理社会的ハイリスク集団が対象

となる。マイノリティ民族やホームレス、新入生、退職予定者など、普遍的予防よりも対象が絞られることや、対象者の参加への動機づけが比較的高いことが特徴であるが、この予防には大きな倫理的問題が含まれる。その一つがハイリスク集団の特定に関する問題である。出生前診断やDNA検査の技術が飛躍的に向上し、遺伝性疾患や染色体異常が容易に発見されるようになったが、診断がついても治療が不可能な疾患も多い。出産前に胎児の障害が発見されたら、親や医療者はどうするべきか。あるいは近い将来、ある一定の確率で発症することが判明した治療不能な精神障害に関する情報をどう扱うべきか。母親の産む権利や産まない権利、医療情報（たとえば検査結果）を知る権利や知らされない権利、医療者の情報開示義務と守秘義務。このような権利や義務が複雑に絡み合い、精神医療においても今後ますます倫理的問題が議論される必要が増してくるだろう。

　第三のカテゴリーは**指示的予防**（indicated prevention）と呼ばれ、精神障害の診断基準をすべて満たしてはいないが一般人とは区別できる明らかな危険要因、生活状況、病理性を有している高リスク集団が対象となる。将来の発病を示唆する最低限の症状や兆候、あるいは生物学的マーカーの有無が基準であり、従来の二次予防と概念的に重なる点が多い。身体疾患の場合の血圧や血糖値のコントロール、予期される疾患に対する早期服薬、大腸ポリープ切除後の定期的検診などが分かりやすい例であろう。しかし、精神障害、たとえば統合失調症の場合はどうであろうか。近い将来、それに罹患する可能性が高いと判定された子どもに対しての介入を想像すると、多くの倫理的問題が浮き彫りにされるだろう。上述したように、判定すること自体に倫理的問題が存在しているが、その次の問題としては、発病の可能性が高いことを誰がどのように説明するのかである。予想されるスティグマやレッテル貼り、あるいは逆の「特別扱い」をどうやって防ぐか。対象が子どもなら介入実施の際、保護者からもインフォームド・コンセントを入手しなければならない。その際、どこまでの情報を開示すべきか。もし保護者が介入に反対したら、中断すべきか否か。あるいは、もしその保護者が精神障害者で意思決定能力に疑問がある場合はどうするべきか。取り組むべき課題が山積していると言えよう。

3）それでも予防を

　以上、概観してきたように、精神保健における予防の研究や実践には多くの困難が待ち受けている。倫理的問題は、医療技術の進歩と情報化社会の進展ととも

に今後急増するであろう。しかし、この傾向は精神保健に限ったことではなく、また予防にのみ関係することでもない。他のあらゆる保健・医療・福祉、さらには教育場面での実践に関わる課題であり、研究や実践を続けて行く限り避けて通ることはできない。

それに対して、治療だけでなく予防にももっと関心をもつことや、そのような関心をもった後継者を育成することは、今日からでも実行できる。また、他の専門職や行政、あるいはセルフヘルプ・グループや非専門家・ボランティアとの協働は、コミュニティ心理学における古くて新しい課題である。その意味でも、「予防」とは何かを考え、模索し続けることがコミュニティ心理学の発展に繋がっていくように思われる。

引用文献

Caplan, G. 1964 *Principles of Preventive Psychiatry*. Basic Books（新福尚武（監訳）1970　予防精神医学．朝倉書店．）
Cowen, E. L. 1996 The ontogenesis of primary prevention. *American Journal of Community Psychology*, **24**, 235-249.
Davison, G. C. & Neale, J. M. 1994 *Abnormal Psychology*（6th Ed.）. John Wiley & Sons.（村瀬孝雄（監訳）1998　異常心理学．誠信書房．）
Duffy. K. G. & Wong, F. Y. 1996 *Community Psychology*. Allyn and Bacon.（植村勝彦（監訳）1999　コミュニティ心理学——社会問題への理解と援助．ナカニシヤ出版．）
Felner. R. D., Felner, T. Y., & Silverman, M. M. 2000 Prevention in mental health and social intervention. In J. Rappaport & E. Seidman（Eds.）*Handbook of Community Psychology*. Kluwer Academic/Plenum Publishers.
石原幸夫・篠崎英夫　1979　地域精神医学　現代精神医学体系第23巻B．中山書店．
Kennedy, J. F. 1963 *Message from the President of the United States relative to Mental Illness and Mental Retardation*.（村松常雄（訳）1964　故ケネディ大統領の精神病および精神薄弱に関する教書．日本精神神経学会．）
Korchin, S. J. 1976 *Modern Clinical Psychology*. Basic Books（村瀬孝雄（監訳）1980　現代臨床心理学．弘文堂．）
Mrazek, P. J. & Haggerty, R. J.（Eds.）1994 *Reducing Risks for Mental Disorders : Frontiers for preventive intervention research*. National Academic Press.
Munoz, R. F., Mrazek, P. J., & Haggerty, R. J. 1966 Institute of medicine report on prevention of mental disorders : Summary and commentary. *American Psychologist*, **51**, 1116-1122.
小田　晋　1993　地域社会における精神保健．早坂泰次郎・長谷川浩・柏木哲夫（編）系統看護学講座　専門基礎．11．医学書院．
小椋　力　2000　精神障害の予防．小椋　力・倉知正佳（編）臨床精神医学講座S3

精神障害の予防．中山書店．
Rappaport, J. 1977 *Community Psychology: Values, research, and action*. Holt, Rinehart & Winston.
Scileppi, J. A., Teed, E. L., & Torres, R. A. 2000 *Community Psychology: A common sense approach to mental health*.（植村勝彦（訳）　2005　コミュニティ心理学．ミネルヴァ書房．）
精神保健福祉研究会（監修）　2003　我が国の精神保健福祉（平成15年度版）．
高橋邦明　2004　地域における高齢者への自殺予防活動．こころの科学，**118**，29-33.
高橋邦明・内藤明彦・森田昌宏・須賀良一・小熊隆夫・小泉　毅　1998　新潟県東頸城郡　松之山町における老人自殺予防活動——老年期うつ病を中心に．精神神経学雑誌，**100**(7)，469-485.
田中慶司　2000　精神障害予防対策の社会経済的な評価．小椋　力・倉知正佳（編）臨床精神医学講座S3　精神障害の予防．中山書店．
上田　敏　1987　リハビリテーションの思想——人間復権の医療を求めて．医学書院．
山本和郎　1986　コミュニティ心理学——地域臨床の理論と実践．東京大学出版会．
山本和儀　2000　精神障害の予防と倫理．小椋　力・倉知正佳（編）臨床精神医学講座S3　精神障害の予防．中山書店．

エンパワメント

三島一郎

　エンパワメント（empowerment）とは、一言では定義しがたいが、「自らの内なる力に自ら気づいてそれを引き出していくこと、その力が個人・グループ・コミュニティの3層で展開していくことといえる。端的に言えば、能力の顕在化・活用・社会化である」（三島，2001, p. 164）。エンパワメントは、従来の専門職からの一方的なサービス・システムのあり方に異議を唱え、ユーザーの自己統制力とサービス提供者に対する発言力を強めようという考えから出発している。この考えは、コミュニティ心理学の地域社会中心主義とも合致したもので、当事者をも援助資源として位置づけ、地域全体のケア能力を高める志向性をもっている（三島，1999）。

　コミュニティ心理学の中にエンパワメントの概念を初めて明確な形で位置づけたのは、Rappaport（1981）である。以来、Rappaportは、コミュニティ心理学におけるエンパワーメントの理論的研究の第一人者であり続けている。ここでは、Rappaportの思想的な流れを中心に、コミュニティ心理学におけるエンパワメント研究の理論的側面の動向を探りたい。

[1] コミュニティ心理学におけるエンパワメント概念の登場の背景

　Rappaport（1981）によれば、従来のサービスは、人間を「ニーズ」をもつ者か、満たされない「権利」をもつ者と規定し、肉体的か精神的にハンディキャップをもち、標準化（normalization）されるか、保護（protect）される必要のある者とする考えを内在していたとしている。

Rappaportは、こうした考え方を克服するパラダイムとして、十全たる人間として「力を獲得していくこと（エンパワメント）」を挙げ、人間が自らの問題を自ら解決し、自らの生活をコントロールする力を得、生活に意味を発見し、力を得ていくことで、コミュニティ感覚（psychological sense of community）を育んでいくプロセスをもつ、**セルフヘルプ・グループ**（self-help group: **SHGs**）の働きに注目している。

ここに見られるように、当初からエンパワメントの概念は、SHGsや相互支援（mutual aid）といった当事者運動と密接な関わりをもって論じられてきた。

Rappaportは、1980年代に入って突然にエンパワメントの概念を打ち出してきたわけではなく、より早くから従来のサービスのあり方を憂い、エンパワメントにつながる考えを提示してきていた。1975年の論文では、従来のサービスの人間の捉え方にありがちであった、援助を求める人々を弱い存在と捉え、彼らを非難するようなモデルに代わるものが必要だと提唱している。

1977年に書かれた、有名なコミュニティ心理学のテキストの中には、Rappaportによる以下のような指摘がある。

「将来、われわれは、その中で人々が人生の意味や、コミュニティ感覚を見出すような、家族や近隣やソーシャルネットワークの中で進展するコミュニティや、必然的に起こりつつある援助システムについて、研究したり、体験したり、理解したりする必要が出てくるであろう。それらのシステムを理解することによって、われわれは、『適合しない』人々のために、専門職による統制化で発展した現存する限られた選択肢に、そうした人々を無理やり押し込もうとすることの代わりに、**オルタナティブ**（alternative: 代替的選択肢）を供給するために、より多くのことができるかもしれない（p. viii）」

コミュニティ心理学の中にはっきりとエンパワメントを位置づけて以来、Rappaportはエンパワメントの概念の形成に意欲的に取り組むこととなる。

[2] 当事者が開発したアイディアと解決法への注目

Rappaport（1984）は、それまでしばしばメンタルヘルスの専門職から無視されてきた、問題や困難を抱えながらも成功した人々によって、生活（人生）を生き抜く中で開発されてきたアイディアと解決法へ着目した。

当然のことながら、そうした一人ひとりの体験から構成されるエンパワメントは、一つのやり方では定義できない。関係する人の自己定義が必要となってく

る。ここには、「自然の」サポート・システムから学ぶことと、専門職による'one-sided'を避けようとするRappaportの意図が見て取れる。彼は、従来のサービスの代わりに、専門職と成功した市民とによって開発されるアイディアと解決の有効なオルタナティブを構成することを願っている。

ところで、生活の中での問題の解決を探る過程で構成されてくるエンパワメントは、異なる状況に置かれた人、異なる解決すべき問題、時間、場所、文脈によって意味合いや現れ方が異なってくる。そうした意味からも、エンパワメントは、プロセスとして捉えられる。個人のレベル、組織のレベル、コミュニティのレベルで自らの生活に**統制感**（sense of control）をもつこと、とRappaportはエンパワメントを規定する。このプロセスは個別に大きく異なり、無限の変化の可能性がある。プロセスも結果もさまざまである。こうした事情が、エンパワメントの積極的な定義づけを困難にしている要因の一つである。

エンパワメントはある人にとっては統制感である。それは実際の統制にも結びつく。自らの生活に影響を及ぼす実際的な力であることもある。また、態度として現れることもある。世界観の変化という形を取ることもある。さらには、政治的、経済的、人間関係上の、心理学的な、霊的なといったさまざまなレベルで表現される。

エンパワメントを積極的に定義することは困難であるが、エンパワメントのない状態を表現することはたやすい。それは、実際にも、あるいはイメージとして無力なこと、学習された無力感、疎外感、自分自身の人生に対して統制感を欠いている状態、として表現される。

この時点でのRappaport（1984）のエンパワメントをめぐる中心的な主張は、以下のようなものである。

「エンパワメントのアイディアは、その概念の中身以上に重要である。われわれは、エンパワメントが何かを知らない。しかし、他方で、われわれはそれを目にしたときには、エンパワメントを理解する。このアイディアは、この概念（エンパワメント）自体を生み出そうとする試みを刺激する。このことは、エンパワメントの説明として不十分であるが、有益な考え方である（pp. 3-4）」

ここまでのエンパワメントをめぐる議論の展開を見るとき、エンパワメントは当初、概念の整理、中身の検討というよりは、より実際的なものとして登場してきていることが注目される。これはオルタナティブへの注目であり、その動きを刺激することに中心が置かれている。そうした中でのエンパワメントの展開こ

そ、意味がある。

　こうした観点から、Rappaport は、他者を統制するのではなく、エンパワメントの考えと一致する社会政策や介入方法の開発の必要性を訴える。

　エンパワメントに対して当初から出された批判としては、エンパワメントを実際の調査・研究や運動にどう結びつけるかというものである。この点に関しては、まだまだ十分な取り組みがなされたとはいえない。観察者・調査者・媒介者としての新たな専門職の役割の検討も必要とされている。

　そうした限界はあるにせよ、Rappaport の主張するように、エンパワメントのアイディアは、魅力的な理論的構成概念と、エンパワメントの公共政策の発展を目的とする、その操作概念との結びつきを提供する。1985 年には、Rappaport *et al.* (1985) は、精神保健関係の SHGs (Grow) との大掛かりな協同研究を行っている。ここでは、SHGs のメンバーが、研究の立案・実施・評価の全プロセスに参加している。SHGs に関わる専門職の新たな役割の実験でもあった。

[3]　エンパワメントの言語の力

　同じ 1985 年に Rappaport (1985) は、「エンパワーメントの言語の力」という題名の論文を著し、エンパワメントを明確に SHGs 運動と結びつけて論じている。

　この中で、まず、安上がりの福祉資源として、SHGs 運動が利用される可能性があることへの注意を喚起している。そして、エンパワメントについては、改めて以下のように規定している。

　「自分自身に心理学的統制を獲得すること。さらに広がって、他者に積極的な影響を及ぼすこと。究極的には、より大きなコミュニティに影響を及ぼすところまでたどり着くこと（といったことに似た何か）(p. 15)」

　さらに、エンパワメントをめぐって、次のような考えを展開している。

　「統制感を獲得した人々によって体験される認知的、動機づけの上での、そして、人格的な変化がエンパワメントの本質かもしれない。そして、エンパワメントのアイディアの中身を増やすこと——それは、援助の目的のメタファーと象徴としてではあるが——は有益だ (p. 15)」

　ここには、エンパワメントが、プロセスと結果をもつものであること、そして、エンパワメントの中身を増やすことの重要性が、改めて主張されている。

　伝統的な専門用語ではなく、エンパワメントの術語で考えることの重要性を唱

える Rappaport は、医学モデルや従来のサービス・モデルに対する痛烈な批判を展開する。Rappaport によれば、医学モデルは、われわれが人生上の問題を専門職の手を借りずに扱う能力にまで影響を及ぼすほど、われわれの生活に入り込んでいる。**生活の医療化**は、人々自身の身体に対する統制感を奪うことによって、個人の選択とセルフケアの能力を引き下げている。われわれは、痛みや病気、苦悩、死に関して理解する意思力を奪われている。本質的に道徳的な問題も、個々人に保持されるというより、技術主義国家（テクノクラシー）に引き渡された。

Rappaport は、援助過程における「援助の」専門職によって引き起こされる副作用・無力化という障害を想定することで初めて、実際の消費者へ影響を与える、より包括的な学問・サービスの範囲を説明できるかもしれないと主張する。われわれは「癒し」に関する独自の概念をもつ必要があるというのが、ここでのRappaport の中心的な主張である。他者に統制され、しかも不足しているような既存のものではなく、自己発生的で自己再生的なもの（self-generating and re-generating）を開発する必要がある。アメリカ人の5分の1が、何らかの情緒的困難にさいなまれている。そして、彼らのほとんどが、その困難に曝されている。しかも、援助を求める人々は、しばしば自らの失敗を非難し、成功は専門職のアドバイスのおかげであるということを受け入れるように仕向けられる。こうしたありように取って代わるものとして、Rappaport は、エンパワメントの用語でコミュニケートすることの必要性を力説する。エンパワメントの用語は、公式の専門化された援助システムとは独立して、自身を助け得る自らの能力、他者を助け得る能力について何らかのコミュニケーションをするアイディアのまとまりと用語を、われわれは人々に用意する必要があるというところから提示された。

「われわれは、困難にさいなまれている人々自身、そして、そうした他者との関係についての異なる信念とイメージとリアリティの体系を伝える言語が必要である。われわれは、われわれ自身、重要な他者、そして、われわれのコミュニティにおける変化のための強力な力について、コミュニケートするシンボルを含む、援助のための異なる言語を必要としている (p. 16)」というのが、Rappapot (1985) のエンパワメントの術語を提示する背景にある考えである。

[4] エンパワメントと自己治癒との関連性について

Rappaport (1985) はさらに、プラセボ効果に対する代替的な見方として、**自**

己治癒（self-healing）という考え方を提示する。その中で、プラセボ効果を、専門職の力を信じる力を表すものとしてではなく、個人が自らの癒しの資源になり得ることを示すリアリティの証として捉えることを提唱する。ここでRappaportは、Weick（1983）の考えを引用し、自己治癒とエンパワメントとの関連性について考え方を展開している。

Weickによれば、人間は生来、自らの変化の源となる能力をもっている。そして、自己治癒はこの能力の一つの表現である。この能力によって、人は自らを動機付けることができる。人生において重要な他者によって活気づけられることも、このことで説明できる。ソーシャルサポートは、生活ストレスの影響の緩衝物にも減力剤にもなり得る。

Rappaportは、人々の自己治癒を利用できる能力を想定することによって初めて、エンパワメントを、生活上の問題を扱えたり、自己治癒の積極的な力を解放したりする媒介物として、語ることができるようになると主張する。

こうしたことを踏まえたうえで、専門家による病気への介入を前提とした治療や予防といった医学用語でなく、**エンパワーしていくこと**（empowering）について、相互に語り合おうとRappaport（1985）は呼びかける。「われわれは**文化的代替物**（cultural alternative）を開発し、われわれ自身と他者をも助け得る、われわれ自身の力に関する信念についてのシンボルと言語を創造しなくてはならない（p. 17）」。そうした社会運動的なエンパワメントのありようも視座に入れて、Rappaportは、エンパワメントの術語の開発を考えている。

この主張に見られるような文化的代替物の開発には、エンパワメントとSHGsとの関連を強く意識させられる。

「プラセボ効果と呼ばれるものに含まれる力が、個人の中に存在すると見なされ、それが信念によって解き放たれれば、われわれは、力のある他者との間ではなく、相互の間で、信念を育むような言語とシンボル体系を開発し得る。エンパワメントは、潜在的にそうしたシンボルの一つである。というのも、エンパワメントは、専門職との関係で使われてきた歴史をもたないから、エンパワメントはむしろ、異なるイメージを呼び起こす言葉である（p. 17）」

この主張に見られるように、エンパワメントは、専門職との関係の枠組みを離れたところで使われてこそ力を発揮する。エンパワメントを従来の援助役割の中に位置づけることは、エンパワメントの影響力を奪うだけである。

再びここでRappaport（1985）は、エンパワメントの定義を試みている。

Rappaportによれば、エンパワメントは心理学的であると同時に政治的であり、パーソナリティ（人格）、認知、動機付けに関して、自らの人生（生活）に対し、ある種の統制を有していることを示唆する。すなわち、エンパワメントは、感情レベル、自己価値に関する考えのレベル、自らを取り巻く世界を違うように作ることができるというレベル、より霊的（精神的）なレベル、を表現する。それは、われわれすべてがもつプロセス能力であるが、さらにそれが解き放たれる必要がある。われわれの身体が、エンドロフィンが解き放たれたときに自己治癒し得るように。われわれは皆、エンパワメントを潜在力としてもっている。それは購入する必要のあるものでもなければ、今ある不足しているサービスシステムの産物でもない。
　ところで、自己治癒の力を解き放つ力として名づけられたエンパワメントの言語は、プラセボ効果とはまったく異なる方法でリアリティを表現する。そして、エンパワメントの考えが相互関係の目標と結合したときに、相互のエンパワメントは、人々が彼ら自身の生活をコントロールする能力を高め、専門職にとって深刻な意味を含む扇動的な考えとなる。
　もしエンパワメントがわれわれの目標になると、われわれは、人々を従属させる公共政策と、人々を従属させるわれわれの役割の中に疑問を発見するようになる。われわれは、政策展開をエンパワメントと調和するかどうかで決定しているわけではない。エンパワメントは、われわれに、伝統的な援助モデルとは異なる一連のメタファーを押しつける。
　ところで、エンパワメントのイデオロギーには、二つの必要条件がある。一つは、すでに生活上の自らの問題を扱い、どうしたらよいかについてさらに学んでいる人々がいること。他方で、われわれが学んだ道について答えを見出している（わかっている）一方で、おそらく、他者が生活上の自らの問題について扱えず、すぐに問題を解決することや、生活に統制感をもつことからさえぎられていること。そうした意味からいっても、エンパワメントの観点からして、SHGsは介入と学習の潜在的資源である。
　われわれは、専門職の承認に従ってことがなされるような、画一的なトップダウンの社会政策を止め、社会政策やサービス・プログラムに何が求められているか、人々が行政に告げていくことからスタートする、ボトムアップのプロセスをもつ社会政策の仕組みを作らねばならない。そこでは、作用するプロセスがエンパワメントであるなら、同質性より多様性が支配する。

[5] エンパワメントを構成する三つのレベル：個人・組織・コミュニティ

　続けて Rappaport（1985）は、Zimmerman（1985）によるエンパワメントに関する定義を紹介している。Zimmerman の定義は、エンパワメントを個人、組織、コミュニティの三つのレベルにわたって、相互の関連性を見ながら論じられており、今日のコミュニティ心理学におけるエンパワメントの共通理解の基盤を提供している。

　Zimmerman によれば、エンパワメントは、異なる分析のレベル（個人・組織・コミュニティの3層）で、相互の関連性に注意を向けながら論じられる。個人の層の例には、個人の力、能力、組織の層には自然の援助システム、コミュニティの層には、社会政策に対する活動前の態度、社会変革などが挙げられる。

　エンパワメントと各層の相互の関連性を見てみると、たとえば、組織は、政策決定に影響されるが、個人に自らの生活に統制を感じられるような状況を供給することで、エンパワーされ得る。コミュニティは、市民が生活の質を維持・改善し、コミュニティのニーズに反応するような活動に従事することで、エンパワーされ得る。心理学的エンパワメントは、論理上、個人の能力と**効力感**（efficacy）に関する信念と同様に、社会的・政治的環境に対する統制に及ぼすような活動に、個人が関与することを含む。この構成概念は、人生に対する態度、心理学的効力感と統制感、社会的・政治的活動、そして組織的関与を前提としている。

　ここでの議論からもわかるように、エンパワメントを理解するためには、人がいかに自らをコミュニティの中に統合しているかを理解しなくてはならない。エンパワメントが、外側から来るものではなく、彼ら自身のために機能しているのを見るためである。

　論理上、心理学的エンパワメントは、自己効力感、政治的効力感、知覚された能力、統制感、自己評価の五つの構成概念で表される。

　エンパワーされた人は、社会的・政治的環境を批判的に分析できる。このことは、人が自己決定し、葛藤や変化に効果的に関与することを可能にする。結果として、心理学的エンパワメントは、時として、力のある他者（たとえば専門職）を避けるときに感じられる統制感と、専門的知識への批判的意識として現れる。このことは、従来の援助枠組みにしがみつこうとする専門職にとっては、脅威となるかもしれない。

エンパワメントは、外部や専門職によって与えられる何かではない。それは獲得されねばならない。エンパワメントを獲得した人々ができることは、エンパワメントを必要とする人々に、状況と言語と信念を提供することである。このことは、SHGs が果たし得る役割の一つである。

[6] ユーザー自身がすべてを運営するオルタナティブ（代替的選択肢）の力

さらに、Rappaport（1985）は、精神医療ユーザー活動に永年携わり、国際的にもユーザー運動のために活躍している Chamberlin（1979 中田監訳 1996）の考えと、彼女の活動母体である the Mental Patients Liberation Front の活動実践を紹介する。

Chamberlin は、精神医療ユーザーが、専門職とサービスに対してもつ力について述べている。すなわち、ユーザーは、専門職がユーザーの自己実現を低くしか見積もらない傾向に対抗し、そうした傾向そのものが自己実現を阻むことを教え、ユーザーの自己実現のプロセスを通じてそうした見方を修正させ、ユーザーの自己実現の発揮のために必要な資源としての専門職の新たなありようを教える潜在力をもつ、としている。

Chamberlin の提唱する "user-controlled alternative"（上記のことが実現できた、従来の専門職援助に替わるオルタナティブ・サービス）は、コミュニティ・メンタルヘルスの領域で働く専門職との協力関係への挑戦である。彼女は、ユーザーの自信と能力を促進する鍵となる意識覚醒のプロセスは、ユーザー自身がすべてを運営するオルタナティブによって初めて生じると主張する。専門職は、ユーザーの**アドボケイト**（advocate：権利擁護者）とならなくてはならない。そして、SHGs の活動では、ユーザー自身がすべてを運営するオルタナティブの活動に、必要な補助金を引き出していくことに力を注ぐ。そうした中から、24 時間態勢のドロップイン・センター（seven-day-a-week drop in center）や、フリーダイヤルの 24 時間態勢の電話相談システム（teleconferencing system）が生まれた。

当然、多くの SHGs 運動が**アドボカシー**（advocacy：権利擁護）へと向かう。これによって初めて、社会的・政治的変化の潜在力は熟していく。多くの SHGs が法律制定の活動のためのアドボカシーに関わるようになり、サービス・社会の機能不全を指摘する SHGs の存在意義が認められる。SHGs の活動実践は、弱体化したコミュニティ・メンタルヘルス運動を活気づける好機にもなる。

SHGs の主題は、個人主義と他者を援助するという、一見矛盾する責務を対照的に強調する。ここには、メンタルヘルスの問題は、コミュニティ全体の責任であるとする考えにつながるものがある。よいサービスとは、本人が、自らの力、才能、独自の解決を発見することで、本人自身をエンパワーするようなものである。

ユーザーたちは、サービス・プログラムのデザインに関わり、SHGs に参加する。彼らが自らの最大の関心をアクティブに主張できるようにである。

これからは、メンバーをユーザーと見るのではなく、（援助）資源として見る見方が主流をなすようになる。この冒険的事業自体が、エンパワメントをエンパワーする。このことは、相互援助をベースとした人々の力と尊厳に基づく新たな文化の創造に貢献する。被害者を非難する従来のあり方が、**消費者中心**の政治的アドボカシーに取って代わられるのである。

[7] コミュニティ心理学の理論的支柱としてのエンパワメント理論

さて、Rappaport（1987）は、さらに、エンパワメント理論（empowerment theory）をコミュニティ心理学の理論的な支柱をなすものと位置づけ、議論を展開する。Rappaport によれば、コミュニティ心理学の理論的支柱の一つである予防（prevention）の表す現象を、エンパワメントの概念を用いるとより機能的に記述できるという。その意味で、エンパワメント理論は、コミュニティ心理学の生態学的な性質をよく表している。ここでの Rappaport の主張は、エンパワメントをコミュニティ心理学の**生態学的理論**（ecological theory）の主題に据えることにある。

Rappaport は、エンパワメント理論の目的と、コミュニティ心理学はなぜエンパワメント理論を必要とするのかについて、論を展開する。Rappaport によれば、エンパワメントは、人々の力に対する信念、人が自らの運命の主役であること、自らのコミュニティの生活に関わること、を基本的性格としている。そうした意味で魅力的である。しかし、さらにエンパワメント理論は、生態学的なものである必要があるのである。それには、いかに環境を考慮に入れるかだけでなく、その理論のもつ潜在的な世界観と合致する行動を促進するような、指針となる前提が必要である（Trickett, 1984）。

ここで Rappaport（1987）は、もっぱら人間（個人）中心に現象を捉えることと、生態学的な視点から現象を捉えることの相違を述べる。生態学的なアプロ

ーチによって、「環境的な踏査と資源の同定」への関心が促進される。そこでは、人々と政策、(サービス) プログラム、専門職との関係の役割が、当然のこととして検討に上る。また、時間の経過の中での変化、利権の変数の文脈上の意味への関心をも促進される。

　こうした意味で、生態学的理論は、コミュニティ心理学に非常に役に立つ。さらに、エンパワメントの生態学的理論も役に立つ。エンパワメントの現象も、こうした生態学的な性格の理論に適しているし、こうした理論の役に立つ。

　生態学の概念は、コミュニティにはめ込まれた個人とコミュニティそれ自体の性質、文脈、多様性(変化)、資源を、コストへの注目や「解決」から得る利益と同様に強調するが、個人中心のプログラムへの「一方的偏り」からの解放を提案する。

　こうした理解は、エンパワメントの理論の本質的構成要素の一つである。組織的プロセス、**市民参加**(citizen participation)、一般にいう変化、とりわけ社会変化、ネットワーキング、ソーシャルスキル、コミュニティ感覚に関する研究は、エンパワメントの生態学的理論の文脈にのせると、解釈、予測、結果の検討の際に、コミュニティ心理学により利益をもたらし得る。

　この領域の研究に必要なのは、データ解釈の際に、統一的な枠組みの中でこれらの領域がともに扱われることである。そうすれば、一つの領域として、他領域と議論ができる。幸いにも、このことは、完全ではないにしてもほぼ完成されつつある。

　コミュニティ心理学の中で、今までばらばらに論じられていたことが、エンパワメントの生態学的理論の中で、統一的に扱われる基盤が整備されつつある。

[8]　ナラティブとエンパワメント、そしてSHGs

　ここまでエンパワメントの理論的整備を進め、コミュニティ心理学におけるエンパワメント理論の貢献にまで言及したRappaportであるが、ごく最近は、今までとは違った側面から、エンパワメントにアプローチしている。この変化の背景には、エンパワメントの理論化が、結果としてSHGsのメンバーの体験世界や、SHGsのグループの展開の実際から遊離してしまったのではないかというRappaport自身の強い反省がある。

　そうした反省に基づいて、Rappaport (1993 ; 1995) は**ナラティブ・ストーリー**(narrative story : 自らの物語をつむぎ出すこと) を提示する。物語は新たな

状況を作り出す。SHGs に参加するようなメンバーには、絶えず更新される独自の物語が必要であるというのが、Rappaport の見方である。その新たな物語の創造に、SHGs は大いに貢献できる。

ナラティブとエンパワメントの関係は、SHGs に参加する個々のメンバーや、SHGs 自体をエンパワーする活動として位置づけられる。

SHGs の中で展開される世界を記述するには、SHGs のメンバーの体験やグループの精神に合致した理論を使う必要性があるというのが、Rappaport の考えである。ここには、**専門職中心主義の軽減**、個人の生活をコミュニティ・プロセスと明白に結びつけること、さらに、学際的な研究（認知心理学・文化人類学・社会学・文学による分析）を可能にするという点で、エンパワメントの新たな展開の可能性が感じられる。物語ることの役割を理解するための全般的なモデルの特徴、そして、アイデンティティの移行を通じての個人の変化は、SHGs の文脈の中で描かれる。

ここに至って、改めて、エンパワメント研究と SHGs 運動との結びつきの強さが、再確認されよう。

[9]　エンパワメントの適用

エンパワメントの実践面での顕著な例の一つは、Rapp（1998　江畑監訳 1998）の strengths model のケース・マネジメントである。この強化モデルの就労支援は、個人とコミュニティの両方にバランスよくアプローチしている。

Rapp（1998）によれば、地域社会の中で、精神障害をもつ当事者が生きていく上での「**完璧な生活空間**」を見出すことが、最も優先される援助となる。「完璧な生活空間」とは、周囲からもユーザーからも調整が必要とされないか、あるいはそれがほとんど重要ではなく、周囲から要求されることとユーザーの要求、才能、特質が完全に一致する生活空間である。発病以前に大農場の経営者としてのキャリアをもっていたハリーが農場で働くことになった例と、ホテルのメイドの仕事を欲し、必要な技術はすべて身につけていたワンダが、彼女自身の「不適切な」挨拶行動さえもが評価されるような、上級ホテルに仕事を得ようとする事例が印象的である。

援助者の仕事は、ユーザーの適切であるという感覚、能力感が尊重されるように、「正常な」周囲が定めた社会の要求にユーザーが応えるために、必要な機構を構築することである。これはしばしば、ユーザーと周囲の人が適応努力を行う

ときに、ユーザーと周囲の人双方に援助を提供するため、環境調整に関わることを意味する。自然に生じる地域資源を、ユーザーにとってより到達可能で、便宜的で適切なものとするためのさまざまな手法が述べられている。

地域の世話役を巻き込む革新的地域戦略は、コミュニティ・アプローチに満ちている。選択肢の創出は仕事を創り出し、ユーザーがその仕事に就くことを支援する。多くの点で、それは「完璧な生活空間」を創り出すための組織的な試みである。ユーザーの真の地域統合を成功裏に達成するために必要な戦略、技術、判断は、臨床実践に必要とされるのと同じくらい、複雑で要求水準の高いものである。

エンパワメントの研究例をいくつか挙げておく。

Segal, Silverman, & Temkin（1993）も、エンパワメントを個人・組織・対社会的レベルの3層で捉える。ただし、彼らが注目したのは、心理学的あるいは感覚的なエンパワメントより、実際的なレベルでのエンパワメントの獲得である。彼らは、**SHGs**活動が、単に感覚レベルにとどまらず、メンバーが必要な資源を獲得したり、対処技能を開発するのを援助したり、メンバーの自己概念を引き上げる方法を提供したり、精神障害者と認定されることに伴うスティグマを減じさせたり、組織内における管理・運営・サービスの配分に関する統括をメンバーに任せたり、**社会政策の立案**にメンバーが参加するのを促進することなどを通じて、エンパワメントを、実際的な力の獲得として実現させようとして見ている。

Segal, Silverman, & Temkin（1995）による精神障害回復者クラブのメンバーに対するエンパワメント評定尺度開発研究も、個人・組織・コミュニティの3層にわたって、各層の相互連関性を意識しながら、メンバーの日常生活レベルでの実際的な、エンパワメントを測定しようとする試みである。評定尺度の開発は行われたが、実際の評定研究の結果の発表は未だなされていない。

和気（1998）は、実証研究の成果をもとにして、ソーシャルワークの援助方法について考察する。そこでは、当事者の対処能力の強化・開発を支援する新しいソーシャルワーク実践のパラダイムを構想している。すなわち、エンパワメント・アプローチのソーシャルワークの対象は、「人」と「環境」の相互作用に向けられる。この相互作用の過程には、環境からの要求を認知・評価し、資源を動員・活用して対処する、当事者の絶え間ない営みが介在している。したがって、ソーシャルワークの実践活動の目標は、「対処する当事者」の対処能力の促進・

強化によって、エンパワメントを図ることを示している。

　三島 (1999) の学位請求論文「セルフ・ヘルプ・グループの Empowerment 機能に関する研究——精神障害回復者クラブとそのメンバーの Empowerment に関する評定研究」は、SHGs の独自の機能であるエンパワメントの機能を真正面から取り上げ、評定研究を行ったものである。従来の SHGs の評定研究は医療モデルや心理療法モデルによるものであり、それは、SHGs に参加することでもたらされる成果を評価するという点では意味があったが、SHGs の本来の効果を評定しているとはいえなかった。本研究は、SHGs の中核の機能であるエンパワメント機能の評定尺度を作成し、評価を行い、さらにその効果の評定を行った点で、SHGs 研究の中で最初のものである。

　いずれにしても、従来の専門職中心の専門性のありようは、変更を求められざるを得ない。ユーザーの生の体験世界の流れを尊重し、彼らのエンパワメントの実現が保障されるような専門職の関与の仕方、そうした意味での役割の変更、サービス・システムの再編が求められている。それは、従来の専門性を捨て、新たな専門性を構成していく営みの中からしか実現され得ないように、現在の筆者は感じている。

引用文献

Chamberlin, J. 1979 *On Our Own: Patient controlled alternatives to the mental health system*. McGraw Hill.（中田智恵海（監訳）　1996　精神病者自らの手で．解放出版社．）

三島一郎　1997　コミュニティ心理学におけるエンパワーメント研究の動向——エンパワーメントの理論面から．コミュニティ心理学研究，**1**(2), 141-151.

三島一郎　1999　セルフ・ヘルプ・グループの Empowerment 機能に関する研究——精神障害回復者クラブとそのメンバーの Empowerment に関する評定研究．慶應義塾大学大学院社会学研究科社会学専攻博士論文．

三島一郎　2001　精神障害回復者クラブ——エンパワーメントの展開．山本和郎（編）臨床心理学的地域援助の展開——コミュニティ心理学の実践と今日的課題，164-182．培風館．

Rapp, C. A. 1998 *The Strengths Model: Case management with people suffering from severe and persistent mental illness*. Oxford University Press.（江畑敬介（監訳）　1998　精神障害者のためのケースマネージメント．金剛出版．）

Rappaport, J., Davidson, W. S., Wilson, M. N., & Mitchell, A. 1975 Alternatives to blaming the victim of the environment: Our places to stand have not moved the earth. *American Psychologist*, **40**, 525-528.

Rappaport, J. 1977 *Community Psychology: Values, reseach and action*. Holt, Rinehart & Winston.

Rappaport, J. 1981 In praise of paradox: A social policy of empowerment over prevention. *American Journal of Community Psychology*, **9**(1), 1-25.

Rappaport, J. 1984 Studies in empowerment: Introduction to the issue. *Prevention in Human Services*, **3**, 1-4.

Rappaport, J., Seidman, E., Toro, P. A., McFadden, L. S., Reischi., T. M., Robert, L. J., Salem, D. A., Stein, C. A., & Zimmerman, M. A. 1985 Collaborative research with a mutual help organization. *Social Policy*, **15**, Winter, 12-24.

Rappaport, J. 1985 The power of empowerment language. *Social Policy*, **16**, Fall, 15-21.

Rappaport, J. 1987 Terms of empowerment/exemplars of prevention: Toward a theory for community psychology. *American Journal of Community Psychology*, **15**(2), 121-148.

Rappaport, J. 1993 Narrative studies, personal stories, and identity transformation in the mutual help context. *The Journal of Applied Behavioral Science*, **29**(2), 239-256.

Rappaport, J. 1995 Empowerment meets narrative: Listening to stories and creating settings. *American Journal of Community Psychology*, **23**(5), 795-807.

Segal, S. P., Silverman, C., & Temkin, T. 1993 Empowerment and self-help agency practice for people with mental disabilities. *Social Work*, **38**(6), 705-712.

Segal, S. P., Silverman, C., & Temkin, T. 1995 Measuring empowerment in client-run self-help agencies. *Community Mental Health Journal*, **31**(3), 215-227.

Trickett, E. J. 1984 Toward a distinctive community psychology: An ecological metaphor for the conduct of community research and the nature of training. *American Journal of Community Psychology*, **12**(3), 261-280.

和気純子　1998　高齢者を介護する家族——エンパワーメント・アプローチの展開に向けて．川島書店．

Weick, A. 1983 Issues in overturning a medical model of social work practice. *Social Work*, **28**, 467-471.

Zimmerman, M. 1985 Empowerment, perceived control, and citizen participation: A dissertation proposal. Submitted to the University of Illinois Psychology Department, September.

ソーシャルサポート

榎本光邦

[1]　waiting mode と seeking mode

　近年、日本において、心の不健康が社会問題として取りざたされ、心理学を学んでいない人にとっては一昔前までは聞き慣れない言葉であった「カウンセリング」あるいは「カウンセラー」という言葉が既知の言葉となりつつある。しかしながら、カウンセリングについて正しい知識をもっている人は少なく、カウンセリングを受けるということには少なからず偏見があるのではなかろうか。一般に、カウンセラーと呼ばれる専門家は来談するクライエントにのみ援助を与える「待っている方式（waiting mode）」である場合がほとんどである（長谷川編, 1994）。しかし、多くの人にとって専門の相談機関は訪ねにくいものであり、カウンセリングというものは極度に心が不健康である人が受けるものだという認識があり、それゆえ、日本において、専門の相談機関を訪れる人は、ある程度心の健康状態が悪くなっていることが多い。心の不健康状態に陥った人々に働きかけ、そこから脱することを援助することも重要であるが、それ以前に心が不健康状態に陥ることや、不健康状態がさらに悪化することを未然に防ぐことも重要である。そのためには、心の問題を専門家に一任せずに、非専門家による積極的な働きかけが望まれる。非専門家が日常生活において困難に陥っている人や、その可能性がありそうな人を探し求める状態（seeking mode）でいることによって、不健康状態をより早期の段階で発見することができると考えられる。本節では、コミュニティ心理学の理念であり、専門的な技法を要しない、非専門家による具

体的な働きかけとして有効な手段であると考えられる、**ソーシャルサポート**（social support）について紹介する。

[2] ソーシャルサポート研究の起源

ソーシャルサポートに関する研究は、1960年代の社会的ネットワークの研究に始まり、1970年代に入ってCassel（1974）とCaplan（1974　近藤・増野・宮田訳　1979）がソーシャルサポート・システムの概念を提出し、Cobb（1976）がソーシャルサポートの概念の定義を提出するに至って、ソーシャルサポートとさまざまな健康問題の関係が盛んに検討されるようになってきた（周・深田，2002）。

現代の都市生活においては、過密や近隣関係の希薄化などの対人関係をめぐる問題が数多くある。アメリカの疫学者であり医者でもあるCassel（1974）は、それらの都市の有害な物的・人的環境が、人間の健康に悪影響を及ぼす過程に注目した。彼は都市環境の悪化が対人関係を崩壊させることによって、人は他者から不適切なフィードバックしか受けられなくなり、それゆえ、人は不均衡な状態に置かれたときにそこから回復することができなくなり、発病しやすくなる、つまり発病するか否かは他者との結びつきの程度に左右されると考えた。

Cassel（1974）と時を同じくして、イギリスの地域精神医学者であるCaplan（1974）は、ある地域の特性が、そこに住む人々の精神的な健康にどのような影響を及ぼすかを検討した。そして、その地域の人々の精神的健康の維持・促進のために、精神保健の専門家だけによらない、非専門家を含めた支援のためのシステムを確立することを主張した。

前述の通り、CasselとCaplanは、人と人との日常的な結びつきが心身の健康に影響を及ぼすことを主張し、ソーシャルサポートという概念を提唱した。ただ、CasselもCaplanも、ソーシャルサポートとは何かということを明確に定義せず、また、ソーシャルサポートが心身の健康に影響を与える過程について、理論的な言及は行わなかった。

それに対して、Cobb（1976）はソーシャルサポートを概念的に明確に定義し、ソーシャルサポートとストレスの関連について、理論的な説明を行おうとした。彼はソーシャルサポートを「自分が世話されている、愛されている、尊重されている、相互的な責務をもったネットワークのメンバーである、と個人に信じさせるような情報である」と定義した。また、人がさまざまな形の生理的・心理

的な障害に出会ったときでも、適切な情報（ソーシャルサポート）を得ることができれば、その障害を処理し、適応を図れるので、ストレスの悪影響を緩衝できると考えた。

以上のように、Cassel と Caplan は、ソーシャルサポートが心身の健康に好ましい影響を及ぼすことを示唆し、Cobb はソーシャルサポートを概念的に定義し、ストレスとの関連について言及した。これら3名のパイオニアたちが開拓したソーシャルサポート研究の領域は、それから30年の間で膨大な量の研究を蓄積してきている。

[3]　ソーシャルサポートの発祥の背景

前述の通り、ソーシャルサポートという概念が現れたのは1970年代であったが、その頃はちょうど、いわゆる「**第三次精神保健革命**」の時期であった。そこでの強調点は、社会的決定要因にねらいを定め、地域社会への介入を通して精神障害を予防することであり、その中で地域精神保健（地域精神医学・コミュニティ心理学）が生まれた。

地域精神保健においては、個人の内的要因だけでなく、社会・環境要因も重視され、精神障害者を一人ひとり収容して治療するのではなく、リスクの高い母集団全体が対象となった。そして、地域の中でその人たちや非専門家たちとともに、あくまで予防に重点を置いて支え合っていくことを目指そうとする発想が生まれ、専門家だけに頼るよりも、自分たちでストレスや危機的状況に対処していくという新しい方向性が、精神保健の分野に位置づけられたのである。

[4]　ソーシャルサポートの定義

Cobb（1976）がソーシャルサポートの概念的な定義を試みたが、その後の膨大な量のソーシャルサポート研究において、共通の定義はなされていない。久田（1987）は「ソーシャルサポートとは何か」という最も根本的な問題に関して、一般的な感覚は共有はされてはいるものの、研究者の間で見解が一致していないと述べた。それから15年以上経過した現在でも、ソーシャルサポートについて一致した定義がないのが現状である（周・深田, 2002）。

Cobb（1976）以降、ソーシャルサポートを概念的に定義しようと試みた研究者はいるが、いずれの研究者も共通の定義を確立するに至っていない。それは、いずれの研究者も循環論から抜けられないためだと考えられる。たとえばCobb

は、前述のように、ソーシャルサポートを「自分が世話されている、愛されている、尊重されている、相互的な責務をもったネットワークのメンバーである、と個人に信じさせるような情報である」と定義したが、では、その情報とはどのような情報であろうか。その問いに対し、浦（1992）は「人が支持を受けていると感じることのできる情報である」と答えるのが精いっぱいであり、これでは結局「これこれについてサポーティブな情報をソーシャルサポートと呼ぶ」ということになり、結局何も言っていないのと同じ（理論が循環している）との見解を述べた。これまでなされてきたソーシャルサポート研究では、その研究において最も重要な変数であるはずのソーシャルサポートそのものについて、共通の定義がないために場当たり的な操作的定義を行わざるを得ず、結果として、定義する研究者によって得られる結果が異なるという混乱が生じ、その混乱を解消するためにさらに場当たり的な定義を用いて研究を行うという悪循環に陥った。現在もそのような悪循環は解消されておらず、前述の通り一致した定義がないのが現状である。

　ソーシャルサポートという言葉から、社会福祉などに代表される公的制度から差しのべられる援助を連想する向きもあるが、コミュニティ心理学をはじめとする心理学の諸領域においては、ソーシャルサポートは、ある個人に、その個人を取り巻く人間関係のネットワークの中から差しのべられる援助、という個人を中心とした視点から捉えられることが多い。

　数多くあるソーシャルサポートの概念は、大きく二つに分けることができる。一つは House（1981）の提唱した、援助を求める行動自体をソーシャルサポートと捉える概念である。阿部・本間・柿沼（1990）は House の概念を参照して、ソーシャルサポートを、人がストレスを感じたり、危機的状況に陥ったりしたとき、その状況から脱し、心的安寧を得るために周囲の人への援助を求める行動と定義した。もう一つは、与えられる援助行動のことをソーシャルサポートと捉える概念である。たとえば、嶋（1991）はソーシャルサポートを、ある個人を取り巻くさまざまな人々から与えられる有形・無形の支援と定義した。今日の日本の研究においては、後者の定義に類似したものが多く用いられている。

[5] ソーシャルサポートのタイプ

　ソーシャルサポートは、その機能においていくつかのタイプに分けることができる。その分け方は研究者によって異なるが、最も頻繁に研究されてきたソーシ

ャルサポートのタイプは、**情動的（情緒的）サポート**（emotional support）と**道具的（手段的）サポート**（instrumental support）である（小牧・田中，1996）。情動的サポートとは、たとえば、悲しんでいる人を慰めたり、落ち込んでいる人を励ましたりする精神的支援であり、一方、道具的サポートとは、たとえば、お金に困っている人にお金を貸したり、空腹の人に食料を与えたりするというような物質的援助である。

　また、これらの2種類のサポートに対して、下位分類を想定する研究者も多い。下位分類に関してもその分け方は研究者によってまちまちであるが、ある程度の共通性は見出せる。浦（1992）によると、情動的サポートの下位分類として、愛情や愛着、親密性のような情緒的な側面への働きかけと、評価やフィードバックのような認知的な側面への働きかけの2分類が、道具的サポートの下位分類として、ストレス処理のための資源を提供したり、問題解決に介入したりするという形での直接的なサポートと、それらについての情報を提供するという形での間接的なサポートの2分類があることが、多くの研究で主張されている。

[6]　サポート源

　サポート源とは、人にソーシャルサポートを与える環境のことをいう。換言するなら、サポートを与える側の人、あるいは組織やコミュニティのことである。サポート源としてさまざまなものが挙げられるが、おおむねどの先行研究でも、同性の友人と配偶者・恋人が代表的なものとして挙げられている。また、日本と外国の研究を比較すると、外国の研究では聖職者がサポート源として挙げられていることがしばしばあるが、日本の研究ではそのようなことは全くない。

　サポート源について検討する際、参考となるのは Lewis（1979　山田訳 1983）の社会的ネットワーク研究である。彼は子どもたちの社会的ネットワークを調べるために、彼らの生活環境にどのような社会的対象（換言するならばサポート源）があり、どのような社会的機能（同じくソーシャルサポート）が充足されるかを検討することを提案した。

　Lewis（1979）の研究対象は主として乳幼児であったが、その流れを汲んだ研究が行われてきた。尾見（1999）に従ってまとめると、①ソーシャルサポートは小学生の間は両親から最も多く与えられ、中学生になると友人からのサポートが両親からのサポートを上回る　②きょうだいからのソーシャルサポートは小学校中学年では友人と同程度だが、中学生以降は両親や友人を下回る　③先生によ

るソーシャルサポートは他のサポート源に比べて極端に低く、その傾向は中学生以降に特に強まる　④中学生前後では、特に友人を主として女性のほうが男性よりもソーシャルサポートを多く受けている、ということが明らかとなった。

　嶋（1991）は、大学生を対象に、サポート源とサポートの機能の関連性を明らかにした。その結果、親友と恋人の存在が、大学生にとっては最も重要なサポート源であることがわかったが、親友以外の同性の友人が比較的重要性をもつのに比べ、恋人以外の異性の友人は重要度が低かった。同性の友人というのは複数の人物が重要であるのに対し、異性の場合は特定の1人のみが重要であるということが言える。また、家族の中では母親が最もサポート機能が高いが、ソーシャルサポートという観点では、父親のもつ役割は極めて小さいことも明らかになった。機能との関連性については、親友と恋人に関しては、情動的サポートと道具的サポートの両機能の重要度が高いが、家族に関しては道具的なサポートのみ（母親のみ情動的・道具的サポートの両側面）重要度が高かった。男女差については、全般的に男性よりも女性の因子得点のほうが高い傾向があり、特に母親ときょうだいの因子得点が高くなる傾向が見られたが、その他には明確な男女差は見られなかった。

　福岡・橋本（1997）は、家族と友人の二つのサポート源について、それぞれが精神的健康にどのように作用するかを比較した。彼らは、大学生とその両親の年代にあたる中年期の成人を被験者として、"家族""友人"という二つのサポート源について知覚されたサポート（後述）を測定し、両者のサポートの量的な特徴を調べ、さらに、生活ストレスとの関連から、それらが心理的苦痛としての抑うつに対して、どのような効果を及ぼすのかについて検討した。各指標の男女差について、ストレスと抑うつで有意差は見られなかったが、サポートに関しては学生群の場合、全尺度で男性より女性が有意に高く、一方成人群では、友人の情緒的サポートのみ10％水準で女性のほうが高得点であったほかは、有意な男女差は見出されなかった。また、サポート源とサポートの内容の交互作用については、いずれも家族では手段的サポート、友人では情緒的サポートの得点が高いこと、情緒的サポートでは家族―友人間の差がなく、手段的サポートでは家族のほうが友人に比べて高得点であることが見出された。このことは、家族関係と友人関係の基本的なサポート機能の違いと、その発達的な一貫性を示唆している。抑うつに対する効果は、学生群では、男性の場合、家族のサポートには何ら有意な効果が認められなかったが、友人では情緒的サポート、手段的サポートとも主効

果と交互作用が見られた。そこで、単回帰分析を行ったところ、ストレスの水準が高まるにつれてサポートが少ないと抑うつ状態が強まるのに対して、サポートが多ければ抑うつの上昇は少ないことを示す結果が得られた。女性の場合には、すべてのサポートで主効果が見られ、家族の手段的サポートでは交互作用も有意であった。そこで、男性と同様に単回帰分析を行ったところ、先と同様のストレス緩衝効果が見られた。成人群では、男性の場合、家族の手段的サポートの主効果が有意であり、ストレスの水準にかかわらず、サポートが多いほど抑うつ的になりにくいことを示していたが、友人のサポートでは何ら有意な効果が見られなかった。一方、女性の場合には、家族のサポートの効果に有意なものがなく、逆に友人では情緒的サポートで交互作用のみ有意であり、低ストレス時にはサポートの効果が見られないが、ストレスの水準が高まったときにはサポートが多いほど抑うつの低い状態が維持されやすいという結果であった。

　小牧・田中（1996）は、それまでの日本におけるソーシャルサポート研究が学生や一般成人を対象としてきており、職場のメンタルヘルスやモティベーションとの関連を追究した研究が少ないことを指摘し、その関連性について報告した。その報告の内容は、サポートの性差については、上司の情緒的サポート、道具的サポートでは女性よりも男性の方が、同僚の情緒的サポート、道具的サポートでは男性より女性の方が高いことがわかった。また、先輩の情緒的サポート、道具的サポートについては性差は見られなかった。

　教師のソーシャルサポートに焦点を当てた研究は日本でもいくつか見られるが、そこではサポート源として、同僚の教師やスクールカウンセラーが挙げられている。迫田・田中・淵上（2004）は、これまで日本ではあまり検討されてこなかった、学校組織のリーダーである校長というサポート源からのソーシャルサポートが、教師のメンタルヘルスに与える影響を検討した。その結果、校長から報酬が与えられていると感じている教師、また、校長を理想的な人物、あるいは目標となるような人物であると捉えている教師は、校長からの道具的サポート、情緒的サポートの両者を受け入れやすいということが明らかとなった。

[7]　ソーシャルサポートの次元

　ソーシャルサポートの定義は、前述のように研究者によって異なるが、稲葉・浦・南（1988）はソーシャルサポートを総称的概念として使用し、経験的な操作概念としてはそれが使用できないと主張している。この主張に従うと、ソーシ

ャルサポートという言葉に対する一貫した定義がないので、定義に基づく研究を実行するということは困難で、経験的な操作概念としてのソーシャルサポートを設定し、検討する方が得策であると考えられる。

　具体的な操作概念としてのソーシャルサポート、つまり測定可能なソーシャルサポートの次元は、周（1993）によると、①社会的包絡（social embeddedness: サポートの受け手がどのくらいの大きさのソーシャルサポート・ネットワークをもっているのか）　②**必要とするサポート**（needs for support: サポートの受け手が送り手に対してどのようなサポートを求めているのか）　③**知覚されたサポート**（perceived support: サポートの受け手がサポートを受ける可能性がどのくらいあると考えているのか）　④**実行されたサポート**（received support: サポートの受け手が実際にどのくらいサポートを受け取っているのか）、の四つの次元に分けることができる。さらに、これらのサポートは構造的サポート（structural social support）と機能的サポート（functional social support）に区分できる（Cohen & Wills, 1985）。周（1993）によると、構造的サポートは個人にサポートを提供できるネットワークの広がりを指し、機能的サポートは他者から受け取ることのできるサポートの認知を意味している。この構造的サポートと機能的サポートの分類に前記の四つの次元を当てはめると、社会的包絡は構造的サポートに、その他のサポートは機能的サポートに属する。

　今日のソーシャルサポート研究において、ほとんどの研究が知覚されたサポートについての研究であり、サポートの次元に関心を払う研究は少ないといえる。サポートの次元や差異を検討した研究にはWethington & Kessler（1986）の研究があり、彼らは知覚されたサポートと実行されたサポートを測定し、両者の相関関係は低い（$r<.20$）ことを見出した。また、Power, Champion, & Aris（1988）は、必要とするサポートと実行されたサポートの差異を検討したが、必要とするサポートのほうが実行されたサポートよりも大きいと報告している。しかし、これらの先行研究では、それぞれのサポートの次元を測定する尺度が異なっているので、次元間の厳密な比較検討が行われたとは言いがたい。また、Barrera（1986）は11の先行研究の結果を分析し、社会的包絡、知覚されたサポートおよび実行されたサポートという三つの次元間の相関関係は低いということを指摘した。しかしながら、分析の対象となった先行研究でも、サポートの次元によって測度が変わっていたので、この研究においても厳密な比較検討が行われたとは言えない。それに対して、周（1993）は在日中国系留学生を対象に、

必要とするサポート、知覚されたサポート、実行されたサポートを、研究、人間関係、情緒、環境・文化の四つの場面を想定し、同一測度で測定し、それらの3次元のサポートの関係および差異を検討した。その結果、必要とするサポートと知覚されたサポートの間の相関は、場面にかかわらず常に高かった。この結果は前述の Barrera（1986）とは異なる。また、必要とするサポートと知覚されたサポートの差、および必要とするサポートと実行されたサポートの差は、場面によって異なり、差の方向も場面によって異なるが、知覚されたサポートと実行されたサポートの間に差は見られなかった。この結果より、サポートの3次元のうち、必要とするサポートが他のサポートとは異質であると考えられる。

[8]　ソーシャルサポートとストレス

　ソーシャルサポート研究において、最もポピュラーなものは**ストレス**（stress）との関連の研究である。前述のように、そもそもソーシャルサポートやコミュニティ心理学の概念は、第三次精神保健革命の真っ只中に誕生した。疫学的観点から精神保健の問題に取り組んでいた専門家たちは、不健康状態を生じさせる環境因子を「ストレス」と捉え、研究を進めていたが、「ストレスだけでは不健康状態を十分に説明できない」という結果に終わった。そこで研究者たちは、ストレスと病気（心理的・身体的の両方）の間に介入し、ストレスの影響を左右する要因に関心を向け始めたのである。予防的介入について考えてみても、ストレス自体、人間の手ではどうにも防ぎようのないものが大部分である。それならば、ストレスを受けても病気にならずにすむようにするには、その仲介要因に介入すればよいと考えられた。そして、この仲介要因として考えられたのが、その当時誕生したばかりのソーシャルサポートの概念なのである。

[9]　直接効果仮説と緩衝効果仮説

　前述のように、ソーシャルサポート研究において、サポートのストレスに対する効果についての研究が最もポピュラーであるが、中でも直接効果（主効果）仮説と緩衝効果仮説についての研究は膨大な数にのぼる。浦（1992）によると、**直接効果仮説**とは、ある人がサポーティブな対人関係にいるか否かは、その人の心身の健康に直接的な影響を及ぼすとする仮説である。つまり、ある人がたとえストレスフルイベントに曝されていなくても、その人がサポーティブな対人関係の中にいるならば、そのような対人関係の中にいない場合よりも健康だというこ

とを示唆し、また逆に、いくら周りの人々とサポーティブな対人関係を作ることができている人であっても、強いストレスフルイベントに曝され、ストレスの程度が高まれば、ある程度は心身の健康を損なってしまうという仮説である。一方、直接効果仮説に対立する仮説が緩衝効果仮説である。浦（1992）によると、**緩衝効果仮説**とは、ソーシャルサポートが心身の健康に好ましい影響を与えるのは、それがストレッサーからの悪影響を緩衝するためであると考える仮説である。緩衝効果仮説では、ソーシャルサポートは人がどれくらいの潜在的なストレスフルイベントを経験するかの程度には、何ら影響を及ぼさないと考える。このように考えることから、ソーシャルサポートが人の健康に影響を及ぼすのは、その人の経験するストレスフルイベントが、その人の処理能力を超える場合（高ストレス下）のみであり、処理能力を超えない（低ストレス下）ならば、その人がどのような対人関係の中にいようと健康には差が生じないことになる。

　日本におけるソーシャルサポートの直接効果と緩衝効果に関する研究を一つ紹介しよう。大学生を対象とした嶋（1992）の研究では、ソーシャルサポートがストレスに及ぼす効果は、性別によって現れ方がかなり異なってくることが明らかになった。まず直接効果に関しては、男性の場合、同性の友人のみが有意な直接効果をもっていたのに対し、女性では、異性友人のサポートの一部を除いて、すべてのサポートが有意な直接効果をもっていた。すなわち、ソーシャルサポートのもつ心理的健康状態に対する直接効果は、女性のほうに大きな意味をもつということがいえる。このような性差が生じるのは、対人関係に対する態度に、男性と女性では異なる社会的・文化的期待（たとえば、男性のほうが女性よりも早期の家族からの精神的・物理的自立が望まれる）が課せられているためであると考えられる。一方、緩衝効果は男性のほうに多く見られた。男性の場合、家族のサポートと異性友人のサポートは直接効果を全くもたなかったが、実存的ストレス（"自分の将来についての不安"など、自己の生き方、人格に関わるようなストレス）に対しての緩衝効果が認められた。実存的ストレスは個人の生き方そのものに関するストレスであり、はっきりとしない漠然とした不安感や無力感をもたらす、対処のしにくいストレスといえる。

　Cohen & Wills（1985）によると、直接効果仮説は、人が自分の周りの人々とどれくらいの対人関係をもっているかを測定するような尺度を用いた場合に支持されやすく、緩衝効果仮説は、ソーシャルサポートを対人関係の維持・促進のためのいくつかの機能として捉え、それらのうちの一つ、もしくは複数の機能の

利用可能性を査定する尺度を用いた研究で支持されやすい。

[10]　予防手段としてのソーシャルサポート

　これまでは、ソーシャルサポートについて理論的な説明を行ってきた。ここからは、ソーシャルサポートがどのような場面、あるいはどのような対象に対して人の心的安寧に寄与し得る道具となるかを論じたい。

　コミュニティ心理学は、予防活動に大きな焦点を当てている（長谷川編, 1994）。Caplan（1974）は、コミュニティ精神保健および予防精神医学の観点から、予防を3段階に分けている。**一次予防**（primary prevention）とは狭義の予防活動、**二次予防**（secondary prevention）とは治療を中心とした活動、**三次予防**（tertiary prevention）とは回復した人の社会復帰を促す活動である。

　今日のソーシャルサポート研究では、二次・三次予防に焦点を当てる研究が多いといえる。また、その対象は児童・生徒、（交換）留学生、大学（新入）生、会社員、新入社員、教師、失業者、夫婦、産婦、単身赴任家族、離婚した母親、慢性リューマチ患者、がん患者、高血圧の高齢患者、看護師、在宅介護者、犯罪被害者、災害被災者など非常に多岐にわたっている。以下では、それぞれの予防活動におけるソーシャルサポート研究の例を紹介したい。

　まず、二次予防の例として、田中・兵藤・田中（2002）の在宅介護者を対象とした研究を紹介する。高齢化に伴い、要介護高齢者の増加が社会問題となりつつある今日、負担を抱え込む介護者は多いが、この研究では在宅介護者のソーシャルネットワークについて、その機能をサポートの供給と代替性という視点から解明することに取り組んでいる。ここでは、階層的補完モデル（夫婦関係や親子関係の中で本来なら充足されるはずの機能が、充足されない場合、その機能を果たすための関係として次に近い関係、またその次に近い関係と選択されていくというもの）と、課題特定モデル（個々の課題によって必要とされるサポートの性質は異なるため、ある特定のサポートと適合する社会的カテゴリーの人々が、そのサポートを供給しやすいというもの）を組み合わせて検討が行われている。その結果、両モデルは相互補完的なものであり、課題特定モデルに即したサポート源が第一義的に想定されていても、それが果たされない場合は、階層的な補完が開始されるという知見が得られた。つまり、本来的には、要介護者が必要とするサポートを供給できる者が主たる介護者となることが想定されるが、それが果たされない場合は、その機能を果たすための関係として、次に近いものが主たる介

護者となりうるということである。この結果は、要介護者のソーシャルサポート・ネットワークについて検討することに一つの指針をもたらすものである。

次に、三次予防の例として、池内・藤原（2000）の、災害被災者を対象とした研究を挙げる。自然災害の被災者の心理的な側面について取り上げる研究は、被災後のネガティブな心の状態に目を向けてきた（つまり二次予防的であった）。そのような流れに対し、この研究では、自然災害を受けた被災者の心のポジティブな側面、具体的にはQOLの概念に基づき、被災者の被災後の生活における満足感や、心身の健康状態について検討している。その結果、第一に、自然災害によって大切な物的所有物を喪失した被災者は、喪失のない被災者と比べ、「心身の健康」に関してはQOL得点が低かったが、「生きがいの大きさ」に関しては逆に高かった、すなわち、より生きがいをもって生活しているということが明らかになった。池内・藤原（2000）はこのことについて、失った物的所有物を取り戻そうという補償の心理が強く働き、それが生きがいの得点に反映されたと考察している。第二に、ソーシャルサポート・ネットワークが大きい被災者は、それが小さい被災者と比べ「生きがいの大きさ」には差が見られなかったが、「心身の健康」に関しては良好であった。彼らは、前者に関しては、この研究で用いたQOL尺度が非常に個人的な問題と関係した内容であったため、ソーシャルサポートとは直接的な関係性が見られなかったが、後者に関しては、これまでの研究の結果を支持するものであったと述べている。この結果より、自然災害の被災者たちの心理的側面には、これまでの研究が扱ってきたようなネガティブな側面もあれば、この研究で扱われたようなポジティブな側面もあることがわかった。被災者に対するサポートは、ただ一方的にサポートを供給するだけでなく、被災者はどのようなサポートを必要としているのか、被災者が自らの力でよい方向へ向かっていくことを手伝うには、どのようなサポートが必要なのか、を明らかにしていくことの重要性を示唆した画期的な研究である。

最後に、三次予防の例として、榎本（2002）の研究を挙げる。これまで述べてきたように、ソーシャルサポートは人間の精神的不健康状態に対して、好ましい影響を与えるということが多くの先行研究によって明らかになってきている。しかし、元来ソーシャルサポートは、「**治療よりも予防**」という理念の下で、第三次精神保健革命の真っ只中に誕生した概念である。よって、今後は、精神的不健康状態から脱するための手段というよりは、むしろ精神的不健康状態に陥ることを予防する手段としての役割に焦点を当てた研究が、より多く行われることが

望まれる。

　榎本（2002）は、ストレス状態に対するソーシャルサポートの効果（すなわち「治療」すること）ではなく、ストレス状態を引き起こす出来事を克服すること（すなわち「予防」すること）に対するソーシャルサポートの効果を検討した。対象は、サポート過程を活性化するライフイベントの一つに上級校への進学が挙げられる（中村・浦，2000）という考えに基づき、大学新入生とした。まずはじめに、大学新入生に特有の危機的出来事を明らかにし、そして、それを克服することに対する3次元（前述の周（1993）が挙げた、必要とするサポート、知覚されたサポート、実行されたサポート）のソーシャルサポートの効果を縦断的に検討した。

　予備調査において得られた、「大学合格という目標の喪失」「第一志望の大学に合格できなかったこと」という二つの大学新入生特有の危機的出来事について、それらを克服するためにソーシャルサポートがどの程度必要か（必要とするサポート）、そして、そのようなサポートを受けようと思えばいつでも受けられる状況にいるのか（知覚されたサポート）、あるいは実際に受けているのか（実行されたサポート）ということについて、入学直後と1年生時の夏休み後の2度にわたって、同一対象に調査を行った。入学直後・夏休み後の両時点において危機的出来事を克服していない被調査者を「未克服群」、入学直後には克服していなかったが、夏休み後には克服していた被調査者を「克服群」に分け、分析を行った。

　その結果、克服群では、必要とするサポートの量と他のサポートの量の間にはおおむね差が見られないが、未克服群ではそれらの間に差が見られた。このことから、3次元のソーシャルサポートが均衡状態にある場合、危機的出来事を克服することにサポートは効果を示すが、3次元のソーシャルサポートが不均衡状態にある場合、危機的出来事を克服することにサポートは効果を示さないといえる。男女ともに共通していえることは、サポート量に不均衡が見られる場合、必要とするサポートが他のサポート量を上回っている。つまり、危機的出来事を乗り越えるために必要とするサポート量よりも、実際に受けている、あるいは受けることができると思っているサポートの量が少ない状態にあるといえる。このことから、未克服群は、危機的出来事を克服するために必要なサポートを把握はしているものの、それに見合った十分な量のサポートが受けられていない、あるいは受けられる可能性が低いと感じているために、危機的出来事を克服できていな

い状態にあるといえる。

　この研究は大学新入生を対象としたものであり、今後さまざまな対象に対して、予防に焦点を当てた研究がなされることが望まれる（たとえば、井田・福田（2004）など）。

[11]　今後の展望

　ソーシャルサポートは、わずか30年ほど前に誕生した概念であるが、今日、内外を問わず膨大な量の研究がなされてきている。浦（1992）はその理由として、人と人との結びつきの善し悪しが、心身の健康に影響を及ぼすらしいという問題が多くの研究者を惹きつけたということと、そのメカニズムを明らかにするためにはどのような変数をどう扱い、何を明らかにすればよいのか、が必ずしもはっきりとしないというあいまいさの2点を挙げている。そのような背景の中でなされた多くの先行研究から、これまでにさまざまな知見が得られてきているが、必ずしもそれらの知見が、実際の対人援助場面に活用されているとは言えない。今後のソーシャルサポート研究においては、これまで明らかにされてきた知見を机上の空論で終わらせることなく、いかに実際の対人援助場面に活用していくか、を検討していくことが望まれる。

引用文献

阿部洋子・本間道子・柿沼儀子　1990　ソーシャルサポートに関する一研究（1）──孤独感との関係について．日本心理学会第30回大会発表論文集，289．

Barrera, M. Jr. 1986 Distinction between social support concepts, measures, and models. *American Journal of Community Psychology*, **14**, 413-445.

Caplan, G. 1974 *Support System and Community Mental Health*. Behavioral Publications.（近藤喬一・増野　肇・宮田洋三（訳）　1979　地域ぐるみの精神衛生．星和書店．）

Cassel, J. 1974 Psychological processes and "Stress": Theoretical formulations. *International Journal of Health Service*, **4**, 471-482.

Cobb, S. 1976 Social support as a moderator of life stress. *Psychosomatic Medicine*, **38**, 300-314.

Cohen, S. & Wills, T. A. 1985 Social support, stress and the buffering hypothesis. *Psychology*, **14**, 413-445.

榎本光邦　2002　大学新入生が経験する危機に対する三次元のソーシャル・サポートの効果．日本心理学会第66回大会発表論文集，110．

福岡欣治・橋本　宰　1997　大学生と成人における家族と友人の知覚されたソーシャル・サポートとそのストレス緩和効果．心理学研究，**68**(5), 403-409.

長谷川浩一（編）　1994　心の健康を考える［臨床心理学トゥデイ］．ミネルヴァ書房．
久田　満　1987　ソーシャル・サポート研究の動向と今後の課題．看護学研究，**20**，170-179．
House, J. S. 1981 *Work Stress and Social Support: Reading*. Addison-Wesley.
井田政則・福田広美　2004　看護師への職場サポートがバーンアウト反応に及ぼす影響．立正大学心理学研究所紀要，**2**，77-88．
池内裕美・藤原武弘　2000　物的所有物の喪失およびソーシャル・サポート・ネットワークが生活の質（QOL）に及ぼす影響――阪神大震災の被災者を対象として．社会心理学研究，**16(2)**，92-102．
稲葉昭英・浦　光博・南　隆男　1988　'ソーシャル・サポート研究'の現状と課題．哲学，**85**，109-149．
周　玉慧　1993　在日中国人に対するソーシャルサポートの次元――必要とするサポート，知覚されたサポート，実行されたサポートの間の関係．社会心理学研究，**9(2)**，105-113．
周　玉慧・深田博己　2002　在日中国系留学生に対するソーシャル・サポートに関する研究．社会心理学研究，**17(3)**，150-184．
小牧一裕・田中國夫　1996　若年労働者に対するソーシャルサポートの効果．社会心理学研究，**11(3)**，195-205．
Lewis, M. 1979 *The Social Network: Toward a theory of social development*. Fiftieth Anniversary invited address, Eastern Psychological Association Meetings, Philadelphia.（山田洋子（訳）1983　社会的ネットワーク［上・中・下］．サイコロジー，**34・35・36**．サイエンス社．）
中村佳子・浦　光博　2000　ソーシャル・サポートと信頼との相互関連について――対人関係の継続性の視点から．社会心理学研究，**15(3)**，151-163．
尾見康博　1999　子どもたちのソーシャル・サポート・ネットワークに関する横断的研究．教育心理学研究，**47(1)**，40-48．
Power, M. J., Champion, L. A., & Aris, S. J. 1988 The development of measure of social support: The significant others (SOS) scale. *British Journal of Clinical Psychology*, **27**, 349-358.
迫田裕子・田中宏二・淵上克義　2004　教師が認知する校長からのソーシャル・サポートに関する研究．教育心理学研究，**52(4)**，448-457．
嶋　信宏　1991　大学生のソーシャルサポートネットワークの測定に関する一研究．教育心理学研究，**39(4)**，440-447．
嶋　信宏　1992　大学生におけるソーシャルサポートの日常生活に対する効果．社会心理学研究，**7(1)**，45-53．
田中共子・兵藤好美・田中宏二　2002　在宅介護者のソーシャルサポートネットワークの機能――家族・友人・近所・専門家に関する検討．社会心理学研究，**18(1)**，39-50．
浦　光博　1992　支えあう人と人．サイエンス社．
Wethington, E. & Kessler, R. C. 1986 Perceived support, received support, and adjustment to stressful life events. *Journal of Health and Social Behavior*, **27**, 78-89.

5 コラボレーション

高畠克子

[1] コラボレーションとは

　現在日本において、学校現場では不登校・学級崩壊・いじめ・キレる子ども・LD・ADHDの問題などが起こり、家庭では核家族化・少子化の進行により、孤独な子育て・虐待・DVなどの問題が顕在化し、近隣などの身近なコミュニティでは少年犯罪の低年齢化・青少年の引きこもり・フリーター・ニートなどの問題が増加し、さらに中高年世代のリストラ・自殺・介護の問題、地震や風水害による被災者の問題、暴力犯罪や事故の被害者や遺族の問題など、枚挙に暇がないほどに深刻な出来事が次々に発生している。これらの重大な出来事に対して、国や地方自治体の行政レベル、学校や近隣や医療機関などのコミュニティ・レベルなど、多方面からの取り組みがなされてはいるが、現在利用可能な人的・物的資源には限りがあり、また有効なサービスへのアクセスが制限されているのも事実である。

　そこで、このような多様で困難な社会状況において、われわれコミュニティ心理学に携わる者は、どのように現実を認識し、誰とどのように協働し、どのように成果を評価するのかが問われているといえるだろう。そこで、この節では、コミュニティ心理学の基本的理念である**「人と環境の適合」**（person-environment fit）に基づいて、新たなキー・コンセプトともいえる**コラボレーション**（collaboration: **協働**）について論を進めることにする。具体的にいえば、われわれは人々および社会状況（環境）を的確にアセスメントして、それをもとに多くの

人々や機関と協働して問題解決にあたり、さらには現存の社会構造および人々の意識を変革していくというアプローチを取るが、さしあたり医療・保健・福祉と学校・教育の2領域から、これらのアプローチについて述べる。

1）コラボレーションが注目される時代背景

すでに述べたように、社会が流動化し多様化してくると、以前には予想だにしなかった複雑で困難な問題が出てくるが、これらを解決するためには、すでに得られている専門的知識や技法、さらにはそれに基づいて開発された**社会資源**（social resource）やサービスでは、限界があると感じている研究者や実践家は少なくないであろう。このように、限られた人的・物的状況から、新しい理念や戦術を創出するためには、数少ない専門家が綿密に手を携えるか、専門領域を超えて連携するか、非専門家（いわゆるボランティア）や当事者との協力を考えるか、あるいは**パラダイム・シフト**（paradigm shift）するかしかないであろう。そこで登場したのが、コラボレーション、すなわち協働の概念である。collaborationという言葉は、共同という意味のcoと、働くという意味のlaborが重なったもので、まさに「協働」という訳語を充てるのが適切であろう。

ところで、コラボレーションと類似の概念としては、リエゾン、コンサルテーション、リファー、連携、コーディネーションなどが挙げられるが、これらとの相違は次項で述べるとして、ここでは、なぜコラボレーションが、欧米では1990年代以降、日本では2000年代以降に、盛んに取り上げられるようになったのかを考えてみたい。確かに近年、大きな世界的な潮流として、実証主義的な「科学の知」に対抗して、「**臨床の知**」が復権した時代ともいえるであろう。今までの学問の歴史は、近代的な科学や産業の進歩や革新によって、科学的な実証主義が隆盛を極めてきたといえよう。しかし、われわれが科学的な研究の対象にしてきたものは、あまりにも複雑かつ多様になってきたため、学問それ自体を専門分化し、細分化して対応していかざるをえなくなり、その結果として、対象のもつ生（なま）の、トータル（ホリスティック）な姿から、われわれはあまりにも遠ざかってしまったのである。

もう一度対象に戻るという考え方は、対象のあるがままに立ち戻って、そこから問題を捉えなおすことであり、これがいわゆる「臨床の知」（中村, 1986）なのである。そして、これはevidence based approachからnarrative based approach、すなわち対象に密着し、そこから質的な検証を深めるという方向への

転換でもある。この方向転換は、コミュニティ心理学が基本的理念として掲げてきた研究法である「**アクション・リサーチ**（action research）」に通じるものである。すなわち、対象の存在する臨床現場を実践と研究の場にして、その中から求められ必要とされるものを摑み、研究と実践計画に繋げていくというコミュニティ心理学の理念と方法論に合致するのである。さらに、この現場にはさまざまな分野からの専門家や非専門家がいて、そこで協働体制を組むことにより、効率的なサービスやシステムを提供することが可能になるのである。これがコラボレーションの起こってきた時代背景といえるだろう。

2）コラボレーションの定義

次に、コラボレーションの定義について簡単に述べる。Seaburn *et al.*（1996）は、精神保健の専門家と健康ケア提供者のコラボレーションについて、それが効果的に行われるために、次の6点を挙げている（高畠，2001）。①人間関係（relationship）　②協働という共通の目的（common purpose）　③変化と健康と病気に関するパラダイム（paradigm）　④コミュニケーション（communication）　⑤サービス提供者の物理的距離（location of service）　⑥柔軟な権力構造に基づく職業上の配置（business arrangement）、であり、この詳細は［3］の「1）精神・保健・福祉領域」で述べる。また、Hayes（2001）もコラボレーションに必要な要素として、5点を挙げている。すなわち、①相互性（mutuality）　②共有された目標（shared goals）　③共有された資源（shared resources）　④見通しをもつこと（perspective taking）　⑤発展的対話（ongoing dialogue）、である。

以上の定義を筆者なりに総合すると、「さまざまな臨床現場で続出している困難な問題に対して、その解決が一人の専門家の力量だけでは不可能である状況を踏まえて、さまざまな専門家ときには非専門家も交えて、積極的で生産的な相互交流や相互対話を重ねながら、共通の目標や見通しを確認し、問題解決に必要な社会資源を共有し、必要ならば新たに資源や社会システムを開発する活動」と定義することができるであろう。

3）コラボレーションとその他の諸概念との相違

コラボレーションを前記のように定義すると、これと似たような実践が、異なる名称で呼ばれてきたことに気づかされる。そこで、コラボレーションと類似の

概念について、それらとの相違点などを述べながら、コラボレーションの意味を明確にしていきたい。

a　リエゾンあるいはコンサルテーション・リエゾン

リエゾンの語源は仏語の liaison で、連携とか連結の意味で、医療の現場ではチーム医療と同義的に使われてきた。筆者が総合病院神経科に所属していた 1970 年代から 80 年代にかけて、小児科や内科からの依頼で**コンサルテーション・リエゾン**を行うことが少なからずあった。院内他科の医師や看護師から、子どもの喘息や拒食症をどのように理解するのか、入院による親子分離をどのように進めたらよいのか、患児と医療スタッフとの関係がうまくいかないときどうしたらよいのか、などの声があがり、これらの疑問が、精神科医長を通して臨床心理士である筆者に届いたのである。

コミュニティ心理学を志す筆者としては、まずニーズのある現場に直行し、直接病棟スタッフから問題になっていることを聴き取り、その後に患児や家族と心理面接を何回か行い、そこで得られた所見を病棟スタッフに返したり、どのように対処したらよいかを伝えたりしていた（高畠，1986）。今振り返ると、このリエゾンあるいはコンサルテーション・リエゾン活動は、コラボレーションといえるかもしれないが、その頃は、専門家である看護師や医師と情報を交換はするが、それは相互的というより、依頼された精神科医や臨床心理士が、彼らを指導・教育するという面が強かったのである。したがって、多職種が連携しながらディスカッションして、その中から新しい方向性を見出し、それを共有資源として活用していくという、本来のコラボレーションとは異なっていた。なお、Glickman（1980　荒木・柴田・西浦訳　1983）は、「コンサルテーション精神科医は、火事が生じたとき駆けつけて火を消す消防士であるのに対して、リエゾン精神科医は予め火災予防のための視察をしたり、火災訓練などの教育を定期的に行うことで、火災を早期発見したり、未然に防ぐという役割の消防検査官に相当する」と述べているが、この言い方を借りれば、われわれはリエゾン・コミュニティ心理学者といえるだろう。

b　コンサルテーション

コンサルテーション（consultation）は、相談・診察・協議などの意味があるが、コミュニティ心理学では、Caplan（1964　新福監訳　1970）の提唱した予防概念における技法としてのコンサルテーションを採用している。**コンサルタント**（consultant）が**コンサルティ**（consultee）に相談・助言をするのが一般的な

コンサルテーションであるが、**Caplan** はコンサルテーションを基本的に次の四つのタイプに分けている。

① クライエント中心のケース・コンサルテーション

　この場合、コンサルティは教師や医師などの専門家であることが多く、自分が関わるクライエントについて、心理学的なアセスメントや処遇方針などを求めてくるが、これは本来のコラボレーションには当たらない。なぜなら、コラボレーションでは、専門家同士であれば対等な関係であることが前提だが、この場合はコンサルタントが指導・助言をする立場を取るからである。

② コンサルティ中心のケース・コンサルテーション

　これも、コンサルティがクライエントに対して有効な援助ができるように、コンサルティの機能を改善するのが目的であるため、①と同様な考え方からコラボレーションとはいえない。

③ プログラム中心の管理的コンサルテーション

　これは、コンサルタントが興味をもつプログラムそのものを対象にするのであって、プログラムの開発から実行そして評価までを支援する。プログラムの内容が目標と一致しているか、そのプログラムの個々の成分が能率よく有効に働いているか、などのアセスメントや評価は、コンサルタント一人が行うわけではない。個々のスタッフとコンサルティ、およびコンサルタントとコンサルティとのコラボレーションがあって初めて成立するので、前に述べた①②より、理念的にコラボレーションと一致した部分を多くもつ。

④ コンサルティ中心の管理的コンサルテーション

　これは、プログラムの実施責任者であるコンサルティに対して行われ、コンサルティが効果的にプログラムを実施できるように、そして責任を果たせるように支援していく。コンサルティはプログラムそのものより、それを実行するスタッフと自分との関係性を問題にすることが多く、コンサルタントは対人コミュニケーションの正しい理解を促したり、リーダーシップの取り方を教えたりするかもしれない。補強的なスキルであれコンサルティのスタッフとの信頼関係に基づいた対話的なコミュニケーションであれ、コンサルティを支援する点では、コラボレーションの大事な要素をもつといえよう。

c　コーディネーション

コーディネーション（coordination）については、渋沢（2002）が「職種・組織間で情報交換しあい、作業を計画することを示す」と述べている。たとえば、

あるニーズをもった対象者に対して、一人あるいは一機関では対処できない場合、コーディネーターは関連する人や機関に働きかけて、専門家や機関がもっている利用可能な人的・物的資源を当事者に提供してもらい、コーディネーターが当事者のサービスや支援の最終的な責任をもつことになる。この方式だと、関係スタッフや機関は独自に目標と計画を立てて支援していくので、コラボレーションが重視している共有化した目標、計画、資源などの形成は困難で、この点でコラボレーションの概念とはかけ離れているといえよう。

[2] コラボレーションに関する実践研究

1) 諸外国における研究

前項で述べたように、コラボレーションの概念は、ほかのものとオーバーラップするために、文献上で同定することはかなり難しいが、**メンタルヘルス**（mental health）の領域でその萌芽が認められる。1960年代から70年代にかけて、イギリスやアメリカなどの諸国では、人種差別・障害者差別の問題やホームレスを含めた貧困問題などが顕在化し、それに伴い、人々のメンタルヘルスをどのように促進させ、さらにどのような予防体制を構築するかが焦眉の急であった。その頃は、問題を抱えたマイノリティを施設に収容して処遇することがよしとされた時代であった。ところが、入院（所）費の削減や経済効率、および人々の自立という観点から考えると、地域でサービスを提供する方が経済的かつ有効であるという考え方が優勢になり、**脱施設化**（deinstitutionalization）と地域支援の方向性が打ち出された。そして、ここにコラボレーションの登場となるわけだが、すでに1960年代に、病院職員、特に看護師と医師のチームワークという点から、コラボレーションの研究の萌芽をみることができる（Bates, 1966）。

ところで、チームワークの中で、チームプロセスとコラボレーションは重複するところが多いが、これはコラボレーションの本質が発展するプロセスであると捉えるからである。Gray（1989）は、コラボレーションのプロセスを3期に分けた。第一期は「問題の設定期」であり、ここでは関係者の問題関与についての協議がなされ、第二期は「方向性の設定期」で、問題に関する確認がなされ必要となる課題が作られる時期であり、第三期は「構造化の時期」で、役割や責任や資源の配分が決定される時期である。さらに、Cary（1996）は、コラボレーションのプロセスを7段階に分けている。①気づきの段階：意識的にグループプロセスに参入し、召集の目的、協働的プロセスやその意味などが確認される段階

②試験的な探索と相互に知り合う段階：それぞれのもつ専門的スキル、役割、個人的な価値観、この仕事への貢献時間やエネルギーや資源などの配分が確認される段階　③信頼の構築段階：相互の同盟関係、言動の一致、相互の目標などが確認される段階　④同業性をもつ段階：メンバーシップ、お互いの責任性、仕事の出入りの条件などが確認される段階　⑤コンセンサス段階：決定の明確化や結果の再評価の際に、コンセンサスが求められる段階　⑥関わり段階：目標に向けて身体的・精神的・物理的行動を確認し、目標やグループの基準に合わせて関わりの再評価の手順などが確認される段階　⑦コラボレーション段階：知識やスキルを総動員して協働の決定を行う段階、となる。

ところが、このプロセスは必ずしも順調に経過するわけではなく、他の専門家の知識や役割への無理解、ステレオタイプな性役割、ヒエラルキーや公的な権力の相違、コミュニケーション・スキルやグループ・ダイナミックスについての知識の欠如などによって、メンバー間の葛藤が起こりやすい。Reese & Sontag（2001）は、コラボレーションのために必要な個人的な資質として、創造性、共感能力、柔軟性、辛抱強さを挙げているが、さらに基本的で必要不可欠な能力として、①同僚に対する尊敬の心　②拠って立つ共通基盤を認知する能力　③良質なコミュニケーション能力、を挙げている（Gardner & Carry, 1999）。

それでは、なぜこのような困難を伴うコラボレーションを、人々は行おうとするのであろうか。すでに述べたように、コラボレーションすることによって、経済的な負担が軽減されたり、臨床の場における治療効果などが認められたりするからであるが、それだけでなく、専門家自身がコラボレーションによって、その専門性を高めることができるからである。Liberman（1986）は、個々の専門家が他職種との連携によって、また広い文脈で捉えなおすことによって、専門性の向上がもたらされると言う。また Hayes（2001）は、コラボレーター間での援助し合う関係や一体感が、個々人の心理的安定や自信や**バーンアウトの防止**に繋がるとも述べている。

2）日本における研究

日本において、コラボレーションと銘打って専門誌に特集が組まれたのは、『現代のエスプリ』での「コラボレーション——協働する臨床の知を求めて」（2002）と、『精神療法』誌での特集「対人援助における協働（コラボレーション）」（2002）であろう。

亀口は『現代のエスプリ』において、コラボレーションの概説にあたって「所与のシステムの内外において異なる立場にたつ者同士が、共通の目標に向かって、限られた期間内に互いの人的・物的資源を活用して、直面する問題の解決に寄与する対話と活動を展開すること（p. 7）」と、コラボレーションを定義している。そして、コラボレーションの利点として、対話を中心に据えることで専門性の向上が図れること（Clark, 1996）、既成の組織を超えた「**同僚性**」が生まれること、ニッチ（心理的な居場所）からお手製の「コミュニティ」を確保できること、そして「学びのコミュニティ」が形成されることを挙げている。さらに、家族療法から出た「**肯定的リフレーミング**」の技法とコミュニケーション・ツールによって、コラボレーションの目標を設定し、役割の流動化を図り、チームとして問題解決に向かうのがコラボレーションであると述べている。次に、亀口は各論として、学校領域におけるコラボレーション、産業領域におけるコラボレーション、病院臨床におけるコラボレーション、発達臨床におけるコラボレーションなどを設定している。

一方、「対人援助における協働（コラボレーション）」は、医療システムの中でのコラボレーション論であるため、渋沢や福山らがソーシャルワーカーの立場からコラボレーション論を広範に展開している。すなわち、福山（1999）はすでに、福祉・保健・医療の3分野におけるネットワーキングについて、「福祉・保健・医療の専門家同士が互いの専門性を駆使し、社会の中で人々の生活支援を包括的に行うための協力方法であり、プロセスである（p. 9）」と述べている。しかし、代表者が集まり、クライエントに対する処遇会議をいくら開いても、効果を出すことのできない現実を見据えて、新しい支援体制としての協働体制を提起している。この体制では、支援するのは旧来の問題を抱える本人ではなく、問題状況・状態であり、それを支援するのは本人や家族、そして専門家（ソーシャルワーカー、看護師、医師など）である。これは、コミュニティ心理学の当事者への支援というよりは、その人を取り巻く環境への働きかけを多職種とのネットワークによって行うことと近い考え方である。また、福山（2002）はこの特集で協働体制の類型化を試み、①同一機関内の協働体制 ②多機関間の協働体制 ③多領域間の協働体制、に分けて、それぞれの効用と限界を述べている。最後に、医師の立場から牧原（2002）は、コラボレーションの場を「重ね合わせの場」という表現をして、「各々の成員が一応自分の固有の領域と思われている所からはみ出て、立場を越えて語り合い、啓発しあい、共に学び、そこから新しいもの

が創造されていくという過程（p. 57）」として、コラボレーションを定義している。そして、新しい創造物を「合作」といい、それが新しい病院コミュニティであれば、患者、家族、職員がコラボレートして、「合作」作りに参加することになるのである。

[3] 臨床領域における実践活動

1) 精神・保健・福祉領域

　すでに述べた通り、医療領域では多職種が連携して協力体制を作ってきた歴史をもっており、そこでは連携、リエゾン、ネットワーク（ネットワーキング）などの用語が使われてきた。しかし、実際の精神医療の現場では、精神科医がヒエラルキーの頂点にいて、看護師との緊密な連携のもとに臨床活動が行われてきた。ところが、1950年以来病院精神医療を形作ってきた精神衛生法が、1987年、1994年、2000年と3回にわたって改定され、従来の精神病院や医療施設における精神医療から、地域での神障害者の生活支援を中心とする**リハビリテーション（rehabilitation）**活動へと力点が移り、精神科ソーシャルワーカーや臨床心理士が本格的にこの地域活動に参入するようになった。病院における医師と看護師との連携から、地域における医師やソーシャルワーカーや臨床心理士など多職種とのコラボレーションへと変化し、医療の質が大きく変化してきたのである。

a　ケア・マネジメントをめぐるコラボレーション

　コミュニティにおける多職種とのコラボレーションを考えるとき、それを効率的に推進するために、**ケア・マネジメント（care management）**の考え方を導入すると分かりやすい。大島（2004）によると、旧厚生省の検討会がまとめた見解では、「ケアマネジメントは、地域社会の中で、サービスを提供する際に、利用者の生活全般にわたるニーズと、公私にわたるさまざまな社会資源との間に立って、複数のサービスを適切に結び付け、調整を図りつつ、包括的かつ継続的にサービス供給を確保する機能（p. 38）」と規定されている。このようなケア・マネジメントの考え方が生まれてきた背景には、イギリスやアメリカ、日本において1950年代から始まった、隔離収容主義ともいえる非人間的な精神病院から精神障害者を解放するという脱施設化の動きと、1970年代以降の地域生活を保障するサービスの拡大と、それを効率的に運用する動きが考えられる。この二つの動きに後押しされて、日本でもやっと1990年代になって、ケア・マネジメント

をめぐる多職種とのコラボレーションが活発化してきたのである。

具体的に言うと、多職種による共通の目標設定には、①**ノーマライゼーション**（normalization）の実現　②生活の質の向上　③ニーズ中心のサービス提供　④契約に基づくケア・サービスの提供　自己決定の尊重　⑤自立的な生活への支援、などが挙げられる（大島、2004）。このようにして、それぞれの職種が上記の目標を共有しつつコラボレーションするとき、そこには自ずと各職種の果たす役割と、それによって生じる責任が明確になってくるのである。

b　ACT をめぐるコラボレーション

ACT は、Assertive Community Treatment の略語であり、「積極的コミュニティ治療（処遇）」と訳される。ACT はアメリカやイギリスで開発されたプログラムで、重い精神障害をもつ人々に対するケア・マネジメントの一類型である。ACT の対象者は、医療・保健・福祉などからの多面的な援助を必要とし、もし適切な援助がされなければ、再び入院になったり、**社会的入院**が長期化したり、医療から脱落してホームレスになったりしやすい人たちである。したがって、ACT は当初、入院医療に代わり医療経済的にも安価なサービスと考えられたが、現実的には逆である。それでも、ACT が認められ、多くの場で受け入れられている理由には、このプログラムによって再入院率が低く抑えられ、たとえ入院しても短期間で社会復帰でき、利用者の満足度が高い、などが挙げられる（Stein & Test, 1980）。そのため、日本でも西尾（2004）は、ACT-J（アクト・ジャパン）の中心メンバーとして、ACT を日本に導入しモデルケースを試行しているが、早晩定着するだろうと考えられる。

では、ACT は、コミュニティ心理学やコラボレーションの観点から、どのような特徴をもっているのだろうか。①多職種によるコラボレーション：ソーシャルワーカー、臨床心理士、看護師、医師、OT、PT などのいわゆる専門家に加えて、薬物やアルコールなどの依存当事者、サービス利用者や家族メンバー、プログラムマネージャー、秘書などと多彩なスタッフで行われる　②低いケースロード：ケア・マネージャー一人に対して利用者 10 名というケースロードであるため、利用者のニーズに密着した支援ができる　③個別ケア・マネジメントをチームで分担：チーム全体で個別ケアを担当し、さらに利用者へのケアの責任も全体で共有する　④直接サービスの提供：サービスを他機関や人に依頼するのでなく、治療的介入や生活支援もすべて ACT のチームが行う　⑤生活の場での支援：多くの援助は、アウトリーチを通して問題が起こった生活の場所で解決する

⑥制限のないサービスの提供：一定期間の永続的な関わりと、1日24時間365日体制　⑦ニーズに応じた柔軟なサービスの提供：具体的には服薬管理や健康管理、金銭管理や外出援助、生活面でのアドバイス、スキル・トレーニング、就労援助、などが挙げられる。このように、具体的にACTの活動を見ていくと、そこにはコミュニティ心理学の理念が7項目にわたって実現されているといってもよく、それと同時に、当事者やボランティアも含めて、専門家集団の強力なコラボレーションによって主導されていることが分かる。

2) 学校・教育領域

　スクール・カウンセラー（school counselor: SC）が非常勤職員として、公立学校に配属されるようになって10年が過ぎた。この文部科学省の派遣事業は、今までの学校体制に一石を投じることになった。すなわち、常勤の教職員によって構成される学校に非常勤のSCが参入したこと、SCが教職員の枠に収まらない新しい異分子的な存在であること、そしてSCが学校の内外を問わず問題に関われる便利屋的な存在であること、などである。発足当初は、学校側にもSC側にも戸惑いがあって十分に役割を発揮できなかったが、この状況はコミュニティ心理学から見れば、まさに基本とする理念を実践に移すことのできる絶好の状況であるといえる。なぜなら、学校現場に出向く「現場性」、さまざまな人々と協力し合う「コラボレーション」、危機的な学校の状況に介入する「危機介入」、そして、生徒や先生や保護者などから個別の相談を受ける「心理面接」や「コンサルテーション」など、学校はコミュニティ心理学の基本的な理念を具現化できる場だからである。

a　いじめ、不登校、引きこもりをめぐるコラボレーション

　2001（平成13）年度の不登校児童・生徒（年間30日以上の欠席者）の数は、13万9千人と過去最高になったが、その後年々減少し、2003（平成15）年度では12万6千人となった。これは**適応指導教室**」「保健室登校」「居場所」「メンタルフレンド」「ハートケアサポーター」「コンパニオン」「スクール・ソーシャルワーカー」など、さまざまな人的・物的サポート体制が整備され、不登校児童・生徒への対策が施されてきた結果と考えられる。学校では、コミュニティ心理学的志向性をもつSCが、個々の児童・生徒と心の繋がりを築き、子どもの個性を尊重すると同時に、教師や保護者とのコラボレーションも行いながら、児童・生徒が登校しやすい**学校風土**（伊藤，2001）や環境作りに一役買ってきた。

一方、不登校問題を考えるとき、必ずといってよいほど、いじめと引きこもりの問題が三点セットになっている。したがって、個々にその心理的・社会的・家庭的原因を追及し、それへの対処方法を考えるというより、三つのテーマ自体をコラボレートして、新しいアプローチを考えるのも、コラボレーションのあり方を広げることになるだろう。

　さて、いじめに関してさまざまな研究・調査（森田編, 1985；森田・清水, 1994；新堀, 1996；神村・向井, 1998；黒沢, 1998；斎藤, 2001）がなされているが、森田・清水（1994）の**4層構造理論**は、コミュニティ心理学のアプローチと近接するので触れておく。森田は、学校には、いじめの加害者・被害者・傍観者・観衆の4層構造ができあがっていると指摘し、いじめの被害者を出さないためには、加害者に対処するのはもちろん、それを見て見ぬ振りをする傍観者、はやし立てて面白がる観衆にも、何らかの対処が必要であるという。すなわち、いじめやいじめから生じる不登校や引きこもりに関しては、校長や担任教師などすべての教職員・SC・保護者がコラボレートして、加害者・傍観者・観衆への断固とした取り組みと予防教育を行うことが不可欠である。ところが、現実には、教師が加害生徒を厳しく注意しても、保護者が学校のやり方に強く抗議して、しばしば問題解決に至らないこともある。学校と保護者との日ごろからのコラボレーションができていない証左であろう。このような事態を防止するためにも、学校と保護者とのコラボレーションに加えて、地域のボランティアやいじめの当事者や、関与者である児童・生徒の参加も含めたコミュニティ全体のコラボレーションが可能になれば、学校が安全で、いじめや不登校のない健全な環境に改善されるであろう。

b　大学学生相談をめぐるコラボレーション

　近年、日本では、少子化の影響と大学ビジネスの隆盛で、大学入学を希望する人は、選り好みしなければほぼ全員がどこかの大学に入学できるようになってきた。しかも、不登校を何年も続けていても、単位制や通信制の高校、さらには大検など、さまざまな選択肢が準備されているため、高校卒業の資格を得て大学生になることも可能になってきた。しかし、こうして大学生になっても、大学生活が順風満帆で経過するとは限らず、対人関係や学業のストレスなどで、心身の状態を崩したり、再び不登校・引きこもりの危機を迎えたりすることも稀ではない。そこで、これらの学生のために、学生相談センターの存在は重要であるが、一方で、学生相談員は多忙化し、個々の学生のニーズに応じた適切な支援をする

ことが困難になっている。そこで、相談員は大学のさまざまな人脈とコラボレートする必要性が生じるのである。

　吉武（2004, 2005）は、学生相談所を大学における中枢的な機関として位置付け、学生個人や家族・研究室・サークルなどのマイクロシステム、大学コミュニティにある各部局・大学上層部・キャンパス風土などのより大きなシステム、文部科学省・地域社会・日本社会・時代精神などのマクロシステム、これらとコラボレーションする必要性を強調している。そして、学生相談所は、大学コミュニティが抱える問題をいち早く気づくセンサー機能、センサーがキャッチした大学の問題に対応したり改善したりする改変の推進機能、そして予防機能の3機能を担う点で、大学の中枢的機関であるとしている。また、斎藤（2004）も、学生相談機関は、厚生補導、心理臨床、大学教育の3要素から成っており、それぞれの要素をどのように重みづけて配合していくかによって、大学の格差が生じてくるという、「三種配合モデル」を提出している。そして、新しい学生相談モデル構築のために、各部局の教職員がもつ多様性と学生相談のカウンセラーのもつ専門性を、どのようにコラボレートさせるかについて述べている。最後に、宇留田ら（宇留田・下山, 2002; 宇留田・高野, 2003; 宇留田, 2005）は、学生相談をめぐって、①現場の相談システム内におけるコラボレーション　②上位システムとのコラボレーション　③外部システムとのコラボレーション、を挙げており、相談システム内でのコラボレーションとして、インテーカーと相談員、学習相談員（各部局の修了相談員で、学習に関する相談を受ける）と心理相談員など内部のスタッフが同席面接することで、コラボレーションの充実を図ることができると述べている。

　以上、コミュニティ心理学における基本的理念・概念であるコラボレーションについて、この概念が注目される時代的背景、この概念の定義および他の関連する諸概念との相違、さらには国内外での研究などを概観した。また［3］以降は、臨床領域における具体的な実践活動に関する論文を取り上げた。すなわち、精神・保健・福祉領域および学校・教育領域におけるコラボレーションを重視した実践研究である。なお最後にお断りしておくが、Dalton, Elias & Wandersman（2001）による、コミュニティ・リサーチにおけるコラボレーションのあり方については取り上げなかったので、V章1節を参照されたい。

引用文献

Bates, B. 1966 Nurse-physician teamwork. *Medical Case*, **4**, 68-80.

Bernard, B. 1989 Working together: Principles of collaboration. *Prevention Forum*, **10**(1), 157-165.

Caplan, G. 1964 *Principles of Prevention Psychiatry*. Basic Books.（新福尚武（監訳）1970 予防精神医学．朝倉書店．）

Cary, A. H. 1996 Case management. In Stanhope, M., & Lancaster, J.（Eds.）*Community Health Nursing: Process and practice for promoting health*. St. Louis Mosby Yearbook. Inc.

Clark, C. 1996 Collaboration as dialogue: Teachers and researchers engaged in conversation and professional development. *American Educational Research Journal*, **33**(1), 193-231.

Dalton, J. H., Elias, M. J., & Wandersman, A. 2001 *Community Psychology: Linking individuals and communities*. Wadsworth.

福山和女 1999 福祉・保険・医療のネットワークにおける医療ソーシャルワークの機能．ソーシャルワーク研究，**25**(1)，9-16.

福山和女 2002 保健・医療・福祉の領域における専門職の協働体制の意義．精神療法，**28**(3)，263-269.

Gardner, D. B. & Carry, A. 1999 Collaboration, conflict, and power: Lessons for case managers. *Family and Community Health*, **22**(3), 64-77.

Glickman. L. S. 1980 *Psychiatric Consultation in the General Hospital*. Marcel Dekker.（荒木志朗・柴田史朗・西浦研志（訳）1983 精神科コンサルテーションの技法．岩崎学術出版．）

Graham, J. R. & Barter, K. 1999 Collaboration: A social work practice method. *Family in Society*, **80**(1), 6-13.

Gray, B. 1989 *Collaboration*. Jossey-Bass.

Hayes, R. L. 2001 カウンセリングにおけるコラボレーション．東京大学大学院教育学研究科心理教育相談室紀要，**24**，108-113.

伊藤亜矢子 2001 学校風土質問紙の臨床的妥当性検討の試み．コミュニティ心理学研究，**2**(1)，56-66.

亀口憲治 2002 概説 コラボレーション——協働する臨床の知を求めて．亀口憲治（編）コラボレーション．現代のエスプリ，**419**，5-19. 至文堂．

神村栄一・向井隆代 1998 学校のいじめに関する最近の研究動向——国内の実証的研究から．カウンセリング研究，**31**(2)，190-201.

黒沢幸子 1998 子どもからのメッセージとしての「いじめ」——いじめを解釈から考える．児童心理学の進歩，**37**，269-291.

Liberman, A. 1986 Collaborative work. *Educational Leadership*, **43**(5), 4-8.

牧原 浩 2002 対人援助における専門職の協働．精神療法，**28**(3)，50-57.

森田洋司（編）1985 いじめ集団の構造に関する社会学的研究．大阪市立大学社会学研究室．

森田洋司・清水賢二 1994 新訂版いじめ——教室の病．金子書房．

中村雄二郎 1986 臨床の知．岩波新書．

西尾雅明　2004　ACT入門——精神障害者のための包括的地域生活支援プログラム．金剛出版．
大島　巌　2004　ACT，ケアマネジメント，ホームヘルプサービス．精神看護出版．
Reese, D. J. & Sontag, M. A. 2001 Successful inter-professional collaboration on the hospice team. *Health & Social Work*, **26**(3), 167-175.
斎藤憲司　2004　学生相談の新しいモデル構築に向けて——多様性（教職員）と専門性（カウンセラー）の協働．大学と学生，**476**，5-12．
斎藤万比古　2001　思春期の仲間集団体験における"いじめ"．思春期青年期精神医学，**11**(2)，107-114．
斉藤　環　1998　社会的ひきこもり——終わらない思春期．PHP新書．
Seaburn, D. B., Lorenz, A. D., Gunn, W. B. Jr., Gawinski, B. A., & Mauksch, L. B. 1996 *Models of Collaboration: A guide for mental health professionals working with health care practitioners*. Basic Books.
渋沢田鶴子　2002　対人援助における協働——ソーシャルワークの観点から．精神療法，**28**(3)，10-17．
新堀通也　1996　いじめの臨床教育学的考察——3つの対概念を手がかりに．臨床教育学研究，**2**，1-23．
Stein, L. I. & Test, M. A. 1980 Alternative to mental hospital treatment: Conceptual model, treatment program and clinical evaluation. *Archives of General Psychiatry*, **37**, 392-397.
高畠克子　1986　小児のコンサルテーション・リエゾン．西山　詮（編）リエゾン精神医学の実際，23-42．新興医学出版．
高畠克子　2001　社会福祉学と臨床心理学．下山晴彦・丹野義彦（編）講座臨床心理学1　臨床心理学とは何か，307-327．東京大学出版会．
高畠克子　2004　コミュニティにおける臨床心理サービス．下山晴彦（編）臨床心理学の新しいかたち，105-125．誠信書房．
高岡　健　2001　ひきこもり——その脱精神医学化．病院・地域精神医学，**44**(4)，430-434．
宇留田　麗・下山晴彦　2002　学生相談をめぐるコラボレーションの実践——学生相談の教育的機能の充実に向けて．亀口憲治（編）コラボレーション．現代のエスプリ，**419**，200-209．至文堂．
宇留田　麗・高野　明　2003　心理相談と大学教育のコラボレーションによる学生相談のシステム作り．教育心理学研究，**51**(3)，205-217．
宇留田　麗　2005　大学教員と臨床心理士のコラボレーションによる大学生の就学支援．日本臨床心理学研究，**22**(5)，616-627．
吉武清實　2004　2003年度の学生相談界の動向．学生相談研究，**25**(1)，69-81．
吉武清實　2005　改革期の大学教育における学生相談——コミュニティ・アプローチモデル．教育心理学年報，**44**，138-146．

コミュニティ感覚

笹尾敏明

　コミュニティ感覚（psychological sense of community: PSOC）は、コミュニティ心理学において最も重要な概念の一つとして認識され（Dalton, Elias, & Wandersman, 2001 ; Duffy & Wong, 1996　植村監訳　1999）、コミュニティ心理学研究・実践で共有すべき基礎知識（Fisher, Sonn, & Bishop, 2002）として従来取り扱われてきた。一方で、**コミュニティ**（community）あるいはコミュニティ感覚という用語は、近年コミュニティ心理学の領域にとどまらず、一般社会でも頻繁に見受けられる。たとえば、「コミュニティの再生」は、あらゆる地域施策や住民活動の合言葉となっている。新興住宅地の売り出しのために不動産業者が作成する広告の中にすら「新たなコミュニティ作りへ」などというスローガンを打ち出している。こうしたことから、コミュニティ、あるいはコミュニティ感覚が人々の日常生活に密着した概念であること、つまり、コミュニティへの介入に欠くことができない要素であることを示すと同時に、コミュニティ心理学という一つの学問体系の中で、厳密な科学的方法を用いて研究を行う困難さを物語っている。実際、これまで欧米で行われてきた心理学的概念としてのコミュニティ感覚研究の経緯を振り返ると、理論的展開の部分が多く、コミュニティ感覚が何によって、どのような過程を経て生み出されるのか、また、コミュニティ感覚はコミュニティに何をもたらすのか、という関心に対する研究成果は決して多くはない。翻って、日本国内の研究の状況においては、植村（1977）が、日本の急激な地域社会の構造的変化に伴う住民連帯のあり方を模索する目的で、地域連帯性の観点からコミュニティ感覚概念を考察しているが、後者の概念について

はその時点でまだ言及されていない．また、それまでの社会学における「**コミュニティ意識**（community consciousness）」の批判としての態度測定としての研究があるが、地域社会の記述のための概念としての扱いにとどまっている（植村ら，1979 参照）。

本節では、まず「コミュニティ感覚」の発展の理論的背景の概観をし、その実証的研究のレビューに基づき今後の研究課題を示唆する。最後に、コミュニティ心理学の真髄ともいえる予防的介入への応用も、実証的エビデンスに基盤をおいた今後の研究の方向性を示す。

[1] コミュニティ感覚とは：理論的背景と関連概念

Sarason（1974）が著した *"The Psychological Sense of Community: Prospects for a community psychology"* は、コミュニティ感覚について議論するうえで最も重要な文献の一つとなっている。この中で Sarason は、コミュニティ感覚の定義として以下の四つの軸を挙げている。

① 他者との類似性の知覚
② 他者との相互依存関係の承認
③ 他者が期待するものを与えたり、自分が期待するものを他者から得たりすることによって、相互依存関係を積極的に維持しようとする感覚
④ 自分はある大きな、依存可能な安定した構造の一部分であるという感覚 (p. 157)

Sarason によるコミュニティ感覚研究の根底には、コミュニティ心理学のもつ価値観の基盤となる考えが反映されている。つまり、健康的なコミュニティでは、個人を超えた情緒的つながりがコミュニティの集団的生活を形作っているという信念である。また Sarason は、前記の定義の前提として、コミュニティを「地政学的枠組み（geo-political entity）」（Sarason, 1974, p. 2）と想定した。一方で、現時点でのコミュニティ心理学では、コミュニティを地理的枠組みにとどまらず、人間の関係性から生まれるものと考えている（Nelson & Prilleltensky, 2005）。しかし、Sarason の定義は、現代コミュニティにおけるコミュニティ像にも十分当てはまるものであることに注目したい。

つまり、Sarason によるコミュニティ感覚の概念定義は、あらゆる形のコミュニティに通用する普遍的枠組みとして、現代でもなお重要な役割を果たしている。しかし、Sarason による理論的考察以降、コミュニティ感覚に関する理論的

発展や実証的研究、実践活動はほとんど行われなかった（Chavis & Wandersman, 1990）。Sarasonの概念提唱を受け、コミュニティ感覚が研究や実践の対象として取り上げられるようになった大きな契機は、McMillan & Chavis（1986）による再定義と、Sense of Community Index（SCI）の作成である（Chavis *et al*., 1986）。Chavis & Wandersmanは、Sarasonをはじめとする心理学におけるコミュニティ感覚や集団についての研究を総括し、以下のような定義を唱えた。

① 成員がもつ所属感
② 成員が成員相互あるいは集団に対してもっている重要性の感覚
③ 集団に関わることによってメンバーのニーズを満たすことができるという信念（p. 9）

さらに、McMillan & Chavis（1986）は、コミュニティ感覚を理解し測定することを目的に、①メンバーシップ（membership） ②影響力（influence） ③統合とニーズの充足（integration and fulfillment of needs） ④情緒的結合の共有（shared emotional connection）、の4側面からなる構成概念を挙げている。

一つ目の**メンバーシップ**には、コミュニティの境界、情緒的安全感、所属感、個人がコミュニティに対して行う「投資」などの概念が包含され、これらの概念が「誰がコミュニティに属していて、誰が属していないか」を画定している。

二つ目の**影響力**には、大きく四つの概念が包含されている。第一には、メンバーがコミュニティにいることで、何らかの影響力をもっていると感じることができる状況である。第二に、コミュニティ自体がメンバーに大きな影響を与えているという感覚が重視される。第三に、コミュニティ、あるいは個人メンバー間での親密性を生むことを目的として、コミュニティへの同調、あるいは、コミュニティとしての均一性・統一性を求める力が生まれる。さらに、この力はコミュニティとメンバーとの間の合意によって成立していることが重要である。四つ目として、コミュニティに対するメンバーの影響力、あるいは、メンバーに対するコミュニティの影響力は同時に発生することが必要である。これら四つの概念に共通することは、コミュニティあるいはメンバーどちらかが、一方的に他方に貢献することを求めているのではなく、コミュニティと個人との互恵的関係の重視である。

三つ目の**統合とニーズの充足**は、Rappaport（1977）のいう**人－環境適合**（person-environment fit）の概念と密接に結びついている。個人メンバー間でニ

表Ⅱ-6-1 SCI（McMillan & Chavis, 1986）の日本語版（笹尾・小山・池田，2003）

メンバーシップ
私はこの地域に住む多く住人と顔見知りである。*
この地域は、私にとって居心地がよい。
この地域の住人のほとんどが私のことを知っている。*
影響力
私はこの地域の人々に私がどう思われているかが気になることがある。
私はこの地域のあり方に対して影響力をもっている。*
この地域で何か問題が生じた時は、住人がそれを自ら解決することができる。
統合とニーズの充足
この地域は私にとって住むのに適している。
この地域に住む人々は、皆同じ価値観を共有している。*
私とこの地域に住む人々は、この地域に同じものを期待している。
情緒的結合の共有
この地域に住むことは私にとって大切である。
この地域に住む人々はお互いに良い関係を保っていると思う。
私はこれからもこの地域に住み続けると思う。

注：＊のついた項目は、オリジナルでは否定文となっていたが、翻訳に際し、回答に当たっての誤解釈を回避するため、すべて肯定文とした。

ーズが共有され、コミュニティはそのニーズ達成のための場を提供する役割を果たす。さらに、コミュニティを通して個人間のニーズが統合されることから、自己のニーズ達成が他者のニーズ達成と結びついているという感覚が得られる。

最後の**情緒的結合の共有**は、コミュニティ感覚の中でも特に感情、情動を強調する概念である。情緒的結合はメンバー間のポジティブな交流、重要な出来事や問題を共有し解決すること、メンバーを称えること、コミュニティへの積極的参与と「投資」メンバー間の精神的つながりの経験を通して培われ、さらにこれらを促進していく。Chavis *et al.*（1986）は、情緒的結合を共有するうえで、特にコミュニティにおける危機的状況を経験し、それを共に解決していくことの重要性を挙げている（pp. 25-26）。

これらの構成概念から、Chavisらは、4因子12項目からなるSense of Community Index（SCI）を作成した。表Ⅱ-6-1には、Chavisらが作成したSCIの日本語版を示した（笹尾・小山・池田，2003）。SCIの因子構造は、理論と定義に基づいてアプリオリに作成されており、探索的因子分析を用いアポステリオリに因子構造を定める、いわゆる尺度作成の手順とは異なっている。しかし、その後の一連の研究（Chipuer & Pretty, 1999のレビューを参照）では、McMillan

& Chavis（1986）の 4 因子構造の妥当性および信頼性が繰り返し実証されている。

　コミュニティ感覚の概念定義は、Sarason（1974）と McMillan & Chavis（1986）によるもので一定のコンセンサスが得られ、その後の多くの研究はこの二つの定義をもとに、あるいは強く影響を受けている。また、研究において使用される尺度についても、McMillan & Chavis による SCI、もしくはそれを基に作成されたものがほとんどである。しかし、Sarason や McMillan & Chavis から派出した研究に対する疑問も少なくない。たとえば、Chipuer & Pretty（1999）は、コミュニティ感覚研究における問題点として、コミュニティ感覚が取り扱っているものがコミュニティにおける具体的行動であるのか、あるいは、コミュニティメンバーの期待も含めた認知的、あるいは情動的側面であるのかが不明確であると述べている。また、McMillan & Chavis の定義は、コミュニティ感覚が個人の心理的変数（ミクロレベルあるいは個人レベル変数）であるのか、あるいは、コミュニティの状態を記述する変数（マクロレベルあるいはコミュニティレベル変数）であるのかを明示していない。Fisher, Sonn, & Bishop（2002）は、生態学的モデルにおける変数の取り扱いの違いが、英語におけるコミュニティ感覚の略語の違い（PSOC, PSC, SOC など）にも表れていると述べている（p. 8）。多くの研究では、個人に対して行った質問紙調査の得点をコミュニティごとに合計したものを「そのコミュニティのコミュニティ感覚」として取り扱っているが、それは個人レベルの差異を過小評価する結果となり、必ずしも妥当な方法とはいいがたい。さらに、最大の問題として、コミュニティ感覚の定義にある「コミュニティ」が何を指すのかが不明瞭である。Sarason は地理的コミュニティを想定して定義を行ったが、Sarason 自身が、コミュニティが地理的枠組みにとどまらないことを指摘しているのを反映して、その定義もあらゆる形式のコミュニティに適応可能となっている。さらに、McMillan & Chavis は、学校コミュニティを対象に尺度作成を行っていることからもわかるように、明示的に地理的概念を越えたコミュニティを想定して定義を行っている。しかし、Puddifoot（1996）は、あらゆるコミュニティに適用可能な定義を求めた結果、社会的集団の結束を表す包括的概念を示すに過ぎないと指摘している。Puddifoot（1996）は、この状態を「ガラクタ入れ（Catchall）」という言葉で表現し、コミュニティ感覚の定義が意味するところの曖昧さを問題視している。Chipuer & Pertty（1999）も同様の問題点を指摘し、コミュニティ感覚という用

語は、地域の連携、社会的結合、コミュニティのアイデンティティなどの用語と互換性があると述べている。実際、コミュニティ感覚を測定する尺度項目には、ソーシャルサポートや集団凝集性など、従来の概念で説明ができる部分が多い。

[2] 実証的研究と方法論的課題

コミュニティ感覚に関する研究を概観する際、大きく二つの視点が考えられる。一つは"What Questions?"、つまり「コミュニティ感覚によって何がもたらされるか」あるいは、「コミュニティ感覚をもたらす要因は何か」という、コミュニティ感覚と他の諸変数との関連を見る視点である。もう一方の視点は"How Questions?"、つまりコミュニティ感覚に関する研究をどのような方法を用いて行っていくか、という視点である（Fisher, Sonn, & Bishop, 2002）。

コミュニティ感覚によってもたらされる効果については、これまで主に欧米において数多くの研究が行われている。たとえば、**地理的コミュニティ**（geographical community）においては、コミュニティ感覚の高さと、人生への満足感（Glynn, 1981; Prezza et al., 2001; Prezza & Costantini, 1998）や、**主観的幸福感**（subjective well-being）の高さ（Davidson & Cotter, 1986）、孤独感の低さ（Pretty, Andrew, & Collett, 1994; Pretty et al., 1996）との正の相関が確認されている。教育現場においても、コミュニティ感覚得点が高い生徒は、学校や他の生徒との間のネットワークやサポートをより強く感じている（Pretty, 1990）。また、職場におけるコミュニティ感覚の研究では、仕事の満足度、役割葛藤の低さなどとの関連が指摘されている（Royal & Rossi, 1996）。さらに、心理学的概念にとどまらず、より健全なコミュニティを表す社会的指標との関連も多く指摘されている。一般的に、コミュニティ感覚が高い地域では、住民が地域の活動により積極的に参与している。たとえば、Chavis et al.（1986）の研究では、コミュニティ感覚の高い住民は地域でのボランティアに参加する割合が多いことが示されている。ほかにも、投票率などに見られるように、地域社会への積極的、主体的参与とコミュニティ感覚の高さとの関連は、多くの研究で報告されている（Davidson & Cotter, 1986; Hughey, Speer, & Peterson, 1999）。同様の結果は、**関係性コミュニティ**（relational community）でも確認されている（Hughey, Speer, & Peterson, 1999）。また、小学校における研究では、コミュニティ感覚が高い生徒は、授業妨害や早退、中退をしてしまう割合が低い（Royal & Rossi, 1996）。Pretty（1990）が大学生を対象に行った調査では、高

いコミュニティ感覚をもつ学生は大学内での活動に積極的に参加する傾向があるにとどまらず、薬物乱用などの犯罪行為に関わる割合が低い傾向も報告されている（Battistich & Hom, 1997）。これらの研究に共通する問題点としては、コミュニティ感覚と他の変数との因果関係の特定が困難であることが挙げられる。つまり、コミュニティ感覚の高さこそが「結果」であるとも考えられるのである。

"What Questions?" に含まれるもう一つの課題、つまり、**コミュニティ感覚の先行要因**についてもかなりの関心を集めている。多くの研究が、比較的メンバー数が少なく、小さなコミュニティにおいてコミュニティ感覚が高い傾向を示している（Georjeanna & Mark, 1996; Lounsbury & DeNeui, 1996; Obst, Zinkiewicz, & Smith, 2002; Prezza & Costanitini, 1998）。また、コミュニティでの居住年数や関わりの長さなどの、時間的要因の影響も繰り返し認められている（Chavis et al., 1986; Prezza et al., 2001; Pretty, Andrew & Collett, 1994）。その他には、既婚者かどうか（Nasar & Julian, 1995; Prezza et al. 2001）、コミュニティにおける人種、民族的状況（Glynn,1986; Georjeanna & Mark, 1996）、居住形態（Chavis et al. 1986; Nasar & Julian, 1995）、所得レベル（Georjeanna & Mark, 1996）、年齢や教育歴（Georjeanna & Mark, 1996）、人格特性（Lounsbury, Loveland, & Gibson, 2003）などとの関連も指摘されている。さらに、コミュニティでの共通の危機体験（Loomis, Dockett, & Brodsky, 2004）や、移民など社会の大きな変革という歴史を経て、コミュニティ感覚がどのように変化するかという横断的研究（Fisher, Sonn & Bishop, 2002）も行われ始めている。

翻って日本では、コミュニティ感覚に関わる心理学的研究はあまり盛んではなく、しかも、ほとんどが地理的コミュニティに限定される。顕著な貢献としては、田中・藤本・植村（1978）による研究が挙げられる。田中らは社会学に端を発する「コミュニティ意識」の概念に対する批判から、「積極性―消極性」「共同志向―個別志向」の2次元からなる尺度を作成し、コミュニティ意識の類型化を行った。また、この尺度によるコミュニティ意識の類型と、地域生活のおける社会的ストレスとの関連（植村ら，1979）の検討も行われている。また、石盛（2004）は、日本独自のコミュニティ意識尺度を作成することを目的として地域社会での研究を行い、さらに地域での活動の積極的評価や、地域への親しみなどとの関連を見出している。

一方、地理的枠組みに拠らないコミュニティに焦点をあてた研究として、笹尾・小山・池田（2003）が大学教員に対して実施した調査がある。笹尾らは、

McMillan & Chavis（1986）によるSCIの日本語訳を使用し、大学教員が「学問共同体としてのコミュニティ」を形成する上でコミュニティ感覚が重要であること、コミュニティ感覚が高いと教員としてのウェルビーイングも高いことなどを明らかにしている。また、前述したSCIの日本語版は、**住民活動**の効果指標（池田・笹尾，2003）や、**公共施策**（公園整備）と**育児不安**を媒介する変数の測定手段としての利用も試みられている（小山・池田・笹尾，2003）。

"How Questions?"、つまりコミュニティ感覚研究における方法論は、量的、質的研究の側面から見ることができる。これまでの多くの研究が、質問紙調査を用いた量的研究として行われてきた。そしてそのほとんどが、McMillan & Chavis（1986）によるSCIを使用し、または、その影響を色濃く受けた尺度を使用して行われている。表Ⅱ-6-2に示した代表的尺度を見ると、地理的コミュニティを対象とした研究の多さを反映して、地理的コミュニティに特化した尺度の多さが目立つ。しかし、地域の組織や大学など、関係性コミュニティのための尺度、あるいは、コミュニティの種類を問わず使用可能な尺度も存在している。ここで、多くの尺度の基礎として重要視されているSCIについてより深く考えてみる。

SCIの問題点としては、先に述べた構成概念の曖昧さが指摘されているが、尺度としても、アプリオリに設定された因子構造の妥当性に対する疑問がもたれている。この問題に対し、Long & Perkins（2003）は**確証的因子分析**を用いて因子構造の検討を行った。その結果、計量心理学的観点からは単因子構造が最も妥当であるが、4因子構造であっても十分な妥当性があるとしている。

さらに、量的研究においては、近年、**階層線形モデル**（hierarchical linear modeling: Raudenbush & Bryk, 2002）に代表される**複階層分析**（multilevel analysis）を用いて、個人レベルの変数（年齢や所得）とコミュニティ・レベルの変数（人口密度、犯罪率など）の影響を、生態学的に検討する手法が注目を集めている。今後さらにこうした統計的手法を用いて、コミュニティ心理学が課題にしている生態学的測定への研究も促進されるであろう（Shinn & Toohey, 2003参照）。

一方で、コミュニティ感覚に関する質的研究は非常に限られている（たとえば、オーストラリアの地域住民に対する研究：Fisher, Sonn, & Bishop, 2002；パソコン通信の中のコミュニティ：Roberts, Smith, & Pollock, 2002）。その原因は、Sarason（1974）も指摘するように、**論理実証主義**（logical positivism）

への過度の傾倒にあるだろう。しかし、個々のコミュニティ特有のコンテクストの影響を見ていくうえで、現象学的視点に立った質的研究の果たす役割は大きい。今後、質的研究、また量的研究を組み合わせた**混在型研究法**による研究が盛んになるであろう。

[3]　コミュニティ感覚がもたらす予防的介入への示唆

　社会的・心理的問題に対する予防（特に一次予防）は、コミュニティ心理学が目指す最も大きな目標の一つである。残念なことに、これまで、コミュニティ感覚を具体的な予防的介入の実践に取り入れた例はほとんど見られない。しかし、健全なコミュニティを目指すためには、個人を超えた心の交流を通して社会集団としての生活を作り上げることが不可欠であり（Dalton, Elias, & Wandersman, 2001）、そういった意味で、コミュニティ感覚の果たす役割は大きく期待されていると同時に、その効果を疑うものはない。30年前に、すでにSarason（1974）は、コミュニティ感覚が多くの社会的関係性において失われていることを危惧しており、「コミュニティ感覚が失われることは、われわれの社会における人々の生活を破壊する最も強大な力となる（p. 3）」と警告している。さらに、われわれの社会で失われつつあるコミュニティ感覚を取り戻し、促進させることがコミュニティ心理学の使命であり、コミュニティ感覚こそコミュニティ心理学が道標とすべき価値観であると述べている（Sarason, 1974）。

　これまで見てきたように、コミュニティ感覚の高さと、主観的幸福感の高さや孤独感の低さなどの心理的側面との関連が指摘されている。また、コミュニティでの活動への積極的参加や対人サポートなど、よりよいコミュニティを表す指標となるであろう諸側面との関連も繰り返し見出されている。さらに、Perkins *et al.*（1990）は、コミュニティ感覚が高いコミュニティでは、犯罪発生率が低いという結果を報告している。学校においても、コミュニティ感覚が高い生徒は問題行動や学校の中退率が低く、よりよい学業成績を修めているという研究結果が得られている。こうした研究成果からも、コミュニティにおける問題の予防とコンピテンス促進を目指す介入に、コミュニティ感覚が果たす役割が大きいことがわかる。

　しかし、従来の研究では、コミュニティ感覚とその他の変数との相関関係を記述しているにすぎず、変数間の因果関係を特定するメカニズムにまで踏み込んだ研究はほとんど行われていない。したがって、コミュニティ感覚の高さが、即、

表II-6-2　コミュニティ感覚を測定する代表的な尺度の一覧

	因子構造	項目数
A	**Community Questionnaire**（Glynn, 1981）	
	1. 人口統計的データ	16
	2. 量的質問項目	120
	1）ニーズの強化	
	2）メンバーシップ	
	3）影響力	
	4）情緒的つながり	
	3. 質的項目	13
B	**Community Satisfaction Scale**（Bardo *et al.*, 1983）	36
	1. 一般的他者からの疎外の程度	
	2. 居心地と所属感	
	3. 政治的、その他の機関の責任	
	4. 刺激／退屈さ	
	5. 平和と礼儀正さ	
	6. 物理的環境の質	
	7. 個人、あるいは親としての責任	
	8. 友人による侮蔑	
	9. その他	
C	**Sense of community Scale**（Davidson *et al.*, 1986）	17
	単因子構造	
D	**Sense of Community Index（SCI-L）**（Chavis *et al.*, 1986）	23
	1. メンバーシップ	
	2. 影響力	
	3. 統合とニーズの充足	
	4. 情緒的結合の共有	
E	**Short Form of Sense of Community Index（SCI）**（McMillan *et al.*, 1986）	12
	1. メンバーシップ	
	2. 影響力	
	3. 統合とニーズの充足	
	4. 情緒的結合の共有	
F	**Urban Identity Scale**（Lalli, 1992）	20
	1. 評価	
	2. 親しさ	
	3. アタッチメント	
	4. 継続性	
	5. コミットメント	

因子構造	項目数
G Measure of Sense of Community in Neighbourhood（Nasar *et al.*, 1995） 　1．コミュニティでの協力的関係 　2．コミュニティの住人との類似性とパートナーシップ 　3．コミュニティへの個人的関与 　4．コミュニティの安全性	11
H Multidimensional Measure of Neighbouring（Skjaeveland *et al.*, 1996） 　1．近隣の協力的活動 　2．近隣のわずらわしさ 　3．近隣のアタッチメント 　4．社会的つながりの弱さ	14
I Collegiate Psychological Sense of Community Scale（Lounsbury *et al.*, 1996） 　単因子構造	14
J The community assessment instruments（Royal *et al.*, 1996） 　1．共有された価値感 　2．共有された展望 　3．共有された目的意識 　4．気遣い 　5．信頼 　6．チームワーク 　7．多様性の統合 　8．コミュニケーション 　9．参加 　10．敬意と認知	70-85
K Neighbourhood Relations Scale（Torri, 1998） 　地域住民の関係性に関する量的・質的側面	7
L Community Organisation Sense of Community Scale（Hughey *et al.*, 1999） 　1．組織との関係 　2．仲介役としての組織 　3．組織からの影響 　4．コミュニティとの結びつき	15
M Perceived Neighbourhood Scale（Martinez *et al.*, 2002） 　1．社会との一体性 　2．コミュニティ感覚 　3．地域に対する満足感 　4．犯罪の認知	34

コミュニティにおけるポジティブな結果を生み出すのか、ある種の媒介変数が関与し、あるいは特定のコンテクストの影響下にコミュニティ感覚が望まれる効果を生み出すのか、検討の余地がある。たとえば、ここ10年ほどの間、世界中で話題となっている数々の宗教団体による犯罪などから見ると、高すぎるコミュニティ感覚が過度の集団依存や集団凝集性、外集団への攻撃を助長する可能性も想像される。

　つまり、第一の課題として、コミュニティ感覚研究におけるコンテクストの影響が、今後の検討課題として重要である。第二の課題として、これまでの研究では、コミュニティレベル変数（コミュニティの規模など）によるコミュニティ感覚の高低が研究対象とされ、個人レベル変数との関連はあまり注目されてこなかった。しかし、近年、人格特性などの変数とコミュニティ感覚との関連も指摘され始めており（Lounsbury, Loveland, & Gibson, 2003）、これからの研究課題となっている。第三の課題として、これまで、コミュニティ感覚を高める具体的方略が見出されていない。従来のコミュニティ感覚研究は、ある特定時点におけるコミュニティ感覚と、他変数との関連を記述する横断的研究がほとんどである。McMillan & Chavis（1986）が指摘するように、コミュニティ感覚は、時間や歴史的経験を通してコミュニティで培われていくものである。McMillan & Chavis（1986）が重要視する「コミュニティにおける危機的経験」が、コミュニティ感覚の促進に与える影響を検討した研究（Loomis, Dockett, & Brodsky, 2004）も行われるようになってきたが、研究デザインや危機的経験の操作的定義に問題があり、明確な結果は得られていない。コミュニティ感覚を予防的介入に取り入れるためには、実証的・理論的証拠に基づいた具体的方略が必要となる。今後、縦断的研究を行うことで、コミュニティ感覚の変化をもたらす要因を同定し、介入で使用可能な方略を見出すことが期待される。

引用文献

Bardo, J. W. & Bardo, D. J. 1983 A re-examination of subjective components of community satisfaction in a British New Town. *The Journal of Social Psychology*, **120**, 35-43.

Battistich, V. & Hom, A. 1997 The relationship between students' sense of their school as a community and their involvement in problem behaviour. *American Journal of Public Health*, **87**, 1997-2001.

Chavis, D. M., Hogge, J. H., McMillan, D. W., & Wandersman, A. 1986 Sense of community through Brunswik's lens: A first look. *Journal of Community Psycholo-*

gy, **14**, 24-40.

Chavis, D. M. & Wandersman, A. 1990 Sense of community in the urban environment: Participation and community development. *American Journal of Community Psychology*, **18**, 55-81.

Chipuer, D. M. & Pretty, G. M. H. 1999 A review of the sense of community index: Current uses, factor structure, reliability and future development. *Journal of Community Psychology*, **27**, 643-658.

Dalton, J. H., Elias, M. J., & Wandersman, A. 2001 *Community Psychology: Linking individuals and communities*. Wadsworth.

Davidson, W. B. & Cotter, P. R. 1986 Measurement of sense of community within the sphere of city. *Journal of Applied Social Psychology*, **16**, 608-619.

Duffy, K. G. & Wong, F. Y. 1996 *Community Psychology*. Allyn & Bacon.（植村勝彦（監訳） 1999 コミュニティ心理学——社会問題への理解と援助．ナカニシヤ出版．）

Fisher, A. T., Sonn, C. C., & Bishop, B. J. 2002 *Psychological Sense of Community: Research, applications, and implications*. Kluwer Academic.

Georjeanna, W. & Mark, B. 1996 Overall 'Sense of Community' in a suburban region. *Environment & Behaviour*, **28**, 27-43.

Glynn, T. J. 1981 Psychological sense of community: Measurement and applications. *Human Relations*, **34**, 789-818.

Glynn, T. J. 1986 Neighborhood and Sense of Community. *Journal of Community Psychology*, **14**, 341-352.

Hughey, J., Speer, P.W., & Peterson, N. A. 1999 Sense of community in community organizations: Structure and evidence of validity. *Journal of Community Psychology*, **27**, 93-113.

池田　満・笹尾敏明　2003　地域通貨の使用が地域コミュニティにおけるコミュニティ感覚とウェルビーイングに与える影響——地域住民活動のプログラム評価の試み．日本コミュニティ心理学会第6回大会発表論文集，38-39.

石盛真徳　2004　コミュニティ意識とまちづくりへの市民参加——コミュニティ意識尺度の開発を通じて．コミュニティ心理学研究，**7**，87-98.

小山　梓・池田　満・笹尾敏明　2003　東京都世田谷区における「プレーパーク」と「地域公園」に見る心理的コミュニティ感覚と育児不安との関連．日本コミュニティ心理学会第6回大会発表論文集，40-41.

Lalli, M. 1992 Urban-related identity: Theory, measurement, and empirical findings. *Journal of Environmental Psychology*, **12**, 285-303.

Long, D. A. & Perkins, D. D. 2003 Confirmatory factor analysis of the sense of community index and development of SC. *Journal of Community Psychology*, **31**, 279-296.

Loomis, C., Dockett, K. H., & Brodsky, A. E. 2004 Change in sense of community: An empirical finding. *Journal of Community Psychology*, **32**, 1-8.

Lounsbury, J. W. & DeNeui, D. 1996 Collegiate psychological sense of community in relation to size of college/university and extroversion. *Journal of Community Psy-*

chology, **24**, 381-394.

Lounsbury, J. W., Loveland, J. M., & Gibson, L. W. 2003 An investigation of psychological sense of community in relation to big five personality traits. *Journal of Community Psychology*, **31**, 531-541.

Martinez, M. L., Black, M., & Starr, R. H. 2002 Factorial structure of the Perceived Neighbourhood Scale (PNS): A test of longitudinal invariance. *Journal of Community Psychology*, **30**, 23-43.

McMillan, D. W. & Chavis, D. M. 1986 Sense of community: A definition and theory. *Journal of Community Psychology*, **14**, 6-23.

Nasar, J. L. & Julian, D. A. 1995 The psychological sense of community in the neighbourhood. *Journal of American Planning Association*, **61**, 178-184.

Nelson, G. & Prilleltensky, I. (Eds.). 2005 *Community Psychology in Pursuit of Liberation and Well-being.* Palgrave MacMillan.

Obst, P., Zinkiewicz, L., & Smith, A. G. 2002 An exploration of sense of community, Part 3: Dimensions and predictors of psychological sense of community in geographical communities. *Journal of Community Psychology*, **30**, 119-133.

Perkins, D. D., Florin, P., Rich, R. C., Wandersman, A., & Cavis, D. M. 1990 Participation and the social and physical environment of residential blocks: Crime and community context. *American Journal of Community Psychology*, **18**, 83-115.

Pretty, G. M. H. 1990 Relating Psychological Sense of Community to Social Climate Characteristics. *Journal of Community Psychology*, **18**, 60-65.

Pretty, G. M. H., Andrew, L., & Collett, C. 1994 Exploring Adolescents' Sense of Community and its Relationship to Loneliness. *Journal of Community Psychology*, **22**, 346-358.

Pretty, G. M. H., Conroy, C., Dugay, J., Fowler, K., & Williams, D 1996 Sense of Community and its Relevance to Adolescent of All Ages. *Journal of Community Psychology*, **24**, 365-379.

Prezza, M., Amici, M., Roberti, T., & Tedeschi, G. 2001 Sense of Community Referred to the Whole Town: Its relations with neighbouring, loneliness, life satisfaction, and area of residence. *Journal of Community Psychology*, **29**, 29-52.

Prezza, M. & Costantini, S. 1998 Sense of Community and Life Satisfaction: Investigation in three different territorial contexts. *Journal of Community & Applied Social Psychology*, **8**, 181-194.

Puddifoot, J. 1996 Some Initial Considerations in the Measurement of Community Identity. *Journal of Community Psychology*, **24**, 327-337.

Rappaport, J. 1977 *Community Psychology: Value, research and action.* Holt, Reinhart & Winston.

Raudenbush, S. W. & Bryk, A. S. 2002 *Hierarchical Linear Models: Applications and data analysis methods* (2nd Eds.). Sage.

Roberts, L., Smith, L., Pollock, C. 2002 MOOing Till the Cows Come Home: The Search for Sense of Community in Virtual Communities. In Fisher, A. T., Sonn, C. C., & Bishop, B. J. (Eds.). *Psychological Sense of Community: Research, Appli-*

cations, and Implications (pp. 223-245). Kluwer Academic/Plenum Publishers.

Royal, M. A. & Rossi, R. J. 1996 Individual-level Correlates of Sense of Community: Findings from workplace and school. *Journal of Community Psychology*, **24**, 395-416.

Sarason, S. B. 1974 *The Psychological Sense of Community: Prospects for a community psychology*. Jossey-Bass.

笹尾敏明・小山　梓・池田　満　2003　次世代型ファカルティ・ディベロップメント（FD）プログラムに向けて──コミュニティ心理学的視座からの検討．教育研究（国際基督教大学），**45**，55-72．

Shinn, M. & Toohey, S. M. 2003 Community contexts of human welfare. *Annual Review of Psychology*, **54**, 427-459.

Skjaeveland, O., Garling, T., & Maeland, J. G. 1996 A multidimensional measure of neighbourhood. *American Journal of Community Psychology*, **24**, 413-435.

田中國夫・藤本忠明・植村勝彦　1978　地域社会への態度の類型化について──その尺度構成と背景要因．心理学研究，**49**，36-43．

Torri, S. 1998 Sense of Community and Theater: A Study in Montticcheiello and Casterlmuzio. Unpublished doctoral dissertation, University "La Sapenza," Rome, Italy.

植村勝彦　1977　Fessler-金田の「地域連帯性尺度」の再構成．年報社会心理学，**18**，149-169．

植村勝彦・鈴木眞雄・永田忠夫・松田　惺　1979　地域生活における社会的ストレスの構造．地域福祉研究，**7**，13-22．

7

社会変革

植村勝彦

[1]　なぜ社会変革が求められるのか

　コミュニティ心理学は、広義の「社会問題」を、人と環境（物理的・社会的・文化的）との間の乏しい適合性に起因しているものとして概念化する。そして、人と同等もしくはそれ以上に、環境への介入によってこれを改善しようとするところにその特徴をもっている（Ⅱ章1節参照）。今日、社会は大きくかつ急速に変化しているが、Duffy & Wong（1996　植村監訳　1999）は、コミュニティ心理学の理念の一つとして社会変革を挙げ、「コミュニティ心理学の目標の一つは、研究で武装して社会変革をひきおこすことである（p.24）」と言い、社会変革は今日世界に広く行き渡った必要条件であり、コミュニティの質を高める方向に向けた変革のためにコミュニティ心理学は何ができるか、を絶えず問う必要性のあることを強調している。Jason（1991）もまた、社会変革がコミュニティ心理学における基本的価値であり、積極的に参加したり形作ることに関与したりすべきことを主張している。

　では、なぜ社会変革が求められるのだろうか。それはまさに、今日という時代の人と環境との不適合の反映であるが、Duffy & Wong（1996）はいくつかの文献をもとに整理し、まだ漏れているものがあるかもしれないと断りながら、その理由として、多様な住民の存在、縮小する財源、説明責任の要求、知識や技術の急速な進歩、コミュニティ・コンフリクト、伝統的サービスへの不満、社会問題の解決法の多様性に対するニーズ、の七つの要因を挙げ、表にまとめている。

表Ⅱ-7-1　社会変革の理由とその例（Duffy & Wong, 1996 を改変）

変革の理由	社会変革の例
多様な住民の存在	性同一性障害の人々が、戸籍や住民票の記載や職場での処遇の改変を求めて、グループで運動を起こす。
縮小する財源	廃止を決めた私鉄の路線バスを、自治体と住民による第3セクター方式で運営する。
説明責任	議員の歳費や予算の適正な執行について、市民オンブズマンが説明を求める。
知識や技術の急速な進歩	村内全戸にコンピュータを設置した過疎の山村は、インターネットで世界とつながり、住民の生きがいを生み出している。
コミュニティ・コンフリクト	地域に作られることになった障害者の授産施設について、地元住民とのトラブルを解消するために、両者が話し合いをもつ。
伝統的サービスへの不満	病院の診療体制に対して不満をもつ本人や家族が、セルフヘルプ・グループを作って、相互支援や情報の交換をする。
解決法の多様性への要求	不登校の子どもたちに対して、適応指導教室やフリースクールなどの多様な代替物を設置する。

ただ、挙げられている例示には日本の実情にそぐわないものもあり、ここではその枠組みを参照しながら、筆者が作成した変革の例を挙げておく（表Ⅱ-7-1）。

① 多様な住民の存在

社会が多様性の価値を尊重するようになるとともに、彼らのもつ特有のニーズを受け入れることになる。高齢者や障害者、災害被災者、DV被害者、HIV感染者、失業者など、彼らは皆、社会変革を求めるニーズをもつ特別の状況にある（山本編，2001）。彼らのニーズが社会に変革を起こし、エンパワーしたその力が、さらに大きな変革を生み出す原動力となる。

② 縮小する財源

世界的に経済が冷え込む中、国や地方公共団体の財源も乏しく、また助成財団など民間の活用資金も同様である（久須美，1999）。こうした中、新しいコミュニティ・サービスを展開するには、ボランティアやNPO法人による活動を通したプログラムが求められる（山内編，1999）。

③ 説明責任

1990年代の薬害エイズ訴訟に代表される政府による説明責任の欺瞞は、そ

の後の医療行政に大きな社会変革をもたらしたことは記憶に新しい。今日では、患者へのインフォームド・コンセントから食材の生産地の表示に至るまで、さまざまな事柄に説明責任が求められているが、納得のいく回答が得られないとき、当事者は変革を要求するかもしれない。

④　知識や技術の急速な進歩

IT革命に象徴される技術革新は、生活のあらゆる部分に大きな社会変革をもたらしている。たとえば、今や「ケータイ」は本来の携帯電話とは別の機能までも合わせ持ち、特に若者のライフスタイルを一変させた。一方、科学技術の進歩がもつマイナス面（たとえば、原子力事故）への不安は、テクノフォビアと呼ばれて別の社会変革の要因ともなっている（Pilisuk & Acredolo, 1988）。

⑤　コミュニティ・コンフリクト

Duffy & Wong（1996）による定義では、二つまたはそれ以上のグループ間で、通常はグループにとって特別の価値がある目標が、お互いに相容れないことをいい、このコンフリクトは解決しようがしまいが、社会変革に帰着することが多いという。新興住宅地での地付き住民と外来住民との間の地域慣習や運営をめぐるトラブル（佐藤, 1980）や、障害者などの社会福祉施設の建設をめぐる葛藤（古川・庄司・三本松編, 1993）などがその典型である。

⑥　伝統的サービスへの不満

旧来の地域の商店街のスタイルやサービスに対する不満が、スーパーや量販店の進出を生み出したり、あるいは産地直送や市民生協を生み出したように、既存のコミュニティ・サービスに対する消費者の不満ほど、社会変革を促進する原因はないだろう。このことは、医療や教育の領域においてもいえることである（金子・鈴木・渋谷, 2000）。

⑦　解決法の多様性への要求

多様な住民の存在を受容すれば、彼らがもちだす問題に対する解決の方法にも、多様性のニーズが伴うのは必然であろう。解決のための選択肢が少なく、しかもそれが自分のニーズに合致するものでない場合には不満をもたらし、しばしば変革を要求し、創り出す原因となる。

[2] 社会変革とは何か

　これまで、**社会変革**（social change）とは何かについて、その概念や定義を明確にすることなく話を進めてきた。コミュニティ心理学において、"change"を「変革」と日本語に置き換えたのは、Murrell（1973）を翻訳した安藤（1977）が初めではないかと思われる。ただし、ここには、明確に社会変革を意識した概念としては登場していない。明確な訳語として登場するのはDuffy & Wong（1996）を翻訳した植村（1999）であり、この中でDuffy & Wongは、"social change"には二つのタイプがあるとして、自然発生的あるいは非計画的社会変革（unplanned change）と、誘導的あるいは計画的社会変革（planned change）を区別している。そして、後者の計画的変革についてはKettnerらの優れた実用的な定義があると述べ、「計画的変革とは、ある状況を変化させようとする、意図的ないしよく考えられた介入である（p. 95）」と紹介している。

　ところで、"social change"という用語は、社会学では「社会変動」を定訳として定着済みである。「社会変動とは社会構造の変動である。……システムが現行の構造のもとでうまく機能しなくなったとき、社会変動が生ずるのである。……社会構造に機能が結びつくことによって、社会変動の方向性が現れる。社会成長、社会発展、社会進化といった諸概念は、いずれも社会変動というそれ自体としては方向性を含まない概念に、一定の方向性を付与されることによって形成される」（富永, 1993, pp. 658-659）との概念定義に見られるように、「変動」自体には方向性はないとされ、「社会変革」は別の原語（social transformation, social reconstruction）の訳語として当てられている（濱嶋・竹内・石川編, 1997）。そして濱嶋らでは、「変動には漂流変動（drift）と計画的変動が区別される。前者は諸部分の主体が未調整かつ自然発生的に進める変動であり、後者は計画主体によって推進される変動である（p. 273）」として、Duffy & Wongの分類と同じ定義をしている。

　その意味では、あえて異なる訳語を用いることによる混乱は回避するべきかもしれないが、一方、コミュニティ心理学は、人と環境の適合性を図るために積極的に環境に働きかけ、人間のもつ潜在的な強さとコンピテンスを強調し、エンパワメントすることをその理念としており（Duffy & Wong, 1996）、「計画的変革」をもって"change"を意味させようとしていることは明らかである。その意味でも、「社会」の動静に関心をもつ社会学が、社会の積極的、消極的変化の

両面を表す「変動」を用いるのに対して、「人間」の動静に関心をもつコミュニティ心理学が、公益（小松，2003）を目的として社会を積極的に変化させる意図を内包する「変革」の訳語を当てることは、理にかなっていると考えられる。

さて、改めて社会変革に戻り、そのタイプや種類について整理すれば次のようである。前述したように、Duffy & Wong は、自然発生的または**非計画的変革**（unplaned change）と、誘導的あるいは**計画的変革**（planed change）、つまり、災害や人口変動のように予想できなかったり意図しない変革と、意図的に変化を生み出すことを望んだり狙ったりする変革、に分けている。そして、この両者は四つの点で区別され、計画的変革は第一に範囲が限られていること、第二にコミュニティ・メンバーの QOL を高めることを志向していること、第三に変革によって影響を受ける人々に役割を与えていること、最後に変革エージェントとして行動する人間によって導かれることが多いこと、を挙げている。

一方、Rappaport（1977）は、個人的および**組織的変革**（organizational change）と、制度的および**社会的変革**（societal change）に分けている。前者は、ある個人の行動を修正するのに効果的であったり、ある機関を援助することがその目標に合わせるうえで有効であるような変革であるのに対して、後者は、社会システムの目標を変えたり、コミュニティ内のグループ間の地位関係を修正するような変革を指す。たとえば、ある生徒やクラスの成績が劣っているとき、教師がその個人やクラスレベルで起こっている問題を分析して、カウンセリングをしたり補習授業のようなサポートをする変革が前者であり、同じ地域の他校の生徒と比べて学年や学校全体の成績が劣っているならば、当該コミュニティ自体が抱える問題を改善したり、コミュニティの価値と葛藤する学校システムの教育的価値自体を見直すような変革が、後者の例である。

さらに、Scileppi, Teed, & Torres（2000　植村訳　2005）によれば、Witzlawick らは第一次変革と第二次変革に分けている。**第一次変革**（first-order change）とは「真の変革なしのイノベーション。つまり、第一次変革は、地位やパワー関係を変えない小さな断片的な修正を含むもので、その主要な問題は未解決のままである（p. 241）」のに対して、**第二次変革**（second-order change）は「コミュニティの価値や目標の中にある、真の有意味な改変を反映させている社会変革（p. 241）」と定義づけている。たとえば、ある会社が一時雇用グループの人を「名目的」な従業員として雇うことは、この会社が差別のない会社であると見られるようにするための隠れ蓑の企てであり、その一方で、この会社が、

現状を保護する実際の政策をとり続けているとすれば、これは第一次変革の例であると紹介している。

[3] 計画的社会変革はどのようにして行われるか

すでに見たように、社会変革を求める理由にはさまざまなものがある。では、どのようにして社会変革は行われるのであろうか。Duffy & Wong (1996) は、計画的社会変革を創造するための方法として、市民参加、ネットワーキング、コンサルタント、教育と情報普及の利用、公共政策、の五つを挙げている。

① 市民参加

もっとも素朴な社会変革の形態であり、自らに直接関わる社会問題に、改善を求めて協力し、関与し、参加するもので、この中には草の根運動やボランティア活動、セルフヘルプ・グループも含まれる。市民参加の例として、Duffy & Wong は表Ⅱ-7-2 のようなものを挙げており、かなり多岐にわたっていることが理解できる。市民参加については、後に改めて取り上げる。

② ネットワーキング

ネットワーキングに関するはじめての書物を著した Lipnack & Stamps (1982 正村監修 1984) は、「ネットワークとは、われわれを結びつけ、活動・希望・理想の分かち合いを可能にするリンクである。ネットワーキングとは、他人とのつながりを形成するプロセスである (p. 23)」と言い、治療、共有、資源利用、価値、学習、成長、進化、の新しい価値・目標を目指す多様なネットワーキングについて、その方法を明らかにし、団体名鑑など有効な情報を提供している。自立した人間同士が自発的に新しい創造的協力関係・社会連帯を作り、生活の質を向上させることで社会変革を達成しようとする運動である。日本でも、1998 年の NPO 法の成立によってこうした団体が陸続と生まれつつあり、加えてインターネットの発展・普及と相まって、コミュニティ心理学が関わる心理・教育・福祉・保健・医療分野などでの動きも活発で、子育て支援（原田, 2002）や災害ボランティア（鈴木・菅・渥美, 2003）、福祉（川村編, 2002）などをはじめ、ウェブサイトを検索することで市民が容易に必要とする情報を入手でき、また参加できるようになった。

③ コンサルタント

専門的な変革エージェントとしてのコンサルタントは、コミュニティ組織の

表Ⅱ-7-2　市民参加の例（Duffy & Wong, 1996）

```
投票
嘆願書への署名
運動のために献金したり、時間を提供する
コミュニティのニーズや変革に関するメディアの記事を読む
環境によくない製品のボイコット
コミュニティの調査のインタビューに応じる
セルフヘルプ・グループへの参加
ディベート後の質疑応答への参加
臨時委員会や、特別委員会の委員を務める
すわり込みや、デモ行進への参加
コミュニティにおける草の根運動グループの指導
コミュニティでのボランティア活動
コミュニティ・サービスのための募金活動
コンサルテーション・サービスの提供
役所での奉仕活動
```

変革のためのプログラム評価や、ニーズ・アセスメントを実施する際に求められる。コンサルタントはコミュニティ心理学者の役割の一つであり（平川，1995）、専門的知識や技術をもち、中立の立場を保ち、長期的アプローチを採用し、経験に基づく豊富なアイディアに支えられている。日本でも、山本・原・箕口・久田編著（1995）にコンサルテーションの多様な例が紹介されているが、最近の例として、一人で多様なコンサルテーション活動を行っている降籏（2001）や、中学校の校内組織である教育相談部会を学外に拡大して、コーディネーション委員会を設けた例（家近・石隈，2003）などが挙げられる。

④　教育と情報普及の利用

Duffy & Wong（1996）は、これまでコミュニティ心理学の文献では、変革のほかの側面と比べて、情報普及と教育にはあまり注意が払われることはなかったが、これは社会変革運動には不可欠なものであるという。革新的なプログラムの有効性が明らかになった場合、多様なメディアを通じた情報の普及があれば、多くの時間や資金や労力を節約できる。Rogers（1983　青池・宇野監訳　1990）と共同研究者が明らかにしたイノベーションの普及の方法論や諸技法は、有効な手だてを提供するだろう。日本でも、資源リサイクル行動の意志決定におけるマス、ローカル、パーソナルの各メディアへ

の接触の役割を検証した野波ら（1997）の研究がある。

⑤　公共政策

　新しい法案や政策を通過させることや、既存の法律や政策を修正することは、社会変革を創出する有力な手段の一つである。コミュニティ・メンバーの生活の質の向上を求める公共政策は、一般的には国や地方自治体の議員や政策立案者によってなされるが、NPO法成立以来の新たな動きとして、市民案を作って政党に提案する法人がいくつも生まれたり（朝日新聞，1999. 6. 27.）、小泉内閣の構造改革特区計画で、不登校や学習障害の子ども向けの小中一貫校の設立や、株式会社立の中学校・大学などの設置、またNPOによる高齢者や障害者の有償移送の福祉コミュニティの設立や、空き店舗を利用した育児支援施設の設置など、教育や福祉の分野にも新しい公共政策が展開され始めている。公共政策が変われば大規模な社会変革を引き起こすことができるが、こうした中に（コミュニティ）心理学者が参加することによって影響力を行使することが望まれる。これまで、コミュニティ心理学の専門家として、渕上（1995）は障害福祉行政の担当者として障害児の療育システム作りを企画推進し、山本（1995b）は環状7号線の近隣騒音対策や超高層集合住宅問題で、また安藤（1989）は県や市の行政の政策決定に審議会委員として加わりその役割を果たしている、などの例がある。

　以上、計画的社会変革の方法について、Duffy & Wongの挙げる要因に倣って簡単に紹介してきた。これらには、本来それぞれの問題点や長所・短所が存在しているが、取り上げるだけのスペースがなかったことを断っておかなければならない。そこで、次に、市民参加に限って、少し詳細に考察してみることにしたい。

[4]　社会変革としての市民参加

1）市民参加とエンパワメント

　市民参加（citizen participation）とは、「共通の目標を達成するために個人が報酬なしで参加している、あらゆる組織化された活動への関与」（Zimmerman & Rappaport, 1988, p. 726）とか、「個人が、自らに影響を及ぼす制度やプログラムや環境への意志決定に参加するプロセス」（Heller *et al.*, 1984, p. 339）と定義されるように、アメリカでは、先の表Ⅱ-7-2に見られたような多様な姿をもっている。一方、日本では、「市民が政治・行政過程に対して自発的・主体的に

その意志を反映させるための運動または制度。今日、特に自治体の行政過程に対する直接的な参加を指す場合が多い」(濱嶋・竹内・石川編, 1997, p. 243) とか、「市民が自治体や国の政策形成、執行過程に直接参加して影響力を行使し、その利益を実現し、また統治能力を身につけていくことをいう」(宮本, 1999, p. 409) などの定義のように、政治や行政過程を強く意識したものとなっている。社会変革というものが、先の定義に示されたように、必ずしも政治的なものに限られない以上、市民参加を、わが国の定義のような、限定的・硬直的な概念と見ることは実用的ではないだろう。ここではより広い意味で用いることとする。

　ところで、市民参加の定義が強調するように、参加は一般に、影響力を行使することでよりよい決定を生み出すための実際的な手段として捉えられる。たとえば、ある決定や計画は、それによって影響を受ける市民がそれを具体化することに参加するがゆえに、あるいは、それに対する市民の関与がその実行力をもてばもつほど実現の可能性が大きくなるがゆえに、市民参加は手段としての価値をもつようになる。一方、市民参加は、それが技術としての実際的な利点を生むかどうかに関わりなく、参加することでメンバー間で確認されたり、新たに生み出されたりするパワーや連帯感や自己実現をもたらす、それ自体が目的となる一つの価値でもある。

　つまり、市民参加は手段と目的との両面の価値を伴っているといえ、コミュニティ心理学にとってはとりわけ、市民参加の目的としての価値に注目することに大きな意味が見いだされるであろう。価値としての市民参加とはエンパワメントを意味している。エンパワメントは多水準の構成概念であり、その境界を明確に区別することは困難な点があるものの、個人レベル・組織レベル・コミュニティレベルの3層が考えられている(平川, 1997)。つまり、市民参加を通して個人がエンパワーされるとともに、組織やコミュニティ場面がエンパワーされると期待される。

　もちろん、あるレベルでのエンパワメントが、必ずしも別のレベルでのエンパワメントを導くものではない。個人のエンパワメントは必ずしも彼らの組織やコミュニティをエンパワーするわけでもなく、さらにいえば、エンパワーされたと感じることは、資源や意志決定の実際のコントロールをいつも導くことでもない(Riger, 1993) という厳しい見方も存在する。しかし、われわれは Dalton, Elias, & Wandersman (2001) の「伝統的な権威に懐疑的になっていたり、不

公正に強く反対の意志を唱えたり、市民参加に深く関わりをもったりする人は、心理的にエンパワーされやすく、またいろいろなレベルでの意志決定や仕事の中にメンバーの参加を促進させている組織は、エンパワーしている組織である (p. 347)」との言説に左袒するものである。

2）研究実例

以下に二つの研究例を紹介する。一つはボランティア活動を通しての**個人のエンパワメント**、今一つは過疎地域の活性化という**コミュニティのエンパワメント**である。

環境配慮行動を多様な側面から追究している広瀬（1995）とその共同研究者たちは、その一つとして環境ボランティアの存在を取り上げ、地域リサイクルの普及の方法としてのボランティアへのアクション・リサーチの技法の開発（広瀬，1995）や、ボランティアの活動が地域住民のリサイクルに関する認知や行動に及ぼす効果の検討（杉浦ら，1998）、環境ボランティア団体の活動意図の規定因（安藤・広瀬，1999）などを検討している。こうした一連の研究の中に、ボランティア自身が活動にコミットすることで生まれるエンパワメントの側面を扱ったものがある。リサイクル活動へのコミットメントがボランティアのエンパワメントに及ぼす効果（広瀬ら，1999）や、市の一般廃棄物処理計画への市民参加によるエンパワメントの効果（広瀬ら，2003）を意識調査によって調べたもの、環境ボランティアへの活動参加への動機づけを質的研究によって明らかにする中で、参加者が得たものとしてのエンパワメントを抽出したもの（安藤，2002）などがある。こうした経緯をふまえて、広瀬（2001a）は、ボランティア活動をすることでエンパワメントが実感できること、それは新しい試みをしていろいろな人とつながりができたという「連帯感」、自分たちの働きかけで地域が変わっていくという「効力感」、自分自身でもいろいろなことを学び、何かをやれる知識や能力が身につくという「有能感」を意味する、とまとめている。

類似の内容は、川崎市のボランティア・グループの活動を記録した小川・大島（1988）にも見られ、市民参加がそれを通して個人をエンパワーすることを物語っている。

一方、過疎地域の活性化問題に取り組んでいる杉万（2000）のグループは、鳥取県の智頭町をフィールドに、住民自治の社会システム作りを通してコミュニティのエンパワメントを図ろうとしている。杉万（1997）は、現代の過疎問題

はきわめてグループ・ダイナミックス的問題であると言い、過疎地域活性化というテーマにアプローチする上で、グループ・ダイナミックスと土木工学（ないし地域計画学）の学際的研究が必要であると主張する。その出会いが叶えられた智頭町をフィールドとして、たった二人の住民リーダーによって創出された規範が作用圏を拡大し、一般住民さらには町行政を再編する力を獲得するプロセスを追い（森，1997）、また、強い保守性、閉鎖性を有し、かつ少数の有力者が集落運営を支配する体制下で、「ゼロ分のイチ村おこし運動」と名づけられた新しい集落運営システムが力と地位を獲得しつつある様子を、町内14集落の全住民への住民意識調査から明らかにしている（川原・杉万，2003）。そこでは、この運動に「積極的―中間―批判的」の軸に沿って14集落が分類でき、運動に積極的な集落では、新運営システムが旧システムと対等の地位を獲得しつつあること、批判的な集落では、新システムが旧システムの下位システムに位置づけられていることを描いている。こうした「地域からの挑戦」（岡田ら，2000）は、市民参加がコミュニティ場面のエンパワメントを引き起こすことを実証するものである。

　類似の内容は、地域計画学を専攻する山田（2002）や山田編（2003）による、宮城県下での多様な「市民協働のまちづくり」実践にもそれが現れている。また、近年のまちづくりNPOの存在は、さらに多様なコミュニティ・エンパワメントを実現する力となるだろう（山内編，1999）が、『平成16年版国民生活白書』は、地域で起こっている注目される活動事例として、路上生活者の自立支援や安全な子どもの食事、防犯や防災、市民演劇やサッカー応援、住民バスや食料品店開設、起業支援など、実に多様な市民のNPO活動を紹介している（内閣府，2004）。

3）市民参加の問題点

　どのようなタイプの個人が社会変革を創出する試みに積極的に活動しているか、を調査した研究によれば、内的統制型のパーソナリティか、社会的不公正の信念のいずれか一方だけでは不十分で、両者を併せもつ人に社会活動に関与している人が多かった（O'Neill *et al*., 1988）。先の安藤・広瀬（1999）の研究では、活動への継続意図にはボランティア組織への帰属意識の強さや活動のコスト評価が、積極的活動意図には帰属意識と主観的規範が影響力をもっていた。活動によって得られる利益（ベネフィット効果）といった狭い意味での利己的判断によるのではなく、集団や他者からの影響が大きいことが示された。活動に積極的に参

加することは、コミュニティ感覚（Ⅱ章6節参照）を増し、また逆に、コミュニティ感覚をもつことによって、市民参加がより促進されることにもなるだろう。

　ただ、皆がみな市民参加したいと考えているわけではない、ということに注意する必要がある。参加しない人の権利は尊重されなければならない。また、市民参加による社会変革には、結果が出るまでに相当の時間がかかることが通例であり、熱心な人ほどバーンアウト（増田，1999）する危険を孕んでいることにも注意を要するだろう。さらにまた、活動家が一般住民を代表していなければ、提案や解決策は受け入れられないし、実行できないだろう。これらネガティブな評価の部分は、先に紹介した、環境ボランティアの活動では幸いにも見られなかったということである（広瀬，2001b）が、過疎地域活性化の活動の場合には、これまではもちろん、今後とも十分に予想されるところであろう。

[5]　社会変革はなぜ失敗するのか

　社会変革がうまくいくとばかりは言えない。ある介入の試みは、あるグループを援助する一方で、他のグループを不快にさせることもある。Scileppi, Teed, & Torres（2000）は、これをニュートン物理学の運動の第三法則「すべての作用には反作用がある」にたとえ、コミュニティ心理学的アナロジーと言い、そしてまた、Kelly（1966）の四つの生態学的原理の一つである「遷移」によって説明しようとしている（本書Ⅱ章1節参照）。すなわち、あるグループへの利益は別のグループの損失によってバランスが保たれていることがあり、変革は、それが現状を混乱させ、以前には力をもっていた者が、それに取って代わるグループに従わなければならないがゆえに、中立的なものとはならない。こうした事態では、現状の権利擁護者たちは、自らを守るべく新たな変革による介入を拒否するだろうし、その力が強ければ遷移は起こらず、社会変革は失敗に帰すであろう。

　社会問題は、すべてにわたって両面をもっており、問題の定義の仕方次第で、それを取り扱うために選ばれる解決のタイプに影響を与える。たとえば、政府は最近、新障害者基本計画を策定し（2003〜12年度）、知的障害者の処遇をめぐる動きとして、施設入所からグループ・ホームへの移行、という**脱施設化**（deinstitutionalization）を進めている。脱施設化の問題は、重要な政治的・経済的な言外の意味をもっており、障害者たちが生活することになるそのコミュニティの、より声の大きいメンバーの価値観は、障害者が今後どのように処遇されるか

に影響を及ぼす。コミュニティの人々が、施設退所者のスティグマ化されたネガティブな側面に焦点を合わせて行政に働きかけるか、彼らのプラスの側面としてのアドボカシーの見地から働きかけるかによって、変革は前進にも後退にもなるだろう。通所施設の開設で反対のあった地域（京都府向日市）とうまくいっている地域（北海道伊達市）の、施設職員のあり方をレポートした記事（朝日新聞，2003.7.23.）は、この間の事情を的確に表現している。また、社会福祉施設の建設をめぐる、埼玉県と横浜市で生じたいくつかの地域社会コンフリクトの事例を、関係者へのインタビューや調査によって分析した古川・庄司・三本松編（1993）は、コンフリクト解決の方向性と新しい福祉コミュニティのあり方を示唆している。

　精神保健の専門家やコミュニティの実践家は、これまで社会変革への自らの役割を狭く解釈したり、コミットメントする姿勢に乏しかったといえよう（山本，1995a）。コミュニティ心理学者は価値中立的であるべきではなく、革新的な社会変革プログラムを積極的に擁護し、人々に社会問題を理解させ、また、ユーザー・グループの立場に立って説得することは、おそらく有益なものであろう（Scileppi, Teed, & Torres, 2000）。長年にわたってわが国のコミュニティ心理学を先導してきた山本（1995b）は、研究と実践の統合に当たって研究者の中立性と価値観について述べる中で、研究者の科学的中立と価値的中立を峻別することを主張している。つまり、研究者、特に実践研究者は、科学的中立は守らなければならないが、価値的には中立ではあり得ず、コミュニティ心理学者は地域住民の立場に立って問題を受け止める態度をとるべきことを強調している。

引用文献

安藤香織　2002　環境ボランティアは自己犠牲的か──活動参加への動機づけ．質的心理学研究，**1**，129-142．

安藤香織・広瀬幸雄　1999　環境ボランティア団体における活動継続意図・積極的活動意図の規定因．社会心理学研究，**15(2)**，90-99．

安藤延男　1989　行政の政策決定と専門家の役割──コミュニティ心理学的考察．安藤延男（編）コミュニティの再生．現代のエスプリ，**269**，190-199．至文堂．

Dalton, J. H., Elias, M. J., & Wanderman, A. 2001 *Community Psychology: Linking individuals and communities*. Wadsworth.

Duffy, K. G. & Wong, F. Y. 1996 *Community Psychology*. Allyn & Bacon.（植村勝彦（監訳）1999 コミュニティ心理学．ナカニシヤ出版．）

渕上継雄　1995　自治体の福祉政策．山本和郎・原　裕視・箕口雅博・久田　満（編著）臨床・コミュニティ心理学──臨床心理学的地域援助の基礎知識，210-211．

ミネルヴァ書房.
降籏志郎　2001　地方の時代とコミュニティ心理学．山本和郎（編）臨床心理学的地域援助の展開．220-231．培風館．
古川孝順・庄司洋子・三本松政之（編）　1993　社会福祉施設——地域社会コンフリクト．誠信書房．
濱嶋　朗・竹内郁郎・石川晃弘（編）　1997　新版社会学小辞典．有斐閣．
原田正文　2002　子育て支援とNPO．朱鷺書房．
Heller, K., Price, R. H., Reinharz, S., Riger, S., & Wandersman, A. 1984 *Psychology and Community Change: Challenges of the future.* Dolsey Press.
平川忠敏　1995　コミュニティ心理学者の役割．山本和郎・原裕視・箕口雅博・久田満（編）臨床・コミュニティ心理学．106-107．ミネルヴァ書房．
平川忠敏　1997　コミュニティ心理学におけるエンパワーメント研究の動向——エンパワーメントの実践面から．コミュニティ心理学研究，**1(2)**，161-167．
広瀬幸雄　1995　環境と消費の社会心理学．名古屋大学出版会．
広瀬幸雄　2001a　環境ボランティアによる社会的レシピづくり．心理学ワールド，**12**，5-8．
広瀬幸雄　2001b　環境保全の実践．岩田紀編　快適環境の社会心理学，229-250．ナカニシヤ出版．
広瀬幸雄・杉浦淳吉・安藤香織・佐藤佳世　1999　リサイクル活動へのコミットメントとボランティアのエンパワーメント——日進市・東郷町の環境ボランティアに対する意識調査．環境社会心理学研究，**3**，1-121．
広瀬幸雄・杉浦淳吉・大沼　進・安藤香織・前田洋枝　2003　環境計画への市民参加とボランティアのエンパワーメント——日進市の一般廃棄物処理基本計画に対するボランティアの意識調査．環境社会心理学研究，**7**，1-136．
家近早苗・石隈利紀　2003　中学校における援助サービスのコーディネーション委員会に関する研究——A中学校の実践をとして．教育心理学研究，**51(2)**，230-238．
Jason, L. A. 1991 Participation in social change: A fundamental value of our discipline. *American Journal of Community Psychology*, **19**, 1-16.
金子郁容・鈴木　寛・渋谷恭子　2000　コミュニティ・スクール構想．岩波書店．
河原利和・杉万俊夫　2003　過疎地域における住民自治システムの創造——鳥取県智頭町「ゼロ分のイチ村おこし運動」に関する住民意識調査．実験社会心理学研究，**42(2)**，101-119．
川村匡由（編）　2002　すぐ役立つ福祉のホームページ［改訂版］．ミネルヴァ書房．
Kelly, J. G. 1966 Ecological constraints on mental health services. *American Psychologist*, **21**, 535-539.
小松隆二　2003　現代の公益（活動）と公益学．小松隆二・公益学研究会（編）市民社会と公益学，3-21．不磨書房．
久須美雅昭　1999　フィランソロピーの担い手——助成財団．林　雄二郎・今田　忠（編）フィランソロピーの思想，142-167．日本経済評論社．
Lipnack, J. & Stamps, J. 1982 *Networking: The first report and directory*. Doubledday.（正村公宏（監修）・社会開発統計研究所（訳）　1984　ネットワーキング．プレジデント社．）

増田真也 1999 バーンアウト研究の現状と課題——Maslach Burnout Inventory の尺度としての問題点. コミュニティ心理学研究, **3**(1), 21-32.

宮本太郎 1999 市民参加. 庄司洋子・木下康仁・武川正吾・藤村正之(編)福祉社会事典, 409. 弘文堂.

森 永壽 1997 過疎地域活性化における規範形成プロセス——鳥取県八頭郡智頭町の活性化運動 13 年. 実験社会心理学研究, **37**(2), 250-264.

Murrell, S. A. 1973 *Community Psychology and Social System*. Human Sciences Press.(安藤延男(監訳)1977 コミュニティ心理学——社会システムへの介入と変革. 新曜社.)

内閣府 2004 平成 16 年版国民生活白書. 国立印刷局.

野波 寛・杉浦淳吉・大沼 進・山川 肇・広瀬幸雄 1997 資源リサイクル行動の意志決定における多様なメディアの役割——パス解析モデルを用いた検討. 心理学研究, **68**(4), 264-271.

小川 剛・大島明守 1988 まちが変わる わたしが変わる. 新時代社.

岡田憲夫・杉万俊夫・平塚伸治・河原利和 2000 地域からの挑戦. 岩波ブックレット, **520**.

O'Neill, P., Duffy, C., Enman, M., Blackmer, E., & Goodwin, J. 1988 Cognition and citizen perticipation in social action. *Journal of Applied Sociology*, **18**, 1067-1083.

Pilisuk, M. & Acredolo, C. 1988 Fear of technological hazards: One concern or many? *Social Behavior*, **3**, 17-24.

Rappaport, J. 1977 *Community Psychology: Values, research, and action*. Holt, Rinehart & Winston.

Riger, S. 1993 What's wrong with empowerment. *American Journal of Community Psychology*, **21**(3), 279-292.

Rogers, E. M. 1983 *Diffusion of Innovations*. Free Press.(青池慎一・宇野善康(監訳)1990 イノベーション普及学. 産業能率大学出版部.)

佐藤 竺 1980 コミュニティをめぐる問題事例. 学陽書房.

Scileppi, J. A., Teed, E. L., & Torres, R. D. 2000 *Community Psychology: A common sense approach to mental health*. Prentice Hall.(植村勝彦(訳)2005 コミュニティ心理学. ミネルヴァ書房.)

杉万俊夫 1997 過疎地域の活性化——グループ・ダイナミックスと土木計画学の出会い. 実験社会心理学研究, **37**(2), 216-222.

杉万俊夫 2000 住民自治の社会システムを目指して. 杉万俊夫(編)よみがえるコミュニティ, 29-148. ミネルヴァ書房.

杉浦淳吉・大沼 進・野波 寛・広瀬幸雄 1998 環境ボランティアの活動が地域住民のリサイクルに関する認知・行動に及ぼす効果. 社会心理学研究, **13**(2), 43-151.

鈴木 勇・菅磨志保・渥美公秀 2003 日本における災害ボランティアの動向——阪神・淡路大震災を契機として. 実験社会心理学研究, **42**(2), 166-186.

富永健一 1993 社会変動. 森岡清美・塩原 勉・本間康平(編)新社会学辞典, 658-659. 有斐閣.

山田晴義 2002 市民協働のまちづくり. 本の森.

山田晴義（編） 2003 地域再生のまちづくり・むらづくり．ぎょうせい．
山本和郎 1995a コミュニティにおける心理社会的問題へのコミットメント．山本和郎・原　裕視・箕口雅博・久田　満（編著）臨床・コミュニティ心理学——臨床心理学的地域援助の基礎知識，44-45．ミネルヴァ書房．
山本和郎 1995b 研究と実践の統合．山本和郎・原　裕視・箕口雅博・久田　満（編著）臨床・コミュニティ心理学——臨床心理学的地域援助の基礎知識，264-266．ミネルヴァ書房．
山本和郎（編） 2001 臨床心理学的地域援助の展開——コミュニティ心理学の実践と今日的課題．培風館．
山本和郎・原　裕視・箕口雅博・久田　満（編著） 1995 臨床・コミュニティ心理学——臨床心理学的地域援助の基礎知識．ミネルヴァ書房．
山内直人（編） 1999 NPOデータブック．有斐閣．
Zimmerman, M. A. & Rappaport, J. 1988 Citizen perticipation, perceived controll, and empowerment. *American Journal of Community Psychology*, **16**, 725-750.

III章

介入戦略と方法

概説

箕口雅博

　コミュニティ心理学についての定義はさまざまになされており、時代と社会の変化にともなって、その関心領域や目標・理念も多様な変遷を遂げている（この点については、第Ⅱ章に詳しい）。

　しかしながら、「われわれの生活の場であるコミュニティの中で発生する心理社会的問題の解明と解決への取り組みを中心課題として、"コミュニティへの介入"を行う心理学的諸科学」というコミュニティ心理学の中核概念に変わりはない。すなわち、コミュニティとその成員のニーズに応じて心理援助サービスを提供する実践学がコミュニティ心理学であると言い換えることができる。

　『現代臨床心理学——クリニックとコミュニティにおける介入の原理』を著したKorchin（1976）は、「コミュニティへの介入の原理」として、次のような項目をあげている。①社会的・環境的要因は、人間の行動を決定し、変化させる非常に重要なものである　②社会とコミュニティに対する介入は、個人の苦痛を軽減するだけでなく、個人をとりまく社会システム（家庭・学校・職場など）をより健康的なものにするために有効である　③介入は、心理援助を必要とする個人だけでなく、危険率の高い母集団の予防を目指すものでなければならない　④介入は、心理的苦痛の単なる軽減というよりは、社会的有能さ（social competence）の強化を目標にすべきである　⑤援助は、利用者のニーズに対して、場所的にも時間的にも容易に利用可能であり、援助者と被援助者の心理社会的距離を小さくする形で提供されることが重要である　⑥コミュニティの心理臨床家は、waiting-mode（来談者がサービスを求めてくるのを受動的に待っている）から、seeking-mode（自分の方から相手の生活の場に入れてもらい、そこで一緒に考え、そのなかで援助する）への転換を図る必要がある　⑦専門家は、コミ

ユニティの資源となる人々（他領域の専門家、キー・パーソン、ケア・テイカー、ボランティアなど）と連携し、協働していかなくてはならない　⑧コミュニティのニーズに応じた心理援助サービスは、柔軟で創造的な計画と新しい理論モデル（サービスの"変革"）を必要とする　⑨介入プログラムの優先順位には、コミュニティ成員たちのニーズと関心が反映されなければならない　⑩心理社会的問題の性質と原因と利用可能な資源を、一般の人々に教育する必要がある　⑪心理社会的ストレスに関係する貧困・人種差別・都市の過密と疎外などの社会的問題を変革する姿勢と役割をもつべきある　⑫コミュニティへの介入をより洗練されたものにするために、自然観察的・生態学的アプローチを活用すべきである。

　以上のような特徴と指向性をもつ実践学としてのコミュニティ心理学について、山本（2001）は、「地域社会で生活を営んでいる人びとの心の問題の発生予防、心の支援、社会的能力の向上、その人びとが生活している心理的・社会的環境の整備、心に関する情報の提供などを行う臨床心理学的行為を指す」と定義している。

　本章では、実践学としてのコミュニティ心理学、すなわち、コミュニティへの介入の主要な方法について検討する。具体的には、当事者と直接関わる仕事をしている対人援助者と協働して心理援助サービス提供する「コンサルテーション」、危機やストレス状況にある人々への予防的介入としての「危機介入」「ストレスとコーピング」、コミュニティに存在する専門家と非専門家の間の相互的・協働的支援を可能とする「ソーシャルサポート・ネットワーキング」「セルフヘルプ・グループ」「メンタリング・プログラム」、コミュニティ全体への教育的・予防的介入を行う「予防教育」、そして、コミュニティへの多面なアプローチを試みる「コミュニティ・カウンセリング」である。どれもコミュニティ心理学の実践をすすめていくうえでは、きわだって重要な役割を演じているものである。

引用文献

Korchin, S. J. 1976 Modern Clinical Psychology: Principles of intervention in the clinic and community. Basic Books.（村瀬孝雄（監訳）　1980　現代臨床心理学――クリニックとコミュニティにおける介入の原理．弘文堂．）

山本和郎　2001　臨床心理学的地域援助とは何か――その定義・理念・独自性・方法について．山本和郎（編）　臨床心理学的地域援助の展開――コミュニティ心理学の実践と今日的課題．培風館，244-256．

コンサルテーション

箕口雅博・上手幸治

[1] コンサルテーション法の概念と意義

1）コンサルテーションの概念と意義

コンサルテーション（consultation）という援助方法は、コミュニティの人々が、共にクライエントを支えようという理念を、方法論的に具体化させ、技術的にも発展させたもので、**コミュニティ心理学、臨床心理学的地域援助、地域精神保健**などの領域における基本的な介入方法であり、実践上の重要な戦略の一つである（Caplan, 1970; Caplan & Caplan, 1999; Zusman & Davidson, 1972; 山本, 1986, 2000）。

コンサルテーションの方法を確立した Caplan は、建国当初のイスラエルで精神科医の不足に悩み、出先の病院や施設において患者本人に会うよりも、その患者を支える保育士や看護師との話し合いに重点を置いた。人的資源不足や時間的限界のためにこうした関わりしかできなかったのだが、それが予想外に効力を発揮し、コンサルテーションという方法が確立されたのである。

ここには、クライエントの心理社会的問題の解決は心理や精神保健の専門家ひとりによって行われる（専門家中心主義）のではなく、クライエントを取り巻くコミュニティの人々と心理や精神保健の専門家の**連携**（liaison）と**協働**（collabolation）によって行われる（コミュニティ中心主義）という発想がある（Korchin, 1973; Silverman, 1982; 杉本, 1988; Orford, 1992; William, 1993; 鵜養, 1995; Caplan & Caplan, 1999; Doughetry, 2000; 吉川, 1999; 加藤・大石,

2004)。

　コンサルテーションとは、「一方を**コンサルタント**（consultant）、他方を**コンサルティ**（consultee）と呼ぶ異なる領域の専門家の間の相互作用であり、たとえば、クラスに不登校生徒を抱える教師（教育の専門家：コンサルティ）に対し、そこで生じている心理的なさまざまな問題の解決がコンサルティの仕事の中で効果的に行われるように、心理や精神保健の専門家（コンサルタント）が側面から協力していく働きかけ（間接的援助）」である。この方法は、コンサルティが自らの専門性を最大限に生かしながら、心理・社会的問題に対処する力をつけ、その結果がコミュニティや援助機関全体の心理社会的問題の対処能力の向上と、**発生予防**につながることを最終的に目指している。

　学校臨床を例に考えてみよう。たとえば、自分の受け持っている生徒の問題（不登校、いじめ、非行など）で困っている教師がいて、その教師（コンサルティ）から、心理の専門家である**スクール・カウンセラー**（コンサルタント）に要請があったときに、コンサルテーションが開始される（光岡，1995；鵜養，1995, 1998；今井，1998；小島，1998；野々村，2001）。コンサルタントは、その教師とよく話し合い、教師がその生徒の問題をより一層理解できるように助言し、その教師のみならず学校システム全体が、自分たちの力で具体的に当該生徒の問題解決に取り組めるように援助する。さらに、教師だけ、当該の学校だけでは不可能な対応策は、コミュニティの中に存在する社会資源（たとえば、教育相談室、医療機関、児童相談所など）に結びつけながら、生徒の問題解決を効果的に促進するためのネットワークづくりをする。ある生徒の不登校の問題でコンサルテーションが依頼された場合、コンサルタントは、コンサルティである教師が不登校に陥った生徒をどのように理解しているか、いかなる対応がありうるか（登校を促すかどうか、家庭訪問をどのように実施するか、その他の働きかけとしてどんな方法が考えられるか）、また、家族との連携や本人との関わり方をどうするかなどの解決策を話し合い、心理の専門家の立場からの助言を行う。さらに、クライエントの状態によっては、医療機関との連携を図ったり、フリースクールやメンタルフレンドなど民間の資源と結びつけて、生徒の問題解決を支えていくのである（鵜養・鵜養，1997；石隈，1999；本間・米山，1999）。このようなコンサルテーションのプロセスを体験したコンサルティは、同じような問題（不登校）や類似した問題（いじめ、非行など）に相対したときに、すみやかに専門家や社会資源との連携が図れるだけでなく、職場の同僚の教師が同じような

問題を抱えた場合に、適切な問題解決の方法を共に模索し、それを実践できるように援助することが可能になるのである（青木, 2003）。

これが医療現場であれば、心理臨床家や精神科医がコンサルタントとなり、他科の医師や看護者（コンサルティ）の依頼に応じて、患者の精神状態や行動の査定、および処置や今後の対応について、精神保健の専門家の立場からの具体的な助言や側面的援助を行うことになる。これは、**精神保健コンサルテーション**または精神医学的**リエゾン・コンサルテーション**（保坂・狩野・皆川, 1989）と呼ばれている。

2) コンサルテーション関係の基本的特徴

コンサルテーション関係のもつ基本的特徴は、次のような点である（山本, 1986, 2000）。

① コンサルテーションは、それぞれが異なった領域の専門家同士の間で行われる対等な援助関係である。コンサルタントは通常、心理、医学、社会福祉などの専門家であり、コンサルティは教師、看護師、保健師、企業の上司、保育士、民生委員、保護司など、地域コミュニティや援助機関・施設で活躍している専門家である。この両者の間には上下関係はなく、お互いの自由意志に基づく契約関係である。すなわち、コンサルテーション関係は、コンサルティがコンサルタントの力量を認めて、自分の抱えている問題に役立てられると判断したうえで、招待するところから始まる。その関係は強制されたり、命令された関係ではない。

② コンサルテーション関係は、始めと終わりがはっきりしている。それは、いつ、どんなことで、コンサルテーションを行うかが明確になっているからである。しかも、クライエント（当該ケース）に対する責任はあくまでコンサルティの側にあり、コンサルタントはコンサルティが依存的になることを防ぎ、一定の距離をもって援助することが重要となる。すなわち、コンサルティが心理の専門家（コンサルタント）の支援のもとで、実際にクライエントの問題に責任をもって取り組むことが、コンサルティ自身の専門家としての解決能力の向上につながるからである。

③ コンサルタントは原則として、コンサルティの属する組織の局外者であることが求められる。これは、同一組織内に両者が存在すると、さまざまな利害関係が関わることになり、コンサルティの置かれた状況や問題を客観的に

把握することができないからである。また、コンサルティはコンサルタントの助言を全て取り入れる必要もない。利用できそうなところだけを取り入れればよいし、役に立たなければ関係を解消することもできる。こうしたビジネスライクな関係は、同一組織内ではなかなか困難である。

④　コンサルテーション関係は、課題中心で成り立つ。コンサルテーションの中では、コンサルティが現在抱えている問題の解決に、どのように取り組むかに焦点が当てられる。その過程で、コンサルティの個人的な問題や内面的な問題が出された場合には、共感的態度をもって聞いても、深入りはせず、原則として、コンサルテーション関係のなかでは取り扱わない。必要に応じて他の治療者・相談者を紹介するか、機会を改めてその問題を取り扱う方法をとる。コンサルテーションの中では、あくまでもコンサルティのもっている専門性をどのように課題解決に活かしていくかに焦点が向けられる。この点が、コンサルテーションと心理療法の大きな違いである。

以上のように、コンサルテーションにおける人間関係の相互作用過程は、「心理療法」「スーパービジョン」「管理」のいずれとも異なる。コンサルテーションの目的は、コンサルタントが、コンサルティに精神保健・心理学の知識や情報を増加させることにあるのではなく、コンサルティが、それぞれの専門性の中で身に付けている知識や情報を、ケース理解と当面の課題解決のためにいかに有効に活用するかを共に話し合い、援助することにある。したがって、「心理療法」と異なるのは、コンサルティの個人的・人格的なことを問題とするのではなく、あくまで課題中心であり、時間的制限がはっきりしている関係という点である。また、「スーパービジョン」と異なるのは、「スーパービジョン」が、同一職種の経験のある者と少ない者との関係で成り立ち、スーパーバイザーは、ケースに対してスーパーバイジーと共に責任をもっている点である。さらに、「管理」と違うのは、コンサルテーションは上下構造がないことと、最終責任はコンサルティ側が負う点である。

3）コンサルテーションのタイプと種類

Caplan（1970）はコンサルテーションを、①クライエント中心のケース・コンサルテーション（コンサルタントもコンサルティも共に異なった領域の専門家として、クライエントにケース責任を負いながらコンサルテーション関係をもつ）　②コンサルティ中心のケース・コンサルテーション（コンサルタントはコ

ンサルティの抱えているクライエントをいかに理解し、どのように働きかけていったらよいかという課題に対してコンサルテーションを行う。コンサルティを専門家として尊重し、コンサルティの専門性をより強化するかたちで援助する）③コンサルティ中心の管理的コンサルテーション（コンサルティの抱えている組織管理上の対策・活動計画上の困難に対し、コンサルタントが専門家の立場から援助する）④プログラム中心の管理的コンサルテーション（プログラムそれ自体に関与するコンサルテーション）、の四つのタイプに分けた。

　以上の分類のほかに、コンサルティとの関係のもち方で、「危機コンサルテーション」と「定期的・継続的コンサルテーション」に分ける場合もある。危機コンサルテーションは、何らかの問題が発生した場合、問題を抱えている当事者（コンサルティ）から要請があったときに、コンサルテーション関係をもつやり方である。たとえば、学校で不登校、いじめ、学級崩壊などの問題が発生し、教師が危機状況に陥っているときに、コンサルテーションを依頼される場合である。一方、定期的・継続的コンサルテーションは、問題発生があろうとなかろうと．コンサルタントがコンサルティの現場に定期的に出かけていくやり方である。この場合は、児童福祉施設（箕口，1987；渡辺，1998；光岡，2004）、保育園（北島，1994；藤後，2001；藤崎・木原，2005）、教育相談室（小林，2001）、中国帰国者の研修施設（箕口，2000）、難民キャンプ（Rahe *et al.*, 1978）といった施設・機関とコンサルテーション契約を結び、複数の担当職員をコンサルティとする**集団コンサルテーション**（Altrocchi, Spielberger, & Eisdorfer, 1965；箕口，1995）を行うことが多い。定期的・継続的にコンサルテーション・サービスを行うことは、問題の掘り起こし効果が働き、その結果として早期の介入が行われ、適切なフォローアップもなされる、という予防効果を期待できる利点をもっている。

[2]　コンサルテーションによる介入過程の検討

　コンサルテーションは、個人や集団や組織の抱える問題の解決構築を目指すという点では、カウンセリングと同様であり、似たような介入過程を経ていく。しかし、カウンセリングが、カウンセラーの土俵の上で相談活動を行うのに対して、コンサルタントは相談を依頼される場合があるにせよ、相手の土俵まで出かけていくという特徴が挙げられる。さらにはコンサルティが中心となるコンサルテーションであっても、基本的に、コンサルティ自身の性格や病理を扱うことは

せず、コンサルティを専門家として尊重し、コンサルティの関わるクライエントの問題に焦点を当てていく。そうしたさまざまな違いによって、コンサルテーションによる介入過程は、カウンセリングによる介入過程とは異なる視点と方向性を示す。

　以下では、合理的で効果的な手段で、問題や課題の解決を図るためには、コンサルタントとコンサルティとの間のコミュニケーションをいかに形成していくか、良好な協働関係を維持していくための支援方法としていかなる工夫が必要か、などについて検討する。

1）コンサルテーションによる介入過程の分類

　コンサルテーションによる介入過程の分類については、研究者によって若干の差異が見られる（詳細は、Lachenmeyer, 1992; Wallance & Hall, 1996; Brown, Pryzwansky, & Schulte, 2001 を参照）。これらの分類のなかでは、Brown, Pryzwansky, & Schulte（2001）の示す八つの段階が比較的妥当なものと考えられる。すなわち、①出会い（entry）　②契約（contract）　③アセスメント（assessment）　④問題の定義づけと目標設定（problem definition and goal setting）　⑤関わり方の選定（strategy selection）　⑥介入（intervention）　⑦評価（evaluation）　⑧終結（termination）、の8段階である。以下では、この八つの介入段階について検討していく。

2）コンサルテーション活動における基本的前提——コンサルタントの立場の相違

　コンサルテーションによる八つの介入段階について検討を進める前に、考慮しておかなければならないことがある。それはコンサルタントが参入する組織における立場である。

　近年、学校や児童養護施設といったさまざまな領域に心理職が配置されるようになり、同じ組織内でクライエントを共にし、利害関係も発生する多職種の人々と、連携してコンサルテーション活動を執り行わなければならないケースが増えてきている。しかし、多職種が混在する職場であるからこそ、それぞれの専門家が互いに協力しあって一致団結していくことが重要となる。"学校コミュニティにおいてコミュニティ心理学的臨床活動を行う"というスタンスでスクール・カウンセリング活動を行っている原（2001）も、学校に「遅れて入った」臨床心理学の専門家として、教育の専門家である教師と協力していくコンサルテーショ

ン活動が最も有効な方法であるとしている。

　しかしながら、同じ組織内からもちかけられたコンサルテーションと、局外から依頼されたコンサルテーションとでは、コンサルテーションの各段階における関わりにも多少工夫が必要になってくるかもしれないし、それぞれの長短所も異なる（Wallace & Hall, 1996）。コンサルテーション活動における基本的前提は、コンサルティがコンサルタントをどのように認知しているかである。それゆえ、コンサルテーションによって生じる状況への適切な理解を進め、互いの専門領域を尊重し合い、組織内外の区別に関するコンサルティとコンサルタントの感情に配慮することが重要となる。そうしたさまざまな営為がコンサルティのコンサルタントへの認知的評価を形成していくと考えられる（Brown, Pryzwansky, & Shulte, 2001）。

3）コンサルテーションによる介入過程——八つの段階

　以下では、コンサルテーションによる介入過程を八つの段階に分け、筆者らが養護施設で展開しているコンサルテーション活動（上手, 2002）に沿って検討を加えていく。

a　出会い（entry）——介入の初期

　Wallace & Hall（1996）によれば、出会いにおけるコンサルタントの課題は、「組織に物理的、心理的、社会的参入を達成すること」および「堅固な作業関係を築く」ことである。組織外から入ってくるコンサルタントの場合は、出会いが重要な課題であり、その取り扱いにはとりわけ慎重になる必要がある。それゆえ、コンサルタントは常に「なぜ、この時期に、この問題のためにコンサルテーションを必要とするのか？」「なぜ、自分が選ばれたのか？」「誰が真のコンサルティなのか？」「何が本当のニーズなのか？」といった課題を頭の片隅において情報を収集する必要がある。コンサルタントがこうしたいくつもの「課題」について自問自答しておくと、今後のコンサルテーションにおける困難な状況を予期し、回避することができる。

　コンサルタントを招くのは、多くの場合、その組織の**管理者**や**キー・パーソン**であり、彼らに認められたからといって、すぐにコンサルテーションが始められるわけではない。やはり、現場で実際にクライエントと関わっているコンサルティに認められなければ、効果的な仕事はできない。逆に、組織内のコンサルタントの場合、現場で共に働くコンサルティのニーズを、その組織の管理者やキー・

パーソンにいかにしてつなげていくかが、コンサルテーションの成否の鍵を握る。いずれにしても、コンサルタントにはつなぎ役や黒子の役割が求められる。

　児童養護施設における筆者らのコンサルテーションは、言い換えるならば、「御用聞き」の発想に近い。すなわち、コンサルタントは、心理室でコンサルティを待っていてもコンサルテーションを依頼されることはまずないので、頻繁に**ケアワーカー**の集う職員室に出向くことが多い。それも、ケアワーカーの忙しい時間帯ではなく、ある程度仕事に一区切りつき、その日の活動を振り返ることのできる時間帯に職員室を訪れるようにしている。そのような状況が整って初めて、ケアワーカーは、担当しているケースの問題や対応の仕方などについて、自然に語ってくれるのである。こうした「茶飲み話や雑談」からコンサルテーション関係が生まれる場合が多い。

　一方、組織に属さない局外者として児童養護施設でコンサルテーション活動を行っていた渡辺（1998）は、児童養護施設に入っていく際の基本姿勢として、「職員が問題解決の困難な状況に耐えていける力を支えるために共に歩調をあわせて歩んでいく（p. 154）」ことを挙げている。出会いのときには、カウンセリングと同様に、コンサルテーションでも傾聴や受容的共感が大切であり、システムズアプローチでいうジョイニングに配慮する必要がある（吉川，1999）。

b　契約（contract）

　コンサルタントと組織が同意を取り交わす契約に当たっては、必ずしも公式な契約書を交わす必要はないが、その打ち合わせの結果は、契約書で交わした交渉と同等のものである。契約において議論されるべきトピックとしては、①コンサルテーションの目標　②コンサルティを明らかにすること　③サービスの機密性とその限界　④時間枠、コンサルティにサービスが提供される時間の長さ　⑤コンサルタントが利用可能な時間　⑥コンサルタントと共に働くときに要請される手続き　⑦コンサルタントの居場所　⑧どのようにしてコンサルタントとコンサルティが接触するか　⑨さらなるコンサルテーションを必要とする場合の契約の再交渉の可能性　⑩料金設定　⑪組織内でコンサルタントがアクセスできるさまざまなリソースと情報　⑫責任の所在はコンサルタントにあること、などである（Brown, Pryzwansky, & Schulte, 2001）。あくまでも海外のモデルなのでこのトピックをそのまま日本に適用するわけにはいかないが、組織と契約を結ぶ際に参考とする点は多い。

　コンサルテーションにはさまざまな人々が関わってくるため、守秘義務に関す

る共通のガイドラインを導き出す必要がある（Lachenmeyer, 1992）。その一つの手立てとして、「共同守秘義務」という原則を共通認識としてもつことが重要となる。グループメンバーは、基本的に解決構築を願うコンサルティの意に従うことを旨とすべきだが、参加するメンバーの相互作用や潜在的な対人関係の数が増してくるにつれて、守秘義務の問題は複雑になってくるからである。一方、組織内のコンサルタントの場合は、コンサルテーションとそれ以外の援助活動との違いを明確にすることが肝要である（Brown, Pryzwansky, & Schulte, 2001）。つまり、普段は個別心理援助をしている心理士が、どのような意図をもってコンサルテーションを行うことにしたか、あるいは、個別心理援助とコンサルテーションをいかにしてつなげていくか、などをコンサルティに明確に伝えておくことが必要となる。

　児童養護施設におけるコンサルテーションで明確な契約を交わした取り組みとしては、渡辺（1998）のサポートシステム研究会が挙げられる。渡辺は、契約期間として2年間を設定し、その後は施設側の要望によって1年毎の更新という形を取った。提供できるサービスとして、「スーパービジョン」、ケースカンファレンスや感受性トレーニングや、社会福祉援助技術と精神医学の講習といった「研修会」が挙げられた。そして、子どもの直接の処遇や援助活動には関与しないという点も確認された。これらの契約内容は、施設職員全員の合意を得たうえで結ぶものとされた。

　c　アセスメント（assessment）

　アセスメントとは、コンサルテーションにおける問題点や課題を見つけ出し、それらの一覧作成に焦点を当てることだが、そこでコンサルタントが念頭に置いておくポイントとして挙げられるのは、①妥当で信頼のおけるデータを集めること　②対象の問題を確認すること、である（Wallace & Hall, 1996）。最初に実施されるべきアセスメントは、コンサルティがコンサルテーションを依頼するに至った問題の構成要因を調べることである。Brown, Pryzwansky, & Schulte（2001）は、①クライエントの特徴　②コンサルティの特徴　③環境の特徴、という三つの領域から問題をとらえなおし、この3領域のどこに働きかければ変化が生じるかをアセスメントしていくこと、と述べている。どの領域をアセスメントで選択するかが、その後の解決構築に重要な影響を与える。つまり、選択された要因に焦点化された介入がなされるわけである。

　コンサルテーションをはじめとするさまざまな心理援助を実施する際には、現

場のニーズを適切に汲み取り、引き出し、応えることがきわめて大切となる（田嶌, 2002)。すなわち、クライエントを取り巻くネットワークのアセスメント、クライエント個人の適応・発達アセスメント、クライエントと援助者の関係アセスメント、そして、それらのアセスメントを受けてクライエントが元気になるためには何が必要かという目標アセスメント、をきちんと見立てていくことができれば、田嶌（2003）が指摘するように、「最初に心理療法・カウンセリングありき」ではなく、まずはコンサルテーションとネットワークの活用（ネットワーキング）を考慮した介入によって、問題解決に至るクライエントは多いと考えられる。

d　問題の定義づけと目標設定（problem definition and goal setting）

問題や課題を明確にすること、あるいは主訴を大切にすることが、解決や治療に至る最善の道となる。コンサルテーションによる介入過程の中では、この段階で、問題のより複雑な様相が立ち現れてくることがほとんどである。その際に注意すべきこととして、「問題を同定し、介入を成功させる鍵はコンサルティ自身が握っている」という点を熟知しておくことである（Lachenmeyer, 1992）。見立ての大部分はコンサルティの情報に依拠しており、解決構築が成就するか否かはコンサルティの手に委ねられている。したがって、コンサルタントは問題に対して知ったかぶりをしない態度が必要であり、コンサルティから有用な情報を引き出すためにコンサルティをエンパワーしていくことである。

問題や課題が明らかにされるまでは、コンサルタントはできるだけ中立的な立場を保ち、できるだけ誰にも同意しない立場でいることが重要である。問題は援助を求めた個人によって定義される。援助を必要としている人は、コンサルテーションの依頼者とは限らない。コンサルタントは最初に問題を定義した人、そして、協働していくだろう人々を援助していくべきだからである。コンサルティが受け入れやすい方法で、問題の再定義や焦点の変更はなされていく。問題の定義づけに関して、コンサルタントは以下のことに配慮すべきであろう（Brown, Pryzwansky, & Schulte, 2001）。すなわち、①関係者が問題と目標を共通理解しておくこと　②介入を明確に評価できる測定技術を用意しておくこと　③目標の明確な言語化を図り、目標に対するコンサルティの期待を現実的なものにすること、である。

目標設定は、その後のコンサルテーションの方向づけをすることになるので、慎重に執り行われるべきである。コンサルタントの課題としては、可能な限り測

定可能な目標を設定することであり、その背景となる哲学として、望ましい結果を明らかにすることである（Wallace & Hall, 1996）。しかし、問題と思われている状況がじつは一種の対処方略であり、真の問題を露呈させない安全弁の役割を果たしている場合もある。したがって、コンサルタントとコンサルティは十分に時間を使い、多様な領域の要因が複雑に絡み合っている様相を熟考する必要がある。そうした諸要因を入念に検討していく中で、現実的な目標が見出される。また、スモールステップで進めていくことも大切である。

児童養護施設におけるコンサルテーションにおいて、筆者らが最も大切にしている目標は、子どもたちの**生活の質**（Quality of Life）を向上させることである。別の言い方をすれば、田嶌（2003）が言及しているように、援助者が共通してもつ援助目標としての「主体と内的・外的環境とのより適合的な関係」である。子どもたちの生活の質を上げるという目標が何より優先すべき大目標であり、トラウマの治療などの個々の目標はそれに準ずるものとなる。そして、いかなる心理的援助を行うかは、この大目標の実現のために一番効果的なものを選択するという方針である。村瀬（2001）の言葉を借りれば、「着手できる、しかもクライアントに抵抗少ない実益的なところから、取りかかっていく（p. 19）」ことが望ましいと考えられる。

e 関わり方の選別（strategy selection）

問題の慎重なアセスメントが行われ、それを踏まえたうえで進むべき目標が明らかにされたのであれば、次の段階としては、どのような手段でその目標を実現するのかという関わり方の選別になる。言い換えれば、コンサルティ側の誠意や熱意を認めたうえで、これまでの適切とはいえない行動や対応を止め、新たな代替案を決定していくことである。コンサルタントがその代替案を提案する第一段階は、以前に行われていた行動を振り返ることである（Lachenmeyer, 1992）。コンサルティは非常に誠実にクライエントのことを思って関わっているのであるが、不幸にして、たまたまうまくいかない行動や対応をとっていただけなのである。そうしたコンサルティの思いに配慮しながら、それぞれの専門性を活かし、話し合っていくことによって、コンサルタントとコンサルティの協働関係は強化され、さらにはコンサルティの努力という貴重な情報が得られることになる。なお、代替案（alternative way）という発想は、現代アドラー心理学に詳しい（Manaster & Corsine, 1982）。「自分の行為の結果に自分が苦しむ」という問題状況に対して、常識的な叡智に基づいて自然な結末と論理的な結末を明らかに

し、生じている悪循環を断ち切って新たなる行動を方向づけるという発想は、とりわけコンサルティの行動や対処法に変化をもたらす技法として有用である。

Brown, Pryzwansky, & Schulte（2001）によれば、どのような手段を使っても、辿り着くべき目標は一緒である。コンサルタントはコンサルティと共に多くの戦略手段を模索するべきだし、最終的には、コンサルティ自身が代替案を考え出せるように援助をするべきである。コンサルティが自らの力で代替案を考え出し、より適切な働きかけの選択ができるようになることは、予防的な介入につながる。コンサルティの行ってきた関わり方が行き詰まったとき、コンサルタントがいなくても、自主的に代替案を探して行動の変更を行えるようになるからである。また、コンサルテーションのもたらす予防的介入効果として挙げられるのは、コンサルティが以前は認知していなかったさまざまな諸資源の認知・利用度が増大することである。言い換えるならば、一人で困難な問題や課題を抱え込むのではなく、皆で協力し合って、複数で問題や課題に取り組むという視点である。こうした視点の根底には、田嶌（1991）が指摘するように「人はお互いに支えあい、迷惑をかけあって生きている（p.43）」という発想がある。

f 介入（intervention）

コンサルテーション介入においてコンサルタントが課題とすべきことは、変化をもたらす関わり方を選別して実施することにほかならない。この介入の段階は、まさにコンサルテーションの真価が問われる瞬間でもある（Brown, Pryzwansky, & Schulte, 2001）。なぜならば、これ以外の段階は問題が生じている場面から離れて、コンサルタントとコンサルティが二者間で問題を協議している状況であるが、この介入段階に至って初めて、協議された行動計画を、実際に問題が生じている場面で実行に移すからである。選択された代替案がどれほど綿密なものであっても、予期せぬ展開が生じて、修正や変更が余儀なくされるという事態は発生する。それに対応していくことも介入のプロセスであり、予期せぬ事態が発生したからといって、コンサルテーションが失敗したというわけではない。さらに、Brown, Pryzwansky, & Schulte は、介入の成否の鍵を握ることとして、コンサルタントとコンサルティが頻繁に連絡を取り合うことであるとしている。その意味では、組織内のコンサルタントは職場を同じくしているので綿密な連携を取りやすいが、一方で、実際の介入の主体がどこにあるのかを明確にしておかないと、責任の所在をコンサルタントに預けられてしまう恐れもある。

招来されたコンサルタントの場合、顔をつき合わせて打ち合わせが行えないと

きは、電話連絡でもよいから頻繁に介入の経過を確認することが重要となる。Lachenmeyer（1992）は、長期にわたる多層的な介入の効果を強調している。すなわち、継続的な見立てを行うことにより、いかなる変化や問題が起こったとしても、計画を修正することが可能となるからである。

g 評価（evaluation）

コンサルテーションにおいては、①計画の実施段階で発生する形成的評価（formative evaluation）、②コンサルテーションが遂行された後に生じる累積的評価（summative evaluation）、の二つのタイプが重要となる（Brown, Pryzwansky, & Schulte, 2001）。

形成的評価では、「その計画がどれほど十分な働きをしたか」「その計画に対する調節が実行されたか」といったことについての情報が集められる。一方、累積的評価の目標は、状況を調節するためのフィードバックをコンサルティに提供することであるが、今回のコンサルテーションがどれほどの効果を組織に提供したか、を明らかにすることも含んでいる。

評価の基本は、問題の解決とコンサルティの満足度で評価されるべきである。評価を行う測定用具として、観察、評定、態度スケール、その他のあらゆる尺度が用いられる。評価は、コンサルテーションの各段階に影響を及ぼしたあらゆる変数におよぶ。コンサルテーションにおける評価とは、実際にはそれぞれのコンサルテーションの各段階において絶えず行われるものであるし、全ての段階を"完全に統合"した評価もある（Lachenmeyer, 1992）。コンサルテーションの評価が適切に行われている欧米に比して、日本はまだまだ立ち遅れた現状ではある。しかし、学校や児童養護施設において、多領域の専門家と協働して臨床心理行為を行うことが要請されている今日、自らの役割を明確に伝えていくためにも、きちんとした評価を行っていく必要がある。

児童養護施設において、心理療法担当職員のコンサルテーションを測定可能な尺度で評価した報告は少ない。箕口（1987）は、コンサルティであるケアワーカーにコンサルタントのイメージをアンケート方式で求めたところ、心理診断の専門家であるとの見方が大勢を占めた。それを受けて、今後に期待されるコンサルタント像として、カウンセラーやスーパーバイザーの役割が求められていることが明らかになった。また、8年間にわたって児童養護施設で心理援助活動を行ってきた安田（2001）は、ケアワーカーからのアンケートを中心にして、自らの取り組みをまとめた。その結果、ケアワーカーの専門性を高めるためには、①

コンサルテーションが重要であること　②子どもたちの生活をサポートすることを基本とした心理療法を実施すること　③ケアワーカーの精神的健康の増進に努めること、の3点が、児童養護施設の心理療法担当職員に求められるだろうとした。コンサルタント自身も、自らの活動を適切に評価することが、今後の活動の幅を広げることにつながると考える。

h　終結（termination）

コンサルタントとコンサルティが共に問題の解決がなされたと同意したときに、コンサルテーションが終結することになるが、そうではない形の素早い終結もありうる。危機介入コンサルテーションがそれである。たとえば、自殺を図りそうなクライエントのコンサルテーションといった緊急度の高い問題の場合、コンサルタントはより直接的な介入を求められる。この素早い終結のさらなる効果として、コンサルタントとコンサルティが自分たちの専門性や能力を認識することに役立つということが挙げられる。

終結を容易にするガイドラインとして、Brown, Pryzwansky, & Schulte（2001）は以下のことを重視している。①コンサルタントは問題の責任性を徐々にコンサルティに譲渡していくこと。この責任性の譲渡は、コンサルタントという存在を明確にし、コンサルタントが突然にいなくなることによってコンサルティが混乱することを防ぐ役割を果たす。②コンサルタントは開かれた態度で自分たちのいなくなった後のことを話し合い、コンサルティの成功を確認し、コンサルティが自分自身で成功し続けることを勇気づける。③コンサルタントが関わりを減らしていくことで、コンサルタントなしでも、自分たちだけで変化を起こすことができるのだという認識が得られるようにする。以上のような点を踏まえ、①コンサルテーションのプロセスを要約する目的のカンファレンスを設ける　②コンサルティにコンサルテーションに対する評価用紙の記入を求める　③ケースの全体的なレビューを実施する、などのふり返り作業を行うことにより、コンサルテーションが終了したというサインをコンサルティ側に示すことができる。

一方、現行のコンサルテーションが終結したとしても、状況によっては、コンサルテーションの長期的な効果を見極めるために、コンサルタントは定期的なフォローアップを行うことが求められる（Lachenmeyer, 1992; Wallace & Hall, 1996）。この、フォローアップがあるという安心感が、その後の安定したコンサルティの関わりを促進することとなる。山本（2000）によれば、コンサルテーションを終了するときには、「オミヤゲを置いてくる」ことが重要であると述べ

ている。このオミヤゲは、基本的には、コンサルティがすぐ実行できる具体的な事柄であるが、フォローアップの約束も同様の効果をもたらすであろう。

児童養護施設におけるコンサルテーションでは、ケアワーカーが対応苦慮の事態に陥ったときに相談をもちかけられることが多い。往々にして日常場面が多く、この突発的コンサルテーションのことを上手（2002）は、「依頼型コンサルテーション」と命名している。依頼型コンサルテーションの始まりは唐突であるが、ケアワーカーは自分の危機状況を誰かに話すだけで気分が楽になり、再び安定した子どもとの関わりを取り戻すことが多い。一方、組織外から招来されたコンサルタントの場合は、最初に交わした契約内容に沿って、実施されたコンサルテーションの評価や終結、その後の対応について、コンサルティ側と確認しながら進めていくことができるため、コンサルテーションを継続する場合もその手続きは明確である。

[3] コンサルテーションに関する研究の動向

1）コンサルテーションの評価研究

コンサルテーションは、この半世紀にわたり、心理療法・カウンセリングと同じように、個人、グループ、組織のメンタルヘルスに関するニーズを評定する主要な手段の一つとして、また、それらのニーズに見合うように資源を動員する方法として、位置づけられてきた。したがって、コンサルテーションがどのような効果をもたらすかについて、方法論的にもきちんとした支持的結果を得ることが、コンサルティとクライエントへのサービスにつながると考える（Orford, 1992）。

コンサルテーションの評価研究については、Mannino & Shore（1975）、およびDustin & Blocher（1984）によるレビュー研究がなされている。これらに共通する知見として、①「コンサルテーション」の統一された定義がないため、用語があまりにも広い意味に使われていること　②評価研究のほとんどが適切な実験的ないし準実験的な研究計画法を適用していないこと、を指摘し、コンサルテーションによる介入のプロセスとその効果を十分に説明しうるような、実践と研究の必要性を強調している。

一方、コンサルテーションに関するより統制度の高い研究の一つに、Medway & Updyke（1985）による効果研究が挙げられる。彼らは、心理療法の効果測定に有用な方法であるメタ分析を用いて、54の研究（これらの研究のほとんどは、

学校や他の教育の場で遂行されたコンサルテーションに関連するものであった）を検討した結果、①コンサルテーションへの参加者のコンサルテーション終了後の平均の介入効果（effect size）は、コンサルテーションを受けなかった比較群のそれよりも良い状況にある　②精神保健、行動論、組織発達という三つのコンサルテーションモデルのなかでは、精神保健コンサルテーションにおけるコンサルティへの介入効果が顕著に大きい、ということが明らかになった。

次に、評価研究の一環として、コンサルテーション・サービスがコンサルティ側にどのように評価され、受容されていったかの検討を試みた一例を示す。

箕口（2000）らは、中国帰国者の適応過程とそこで生じる心理・社会的問題に対する援助体制を明らかにするため（江畑・曽・箕口編，1996）、中国帰国者定着促進センターで、コンサルテーション・サービス活動を導入し、4年間のコンサルテーション活動を、依頼者、依頼内容、コンサルタント―コンサルティ関係の特徴とその推移から検討した。その結果、コンサルテーションの受容過程は大きく三つの特徴的な時期を辿ることが示された。すなわち、コンサルテーション導入当初の、依頼件数も多く、依頼内容も多岐に及ぶ「導入・試行期」、コンサルティ間に競合的な関係が見られ、コンサルテーションに対するさまざまな懐疑や意見が出される「葛藤期」、このような過程を経て、コンサルテーションの目的や利用の仕方が認識される「受容期」である。以上のように、コンサルタントは、コンサルテーションが受容され、発展していくためには、「葛藤期」の存在を意識し、それに冷静に対処することが重要である。なお、「受容期」以後もコンサルテーションは継続されているが、依頼の頻度と内容はきわめて限定されてきている。このことは、コンサルテーションがその役割を果たし、入所者に対するセンター側の心理・社会的問題への対処能力が向上したことを示していると考えられた。

このように、コンサルテーションの評価研究の多くは、必ずしも質の高いものとはいえないが、コンサルテーションの有用性を客観的に示すことによって、援助の協働性が促進される、という意味でもきわめて重要である。

2）日本におけるコンサルテーションの実践と研究

コンサルテーションの重要性については、医学・保健領域では比較的早くから注目を集め、精神医学的リエゾン・コンサルテーション（保坂・狩野・皆川，1989）および地域精神保健コンサルテーション（外口，1997）として、実践と

研究が行われてきた。

　一方、長年にわたって日本のコミュニティ心理学を先導してきた山本は、コミュニティ心理学の重要なアプローチとして**心理コンサルテーション**を位置づけ、Caplan（1970）のコンサルテーション理論をもとに、コンサルテーション理論の紹介と事例研究による有効性の検討を行ってきた（山本，1967，1968，1977，1986，2000）。

　心理コンサルテーション領域では、とりわけ、スクールカウンセラーが行う学校コンサルテーションに関する実践と研究が数多くなされている。学校コンサルテーションの包括的な実践研究としては、光岡（1995）、鵜養（1998）、石隈（1999）、吉川（1999）などが挙げられる。また、加藤・大石（2004）は、"特別支援教育"への具体的取り組みを支援するための方法論として「行動コンサルテーション」を提唱している。そのほか、コンステレーションの把握（今井，1998）、アセスメントと役割分担の重視（小島，1998；野々村，2001；小林，2001）、応答分析による関係性の把握（加藤・斎藤・宮田，2002）、学校・学級組織風土へのコンサルテーション的介入（伊藤，2003）、学校システムにおける相互作用への焦点化（津川，2003）、コンサルタントとしてのスクールカウンセラー養成モデルの検討（本田，1999）などの実践研究が行われている。とりわけ、コンサルテーション活動を個人への介入ととらえるだけではなく、伊藤、津川、吉川の研究に見られるように、学校というシステム全体を視野に入れた介入やそこでの相互作用に焦点を当てた研究が、今後より一層重要となる。

　一方、福祉領域における心理コンサルテーションの研究は、介護老人保健施設（渡辺，2004）を除き、ほとんどが児童福祉施設におけるコンサルテーション研究に集中している（箕口，1987；安田，2001；上手，2002；曽田，2002；加藤，2003；金井，2003；築地，2004；光岡，2004）。このことは、児童虐待防止法の改正に伴い、児童福祉施設で多くを占めるようになった被虐待児童への専門的対応として、心理職が導入されるに至った経緯を反映したものと考えられる。一連の研究の多くは、児童養護施設における心理コンサルテーションの実践研究であり、間接的援助としての心理コンサルテーションの意義と必要性、介入プロセスの特徴などについて明らかにした点では評価できる。しかしながら、心理コンサルテーションにおける、コンサルタント—コンサルティ間の相互作用過程の分析、施設風土の変化を視野に入れた介入効果の測定など、具体的検証に基づく詳細な研究が今後も必要であろう。

以上、日本におけるコンサルテーション研究を概観してきたが、その内容は、①コンサルテーションを行う対象と場の理解に関する研究　②コンサルテーション介入の技術に関する研究　③コンサルテーションの受容・進行プロセスの研究、にまとめることができる。しかしながら、多くは、いまだ事例研究にとどまっており、山崎（1991）が指摘するように、対象と場を視野に入れた相互作用としてのコンサルテーション過程のさらなる検証とそれらを明らかにする方法論の確立が望まれる。

[4] 今後の課題

1）コンサルテーションにおける倫理的・法的ジレンマの予防

　他の心理の専門家と同様に、心理コンサルタントは、個人、グループ、組織と仕事をしていく際に、数多くの倫理的・法的なジレンマに遭遇する。たとえば、心理療法・カウンセリングを主な仕事とする心理の専門家に対する秘密保持のガイドラインは、コンサルテーション・サービスを行ううえで必要とされる守秘行為に、そのまま当てはまるわけではない。また、心理学者やカウンセラー、ソーシャルワーカー向けの倫理規定は、三者関係よりも、二者関係に関わる倫理事項を説明していることがほとんどである。さらに、心理援助の専門家の間でも、倫理上のルールがそれぞれに異なる場合がある。そのため、心理コンサルタントは予期しない倫理的・法的ジレンマに直面することが多い。しかしながら、こうした問題の解決に役立つ、心理コンサルタントの専門家組織も倫理規定も存在しない。専門家集団の一員である心理コンサルタントは、コンサルテーションという心理援助行為に関わる職業倫理を遂行する必要がある（金沢, 1998）。

　そこで、以下では、Wallace & Hall（1996）に従って、心理コンサルタントがコンサルテーションという仕事に取り組む際に考慮すべき倫理的・法的ジレンマとその予防のあり方、専門職としての自律性の確立の必要性、について述べる。

a　専門職としての自律性の確立

　ビジネス・産業領域におけるコンサルテーション職（マーケティング、管理業務、財政、課税計画など）とは異なり、心理領域のコンサルタント職には、明確な専門家集団や職業倫理も存在しない。したがって、心理コンサルタントが専門職なのか、その他の一般職なのかを弁別する本質的な違いが明確ではない。すなわち、心理コンサルタントには、①共通理解　②仲間集団・組織　③職能向上プ

ログラム　④倫理行為の基準、が欠けている。また、ヒューマンサービスに携わる専門家の多くが心理コンサルテーションの有用性を認知しているにもかかわらず、今日の心理コンサルタントの大多数は、教育や訓練体制も不十分な中を、一匹狼的に仕事をしている。こうした状況が、心理コンサルテーションの専門職化の妨げになっている。したがって、心理コンサルタントのための独立した専門家集団を確立することが必要であるし、そのための擁護活動を促進する必要がある。具体的には、心理コンサルテーション活動独自の倫理規定を作成し、コンサルティ、クライエント、コンサルタントの三者を含めた、倫理上の問題解決マニュアルを明確化することが課題となる。また、心理コンサルテーションの過程で生じる倫理的問題に適切に取り組むためには、コンサルタント自身がコンサルタントとしての自分の能力や資質を十分に理解し、専門職としての限界を知っておく必要がある。コンサルタントとしての資質や能力には、パーソナリティ、専門的知識やスキル、技法、コンサルタントとしての経験などが含まれる。

　　b　倫理的・法的ジレンマの予防

　経験を積んだコンサルタントは、コンサルテーションの過程で、コンサルティたちとの間で発生する倫理的・法的ジレンマの多くを予防することができる。それは、コンサルテーション状況が有する特異性を考慮した契約を心がけているからである。そのポイントは、コンサルタントがコンサルテーションの契約を交わす際に、コンサルティの所属する組織のリーダーや管理者を含むコンサルテーション対象全てに対して、基本的なルールにのっとったコンセンサスを得ることである。起こりうる倫理的・法的問題を予め想定し、契約書の中に盛り込んでおくことも重要である。また、コンサルタントは、予想外の問題が生じることを予め想定し、コンサルテーション関係者との進捗状況会議の場を特に設定する旨を契約書に盛り込む場合もある。さらに、契約書には、コンサルテーションの終結時期を明記するのが普通である。そして、コンサルテーションへの参加は自由意志に基づくものであり、コンサルテーションを途中で終わらせることもできることも明記しておくべきであろう。このような契約によって、コンサルタントは、クライエント、コンサルティのニーズを無視することなく、倫理的・法的にのっとったサービスを提供することができようになるのである。

2）今後の展望——心理学を共有する方法の確立を目指して

　本節で取り上げたコンサルテーションという介入方法の根底には、コミュニテ

ィの中で発生する心理・社会的問題の解決は、クライエントを取り巻くコミュニティの人々と、心理援助の専門家との連携と協働によって行われるという発想がある。言い換えるならば、人間に関わる諸問題に対する心理学的理解と援助の方法を、対人サービスに携わる人々といかに共有するかがコンサルテーションの最終課題となる。

しかしながら実際には、教師・医師・看護師・ソーシャルワーカー・弁護士など対人的な問題に直接関わる仕事をしている人々と、心理援助の専門家との間で心理学を共有する方法の多くは、インフォーマルな段階にとどまっている。

コミュニティの心理・社会的問題の解決に役立つ心理学への社会的ニーズがますます高まっている今日、コンサルテーションが心理学を共有する主要な方法としての役割を果たせるように、実践と研究をさらに積み重ねていく必要があるだろう。

引用文献

Altrocchi, J., Spielberger, C., & Eisdorfer, C. 1965 Mental health consultation with groups. *Community Mental Health Journal*, **1**, 127-134.

青木みのり　2003　教師コンサルテーションの一事例に関する考察——問題解決過程を通じての自己概念および指導行動の変容のプロセス．専修人文論集，**73**，1-27.

Brown, D., Pryzwansky, W. B., & Schulte, A. C. 2001 *Psychological consultation: Introduction to theory and practice*（5th ed.）. Allyn & Bacon.

Caplan, G. 1970 *Theory and Practice of Mental Health Consultation*. Basic Books.

Caplan, G. & Caplan, R. B. 1999 *Mental Health Consultation and collabolation*. Waveland Press.

Doughetry, A. M. 2000 *Psychological Consultation and Collaboration: A casebook* (3rd ed.). Brooks/Cole.

Dustin, D. & Blocher, D. 1984 Theories and models of consultation. In Brown, S. & Lent, R.（eds.）*Handbook of Counseling Psychology*. Wiley.

江畑敬介・曽文星・箕口雅博（編）　1996　移住と適応——中国帰国者の適応過程と援助体制に関する研究．日本評論社．

藤崎春代・木原久美子　2005　統合保育を支援する研修型コンサルテーション——保育者と心理の専門家の協働による相恵的研修．教育心理学研究，**53**(1)，133-145.

Gibb, J. R. 1959 The role of the consultant. *Journal of Social Issues*, **15**, 1-4.

原　裕視　2001　スクールカウンセラー——コミュニティ心理学的アプローチ．山本和郎（編）臨床心理学的地域援助の展開——コミュニティ心理学の実践と今日的課題，1-19．培風館．

本田恵子　1999　スクールカウンセラー養成課程におけるコンサルテーション実習モデルの検証——学内の援助資源の活性化と変容維持のための6ステップモデルとインターンのバックアップ体制の整備をめざして．カウンセリング研究，**32**(1)，55-

65.

本間友巳・米山直樹 1999 小学校におけるスクールカウンセラーの活動過程——学校システムや個人への介入とその問題点. 心理臨床学研究, **17**(3), 237-248.

保坂 隆, 狩野力八郎, 皆川邦直 1989 コンサルテーション・リエゾン精神医学の評価. 臨床精神医学, **18**, 539-548.

今井院弌 1998 学校教師へのコンサルテーション過程より. 心理臨床学研究, **16**(1), 46-57.

石隈利紀 1999 学校心理学. 誠信書房.

伊藤亜矢子 2003 スクールカウンセリングにおける学級風土アセスメントの利用. 心理臨床学研究, **21**(2), 179-190.

加賀美常美代・箕口雅博 1997 留学生相談におけるコミュニティ心理学的アプローチの試み——チューター制度導入後の留学生寮相談室活動の質的変化. コミュニティ心理学研究, **1**(1), 15-30.

上手幸治 2002 児童養護施設におけるさまざまなコンサルテーション——依頼型コンサルテーションと提案型コンサルテーション. 日本コミュニティ心理学会第5回大会発表論文集, 36-37.

金井 剛 2003 ケア職員のコンサルテーション. 世界の児童と母性, **55**, 46-49.

金沢吉展 1998 カウンセラー 専門家としての条件. 誠信書房.

加藤真琴・斎藤喜子・宮田敬一 2002 関係性から見たコンサルテーション過程の基礎的研究. ブリーフサイコセラピィ研究, **11**, 84-93.

加藤尚子 2003 児童福祉施設における心理的援助に関する一考察. 日本社会事業大学研究紀要, **50**, 151-173.

加藤哲文・大石幸二 2004 特別支援教育を支える行動コンサルテーション——連携と協働を実現するためのシステムと技法. 学苑社.

北島茂樹 1994 教育組織へのコンサルテーション事例——コミュニティ心理学の視点からの整理. 九州龍谷短期大学紀要, **40**, 21-47.

小林幹子 2001 教育相談における地域連携を目指した実践的研究. 心理臨床学研究, **19**(2), 181-191.

小島 勇 1998 ある教師のコンサルテーションの取り組み——崩壊したクラスが再生するまで. カウンセリング研究, **31**, 165-178.

Korchin, S. J. 1973 *Modern Clinical Psychology: Principles of intervention in the clinic and community*. Basic Books. (村瀬孝雄(監訳) 1980 現代臨床心理学——クリニックとコミュニティにおける介入の原理. 弘文堂.)

Lachenmeyer, J. R. 1992 Consultation. In Gibbs, M.S., Lachenmeyer, J. R, & Sigal, J. (eds.) *Community psychology and mental health*, 103-118. Gardner Press.

Manaster, G. J & Corsine, R. J 1982 *Individual Psychology: Theory and Practice*. F. E. Peacock Publishers. (高尾利数・前田憲一(訳) 1995 現代アドラー心理学 [上・下]. 春秋社.)

Mannino, F. V. & Shore, M. F. 1975 The effect of consultation: A review of empirical studies. *American Journal of community Psychology*, **3**, 1-21.

Medway F. & Updyke J. 1985 Meta-analysis of consultation outcome studies. *American Journal of Community Psychology*, **13**, 489-506.

箕口雅博　1987　養護施設におけるクリニカル・サイコロジストの役割——精神衛生コンサルタントの立場から．心と社会，**50**，13-21．

箕口雅博　1995　集団コンサルテーションの展開．山本和郎・原裕視・箕口雅博・久田　満（編），臨床・コミュニティ心理学——臨床心理学的地域援助の基礎知識，139-140．ミネルヴァ書房．

箕口雅博　2000　精神保健コンサルテーションの受容過程に関する研究——中国帰国者定着促進センターにおける経験から．立教大学コミュニティ福祉学部紀要，**2**，85-99．

光岡征夫　1995　学校教師とのコンサルテーション．村山正治・山本和郎（編）スクールカウンセラー——その理論と展望，119-129．ミネルヴァ書房．

光岡征夫　2004　教護院（児童自立支援施設）と集団事例コンサルテーション——4年間にわたる児童福祉施設への働きかけ．山梨英和大学紀要，**3**，45-47．

村瀬嘉代子　2001　統合的心理療法——子どもと家族への統合的心理療法．金剛出版．

野々村説子　2001　学校教師へのコンサルテーション．心理臨床学研究，**19(4)**，400-409．

Orford, J. 1992 *Community Psychology: Theory and practice*. John Wiley & Sons.（山本和郎（監訳）1997　コミュニティ心理学——理論と実践．ミネルヴァ書房．）

Rahe, R. H., Looney, J. G., Ward, H. W., Tung & Liu, W. T. 1978 Psychiatric consultation in a Vietnamese Refugee Camp. *American Journal of Psychiatry*, **135**, 185-190.

Silverman, P. R. 1982 The mental health consultant as a linking agent. In Biegel, D. E. & Naparstek, A. J.（eds.）*Community Support Systems and Mental Health*. Springer-Verlag.

杉本好行　1988　学校コミュニティで支えるということ——登校拒否生徒へ関わる教師たちへのコンサルテーション活動．季刊精神療法，**14**，27-32．

曽田里美　2002　児童養護施設における心理担当職員のあり方——コンサルテーションを中心に．社会福祉学研究，**6**，77-94．

田嶌誠一　1991　青年期境界例との「つきあい方」．心理臨床学研究，**9(1)**，32-44．

田嶌誠一　2002　現場のニーズを汲み取る，引き出す，応える．臨床心理学，**2(1)**，24-28．

田嶌誠一　2003　心理援助と心理アセスメントの基本的視点．臨床心理学，**3(1)**，24-28．

藤後悦子　2001　保育士による親の"良い行動"視点強化の指導とその効果——ある事例をもとにした行動コミュニティ心理学的介入．コミュニティ心理学研究，**5(1)**，23-38．

外口玉子　1997　精神保健学活動におけるコンサルテーションに関する研究——地域ケア展開のための方法論．東京大学大学院医学系研究科博士論文（未公刊）．

津川秀夫　2003　ブリーフセラピー・モデルによる学校コンサルテーション．心理臨床学研究，**21(1)**，45-55．

築地典絵　2004　児童養護施設における心理職の役割についての報告——被虐待児への心理療法とコンサルテーション．花園大学社会福祉学部研究紀要，**12**，23-33．

鵜養美昭　1995　スクールカウンセラーとコミュニティ心理学．村山正治・山本和郎

（編）スクールカウンセラー——その理論と展望．62-78．ミネルヴァ書房．
鵜養美昭　1998　教師とのコンサルテーション——学校臨床心理士の場合．岡堂哲雄（編）スクールカウンセリング——学校心理臨床の実際，171-184．ミネルヴァ書房．
鵜養美昭・鵜養啓子　1997　学校と臨床心理士．ミネルヴァ書房．
山本和郎　1967　精神衛生コンサルテーションの方法と日本における問題点．精神衛生研究，**15**，59-68．
山本和郎　1968　社会不安と臨床心理——産業精神衛生コンサルテーションの試み．年報社会心理学，**7**，125-140．
山本和郎　1977　学校嫌い——学校精神衛生コンサルテーションの事例から．大原健士郎（編）現代人の断絶の精神病理．現代のエスプリ別冊，51-71．
山本和郎　1986　コミュニティ心理学——地域臨床の理論と実践．東京大学出版会．
山本和郎　2000　危機介入とコンサルテーション．ミネルヴァ書房．
山崎史郎　1991　子どもへの心理学的援助のためのコンサルテーション理論の展開．熊本短期大学論集，**42**，137-155．
安田　勉　2001　児童養護施設におけるセラピストの活動について．青森保健大紀要，**3(1)**，89-95．
吉川　悟（編）1999　システム論からみた学校臨床．金剛出版．
Wallace, W. A. & Hall, D. L. 1996 *Psychological Consultation : Perspectives and applications*. Brooks/Cole.
渡辺利子　1998　養護施設におけるコンサルテーション．会津大学短期大学部研究年報，**55**，147-166．
渡辺由己　2004　介護老人保健施設における心理コンサルテーションの役割——多職種チームケアに注目した事例研究．コミュニティ心理学研究，**7(2)**，110-121．
William, P. E. 1993 *Consultation in Community, School, and Organizational Practice : Gerald Caplans contributions to professional psychology*. Taylor & Francis.
Zusman, J. & Davidson, D. L. 1972 *Practical Aspect of Mental Health Consultation*. Charles C. Thomas Publishers.（米沢照夫・妹尾英男（訳）1977　精神衛生コンサルテーション——地域精神医学の方法論．国際医書出版．）

2

危機介入

高畠克子

[1] 危機介入とは

1）コミュニティ心理学から見た危機とは

危機（crisis：**クライシス**）という言葉は、*American Heritage Dictionary* では、①重要で決定的なポイントあるいは状況（ターニングポイント）　②政治的・国際的・経済的に不安定な状態　③急性疾病の経過における突然の変化で、快方・悪化のどちらかに向かうかの岐路　④物語やドラマで、敵対勢力が最も張り詰めた状態になる瞬間、などと説明されており、ギリシャ語の krinein からきており、「分離・分かれること」と同義と書かれている。

　また、山本（1986, 2000）によれば、ギリシャ語のカイロスに由来しており、ギリシャの医師ヒポクラテスは、病が快方に向かうか悪化に向かうかの「分かれ目」をカイロスと呼んだという。このように、危機は、人間にとってもコミュニティにとっても、さらにはグローバル社会にとっても、良い方向に向かうか悪い方向に向かうか、重大で決定的な瞬間・状況ということができる。

　さて、Aguilera（1994　小松・荒川訳　1997）は、Caplan（1964　新福監訳 1970）を引用して、「危機は、人が大切な目標に向かう時障害に直面し、それが習慣的な問題解決の方法を用いても克服できない時に生じる。混乱の時期、動転の時期が続いて起こり、その間にさまざまな解決の試みがなされるがいずれも失敗する（p. 5）」と述べている。このように、人は日常的には、習慣的な問題解決法をある程度備えていて、それを用いて情緒的な均衡状態を保っているが、こ

の均衡を揺さぶる事態、すなわち**難問発生状況**（hazardous environment）が起こり、手持ちの問題解決方法ではことごとく失敗し、情緒的混乱状態がもたらされる事態を危機というのである。しかし、難問発生状況というのは、その人のパーソナリティ、ストレスの度合い、ストレス認知の仕方、対処方法の多様性、ソーシャルサポート体制の有無など、さまざまな要因によって異なる。さらに、難問発生状況において試行錯誤で問題解決が行われるときに、追い討ちをかけるような追い込み要因、あるいは**結実要因**（precipitating factor）が出現すると、危機状態がさらに悪化することも考えられる。

　コミュニティ心理学では、この危機をどのようにアセスメントして、援助・介入計画を立て、モニタリングして、評価するのかについて、調査・研究・実践されてきた。それゆえに、コミュニティ心理学において、「危機」あるいは「**危機介入**（crisis intervention）」は、非常に重要な鍵概念なのである。そこでまず、危機が、家族ライフ・サイクル、学校コミュニティ、地域コミュニティにおいて、どのようにして起こるのかについて述べる。

　a　家族ライフ・サイクルにおける危機

　人間は生まれてから死ぬまで、一つの連続したライフ・サイクルを辿るように、2人の人間も、結婚して家庭を作り、それを次世代・次々世代に伝播させるという、**家族ライフ・サイクル**（Carter & McGoldrick, 1999）を辿ることになる。このプロセスで、起こると予測される危機や解決すべき課題は、大小さまざま存在する。そこで、家族ライフ・サイクル上でしばしば見られる三つの危機状態について述べる。

①　パートナー間の暴力（Domestic Violence : DV）という危機

　家庭生活を営むパートナー間には、各ライフ・ステージに応じた葛藤や危機が生じるが、結婚当初から見過ごせない危機として**ドメスティックバイオレンス**（DV）が挙げられる。付き合いが始まった頃から、暴力（身体的・心理的・性的など）を受ける場合も少なくないが、第一子の妊娠から誕生の時期になると、激しい暴力が顕在化して、一番リスクの高い時期を迎える。妻は育児に手が離せず、そのため夫は欲求不満やストレスが昂じて、激しい暴力で妻を支配（思い通りにコントロール）しようとし、妻は家を出たり離婚をしたりの決断をしないままに、長期化した危機状態に晒される。

②　親子間の暴力（児童虐待、老人虐待など）という危機

　児童虐待は、親の子どもへの「しつけ」の形をとり、家庭という密室の中で

起こる点で DV に通じるものがあり、老人虐待も同様といえる。虐待の加害者は、被害者を自分より力の弱い者・劣る者・思い通りにしてよい者、などという意識が強く、相手の権利や尊厳を著しく侵害していながら、それとは気づかず隷属関係を強いるのである。子どもや老人などの虐待の被害者は、常に恐怖と支配の中で、虐待に対して無力である点と解決の手段をほとんどもたない点で、危機状態を強いられるのである。

③ 依存症・うつ・自殺・エイズなどのメンタルヘルス問題という危機

家族メンバーの中に、シンナー・アルコール・薬物・ギャンブルの依存症者がいたり、社会的に孤立した精神障害者がいたり、うつ病で死にたいと訴える人がいたり、余命いくばくもない HIV 感染症者がいたり、メンタルヘルス問題をもつ家族メンバーがいると、家族全体が危機状態に陥る。これらの問題に対処しようとすると、本人や家族メンバーに重い精神的な負担がかかることになり、しかも解決に時間がかかり、家族全体が中・長期的な危機状態を強いられることになる。

b　学校コミュニティにおける危機

① いじめ

1970 年代半ば頃より学校現場で暴力や**いじめ**が多発し、それを苦にした子どもたちが、自殺を図ったり不登校になったりして、大きな社会問題にまで発展した。そのため、1995 年に文部科学省は、学校に**スクール・カウンセラー**を配属して、解決に当たらせるという方針を出した。しかし、コミュニティ心理学から見ると、いじめは個人の問題というより、森田・清水（1986）が言うように、加害者・被害者・傍観者・観衆などを抱え込む、学校コミュニティの構造レベルの問題（「四層構造」）と捉えて、個人と組織構造の両面から解決を図る必要があると考えられる。

② 学級崩壊

学級崩壊とは、最近 10 余年の間に登場した概念で、子どもが教室内を勝手に立ち歩いたり、他児の勉強の邪魔をしたりして、クラス担任一人の努力では解決できないクラス管理上の危機を指す。これらの子どもたちが、ADHD（注意欠陥・多動性障害）・LD（学習障害）・アスペルガー障害・自閉性障害などの広汎性発達障害と診断されることもあるが、クラス担任の責任を超えて、学校コミュニティ全体として医学的・心理的ケアも含めて取り組むべき危機と捉えなければならない。もし、全学的な対処がされなけれ

ば、クラス担任自身が過剰に責任を感じて、うつや心身症やバーンアウト（燃え尽き）症候群になるという、教師のメンタルヘルス上の深刻な問題に発展しかねない危機なのである。

③　教職員によるスクール・セクハラ

セクハラ（sexual harassment：性的嫌がらせ）問題は、1980年代に、企業の中で、上司と部下の力関係を利用して起こり、加害者および企業の責任が問われるようになった。さらに、90年代半ばより、大学・学校などの教育・研究の場でもしばしば起こり、最近では、セクハラをした教職員は処分を受けるようになってきた。ところで、小・中学生のように発達途上にある児童・生徒がセクハラの被害に遭うと、身体的・精神的・性的に重大な障害をのちのちまで残す点で、忌わしきことであると同時に、学校コミュニティにとっても、学校環境汚染を引き起こすという点で深刻な危機状態といえる。

④　殺傷事件

2001年6月に、大阪の小学校で外部からの侵入者によって、突然児童や教員たちが殺傷されるという事件が起こり、今まで自明のこととされてきた**「学校の安全性」**が一挙に崩れ去り、その後も学校内・外での子どもたちの犠牲は跡を絶たない。近隣を含めた学校コミュニティが危機に晒され、最善を尽くした予防策がことごとく欠陥を露呈し、解決のための有効な戦術を欠いたまま、生徒・教師・保護者・地域住民が、恐怖の渦の中に巻き込まれるという危機状態が引き起こされたのである。

c　地域コミュニティにおける危機

①　自然災害

地震・火事・風水害などの自然災害は、突然の到来で多くの人々の命と財産を一瞬にして奪い、被害はそれだけに留まらず、生き残った人々や災害救助活動に携わった人々にも深い傷跡を残し、さらに災害が襲った地域コミュニティを破壊してしまうことさえある。このように、地域コミュニティ全体を危機に陥れる自然災害においては、特に衝撃の時期によって、さまざまな救助・支援活動および予防活動を行うことが重要である。Cohen & Ahearn（1980）は、予告・警告の「衝撃前」段階から、「衝撃」段階における恐怖・過覚醒状態および愛他的・相互扶助的活動段階を経て、「衝撃後」の幻滅的な現実直視段階へと向かう、三段階説を提示しており、各段階の危機状

態に添って、援助や予防活動が重要だと考えられる。
② 殺傷事件
　地域で子どもが誘拐されたり、通り魔的な事件に巻き込まれたりする殺傷事件が発生すると、犯人逮捕あるいはそれ以降もずっと、その地域コミュニティでは恐怖や不安が持続して、危機状態が遷延化することがある。さらに、これに一役買うのがマスコミであり、特に連日報道されていた事件のことが、解決と共に話題にならなくなると、地域コミュニティ自体が忘れ去られたようになり、それが被害者や地域住民の喪失感や孤立感を掻き立て、二次的危機状態におかれるともいえるのである。

2) コミュニティ心理学から見た危機介入とは

　以上のように、家庭・学校コミュニティ・地域コミュニティが危機に晒されているとき、われわれコミュニティ心理学に携わる者は、多くの専門家やボランティアなどの非専門家と、どう協働して危機に介入していけばよいのだろうか。各コミュニティへの介入は、[3]「危機介入の実際」で述べるので、ここではコミュニティ心理学から見た危機介入の考え方および歴史的変遷を述べる。

　Aguilera（1994）によれば、危機介入の起源は、1942年にボストンのココナッツ・グローブで起きたナイトクラブの大火で493人の死者を出した大惨事に対して、Lindemannらが積極的に関わりながら行った一連の研究に遡るという。これがコミュニティ心理学から見ても、危機介入の第一号といわれる所以は、①まず、大惨事に駆けつけること　②次に、現場で求められている被害者や遺族のニーズを聴取すること　③その上で、必要な援助を送り届けること、というコミュニティ心理学者としての姿勢であろう。

　そして、惨事の現場で大切な人を失い、悲嘆にくれる遺族や生き残った人々が、どのような過程を経てこの危機状態から回復していくかを、Lindemann（1944）は、「急性期の悲嘆に関する症状およびマネージメント」という論文にまとめ、これがその後に続く悲嘆過程の研究の基礎になったのである。さらに、Lindemannは悲嘆研究だけに留まらず、地域の牧師やボランティアが、悲嘆にくれる人々をいかに援助できるかを考え、それが結果的には、その後に起こるかもしれない惨事にどう対処するかという方向性を示唆した。これこそコミュニティ心理学でいう、専門家・非専門家との協働、予防的支援、の二つのキー・コンセプトを具現化した実践研究である。

また、1946年にLindemannは、Caplanと共にハーバード地域にウェズレイ・プロジェクトを立ち上げ、本格的に地域精神保健サービスの一つとして、**予防精神医学**と**短期精神療法**を中心にした危機介入活動を始めた。これらの研究や実践は、1948年に設立されたウェズレイ人間関係サービス機関で行われ、これらの研究活動を基にして、Caplanは1964年に『予防精神医学』を著し、一方では、短期精神療法が危機介入には欠かせない概念になっていった。

さて、短期精神療法については、Hinsie & Campbell（1970）の『精神医学辞典（第Ⅳ版）』によると、「危機介入モデルにおいては、新しい適応上の反応を求める過渡的・状況的な必要性に焦点が置かれる。そのような時点でなされる最小限の介入が、最大限または最適な効果を達成するようになることから、そのようなモデルは医学モデルよりも、ずっとたやすく地域の全住民に適用できるのである（p. 606）」と述べられている。この最小限の介入と最大限の効果が、危機介入に代表されるモデルでは必要不可欠であり、ここから短期精神療法へと戦術が定まっていくのである。しかし、短期精神療法と危機介入とは、微妙にそのニュアンスを異にしているので、コミュニティ心理学的視点から両者の相違を簡単に述べてみる。なお、ここで危機介入を行う人を、セラピストでなく、危機介入者（crisis intervenor: Roberts, 2000）と呼ぶことにする。

a 介入の目標

危機介入の目標は、当面の危機状態をアセスメントして、危機状態を解消することが重要であり、言ってみれば、危機以前の状態に回復させることである。これには、伝統的な個人的介入だけでは不十分で、環境的介入や調整など複数のアプローチによって解決されるべきである。コミュニティ心理学の重要な理念である**「人と環境の適合（person-environment fit）」**が、危機介入ではまさしくその目標になる。

短期精神療法の目標は、特定の症状の除去あるいは緩和が当面の課題である。時には、介入によって、結果的にパーソナリティーの再構築に繋がることもあるが、それは二次的な成果であり、主たる目標とはいえない。

b 介入者の役割

危機介入者の役割は、危機状態にある人のいる現場に駆けつけて、その人のニーズを聴き取り必要な援助を届ける点で、直接的・積極的・関与的役割である。

短期精神療法のセラピストの役割は、伝統的なセラピストより積極的に信頼関係を作り、原因究明とそれへの解釈や洞察を加えていく点で、セラピストの積極

的・間接的・抑制的役割が求められる。

c　介入者の用いる技法

危機介入者の有効な技法について、Morley, Messick, & Aguilera（1967）は、①当事者の直面している危機を知的に理解できるように援助する　②触れたくない感情をあえてオープンにするように援助する　③過去の対処方法も含めて、新たな対処方法を探究するように援助する　④喪失感や空虚感からの回復を目指して、社会関係を再開するように援助する、などを挙げている。

短期精神療法家の技法について、同じく Morley らは、①徹底的なアセスメントではなく、提示されている問題の正確な評価が必要である　②関わりの期間について、時間的設定を行い、その期間に集中的に問題解決を図るべきである　③危機に関係しないことは取り扱わない　④伝統的な治療技法は時に不適切であり、危機においては積極的で時に支持的に治療を進めるべきである、と述べている。

d　関わりの期間

危機介入では、通常 1 回から 6 回。

短期精神療法では、1〜20 セッション。

[2]　介入戦略としての危機介入モデル

1）山本和郎のモデル

山本（1986, 2000）は、危機介入の手順というタイトルで、危機介入モデルを提示している。それによると、危機介入の導入から終結までの期間を 1〜数週間と設定し、その期間を 5 期に分けて、コミュニティ心理学者の行うべき事柄を提示している。

a　危機状態時点での接触

危機状態にある人が援助を求める場合、手っ取り早い方法は、電話相談サービスやウォーク・イン・クリニックを利用することである。これらのサービスは、**アクセシビリティ**（accessibility）、すなわち利用のしやすさという点で、紹介状や予約が不要なため非常に便利である。そして、相談機関に電話をかけたり、医療機関に飛び込んだりしたときが、その人の危機がピークに達するときで、そのときを捉えて手を差し伸べることが重要である。このタイミングこそ、以後の動静を決める「分かれ目」であり、クライエントの最も高まった危機と受信（診）動機に直ちに応えて、しっかり事情を聴き受けとめる時間を確保しなけれ

ばならない。

b 危機状態のチェック

危機状態で援助を求めてくるクライエントに遭ったら、まず精神的な混乱状態を次の3点でチェックする必要がある。

① 自傷・他害の危険性のチェック

自分を傷つけ他人を害する危険性をチェックし、危険防止のための緊急入院が必要か否かを、即刻判断しなければならない。

② 人的資源の確認

入院しないとしたら、クライエントを見守りケアする身内などの協力が、どの程度確保できるかを判断しなければならない。

③ 危機介入を受け入れる力や健康さの確認

かなり混乱していても、どの程度自我機能や健康さが保たれているかを判断しなければならない。

c 危機状態の理解

この段階で、初めて危機介入面接が行われ、危機状態に至るまでの出来事が次の4点にわたって確かめられる。

① 時間構造

いつ（when）、きっかけと思われる出来事（what）が起こったのか、いつから生活上の変化（how）が現れたのか（難問発生状況の確認）。

② 意味づけ

生活上の変化を起す出来事と、危機状態に追い込んだ事件に対するクライエントの意味づけと、状況認知の仕方を査定する。

③ 対処の仕方

難問発生状況と、危機状態発生事件に対して、クライエントがとった対処行動の検討（クライエントのとる対処パターン）。

④ 利用した資源

難問発生状況と、危機状態発生事件に対して、クライエントが利用した人的および物的資源の確認

d 危機介入の検討

危機介入の検討をするに当たって、山本は事例を交えて4点を提示している。

① 出来事に対する状況認知や意味づけ（cの②で行ったこと）を再度検討し、新しい意味づけを行う（**リフレーミング**）。

②　過去の対処パターンを検討し、新しい対処方法を見つける。
③　新たに利用できる外的資源（相談相手・周囲の支援者・金品・休養時間など）を探す。
④　新たに利用できる専門家・専門機関などを検討する。

e　介入の具体策の決定と実行

　具体策を実行し、その結果をフィードバックし、必要なら新たな具体策を見つける。再来談の道を残し、一応区切りをつけて終結にする。

2）解決型モデル

　このモデルは、**解決志向セラピー**を基本にして作られている。解決志向セラピーでは、問題を回避できない連続性にあるものと見なす。したがって、このアプローチを取るセラピストの課題は、クライエントがどのように問題を解決しようとしているのかを、協働的に（collaboratively）検討することである。この過程を通して、クライエントのもっている強み（strengths）や資源（resources）などをセラピストは同定する必要がある（de Shazer, 1985）。これは、コミュニティ心理学が、脆弱性や病理性を治療する医療モデルに従うのでなく、クライエントの強みや可能性を追求する健康モデル、あるいは発達モデルを追求するという理念に合致している。

　このアプローチでは、クライエントはそもそも問題解決できる能力と資源をもっているので、問題を解決するより問題を発見することが強調される。そして、問題発見の過程では、問題のパターンを減らすのではなく、解決パターンを増やし拡大していくのである。セラピストは、対話の中で「問題の会話」（problem talk: Walter & Peller, 1992）ではなく、「変化の会話」（change talk）や「解決の会話」（solution talk）を進めていく必要がある。Weiner-Davis（1993）は、セラピストが面接の中で、変化の会話に意図的に関わると、クライエントは変化について4倍も多く話すようになり、変化に抵抗するのでなく、変化を心から望むようになるという。

　解決志向セラピーが、特に危機にあるクライエントに有効であるのは、セラピストが現在から出発して、クライエントの問題にジョイニングし理解することに焦点を当てるからである。問題が具体的に特化されたなら、セラピストは解決についてクライエントと討論するが、ここで重要なことは、成功のためといって、セラピストがクライエントの問題や原因目標などを全て知るべきではないという

ことである。セラピストが全てを知り、クライエントが教えられるという関係でないのは、コミュニティ心理学の理念にもかなっている。

そこで、Greene et al.（2000）が提案した、解決型モデルについて紹介する。なお、彼らはセラピストを危機ワーカーと呼んでいる。

a　第一ステップ：ジョイニング

ジョイニングは、Berg（1994）も述べるように、クライエントとの肯定的な人間関係を結ぶためのもので、危機ワーカーは共感性・受容性・サポートなどを供給しながら、言語的・非言語的コミュニケーションをすすめる。クライエントに直面化させたり、議論をもちかけたりするのは論外で、危機ワーカーは一歩下がって、クライエントを専門家のように見ながら、クライエントの生命の安全と死の危険性を査定しなければならない。

b　第二ステップ：問題の定義

最初のセッションでは誰もが、問題の状況とそれにまつわる辛い感情を交えて話し始める。ここで、危機ワーカーは問題という言葉を使わず、懸案（concern）や課題（issue）といい、人生のある時点で起こりうることだと伝える。それを正常化するには努力が必要だが、できたことに焦点を当て、コントロールできる自分に気づくように**エンパワメント**していく。問題がたくさん出てくるようなら、「どれか一つの問題に焦点化して、一緒に考えていきましょう」と伝える。

c　第三ステップ：目標の設定

第三ステップでは目標を定めることを強調する。目標について語ることは、将来の状況やそのときの感情・思考・行動を語ることであり、将来に向けてポジティブな方向性を指し示すことになる。なお、ここで危機ワーカーが、ミラクル・クエスチョン（もし奇跡が起きたら）やドリーム・クエスチョン（もし夢がかなうとしたら）を発して、変化を暗示することがある。

d　第四ステップ：解決策の同定

今の問題が解決したと仮定して、クライエントが将来を細かく思い描いたあとで、危機ワーカーは、例外質問・対処質問・過去の成功体験の質問などをしながら、拡大した将来のビジョンを現実化して解決策を同定する。同時に、クライエントが自分の状況や進歩を、量化したり評価したりするのを助けるために、危機ワーカーはスケーリング質問を行う。各セッションの初めに、最悪の状態を1、目標が達成した状態を10として評価させ、先回より1ポイント上がっているな

ら、何が改善されたのか、もう1ポイント上げるには、などと話していく。これは、自分の状態を評価するだけでなく、そのこと自体が介入になるのである（Greene, 1989）。

　e　第五ステップ：アクション・プランの開発と実行

　危機にある人は失敗や喪失に圧倒されているが、この段階では、自分の解決能力や目標達成能力に注目して語ってもらうことで、問題状況を自分でコントロールできる感覚に気づいてもらう。次にクライエントは、問題行動の例外という宿題を出されるので、例外の可能性を予測し、それが起こったら経過を詳しく記録して、その過程で例外的な出来事が予想外の例外でないことに気づき、それを自分の能力範囲内のレパートリーに取り込んでいく。ここで重要なのは、危機ワーカーが、クライエントの環境（状況）と強みと宿題課題の三者をうまくフィットさせることができれば、適切なアクション・プランができあがるということである。

　f　第六ステップ：終結とフォローアップ

　終結の重要な基準は、全ての問題を解決するのではなく、クライエントのもとの機能レベルに戻すことであり、それ以上のことではない。逆説的にいえば、終結のために、危機ワーカーは特殊な目標を設定し、クライエントの終結準備状態をアセスメントし、将来戻る可能性（フォローアップ）を残して、セッションを終了するのである。

[3]　コミュニティ心理学から見た危機介入の実際

1）家族ライフ・サイクルにおける危機への介入

　a　パートナー間の暴力

　▷事前の予防的介入

　日本でも、2001年に「配偶者からの暴力の防止及び被害者の保護に関する法律」（DV防止法、2005年に改正）が施行されて、「パートナーに対する暴力は、人権侵害であり、犯罪行為である」という認識は、ある程度行きわたってきた。しかし一方で、若い男女間の「**デートレイプ**」が頻発しており（山口，2003）、このような現象を防止するためには、学校教育で「性や結婚」などを含めたジェンダー教育を行わなければならない。さらに、DVが恋愛時代、あるいは結婚当初の早い時期から始まり、10年も20年も続くのも稀でないことを踏まえ、DVの予防教育を、公教育・生涯教育の中にきちんと位置づける必要がある。そし

て、不幸にして被害に遭ったときに、ホットラインなどを通じて、いつでもどこからでも、支援組織と繋がれることを周知する必要がある。現在は、警察や被害者のための相談・自立支援センターなどの窓口が開かれているが、窓口対応によっては二次被害を受けることもあり、被害者に最善の支援が提供できるように、関係者への教育・研修なども予防的介入としては不可欠である。

▷**危機発生時の介入**

ホットラインに繋がったときに危機介入が始まるが、まず直接会って事情を聞く時間と場所を早急に設定する必要がある。相談員は、短時間の内に被害状況・心身のダメージの程度・支援体制の有無などから、差し当たっての処遇を決定しなければならない。何よりもまず、被害者の身の安全と保護を第一優先にし、空いているシェルターを探し、病院を紹介し（怪我の処置と診断書の入手）、トラウマが酷いようであれば、専門機関での心理治療を勧める。ともかく、家庭内で暴力を受けて孤立していた被害者が、さまざまな機関や専門家・非専門家（ボランティアや当事者など）に出会って、必要な援助を受けながら回復する過程は、暴力によって損なわれた自己資源を取り戻す過程でもあり、コミュニティ心理学でいうところのエンパワメントに当たる。

▷**事後の介入**

とりあえず心身の安全が確保され、危機状態からある程度脱出してからの介入は、①医療的介入　②経済的介入　③住居的介入　④職業的介入　⑤アドボケイト的介入、などさまざまである（高畠，2005）。長期的な介入としてコミュニティ心理学的に関わる場合は、それぞれの専門機関やスタッフとの連携・協働を通して、サバイバー（survivor：被害から回復して生還した人）に役に立つソーシャルサポート・ネットワークを構築することである。そして、筆者が特にここで重視するのは、④の**アドボケイト的介入**であり、長期的な暴力によって損なわれた、人間としての尊厳や自己価値の回復への援助・介入である（Ⅵ章を参照されたい）。また加害者プログラム（中村，2001）の開発とある程度の強制力をもったダイヴァージョン・プログラムの実施が、加害者による第二第三の被害者を生まない戦略に繋がるであろう。

b　親子間の暴力（児童虐待、老人虐待など）という危機

▷**事前の予防的介入**

児童虐待については、2000年の「児童虐待の防止等に関する法律」（防止法、2004年に改正）によって、①児童虐待の定義　②国および地方公共団体の責務

③児童虐待の早期発見と通告、一時保護　④保護者に対する指導・勧告、児童の入所措置　⑤児童への支援、などが定められた。特に、児童虐待の定義（身体的・心理的・性的虐待およびネグレクト）が定まって、家庭内のしつけに留まっていた虐待が、社会問題化され、社会的な対処を迫られることになった。したがって、児童虐待への予防的介入は、児童虐待を生み出す社会的な要因を考慮しながら、学校教育の中でCAP（Child Assault Prevention）などを実施し、子ども自身が暴力からどう身を守るかを体験していく必要がある。

▷危機発生時の介入

防止法改正によって、児童の保健や福祉に関わる医師・看護師・教職員・心理士・ワーカーなどに、虐待の通告義務を課せられたので危機介入しやすくなったが、上記の専門家の多くが、虐待として通報するか否か、子どものプライバシーをどう守るかなどでジレンマに立されている。虐待を隠そうとする親と、親をかばおうとする子どもの間で、援助者自身が思い悩んだり、親からの報復を恐れたりして、三者（子ども・加害者・相談員）三様にストレスを抱えることになる。子どもが一時保護所や児童養護施設に保護され、加害者が逮捕されて、完全な親子分離という厳しいケースも少なくないなかで、われわれは、子どもの安全と保護を最優先させていくしかない。これは、高齢者においても同様である。

▷事後の介入

危機介入時にこじれた保護者（加害者）との関係は、子どもが家庭に帰るか帰らないかで山場を迎える。法律では、「親子の再統合」や「良好な家庭環境の実現」が述べられているが、実際には家に戻ったとたん再虐待が始まることが少なくない。そこで、事後の介入として、親および子どもへのインテンシブなセラピーが必要になるが、親の側にセラピーを受けるだけの動機が乏しく、アメリカのように強制的にでもしない限り困難である。このような場合には、子どもの側に虐待を受けないだけの心身の成長を期待して、自立の道を模索する支援が現実的である。なお、老人虐待についても、子どもに親の介護を引き受ける条件が整わなければ、社会の側が老人をケアできるだけの医療的・福祉的・精神的・社会的サポート・ネットワークを作り上げることが重要であろう。

c　依存症・うつ・自殺・エイズなどのメンタルヘルス問題という危機

▷事前の予防的介入

アルコール・薬物・ギャンブル・セックスなどが止められない依存症者や嗜癖者を治療するには、長期間の時間とエネルギーとお金が必要である。したがっ

て、依存・嗜癖にならないための予防的介入が必須になるが、家族ライフ・サイクルを含んだ予防プログラムは、未だ開発されていないのが実情である。また、うつや自殺願望の強い人への予防的介入は、「いのちの電話」などに頼らざるを得ない。30余年を経た「いのちの電話」活動は、地域のボランティアと彼らのコミュニティ感覚が実を結んだ活動で、自殺予防にはかなりの成果を上げている（Ⅶ章1-6を参照のこと）。最後に、エイズに関しても、予防しかないのが現状で、特に学校での性教育や性同一性に関する知識の提供が重要である。

▷危機発生時の介入

メンタルヘルス上の危機に対しては、自傷他害（自らを傷つけ他人を害する）の要件で入院治療に導入するか、本人をとりまく人々との連携・協働で外来治療を行うかである。いずれにしても当事者自身の回復への動機づけの如何に関わる問題なので、事後の介入も射程に入れてセルフヘルプ・グループ（self-help group）で支援するのが最適であろう。

2）学校コミュニティにおける危機への介入

a　いじめへの危機介入

▷事前の予防的介入

すでに述べたように、いじめの発生しない学校風土を構築するためには、被害者・加害者・傍観者・観衆からなる四層構造に変化を及ぼすような、予防的介入が必要である。原則として、「いじめは人道的に絶対に許されない行為である」「いじめは個人的な問題でなく、学校という組織構造から起こる問題である」という認識を、教職員にも生徒にもそして保護者にも、徹底することが重要である。具体的には、学校の構成員である生徒・教職員・保護者に対して、いじめの実態調査を行い、さらにその結果を「いじめ防止教育プログラム」（ロールプレイなどのワークを含める）に反映させて、授業・講習会などで実施する必要がある。さらに重要なことは、学校自体が子どもより教育委員会や文部科学省に目が向いていて、そこからの評価や圧力に屈するようでは、学校で起こるいじめを学校コミュニティの自浄努力で解決することはできない。

▷危機発生時の介入

まず、いじめの被害者である子どもの言葉に耳を傾け、子どもの保護と安全を最優先することと、いじめの被害者には責任がないという認識で、被害者側の立場に立った介入をする必要がある。特に、報復の恐怖や不安をもっている子ども

を、学校という組織で守る姿勢が大切である。そのためには、担任だけに対応を任せるのでなく、管理職をはじめとした全教職員、スクール・カウンセラー、加害者や被害者の保護者と連携・協働して、対応を考えていかなければならない。なお、被害生徒の心の傷が深いと思われるときは、個別に専門家に心理的支援を依頼するなり、一時的に休校措置をとるなりが必要である。

▷**事後の介入**

被害者の心の回復には、専門家との連携・協働が必要なことはいうまでもないが、子どもたち仲間の理解や支援が何よりも大きな支えになる。また、起こったことを関係者が教訓にするためにも、教職員同士・教職員と子どもたち・保護者と教職員との忌憚のない話し合いと、防止のためのワークや研修会も必要であろう。

b　学級崩壊

▷**事前の予防的介入**

子どもが教室から飛び出し校内で事を起すと、管理職や他の教職員は暗に担任が悪いと責め、担任自身も指導力不足と自責的になり、さらに保護者からの非難も加わり、ますます学級の雰囲気が悪化していく。この悪循環を断ち切るために、「学級崩壊はどの学級にも起こりうる」との共通認識をもち、学級担任の責任を追及することなく、全学的な危機として捉えることが必要である。そして、事前に学級崩壊に関する知識・対処方法・保護者との協働などを、研修・講習会を通して共有しておく必要がある。特に学級崩壊の引き金になる発達障害（ADHD、LD、アスペルガー症候群など）に関する知識は必要である。また、学級担任が問題を一人で抱え込まずに、いつでも相談できる体制を準備し、担任のメンタルヘルスを良好に保つことが防止に繋がる。

▷**危機発生時の介入**

子どもの行動の意味や背後にあるストレスなどについて、スクール・コンサルタント（コミュニティ心理学者、カウンセラー）と協働して確認していくが、同時に、担任自身も教育実践についての自己点検を行う必要がある。さらに、組織的な対応としては、合同授業や交換授業やTT（Team Teaching）を実施したりして、全教師が協働して介入することが大切である。なお、過剰に自責的になったり、対応に疲れ果ててバーンアウトしたりしている教師には、休息と専門的な治療を勧めることが必要になる。

▷事後の介入

学級崩壊については、他の生徒や保護者の不満が高まることが多いので、学校側としてはきちんとした**説明責任**（accountability）を果さなければならない。その上で、PTAとの協力・連携・協働の関係を作ることが、その後の大きな目標になり、コミュニティ心理学的にいえば、危機状態を変化のチャンスと肯定的に捉えて、前進することが必要である。Pitcher & Poland（1992　上地・中野訳 2000）も、「機会としての危機」と表現して、危機に遭遇することが、問題を顕在化さゝ、対処方法や対策が進展するのだと述べている。

c　教職員によるスクール・セクハラ

▷事前の予防的介入

スクール・セクハラの大半は子ども同士の性的な嫌がらせであるが、教職員から生徒へ、保護者へ、教職員同士とその広がりは大きくなっている。特に、今まで尊敬し信頼してきた教員からのセクハラは、子どもの心に深い傷を残す。そのためにも、日ごろから「セクハラは被害者の人権を損なう犯罪行為である」「被害者は悪くなく、加害者が一番悪い」という認識を、教職員・生徒・保護者がもち、セクハラが起こらない学校環境を整備する必要がある。

▷危機発生時の介入

被害を受けた人が相談しやすい体制を作り、被害者のプライバシーの保護と安全を保障し、被害者の立場に立って2名の相談員（1名は被害者と同性）が話を聞くのが好ましい。話された事実について、プライバシーに十分配慮しながら、加害者から事情聴取をすると同時に、当事者以外の人からの証言が事実の裏づけになることもあるので、慎重に行う必要がある。当面、加害者から生徒への接触を断つように、担任を下ろす、授業から外すなどの暫定措置を取ることもある。事実が確認されれば、加害者から子どもおよび保護者への謝罪、教育委員会からの処分なども行われる。被害生徒への個人的なケア、生徒や保護者への説明責任、今後のセクハラ防止体制の整備、などが事後の介入として残されている。

d　殺傷事件

▷事前の予防的介入

不審者の校内侵入によって、子どもや教職員が殺傷されるという事件を契機に、学校における危機予防・対処システムが徐々に機能し始めている。しかし、対処マニュアルを作成し（上地編，2003）、施設の点検をし、危機発生時のシミュレーション訓練を実施するなどして、学校の防備体制は整ってきたが、学校構

成員の心の準備態勢は立ち遅れているといえる。①いのちあるものへの畏敬の念　②良好な相互コミュニケーションの構築　③正しい自己理解と他者理解　④対等な人間関係の確立　⑤互恵的・協働的な人間関係の確立、などが必要であろう。これらのことを含めた「いのちの教育」や研修が、学校構成員の間で行われることで、事件の発生予防と事件への心の準備がなされるであろう。

▷**危機発生時の介入**

最近は各学校に、「警察ホットライン」が設置されて、警備体制が整いつつあるものの、学校側には子どもを安全に保護する責務があるので、教職員が連携して子どもを避難させたり、救急車を呼んだり、加害者への対応をしたり、保護者への連絡を取ったりと、数え上げたらきりがないほどの対応に迫られる。これらの対応には、日ごろからのシミュレーション訓練が欠かせないが、Pitcher & Poland (1992) がいうように、①突然の危機発生　②予告を伴った発生　③完全に予防できる発生、に分けて準備しなければならない。ここでイニシアティブを発揮するのは、危機コーディネーターである学校管理者で、コーディネーターは、教職員・生徒・保護者・医療・警察・消防署・メディアなどとの連携を図らなければならない。

▷**事後の介入**

事後の問題で重要なのは、いつ、どのようにして学校を再開するかである。そのためには、起こった危機を、学校構成員全体で**デブリーフィング**（危機の事実やそのときの感情を表出すること）して、危機を共有しあうことである。しかし、あまりの衝撃のために、心のケアが必要な生徒や教職員や保護者などには、適切なメンタルサポートを提供することも不可欠である。さらに、事件が大きく社会的な関心が強い場合は、メディアに対する慎重な報道を要求する必要がある。

3) 地域コミュニティにおける危機への介入

a　自然災害

▷**危機発生時の介入**

1995年の阪神・淡路大震災は、われわれにいつどこで、どのような災害が待ち受けているか分らないという不条理を突きつけた。プーケット島の津波は、人々が山に逃げる時間を多少与えたに過ぎなかったし、ニューオーリンズのハリケーンは、避難の手段をもたない貧しい者を死に至らしめた。このように、自然

災害においては、事前の予防的介入が難しいが、危機発生時の介入も、何にどう手をつけてよいかわからないという点で、もっと困難である。Raphael（1986 石丸訳　1989）によれば、人々は危機発生時に、第一期の「死と生存」、第二期の「喪失と悲嘆」を一瞬にして体験するという。特に、被災者たちは、生命・大切な人や物・住居・土地・近隣・コミュニティなど多くのものを喪失し、そのことに対する悲哀・絶望・怒りなどが、感情のるつぼとなって心の中を渦まいている。そんな中での介入は、トラウマを受けている人々の側にいて話を聞く（情緒的支援）か、必要な生活物資を送り届ける（道具的支援）か、必要な情報を送り届ける（情報的支援）かであり、それ以上でもそれ以下でもない。

▷事後の介入

危機状態からある程度回復したときに、厳しい現実に直面させられるのは、「立ち退きと再定着」の第三期である。当初は、学校を一時避難所としていた被災者が、仮設住宅が建ち出す頃には、そこに移り住む人、親族を頼って他の地域に行く人、被災地の家に戻る人など、新しい地域環境で新しい生活を始めるようになる。事後の介入として、新しいコミュニティ作りの援助と、そこへ再定着していく人々への支援は欠かせないが、一方で取り残される高齢者たちの孤独死が大きな社会問題となるのもこの時期で、高齢者への介入と支援は決して忘れてはならない。

b　犯罪事件

▷事前の予防的介入

子どもや女性が犠牲になる凶悪な犯罪が起こるたびに、これらの犯罪を未然に防ぐ予防的介入はないものかと頭を痛める。言い尽くされてはいるが、一人ひとりが「いのちを大切にすること」「暴力を絶対に許さないこと」という意識をもち行動できれば、子どもたちの教育にも浸透していくであろう。ところで、視点を変えてみると、加害者が事件後にどのように更生したか、それが明らかにされないと、地域住民にとって安全なコミュニティ環境は取り戻されないであろう。坂上（2001）によれば、1981年にアメリカで始まった加害者社会復帰施設「アミティ」の活動は、加害者が自分の被害者性に向き合い、徹底した emotional literacy（体験を言葉で語り、起こってくる感情や情緒を受け止め表現すること）と、治療共同体的コミュニティ・アプローチを行って、犯罪者の回復に成果が現れているという。このアミティのアプローチを、予防的プログラムに採用することは有効であろう。人はストレスを溜め込むと、いつか爆発して、人を殺めたり

自分を制裁したり、短絡行動に現れるので、感情を暴力でなく上手に言葉で表現する方法を学習する必要がある。

▷**危機発生時の介入**

昔は、地域コミュニティに互恵的・援助的機能があり、犯罪の発生にある程度の予防的な役割や歯止めを果していたようだ。このようなコミュニティの復活こそが、犯罪被害者（遺族）を支える重要な社会資源になると思われる。そしてコミュニティ復活にはボランティア活動が不可欠であると考える。ボランティアは自然災害の折には被災者支援を行ってきたが、JR尼崎脱線事故を境にボランティア活動の質が変わってきたように思われる。尼崎の地元の人々は積極的にボランティア活動をして、被害者を支援すると同時に、自分たちの町を守ろうという意識が芽生えたのである。同様なことは、犯罪事件が起こったときも、被害者（遺族）を支援すると同時に、安心安全なコミュニティを作ろうとする支援も起こり、いわゆる個人と環境に働きかける危機介入が可能になるのである。

▷**事後の介入**

『国連被害者人権宣言』には「被害者は政府、ボランティア、コミュニティに基礎をおく機関を通じて必要な物質的、精神的、社会的支援を受けられる」とあるが、危機状態を脱すると支援もいき届かなくなる。ところが2003年に全国被害者支援ネットワーク（NPO）で、『犯罪被害者の権利宣言』が出され、被害者（遺族）へのアドボカシー活動が、少年法改正への発言、マスコミによる被害者のプライバシー保護や報道規制を実現させ、それらが世間の被害者（遺族）イメージを変えてきた。また、『〈犯罪被害者〉が報道を変える』（高橋・河原編, 2005）では、被害者（遺族）とジャーナリストたちの語りを通し、良心的な報道人たちによって、この社会は変わるだろうと予感させたのである。コミュニティ心理学に関わる者は、このように弱き者・虐げられた者・理不尽にも被害を受けた者・障害者など、いわゆるマイノリティといわれる人たちに寄り添いながら、社会の変革者・社会のシステム・オーガナイザーとなるような実践や研究を行うべきであろう。

引用文献

Aguilera, D. C. 1994 *Crisis Intervention* (7th ed.). Mosby Company.（小松源助・荒川義子（訳） 1997 危機介入の理論と実際——医療・看護・福祉のために. 川島書店.）

Berg, I. K. 1994 *Family Based Services: A solution-focused approach*. Norton.

Caplan, G. 1961 *An Approach to Community Mental Health*. Grune & Stratton.
Caplan, G. 1964 *Principles of Preventive Psychiatry*. Basic Books.（新福尚武（監訳）1970　予防精神医学．朝倉書店．）
Carter, B. & McGoldrick（eds.）1999 *The Expanded Family Life Cycle; Individual, family, and social perspectives*. Allyn and Bacon.
Cohen, R. E. & Ahearn, F. L. 1980 *Handbook for Mental Health Care of Disaster Victims*. John Hopkins University Press.
Greene, G. J. 1989 Using the written contract for evaluating and enhancing practice effectiveness. *Journal of Independent Social Work*, **4**, 135-155.
Greene, G. J., Lee, M. Y., Trask, R., & Rheinscheld, J. 1996 Client strengths and crisis intervention: A solution-focused approach. *Crisis Intervention and Time-Limited Treatment*. **3**, 43-63.
Greene, G. J., Lee, M. Y., Trask, R., & Rheinscheld, J. 2000. How to Work with Clients' Strengths in Intervention: Solution-focused approach. In Roberts, A. R.（ed.）*Crisis Intervention Handbook: Assessment, Treatment, and Research*, 31-55. Oxford University Press.
Hinsie, L. E. & Campbell, R. J. 1970 *Psychiatric Dictionary*（4th ed.）. Oxford University Press.
Lindemann, E. 1944 Symptomatology and management of acute grief. *American Journal of Psychiatry*, **101**, 141-148.
森田洋司・清水賢二　1986　いじめ――教室の病．金子書房．
Morley, W. E. Messick, J. M., & Aguilera, D. C. 1967 Crisis: paradigms of intervention. *Journal of Psychiatric Nursing*, **5**, 537.
中村　正　2001　ドメスティック・バイオレンスと家族の病理．作品社．
Pitcher, G. D. & Poland, S. 1992　*Crisis Intervention in the School*. The Guilford Press.（上地安昭・中野真寿美（訳）2000　学校の危機介入．金剛出版．）
Raphael, B. 1986 *When Disaster Strikes. How Individuals and Communities Cope with Catastrophe*. Basic Books.（石丸　正（訳）1989　災害の襲うとき――カタストロフィの精神医学．みすず書房．）
Roberts, A. R.（ed.）2000 *Crisis Intervention Handbook: Assessment, Treatment, and Research*. Oxford University Press.
坂上　香　2001　被害者と加害者の連鎖を断ち切るために――治療共同体「アミティ」の試みから．藤森和美（編）2001　被害者のトラウマとその支援．誠信書房．
de Shazer, S. 1985 *Keys to Solution in Brief Therapy*. Norton.
高畠克子　2005　家族間暴力の被害者の心理と支援．日本家族心理学会（編）家族暴力間のカウンセリング，2-15．金子書房．
高橋シズエ・河原理子（編）2005　〈犯罪被害者〉が報道を変える．岩波書店．
上地安昭（編著）2003　教師のための学校危機対応実践マニュアル．金子書房．
Walter, J. L. & Peller, J. E. 1992 *Becoming Solution-Focused in Brief Therapy*. Brunner/Mazel.
Weiner-Davis, M. 1993 Pro-constructed realities. In Gilligan, S. & Price, R.（eds.）*Therapeutic Conversations*, 149-160. Norton.

山口のり子　2003　デートDV防止プログラム実施者向けワークブック──相手を尊重する関係をつくるために．梨の木舎．
山本和郎　1986　コミュニティ心理学．東京大学出版会．
山本和郎　2000　危機介入とコンサルテーション．ミネルヴァ書房．

3

ストレスとコーピング

菊住 彰

　本節では、日ごろ何気なく使っている**ストレス**（stress）という言葉を、心理学の概念で整理したうえで、生理学的なメカニズム、**コーピング**（coping：対処）につながるようなストレス理解のしかた、さらには、ストレス・コーピングの方法などについて、コミュニティ心理学の視点から検討する。

[1]　ストレスの概念と健康

　ストレスという言葉は、元来は物理学の用語だといわれる。たとえば、空気を入れて膨らませたビーチボールに座ってみると、ボールはつぶれたままの形で人間の体重を支えている。つぶれて歪んでいる"状態"を「ストレス」といい、ボールにかかる体重を「ストレッサー」と呼んで区別する。この専門用語を借用して、Selye（1978）は、生体が示す症候群をストレスと定義した。それは、生体に損傷を与えるさまざまな刺激をストレッサーとし、それに対抗して反応する適応症状をストレスと呼ぶという、生理学的なとらえ方である。

　一方、Lazarus & Folkman（1984　本明・春木・織田監訳　1991）は、環境と個人という関係に注目してストレスを定義している。環境が個人に向ける要請と、個人のもつ資源や対処能力とのバランスを見たとき、前者が後者を上回ると個人が評価した場合に、ストレスを生じるといった考え方である。つまり、ストレス状態は単にストレッサーを被れば発生するのではなく、現在置かれている状況がいかに脅威であるかという個人の判断理解（一次評価）と、その状況にどれだけ適切な対応ができるかという判断（二次評価）とをもって、ストレス状態が

生じるという考え方である。

　Lazarus & Folkman（1984）のとらえ方は、いわば心理的・社会的なストレスの概念といえる。同時に、この考え方は、個人の努力によってストレスへの対処が可能であるという見方を開き、コーピングという対処行動をわれわれに促すことになった。

　これらを整理すると、ストレッサーは以下のように分類することができる。
① 物理的ストレッサー
　　暑過ぎる部屋、騒音や振動のひどい大通り、痛む擦り傷など。
② 化学的ストレッサー
　　光化学スモッグによる症状、建材から揮発する有害物質によるシックハウス症候群など。
③ 生理学的ストレッサー
　　長時間残業による疲労、連日の忘年会参加に伴う疲労、睡眠不足や運動会疲れなど。
④ 心理的・社会的ストレッサー
　　家庭での問題：夫婦の価値観の違いや、嫁姑の確執、介護の負担など。
　　職場での問題：相性の悪い上司や同僚の関係、適性の合わない職務、納得
　　　　　　　　　きない評価。
　　地域での問題：気まずい近所関係、引き受けたくないPTA役員など。

　いずれも、身近なところにストレスの原因があることがわかる。特に心理的・社会的ストレッサーに関しては、何らかの集団に帰属しているわれわれにとって、避けて通れないものといえる。この部分の対処が、後に述べるコーピングの主たる眼目となる。

　一方、そうしたストレッサーに反応して耐えているストレス状態を、Selyeは三つの時期に分けて考えている。
① 警告期
　　生体がストレッサーに直面したとき、まずそのショックで血圧や体温が一時的に下がる。しかし生体は直ちに血圧などを高めて、ストレッサーに抵抗する準備を整える。
② 抵抗期
　　一般適応反応期とも呼ばれ、生体がさまざまな機能を動員して、抵抗を持続させる。

③ 疲憊期

病弊期とも呼ばれる。抵抗の持続が長期に及び、ついに力尽きる段階である。うつ病や登校・出社拒否などのこころの不調や、胃潰瘍や円形脱毛症などの身体的な症状が現れる。全身にわたる生体の抵抗力に注目したこの考え方を、Selyeは「汎適応症候群」と呼んだ。

この過程を生理学のメカニズムによって説明すると、次のようになる。生体の感覚器を経て伝わったストレッサーの信号は、大脳辺縁系を通って視床下部にたどり着く。視床下部は自律神経系と内分泌系の両方を司る中枢であるが、まず先行して自律神経の働きが変化する。交感神経の機能が亢進して、心拍数や呼吸数が増加し、血圧が上昇する。これが前述の警告期の反応である。この状態が持続すると、視床下部の下にある脳下垂体から副腎皮質刺激ホルモンが分泌され、これによって、身体のいろいろなところでストレスへの適応反応を起こさせる。このように長時間にわたってストレス状態に耐えられる状態ができあがる。この段階が、前述の抵抗期である。

こうして考えると、ストレスは有害なものであり、いち早く取り除くべきものととらえられがちである。しかし、図Ⅲ-3-1に示すように、われわれはストレスを最適なレベルに保つことで、むしろ創造力や集中力を高め、的確な判断をして生産性の高い状態を持続できている（東京都健康づくり推進センター編, 2001）。この最適レベルを下回ると、むしろ緊張感が乏しく、能率も上がらない。もちろん、最適レベルを上回るとイライラや肩こりなどの症状が出始め、さらにストレスが高まると、胃潰瘍や高血圧、心臓病などのストレス病と呼ばれる疾患が発症する。ストレスを最適レベルに戻すためには、コーピングの方法を備えておくことが望ましく、緊張感を解くリラクセーションや、考え方を転換する方法などを学んでおくことが必要となる。ただし、ストレスを皆無にすることは、社会生活を営んでいる現実を避けては生きられない以上、不可能なことであり、またそうする必要もないのである。コミュニティ心理学の介入方法の柱の一つである危機介入の発想には、危機状態はネガティブなものではなく、危機に対処することが対処能力の向上につながり、成長促進的側面をもつ、という考え方がある（山本, 1986）。したがって、個人の最も生き生きとした活動的な状態を維持するためのコーピングを行うためには、ストレスをゼロに近づければよいという単純な発想からは脱却しなければならない。

ストレスが多いオーバーストレスと、少ないアンダーストレスという量の多寡

3—ストレスとコーピング

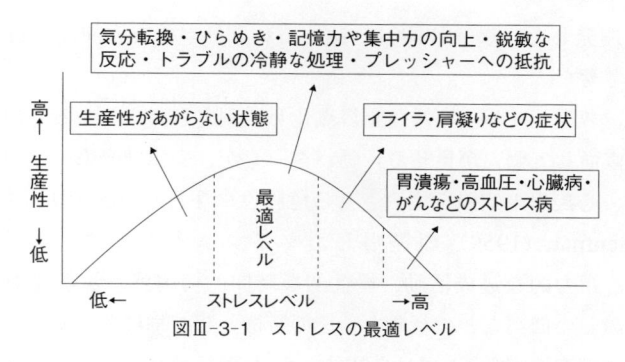

```
高          気分転換・ひらめき・記憶力や集中力の向上・鋭敏な
↑          反応・トラブルの冷静な処理・プレッシャーへの抵抗
生
産    生産性があがらない状態    イライラ・肩凝りなどの症状
性
↓                  最適      胃潰瘍・高血圧・心臓病・
低                  レベル     がんなどのストレス病

        低←   ストレスレベル   →高
```

図Ⅲ-3-1　ストレスの最適レベル

という軸のほかに、良いストレス（ユーストレス：eustress）と悪いストレス（ディストレス：distress）という、質に注目した軸でとらえる見方がある。ユーストレスを最大にし、ディストレスを最小にすることが望ましいのであるが、ここには個人の認知や対処能力が大きく影響してくる。たとえば、会社での昇進は一般的には同僚との競争を伴うものであり、ストレスを抱えるものでもある。昇進して出世頭としてもてはやされることは、仕事の量は増えてストレスは増大するが、モティベーションが著しく高まって生き生きと出勤できる場合は、ユーストレスとして個人によい反応をもたらす。しかし逆に、多くの部下を従えて統率力や責任感も伴うだけに、その負担が大いに苦になる人の場合は、むしろ昇進はディストレスとして個人を精神的に身体的に蝕むことにもなりかねない。

　こうした複合的で個人差もある心理的・社会的なストレスを測定することは難しいが、それでも客観的に評価するための尺度が標準化されている。Holmes & Rahe（1967）は、比較的大きな生活上の出来事がストレッサーとなると考え、43 項目からなる社会的再適応評価尺度（SRRS）を作成した。配偶者の死亡を 100 点、結婚を 50 点とするなどの生活変化の得点 LCU（Life Change Unit Score）をもとに、ストレスを評価している。夏目（1988）は、Holmes らの SRRS に、日本人の社会的・文化的な側面を加味した配点や、職場生活に関する評価項目を加えるなどの修正を行った、日本人勤労者向けのストレス調査票を作成した。この調査票では、配偶者の死を 83 点とし、それに次ぐ 2 位のストレッサーに会社の倒産（74 点）を挙げるなどの変更点が見られた。

　一方、Lazarus & Folkman（1984）は、こうした一時的な生活出来事よりも、将来への不安や日々の過剰な仕事量、家事や近所付き合いの負担など、慢性的持続的な日常の苛立ち事（daily hassles）が重大なストレッサーになることに注目

した尺度を開発した。宗像（1991）は、これを日本の成人向けに自記式質問紙として普及させた。

　これらは、ストレッサーの強弱を得点化して測定しようとするものだが、ストレッサーに直面して個人が見せる行動パターンが、交感神経系の生理過程を過剰に興奮させ、心疾患の病因を増大させる危険性に注目した評価法もある。Friedman & Rosenman（1959）の提唱したタイプA行動パターン（type A behevior）は、精力的な達成活動、慢性的な時間的切迫感、競争性や攻撃性・敵意、早くて激しい口調などの行動を、その特徴として挙げている。日本では東海大式日常生活調査票から11項目を抜粋したA型行動パターンのスクリーニングテストが、病院の健診などで採用されている。

[2]　ストレス・コーピングの様相と成立要件

　それでは、こうしたストレスフルな状態に対して、どう対処すればよいのか。Lazarus & Folkman（1984）の定義によれば、コーピング（対処）とは、個人のもつ心理的・社会的資源に負担をかけたり、資源をこえると評価されるようなさまざまなストレスに対してなされる認知的・行動上の努力を指す。つまりコーピングは、単に個人のもつ特性や自動的な適応行動ではなく、具体的な葛藤状況に対してなされる行為であり、しかも努力を要するものととらえている。さらにLazarus & Folkman（1984）は、コーピングを**問題焦点コーピング**（problem-focused coping）と**情動焦点コーピング**（emotion-focused coping）とに分け、その両者を組み合わせて使うことが必要であるとしている。問題焦点コーピングは、ストレッサーそのものに働きかけて、それを変化させたりなくしたりしようとする対処法である。一方の情動焦点コーピングは、ストレッサーやストレス状態そのものを変化させるのではなく、ストレッサーへの情動的反応、つまり見方や認知を変えることである。

　このような知見をもとに、より具体的な事例を挙げながら、コーピングの方法を考えていきたい。次のような考え方もある。ストレッサーを避けられる場合は、まず排除することが原則である。満員電車に乗るのを避けて時差出勤をしたり、安眠を妨げる都心の国道の隣接地から郊外へと退避したりすることができるなら、まずその方法を試してみるのがよいだろう。しかし、期末試験を受けなければ落第だろうし、残業が多く厳しい上司から逃げ出して辞表を出せば、生活の糧を絶たれることになる。われわれの日常生活には、簡単にはストレッサーを排

```
        ┌─────────────────────┐
        │ 1) 対処能力とのバランス │
        └─────────────────────┘
        ┌─────────────────────┐
        │ 2) 個人の価値観や性格  │
        └─────────────────────┘
┌──────────┐   ┌──────────┐   ┌──────────┐
│ ストレッサー │ × │ 受け取り方 │ = │ ストレス状態 │
└──────────┘   └──────────┘   └──────────┘
        ┌─────────────────────┐
        │ 3) 社会的支援         │
        └─────────────────────┘
        ┌─────────────────────┐
        │ 4) 身体的条件         │
        └─────────────────────┘
```

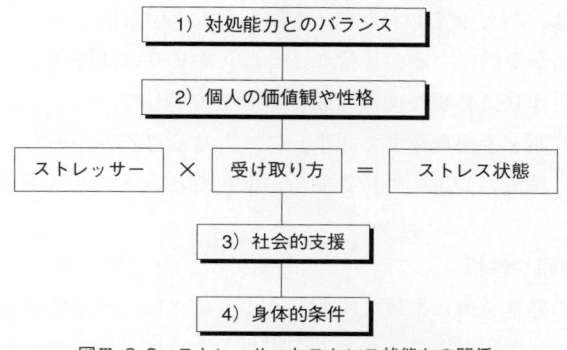

図Ⅲ-3-2　ストレッサーとストレス状態との関係

除できない場合があまりにも多い。

そこで前述のように、ストレスフルな状況に対して、どのように対応できるかという二次評価の部分に着目した対処法を検討したい。図Ⅲ-3-2には、ストレス状態の大きさを、ストレッサーと受け取り方の積で表した（東京都健康づくり推進センター編，2001）。ストレッサーを減らせない場合でも、個人の受け取り方次第で掛け算の答えは小さくなるという意味である。その受け取り方の要素を、1) 対処能力とのバランス、2) 個人の価値観や性格、3) 社会的支援（ソーシャルサポート）、4) 身体的条件、の四つに大きく分けてみた。

1) 対処能力とのバランス

前述の Lazarus & Folkman (1984) の知見にもあるように、環境が個人に向ける要請が、個人のもつ資源や対処能力を上回って過大であると認知される場合に、ストレス状態は高まってしまう。反対に、自分の対処能力をもって乗り切れるという自信があれば、バランスは逆に傾き、ストレス状態は軽減されるわけである。

たとえば、アパートの上の階からけたたましい音楽が聞こえてきて、深夜の安眠を脅かされているとしよう。その住人が、貧相な若者であれば文句の一つもつけようものだが、様子を窺ってみると、いかにもこわもての大男であることがわかったとする。途端にかえって大きなストレスを抱えてしまい、安眠は以前にも増して程遠いものになる場合もあろう。対処能力の不足を痛感してしまったからである。また、終業時間間際に資料作りの残業を言いつけられることが頻繁にあるとする。先に挙げたように、上司を説得して残業をやめさせたり、職務を放棄

したりするのは、かえってエネルギーの消耗が大きいと感じることもある。まして や、その上司が異動になるのを待つことは、あまりに期待薄である。しかしそ んな場合、資料作りに必要な文書作成ソフトを入手して、パソコンの操作に磨き をかければ、時間と手間を今までの半分に減らせる可能性がある。それは、その 個人にとって、環境の要請への対処能力が増したということである。

2）個人の価値観や性格

　先に職場での昇進を例に挙げて説明したように、個人の価値観や性格はストレ ス状態を左右する要因となる。つまり、出世のためには残業をいとわないという 考え方をする人や、仕事の達成感を至上の自己実現と考える人は、残業はディス トレスではなく、むしろユーストレスとして、個人の能力を一層引き出す契機と なる可能性もある。しかし、仕事を単に生活の糧を得るためのものと考える人 や、家庭生活や地域社会に費やす時間とのバランスを重視したいと願う人は、残 業が連日続くような生活には大きなストレスを感じるであろう。

　たとえば、終業時間の午後5時の間際に、残業を言いつけられた場合を考えて みる。その日は、6時に別の約束がある。「今日は引き受けられません」ときっ ぱり上司に断れる人と、逆に「仕事が最優先」と即座に約束先にキャンセルの 電話をかけられる人は、ストレス状態が最も低いと考えられる。しかし「残業を 断ったら上司や同僚からどう言われるだろう」と周囲の目を過剰に気にする人、 「先週に続いて今週も、では何と言われるか」と約束相手の機嫌を推し量って躊 躇する人は、大きなストレスを抱え込んでしまうに違いない。このように、降り かかったストレッサーが同じでも、個人の価値観や性格によって、ストレス状態 が大きくも小さくもなる。

3）社会的支援（ソーシャルサポート）

　地域精神保健活動を体系化したCaplanをはじめとする多くの研究者が、精神 保健に及ぼす社会的支援の重要性を指摘し、ストレスと疾病の緩衝要因として社 会的支援の存在を挙げている。またCaplanは、地域精神保健の実践において、 ストレッサーが回避できないときは、利用可能な社会的支援を増加させるような 介入を行うことによって、ストレス対処を容易にさせると考えている。前述の終 業時間間際の残業の例を用いれば、日頃から懇意にしている同僚に応援を頼むこ とができれば、2時間かかるところが1時間で終わり、6時の約束をキャンセル

しなくて済むかもしれない。アパートの上階から深夜に響く騒音なら、住人に直接掛け合わなくても、管理人をサポーターとして味方につければよいのである。

一種類のストレス状態への対処について、一つの支援を得ることが社会的支援のすべてではない。**コミュニティ心理学**では、来談者を取り巻くさまざまな人々との**ケア・ネットワーク**を築くことを、援助の基本的な姿勢と考える。たとえば筆者が関わる「子ども家庭支援センター」では、子育てについての不安を解消するために、①子どもと家庭に関する総合相談、②**ファミリー・サポート**事業、③**子育てコミュニティ**の育成支援、の三つを事業の柱に掲げている。相談事業は、心理や保健などの相談員をセンターに置くだけでなく、医療・福祉・教育などの専門機関への連携によって、適切な支援ネットワークを迅速に組めるような体制を整えている。ファミリー・サポートは、育児の手伝いをしてほしい人（利用会員）と、育児を手伝いたい近隣の人（提供会員）とが登録し合って成り立っている互助会員システムである。提供会員は登録前に講習を受けるが、保育の専門家ではない。子育て家庭を一般市民がサポートする仕組みである。第三の子育てコミュニティ育成は、子育て中の家庭が参加できるグループへの参加や、新たなサークルづくりを促すとともに、既存の子育て支援団体同士の連携や交流を仲介して活動を活性化する。子育て家庭にとって、彼らを取り巻く地域社会に多層な支援ネットワークがあることが望ましいからである。

4) 身体的条件

からだの条件を最適な状態に保つことは、有効なコーピングの手段をとるための基礎となる資源を準備することであるといってもよいであろう。それは第一に体調を整え、エネルギーを蓄えることによって、コーピングに必要な個人の資源を豊かにすることである。風邪をひいて頭が朦朧としているさなかに、あるいは二日酔いで頭痛と吐き気が激しいときに、最善のストレス対処法を見出して行動に移すなどといったことは極めて困難である。まずは解熱剤や吐き気止めで身体を楽にしてから、思索に入ることが賢明であろう。精神科カウンセリングも同様である。眠れぬ夜を繰り返して来院した人が、カウンセラーに会うなり憑き物が落ちたように肩の荷が下り、今までの悪循環の思考パターンから脱却するというのは、できすぎた話であると筆者は考える。医師と連携した薬物治療によって安眠を確保したうえで、認知の歪みなどを来談者自身が発見できるように促していく方法が、功を奏す場合が多い。

身体的条件を整えておくことがストレス・コーピングにとって必要な第二の理由は、自分の身体に意識を向けることが、ストレス状態をさらに増幅するのを防ぐ予防になるという点である。具体的な方法として、リラクセーションがある。日常の生活ストレスを解消するために、たとえば旅行などの非日常的な体験を楽しむのも一案であるが、コミュニティ心理学の考え方からすれば、日常の生活に根ざした改善方法、すなわち予防的アプローチをいくつか習得しておくことが望ましい。筆者は、自治体の市民対象の講座や地域の精神衛生関連施設の講義で、ストレス・コントロール教室の指導を担当している。そこでは、ストレスに関する心理学的な座学のほかに、保健師と共同で、日々の生活の中で実践できるリラクセーションの体験学習を取り入れている。そのいくつかを紹介しておく。

　まず、ボディワークと呼ばれる運動表現療法の一種を紹介する（箕口・伊藤・千田編，1998）。身体に働きかけて心身両面への効果をもたらすものとして、うつなどの精神科治療にも取り入れられている。病院では集団療法の一環として活用されることが多い。しかし、①和やかな雰囲気の中で行うことによって、不安や緊張感を除き、心身の自然な動きやリズムを取り戻し、活動性を高める　②身体を活動的に動かすことによって、見落としがちな身体感覚を意識し感じ取るということが目的であり、健常者のリラクセーションに活用できることはいうまでもない。特に、ストレス・コーピングの手段としては、まずストレスからくる緊張感を低減させることによって、客観的に問題を整理する素地を整え、そこから改めて冷静な状況把握や効果的な対処法を考え直すことができる点で有効である。また極度のストレス状態にあって、「取り越し苦労」や「ネガティブな思考の悪循環」に陥っているときに、感覚が鈍麻している身体感覚に思い切って意識を振り向けてやることは、ストレスをそれ以上に増幅させないためにも有効であると考えられている。

　たとえば、「からだ揺らし」と称しているリラクセーションの方法がある。参加者を2人一組にし、1人は仰向けに寝てもらう。その両足首を、もう1人が握り、わずかに持ち上げて左右に軽く揺らす。小さな揺れでも頭が揺れていたら、寝ている人はリラックスしている証拠である。寝ている人の足の裏を、もう1人が頭の方向にトントンと押し上げてみる。これも、頭が揺れていればリラックスできているとみてよい。腰骨を横から押して揺らしたときも、寝ている人の身体が一つの水風船のように柔らかくしなやかに揺れて見えれば、全身の緊張感が抜けているのである。また、手のひらをこすって、パートナーの肩甲骨あたりに

押し当ててもらう。湿布を貼るように手を置くことから「人間温湿布」と呼ばれる方法だが、日頃は感じることの少ない人の手のぬくもりを、思わぬ部分で感じることによって、ストレッサーに晒されてささくれ立った感情とは異質の、さまざまな思いが湧き起こるであろう。1人でできるものもある。胸の前で手のひらを合わせて、拝むポーズをとる。ただし手のひらは最初から合わせてはいけない。目を閉じて少しずつ両手を近づけていくと、両手が接する直前に、反対の手のひらの体温を感じる瞬間がある。目を開けて、何センチ離れているかを確かめておくとよい。これを何度か繰り返すと、両手の隙間は初回よりも広がっていく。皮膚感覚が短時間に鋭敏になっていった証拠である。

　前述の「思考の悪循環」に代表されるストレス状態には、言語中枢のある左脳を必要以上に使っている。逆に、手のひらで体験したように、皮膚感覚に神経を集中することは、人間の右脳で司られている五感を活性化することになる。左脳は右脳にエネルギーを奪われたかたちとなり、思考の悪循環が鈍ってストレス状態を小休止させる効果があるともいわれている。ストレス対処法の入り口としては適当な方法であると考える。

　五感をフル活用するための体験は、このほかにもストレス・コーピングの手法に加えてもらう目的で、講座の中に組み込んでいる。視覚を活用する方法としては、色と自律神経の関係に注目した色彩心理学を応用して、食欲不振や不眠、便秘や下痢など（ともに前者が暖色によって交感神経を活性化させる効果がある）の慢性的な悩みの解消に役立てている。聴覚を活用するために音楽療法を導入して、リラックスした状態を体験してもらうほか、想起された感情に従ってイメージを膨らます練習もする。嗅覚に訴える方法としては、アロマテラピー（芳香療法）を勧めている。嗅覚は大脳皮質による知的理解を介さずに、大脳辺縁系に直接伝わって、視床下部が自律神経や内分泌系などに働きかけて、さまざまな生理的反応を引き起こす。たとえばラベンダーの香りは、神経系を鎮静化するセロトニンの分泌を促す。このほか、腹式呼吸による呼吸法を実践しているときも、吸気よりも呼気のほうが喉の奥で感じる気温が高いことを意識して行うなど、リラクセーションのさまざまな場面で、五感を敏感に保つように促している。

　ストレスに対するコーピングには、唯一の特効薬はない。ストレッサーの種類によって、またストレス状態を抱えている個人によって、さまざまな組み合わせがある。個人がコミュニティ内の資源を積極的に利用して、多くのコーピングの手段をもつことが必要であり、コミュニティは、必要に応じてそのための介入を

個人に対して行っていかねばならない。

引用文献

Friedman, M. & Rosenman, R. H. 1959 Association of specific overt behavior pattern with blood and cardiovascular findings. *Journal of American Medical Association*, **169**, 1286-1296.

Holmes, T. H. & Rahe, R. H. 1967 The Social Readjustment Rating Scale. *Journal of Psychosomatic Research*, **11**, 213-218.

川崎美織　2004　いいケアは自分のケアからはじまる．季刊ヒューマン，**10**，13-17．

菊住　彰　2004　ストレス疲れのお父さんに捧げる"ストレスコントロール法"．食生活，**98(8)**，21-26．

Lazarus, R. S. & Folkman, S. 1984 *Stress, Appraisal and Coping*. Spring Publishing Company．（本明　寛・春木　豊・織田正美（監訳）1991　ストレスの心理学．実務教育出版．）

箕口雅博・伊藤隆一・千田茂博（編）1998　運動表現療法の実際——ボディ・ワークを用いたグループアプローチ．星和書店．

宗像恒次　1991　ストレス解消学．小学館．

夏目　誠　1988　勤労者におけるストレス評価法（第1報）点数法によるストレス度の自己評価の試み．産業医学，**30**，266-279．

Selye, H. 1978 *The Stress of Life*. McGraw-Hill.

下光輝一　1999　ストレスの評価　健康づくり指導者養成テキスト．105-119．東京都健康づくり推進センター．

東京都健康づくり推進センター（編）2001　ストレス教室の開き方——健康日本21　こころの健康づくりを実践するために．保健同人社．

植村勝彦　1995　ストレス研究．山本和郎・原　裕視・箕口雅博・久田　満（編）臨床・コミュニティ心理学，82-83．ミネルヴァ書房．

山本和郎　1986　コミュニティ心理学——地域臨床の理論と実践．東京大学出版会．

ソーシャルサポート・ネットワーキング

丹羽郁夫

　コミュニティ心理学では心理的問題を抱えた人を援助するために、面接室での心理療法だけでなく、その人を支える家族をはじめとした地域社会のさまざまな**社会資源**を活用することを重視している（山本, 1986）。支える社会資源が不足している場合は、それらを増やし強化する。そして、社会資源同士を**連携**させネットワークを作って援助するのである。

　ここでは、社会資源の一つである**ソーシャルサポート**（social support）の対人援助への応用について、二つの領域について述べる。一つは、個人心理臨床におけるソーシャルサポートの補助的な活用と、ソーシャルサポート資源間の連携、すなわち**ネットワーキング**である。もう一つは、ソーシャルサポートの増加を通して心身の健康を向上させるソーシャルサポート介入である。

[1]　ソーシャルサポートとは

　ソーシャルサポートの定義は今も議論があり、定まっていない。簡単に説明すると、狭義には、家族や友人などの**インフォーマルな資源**、広義には、専門家や専門機関といった**フォーマルな資源**も含んだ多様な資源とのつながりである、**ソーシャルネットワーク**（social network）を基盤としたさまざまな援助のことである。この援助には、問題解決に必要な情報、お金や物、そして手助けを提供すること、あるいは苦しみを軽減するような情緒的な関わりなどが含まれる。

　ソーシャルサポートは心身の健康に関連する心理社会的要因の中で最も関心を集め、研究されてきたものの一つである。しかし、その定義だけでなく、測定尺

度と効果に関しても複数の見方があり、この多様さを抱えながらソーシャルサポート研究は展開している。この研究の発展と実践での応用を推し進めたのは、他者からの援助が多い人は少ない人よりも心身の健康状態が良いという常識だけでなく、それを多くの調査が繰り返し実証したことである。

[2] 個人心理臨床におけるソーシャルサポートの活用

対人援助において、ソーシャルサポートを利用することは、この概念が生まれ普及する以前から、個人心理臨床において行われている。たとえば、担当するクライエントを援助するプロセスにおいて、家庭環境の調整を行うことや医療につなぐことなどである。このソーシャルサポートを活用する方法は、大きく二つに分けられる。

第一に、既存のインフォーマルなソーシャルネットワークからサポートを引き出すことである。これはクライエントが属する家庭、学校、職場等の環境における人間関係を調整することを通して実現される。具体的には、親、クラス担任、職場の上司等への面接やコンサルテーションを行う。ただ親自身の心理的問題により援助が妨げられる場合、親の精神内界も取り扱う必要が生じる。インフォーマルなサポートはフォーマルなサポートと比べ、即応性があり、個別性に対応でき、サポートの期間や頻度の制限がないなどの点で有効だが、主な提供者をかなり疲労させる。インフォーマルなサポート資源を支えることも重要である。

第二に、既存のソーシャルネットワークから必要なサポートが得られない場合、新しいソーシャルサポートを加え、ネットワークを拡大することである。具体的には、医療や療育機関などへつなぐことや、**メンタルフレンド**などを導入することである。しかし、この新しいサポート資源と、クライエントをつなぐことは容易ではない。特に医療への紹介はクライエントの抵抗を引き起こしやすい。

そこで、クライエントを精神科へつなぐ場合のポイントを述べたい。まず、どの医療機関を選択するかが重要である（詳細は、峰松・冷川・山田, 1989を参照）。そして、クライエントの通院しやすい、病態に合ったところを選ぶ。普段から地域の医療機関に関する情報を集めておくだけでなく、実際に病院を訪問し、医師と顔見知りになっておくと、クライエントと病院・医師との相性にも配慮できる。次に、医療が必要な旨をどう伝えるかである。理由を具体的にわかりやすく説明することが基本であるが、医療への抵抗が強い場合にどうするかという問題がある。クライエントが受け入れてくれやすいタイミングを見計らって再

度伝えることや家族を介して医療へつなげるなど工夫がいる（詳細は斎藤，1998を参照）が、強引に行うなどしてクライエントとの信頼関係を壊さないよう注意が必要である。その次に、本人が受診に納得したら、医療へどのように紹介するかである。特に、医療への入場券ともいえる紹介状は重要である。クライエントが困っていること以外に、クライエントへの対応等こちらが知りたいことを知らせてもらうように書いておくと、医師からの回答が得られ、その後の連携に役立つ（一丸，2001）。書き終えた紹介状はクライエントに読んでもらい、納得してもらう。しかし、クライエントが通院を開始すれば終わりではない。中断しないよう、医療への不満を扱うなど、通院継続を支えることが必要となる。

[3]　ソーシャルサポート資源間のネットワーキング

　近年、多様化し、複雑化した心理社会的問題に対応し、クライエントの生活全体を包括的に援助するには、単一の専門職や機関のみでは不可能である。そのため、援助する専門家や機関が他職種の専門家や機関と連携して、1人のクライエントを援助することが求められる。たとえば、不登校の子どもに対し、学校の外で教育相談室の臨床心理士2人がそれぞれ親面接と子どものプレイセラピーを行い、それと平行して、担任・養護教諭との情報交換と**コンサルテーション**を行う。そして、子どもに対し担任は教室で働きかけ、養護教諭は保健室での関わりをもち、役割分担をしてサポートする。こうしたネットワークに基づく統合されたサポートのほうが、それぞれ限られた情報でばらばらに子どもに働きかけるよりも有効な援助ができる。

　以下に、連携を進める上での重要なポイントをいくつか述べたい。まず、連携を行う前に準備が必要である。地域のサポート資源に関する情報を、広くセルフヘルプ・グループやNPOまで含めて集め、それらの特徴を把握しておく。そして、できれば、連携の可能性がある機関の援助者同士が一度顔合わせをしておくとよい。お互いにどんな人かがわかっていると話しやすく、その後の連携がスムーズにいくからである（龍島・梶，2002）。こうした準備があると、クライエントへの援助において、すみやかに必要な資源と連携することができる。そして、クライエントへの実際の援助を通して形成されたネットワークは血の通ったものとなり、その後のさまざまな問題に対して有効に機能するであろう。

　しかし、連携は現実的には難しい面が多い。最も困難なのは、別の機関に所属する異なる専門職間における場合である。第一に、所属機関が異なる者同士が話

し合う時間を作りにくいことである。連携は所属機関の本来の業務とは考えられていないことや、そもそも本来の業務で忙しいことから、勤務時間内で連携をすることが難しい。管理職の理解があると、連携のための時間を設定してもらえるが、これが形式化すると形骸化する危険もある。実際のニーズと無関係に、連携のための会議が定期的に開催され、参加する専門職の数がふくらむ。現実の問題に対応するのに必要な機動力が失われ、後に述べる、プライバシーの問題も生じやすくなる。必要に応じて、必要な専門職だけで集まることができる柔軟性を残しておきたい。

　第二に、それぞれの専門性がもつ価値観、アセスメントの内容と方法、援助方法の違いが、共通の目的を設定する上で妨げとなる点である（渋沢, 2002）。たとえば、臨床心理士と教師との専門性の違いに関して、鵜養（2001）は、スクール・カウンセラーが抱きがちな教師への違和感として、すぐに具体的手立てに走ることや、待てなさを挙げている。そして、どちらも教師の専門性や教員養成課程の訓練の賜物であるとし、教育の文脈から理解する必要性を提案している。このように、職種の違いを乗り越えるには、お互いの専門性やその基盤の違いを理解し合う必要があるが、これがなかなか難しい。

　第三に、連携では、クライエントに関する情報を共有する必要があるため、プライバシーに関する守秘義務が問題となる。特に、守秘義務になじみのない職種が連携に加わる場合、職務上知り得たプライバシーを守る義務があることを確認するなどの注意が必要となる。そして、個人情報保護法のもとでは、クライエントからの同意を得られた範囲内での情報提供に限定されるため、この制約が情報の共有をしばしば難しい作業にする。

　連携においては、前記の時間のとりにくさと形式化、自分の専門性と相手の専門性、守秘義務と情報の共有という二つの極の間に立たされることになる。どちらかの極に傾くと、連携自体が成り立たなくなるか、さまざまな問題が生じることになる。連携には、この割り切れなさを抱えることが求められる。

[4]　今後の課題

　これまでの心理臨床は個人の精神内界の変化を目指すのが主であり、環境への働きかけはあくまで補助的なものであった。このような従来のあり方に対して、もっと環境要因を重視すべきである、という新しい動きが心理臨床のなかから生じている（田嶌, 2001）。しかし、心理臨床にはソーシャルサポートのアセスメ

図Ⅲ-4-1 ソーシャルネットワーク・マップ (Tracy & Whittaker, 1990; 林, 1997から転載)

ントと活用に関する知識とスキルがほとんどない。このような不足を補うには、ソーシャルワークの蓄積が役立つと考えられる。たとえば、**Tracy & Whittaker (1990)** の**ソーシャルネットワーク・マップ**（図Ⅲ-4-1）と、それに対応した**ソーシャルネットワーク表**（表Ⅲ-4-1）は、クライエントを取り巻く**ネットワークのメンバー**が視覚的に把握でき、このメンバーとクライエントとの関係や機能などもわかる。また、ソーシャルサポートを用いて個人を支える援助方法も発展している（たとえば、Maguire, 1991 小松・稲沢訳 1994）。これらを参考にすることで、心理臨床におけるソーシャルサポートの活用を発展させることができるだろう。

　ソーシャルサポートの活用に当たっては、サポート資源間の連携も重要である。しかし、連携の必要性が主張されるのに比べ、実際の連携の方法に関する研究は少ない。今後、連携を一つの事例とした研究や、前出の龍島・梶（2002）のような連携を進める上でのさまざまな工夫に関する報告がもっと多く提出されることが求められる。また、連携に関する新しい概念である**コラボレーション**（協働）が現在注目を集めている。コラボレーションが従来の連携の考えと大きく異なる点は、協力関係が相互方向的で、一つの事例の援助を越えて継続的であり、それによって参加者をサポートする共同体が生まれ、参加者双方が変化していくプロセスを重視することである（ヘイズ, 2001）。この視点に立つと、専門

表Ⅲ-4-1　ソーシャルネットワーク表（Tracy & Whittaker, 1990；林，1997から転載）

クライアント氏名	生活圏 1. 同居している人 2. 他の家族メンバー 3. 職場・学校 4. オーガナイゼーション 5. 他の友達 6. 隣人 7. 専門家 8. その他	具体的サポート 1. ない 2. 時々 3. いつも	情緒的サポート 1. ない 2. 時々 3. いつも	情報、アドバイス 1. ない 2. 時々 3. いつも	批判 1. ない 2. 時々 3. いつも	援助の方向 1. 両方向 2. 自分→相手 3. 相手→自分	親密度 1. 親しくない 2. 多少 3. たいへん近い	何回ぐらい会うか 0. 会わない 1. 年に数回 2. 毎月 3. 毎週 4. 毎日	どのくらい知っているか 1. 1年未満 2. 1〜5年 3. 5年以上
	01								
	02								
	03								
	04								
	05								
	06								
	07								
	08								
	09								
	10								
	11								
	12								
	13								
	14								
	15								
1-6	7	8	9	10	11	12	13	14	15

職間の価値観の違いは、大なり小なりお互いの自己変革によって克服することを目指すことになる（亀口，2002）。今後、この概念が現場の連携にどれほど有効であり、影響を与えるかに注目したい。

[5]　ソーシャルサポート介入

　ソーシャルサポート研究の蓄積で得られた知見をもとに、共通の困難を抱えた一群の人々を対象に、主としてソーシャルサポートを操作することで、心身の健康の促進を目指すプログラムがある。コミュニティ心理学では、主に**ソーシャルサポート介入**（social support intervention）と呼んでおり、海外では多くの介入が研究されているが、日本ではほとんど研究されていない領域である。この介入

対象は、現在困難な状況にある人たちと、少なくとも近い将来困難な状況に陥る可能性が高い人たちである。具体的には、高齢者、慢性的な身体および精神疾患をもつ者、離婚した男女、未亡人、10代の母親、高齢者の介護者などが含まれる。これらの対象に対して行う介入方法は多様であり、さまざまな枠組みから整理が試みられている。ソーシャルサポートのプロセスから、介入の焦点を四つに分類しているのは Vaux（1988）である。Vaux は、①既存のネットワークの利用の増加（他者からのサポートを利用しない人に対して利用する気持ちにさせる働きかけ）　②サポートが得られるネットワークの発展と維持（既存のネットワークをアセスメントし、負担の大きいネットワークを削り、新しいネットワークを発展させ、さらにそれを維持するような働きかけ）　③サポート行動を求め、引き出し、受け取ることの増加（援助を受ける側と提供する側の両方に必要なスキルを獲得させる働きかけ）　④ネットワークへの肯定的主観評価の促進（自分のネットワークを過小評価しないような働きかけ）、を挙げている。

　プロセスによる分類と並んで重要なのは、介入範囲の程度による分類である。Gottlieb（1988b）は個人、二者関係、集団、システム、コミュニティの5レベルに分類し、Vaux（1988）は個人、家族、集団、組織、コミュニティ、民衆と文化の6レベルに分類している。また、介入におけるもう一つの重要な分類は、焦点となる個人に直接働きかけるか、その周りの環境を変容させることを通して間接的に働きかけるか、で区別するものである（Lakey & Lutz, 1996）。この区別の背景には、困難をもった個人に変化を求めるかどうか、つまりそれを可能とみなすかどうかという根本的な考え方の違いが存在する。そこで、この区別を前提に、Gottlieb（1988b）の5レベルの記述に従って、ソーシャルサポート介入の全体像を概観したい。

1）個人に焦点を当てた介入

　これは、個人レベルにおける、サポートを受ける側に働きかける介入である。ソーシャルサポート介入とは異なると考えられがちな方法であるが、自然発生するサポートに永続的な変化を生み出し（Hogan, Linden, & Najarian, 2002）、サポートを強化する方法である（林，1997）。具体的には、サポートを受けることを促進する知識、スキル、態度を身につけさせることで、仲間との交流からサポートを最大限に利用できるようにするものである。Vaux（1988）は、この介入の長所として、前記のプロセスすべてを十分にアセスメントでき、ソーシャルサ

ポートの利用を促進する／妨げる個人要因を変化させる技法を用いることができると述べている。すなわち、プロセスの②、③に対応する、対人関係の形成と維持、さらにサポートを引き出すのに必要なスキル等を獲得させることができるだけでなく、より個人の精神内界にかかわるプロセス①、④を扱うことができる。つまり、これまでの人生で、人に頼らないことに価値を置いてきたことや他者への不信感をもったことなどから、他者からのサポートを利用しない傾向の修正や、自分のもつサポートをより現実的に評価することの促進に焦点を当てることもできる。

2) 環境に焦点を当てた介入

この介入は、サポートを提供する環境側に主に働きかけるものであり、そのレベルに応じてサポート提供者の範囲が異なる。

a 個人レベル

これは、サポートを提供する可能性のある者に対して、サポートを提供することを促進する知識、スキル、態度を教育するものである。これにより、身近な人がサポートを必要としたときに、有効なサポートを提供できるようにする。この介入は、対象の範囲を広げることで、より上位のレベルの介入にもなりうる。

b 二者関係レベル

サポートを動員する源を、家族や友人といった既存のネットワークに求めるものと、既存のネットワーク外の、同じ困難を抱えた者や専門家などの新しい他者に求めるものとがある。前者では、二者関係が夫婦や親子の場合は、両者の葛藤を減らすための関係修復が時に必要となる。具体的には、夫婦療法や育児スキル向上などの、家族機能を促進するプログラムが用いられる（Vaux, 1988）。後者では、サポートの提供関係が形成されるような、二者の組み合わせを考慮することが重要である。また、前記の2分類以外に、特定のサポートを提供するようデザインされた介入と、サポートを特定しない介入とにも分けられる。前者の介入が、特定のストレスに対処する上で必要な特定のサポートを欠いている者に行われるのに対して、後者の介入は、個人および環境要因から社会的に孤立している者やサポート一般が不足している者に対して行われる。したがって、前者の介入では、訓練やマニュアルによる教示を通した、サポート提供者のスキルを高めるプログラムを必要とするのに対して、後者では、提供者がすでに備えている自然なサポートを活用することが多い。

c 集団レベル

これには、既存のソーシャルネットワークを活用するものと、新しくグループにつなげるものとの二つの方法がある。前者は家族、友人、仕事仲間、近所の人々といった、既存の自然なソーシャルネットワークによって提供されるサポートを最適にするものである。ネットワークの特性をシステム論の視点からアセスメントし、それに基づいて介入が行われる。家族療法やネットワーク療法などが用いられる（Vaux, 1988）。後者は、グループに新しくつなげることで、そこからサポートを動員するものである。グループには、同じ困難をもった者から構成される**セルフヘルプ・グループ**と、専門家が導く**サポート・グループ**とがある。この介入では、グループ・ダイナミックスによる効果が期待できるため、二者関係レベルよりも考慮の必要性は少ないが、やはりグループの選択には注意を要する。

d 社会システムレベル

この介入は、人々を取り囲む社会文化的文脈と、物理的文脈に影響を及ぼすものである。つまり、政策、規範、役割の範囲、物理的な設計などを変えることで、ネットワークの構造、サポート機能、そして二者関係のパターンに変化を起こすものである。具体的な介入の場は、学校、病院、職場、近隣などである。この介入は、システム内のメンバー全員のサポートを増加させることができ、一次予防が可能である点で魅力がある。このレベルの介入における著名な例は、Felner, Ginter, & Primavera（1982）が行った、中学校から高校への移行において生じる適応問題を予防するために、学校システムを変化させた介入である。この介入で目指したのは、ホームルームの教員の役割を強化して生徒との関係を作ることと、クラスメイトの変動を少なくしてクラスメイト間の関係形成を促進することと学校状況の流動性と複雑さを減少させることである。その結果、学年末において、介入群は統制群と比べて、出席と成績が有意に高く、自己概念もより安定し、教師からのサポートもより多く報告され、この介入が有効であったことを示した。

e コミュニティレベル

この介入は、サポートのインフォーマルな源への社会全体の信頼を促進させることや、日常生活でサポートを求める表現を促すことを目的とするものである。このレベルの介入には、広い範囲に影響を及ぼすためにマスメディアを利用するものが多い。具体的な例としては、カリフォルニアの大規模な公衆教育プログラ

表Ⅲ-4-2　ソーシャルサポート介入の分類と介入内容（Hogan, Linden, & Najarian, 2002より作成）

介入形式	サポート提供			本人へのソーシャルサポート・スキル訓練
	家族・友人	似た困難をもった者（ピア）	専門家	
集団	・本人への介入セッションに家族や友人が付き添う／参加 ・本人の困難に関する知識、訓練スキル、サポート提供に関する家族への心理教育	・セルフヘルプ・グループへの参加	・サポート・グループへの参加	・サポート・ネットワークとソーシャルサポートの気づき、評価、重要性に関する心理教育 ・サポートの交換と要請に関する心理教育 ・会話、葛藤解決、アサーションや批判への応答など対人関係の訓練
個人	・本人への介入セッションに家族や友人が付添う／参加 ・ネットワーク療法で家族や友人を活用 ・本人をサポート提供者（主に家族）につなげる	・ピアのボランティアが電話／訪問／面談で接触 ・病院でピアと同室	・専門家との面接によるソーシャルネットワーク内のサポートの知覚とサポート的交流の促進 ・専門家が電話／訪問／面接で接触 ・専門家による支持的療法	・会話、拒否、アサーション、自己開示や社会的行動など対人関係の訓練

ムである「友人は良薬になる」というキャンペーンなどがある。この他にVaux（1988）は、地域の物理的環境を人と人の交流を増やすようにデザインすることや、法律や政策を変革することで危機状況にある人へのサポートを増やすことなども取り上げている。

　以上の理論的な分類に対して、これまでに試みられた実際のソーシャルサポート介入を分類したのは、Hogan, Linden, & Najarian（2002）である。この分類とサポート介入の主な内容を筆者がまとめたものを表Ⅲ-4-2に示した。

[6] ソーシャルサポート介入の効果と問題点

　ソーシャルサポート介入の効果に関する評価はさまざまである。効果があったとする報告は多い。Hogan, Linden, & Najarian（2002）も、過去のソーシャルサポート研究をレビューしたところ、83％に効果が報告されていることを示している。しかし、ソーシャルサポート介入研究の多くが実証的でなく、方法論上の問題を多く抱えていることを、多くの研究者が指摘している（Bogat, Sullivan, & Grober, 1993 ; Gottlieb, 1988a ; Hogan, Linden, & Najarian, 2002 ; Lakey & Lutz, 1996）。特にLakey & Lutz（1996）はソーシャルサポート介入研究をレビューし、悲観的な結論を下している。すなわち、ソーシャルサポートの増加に成功したと報告した介入研究には、方法論上の問題があり、方法論的に厳密な介入研究は望ましい効果が得られていない、としている。

　介入研究の方法論上の最も大きな問題は、ほとんどの研究が、介入の前後にソーシャルサポートを測定していないため、心身の健康に有益な効果がみられても、それがソーシャルサポートの増加によるものかわからない点である（Hogan, Linden, & Najarian, 2002）。実際、成功した介入は、ソーシャルサポートの操作以外の多くの要素を含んでいることも指摘されている（Barrera, 2000）。これ以外にも、実験群と統制群へのサンプルのランダム配置が不十分であること、効果の査定が信頼性を欠くこと、標準化されたソーシャルサポート尺度や適切で十分な統計が使用されていないこと、などが挙げられている（Lakey & Lutz, 1996）。

　介入効果の問題に関して、コミュニティ心理学者が注目した研究は、Heller et al.（1991）の行った、厳密な方法論に基づいた介入の失敗である。この介入では、収入とソーシャルサポートが低い高齢女性に対して、同じ高齢者の専門スタッフとボランティアが電話で接触するという介入を行った。その結果、介入群と統制群との間において、ソーシャルサポートとメンタルヘルス尺度の両方に、有意な差が見られなかったのである。この失敗に対する多くの研究者の反応は、新しい関係の親密さを促進する方法や、新しいサポート提供者を既存のソーシャルネットワークに組み込む方法は、まだほとんど知られていないというものであった（Barrera, 1991）。ソーシャルサポート研究のほとんどは自然発生したソーシャルサポートに関する研究であり、こうした基礎研究と、その応用である人工的にソーシャルサポートを増やす介入との間には、まだ大きな溝が存在しているの

である（Bogat, Sullivan, & Grober, 1993 ; Gottlieb, 1988a, 1988b）。

　ソーシャルサポート介入の発展には、ソーシャルサポートの増加方法に焦点を当てた研究が求められる。そして、ソーシャルサポート介入を有効なものへと発展させるには、抱える問題、その程度、そして性別などに応じて対象者を分けて、介入方法を厳密な調査方法を用いて評価する必要がある。特に、ソーシャルサポートを介入前後に測定することは欠かせないが、その介入の焦点に応じて、適切な標準化された尺度を選択することも重要である。たとえば、ネットワークの拡大を目指す場合は社会的包絡（ソーシャルネットワーク）尺度、ソーシャルサポート行動の増加に関しては実行されたサポート尺度、そしてソーシャルサポートの利用可能性への知覚や満足を高める場合は知覚されたサポート尺度、を用いる。

　問題を抱えた個人（特にその精神内界）を変える困難に比べ、周囲の健康な人間を操作することは容易である、という考えは改めなければならないだろう。人のつながりや援助行動を変化させることは予想以上に困難な作業であり、この方法の発展には、心理療法と同じくらいの試行錯誤の歴史が必要かもしれない。ソーシャルサポートを重視する援助は、心理領域ではまだ始まったばかりであり、実践家と研究者の今後の取り組みが求められる。

引用文献

Barrera, M., Jr. 1991 Social support intervention and the third law of ecology. *American Journal of Community Psychology*, **19**(1), 133-138.

Barrera, M. Jr. 2000 Social Support Research in Community Psychology. In Rappaport, J. & Seidman, E.（eds.）*Handbook of Community Psychology*, 215-245. Kluwer Academic/Plenum Publishers.

Bogat, G. A., Sullivan, L. A., & Grober, J. 1993 Applications of social support to preventive interventions. In Glenwick, D. S. & Jason, L. A.（eds.）*Promoting Health and Mental Health in Children, Youth, and Families*, 205-232. Springer.

Felner, R. D., Ginter, M. A., & Primavera, J. 1982 Primary prevention during school transitions: Social support and environmental structure. *American Journal of Community Psychology*, **10**(3), 227-290.

Gottlieb, B. H. 1988a Marshaling social support: The state of the art in research and practice. In Gottlieb, B. H.（ed.）*Marshaling Social Support: Formats processes, and effects*, 11-51. Sage.

Gottlieb, B. H. 1988b Support interventions: A typology and agenda for research. In Duck, S. W.（ed.）*Handbook of Personal Relationships*, 519-541. Wiley.

林　素子　1997　ソーシャルワークからみたソーシャルサポート．福西勇夫（編）ソ

ーシャルサポート.現代のエスプリ,**363**, 30-39.
ヘイズ, R. L. 2001 カウンセリングにおけるコラボレーション.東京大学大学院教育学研究科心理教育相談室紀要, **24**, 98-119.
Heller, K., Thompson, M. C., Trueba, P.E., Hogg, J. R., & Vlachos-Weber, I. 1991 Peer support telephone for elderly women: Was this the wrong intervention? *American Journal of Community Psychology*, **19**(1), 53-74.
Hogan, B. E., Linden, W., & Najarian, B. 2002 Social support interventions: Do they Work? *Clinical Psychology Review*, **22**, 381-440.
一丸藤太郎 2001 スクールカウンセラーと医療機関との連携.臨床心理学,**1**(2), 166-170.
亀口憲治 2002 コラボレーション——協働する臨床の知を求めて.亀口憲治(編) コラボレーション.現代のエスプリ,**419**, 5-19.
Lakey, B. & Lutz, C. J. 1996 Social support and preventive and therapeutic interventions. In Pierce, G. R., Sarason, B. R., & Sarason, I. G. (eds.) *Handbook of Social Support and the Family*, 435-465. Plenum Press.
Maguire, L. 1991 *Social Support Systems in Practice: A Generalist Approach*. National Association of Social Workers. (小松源助・稲沢公一(訳) 1994 対人援助のためのソーシャルサポートシステム.川島書店.)
峰松 修・冷川昭子・山田裕章 1989 学生相談における心理臨床.心理臨床,**2**(3), 221-230.
龍島秀広・梶 裕二 2002 非行における臨床心理的地域援助——関係機関の連携方策について.臨床心理学,**2**(2), 223-231.
斎藤 環 1998 社会的ひきこもり——終わらない思春期.PHP研究所.
渋沢田鶴子 2002 対人関係における協働——ソーシャルワークの視点から.季刊精神療法,**28**(3), 270-277.
田嶌誠一 2001 事例研究の視点——ネットワークとコミュニティ.臨床心理学,**1**(1), 67-75.
Tracy, E. M. & Whittaker, J. K. 1990 The social network map: assessing social support in clinical practice. *Families in Society*, **71**(8), 461-470.
鵜養美昭 2001 スクールカウンセラーと教員との連携をどう進めるか.臨床心理,**1**(2), 147-152.
Vaux, A. 1988 *Social Support: Theory, research, and intervention*. Praeger.
山本和郎 1986 コミュニティ心理学——地域臨床の理論と実践.東京大学出版会.

5

セルフヘルプ・グループ

三島一郎

[1] セルフヘルプ・グループとは何か？

　セルフヘルプ・グループ（以下、SHGsと略す）とは、ある共通の問題に見舞われた個人が（あるいはその家族が）、自分ひとりだけでは解決できそうにないその自分自身の抱える問題の解決、あるいは、その問題と共に生きていく力を得ていくために、自発的かつ意図的に組織化したグループである（三島，1997）。

　このグループは、たとえ協力関係はあっても、専門職からは独立し、自主的・自立的に運営され、持続的に定期的活動を行っている。SHGs は安定した永続的なコミュニティの機能をもつ一つのシステムであり、それへの参加を通じて、個人は、自己のシステムに変化を生じさせる。それは、認知・情動・行動の各方面で相互促進的に生じ、それまでマイナスイメージでしか見ることのできなかった自己像が解体し、問題や問題を抱えた自己像の新たな見方の獲得（自己の解放と自己の回復）と、その新たな自己像を支えるイデオロギーの普及や、それを通じてのさまざまなかたちやレベルでの社会変革を促す動きへと連なっていく。それは、まさにメンバーが、SHGs への参加を通じて力を得ていく過程であり、さらには、サービスのあり方やその位置づけを変えたり、新たなパラダイムや社会を創造していくための大きな可能性を含んだ力強い歩みであると位置づけられる（三島，1997）。

　セルフヘルプ自体は、決して真新しい言葉ではないし、その考え方に支えられたさまざまな活動の展開は、古くから行われて来ているといえる。しかしなが

ら、多くの先進諸国において、ある共通する現代社会のニーズに応える一つの「力」として、今日、保健・医療・福祉領域を中心とした**セルフヘルプ運動**が共通の現象として注目されてきている（三島，1993）。

　SHGs には、たとえば、その活動が最も盛んな国の一つであるアメリカでは、現代の SHGs の古典的モデルともいえる**アルコール依存症者匿名協会**（Alcoholics Anonymous : AA）とその関連グループをはじめ、元精神病、あるいは神経症患者のグループである**リカバリー協会**、薬物依存症者のグループである**シナノン**、女性の意識向上グループ、ゲイのグループ、心臓手術者協会、脳卒中クラブ、児童虐待をしてしまう親の会、未亡人のグループなど、あらゆる分野の、具体的・個別的な問題・ニーズに応える SHGs が相当な数存在し、現在も次々と新しいグループが誕生し続けていると推計されている（Katz, 1981; Gartner, 1976）。

　また、別の報告によれば、全米には 50 万の SHGs が存在し、1,500 万人がメンバーとして参加している。援助資源としての SHGs に注目せざるを得ない状況にある（Rappaport, 1985）。

　日本においても、数量的にはアメリカに及ばないが、**断酒会**、糖尿病、リウマチ、パーキンソン病、血友病、膠原病などの〈友の会〉、人工透析、ストーマ、心臓病、肝臓病などで苦しんでいる人々のグループ、**精神障害者家族会**、**てんかん協会（波の会）**、さらに、さまざまな身体的障害（視覚・聴覚・肢体障害）、知的障害・自閉症・重症心身障害など、さまざまな障害をもつ本人の家族の会（家族会）がある。もちろん、こうした障害に悩む当事者自身のグループも数多くある。精神保健領域に限っても、森田神経症と闘う仲間の「**生活の発見会**」や、各地の**精神障害回復者クラブ**、さまざまな嗜癖問題に対応したグループがある。この精神障害回復者クラブについては近年いくつかの都道府県ごとに連合会を作る動きが活発であり、さらに、1993 年 4 月には全国組織も組織化された。ただ、この連合会に関しては、いろいろと難しい問題も多いようである。これらの問題の多くは、各単会と連合会、さらには、全国組織との基本的考え方や、連関の捉え方に関する隔たりや、当事者とその支えとなる専門職との関係の捉え方の違いなどが相当に大きいところから生じているように思われる。各グループのもつ豊かな多様性を、いかに殺すことなく連帯の接点を見つけ出し、より大きな運動に繋げていけるかという、困難だが達成していくしかない課題がそこには横たわっている（三島，1993）。

[2] セルフヘルプ・グループの思想的背景

1）欧米の SHGs の思想的源泉

　欧米の SHGs の背景には、異なる対照的な流れがあると見られている。一つが**自助**（self-help）であり、他方が**相互扶助**（mutual aid）である。それぞれ、その思想の主唱者として、スマイルズ（Smiles, S.）とクロポトキン（Kuropotkin, P. A.）が挙げられる（Froland, Pancoast, & Parker, 1983）。

　欧米の SHGs の思想的背景は、個人個人が自らの力で自分自身の問題を解決していくという個人主義的な方向性と、助け合いの中で社会を変えていこうとする社会変革的な方向性との、相反する思想の混在の中にあると捉えられる。いずれにせよ、欧米のセルフヘルプの発想は、対立する自助（現状肯定と個人主義志向）と相互扶助（相互援助を通じた関係性志向的社会変革）という二つの大きな思想のせめぎ合い、ぶつかり合いの中から醸成されてきたといえる。そこには、自ずから、Self（個人）を越えた、We（われわれ）感覚に支えられた、相互の（mutual）・援助（help）・支援（aid）の存在という社会的、集団的、組織的な持続性をもつコミュニティの発生・誕生・組織化が想定されている。こうした思想的背景があるからこそ、セルフヘルプは、安易に「自助」や「互助」と訳せないのであり、セルフヘルプは、相対立する思想的流れのせめぎ合いの中から、全く新たな思想的地平を拓くに至ったのである（三島，1997）。

　Hurvitz（1976）は、これとは別に、SHGs は、宗教的伝統と非宗教的な民主主義哲学に起源をもつとした。宗教的伝統は、仲間に対する罪の告白、悔い改め、罪のあがない、そして、グループメンバー同士の相互扶助に印象づけられた小グループ活動を内包し、非宗教的な、民主主義、人道（博愛）主義、個人主義、人間の本性に関する心理学的研究の伝統は、セルフヘルプのためのグループ活動の概念を強化し、告白を、宗教的場面から、より一般化された場面での展開の中に位置づけた。宗教的伝統は、罪の自覚、グループからの疎外、懺悔、罪の償い、グループへの再統合を強調し、非宗教的伝統は、意志の力と責任を強調した。

　1930 年代以降、AA を始めとして数多くの SHGs が、それぞれ組織化され始めた。この 30 年代から 50 年代は、グループ内での話し合いの中から問題解決を図っていくという、SHGs の基本的方法が確立され、この方法を使ったグループが、発展していった時期であるといえる（Froland, Pancoast, & Parker,

1983)。

　1950 年代から 70 年代にかけては、SHGs 運動は、当時台頭してきたさまざまな大きな**市民運動・社会運動**のうねりと結びついて、それまでもち得なかった社会批判・社会変革の精神を新たに吹き込まれる中で、爆発的に増加した（Katz & Bender, 1976）。

　消費者運動の影響など、1970 年代のさまざまな動きを受けた 80 年代以降の SHGs は、その共通性と共に、非常に幅の広い多様性の中にあった。一方では、巨大で組織的にも成熟し、国家レベル・国際レベルで展開され、自主性・自立性を保って、社会のあり方にも一定のインパクトを与えているグループがあり、他方で、大多数のグループが、地域的・個別的な問題に活動を限定し、より大きな社会的問題や SHGs 間の連帯の可能性への視点をもち得ない状況に置かれていた（Borkman, 1990）。

　1987 年のアメリカ公衆衛生局長官が主催した「セルフヘルプと公衆衛生」に関するワークショップを機に、SHGs の組織的発展と連携への動きは活発化し、SHGs の転換点にあることを意味することとなった。それは、システムそのもののあり方を問い直し、より広い組織的で包括的な問題とも関わり、共闘していく具体的な変革の担い手としての運動とも位置づけられ（Zola, 1987）、その具体的な地盤と戦略の整備と展開が今後の鍵となる。

2）日本の SHGs の思想的源泉

　岡（1990）の展開する日本のセルフヘルプの原点に関する論は、以下のようなものである。すなわち、日本のセルフヘルプは、伝統としての現状肯定的「相互扶助」と、高度に組織化された伝統社会から自らを解き放ち、自己実現への道を探る社会変革を要求する「自立＝解放」という相対立する思想的流れの中にあるとするものである。それは、ムラ社会を中心にした伝統的相互扶助（たとえば、互助組織や講）と、その流れを受け継ぎ、戦前・戦中の天皇制軍国主義国家としての中央集権的近代化の中で変質させられながら、近代国家の中で生き続けているさまざまな地方組織（たとえば、さまざまな住民組織、町内会、老人クラブなど）、そして、それに対立する思想としての市民・社会運動としての大正デモクラシー、中でも、**女性解放**と**部落解放**という二つの自立＝解放運動と、その思想的流れを汲む戦後の患者運動、障害者運動という、大きな三つの部分に分かれて展開されていると見るのである。

[3]　SHGs 成立の社会的・歴史的・文化的条件

　SHGs の運動は、「助け合い」という美しい理念から自然発生的に生まれてきたものでは決してなく、もっと切迫した、止むに止まれぬどうしようもない必要に迫られるかたちで登場せざるを得なかった側面が非常に強い。

　それでは、SHGs が登場せざるを得ない状況とはいかなるものか。それは、現代社会のありようが抱えるさまざまな問題状況そのものである。すなわち、われわれの生きている時代の特徴である目まぐるしさ、伝統的権威の失墜、制度の解体、疎外、無秩序状態から生じてくるものである。SHGs が提供するサービスの多くは、かつては家族、教会、寺院、近隣、コミュニティなどによって担われていたものである。しかし、これらの制度は、その多くが、あるいは全てが、援助資源としての力を失ってしまっている。したがって、援助を求める人々には、新しい援助資源が必要となってくる。それに応えるべく、新しい援助と新しい形態をもった援助資源として、SHGs は登場してきた。

　この意味で、SHGs 運動は、個人や家族、近隣やコミュニティを無力化しようとする社会のあり方に対する**草の根**の抵抗運動である。SHGs は、メンバーに必要なサービスを提供しているに留まらず、活動への参加を通じて、能力と自尊心を回復させ、人々の間に新しい結びつきを生じさせている。こうした観点から、SHGs 運動は**新たなコミュニティの創造運動**とも位置づけることができる（三島，1997）。

　こうした位置づけの獲得の背景には、1960 年代のさまざまな市民・社会運動の盛り上がりと共にもたらされた価値観の変化——すなわち、個人の自主性・主体性の尊重とその獲得、参加、自己決定、生活様式（ライフスタイル）の変化、平等の実現、人間の可能性に対する強い確信、消費者の権利の主張、脱専門化、地方分権、多様な生き方を認めることなど——による大きな影響がある（三島，1997）。

　SHGs 出現の背景の一つには、現代の疾病や健康問題がもつ特有の事情がある。食物や環境衛生、住宅事情の改善によって、伝染病などへの有効な「医療モデル」による介入の結果、急性の疾患の発生率は著しく低下し、代わりに現代人は慢性疾患に悩まされるようになった。そのことによって、健康問題の主たる担い手としての患者自身の戦略的役割が、大きな意味をもつようになってきた。つまり、患者自身が自らの健康問題に積極的に関わることが、疾病管理や健康保持

の上で大きなウエートを占める状況となってきた。ここにも SHGs が登場してくる主たる要因の一つがある。

　また、専門的・制度的福祉サービスの量的不足や欠如も、SHGs 成立のための主要条件の一つである。

　さらに、SHGs のアプローチの維持と永続化を保障する条件として、SHGs の活動や経験を価値あるものと認め、その戦略を正当なものと是認し、支援する基盤がコミュニティ一般に存在し、グループ発展のための資源が利用可能であることや、SHGs の発展と活用に向けた政府の支援があることも重要である（Wollert & Barron, 1983）。

[4]　SHGs による援助の特徴

　SHGs の援助の特徴は、「**体験的知識**（experiential knowledge）」に根ざしていることにある。Borkman（1976）が、この概念を導入したことによって、SHGs の援助は、専門的知識との比較において、独自の正当な重みをもつ位置を占めるに至った。

　体験的知識は、ある体験に見舞われ、身体・精神を含めてその人の全体が巻き込まれ、しかも、その体験の中を生き抜く過程を通じて獲得される。体験的知識は、そうした意味でのその体験への全体的参加なしには決して得られないという点で、絶対的な意味をもつ。その特性は、具体的で特殊で、常識的なものであり、それゆえに、独自性をもち限界もあると同時に、多少とも共通の問題を抱える他者の体験を代表（描写）するものである。こうした体験的知識は、体験そのものから生じる、体験それ自体への、独自の問題解決や技能を反映したものである。

　個々の体験に根ざした体験的知識は、個人個人の財産としての知識として認識され、このことが、非階層的な仲間としての集団の関係の形成のための基礎となる。

　専門的知識との対比で、体験的知識の特性として挙げられるのは、実用的・実践的であること、「**今ここで**（here and now）」の方向性（長期にわたる発達や、知識の体系的な蓄積よりも）、**全体的・包括的**（holistic and total）［細分化されたものではなく］であること、の3点である。

　SHGs は体験的知識に根ざしているが、SHGs は、組織化された体験的知識をもつことで、より一層機能する集団になるといえる。SHGs は、さまざまなメン

バーが参加することによって、相対的に多量(多種多様)の知識を抱え込み、共有すること(共有する財産としての体験的知識の獲得)となる。このことで、具体的・個別的な知識が、同時に、常識的、一般的、そして理論的に問題を共有し、しかも、個別的な状況の異なる個人を援助することとなる。問題の共通する要素の発見と、それに対処する試みが生じると同時に、個々の状況の独自性を強調することも起こる。

結果として、メンバーは、問題は共通であると同時に、互いに相異なっていることを学ぶこととなる。こうして、メンバーは、自らの状況に合致するように、選択的に知識を利用するようになる。SHGsは、多様なメンバーの参加グループであることによって、あまりに特異すぎたり独特すぎたりする不適当な知識から身を守ることにもなっている(これらの知識を担うのが1人や2人である場合より、このことは防ぎやすい)。

次に、SHGsの援助特性として挙げられねばならないのは、SHGsは、従来の専門的組織や専門職による援助を、問い直す側面をもっているということである。その中身は、一つには、専門家を中心に置くのではなく、**コンシューマー**としてのクライエントを中心に置き、そのコンシューマーをサービスを作り出していくキー・プロデューサーとして位置づけし直すことにより、コンシューマー中心の**ヒューマンサービス**の再構築を目指すことである(Gartner & Riessman, 1977 久保監訳 1985)。

そして、二つ目は、具体的・個別的な日常の全体的・包括的な問題(それは同時に、その人の「実存」に関わる根深いもの)に焦点を当てることである。従来の専門職による援助は、問題を狭く限定するばかりか、その「問題」は直接扱わず、その背後にある「病理」にアプローチすることばかりに終始してきた感がある。

その結果、前述のような問題は取り残されたままにされてきた。ただし、SHGsの立場は、何も専門的な知識、システム、組織、評価などの価値を否定するものではない。それはむしろ、専門化されすぎた実践のバランスを取るのに必要な広がりを与えてくれるものであり、専門的援助と非専門的援助との新たな統合と、新たなヒューマンサービスの創造のための実践的基盤と、そのヒントを提示している存在である。そこでは、サービスを受けるコンシューマーを中心とした、コンシューマーと専門家の連携した効果的なシステムが展開することが予想されるのである。

Riessman（1990）は、SHGs 運動を、現代の消費社会の中で、サービスの消費者（consumer）をその生産者（producer）としても位置づけ直す、**プロシューマー（prosumer）** としての精神（エートス）を代表する潮流として捉え、それが従来の専門職援助と対峙し、互いの特性を主張し合うことによって、新たなサービスの再構成やヒューマンサービスの再編への起爆剤としての力をもつ「社会変革」的活動であると見ていた。

　また Rappaport（1981）も、従来のサービスの人間の捉え方にありがちであった、援助を求める人々を弱い存在と捉え、彼らを非難するようなモデルに代えて、人間を十全なものと見ていた。人間が自らの生活にコントロール感をもち、社会変革にも関わる「**エンパワメント（empowerment: 力を得る）**」モデルを提唱し、SHGs 運動がこうしたアプローチを体現し、サービスのあり方にも、大きなパラダイムの転換を意味するようなインパクトを与えているとしている。

[5]　SHGs の機能と役割

　SHGs は、一つのシステムとして捉えられ、それへの参加を通じて個人のシステムに変化が生じるのである。そこには全体としての（as a whole）SHGs と個々のメンバーの成長・変化の間の相互作用と結びつき（linkage）があり、そこでの作用や働きが、個人の変化の重要な鍵を握っている。

　SHGs における変化は、個人、グループ、コミュニティ、社会そして**社会変革**の各段階で同時促進的に起こり、各段階の変化は、相互連関的に作用し合い展開する。こうしたモデルは、岡（1985）や Maton（1993）によって提示されている。

　SHGs の機能についての研究は、さまざまな研究者によって、ある一側面についてはそれぞれ優れた成果を上げてきているが、それらの諸機能を有機的に結びつけ、位置づけ直すような研究は、まだなされていない。Killilea（1976）や、Stewart（1990）によって、広範な文献研究と理論の整理が試みられてはいるが、先に述べたような、諸機能を有機的に結びつけるような作業には手付かずのままである。そうした状況も踏まえ、ここでは、SHGs の機能のうち、よく言及され繰り返し引用もされ、それだけ研究者たちにとって重要であると、ある程度合意されていると思われる SHGs の諸機能について紹介する。

1) グループ・プロセス

　SHGs のシステムの一つとして機能する**グループ・プロセス**は、SHGs に参加するメンバーの**アイデンティティの再建**や**自尊心の改善**に有効に働きかける。

　Levy（1976）は、その定式化を、行動的側面（要素）と認知的側面（要素）の二つに分け、相互の関連性・相互促進性に注目しながら試みた。その認知的側面の最初には、メンバーに、彼らの問題や悩みについての理論的根拠（枠組み）を与えること、そして、グループのそれらの問題を扱う方法のための理論的根拠を与えること、それによって彼らの体験の神秘化を取り除き、変化や援助への期待を増大させることが置かれている。この理論的枠組みによって、問題の捉え直し、すなわち、リフレーミングが生じ、このことが、マイナスのものをプラスに転換し、しっかりと個々のメンバーに受け入れられることによって、後に続く行動・認知両面での決定的な「変化」が約束されることとなる。この認知的側面の最終段階では、メンバーが自尊心を据えることができるような、アイデンティティの新たな定義と新たな規範を開発し得る、新たな代替的な文化や社会構造の開発がくる。メンバーは、この新たな地盤に足を据えて、世界や自らの苦境と対面することが可能となるのである。

　このプロセスは、事柄を異なる方法で捉えたり、行為を違ったかたちで定義づけることによって、そしてそのことゆえに、自己像や社会像の意味づけが決定的に変革され、このことが「変化」と明確に結びつき、自らが抱える事柄に関する思考や感覚、そして、取られるべき行為の方向性を決定的に変えることとなり、メンバーと自分自身、そして問題とされるところのもの、さらには、世界との関わり・関係が大きく改善される過程として理解される。

　たとえば、黒人たちが、"Black is beautiful." というイデオロギーを内面化することによって、自分たち自身に対する否定的イメージを修正し、誇りをもって自らの文化や社会を形成していっている例などが挙げられる。

2) イデオロギー

　Antze（1976）は、各々の SHGs は、取り扱う問題に関する一定の知恵を求め、メンバーが回復への秘伝として尊ぶ、特殊化された「教え（teaching）」の体系をもつと見ていた。彼は、こうした「教え」をあえてイデオロギーと呼び、この機能こそが、メンバーの軽快の状態を持続させ、再発（ぶり返し）のプロセスを防ぐ鍵を握るという意味で、メンバーにとっての SHGs の機能と役割の中

核をなすものであると位置づけた。

　この「**イデオロギー**」は、そのSHGsに属する人々に基本的なところで共通している生活条件や、態度、認知といったものの特徴の中で、問題を作り出すような悪循環を維持させている状況の輪を断ち切り、再発に対する持続的な防御を供給する「**認識の解毒剤**（cognitive antidote）」として機能する。

　このことは多くの場合、各SHGsに所属しているメンバーを特徴づけている主要な態度に、**逆に働きかける**（counter-act）ことによって（たとえば、飲酒をコントロールしようとするアルコール依存症者に対して、AAが、飲酒をコントロールすることへの無力をイデオロギーとして提示することなど）効果を挙げている。体験が常にイデオロギーによって位置づけ直されることで、さらにイデオロギーの機能が強化され、小さな成功の積み重ねが、やがて包括的・全体的（total）な体験とイデオロギーの受け入れ、**同化**（identification）へと繋がっていく。

　こうしたイデオロギーと体験との相互作用、さらに、それに基づくイデオロギーとよりよい適応との相関が、円環的に相互促進的に強化される中で、問題を維持させる繰り返しの悪循環へと陥ることが防がれ、自らを十全と見るより強固な自己の再統合と、自らの生活をコントロールし得るという感覚が獲得され、メンバーはやがて社会変革にも関わっていく「力を得る（エンパワメント）」ものであると理解される。

3）ヘルパー・セラピー原則

　Riessman（1965, 1990）は、**ヘルパー・セラピー原則**（the helper therapy principle）という概念を打ち出した。これは、最も単純にいえば、「人は援助をすることで最も援助を受ける」というものである。それが、SHGsに代表される消費者参加の強調や、体験的知識の特性（問題をもっていること自体が、他者の問題解決の一部となるなど）と結びつくことで、ヒューマンサービスにおける援助を再構築し、援助がより人々のニーズに合致したかたちで自己増殖し、その中で人々が「力を獲得していく」精神が増大していくプロセスを支え、推進していく力になり得るとRiessmanは考え、ヘルパー・セラピー原則を「1990年代のヒューマンサービスのパラダイム」であると位置づけた。

　Riessmanは、SHGsにおいて、このヘルパー・セラピー原則が非常に有効に機能していると見ている。というのも、SHGsにおいては、メンバーは相互に援

助し合っており、それゆえ、援助役割は広く分散し、援助を与えることが、援助を受けることを容易にするからである。

さらに、特に重要なのは、援助の与え手と受け手が共通の問題を抱えており、そのことから生じる深いレベルで実感を伴う共感と内的理解が、援助者を特に効果的に機能させるのである。つまり、問題を抱えているそのこと自体が、問題解決の一部となるのである。問題状況に伴う自らの体験的知識が、同じような体験をもつ仲間を援助する力となることを知ることによって、烙印（stigma）によって限定されることなく、自らを積極的に受け入れることが可能となり、メンバーの自尊心が高まり、援助を受ける能力も増すのである。

さらに Riessman は、このヘルパー・セラピー原則を利用することで、ヒューマンサービス再構築に、特に援助資源の拡張という点で、大きな利益が得られると主張した。すなわち、援助を与える目標とされる人々自身を、積極的な援助資源として位置づけ直そうというのである。援助の与え手が援助することを通じて、大いに援助されるというヘルパー・セラピー原則を利用することで、援助の受け手を援助の与え手（担い手）に移し、問題をもつことを解決の一部としてしまう。そのことで、援助の人的資源を拡張しようというのである。

このことは、対象となる問題の把握をより確実にし、自尊心を築き上げ、相互関係を活性化することにも繋がり、やがて援助が自己増殖的に展開し始める条件ともなる。

4）SHGs の専門職援助に対する批判的役割

岡（1985, 1988）は、SHGs が専門職の援助を問い直す側面として、①「**脱烙印化（destigmatization）**」 ②「**脱病理化**」 ③「**脱専門化**」の三つの批判的役割を挙げている。

①は、専門職の援助は、しばしば「診断」という名の「役割定義」（たとえば、アルコール依存症者、障害者）を当事者に与え、自らもそれを受け入れることを強いる形で「烙印（stigma）」を負わせ、「役割定義」に従って自らが扱われる不快感（劣等感や恥の意識、罪の意識など）を伴うものである。それに対し、SHGs の援助は、同じ悩み、同じ病、同じ障害、同じ家族問題などを抱えた人々から、対等な立場で支えられるために、そうした「烙印」を伴わないことが多い。さらに、そうした「烙印」を除去するような結果をもたらすことも少なくない。たとえば、先にも挙げた "Black is beautiful." や「老いは美しい」といっ

た見方などである。

　②は、専門的援助は、問題を異常なもの、治療すべきもの、除去すべきものと考える。それに対して、SHGsの援助には「脱病理化」の志向性がある。それは、問題状況を、あくまで正常（ノーマル）なものの一形態として捉える方向性である。「脱烙印化」が社会からの差別や偏見、歪められた自己認識からの解放を強調するのに対して、「脱病理化」は、問題をもつ個人だけが「要治療」であるという認識を改めさせ、問題を社会の側に求め、身近な環境への比較的単純な介入によって解決できるものと考える方向性なのである。たとえば、車椅子でしか外に出られない障害をもった人に、脚を治せば外に出られるというのではなく、車椅子を遮断している社会のあり方に問題があるとしていくものである。そうした意味での、あくまで個人のニーズに合わせた（社会の都合の受け入れを強要するのではなく）、**環境と個人との適合性**（fitness）を高めようとする方向性である。これは、自己の正常化とか、**ノーマライゼーション**と共通したところもあり、ここから、「障害も個性のひとつ」「病気と付き合って生きる」という発想が生じてくる。

　③は、その用語自体が幅広い意味を内包しているが、ここでは、特に専門化の過程に伴う「専門分化・細分化」によって、当事者の「問題」が多くの部分に分割され、それぞれが特殊な概念枠によって把握される方向性に対して、問題をもちつつ、それと共に生活していく当事者の視点からの「統合的・全体的・包括的」で、日常的で、実感を伴った分かり易い概念枠で問題を捉えようとする方向性である。これは、すでに検討してきた、Borkman（1976）の「体験的知識（experiential knowledge）」の提示してきた方向性と合致するものである。

5）グループ・ダイナミックス

　Levine（1988a, 1988b）は、問題状況に置かれた人が、その問題に見舞われたことによっていかなる危機状況へと追い込まれ、それが相互扶助（mutual assistance）の特徴をもつSHGsに参加することで、その相互援助のダイナミクスによってどのような変化がもたらされ、当事者が「力」を得ていくかを、**コミュニティ心理学**のエコロジカルな視点から描き出している。

　Levineによれば、問題状況に置かれた人々は、それまで社会から教え込まれ、自らもそうであると信じていた理想状態から外れてしまった自分自身を受け入れがたく、自己追放（自己排斥）のプロセスにより、孤独に陥っている。そして、

あたかも自分の問題、感情、体験は、自分だけの特殊なもののように感じられる。その結果、他者との接触は制限され、**コミュニティ感覚**（psychological sense of community）は失われてしまっている。

問題をもつ個人は、自らの特殊な人生の状況を解釈するのに役立つ哲学や、イデオロギーを開発する機会をもっていない。理想とする状況から外れて生活することは、自尊心（self-esteem）の低下へと繋がる。問題に対処する術をもたず、社会的・心理的に孤立した状況は、SHGsへの参加を動機づける十分な準備ができている状態であるともいえる。

こうした状況で参加してくるメンバーをSHGsは、どのように援助するのだろうか。Levine & Perkins（1987）は、SHGsで展開される相互援助のダイナミックスの特徴を、六つ挙げている。すなわち、①心理的なコミュニティ意識を促進　②哲学的解毒剤（antidote）として供せられるイデオロギーの供給　③告白、カタルシス、相互批判の機会を供給　④役割モデル（role model）の供給　⑤日々の問題（day-to-day problems）への効果的な対処戦略を教える　⑥社会関係（social relationships）のネットワークの供給、である。詳しく述べれば、メンバーは、SHGsに参加することで、同じ問題を抱え、それだけに共感もしてくれる仲間を発見し（①）、問題状況を捉え直すイデオロギーを獲得し（②）、安心して自分の体験を語ると同時に、同じ体験をもつ者だからこそ行える相互批判の場を供せられ（③）、同じ問題を抱えながら成功したり、日常生活をうまくこなしている多様な生きたモデルに触れ（④）、体験の交換の中で、日々の問題に対する効果的な対処戦略を身に付け（⑤）、グループを離れた場面でも力となる仲間の繋がりを得られるのである（⑥）。

6）エンパワメント（empowerment：力の獲得）

Rappaport（1981）は、従来のサービスの中にある考えには、人間を「ニーズ」をもつ者か、満たされない「権利」をもつ者と規定し、肉体的や精神的にハンディキャップをもち、標準化（normalization）されるか、保護（protect）される必要のある者とする考えが内在していたとしている。Rappaportは、こうした人間の捉え方は、いずれも人間を十全な存在と見なしておらず、彼らに「消費者であること」を強制し、彼らを非難し、専門職の役割を固定化させ、社会統制を強めることにも繋がってきたとしている。Rappaportは、こうした考え方を克服するパラダイムとして、十全たる人間として「力を獲得していくこと（empowerment)」を挙げ、人間が自らの問題を自ら解決し、自らの生活をコントロールする力を得、生活に意味を発見し、力を得ていくことで、コミュニティ感覚を育んでいっているプロセスをもつ SHGs の働きに注目している。

　Gartner & Riessman（1987）、Riessman（1990）は、援助のあり方を再構築する担い手として SHGs に大いに注目している。彼らは、伝統的援助モデルと SHGs をはじめとするプロシューマー・モデル（prosumer: 援助の受益者が、援助の担い手、プロデューサーになることで表現される）との特性を比較している。なかでも、SHGs の活動は、問題を抱えていることそれ自体が他者の問題解決の一部となる点、メンバーの自尊心や援助を受ける能力を高める点、援助が自己増殖していくプロセスなどに注目し、メンバーが、活動を通じて力を得（エンパワメント）、セルフヘルプの精神（the Self-Help Ethos）を醸成することを通じて、ヒューマンサービスの実践や、公共政策の再構成に貢献し得ると見ている。

[6] SHGs の可能性と限界

　以上で見てきたように、個々の SHGs は、参加してくるメンバーの「体験的知識」に基づいた、問題への個別的対応に力を発揮してきた。ただし、そのことは、同時にさまざまな限界や危険性をも抱え込むことを意味している。

　その限界と危険性は、SHGs 活動が、政府・行政の責任逃れの口実に利用され、結局は、社会における資源や力の不適正な配分を永続化させることに繋がることである。また、問題の特殊性・個別性が連帯を阻み、皆がその資源を共有できる完全な社会を求めることから目をそらさせ、地域限定的な個別的活動で問題が解決できるという幻想を抱かせるといったかたちの危険性として発現することとなる。

　しかし、また同時に、個々の SHGs 活動は、その個別的・特殊化された問題で一定の成功を収めれば収めるほど、そこだけではどうにも解決のつかない社会資源の制約やサポート体制の欠如といった、構造的社会変革に連なる問題にぶち当たらざるを得ないのである。

　こうした構造的な変革の実現のためには、SHGs が個々の扱っている課題をどのようなかたちでまとめ上げ表現するかといった問題が残されており、大規模でしっかりした政治力の基盤をまとめ上げる必要がある。つまり、SHGs の形成の基盤となる個別の状況や健康問題への対応とは区別して、構造的な社会変革を志

向するSHGs運動に自己同一化し、その運動を担っていく過程が、いかなる状況・条件の下でなされ得るのかの検討を必要としている。

　それは、一つの運動として要求をまとめていく上で必要とされる、状況と条件を問うていくことにも繋がる。その意味では、運動の共通の基盤となり得るいくつかの側面がある。第一には、「体験的知識」によって、自らの生活をコントロールし得るという体験を積み重ね、自分には「力がある」という感覚（エンパワメント）を高めるという側面である。第二には、プロシューマー・モデル（サービスの生産者としての消費者）を核として、問題を抱える内部者（insider）の視点から、従来のサービスに全くない新たなパラダイムを提示し、その力で、専門職に役割変更を求める側面である。以上、二つの側面よりなる「セルフヘルプの精神」（Gartner & Riessman, 1987）を強力に主唱し、その力でサービスを再編し、構造的社会変革をもたらす勢力としてのSHGs運動に、強力なリーダーシップが発揮されることが求められている。

[7]　展望と残された課題

　SHGsに参加してくるメンバーの抱えた問題やそれを取り巻く状況は、その重さや困難さゆえに、そしてその問題の緊急性ゆえに、自らサービスを生み出さざるを得ないところに追い込まれるような性質のものである。まさにそのことに応え続けてきたものが個別のSHGsの活動実践である。

　SHGs活動が応え続けてきた個別の問題解決や、活動実践の重要性と含む意味の大きさは、強調してもし過ぎることはない。ただし、その重要性と意味の強調は、SHGsのメンバーが生き続けざるを得ない社会の状態や環境を、彼らが生きやすいものに変えていくことに反映させる意味で行われていく必要がある。

　個別的な対応でもたらされた「問題の解決」が、そこで成し得ない問題の新たな発見へと導くのである。最終的に行き着かざるを得ないのは、その問題の矛盾点の解消へと直接アプローチしていくことである。

　「残された課題」は、まさにここにある。すなわち、個別的な問題に対応しつつ、自らを取り巻く社会環境を変えていくための包括的な運動を展開していく条件を、いかに整えていくかということである。このことは、一つには、個別的な問題の対応は、個々の単会レベルのSHGsで対応し、より対社会的な運動の展開には、各単会との連携を密にしながら、その連合体が当たるという役割の分担が、考えられるかもしれない。

ただし、現時点では、この課題に取り組むべき戦略も、その戦略を支え続ける理論的枠組みとしてのイデオロギーも、広く共有され得る包括的な意味を含む社会的目標も、明確なかたちでは提示し得ない。また、そうしたものは、個人の観念的な思索の中に求められるべき種類のものでもない。こうしたものは、外に求められると同時に、具体的な実践活動の積み重ねの中から醸成もされてきて、その両面からのせめぎあいの中から生み出され、力を獲得していくものである。この意味での力の獲得が、個々のSHGs自体の活動も強化し、同時に、「社会変革」をもたらす具体的で実体のある「力の結集」に繋がるのである。

個別の問題への対応と、それだけでは満たされない社会構造上の矛盾点に連携してアプローチしていくことという、この二重の意味での課題に取り組み、応え続けていくことこそが、SHGs運動自体に課せられた課題であり、その実践の中から、構造的な意味での「社会変革」のための理論も戦略も、それを支えるイデオロギーと社会的目標と共に獲得されていくものである。

こうした一連の動きは、相互促進的に強化され、大きな吸引力と求心力をもつと同時に、外に向けての大きな「社会変革」のためのパワーを発揮していくものである。

1993年8月、千葉市の幕張メッセで開かれた世界精神保健連盟世界会議は、医療における**インフォームド・コンセント**の重要性などを謳った「幕張宣言」を発表した。

まず「精神保健サービスを受ける人はすべて、基本的人権および自由が尊重されなければならない」とし、治療の内容について患者は十分に知らされた後、同意の上で治療が行われなければならないという「インフォームド・コンセント」原則の重要性を強調した。

さらに、ユーザー自身が精神保健サービスの計画や運営、評価に参加する必要があるとし、これの達成のために、精神医療ユーザーのインターナショナルなSHGsである「**世界精神医療ユーザー・サバイバー連盟**」の果たす役割が重要であると謳った。

精神医療の場面でのユーザーの参加、さらには、サービスの計画・運営・評価に共に、ユーザーが参加していくことの重要性を世界に宣言し、その担い手として、「世界精神医療ユーザー・サバイバー連盟」が位置づけられたことの意味は大きい。

今や、新たなサービスの再構成やヒューマンサービスの再編への起爆剤として

の力をもつ「社会変革」的活動である SHGs の位置づけが、世界的に認知されたのである。

この世界的な認知を踏まえ、より一層、地道で着実な活動が、他方で国際的な連携が、要請されているのである。

引用文献

Antze, P. 1976 The role of ideologies in Peer psychotherapy Organization: Some theorietical considerations and three case studies. *The Journal of Applied Behavioral Science*, **12**(3), 323-346.

Borkman, T. 1976 Experiential knowledge: A new concept for the analysis of self-help Groups. *Social Service Review*, **50**(3), 445-456.

Borkman, T. 1990 Self-Help groups at the turning point: Emerging egalitarian alliance with the formal health care system? *American Journal of Community Psychology*, **18**(2), 321-331.

Froland, C., Pancoast, D. L., & Parker, P. 1983 "Introduction." In Pancoast, D. L., Parker, P., & C. Froland, C. (eds.) *Rediscovering Self-Help: Its Role in Social Care*, 9-23. Sage.

Gartner, A. 1976 Self-Help and Mental Health. *Social Policy*, 28-40.

Gartner, A. & Riessman, F. 1977 *Self-Help in the Human Services*. Jossey-Bass.（久保紘章（監訳） 1985 セルフ・ヘルプ・グループの理論と実際．川島書店.）

Gartner, A. & Riessman, F. 1987 The surgeon general and the self-help ethos. *Social Policy*, Fall, 23-25.

Hurvitz, N. 1976 The origins of the peer self-help psychotherapy group movement. *The Journal of Applied Behavioral Science*, **12**(3), 283-294.

Katz, A. H. & Bender, E. I. 1976 Self-Help groups in Western Society: History and prospects. *The Journal of Applied Behavioral Science*, **12**(3), 265-282

Katz, A. H. 1981 Self-Help and Mutual Aid: An Emerging Social Movement? Ann. Rev. *Sociology*, **7**, 129-155.

Killilea, M. 1976 Mutual help organization: Interpretations in the literature. In Caplan G. & Killilea, M. (eds.) *Support Systems and Mutual Help*, 37-95. Grune and Stratton.

Levine, M. & Perkins, D. 1987 Self-Help Groups. In Levine, M. & Perkins, D. (eds.) *Principle of Community Psychology*, 234-257. Oxford University Press.

Levine, M. 1988a An analysis of mutual assistance. *American Journal of Community Psychology*, **16**(2), 167-188.

Levine, M. 1988b How self-help works. Social Policy, Summer, 39-43.

Levy, L. H. 1976 Self-help Groups: Types and psychological processes. *The Journal of Applied Behavioral Science*, **12**(3), 310-322.

Maton, K. I. 1993 Moving beyond the individual level of analysis in mutual help group research: An ecological paradigm. *The Journal of Applied Behavioral Sci-*

ence, **29**(2), 272-286.

三島一郎　1993　セルフ・ヘルプ・グループの機能と役割——その可能性と限界．慶應義塾大学大学院社会学研究科修士論文（未公刊）．

三島一郎　1997　セルフ・ヘルプ・グループの機能と役割——その可能性と限界．コミュニティ心理学研究，**1**(1)，82-93．

岡　知史　1985　セルフヘルプ・グループ（SHG）の機能について——その社会的機能と治療的機能の相互関係．大阪市立大学社会福祉研究会研究紀要，**4**，73-93．

岡　知史　1988　セルフ・ヘルプ・グループの働きと活動の意味．看護技術，**34**(15)，12-16．

岡　知史　1990　日本におけるセルフ・ヘルプ・グループ——そこにみられる相互扶助の伝統と自立＝解放運動の流れをめぐって．上智大学社会福祉研究平成元年度年報，4-31．

Rappaport, J. 1981 In praise of paradox: A social policy of empowerment over prevention. *American Journal of Community Psychology*, **9**(1), 1-25.

Rappaport, J. 1985 The power of empowerment language. *Social Policy*, **16**, Fall, 15-21.

Riessman, F. 1965 The "Helper" therapy principle. *Social Work*, **10**, 27-32.

Riessman, F. 1990 Restructuring help: A human service paradigm for the 1990s. *American Journal of Community Psychology*, **18**(2), 221-230.

Stewart, M. 1990 Expanding theoretical conceptualizations of self-help groups. *Social Science and Medicine*, **31**(9), 1057-1066.

Wollert, R. & Barron, N. 1983 Avenues of Collaboration, In Pancoast, D. L., Parker, P., & Froland, C. (eds.) *Rediscovering Self-help: Its role in social care*, 105-123. Sage.

Zola, J. K. 1987 The Politicization of the self-help movement. *Social Policy*, Fall, 32-33.

❻ コミュニティ・カウンセリング

井上孝代

[1] コミュニティ・カウンセリングの位置づけ

　日本臨床心理士資格認定協会は、「臨床心理士になるための学習課題」あるいは活動分野として、①**臨床心理査定**、②臨床心理面接、③**臨床心理学的地域援助**、④調査・研究、の4点を挙げている。

　①臨床心理査定とは、面接・観察・種々の心理テストを用いてその人の特徴や問題点の所在を明らかにしようとし、どのような方法で援助するのが望ましいかを検討することである。

　②臨床心理面接とは、いわゆる心理カウンセリング（心理相談）のことである。すなわち、来談する人の特徴に応じて、さまざまな臨床心理学的技法（傾聴をはじめとするマイクロカウンセリング、遊戯療法、箱庭療法、芸術療法、夢分析、家族療法、精神分析、行動療法、動作法、など）を用いて、心の問題改善と本人の発達のための援助を行うことである。

　③臨床心理学的地域援助とは、そのままの名称で呼ばれること（山本，2001）もあるが、「**コミュニティ心理学**」（山本，1986; Orford, 1992; Duffy & Wong, 1996）、「**臨床・コミュニティ心理学**」（山本・原・箕口・久田編，1995）、「**コミュニティ臨床心理学**」（岩堂・松島編，2001）、「**社会臨床心理学**」（下山・丹野編，2002）、「臨床心理的コミュニティ援助論」（金沢，2004）、あるいは「**コミュニティアプローチ**」（村山編，2003）という呼び方もあり、全く同じかどうかはともかくとして、ほとんど同内容・同分野を表している。すなわち、「心の問

題」は単に個人のみに限るものではないので、学校や職場や地域社会の人々に働きかけて有機的な援助を適切に行ったり（**コンサルテーション**など）、個人のプライバシーを守りながら、心の環境の調整を専門的に行う活動も含まれる。また、一般的な生活環境の健全な発展のために、心理的情報を提供したり提言したり、場合によっては社会を啓蒙したり変革する活動も行う。本節では、カウンセリングという専門分野の中で、地域援助をどのように行うかを解説する。

④調査・研究（リサーチ）とは、心の問題への援助を行っていくうえで、技術的な手法や知識を確実なものにしていくために、基礎となる臨床心理的調査や研究活動を行っていくことである。

これら4分野のうち、最も理解がされてきていない分野は③臨床心理学的地域援助である。山本（2001）による臨床心理学的地域援助の定義に従うならば、コミュニティ・カウンセリングを、③「コミュニティ」と「カウンセリング」が組み合わされた分野であると位置づけることができる。一般に、「カウンセリング」という用語は、②の「臨床心理面接」を表すものであるが、心の病・異常・障害の改善ということをめざす「心理療法」・「精神療法」と対比させて使う場合は、個人の発達可能性に着目し、その人格発達を援助するという側面を強調して使うことがある。その場合「カウンセリング心理学」と呼ばれることもある。カウンセリング心理学の起源は「相談とガイダンス」であり（Gladding, 1997; Hershenson, Power, & Waldo, 1996）、たとえば、アメリカでのカウンセリング学科は教育学部に置かれ、心理療法は文学部系心理学科の一分野としての臨床心理学コースに置かれるというような違いがある。

[2]　コミュニティ・カウンセリングの歴史

カウンセリングの歴史から、コミュニティ・カウンセリングの系譜をたどるならば、元々は、学校・大学の学生相談以外の機関や場面で使われていたカウンセリングのことをコミュニティ・カウンセリングと呼んでいた。1908年にパーソンズ（Persons, F.）がアメリカ・ボストンに「ボストン職業相談所」を開設したのが、その始まりである。しかし、第二次世界大戦までは、カウンセラーの仕事は、主に学校・大学を舞台にして行われていた。第二次世界大戦後、復員兵のための職業的・リハビリ的・個人的なカウンセリングの需要が高まり、それが民間人をも対象とすることになり、コミュニティにおけるカウンセリングが広がっていった（Hershenson & Berger, 2001）。

1963 年に**地域精神保健センター法**が施行された。このセンターのプログラムは、公衆衛生モデルを精神医学に導入したのである。これを受けるようにして、地域のメンタルヘルスに関わるカウンセラーの需要が高まった。一方、心理学の分野では、1965 年 5 月ボストン郊外にあるスワンプスコットで開かれた「地域精神衛生にたずさわる心理学者の教育に関する会議」（通称「ボストン会議」）が「コミュニティ心理学」の出発点となっている（山本，1986）。

1970 年代には、カウンセラー教育において、コミュニティ・カウンセリングの講座が多く作られ、コミュニティ・カウンセリングを書名にした 2 冊のテキスト（Amos & Williams, 1972; Lewis & Lewis, 1977）が発行された。アメリカ・カウンセリング学会が母胎となった「カウンセリングとその隣接領域の講座資格認定委員会（CACREP）」は、1981 年、88 年、89 年にカウンセリング専攻の大学院の基準を設定・改訂し、コミュニティ・カウンセリングのコースは、学校・大学以外の場面でのカウンセリングを対象とするものとして位置づけられた。この定義は次回の改訂まで続いた。

しかし、1994 年の基準改定では、コミュニティ・カウンセリングのコースは、それ以前のように「学校・大学以外」という場面で定義されるのではなく、独自のプロセスと志向性をもつものとして規定されるようになった。その中では、以下のようなカリキュラムが提起された（Hershenson, Power, & Waldo, 1996）。

1）コミュニティ・カウンセリングの基礎

① **メンタルヘルス運動**の歴史的・哲学的・社会的・文化的・経済的・政治的な次元。

② コミュニティ・カウンセリング・カウンセラーの役割と職務と専門的アイデンティティ。

③ コミュニティ・カウンセリングの実践に関係ある専門機関とトレーニングの基礎と人的機関と倫理基準。

④ コミュニティ・カウンセリングに固有の専門的問題の意味するもの（implications）。たとえば、実践の評価、補償、権利など。

⑤ コミュニティ・カウンセリングに関連する社会・文化的、人口統計的、あるいは、ライフスタイルの多様性が意味するもの。

2) コミュニティ・カウンセリングの社会文化的次元
① 多様な実践場面におけるコミュニティ・カウンセラーの役割、および、それらの場面におけるカウンセラーと準専門家との関係。
② コミュニティ・カウンセラーが実践を行う制度と場面の組織的・財政的・法制な諸次元。
③ コミュニティ・カウンセリングの介入とプログラムとシステムを計画し、実行し、評価するためのコミュニティのニーズの査定の理論と技術。
④ コミュニティへの介入・コンサルテーション・教育・アウトリーチについての一般的原則。各コミュニティにおける公共的、私的、ボランティア的なヒューマンサービスのプログラムとネットワーク。

3) コミュニティ・カウンセリングの実践のための知識とスキル
① コミュニティ・カウンセリングのサービスを行っている制度と、機関によって対象となっているクライエントの個人的な性質。それは、たとえば社会経済的な人種、民族性、慢性疾患、発達的移行の影響、および対人的な、あるいは、家族内、コミュニティ内の暴力を含む。
② 正常な発達を前提にしたクライエントに対するプログラムの開発と、サービスの実施の原則。たとえば、予防、サポートグループの形成、ピア・ファシリテーション・トレーニング、両親教育、キャリア・カウンセリング、情報提供、自助の奨励、などである。
③ クライエントのコミュニティ資源への理解と、アクセスを推進するための効果的な諸ストラテジー。
④ カウンセリング的介入を計画するための初回面接の実施と、メンタルヘルス的な既往歴の諸原則。
⑤ 公共政策と政府との関係の問題における、クライエント・アドボカシーのために効果的な諸ストラテジー。スーパーバイザーのもとによるインターンシップ（それはコミュニティ・カウンセリングに限らず、すべてのCACREP認定カリキュラム場面で行われ、クライエントとコミュニティ介入のための予防的・発達的・治療的な介入が行われねばならない）。

これらは、**予防精神医学**やコミュニティ心理学の発展を意識したものとなっている。したがって、コミュニティ・カウンセリングが、それ特有の課題・プロセス・志向性をもつものとして広く認識されたのは、1990年代に入ってからなの

である。そして、その内容は、従来のカウンセリングの成果と、コミュニティ心理学の成果と、ソーシャルワークの成果を統合した領域であるといってよいだろう。しかしながら、アメリカ・カウンセリング学会においては、独自の下位部会は未だ形成されておらず、専門学術雑誌もない（Hershenson, Power, & Waldo, 1996）のが現状である。とはいえ、現在では、コミュニティ・カウンセリングが独自の専門性をもった領域として、認知されている。

[3]　コミュニティ・カウンセリングの今日的な定義

コミュニティ・カウンセリングについて、Lewis *et al*. (2003) は、「個人の発達とすべての個人およびコミュニティの幸福を促進する介入方略とサービスを総合的に援助する枠組み」のことであると述べている。これは、今日的なコミュニティ・カウンセリングを定義しているものといえる。Lewis *et al*. (2003) によれば、その活動場面は多様であり（学校・大学を含む）、以下のような六つの特徴をもつとする。

① コミュニティ・カウンセリングの立場は、個人をその生きる文脈の中でとうえ、社会環境の要因を重視する。環境は悪い影響と善い影響を与えるものである。環境要因をわれわれは軽視・無視して、問題をその個人に内在するものととらえがちである。これを「帰属の基本的過誤」という。帰属の基本的過誤にとらわれることなく環境要因に目を配り、環境を変革することも含めて、問題を解決しようとする。

② 組織的・個人的な変化を促進するエンパワメントである。エンパワメントとは、力乏しく周辺化されている人々が、自分の人生の中でパワーのダイナミックスに気づき、人生での合理的なコントロールを得てスキルと能力を身に付け、実践を経て、他者の権利を傷つけることなく、コミュニティの他者のエンパワメントとともに達成される一連のプロセスのことである。組織的そして個人的にも変化を促進する活動のことである。

③ 援助には多様なアプローチがある。伝統的な治療モデルによるカウンセリングだけでは限界がある。より有効で効率的にクライエントの変化を作り出すには、多様なアプローチが必要である。その中には、個別のカウンセリングや心理療法のほかに、危機介入、関係促進、コンサルテーション、コーディネーション、グループ・ワーク、アドボカシーなどが含まれる。

④ 多文化に配慮すべきカウンセリングである。伝統的なカウンセリングで

は、クライエントの背景にある文化を尊重してこなかった。コミュニティ・カウンセリングでは、**異文化間カウンセリング・多文化間カウンセリング**の成果を取り入れている。

⑤　予防に重点が置かれるカウンセリングである。**一次予防**として一般向けの予防教育的活動があり、**二次予防**としては、早期発見と早期対応があり、三次予防としては、障害をもつことでさらなる二次的・三次的マイナスを背負わないようにするとともに、さらに問題の起こったクライエントの再発防止や問題の悪化を防止する活動がある。コミュニティ・カウンセリングは予防的カウンセリングを強調する。

⑥　さまざまな状況に応用可能なカウンセリングである。コミュニティ・カウンセリングは地域精神衛生活動に端を発しているが、そのほかの分野、すなわち学校・家族・産業・大学などでも応用可能なものである。

[4] コミュニティ・カウンセリング・モデルとカウンセリング・プロセス

コミュニティ・カウンセリングの範囲と考え方を示したのが表Ⅲ-6-1である。コミュニティ・カウンセリングは相手が個別のクライエントか集団的なコミュニティであるかどうかと、サービスが直接的か間接的かで以下の4種類に大別できる。

Lewis *et al.*（2003）のコミュニティ・カウンセリング・モデルの概念をみると、その構成部分は、表Ⅲ-6-1にあるように以下の4分野にカテゴライズされる

① 直接的コミュニティ・サービス＝**予防教育**
② 直接的クライエント・サービス＝**アウトリーチ**とカウンセリング
③ 間接的コミュニティ・サービス＝**組織変革**と公共政策
④ 間接的クライエント・サービス＝アドボカシーとコンサルテーション

これまでの伝統的カウンセリングにとっては、直接的クライエント・サービスに重点が置かれた。もちろん、コミュニティ・カウンセリングも個別カウンセリングを行うのだが、そこではクライエントと周囲の環境との相互関係に着目する。それからまた、アウトリーチを重視する。アウトリーチとは、面接室でカウンセリングをするだけでなく地域に出かけていって行う、いわば出前のカウンセリングである。

また、カウンセリングの対象はリスクの高い人々のみならず、ハイリスクに至

III章——介入戦略と方法

表III-6-1 各場面ごとにおけるコミュニティ・カウンセリング (Lewis *et al.*, 2003 より作成)

場面	直接的サービス		間接的サービス	
	コミュニティ・サービス	クライエント・サービス	コミュニティ・サービス	クライエント・サービス
地域メンタルヘルス	・メンタルヘルスについての教育プログラム ・メンタルヘルスに関係あるスキルを教える予防教育	・カウンセリングとリハビリのプログラム ・危機介入 ・ハイリスクや人生移行にある人々へのアウトリーチ・プログラム	・環境を変化させるために地域のコミュニティを援助 ・コミュニティ・メンタルヘルスに影響を与える政策へのアクション	・慢性のメンタルヘルス問題をもつような集団のためのアドボカシー ・援助ネットワーク内でのコンサルテーション ・セルフヘルプ・プログラムの促進 ・他の援助システムとの連携
キャリア発達	・キャリア計画と仕事関連のスキルのワークショップと教育プログラム	・カウンセリングと評価と職業紹介のサービス ・特別なニーズをもつ労働者のためのプログラム	・仕事の安全と職場の人間化を促進する努力のサポート ・差別的雇用の実践に反対するアクション	・雇用者へのコンサルテーション ・クライエントを他の機関につなぐ ・特別なニーズをもつ労働者のためのアドボカシー
専門機関	・予防教育プログラム ・訓練と技能形成プログラム	・カウンセリング・サービス（可能ならばボランティアやピア・カウンセラーを活用） ・特別なニーズにあわせたアウトリーチ・プログラム ・自立生活に焦点を合わせたリハビリ	・対象者や問題に影響する法的・経済的・政治的政策の変更への努力 ・問題を拡大化・深刻化させる社会環境の諸側面の同定	・対象集団へのアドボカシー ・他の援助者へのコンサルテーション ・援助ネットワークにおける諸機関・個人へのリンク ・セルフヘルプ・グループへのリンク
産業組織	・ストレス・マネジメント・プログラム ・ライフスキル・トレーニング	・被雇用者個人のアセスメントと短期のカウンセリングと他機関紹介 ・移行期にある従業員のためのアウトリーチ・プログラム	・職場でのストレスを減らす ・組織風土の改善努力	・スーパーバイザーのコンサルテーションとトレーニング ・地域の援助ネットワークとの連携 ・従業員がセルフヘルプ・プログラムへ参加することの促進
学校	・キャリア発達、対人スキル価値の明確化、問題解決健康問題、家族問題などの教育的プログラム ・コミュニティと両親の教育	・個人カウンセリングとグループ・カウンセリング ・ピア・カウンセリング ・ハイリスク状況にある子どもへのアウトリーチ	・青少年に影響を与える社会政策へのアクション ・学校の学習環境を改善する	・学校教員とコミュニティの援助ネットワークの成員に対するコンサルテーション ・コミュニティの諸機関につなげる
大学	・コミュニティ全体への教育プログラム ・ストレス・マネジメントやキャリア発達、孤独、青年から大人への移行などの問題についての予防的・スキル形成的プログラム	・アウトリーチ・カウンセリング ・特定の学生グループへの支援サービス ・ピア・カウンセリング	・キャンパス・ライフを改善する努力 ・大学と近隣とのコンフリクト解決	・教職員へのコンサルテーション ・学生集団を変えるためにより責任ある制度を作る努力

る前の人々の予防教育（一次予防）が、直接的コミュニティ・サービスの主要となる。

さらに、間接的なクライエント・サービスでは、アドボカシーとコンサルテーションが中心となる。アドボカシーとは社会的弱者のための代弁であり、コンサルテーションとは専門家に対する介入・援助活動のことである。

また、間接的なコミュニティ・サービスでは組織変革と公共政策の二つがある。クライエントに影響を与える社会環境を変革していくという活動である。

コミュニティ・カウンセリングのモデルは、さまざまなサービスを統合する価値観のセットからなっている。コミュニティ・カウンセラーはクライエントの欠点ではなく長所や本来もっているパワーを強調する。個人の発達にとって社会的な環境が重大な影響を与えることをコミュニティ・カウンセラーは重視する。さらにコミュニティ・カウンセラーは問題に対して反応するだけでなく、予防することを追求する。コミュニティ・カウンセリングの考え方によれば、個人はスキルを得る機会と自助する資源を与えられたとき、最も良い行動をすることができる。

これらの基本的な考え方と関連して、コミュニティ・カウンセラーは多面的なプログラムを作り、個人のカウンセリングを超え、予防教育やハイリスク状況での人々への対処へのアウトリーチ、問題を抱え苦しんでいる人々のためのアドボカシー、そして、公共政策に影響を与える努力を行う。これまでのコミュニティ・カウンセリングの実践は、カウンセラーの役割を広げ、心理学的な健康と多くの人々のウェルネスを促進し、伝統的なカウンセリングの実践家よりも、効率よく援助・支援活動を行ってきたのである。

引用文献

Amos, W. E. & Williams, D. E. 1972. *Community Couseling: A comprehensive team model for developmental services.* Warren H. Green.
Duffy, K. G. & Wong, F. Y. 1996 *Community Psychology.* Allyn & Bacon.
Gladding, S. T. 1997 *Community and agency counseling.* Prentice-Hall.
Hershenson, D. B. & Berger, G. P. 2001. The State of community counseling: A survey of directors of CACREP-Accredited programs. *Journal of Counseling & Development,* **79,** 188-193.
Hershenson, D. B., Power, P. W., & Waldo, M. 1996. *Community Counseling: Contemporary theory and practice.* Allyn & Bacon.
井上孝代　2004　マクロ・カウンセリングとは．井上孝代（編）共感性を育てるカウ

ンセリング──援助的人間関係の基礎. 1-25. 川島書店.

Ivey, A. E., D'Andrea, M., Ivey, M. B., & Simek-Morgan, L. 2002 *Theories of Counseling and Psychotherapy: A multicultural perspective*（5th ed.）. Allyn & Bacon.

岩堂美智子・松島恭子（編） 2001 コミュニティ臨床心理学──共同性の生涯発達. 創元社.

金沢吉展（編） 2004 臨床心理的コミュニティ援助論. 臨床心理学全書. 誠信書房.

Lewis, J. A. & Lewis, M, D. 1977 *Community Counseling: A human services approach*. Wiley.

Lewis, J. A., Lewis, M, D., Daniels, J. A., & D'Andrea, M. J. 2003 *Community Counseling: Empowerment strategies for a diverse society*（3rd ed.）. Brooks/Cole.（井上孝代（監訳）伊藤武彦・石原静子（訳） 2006 コミュニティカウンセリング──福社・教育・医療のための新しいパラダイム. ブレーン出版.）

村山正治（編） 2003 コミュニティ・アプローチ特論. 放送大学大学院教材，放送大学振興会.

Orford, J. 1992. *Community Psychology: Theory and practice*. Wiley.（山本和郎（監訳） 1997 コミュニティ心理学──理論と実践. ミネルヴァ書房.）

下山晴彦・丹野義彦（編） 2002 講座臨床心理学6 社会臨床心理学. 東京大学出版会.

山本和郎 1986 コミュニティ心理学──地域臨床の理論と実践. 東京大学出版会

山本和郎 2001 臨床心理学的地域援助とは何か──その定義・理念・独自性・方法について. 山本和郎（編） 2001 臨床心理学的地域援助の展開──コミュニティ心理学の実践と今日的課題. 244-256. 培風館.

山本和郎・原　裕視・箕口雅博・久田　満（編） 1995 臨床・コミュニティ心理学──臨床心理学的地域援助の基礎知識. ミネルヴァ書房.

7

メンタリング・プログラム

渡辺かよ子

[1] メンタリングとは何か

　メンタリング（mentoring）とは、成熟した年長者である**メンター**（mentor）と、若年の**メンティ**（mentee, ないしはプロテジェ protégé）とが基本的に一対一で、継続的（最短でおおむね1年）定期的に（おおむね月3～4回）交流し、適切な役割モデルの提示と信頼関係の構築を通じて、メンティの発達支援を目指す関係性を指す。

　メンターの語源は、ギリシャ神話の英雄オデッセウスが、トロイ遠征に際して子息の後事を託した親友のメントル（Mentor）にある。メンター（mentor）は今日、普通名詞として「賢明な人」「信頼のおける助言者」「よき師」を意味するようになり、動詞としても用いられている。メンタリングは大別して、日常的なインフォーマルなメンタリングと、人為的プログラムを介してなされるフォーマルなメンタリングがあり、メンタリング・プログラムは後者に属するものである（Freedman, 1999）。

　メンタリング・プログラムは、①参加者の募集　②スクリーニング（不適切なメンターの排除）　③マッチング（組み合わせ）　④両者へのガイダンス（メンターへの傾聴スキル訓練や発達心理学の知識など）　⑤モニタリング（カウンセラー等の専門家による支援と問題への対応）　⑥プログラムの評価、から構成される。メンタリング・プログラムは、地域コミュニティを基盤とするものと、学校など特定の場所を基盤とするものに分かれ、前者では柔軟なスケジュールで、両

者の自宅を含めた地域のさまざまな場所でメンタリングが行われ、後者ではモニタリングの容易さという特徴を生かし、放課後など、定期的に学年暦に応じたメンタリングがなされている。また近年、従来の様式では地理的・時間的制約によって参加できなかった多忙な専門家が、IT の活用によってメンタリングを行うテレメンタリングが、国境を越えて展開されている（Sipe & Roder, 1999）。

メンタリング・プログラムは学校・地域・企業が連携した、ごく普通の**市民ボランティア**による青少年発達支援システムとして各国で着実な成果を上げており、危険性をはらみつつも、メンティとメンター双方に、よき出会いとよき影響を与えていることが知られている。**メンタリング・プログラム**は、企業の人材開発や社会貢献、医療や教員などの専門職養成、青少年問題への対応として脚光を浴び、LD 児教育から英才教育、総合的学習、不登校や若年失業対策にまで、個に対応した**発達支援方策**として活用されている。具体的なメンターとメンティの活動内容は、各プログラムの掲げる目標や地域の事情によって異なるが、学校や自宅で一緒に宿題、スポーツ、ゲーム、料理、散歩をしたり、社会教育施設などに出かけたりと、極めて多彩である。メンタリングは**組織心理学**（久村, 2002）、教育学とならんで**コミュニティ心理学**においても注目され、2002 年に *American Journal of Community Psychology* の青少年向けメンタリングの特集号（Rhodes & Bogat, 2002）、2005 年には青少年向けメンタリングに関するハンドブック（DuBois & Karcher, 2005）が発行され、青少年の親以外の大人との関係性の重要性、フォーマルならびにインフォーマルなメンタリングに関する理論や実践的知見と課題を総括している。

[2] 歴史背景と現状

メンタリング運動の歴史的起源は、19 世紀末の貧困家庭の子どもたちに役割モデルを提示したことで知られる**フレンドリー・ビジター**（friendly visitor）、ならびに、20 世紀初頭のアメリカで非行少年少女の更正支援活動として開始された **BBBS 運動**（Big Brothers Big Sisters Movement：日本では通常 BBS と表記される）が行ってきた一対一（one man one boy）による支援保護活動にある。BBBS 運動は、シンシナティーの実業家ウェストハイマー（Westheimer, I. F.）の発意の後を受け、1904 年にニューヨーク市少年裁判所書記官のクールター（Coulter, E. K.）の提唱によって開始された。1908 年にはニューヨークで Big Sister 運動が組織され、各地で運動が広がっていった。1977 年に両者は

BBBSA（Big Brothers/Big Sisters of America）として統合され、その活動は人々によく知られている。BBBS運動は世界各地に普及し、日本においても「大正」期に『救済研究』や『法律新聞』などにその紹介論文が掲載されているが、運動そのものは1947年「京都少年保護学生連盟」によって開始された。1998年にはBBBSI（Big Brothers Big Sisters International）が種々の国際的要請に応じるために創設され、現在36ヶ国で実施されているBBBSによるメンタリング・プログラムの連携協力を推進している。

世界に先駆けメンタリング運動を主導してきたアメリカにおいては、1980年代の**ボランティア活動**全般の興隆を背景に、BBBS運動を機軸にしたメンタリング・プログラムは学校・地域・企業の連携とした社会運動として急速に発展した。この時期には各種のNPOが、薬物中毒、未成年者の妊娠、学力不振や退学等の青少年問題に対応する多種のメンタリング・プログラムを提供するようになった（Freedman, 1999）。草の根運動から生まれたメンタリング・プログラムは、急速に拡大し、拡大第一期（1988－1996年）、拡大第二期（1997年－）を経て、さらに今日、GEAR UP（Gaining Early Awareness & Readiness for Undergraduate Programs）がこれまでにはない連邦政府による大規模プログラムとして新たな展開を見せている（渡辺, 2003）。

MENTOR/National Mentoring Partnershipが2002年に発表した2,000人の大人を対象とする電話による調査（mentoring poll）によれば、アメリカだけで4,000以上のメンタリング・プログラムが存在し、250万人の青少年が一対一のメンタリング・プログラムに参加している。全成人の34%が過去12ヶ月において青少年のメンタリングを行った経験があり、同11%がメンタリング・プログラムに参加し、99%のメンターはメンタリングの経験に満足し、他の人にそれを推奨している。同調査は、アメリカの5,700万人の成人が、メンタリングを行うことを真剣に考えていると推計している（AOL Time Warner Foundation, 2002）。

アメリカのメンタリング・プログラムは、1990年代以降、各国に影響を与えた。イギリスでは、教育を国家政策の最優先課題とする労働党政権が、教育や雇用、福祉を貫く社会政策として強力な指導性を発揮し、失業や不登校、極端な成績不良などの通常のライフコースから外れる危機にある子ども（disaffected children）の問題に取り組む「就業支援型メンタリング」（engagement mentoring）、すなわち、子どもの社会的逸脱を防止し社会的包含（social inclusion）を

目指すメンタリング運動を推進している。カナダでは Stay-in-School Initiative（1992 年）、オーストラリアでは高齢者メンターによる The School Volunteer Programs（1994 年）が開始され、非行防止や退学防止、学業成績、就業・就学援助などに顕著な成果を上げている。1999 年にはメンタリングの国際組織として、ENYMO（European Network of Youth Mentoring Organization）がヨーロッパの 10 ヶ国（ベルギー、チェコ、デンマーク、フランス、ドイツ、リトアニア、オランダ、ポーランド、スウェーデン、イギリス）の 35 団体によって結成され、メンタリングに関する国際会議が開催されている（DuBois & Karcher, 2005）。

[3] 基礎理論

　今日世界各地で興隆しているメンタリング運動そのものは、個々の青少年の実際的必要に応じて実践的に構築されてきたものであり、特定の理論に基礎づけられて運動が生まれてきたわけではない。しかしながら、メンタリング・プログラムは、図らずも以下のような心理学や教育学、社会学の諸理論に対応している。

　その第一は、個人の**生涯発達論**であり、その理論的根拠は、成人中期の発達課題である「generativity」（生殖性、世代性、生成継承性）と、成人前期のメンターの必要性との合致ないしは統合ととらえることができる。多くの人生役割の達成による充実感と同時に自存在の有限性を認識する成人中期の発達課題を「generativity」ととらえ、それは他者や次世代への養育的関与によって達成される、としたエリクソン（Erikson, E. H.）の**ライフ・サイクル論**は、メンタリングのメンター側からの発達課題を示唆していた。とりわけ、老年のメンターにとっては、メンタリング・プログラムを介した異世代との継続的接触は、新たな人間関係の形成としてコンボイ構造を補強し、確実に迫る死を受け止めそれを乗り越える「超越的ニード」を満たすものとなっている。

　一方、レヴィンソン（Levinson, D.）らは、60 年以上にわたる成人期の発達をわずか三段階でとらえたエリクソンの理論を、「**生活構造**」の発達の視点から安定期と過渡期の繰り返しとして精緻化を試み、職場や家庭における**発達支援のエージェント**としてのメンター（よき相談相手）の重要性を論じた。メンターとは、教師として技術や知的発達を高め、後援者として青年の参加を促す力をふるい、青年の〈夢〉の実現を助け力づけるという点で、発達学的には最も重要な役割を果たしている、という。レヴィンソンらの生涯発達におけるメンターの重要

性の指摘は、シーヒー（Sheehy, G.）やヴェイランド（Vailant, G.）、カンター（Kanter, R. M.）らの研究と共に、セルフメイドマンの神話の崩壊を促し、クラム（Kram, K.）による企業組織でのメンターとメンティとの発達的関係性における4段階論など、1980年代以後多数のメンタリングに関する実証研究へと深化された。これらの研究が示した、女性やマイノリティ出身者が各界で十分な力を発揮しえないのはメンタリングの機会に恵まれていないからであるという知見は、それを補うためのキャリア支援型メンタリング・プログラムの必要性として広く認識され、アメリカなどの多数の大企業でメンター制度が導入されている。

　メンタリング・プログラムが提供するメンターの重要性は、**社会統制論**ならびに**レジリエンシー**（resiliency）研究によってもその根拠が与えられている。BBBS運動を1世紀にわたり導いてきた論拠に最も近いといわれる社会統制論によれば、社会的絆が強固な青少年ほど非行や問題行動によって失うものが大きいために、そうした非行や問題行動を避ける傾向が強く見られ、そのために向社会的他者や社会的に認められた目標への関与、慣習的活動への包含が青少年の非行防止に効果的であるという。こうした社会統制論は、子どもや青少年、とりわけ、一人親家庭や貧困などの逆境で育つ子どもや青少年の社会的・情緒的発達に、家族以外の世話をしてくれる大人が首尾一貫して存在することが違いをもたらしており、首尾一貫した頻繁な自発的接触がもたらす強い影響力の確信に導かれてきた100年間のBBBSの活動の論拠となっている。また同様に、青少年を身近で気遣う大人の重要性は、ウェルナー（Werner, E.）による30年間の時系列的分析によるレジリエンシー研究が示す知見、すなわち、家族以外の世話をしてくれる大人の存在が、子どもから大人へのスムーズな移行に重要な役割を果たしているという知見によっても、メンタリングの青少年の発達にとっての重要性が基礎付けられている。

　さらに、こうしたメンタリングを学習論の視点からとらえると、**社会的学習論**、正統的周辺参加論、発達の最近接領域からも、その学びの有効性の論拠が与えられている。また、正義論ないしは社会的公正をめぐる問題の視点からは、メンタリング・プログラムは、セン（Sen, A.）のいう潜在能力の拡大をはかることによってその多寡に最も大きな差が生じる青少年時代の社会的資本の補強策となっている（渡辺, 2004）。

[4] メンタリング研究の成果

　メンタリング・プログラムは導入当初から評価研究を盛んに行ってきた。その理由は、企業や地域から資金援助や物資の供与、人的援助（メンターの派遣）を得るためには、説得的な実証データが必要であったからであり、各プログラムの説明責任の履行なしに今日のメンタリング運動の興隆はありえないものであった。

　多様な要素が混入するメンタリングの有効性を抽出するのは、厳密には困難なことであり、メンタリング・プログラムの評価の多くは自由記述エッセイやごく簡単な参加者への感想を問うものがほとんどであったが、近年、実験群と統制群の比較によるメンタリングの成果の実証研究が行われている。その嚆矢となったのが1995年に発表されたBBBSのインパクト研究であり、959人の10歳から16歳のBBBSのメンタリング・プログラムに申し込んだ青少年を、メンタリングを受けた実験群と、ウェイティングリストに載せたままにしてメンタリングを受けなかった統制群とにランダムに割り当てた。18ヶ月後の両者の飲酒、学校への出席、自尊心などを比較したところ、メンタリングを受けた青少年は、そうでない青少年より、46％薬物を始めた者が少なく、とりわけマイノリティの青少年に関しては、その割合が70％少なかった。飲酒については27％（マイノリティは約50％）、暴力や欠席については約50％少ないことが判明し、学業有能感、成績、親や友人との関係にもすぐれた効果が見られた（Tierney, Grossman, & Resch, 1995）。

　2002年に発表された「メンタリング・プログラムと青少年の発達」においては、実験評価を行った5プログラムを中心に、アメリカの著名な10のメンタリング・プログラムの総括評価が行われた。メンタリングが出席、学業への態度、進学などの教育指標によき影響を及ぼし、薬物、飲酒、非行率の低下など、健康で安全な行動の発達に寄与にしていることが判明している。間接的因果関係も含め、保護者との関係など、対人関係行為へよい影響があったことが明らかになっている（Jekielek, Moor, & Hair, 2002）。

　同様に、2003年の"I Have a Dream"プログラムが行った1981年（初年度）来の8プログラムの総括評価においても、メンタリングの有効性が実証されている。高校卒業率については、6調査全てで有意に高く、2調査では2倍以上となり、1981年（初年度）ニューヨークの生徒61人の90％（それまでの同校実

績は 25%）、1993/94 年のシカゴで 69%（同地域全体は 40%）、96 年は 75%（統制群の 2 倍以上）となっている。カレッジ進学率については、4 調査全てにおいて非常に高率となり、初年度生徒の 60%、1996 年のシカゴでは統制群の約 3 倍となっている。学業成績、出席率にもよい効果が見られ、生徒の妊娠率そのものは減少せずとも、子どもをもつ生徒の 73% が、留年することなく高校卒業が見込まれている（全国平均は 30%）。教育達成動機については、量的・質的調査共に、メンタリングを受けた生徒が高水準にあり、友人関係や快活さ、非行にも効果があることが明らかになっている。また、費用効果として、ポートランドでの非行率低下が、男子メンティのみで 6 年以上 37 万ドルの節約となり、社会への総合経済効果はプログラム費用の 131% という試算もなされている（Arete Corporation, 2001）。

　こうしたメンタリング・プログラムの客観的効果が示されている中で、当事者のメンティやメンターはどのようにメンタリングを感じているのであろうか。U. S. Department of Justice, Office of Justice Programs, Office of Juvenile Justice and Delinquency Prevention（1998）によれば、メンター、メンティ双方共に、相手によい印象をもっていることが示されている。93% の青少年が、メンターに対し「大いに」「かなり」好感をもち、94% がメンターとよい関係を保っており、88% がメンターは青少年自身を理解してくれていると感じ、90% の青少年がメンターは自身の助けになったと感じていることが報告されている。一方、98% のメンターも相手の青少年に対して「大いに」「かなり」好感をもち、97% が青少年とよい関係を保っており、87% が青少年を理解していると感じ、74% が自身は青少年の助けになっていると感じている、と答えている。また、メンタリングから受けた利点についても、成績や出席率の向上、飲酒や薬物・喧嘩・暴力団・ナイフや銃の使用・問題を起こす友人からの回避、家族との関係のあらゆる項目において、メンティは 49% から 71% が「大いに」役立ったとし、メンターもそれより低い割合ではあるが、自身が役立っていることを感じている。同様の結果は他の多くのプログラムの報告においても示されているが、メンターは青少年よりも、自身の支援活動を低く評価する傾向があることが見て取れる。

　メンタリングがもたらす利点は、青少年にとっての利点のみならず、それと同様あるいは場合によってはそれ以上に、メンターに「生きがい」を与えている。たとえば、1,504 人のメンターに対する電話調査によれば、69% がメンティの

自己否定感に、49%が学校での問題に、48%が成績不振に、42%が悪い集団と群れることに、35%が家族とのよくない関係といった問題に対して、「大いに援助した」と確信している。また、メンタリングについて、73%のメンターが「大いに」、97%のメンターが「大いに」「幾分」肯定的なよい経験となったとし、83%のメンターが「よりよい人間である」「忍耐力」「友情」「**有能感**」「**傾聴や協調**などの新しいスキルの習得」などを含め、自身がメンタリングの経験から学び、得るものがあったとしている。さらに、84%が再びメンターになりたいと述べ、91%が友人にメンターになることを勧めたい、としている。

さらに注目すべきは、こうしたメンターの多くは、自らが幼少期や青年期に、親以外のメンターによって精神的支援を受けた経験があることである。メンターの69%が、継続的な指導や支援を提供してくれる親以外の成人がおり、メンターの経験のない者で青年期にそうしたメンターをもったものは42%に留まっている（McLearn, Colasanto, & Schoen, 1998）。また、メンター経験のある者は他のボランティア活動にも積極的に参加しており、こうした活動を通じても、メンタリングは世代を超えた「メンタリング・チェイン」と呼ばれるべき「正の連鎖」を構成しており、こうしたつながりを環流するものこそ、見知らぬメンターがメンティに提供した無償の支援と好意であり、それは次世代に向けられている。メンタリング・プログラムは、こうした相互的・互恵的支援の連鎖と環流の起点になりうるものであり、そうした意味から、**円環的生涯発達支援**として機能しているといえる（渡辺, 2002）。

[5] 今後の課題

こうして、さかんに提供されるようになったメンタリング・プログラムは、研究面・実践面からいくつかの批判を受けてきているが、そうした批判への対応により、メンタリング・プログラムそのものが新たな形態や工夫を加え、「進化」を遂げている。メンタリングの研究に対する批判は、①概念定義の曖昧さ、②効果測定の困難さ、③関係性をめぐる哲学的問題、に集約される（Grossman, 1999；DuBois & Karcher, 2005）。

第一の概念定義の問題については、多分野で実践研究されているメンタリングは、用語は同一であっても異なる文脈や現象が想定されている場合があることであり、メンタリングの概念そのものが、一対一を基本とする発達支援関係を指す包括的傘概念であることのパラドックスであり、その概念が用いられる文脈と操

作的定義を明確にしないかぎり、曖昧な抽象概念にとどまることは否めない。

第二の批判としては、メンタリングの効果が、そのプログラムによるものかどうかは特定困難であり、個人の資質や相性といった偶発性が多分に含まれる、という指摘がなされてきたことが挙げられる。しかしながらこの批判は、前述のBBBS のインパクト研究などによってその成果が少なくとも一定程度は実証され、以後の研究の焦点は、より確実な成果を生み出すためのプログラムの具体的工夫や、そうした成果を普及させるための資金とメンターの確保戦略に移行してきている。

第三の関係性をめぐる哲学的問題に関する批判としては、メンターによる当該社会の常識の教え込みという弊害が指摘され、多文化メンタリングという方向で非抑圧的メンターの在り方が探求されている。

これらの批判に実践的に対応しながら、メンタリング・プログラムとその実践評価研究は、多くの知見を蓄積してきた。1990 年代中期以降、①メンタリング・プログラムへの参加が、危機的状態にある青少年の態度や行動に重大な観察可能な変化をもたらすこと　②メンタリング関係の発展には信頼関係の構築が最重要であり、そのためには最短でも半年の期間が必要であること　③メンターの適正な選考、事前指導訓練、メンタリング継続に際しての事務局専門家によるモニタリングの重要性　④メンターのメンティに対する働きかけ、とりわけ最初の段階での働きかけやメンティの意思の尊重、メンティの嗜好や興味に応じた多様な活動の組み合わせが有効であること、などが判明してきた（Sipe, 1996; Grossman, 1999）。これらをふまえ、各地域や団体の実情に応じた種々の改良が加えられ、メンタリング・プログラムそのものも、伝統的な一対一から、メンターの不足などにより一対多の様式をとるものや、メンタリングが行われる場所が学校を中心とする様式、高齢者をメンターに特定した世代間プログラム（Taylor & Blessler, 2000）、IT を利用した国際的広がりをもつテレメンタリングなど、多彩なプログラムが工夫されている。

メンタリング・プログラムは、従来の青少年施策と比べ、①コストの安さ、②幅広い年齢層の人材の活用、③多種の機能との融合が容易であること、などの政策的メリットに加え、当事者に深い感謝と喜びを与えている。メンタリング・プログラムの**コミュニティ心理学**的意義としては、①「素人」と「専門家」の協働、②治療的介入ではない発達促進的介入、③世代縦断的コミュニティ成員の紐帯促進活動、がある。

メンタリング・プログラムは、個人の生涯発達の各段階において必要な被支援と支援との関係性を、私事化と専門分化が進行した社会の文脈で、共時的・通時的に環流させる、円環的生涯発達支援の方策として、**コミュニティ再生**のための重要な具体的手掛かりを提示している。とりわけ、プログラムを支えているのが、特別な訓練を受けた専門職ではなく、ごく普通の市民であるということが重要であると思われる。近代化の過程において、専門分化は社会の進歩のためには必須のものと考えられ、高度な知的訓練を要する専門職は、資格制度を通じて、知識と市場を独占してきた。しかしながら、このことは重要な社会的意思決定と関与を一部の人間に委ね、主体としての個人の弱体化を招くという点で、民主主義体制の根本を揺るがしかねないアキレス腱となってきた。メンタリングは特別な資格や才能を必要としない、ごく普通の市民が参加できる社会改革という点で、専門分化が進展した時代の地域コミュニティの再生に重要な意義をもつものであり、そうしたコミュニティにおける円環的生涯発達支援として、世代を縦断する長期的持続的な信頼関係の構築によるコミュニティ成員の紐帯促進活動の重要性、それを**発達促進的介入**によって支援するプログラムの可能性を、具体的に示している。

引用文献

AOL Time Warner Foundation 2002 *Mentoring in America*. Author.
Arete Corporation 2001 "I HAVE A DREAM": The Impact ⟨http://www.ihad.org/reports/ArteSummery_2001/pdf⟩.
DuBois, D. L. & Karcher, M. J.（eds.）2005 *Handbook of Youth Mentoring*. Sage.
Freedman, F. 1999 *The Kindness of Strangers*. Cambridge University Press.
Grossman, J. B.（ed.）1999 *Contemporary Issues in Mentoring*. Public/Private Ventures.
久村恵子　2002　メンタリング．宗方比佐子・渡辺直登（編）キャリア発達の心理学――仕事・組織・生涯発達．川島書店．
Jekielek, S. J., Moor, K. A., & Hair, E. C. 2002 *Mentoring Programs and Youth Development: A synthesis*. Edna McConnel Clark Foundation.
McLearn, K. T., Colasanto, D., & Schoen, C. 1998 *Child Health, Mentoring Makes A Difference: Findings from The Commonwealth Fund 1998 Survey of Adults Mentoring Young People*. The Commonwealth Fund.
Rhodes, J. & Bogat, A.（eds.）2002 Special Issue: Youth Mentoring. *American Journal of Community Psychology*, **30**(2), 149-326.
Sipe, C. L. 1996 *Mentoring: A Synthesis of P/PV's Research: 1988-1995*. Public/Private Ventures.

Sipe, C. L. & Roder, A. E. 1999 *Mentoring School-age Children : A Classification of Programs*, Public/Private Ventures.

Taylor, A. S. & Bressler, J. 2000 *Mentoring Across Generations : Partnerships for Positive Youth Development*. Kluwer Academic/Plenum.

Tierney, J. P., Grossman, J. B., & Resch, N. L. 1995 *Making a Difference : A Impact Study of Big Brothers Big Sisters*. Public/Private Ventures.

U. S. Department of Justice, Office of Justice Programs, Office of Juvenile Justice and Delinquency Prevention, 1998. *Juvenile Mentoring Program : 1998 Report to Congress*.

渡辺かよ子　2002　円環的生涯発達支援としてのメンタリング・プログラムに関する考察．教育学研究，**69(2)**，195-204．

渡辺かよ子　2003　米国におけるメンタリング運動の展開．言語文化，**11**，78-87．

渡辺かよ子　2004　米英のメンタリング運動と生涯発達支援の革新．日本生涯教育学会年報，**25**，185-201．

8

予防教育

伊藤亜矢子

「予防教育」といって、読者はまず何を思い浮かべるだろうか。

「予防教育」といっても、成人を対象に病院で行われる禁煙教育や、スクール・カウンセラーが学校内で行う**心理教育**まで、さまざまなものがある。現代では、知識理解を目標とした狭義の「予防教育」だけでなく、むしろ、法律の改定や総合的な学校運営指針の策定なども含む包括的な「**予防プログラム**」として、さまざまな活動が試みられている。

本節では、特に学校コミュニティを例として、個人から集団・地域社会に至る「予防プログラム」あるいは「予防活動」が、どう行われているかについて述べる。

[1] コミュニティ心理学における予防教育のモデルと意義

1) 予防プログラムの目的は？

周知のように、予防には**一次予防**（発生の予防）、**二次予防**（悪化の予防）、**三次予防**（二次障害の予防）がある。たとえば、薬物利用の予防なら、薬物利用そのものの予防が一次予防、薬物利用者の薬物依存の悪化を予防するのが二次予防、薬物利用による社会生活の破綻（離職や就職困難、暴力団との関わりによる被害など）を予防するのが三次予防である。

「予防プログラム」の目的は、一次予防だけでなく、二次予防や三次予防も含まれ、それらを総合した包括的なプログラムもある。コミュニティ心理学の生態学的モデルから考えれば、問題の発生と悪化、二次的障害は、密接に関係し合っ

ている。たとえば、薬物を利用する親が多いコミュニティでは、親の薬物利用による子どもの薬物利用の発生予防（一次予防）と同時に、コミュニティ内の親や大人たちの薬物利用の抑制（二次予防）が必要であり、親世代の薬物利用による収入の低下やコミュニティ全体の貧困の予防や改善（三次予防）が同時に行われなければ、効果的な一次予防も見込めない。

このように、個人の薬物利用行動そのものに介入するだけでなく、個人の生活の場であるコミュニティ全体を視野に入れて、コミュニティ内で有機的につながっている問題の、一次予防から三次予防まで、つまり、発生・悪化・二次障害を包括的に予防する考え方が、コミュニティ心理学的な予防プログラムの一つの特徴といえる。

複雑に絡み合う要因を、それらが発生する場で直接扱うことは、絡み合う因子が多く困難が大きい。しかし、だからこそ、プログラムの狙いや、減少させたいターゲットとなる事象は何かなど、プログラム立案の段階で、目的を明確にしておくことが重要になる。

2）何を予防するのか？

予防プログラムの対象となるのは、喫煙や薬物利用など身体的な健康に関わるものだけではない。子どもの愛情剝奪や虐待、成人の孤立など、精神的な健康はもとより、社会的な問題も含めて、まさに身体的・精神的・社会的な健康がコミュニティの中で保たれるよう、身体的・精神的・社会的な面で**コミュニティでの健康**（well-being of the community）を阻むあらゆる事象が、予防プログラムの対象となる。

たとえば、学校であれば、怠学や退学、欠席、薬物、暴力、低学力、校則違反など、学校内での子どもの成長を阻み、子どもたちの将来を傷つけるような事柄すべてが予防の対象となる。子どもたちの将来、と述べたが、コミュニティ心理学の重要な原理の一つである継承（succession：遷移ともいう）から考えても、問題の時間的なつながりについて考慮することは重要である。たとえば、知的に貧困な環境（蔵書の少なさや大人たちの識字率の低さなど）に育った子どもは、就学後の読み書き能力獲得にハンディをもつし、それが低学力をもたらせば、学校生活に楽しさを見出せず、欠席や退学に至りやすい。それらがさらに、低学力を促進する悪循環だけでなく、非行遊行による犯罪との結びつきや、将来の職業的な不成功にもつながっていく。つまり、欠席や退学という短期的結果だけでな

く、投獄や貧困、ひいては自殺や慢性的な疾病など、中長期的な結果として、より大きな危険に晒されることになる (Sprague & Walker, 2000)。ゆえにこうした将来の危険も見越した予防的な関わりが重要になる。

コミュニティ心理学的な発想に基づく予防プログラムでは、身体的・精神的・社会的な健康という**包括的な健康**（comprehensive health）が考慮され、"現時点"での問題だけでなく、将来にわたる予防的な意味や効果が考慮されるのが特徴なのである。

現代では、予防をさらに進めて、問題の予防だけでなく、**問題に打ち勝つ強さ**（resiliency：レジリエンシーともいう）の養成など、成長促進も予防と一体に考慮することが一般的である。たとえば Dalton, Elias, & Wandersman (2001) のコミュニティ心理学のテキストでも、予防（prevention）と**成長促進**（promotion）が合わさって一つの部門をなし、多くの頁を割いて詳しく説明されている。

3）プログラムの対象は誰か？

予防教育というと、個人の行動変化を目標に、個人に働きかけるイメージが強い。リスクの高い個人を対象に、問題行動の危険性を教育し、その行動を回避させるイメージである。

しかし、これまでにも述べたように、問題の発生には、コミュニティ全体のありようが複雑に関係している。個人の行動変化というレベルだけでなく、コミュニティ全体の変化をねらうほうが効果的な介入が行える場合も少なくないし、個人の変化だけをねらった介入効果が期待できない場合もある。たとえば、ゴミのポイ捨て予防では、近年日本でも、禁止区域を制定し罰則を定める法的処置が行われはじめている。これも、個人の倫理観に訴えてポイ捨て行動を予防することに残念ながら限界があり、コミュニティ全体への介入として、法的な罰則が制定された例とみなすことも可能であろう。

コミュニティ心理学における「予防活動」では、個人のみならず、個人を取り囲むミクロシステム（microsystems：家族や友人関係のネットワーク、学級や職場の所属部所など）、組織（organizations：学校や会社など）・地域（localities：近隣や町や市など）、**マクロシステム**（Macrosystem：地域のコミュニティを超えた社会や文化など）のレベルに至るまで、あらゆるレベルを対象として展開されてきている（Dalton, Elias, & Wandersman, 2001）。

たとえば、喫煙の害を予防する場合に、喫煙の害や禁煙行動を喫煙者個人に教えるのが狭義の「予防教育」なら、職場内に禁煙区域を設定し分煙を進めるマイクロシステムあるいは組織レベルの予防活動も可能である。さらには、その地域全体で公道での喫煙を禁じる自治体レベルでの禁煙条例を策定する地域レベルの活動もある。こうして個人へのアプローチを超え、コミュニティ全体を視野に入れた「予防活動」を展開することもコミュニティ心理学的な**「予防プログラム」**の特徴である。

4）コミュニティ心理学的な予防活動の特徴と意義

このように、コミュニティ心理学における「予防プログラム」「予防活動」は、個人への「予防教育」にとどまらず、一次予防から、二次予防・三次予防、そして成長促進をも目的として、個人の所属するあらゆるレベルのコミュニティを対象として展開されてきた。「一次予防・二次予防・三次予防そして成長促進」を縦の軸とすれば、「個人・ミクロシステム・組織・地域・マクロシステム」という個人を中心に同心円状に広がる地平を横軸に、広範囲にわたる「予防プログラム」が展開されてきたのである。

また、狭義の「教育」にとどまらず、地域における法律の改正やさまざまなシステムづくりといった、まさに「コミュニティ活動」「社会活動（social action）」が、コミュニティ心理学における予防活動の本質的な要素であることに注目してほしい。

[2] コミュニティ心理学における「予防プログラム」の例

それでは、そうした広範囲の「予防プログラム」は、たとえばどのように展開されてきたのであろうか。「一次予防・二次予防・三次予防＋成長促進」と「個人・マイクロシステム・組織・地域・マクロシステム」という縦横に広がる「予防プログラム」のイメージを掴むために、ここでプログラムの具体例を見てみよう。ここでは、学校に関する包括的な予防プログラムを取り上げる。

▷包括的なアグレッション予防（aggression prevention）プログラム

たとえば、学業不振が怠学や非行遊行につながり、薬物利用や婚外妊娠などに発展する場合があるように、子どもたちの問題行動は単独で存在するのではなく、しばしば相互に絡み合っている。また、打たれ強い（resilient）子どもは、もろもろのリスクに対して強さを発揮するし、ハイリスクな子どもたちは、多く

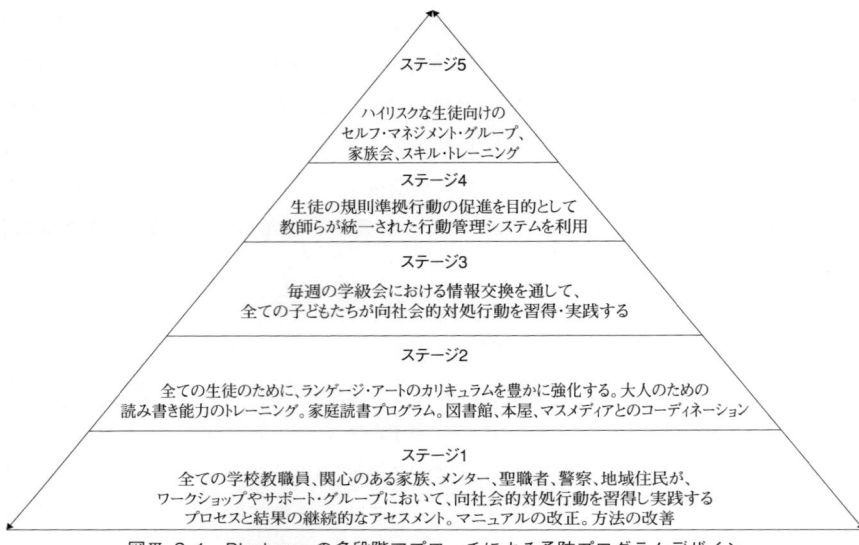

```
                    ステージ5
               ハイリスクな生徒向けの
             セルフ・マネジメント・グループ、
              家族会、スキル・トレーニング
                    ステージ4
              生徒の規則準拠行動の促進を目的として
             教師らが統一された行動管理システムを利用
                    ステージ3
              毎週の学級会における情報交換を通して、
           全ての子どもたちが向社会的対処行動を習得・実践する
                    ステージ2
       全ての生徒のために、ランゲージ・アートのカリキュラムを豊かに強化する。大人のための
      読み書き能力のトレーニング。家庭読書プログラム。図書館、本屋、マスメディアとのコーディネーション
                    ステージ1
       全ての学校教職員、関心のある家族、メンター、聖職者、警察、地域住民が、
       ワークショップやサポート・グループにおいて、向社会的対処行動を習得し実践する
         プロセスと結果の継続的なアセスメント。マニュアルの改正。方法の改善
```

図III-8-1　Blechmanの多段階アプローチによる予防プログラムデザイン

の問題についてしばしば脆弱である。Blechman（1996）は、こうした点に注目し、怠学や薬物利用など個々の問題を別個に扱うのではなく、さまざまな問題行動を総合的に予防する包括的なプログラムの必要性を主張する。

　Blechman（1996）の学校をベースとした包括的なアグレッション予防プログラムは、図III-8-1のような五つの段階から構成される。

　第一段階は、学校風土および学校と地域の関係を改善するものであり、全ての予防プログラムに役立つものである。具体的には、担任や給食職員、カウンセラーなど学校の教職員や保護者、コミュニティの居住者、警察、地域の企業などが参加して、情報交換のワークショップを行う。それにより、脅しや馬鹿にするのではなく、向社会的な適切な対処法で子どもに遇することを、全ての関係者たちが学んでいく。さらに、ワークショップ後には、参加者によって**サポート・チーム**が組まれ、情報交換の会が定期的にもたれる。

　第二段階は、全ての子どもたちが言葉による表現力を身につけることが目的とされる。攻撃的行動ではなく、言葉による向社会的な自己表現を目標に、幼児なら絵本の読み聞かせなど、発達段階に応じた言語能力獲得のカリキュラムが策定実施される。この場合にも、立案は教科担任だけでなく、管理職や担任など関係者によって共通認識形成がはかられる。

第三段階は、情報交換によってリスクのある子どもたち自身が向社会的な対処を身につけることを目的とする。学級内の親睦会で情報交換が毎週行われ、リスクのある子どもたち全員が参加して、子ども同士の情報交換から、相互に対処法を学ぶ。

　第四段階は、全教員の手で、子どもたちの学校内での行動に関する指導方法を、より効果的で一貫したものすることが目的となる。多くの生徒指導方法から、管理職と教師らは、学校全体で共通して使用する指導方針を選択する。

　第五段階は、**ハイリスク**な子どもに焦点を当てたもので、級友や教師や家族やメンターによって、ハイリスクな子ども自身が、自分たちの行動を効果的にマネジメントできるようにする。ハイリスクな子どもと学年当初に選ばれる有能な子が、ピア・メンターとして一緒にクラブ活動を行うことで、ハイリスクな子どもが自ら行動の仕方を学べるようにする。

　ハイリスクな子どもは、学年が始まって1ヶ月たったところで、教師が問題行動に関するチェックリストに記入し、**スクリーニング**される。ハイリスクな子どもについては、クラブ活動による自己コントロールの獲得の一方で、個別のアセスメントや、その後には保護者と学校がコンタクトを取り合いながら、地域の治療機関への紹介・継続的な通院などが行われる。さらに加えて第五段階では、ハイリスクな子どもの家族の参加と家族自身のスキル向上をねらって、家族親睦会や**親訓練**も行う。

　以上のような5段階の中で、たとえば幼稚園から小学校低学年の子どもについての一次予防（問題発生の予防）としては第一段階と第二段階が、幼稚園から小学校6年生までの一次予防・二次予防（悪化の予防）としては、第一段階から第四段階が有効とされる。つまり、第一〜第四段階は、問題を呈していない子どもへの一次予防、第二段階から第五段階は、二次予防・三次予防（二次的障害の予防）として機能する。また、学校全体の指導法の確立や、学校教職員間および保護者や地域住民の参加協力など、地域・学校全体への予防的な風土づくりが考慮されている。そのなかで第五段階のように、保護者との連携による必要な生徒への専門機関への紹介や通院・通所など個別のアプローチが位置づけられている。個と環境（コミュニティ）との双方に目配りがなされたプログラムである。

[3] 予防プログラムの理念と評価

1) コミュニティ心理学における予防プログラムの理念モデルと具体例

　コミュニティを対象とした予防プログラムの理念として、Dalton, Elias, & Wandersman（2001）は、個人レベルでは、①ストレスの減少とより良い対処、②身体的物理的な脆弱性の影響を弱めること、③問題解決能力の増進、④**ソーシャルサポート**の増加、⑤**自尊心**や**自己効力感**の増加、環境レベルでは、⑥環境内のストレッサーの減少、⑦身体的・物理的な脆弱性を増す環境内の危険因子の減少、⑧環境が社会化を推進できるよう整えること、⑨ソーシャルサポート資源の増加、⑩公的・私的な肯定的な他者とのつながりを結ぶ機会を増すこと、を指摘している（p. 275）。

　こうした理念を骨子として、これらを体現するプログラムを立案できれば、個人とコミュニティの双方をターゲットとした予防プログラムを構築できるであろう。そうしたプログラムの具体例は、Dalton *et al.*（2001）をはじめ、学校に関しては Thompson（2002）、松尾（2002）などでも多く挙げられ、**プログラム効果のメタ分析**（Durlak & Wells, 1997）もある。また、インターネットを通じて知ることもできる。多くのプログラム例を見ることで、予防プログラム一般およびコミュニティ・アプローチ的なプログラムへの理解が深まる。

　それらのプログラム例を見ると、乳幼児から成人まで、また、個人に比較的大きな重点を置くものから、さまざまな大きさのコミュニティ、たとえば、会社や学校レベルから国家レベルのものまで、予防プログラムが考案され実施されてきていることに驚かされる。アメリカなどでは、予防プログラムとその評価が一体となって、市民権を得つつあることが伝わる。コミュニティ心理学の理念からいえば、コミュニティが異なればそれに適したプログラムのあり方も異なる。他国での実践例を、そのまま文化的・制度的背景の異なる地域に持ち込むことはできない。しかしながら、縦横に広がりを見せるコミュニティ心理学の包括的な予防プログラムのあり方を具体的に学ぶためには、他国の最新の実践例に触れることも欠かせない。今後のプログラムを考えるうえで、実際的な手がかりを得られるであろう。

2) 予防プログラムのニーズ査定と評価

　効果的な予防プログラムの立案実行には、プログラムのニーズ査定と、プログ

ラム実施後の評価が必要になる。

プログラムの評価（program evaluation）についてはV章に詳しく述べられているが、評価において重要なのはまず第一に、プログラムのねらいと期待される結果が同定されることである（Dalton *et al*., 2001）。より包括的な"ねらい"に比べ、期待される結果は、たとえば薬物中毒の検挙率の低下や、子どもの学力テスト結果の向上など、計測可能な特定の事象として設定される。そして、それらに照らして、プログラム実施プロセスの評価（実施回数、参加人数、参加者）と、プログラムのもたらした結果とその効果の評価がなされる。

逆にいえば、予防プログラムを立案実行する場合には、まず予防すべき問題について、そのリスク要因が同定され、リスクをもたらす要因そのものを減少させるか、あるいは影響力を弱める条件が同定されなければならない。たとえば、退学の予防であれば、退学に至る要因がまず同定され、仮にそれが学力不足と友達の少なさであれば、補習や友達づくりの機会を提供することでそれらの要因自体を低めることが考えられる。同時に、子どもたちの打たれ強さ（resiliency：レジリエンシー）を高めることによって、少々の要因を乗り越えられる子どもが育成され、退学に至る要因に晒された場合でも、致命的な影響を受けないようにその危険を弱めることが考えられる。

このように、先行研究や現場での調査などによって、予防すべき事柄について、その要因や緩衝因子を実証的な方法で同定し、それをコントロールする方法を考案するのがプログラムの構築作業になる。

さらに、個人の生活背景が異なるように、個々のコミュニティはそれぞれの特質をもっている。たとえば、大都市部と過疎地では、前提となるコミュニティの条件があまりに異なっている。Bierman *et al*. (1997) は、子どもの行動上の問題を予防するプログラムを、大都市とは異なる特質（小規模校や、人口移動が少なく保守伝統的な価値観が強いなど地方独特の条件）をもつ周辺地域（地方）で実施し、どのようなことが生じたかを事例的に検討している。その結果、プログラム実施においては、地域を越えて共通な要素と、その地域に応じた配慮が必要な面があり、双方が重要であることが指摘されている。たとえば特に、参入期のキー・パーソンとの個人的な信頼関係の構築は、都市部でも非都市部でも共通に重要であり、介入をどのように説明するかや、介入セッションの個々の主題や活動の選択においては、その地方の文化への配慮が欠かせないと指摘している。

いずれにせよ、予防したい事柄をもたらす要因と危険を減じる要因、それらの

要因をコントロールする方法、また、その方法をコミュニティに応じて実施運営するための仕方や配慮、これらを、なるべく具体的かつ明確に根拠に基づいて把握することが、コミュニティへの説得力と実効性のあるプログラムを構築する重要な要素の一つであろう。

　コミュニティレベルの予防プログラムを、コミュニティ心理学者が中心となって立案実行する例は、まだ日本では多いとはいえない。学校においても、予防的なプログラムといえば、構成的エンカウンターなどのいわゆる「心理教育」的な活動を、単独で行う例が多く、包括的なプログラムの基礎となるニーズ査定や、個々のプログラムの効果研究などもまだ十分には行われていない面がある。
　しかし、予防はこれから社会のなかでますます必要とされる事柄である。たとえば、厚生労働省を中心とした生活習慣病などへの予防を行う「健康日本21」のキャンペーンや、健康条例による駅ホームでの喫煙防止など、身体的な疾患を中心に、国家レベルでの予防プログラムがさかんに行われている。個人とコミュニティの双方に向けた予防プログラムを、包括的に立案実行しその評価も行えるコミュニティ心理学の発想は、これからの時代に強く求められるものであろう。学校現場においても、ピア・サポート・プログラムを学校規模で導入し継続的に実施する例や、プログラム構築の前段階として**ニーズ・アセスメント**をする方法の開発、自治体の教育センターが中心となったコミュニティ全体に支援ネットワークを構築するアプローチなど、コミュニティ心理学的な志向をもつ試みが一部には広がりつつある。
　先行研究の蓄積を踏まえて、日本のコミュニティ事情に即した実効ある予防プログラムの進展が期待される。

引用文献

Bierman, K. L. & The Conduct Problems Prevention Research Group 1997 Implementing a comprehensive program for the prevention of conduct problems in rural communities: The fast track experience. *American Journal of Community Psychology,* **25**(**4**), 493-514.

Blechman, E. A. 1996 Coping, competence, and aggression prevention: Part2. Universal school-based prevention. *Applied & Preventive Psychology,* **5**, 19-35.

Dalton, J. H., Elias, M. J., & Wandersman, A. 2001 *Community Psychology: Linking individuals and communities*. Wadsworth.

Durlak, J. A. & Wells, A. M. 1997 Primary prevention mental health programs for children and adolescents: A meta-analytic review. *American Journal of Community Psychology*, **25**, 115-152.

松尾直博　2002　学校における暴力・いじめ防止プログラムの動向――学校・学級単位での取り組み．教育心理学研究，**50**，487-499.

Sprague, J. & Walker, H. 2000 Early indentification and intervention for youth with antisocial and violent Behavior. *Exceptional Children*, **66**(**3**), 367-379.

Thompson, R. A. 2002 *School Counseling: Best practices for working in the schools* (2nd ed.). Brunner Routledge.

IV章
コミュニティと社会システム

概説

福山清蔵

　現段階では「コミュニティと社会システム」に関して、この章では、家族システム、育児支援システム、社会教育システム、保健福祉システム、ネット社会システム、県民性などの風土形成について、コミュニティ心理学の知見から論じているが、じつはさらに医療とリハビリテーションシステム、NPO・福祉社会システム、市民参加システムなど多様な社会システムを想定することができる。

　これらの社会システムについて、そのシステムへ分析と介入評価などのコミュニティ心理学的アプローチを構築していく必要性は、確実に高まっている。従来の心理学からは想像もつかないような展開が現実的に求められていることは、すでに指摘されている。

　個人心理学、組織心理学、社会心理学、環境心理学などといったこれまでの心理学の範疇を超えた、「エコ心理学」「システム心理学」とでもいうべき心理学への構築として、コミュニティ心理学は突き進んでいる。「エコ心理学」という概念は、基本的には「社会システムとそのシステムの改変」を含んだ実践・臨床でもある。この立場をわれわれは「コミュニティ心理学」という心理学システムによって構築していこうとしているのである。それは単に「説明概念」ではなく、「参画・評価・介入・変革」という次元までを含んでいるものと受け止めている。

　さて、本章では、1節で地域社会における「子育て支援」についてその広がりやつながりを中心として論じている。このテーマは、近年の「少子化社会」によってもたらされた育児支援と児童虐待とを視野に入れた展開が数多く見られているものである。2節では「日本の精神保健」を歴史的に展望しつつ、政策や制度化の過程での問題点を指摘している。3節では「教育力」をコミュニティ・ベースでどのようにとらえるかについて、多角的な視点を提供しつつ、今後のコミュ

ニティ心理学の取り組むべき課題について論じている。4節では社会・生活文化の変動との関連で「コミュニティ感覚」や「県民性」について詳細に論じ、コミュニティ・アプローチにおける実践や研究に際して、「住民の性格」や「文化」について文脈として把握することの必要性を指摘している。5節では「ネット社会」における「匿名性」に着目し、その背景としての心理についてじつに多彩な角度から論じている。その病理や相談活動における配慮などについても触れていることは特筆すべきであろう。最後に6節では「自殺」に取り組むコミュニティ・アプローチの具体的例を基に、秋田県や青森県などで取り組まれた研究を紹介しつつ、コミュニティ・ベースでの活動やネットワークのあり方の展開を示している。

　Scileppi, Teed, & Torres（2000　植村訳　2005）は『コミュニティ心理学』の中でコミュニティ変革に触れて、「コミュニティ心理学は、家族のダイナミクスやソーシャルネットワークへの所属感、公共的な意思決定への参加、コミュニティにおける資源やサービスの利用のし易さのような、高レベルの要因を調べる（p. 234）」としているが、このような視点を保証するにはシステム分析における複合的な構成が求められている。本格的な社会システム分析についての論述の具体的な展開が、今後積極的に取り上げられることを期待しながら本章を整理したい。

引用文献

Scileppi. J. A., Teed, E. L., & Torres, R. D. 2000 *Community Psychology : A common sense apploach to mental health*. Prentice-Hall.（植村勝彦（訳）　2005　コミュニティ心理学．ミネルヴァ書房．）

コミュニティにおける子育て支援

藤後悦子

　幼い子どもへの後をたたない虐待や家庭内暴力などの事件が明るみになるたびに、現在の「子育て」のあり方が問われ、**子育て支援**は、まさに社会的命題としての色を帯びてきた。

　そこで本節では、なぜ今子育て支援が必要なのかを、家族やコミュニティの移り変わりを踏まえながら述べていき、コミュニティ心理学的な視点から、現在の子育て支援の実践および研究を概観する。

[1] 変わりゆく家族と子育て

　われわれにとって「**家族**」とは身近な存在である。しかし戦後60年間、日本の家族形態は大きく変化しており、今日の家族を定義することは非常に困難になってきている（牧野，1998）。そもそも「家族」は、社会学的にも教育学的にも重要な研究対象であり、日本の家族研究は1930年代から本格的に始まった（鈴木，2004）。1950年代以降は、マードック（Murdock, G. P.）が提唱した「核家族」を中心に多くの調査研究が行われていった（田渕，2002）。そもそも「家族」とは、社会的背景との関連が強く、現代の日本の「家族」を理解するためには、日本の社会的動向を踏まえておく必要がある。

　日本の家族が形作られたのは、近代国家として整えられた家制度の下であり、1871年の戸籍制度の導入によって、家族は国家の基礎単位となり、子育ては「家」の責任となった（牧野，1998；鈴木，2004）。

　戦後、日本経済が「国民所得倍増計画」（1960年）の目標のもと、産業構造の

急激な変化を見せる中、夫婦と子どもからなる「核家族」が急増した。そして雇用労働者の賃金は妻と子ども2人程度を養える「家族賃金」という考え方に基づく賃金制度、4人家族を想定した集合住宅の建設など核家族を標準家族とする政策が展開され、国民の中に「家族とは夫婦と子ども2人」というイメージが形成された（鈴木，2004）。「家族」の中の役割は、雇用者の夫、家事・育児に専念する妻という性別役割分業が浸透し、子育ては家族からさらに小さい単位である「母親」ひとりの責任となった（牧野，1998）。

さらに、この時期、日本では、ボウルビィ（Bowlby, J.）の「早期愛着理論」やアメリカの発達心理学者のゲゼル（Gesell, A. L.）による「狼に育てられた子」の翻訳、ケネル（Kennell, J. H.）による「臨界期」などの研究が紹介され、母性神話や3歳児神話を確固たるものにしてしまった（榊原，2002）。

高度経済成長期を通して、核家族という「近代家族」の特徴を呈してきた日本の家族であるが、オイルショック（1973年）の低経済成長期になると、その実態も意識も変化し始めた（鈴木，2004）。1980年代の牧野による一連の育児不安に関する研究（牧野，1982, 1987）、大日向（1988）の母性研究、精神医学的な立場から現代の家族へ疑問を投げかけた小此木（1983）や斎藤（1999）、フェミニズムの視点から「近代家族」の限界を説いた上野（1994）や落合（1989）などにより、現代の家族の実態が明らかにされ、今日の家族がもつ閉鎖性や問題を浮き彫りにした（汐見，1998；牧田，2002）。

発達心理学の分野でも1990年代に入り、幼い存在への共感や養護性は、成熟した人間の他者への「人間関係能力」として検討すべきであり、男女共通の課題としてその発達変容を考えることが妥当であるとした（大日向，1996）。この流れを受け、「親準備性」（井上・深谷，1986）、「育児性」（大日向，1991）、**次世代育成力**」（原，1991）、「養護性」（小嶋，1989）などの概念が登場してきた。

子どもを育てる特性に関する研究が盛んになる中で、子どもを産んで「親になる」「母親になる」「父親になる」というプロセスが生涯発達研究の中で取り上げられ、父親研究（柏木・糸魚川，1993；木原，1999）、親になる研究（柏木，1995）がなされるようになった。家族の中の子どもの位置づけは、「授かる」存在から「つくる」ものとなり、子どもを産むことが社会や家のためではなく、女性にとってプラス、マイナスの価値を検討するものとなった（柏木，2001）。

IV章——コミュニティと社会システム

[2] 変わりゆくコミュニティ

　このように家族は、時代とともに変遷してきたが、家族が生活するコミュニティもまた移り変わってきた。
　日本のコミュニティは、もともと農村を基盤とした共同体社会であったが、産業社会への移行により、急激に都市化が行われていった。
　戦後の日本は、政府主導の国家政策として高度経済成長が進められた。こうした資本育成と効率重視の行政運営は、国土レベルでの地域格差を拡大するとともに、日本各地で急速な工業化や都市化をもたらし、公害や都市問題の噴出が起こった（牧田，2002）。
　この時期、日本の都市整備計画の主要な目的は、都市基盤施設の立ち遅れと不足状況を克服することであり、その指標は自動車交通を安全に通すための、道路計画、公園面積、下水道の普及率などであった（大村，1997）。
　このような都市開発に伴い、多く人が都市に流入し、大衆化が生じた。都市のあらゆるコミュニティには、匿名的・非人格的関係にある異質な人々が集まり、その人間関係は、匿名性がゆえに無関心であり、希薄であった。一方、農村の過疎化により、家族、村落といった共同体は解体し、解き放たれた人々は、「自由」を享受するとともに、「孤立」と「不安」に晒された（牧田，2002）。
　戦後日本のコミュニティは、工業化、都市化、大衆化がキーワードであり、子どもが育つことを考慮したコミュニティの空間は整備されなかった。その上、現在では、少子高齢化を迎え、コミュニティの中で子どものいる世帯が減少しており、1995年には子どものいる世帯が33％となった。子育て中の世帯が地域の中で少数派となり、地域が子育ての場として機能しにくくなっている（船橋，1998）。矢郷（1997）は、都市に住む子育て中の母親の生活のしづらさをまとめており、「子どもの遊び場確保の難しさ」「子どもが出す声や音への過剰な心配」「公共の場を汚す心配」など、コミュニティの生活空間の中で親がどれほど神経をすり減らして生活しているかを明らかにした。
　近年、子育て支援が叫ばれる中、国土交通省は、エンゼルプランで、①良質なファミリー向け住宅の供給　②仕事と子育ての両立、家庭の団らんのためのゆとりある住生活の実現　③子どもの遊び場、安全な生活環境等の整備、を目標に掲げ、さらに新エンゼルプランでは、住まいづくりやまちづくりによる子育ての支援として、①ゆとりある住生活の実現　②仕事や社会活動をしながら子育てしや

すい環境の整備 ③安全な生活環境や遊び場の確保、などを掲げた。また、コミュニティの住民自身が、子どもが育つ環境作りに立ち上がる動きも起こっており、その例として、「冒険遊び場」（プレーパーク）運動が開始され、全国に広がりをみせている。

[3] 現代の子育ての現状と課題

それでは、家族やコミュニティが移り変わる中、どのような子育ての問題が生じてきたのであろうか。

1970年代後半から「育児ノイローゼ」「育児不安」、母親の過保護、過干渉による子どもの無気力化（船橋, 1998）が目立ちはじめ、子育ての問題が社会問題化されていった。2002年の『こころの科学』の育児不安特集では、大日向が現在の子育ての状況を発達心理学的立場からコメントしており、育児不安の特徴として「①イメージとかけ離れている戸惑い　②育児を1人で担う負担感　③社会から疎外される不安感　④夫の理解のなさ　⑤自己イメージが崩れる不安感」について、具体的なエピソードを交え述べている。これらの育児不安の背景には母性神話と効率優先の社会のつけを指摘している。

育児不安の実態が明らかになる中、近年の虐待数は、2002（平成14）年度23,738件、03（同15）年度26,569件、04（同16）年度33,408件、05（同17）年度34,451件と増加の一途を辿っている。虐待に関連する特徴は、妊娠そのものが計画的でなく夫が出産に否定的であった場合、乳児期の子どもの発達を平均以下であると歪んで認知する場合、子どものしつけに対して非現実的な期待をもつ場合、社会的サポートがない場合、子どもの行動を自分への非難や攻撃と認知する場合、子どもの自立的な行動による「捨てられ」体験を経験する場合、親自身が虐待を受けた場合などが指摘されている（西澤, 1997）。これらの親の心理的な改善方法として、西澤は、社会的孤立の改善、虐待にいたる親の病理性の改善、怒りの処理のための適切な方法、親自身の両親との人間関係や夫婦関係の改善、を挙げている。また親子関係の改善方法としては、子どもを「個」として認知し関わること、子どもの「悪い」行動への耐久が形成されていること、子どもが親以外の大人と良い関係をもつことを受け入れられること、子どもとの関係を楽しめること、子どもに対する肯定的感情を直接表現できること、などを指摘している。

さて、もう一つ現在の子育ての特徴としては、過干渉や過保護が挙げられる。

信田（1999）は、その現象を「愛という名の支配」という言葉で表現しており、アディクションの視点から説明している。「あなたのことは一番私がわかっているのよ」という常に正しいことしか言わない親の支配に対して、子どもたちは抵抗不能に陥るばかりである。一見愛情豊かな正しい家庭に満ちた支配による苦しみが、日本的機能不全家族の特徴であり、近年多くの家族に認められる。

[4]　子育て支援の動向

　前述のような、日本の子育ての現状や少子化、男女共同参画の流れを受け、日本の子育て支援は開始されることとなった。

　子育て支援の動向は、村山（2004）、汐見（1998）、山崎（2004）が詳しく述べている。簡単に近年の政策を挙げてみると、1988年に「これからの家庭と子育てに関する懇談会」を設置、89年「健やかに子供を生み育てる環境づくりに関する関係省庁連絡会議」を設置、91年「健やかに子供を生み育てる環境づくりについて」を発表、94年エンゼルプランを策定、98年首相の諮問機関「少子化への対応を考える有識者会議」を設置、99年「少子化対策基本方針」、2002年「少子化対策プラスワン」、03年「次世代育成支援対策推進法」と「少子化対策基本法」が制定され、子育て支援対策は、重点課題として扱われてきた。

　このような政府の強力な推進は、1980年代から明らかになった子育ての現状に対する支援というよりは、柏木（2001）や汐見（1998）が指摘しているように、少子化対策としての子育て支援の色が強い。また、少子化とは別の流れとして、国際的なジェンダーフリー運動の圧力がある。日本が1985年に批准した女性差別撤廃条約（1979年）では、その後国際機関による視察が入り、男女共同参画が実施されているかどうかに対しての指導が行われる。この国際的な圧力は、女性の社会参加を推進させる力となった（Togo, 2005）。以上からも明らかな通り、日本の子育て支援は、表面的には親や子どもの育ちを支援することを掲げているが、その真の目的は、少子化対策であったり、国際的な外圧のためであったりする面が強く、柏木（2001）が指摘しているように、誰のための子育て支援かという疑問が残る。

　さて、実際に実施されている子育て支援の内容や方向性であるが、汐見（1998）は、厚生労働省と文部科学省の子育て支援には微妙な違いが見られると指摘している。汐見によると、厚生労働省の方向性は社会的支援型であり、文部科学省は家庭の教育力強化型であるとした。厚生労働省の社会的支援型支援の原

動力は、子育て現状への認識というよりは、やはり少子化への焦りに基づいていた。しかし、地方自治体がいち早く現場の子育ての実態を踏まえたサービスを提供していく中、うまく育てられなくなっている親に個別に育児機能の強化を訴えても無理で、家庭と子どもの育ち全体に社会的支援が必要であるという認識が、徐々に厚生労働省の中に普遍化していった。

一方の文部科学省の流れは、「家庭の教育力強化」という発想であり、子どもの問題を、あくまでも社会や家庭の教育機能の衰退という視点から考えようとしてきた。中央教育審議会は、今日の状況でも、子どもの教育に最終的に責任をもっているのはあくまでも家庭であって、それが家庭の「本来の役割」であると言い切っており、その責任を曖昧にする家庭が増えていることが、子どもたちの育ち、心の育ちを阻害しているという原因認識を明確に表明している（汐見, 1998）。

以上、現在の日本の子育て支援とは、社会的子育て支援、家庭の教育力重視の支援、少子化対策、男女共同参画などさまざまな理由によりながらも、施策のみは矢継ぎ早に打ち出されているというのが実態である。

[5] コミュニティ心理学的視点の子育て支援とは

金田（2004）は、子育て支援や「家族支援」にあたっては、援助するものがどのような家族観をもつか、または子育て観をもつかで、援助の方向性が異なってくると指摘している。子育てを行っている母親を支援するのか、家族を支援するのか、少子化対策として支援するのか、社会的子育てを目指すのかなど、支援者の価値観で、子育て支援の方向性が変わってくる。このように、子育て支援は価値志向の支援である。同様に、コミュニティ心理学も価値志向の心理学である。それゆえに、コミュニティ心理学として、どのような子育て支援を目指すのか議論の必要がある。

コミュニティ心理学では、個人と環境のフィットネスを重視するので、子育て支援においても、「子どもの育ち」と環境とのフィットネスを軸として考えることが望ましいのかもしれない。「子どもの育ち」の環境とは、ある時は親であったり、ある時は家族や学校、またある時はコミュニティであったりする。本節では、「子どもの育ち」を支えるという視点から子育て支援を考えていく。

さて、「子どもの育ち」を支えるためには、子どもの問題が深刻化しない時点から介入することが望ましい。ここでは、コミュニティ心理学の重要な概念であ

る、Caplan（1964）の**予防**の考え方にしたがって、現在の子育て支援の実践や研究についてまとめる。予防とは、一次予防（発生率そのものを減少）、二次予防（早期発見、早期介入）、三次予防（治療的介入）に分類できる。

1）一次予防としての親教育や次世代育成教育

a 子育て期の親を対象とした介入

一次予防では、子育て支援サービスをすべての親子を対象とすることが重要であり、支援の対象は母親のみでなく、子育て家庭の家族全員を視野に入れた支援でなければならない（中村，2004）。

一次予防の具体例として、村本（2001）は、ライフサイクルに沿って、アメリカの例を用いながら、保健師による出生前の介入、病院や助産院での周産期の介入、産後の親教育、学童前の子どもへの介入、CAPなどの学童期の子どもへの介入、思春期の子どもへの介入を、虐待防止の視点から紹介している。

現在、さまざまな機関で親教育に関するサービスが提供されており、その代表的なものは、公的機関での両親学級や民間機関が提供するプログラムがある。民間のプログラムとしては、アドラー（Adler, A.）心理学の SMILE や AP（Active Parenting）、ディンクメイヤー（Dinkmeyer, D. C.）の STEP、ゴードン（Gordon, T.）の親業などが有名である。

子育て支援活動において、親を対象としたプログラムの実践を行っている岩堂・吉田（2005）は、親であることを楽しみ、親として成長することが重要であると述べており、親自身が自発的に参画できる内容の工夫を行っている。岩堂・吉田らのプログラムの効果は、支援活動の拡大、参加者の増加、活動の質的変化が報告されている。このように、親を対象としたプログラムを通して、エンパワメントされた人々がコミュニティに広がることで、その人々がまたコミュニティの人々に働きかけるという相乗効果が期待される。

一般に、親教育の効果が有効であることは自明となってきたが、そのサービスを受ける対象は限られているのが実情である。堀口（2002）は、東京都内の保健センター11ヶ所で「両親学校」の開催状況をヒアリングし、10ヶ所の「両親学校」を見学、また544名を対象に質問紙を配布し、親教育に関して調査した。その結果、若い親たちの親教育の学習ニーズは高いものの、公的機関が提供する親教育プログラムは、母親教育に偏っており、父親、仕事をもつ妊産婦への支援を含め、夫婦の多様なニーズに応じたプログラムが提供されていないことが明ら

かになった。公的な両親学級は、出産前後のある一定期間のみその機会が保障されていることが多く、その対象も、第一子の母親に限られることが一般的であり、さらに、子どもが乳児期を過ぎる頃から極端に教育を提供する機会が減少する。村本（2001）が指摘するように、子育ての問題は乳児期以外にも生じるのであり、各発達時期に応じた子どもへの介入、および親への教育的介入が望まれる。

 b 次世代を対象とした介入

 近年、より早期の予防ということで、親になる前の学生を対象とした次世代育成教育が盛んになりつつある。特に、学校の家庭科教育では、従来から保育という内容が導入されていたこともあり、その重要性を見直し、1999年度の学習指導要領の改訂で保育教育は、家庭科の2番目の柱として位置づけられた。

 現在、家庭科保育教育では、授業実践や教材研究などが盛んであり、視聴覚保育教材の利用（伊藤，1987）、コンピュータ保育教材の開発（中田・松村，1999a, 1999b）、インターネット・ディベートの試み（分校・上野，2001）など多様な工夫がなされ、その効果も検証されている。また、現在の子育て中の親が、子どもを産むまで、子どもと接したことがないという状況を踏まえ、中・高校生への保育体験が積極的に奨励されている。

 コンピュータ教材の開発を行っている中田・松村（1999a, 1999b）は、子どもの発達の理解を促すパソコンソフトの開発を試みた。はじめに第一研究では、保育教材に求められる条件の実態調査を行った後、中学校・高校の教科書で扱われている発達に関する内容を抜き出し、それに対応する乳幼児の姿をビデオで収録しコンピュータで編集した。第二研究では、このソフトの効果を測定するため、大学2年生の男子71名と女子133名を対象に自由記述と映像の分かりやすさを5段階で調査した。その結果、70％が肯定的評価を行い、特に子どもの情緒・社会面での印象が記述された。

 大路・松村（1998）は、乳幼児接触体験の実践資料をまとめ、その体験の効果としては、①保育学習に対する学習意欲が高まること ②子どもに対する興味・関心が増加し、生徒の感情や態度が改善されること ③生徒自身の自己理解を促すこと、の3点を示した。最近では、親性準備性の視点からもこの乳幼児接触体験の効果が検証され、中・高校生の親性育成の感情領域との関連が高いことが報告されている（伊藤，2003）。

 このように、保育教育が盛んになることは評価できる。しかし、日本の家庭科

教育は、高度成長期の男性労働者確保という社会的な政策のもと、女子中心の主婦準備教育（武田・米内，1991）として導入された経緯があるため、現在の保育教育強化の内容についても十分に吟味しながら進める必要がある。

2）二次予防（早期発見、早期介入）を目的とした地域の子育て支援

二次予防としての子育て支援の目標は、早期発見、早期介入である。そのためには、子育てを行っている人が、日常的に利用している場所での支援が望まれる。

コミュニティにおける子育て支援は、もともと母子保健事業として展開され、妊娠、出産、育児までの一貫したサービスを提供するために、住民に身近な市町村に一元化され、組織主体のサービスが展開されていった（岩間，1998）。この流れを受け継ぎ、1990年代以前の子育て支援は、母子保健事業として展開され、その業務は保健所が担当していた。一般の親にとって、保健所は、出産直後は関わりをもつが、その後日常的に関わる機会は少ない。また当時、保健所と同様に子育ての問題を扱っていたのは児童相談所であるが、児童相談所は一般の人にとって敷居が高く、児童相談所に行く際は、すでに問題が深刻化しているケースが多かった。

1990年以降、子育て支援が本格化し始めて、コミュニティの各地でさまざまな支援が展開されていった。具体的な支援内容を概観すると、①保健センターなどの母子保健的支援（高橋・河野・岩立，2002；勝浦，2002）②公民館等の生涯学習的支援（白石，1997；結城，2001）③保育所や幼稚園での支援（由岐中・園山，2001；藤後2001）④療育施設や大学の教育相談による療育的・カウンセリング的支援（富田，2000）⑤民間企業や民間団体の支援（藤後・箕口，2005）⑥大学主体の親子教室（寺見，2000）⑦家庭支援センターでの支援、などがある。

特に、コミュニティの家庭支援センターに心理職が配置された意義は大きく、現在ではさらに、保育園や幼稚園でも保育カウンセラーとして心理職が求められるようになり、コミュニティにおける子育て支援の専門性が高まってきた。

筆者は、保育カウンセラーの先駆けとして、2000年から保育園に心理職として勤務している。ここでは、保育園における早期介入の事例（藤後，2003）を紹介する。この事例は、1歳半健診で言葉の遅れを指摘され、その後筆者が相談を受けることになったケースである。本事例の親は、保育園の相談機能を活用す

ることで子どもへの対応の仕方を学んだのみでなく、一時保育を利用しながら仕事に就き社会参加する機会を獲得した。保育園では、個別のカウンセリングのほか、子どもへの対応を体験的に学べる親子体験、子どもを預けることができる一時保育という多様なサービスを提供できるため、早期介入としての有効性がとても高いことが示された。

このように、乳幼児期から関わるコミュニティのさまざまな組織で、心理臨床家を交えた子育て支援が展開できることは、親や子どもの状態を早期にアセスメントでき、必要な支援を提供できることとなる。子育て支援を提供する組織が多ければ、連携という難しさもあるが、各組織支援がコミュニティのセーフティネットとなり、多くの人に支援が行き届く可能性は高い。

しかしながら、従来から指摘されている通り、より多くの人に支援を提供するためには、支援を利用しない人をどのように把握し、関係性を築くかが課題となる。

猿渡（2004）は、育児支援のサービスを利用しない人を対象とし、母親による育児支援サービスの利用に関する諸要因を明らかにした。猿渡は、260名の4歳未満の子どもをもつ母親を対象に、育児支援の場に現れない母親に焦点を当て、その特徴を分析した。その結果、公的育児サービスの相談窓口を利用しない理由が「必要でない」と回答する者は、育児の問題の少なさを予測し、「相談窓口に対する抵抗感」や「無気力感」という理由を挙げる者は、育児に関する要因の問題の重さが関連するとした。

また、中谷（2002）は、早期介入の地域拠点となる保育所や地域の子育て支援センターが提供する情報量と利用量に関して、313名の親に調査した。その結果、情報提供の方法では、情報発信が一部の対象者に偏りがあること、求める人に必要な情報が届きにくい点が指摘された。さらに、母親の情報入手に関連する要因として、①情報を必要としない人は、妻方の同居、夫の育児責任あり　②情報を必要とする人は、虐待傾向、虐待への共感、夫の育児責任なし、孤立家族　③情報が入りにくい要因は、3〜4ヶ月までは家で遊ぶことが多いため、第一子、住居年数が短い、家事のみに従事、近所付き合いが少ない、支援事業を利用したことがない、母親が20代、母親の学歴が低い　④情報が入りやすい要因は、子どもの年齢が1歳半、第二子以降、社会参加あり、住居年数が長い、支援事業を利用したことがある、母親が30代、学歴が高い、ということであった。これらの結果から、情報の周知を目指すには、①情報の集約化　②個別伝達の工夫

③幾重にもわたる情報発信の工夫　④情報発信の担い手の転換、などが示された。

　猿渡や中谷の研究は、育児支援のサービスを利用しない社会的要因や個人的要因を明らかにした。これらの結果を基に、防衛的な態度として利用拒否を示す人への早期アセスメントや情報伝達の工夫など、今後さらなるサービスの改善とその効果測定を期待したい。

3）三次予防を目的とした治療的介入としての子育て支援

　三次予防の最大の目的は、治療的介入である。たとえば、虐待、深刻な家庭内暴力、DV、犯罪、災害などが考えられる。治療的介入としての子育て支援には、臨床的な知見が最も必要なケースであるが、それと同時に福祉的な支援など多面的な支援が不可欠となる。そこで、三次予防としての子育て支援を、①個別の状況に応じたカウンセリング、②カウンセリング以外の支援、に分類して述べていく。

　①個別の状況に応じたカウンセリングとしては、虐待のトラウマへの対応、DV被害者への対応、アディクションへの対応などが研究されている。

　たとえば、虐待を受けた子どもや親への対応は、西澤（1997）にまとめられている。西澤（1994）によると、虐待を受けた子どもへの心理治療では、急性のトラウマ反応を軽減させる、自我機能の修正、対人関係の改善、自己イメージおよび自己評価の改善、自立的な活動の促進、学校および養育者への情報の提供を重要項目として挙げている。

　虐待と同様に、DV被害者への支援においても、フェミニスト・セラピーを通してトラウマを扱っており、その治療段階として高畠（2001）は、Duttonの説を参考とし、①トラウマを再体験する段階　②否定的自己を軽減する段階　③怒りをワークする段階　④喪をワークする段階　⑤DV被害に意味づけをする段階　⑥新しい人生を構築する段階、に分け、その段階に応じた介入を行っている。

　アディクションの問題に取り組む信田（1999）は、アディクション・アプローチとしての技法を確立しており、その内容は、教育プログラム、行動修正期、関係洞察期、関係獲得期に分け、それぞれ本人と家族に対して支援を行っている。順番に述べていくと、はじめに、教育プログラムでは、現在の家族の問題に対して、アディクションという名を形にして示すことで、対象を客観化してもらう。次に、家族へは回復の希望を与え、家族の重要性を強調する。行動修正期で

は、本人に対して肯定的に接しながら、今日一日の行動修正を目指していく。関係洞察期には、関係性へ視点をシフトする。関係獲得期では、正しい関係から楽な関係へとシフトさせる。このように、アディクションという視点から専門的な援助を行っている。

以上のように、個々の状況に応じた専門的な治療介入が研究されており、今後も重要な分野となっていくであろう。

②カウンセリング以外の支援例としては、コミュニティ心理学会のシンポジウム（高畠・平川・長谷川他，2000）で扱われたドメスティックバイオレンスへの介入が挙げられる。シンポジウムの中で平川は、DV被害女性たちを援助するときにも、三つの視点——エンパワメント、実践していくというフットワーク、人の輪の中に向けてつながっていけるネットワーク——が大切であると述べている。またその中の実践活動として「専門家の方が走り回って裁判所や弁護士のところに行ったり、緊急外来や精神科の医者の所に一緒に付き添って薬をもらいに行ったり、地域の福祉事務所や母子寮に出向いたりして、エコマップを作ったりする（pp. 64-65）」という多様な支援を報告した。この分野は、まさに生活支援としての実践が求められており、今後も幅広い支援が期待される。

[6]　コミュニティ心理学の視点を含めた今後の課題

1）多面的な介入

コミュニティ心理学では、個人と環境とのフィットネスを重視することは前に述べた通りであるが、「子どもの育ち」の環境と関連する要因は、今回予防的な子育て支援として紹介した以外にも幅広く求められる。

村山（2004）は、子育てに関連する分野として、以下の五つの領域を挙げている。①乳幼児をもつすべての家庭・親への生活保障支援　②母体保護、出産保障、就労継続への保障　③子どもと一緒に過ごせる時間の保障のための男女の労働時間の規制、休暇の保障　④住環境の保障　⑤保育園などの地域環境施設の整備とネットワークの構築、である。このように、子育ては社会システムの在り方に深く関係しており、さまざまな環境への働きかけが不可欠である。

社会システムの変革に積極的に関与している三沢（2001）は、各地にファミリー・サポート・システムを構築することを行政に提案しており、同様に、集合住宅にコレクティブハウスやオープンスペースの導入を都市公団と検討した経験を有している。

「子どもの育ち」には、「子どもの育ち」を保障する人的環境や社会的環境、自然環境などさまざまなものが必要である。コミュニティ心理学における子育て支援の内容も、子どもや親への直接的な支援のみに留まらず、広い意味での予防活動として、組織や制度、ひいては社会システムに働きかけることが望まれる。

2) コミュニティ・ケア

「子どもの育ち」には、豊かな人的環境は不可欠であり、母親に限定されず、複数の養育者やさまざまな人々との交流が必要であることが、柏木（2001）により指摘されている。つまり、血縁の子どもかどうかにかかわらず、コミュニティの子どもを育てる資質を、コミュニティの大人が有していることが求められる。このことは、発達心理学からも検討されており、近年「子どもを育てる」ことを人間の発達課題としてとらえることが提唱されている。

アメリカやカナダでは、子育てに必要なスキルや知識の習得に留まらず、子育ての原点となる、人間の共感性や養護性を育むことを目的とした教育プログラムが、学校教育の中に盛んに取り入れられている。武田（2002）がトロントの実践として紹介した共感の根っこや、藤後（2004）が紹介した「Nurturing Parenting Program」などは、まさにこれに該当し、「よい親」を目指すのではなく、人間性としての「子どもを育てる」資質を学んでいく。

コミュニティの大人たちによるコミュニティの子どもへの暖かいまなざしは、子どもにとって、コミュニティへの所属感を促すのではないだろうか。このことは、コミュニティ心理学が重視するコミュニティ感覚の形成と深く関連するのではないかと推測される。その際重要な点は、鯨岡（2004）が指摘している、「子どもが自発的に大人の振る舞いを取り入れる」ことである。つまり、コミュニティの大人がコミュニティの子どもをケアする姿を見て、コミュニティの子どもたち自身が主体的にその姿を取り込むことである。藤後・岡本・山本（2005）は、専門学校生の子どもへの養護性を促すために、単に知識や乳幼児との接触体験を導入するのではなく、実際、子どもをケアしている保育士と対話し、その保育士をモデルとしながら保育体験を行うプログラムを実施し、効果を示している。現在筆者は、スクール・カウンセラーとして同様のプログラムを中学生に実施しており、今後その効果を明らかにする予定である。

このような、コミュニティ・メンバーの育成という教育的介入には、コミュニティの人々との協力が不可欠である。そのためには、非専門家の研修（藤後・箕

口，2005）なども整えていく必要がある。

3）Evidence Based Intervention

　今後の子育て支援は、さらに多様なニーズに対応することが求められている。ニーズをアセスメントして、その内容に見合った支援を提供することは重要であるが、ニーズとは、対象者や関連機関などそれぞれの立場からの主張であることを忘れてはならない。たとえば、子育てを担っている親のニーズが、子育ての責任を伴った声であるとは限らない場合がある。山根（1996）は、このことを、育児の社会化と外部化という視点から明確に区別している。育児の社会化とは、その理念として、子どもは私的存在であると同時に、社会的存在であるとし、育児の責任は親と社会の両方にあるとする。一方、育児の外部化は、私的な経済的合理性から生まれたものであり、親は育児を他人に任せて、自らは直接参加しない態度である。つまり、親のニーズが育児の社会化という視点からのものなのか、育児の外部化からのものなのかを、教育学的な知見や社会学的な知見を参考に、厳密に検討する余地がある。

　また、子育て支援が個別化するほど、従来までの心理学的知見を踏まえておく必要がある。アメリカの支援は、民族の違い、離婚の有無、里親の有無など多様な個別のプログラムが開発されている。その方法は、対象者のニーズを踏まえた個別性を追求すると同時に、従来のペアレンティング・モデルを参照しながら変数を抽出しており、個別性と一般性のバランスをとっている。

　コミュニティ心理学の特徴として、Evidence Based Intervention がある。今後、コミュニティにおける介入を行う場合、ニーズを踏まえ、そのニーズの中身を教育学や社会学的知見から検証し、さらに心理学的知見から変数を検討し、効果測定を行うことが望まれる。

　子育て支援とは、緊急の社会的課題であると同時に、子どもの育ちを通して、われわれ人間の育ちに必要なものは何か、を改めて考えさせてくれる分野である。子どもが豊かに育つためには、同時に大人も豊かに育つことが必要であり、そのためにはどのような環境やシステムが必要であるのか。この問いに答えることができるのは、個人からコミュニティまでの幅広い視点を携えたコミュニティ心理学ではないか、と大いなる期待を述べてしめくくりたい。

引用文献

分校淑子・上野顕子 2001 生徒主体のジェンダー・家族・保育の授業研究――オンラインディベートと教室ディベートを組み合わせた授業展開. 日本家庭科教育学誌, **44**(3), 261-271.

Caplan, G. 1964 *Principles of Preventive Psychiatry*. Basic Books.

船橋恵子 1998 変貌する家族と子育て. 佐伯胖・黒崎勲・佐藤学・田中孝彦・浜田寿美男・藤田英典(編)ゆらぐ家族と地域, 28-49. 岩波書店.

原ひろ子 1991 次世代育成力――人類としての課題. 原ひろ子・舘かおる(編)母性から次世代育成力へ――産み育てる社会のために, 205-229. 新曜社.

堀口美智子 2002 「親育ち」への社会的支援に関する考察――母子保健施策における親教育の現状と課題を中心に. 家庭教育研究所紀要, **24**, 75-84.

井上義朗・深谷和子 1986 親になること. 小林登他(編)新しい子ども学 2 育てる, 71-94. 海鳴社.

伊藤葉子 1987 保育観に及ぼす視聴覚教材の方向性の影響. 日本家庭科教育学会誌, **30**(3), 48-53.

伊藤葉子 2003 子どもと相互関係における中・高校生の社会的自己効力感の発達. 日本家政学会誌, **54**(4), 245-255.

岩堂美智子・吉田洋子 2005 子育て支援活動における「親対象プログラム」の検討――都市の子育て支援に求められるもの. 日本保育学会第 58 回大会発表論文集, 212-213.

岩間伸之 1998 障害を持つ子どもに対する福祉関連サービスの体系. 柏女霊峰・山懸文治(編)新しい子ども家庭福祉, 173-196. ミネルヴァ書房.

金田利子 2004 21 世紀家族の創造とその援助の視点. 岸井勇雄・無藤隆・柴崎正行(監修)家族援助を問い直す, 1-14. 同文書院.

柏木恵子 1995 親の発達心理学――今, よい親とはなにか. 岩波書店.

柏木恵子 2001 子育て支援を考える. 岩波ブックレット, **555**.

柏木恵子・糸魚川直祐 1993 父親の発達心理学. 川島書店.

勝淵範子 2002 育児現場での支援の実際. 藤崎眞知代・本郷一夫・金田利子・無藤隆(編)育児・保育現場での発達とその支援, 96-112. ミネルヴァ書房.

木原武一 1999 父親の研究. 新潮社.

小嶋秀夫 1989 養護性の発達とその意味. 小嶋秀夫(編)乳幼児の社会的世界, 187-204. 有斐閣.

鯨岡峻 2004 次世代育成の諸問題――いま, 何を育てる必要があるのか. 教育学研究, **71**(3), 14-24

牧野カツコ 1982 乳幼児をもつ母親の生活と〈育児不安〉. 家庭教育研究所紀要, **3**, 34-56.

牧野カツコ 1987 乳幼児をもつ母親の学習活動への参加と育児不安. 家庭教育研究所紀要, **9**, 1-13.

牧野カツコ 1998 人間関係を学ぶ場としての家族. 佐伯胖・黒崎勲・佐藤学・田中孝彦・浜田寿美男・藤田英典(編)ゆらぐ家族と地域, 75-96. 岩波書店.

牧田実 2002 グローバリゼーションと地域社会――コミュニティとまちづくりを中心に. 後藤澄江・田渕六郎・佽田徹・高島智世・牧田実・魯富子(編)グローバリ

ゼーションと家族・コミュニティ, 139-167. 文化書房博文社.
三沢直子　2001　地域における子育て支援活動. 山本和郎（編）　臨床心理学的地域援助の展開, 67-87. 培風館.
村本邦子　2001　予防としての虐待防止活動. 山本和郎（編）　臨床心理学的地域援助の展開, 88-105. 培風館.
村山祐一　2004　育児の社会化と子育て支援の課題について. 教育学研究, **71**(4), 55-67.
中村　敬　2004　育児不安軽減に向けた取り組み. 小児保健研究, **63**(2), 118-126.
中田佳代子・松村京子　1999a　乳幼児の発達に関するコンピューター映像教材の開発（第1報）. 家庭科教育学会誌, **42**(1), 23-28.
中田佳代子・松村京子　1999b　乳幼児の発達に関するコンピューター映像教材の開発（第2報）. 家庭科教育学会誌, **42**(2), 29-36.
中谷奈津子　2002　子育て支援事業の情報伝達に関する実証的研究――保育所・地域子育てセンターを中心として. 家庭教育研究所紀要, **24**, 63-74.
西澤　哲　1994　子どもの虐待. 誠信書房.
西澤　哲　1997　虐待を受けた子どものプレイセラピー. 誠信書房.
信田さよ子　1999　アディクションアプローチ――もう一つの家族援助. 医学書院.
落合恵美子　1989　近代家族とフェミニズム. 勁草書房.
大日向雅美　1988　母性の研究. 川島書店.
大日向雅美　1991　「母性／父性」から「育児性」へ. 原ひろ子・舘かおる（編）母性から次世代育成力へ――産み育てる社会のために. 205-229, 新曜社.
大日向雅美　1996　発達心理学の立場から　育児不安とは何か――その定義と背景. こころの科学, **103**, 10-15.
大路雅子・松村京子　1998　高校生の幼児体験学習時の対児行動に関する研究（第2報）――対児行動出現率と対児感情との関係. 家庭科教育学会誌, **41**(4), 39-44.
小此木啓吾　1983　家庭のない家族の時代. ABC出版.
大村虔一　1997　今, 都市で育つ子どもたちのために. 矢郷恵子（編）子育て家庭には住みづらい今のまち. 138-161, 新読書社.
斎藤　学　1999　家族依存症. 新潮社.
榊原洋一　2002　小児科学の立場から　育児不安とは何か――その定義と背景. こころの科学, **103**, 29-35.
猿渡知子　2004　母親による育児支援サービスの利用に関する諸要因. 家庭教育研究所紀要, **26**, 14-26.
汐見稔幸　1998　保育所の現代的な意味とその可能性. 佐伯　胖・黒崎　勲・佐藤　学・田中孝彦・浜田寿美男・藤田英典（編）ゆらぐ家族と地域, 266-290. 岩波書店.
白石淑江　1997　子育てネットワークづくりに関する研究――名古屋市及びその周辺地域の実態調査から. 同朋大学論叢, **76**, 67-85.
鈴木敏子　2004　21世紀家族の展望――近代家族を問い直し, その先を見通す. 岸井勇雄・無藤　隆・柴崎正行（監修）家族援助を問い直す, 15-32. 同文書院.
田渕六郎　2002　家族研究の動向. 後藤澄江・田渕六郎・儘田　徹・高島智世・牧田　実・魯　富子（編著）グローバリゼーションと家族・コミュニティ, 20-34. 文化書

房博文社.
高畠克子・平川和子・長谷川京子・本多玲子・富永明美・村本邦子・高松 里 2000 シンポジウム ドメスティック・バイオレンスの現状と展望. コミュニティ心理学研究, **4**(1), 63-82.
高畠克子 2001 フェミニストセラピー活動. 山本和郎（編）臨床心理学的地域援助の展開, 106-127. 培風館.
高橋千草・河野真紀・岩立京子 2002 子育て支援活動が虐待傾向をもつ母親と子どもに及ぼす影響. 保育学研究, **40**(1), 21-28.
武田京子・米内美恵子 1991 保育領域に於ける学習内容の実態と変遷. 岩手大学教育学部研究年報, **51**(1), 129-140.
武田信子 2002 社会で子どもを育てる——子育て支援都市トロントの発想. 平凡社.
寺見陽子 2000 大学における子育て公開講座と子育て支援（1） 子育て実践講座のこれまでの実践経過報告と講座の意義について. 神戸親和女子大学生涯学習センター紀要, **3**, 83-98.
藤後悦子 2001 保育士による親の"良い行動"視点強化の指導とその効果——ある事例をもとにした行動コミュニティ心理学的介入. コミュニティ心理学研究, **5**(1), 23-38.
藤後悦子 2003 保育現場における心理相談活動の事例——地域の子どもとその親への個人面接・親子体験・一時保育を利用した支援方法. 保育学研究, **41**(2), 83-92.
藤後悦子 2004 青年期におけるペアレンティング教育. 家庭科教育学研究, **47**(3), 248-245.
Togo, E. 2005 '5. Gender and Education,' SHIBUYA, H., KODAMA, F., PARK, K., AISO, T., TOGO, E. & HOMMA, K. "Recent Educational Reforms in Japan: An Analysis Focused on the Impacts of Globalization," *Bulletin of Tokyo Gakugei University*, Sect1, **56**, 24-27.
藤後悦子・箕口雅博 2005 子育て支援ボランティア養成プログラムを受講したボランティアの変容——自己効力感とネットワークに焦点をあてて. コミュニティ心理学研究, **8**(1・2合併号), 5-22.
藤後悦子・岡本エミコ・山本和子 2005 保育体験を中心とした教育プログラムの有効性. 国立オリンピック記念青少年総合センター研究紀要, **5**, 59-70.
富田恵子 2000 不登校児の親の変化過程への援助方法——パーソンセンタード・アプローチ. 心理臨床学研究, **18**(1), 38-45.
上野千鶴子 1994 近代家族の成立と終焉. 岩波書店.
矢郷恵子（編） 1997 子育て家庭には住みづらい今のまち. 新読書社.
山根常男 1996 人間にとって家族とは. 山根常男・玉井美知子・石川雅信（編著）わかりやすい家族関係学 21世紀の家族を考える, 2-28. ミネルヴァ書房.
口崎泰彦 2004 社会連帯による次世代育成支援の方向性. 小児保健研究, **63**(3), 279-285.
結城 恵 2001 メンバーのサークルの関わり方とサークル活動への評価——子育てサークル活性化のために. 国立女性教育会館研究紀要, **5**, 109-118.
由岐中佳代子・園山繁樹 2001 保育所における子育て支援の現状と課題——地域子育て支援センターを中心に. 西南女学院大学紀要, **5**, 21-28.

日本の精神保健福祉の歴史と
コミュニティ心理学

新 雅子

[1] 日本の精神保健福祉の歴史

　児童福祉法や身体障害者福祉法が戦後いち早く整備されたのに反して、精神障害者への施策は社会防衛的な色彩の強い法律はあっても、精神科疾患への根強い偏見もあって、福祉的な視点をもつ制度ができるまで、じつに長い道のりがあった。

　この10年間の矢継ぎ早の法整備によって、法律上での差別や課題はまだ一部を残してあるものの、表面的にはかなり解消し、精神障害者の人権がようやく重視されるまでになってきた。

　その歴史と現在のシステムを紹介することを通して、精神障害者へのありようについて、コミュニティ心理学の立場から考察してみたい。

　統合失調症を中心とする精神障害の発症率は、古今東西を問わずほぼ一定であるといわれている。いつの時代でも、どの地域でも存在したのであって、その処遇は無視・放置・拒否がほとんどであったといえるだろう。そのような中で、日本において比較的寛容な処遇として伝えられているものがある。11世紀の京都岩倉村において、発病した皇女が村の霊水で治ったという故事にちなんで、岩倉村に集まる精神障害者に対して、近在の民家が宿所を提供し、生活の支援をするというコミュニティ・ケアの実践といえるものが生まれて、明治時代まで続いていた。また、鎌倉末期以後は、漢方薬や灸を治療手段とする浄土真宗系の寺院があり、江戸時代以後は、日蓮宗系寺院で読経と修行を中心とした一種の精神療法

的アプローチも行われていた。

　富国強兵、殖産興業がスローガンになった明治時代から、精神障害者は社会の厄介者として差別と排除の論理によって、「封じ込められる」手酷い時代に入り、ごく最近になって、ようやくノーマライゼーションと人権擁護の観点から、望ましい処遇が考えられるようになってきた。

1) 明治時代から第二次世界大戦まで

a　精神病者監護法の成立

　1874年の医制発布にともなって、癲狂院（精神病院）の設立が規定され、京都府癲狂院、私立加藤瘋癲病院、東京府癲狂院（→東京都立巣鴨病院→東京都立松沢病院）などが設立された。しかし、その後の設置は遅々として進まず、精神障害者の大多数は私宅（座敷牢など）に監置され、家族の世話に任されていた。その後、相馬事件などが重要なきっかけとなって、「精神病者監護法」が1900年に制定された。合法的に私宅監置を認め、精神障害者の治安対策に家族制度を利用した点で、その後の精神障害者への差別・偏見は増幅された。

b　精神病院法の制定

　東京帝国大学教授であり、巣鴨病院長でもあった呉秀三が、1901年に「無拘束の理念」を提唱して病院改革に着手し、拘束具を廃止して作業療法を開始した。翌年には、日本で初めての精神衛生運動といえる「精神病者慈善救治会」を結成した。さらに、1918年『精神病者私宅監置ノ実況及ビ其統計的観察』を著し、その中で「我邦十何万、精神障害者ハ実ニ此病ヲ受ケタルノ不幸外ニ、我邦ニ生レタルノ不幸ヲ重ヌルモノト云フベシ」として、私宅監置や精神病者監護法の廃止を強く訴えた。その当時は、私宅監置を含めて約6万人の患者が医療の枠外にあった。

　1919年に「精神病院法」が審議可決された。取り締まり保護中心ではあるが、精神障害者の保護治療への道を初めて開いたものであった。とはいえ、その内容で驚かされるのは、対象者が精神障害者だけに限っておらず、「……罪を犯した者、司法官庁が特に危険があると認めた者、療養の道なき者、地方長官が入院の必要を認める者等を道府県が設置した精神病院に入院させることができる」とされていたことである。この法律でうたわれた公立精神病院の建設は予算不足等のため遅々として進まず、すでに建設されていた松沢病院を含めても、当時の公立病院は6院に過ぎず、全精神病院137院の4.3%（猪俣，2002, p. 4）であって、

治療も保護も民間に頼らざるを得ない体質はこの当時からのものであった。

1926年には日本精神衛生会が、また、38年には厚生省が設置され、衛生行政の機構が確立された。しかし、1940年には遺伝性精神障害者の断種を目的とする「国民優生法」が成立し、それ以後の戦時においては精神障害者の保護は全く顧みられず、40年には約25,000床もあった精神病床は、終戦時には約4,000床にまで減少していた。

2）精神衛生法成立からライシャワー事件による法改正まで
a　私宅監置の禁止から施設収容へ

第二次大戦後の新憲法の成立によって、公衆衛生の向上増進が国の責務となり、「精神衛生法」が1950年に制定された。その骨子は、「精神病者監護法」と「精神病院法」の廃止に伴って、私宅監置が廃止され、都道府県に精神病院および精神衛生相談所の設立を義務づけ、精神衛生鑑定医制度、措置入院制度、指定病院制度が導入された。

クロールプロマジンを筆頭とする**向精神薬**が1952年に開発され、日本では55年頃より使われだした。この出現によって、精神科の臨床と精神障害に対する認識とに大転回がもたらされた。浅野（2000）は「小林の言うごとく、『ピネルが精神障害者を鎖から解放したものの精神病院という目に見えない新しい鎖に患者をつないで管理の足かせをはめたという批判が妥当だとするならば、薬物療法もまた患者を鉄格子の病棟から解放はしたものの薬という手綱を患者につけた』ことになる。（……）向精神薬が患者を覚醒状態において鎮静する効果を持っていることは、少ない人手で大勢の患者を管理することを可能にした。患者をたくさん集めて集中的に管理しようとする思想が生まれた（p.31）」とその状況を説明している。その一環として、1958年には「精神科特例」（医療法の病院人員配置基準において、精神科病床は一般科病床に比して、医師は3分の1、看護職員は3分の2でも認めるというもの）が規定されて、病床は爆発的に増加した。

浅野（2000）はこの間の事情を以下のとおり説明している。すなわち「いわゆる精神病院ブームのなかで、生活療法は患者を使役し、収奪し、管理する道具として機能した（p.33）」「生活療法の管理形態は、病院運営に一定の近代化をもたらした。しかしながら、増殖し続ける精神病院のなかで、入院患者の在院日数は延長するばかりであった。（……）治療者の意向にそうような行動が取れな

ければ、退院の許可はおりないということになり、社会はますます遠のくことになった。(……) 病院内の生活を治療的に再編しようと企てた生活療法は、精神病院を収容所と化すことによって破綻したのである (pp. 42-43)」。

1963年に行われた精神障害者の実態調査では、全国的な精神障害者の数、医療の普及度などが明らかになり、治療や指導を受けないまま在宅している精神障害者がまだまだ数多く存在することが推察された。このような状況の推移、社会情勢の著しい変化、薬物療法による精神医学のめざましい進歩という新しい事態の中で、精神障害の発生予防から、治療、社会復帰までの一貫した施策を内容とする法の全面改正の準備が、ようやくなされようとしていた。

b ライシャワー事件と1965(昭和40)年改正

1964年3月、ライシャワー事件が発生し、65年6月に精神衛生法の一部改正が行われた。事件によって、精神障害者への不十分な医療体制がクローズアップされ、「精神障害者を野放しにするな」という声に押されて、改正はむしろ社会防衛的な色彩が強くなり、芽生えはじめていた社会復帰の施策は後退してしまった。改正法の骨子は、①保健所を地域の精神衛生行政の第一線機関と位置づけ ②精神衛生相談員の配置を制度化し ③精神衛生センターを設置し ④通院医療費公費負担制度を新設する、というものであった。しかし、こうした精神障害者への取り組みは全国的には足並みが揃わず、自治体間の格差は広がるばかりであった。

一方、欧米先進国の潮流は、精神医学の進歩に伴って「入院医療中心の治療体制から、地域におけるケアを中心とする体制へ」という脱施設化へと変わっていた。しかし、日本では精神障害者を施設へ隔離処遇する体質は根強く、未だに払拭されていない。1968年のクラーク (Clark, D. H.) による「日本における地域精神衛生——WHOへの報告」をはじめ、多くの人々が述べてきた問題点は、①公的責任、公的負担のサボタージュ (民間依存、低医療費政策) ②入院医療におけるマンパワー不足 ③地域精神保健 (福祉) 体制の貧困 ④精神科救急体制の貧困 ⑤入院医療における人権保障の不備、などとされている (新日本医師協会精神科領域部会, 1987)。

治療方法の発達によって、退院し通院できる患者が著しく増加し、その人々へのコミュニティ・ケアは見過ごせない状況になっていった。法改正で見送られた社会復帰施策として、本節末の年表のとおり、各種運営要綱が示されたが、施設整備でも運営面でも、多額の費用がかかるため、全国的には普及し難かった。そ

れを補完する役割を果たしたのが、保健所の精神衛生相談員を中心とする精神保健活動であって、「昭和40年代は、家庭訪問と相談活動によって患者を医療につなげる活動がなされ、昭和50年代は社会復帰促進事業として予算化されたデイケア、昭和60年代は作業所とセルフヘルプグループや家族会の育成が中心事業になっている」（高畠，1991, p. 73）。**保健所デイケア**は精神科デイケアや**小規模作業所**が発展するまで、週1回と回数は少なくとも、昼間の行き場所、居場所となっていた（渡嘉敷，1998, p. 126）。

　c　法定外の福祉的援助活動の萌芽

　精神障害者の暮らしを支える施設も制度もなかったこの時期に、生活ニーズから出発した地域での支援活動の試み（私設の共同住居や共同作業所など）が当事者、家族、関係者の熱意と協力で始められるようになった。特に、1970年から始まった「やどかりの里」の実践は「病院より地域へ、医療より福祉へ」の牽引車となって、「ごく当たり前の生活」「共に生きる」「**セルフヘルプ**」「地域に根ざす」「生き生きとした活動の持続」「**生活支援**」「町づくり」など（浅野，2000, p. 137）、その後の精神障害者支援の理念を方向づけていった。

[2]　精神保健法から精神保健福祉法へ

1）宇都宮病院事件と精神保健法

　1984年に発覚した宇都宮病院事件では、日本の収容所化した精神病院の実態が浮き彫りにされた。1986年には、国連NGOの合同調査によって、日本の精神衛生法が国際人権規約B規約に違反していると指摘され、87年、人権の確保と社会復帰の促進という理念のもとで大幅に改正され、「精神保健法」に改名された。この骨子は、精神障害者のための社会復帰施設（生活訓練施設と授産施設）が法定化され、さらに人権への配慮として、精神医療審査会制度、人権尊重と権利等の告知制度と任意入院など五つの入院形態、精神保健指定医制度が整えられた。

2）法定外の福祉的援助活動の成長

　先進的な地域で始まり、その数を急速に増やしていった共同住居や小規模作業所の活動に対して、地方自治体が補助金制度をスタートさせ、1987年には国も運営助成費を予算化するまでになって、全国的な広がりを見せた。作業所の目的は、保健所デイケアに連動して就労訓練など職業リハビリテーション志向のもの

と、その前段階での対人関係の改善や意欲の向上に比重を置くものとに大別される。このような福祉的援助活動は、当時の地域ニーズの全てを引き受けたものといえるものであって、コミュニティ心理学的アプローチに匹敵するものといえるだろう。これらの活動は、法定されないために運営上の苦労は大きいものの、その分、法的に規制されない自由さから、さまざまな取り組みや内容が工夫され、在宅精神障害者を実質的に支えてきた。

　このような取り組みの中でも特に目覚ましいものは、前述した埼玉県大宮市の「やどかりの里」のほか、和歌山市の「麦の郷」、東京都の「JHC板橋」、北海道浦河町の「浦河べてるの家」などであるが、**ノーマライゼーション**や**アドボカシー**の考え方を導入しながら、多種多様の活動を創出すると同時に、それらをうまく関連づけて成長・発展させ、それぞれ当事者中心に多職種の専門職や地域住民が協力しあうことを通して優れたコミュニティづくりを成功させている。「**協働（コラボレーション）**と**連帯（パートナーシップ）**をあらゆる分野、階層に広げ、権利要求やアドボカシー活動からサービスの提供及びソーシャルアドミニストレーションまでを担うことを期待されている」（田中 2002, p. 89）というように、適切に民間活動を実現させているのである。

　他方、精神障害者の社会復帰事業として当時は珍しかった、職業リハビリテーション推進事業を紹介する。それは、大阪府の独自事業として1977（昭和52）年度から始まり、ほぼ20年間継続された精神障害回復者の職業訓練適応援助事業である。この事業の主旨は「府立の職業技術専門校の門戸を開いて、精神障害回復者が一般人と同等に訓練を受ける。技能習得だけでなく、一般社会に通用するような物の考え方や態度を身につけて、職業自立に役立てる」というものであって、当時は法的枠組みがないうえに、受け入れる専門校側に精神障害者への知識も関心もなく、精神障害者自身やその支援者も実際の職業訓練現場を知らないなどのために、当初の3年間ははかばかしくなかった。その後、精神科領域の専門職が関わりだし、筆者も担当者の一人として参画し、8年間取り組んだ。その間、危機介入として、専門校を訪問して精神障害者を直接支援し、コンサルテーションを通して指導員と校長を支援するだけでなく、送り出す家族や保健所相談員をも支援した。さらに、入校や就職のための連絡調整会議を関係機関の中で定例化して、行政内に援助システムをつくり、訓練生によるセルフヘルプ・グループの組織づくりと運営を支援するなど、コミュニティ心理学的アプローチを駆使して、精神障害回復者のための職業訓練体制を定着することができた（新,

1991)。

3) 精神保健法一部改正と障害者基本法の制定

1991年の国連総会において、「精神病を理由とする差別があってはならない」という主旨で、精神障害者に対して人権に配慮した医療を提供するとともに、その社会参加・社会復帰の促進を図ることなどが盛り込まれた「精神病者の保護及び精神保健ケア改善のための諸原則」（国連原則）が採択された。1992年には、その9年前に採択されていたILO第159号条約「職業リハビリテーションおよび雇用（障害者）に関する条約」に、日本もようやく批准したことによって、精神障害者も職業リハビリテーションと雇用の対象としての制度が整備されるようになった（倉知，1998）。そして、1993年3月には、国連・障害者の10年を経て、「障害者対策に関する新長期計画」が障害者対策促進本部において決定された。こうした精神保健を取り巻く諸状況の推移などと5年後の見直し規定によって、精神保健法が改正された（1993年6月）。

この精神保健法の骨子は、①精神障害者地域生活援助事業（グループホーム）の法定化　②精神障害者社会復帰促進センターの創設　③栄養士、調理師など5資格について、精神疾患が絶対的欠格事由から相対的欠格事由へ変わったこと、などである。

また1993年12月には、「障害者基本法」が成立した。「身体障害者福祉法」は1949年に、「精神薄弱者福祉法」は60年にそれぞれ制定されていた。しかし、精神障害者に対しては、保健医療対策としての精神衛生法の中で施策が進められ、1970年制定の「心身障害者対策基本法」においても、医療を必要とする精神障害者は、この心身障害者には含まれないとされた。精神障害者の福祉法制定は、関係者の長年の悲願であって、ようやく福祉対策の対象となったのである。

[3] 現在の精神保健福祉システム

1994年には保健所法が改正されて「地域保健法」が成立し、精神障害者についても、社会復帰施策の内身近で利用頻度の高いサービスは、市町村が保健所の協力の下に実施することが望ましいとされた。このため、精神保健法についても、地域保健福祉活動についての法律上の規定の充実や、市町村の役割の位置づけの整備が求められた。

1995年に改正された概要は以下のとおりであった。①法律名が「精神保健及

び精神障害者福祉に関する法律」となり　②目的に精神障害者の「自立と社会参加の促進のための援助」という福祉の要素が追加され　③精神障害者保健福祉手帳制度が創設された。④社会復帰施設として、生活訓練施設（援護寮）、授産施設、福祉ホーム、福祉工場の4施設類型の規定が法律上明記され、通院患者リハビリテーション事業（社会適応訓練事業）が法定化された。

　1995年12月には、障害者対策推進本部の決定として「障害者プラン（ノーマライゼーション7か年戦略）」が策定された。「障害者対策に関する新長期計画」（1993年度から2002年度までの10ヶ年）の重点施策実施計画として、具体的な施策とその数値目標が設定されたもので、新長期計画の最終年次に合わせ、1996年度から2002年度までの7ヶ年計画とされた。障害者プランの構成は、各省庁の縦割り構成ではなく、リハビリテーションとノーマライゼーションの理念を踏まえ、①地域で共に生活するために　②社会的自立を促進するために　③バリアフリー化を促進するために　④生活の質（QOL）の向上を目指して　⑤安全な暮らしを確保するために　⑥心のバリアを取り除くために　⑦わが国にふさわしい国際協力・国際交流を、という七つの視点から構成されている。

　1997年、精神保健福祉士法が成立し、精神障害者の社会復帰に関する相談援助を行う者として、資格制度が創設された。

　1999年の法改正では、施行日が2000年と02年のものがあった。その骨子は、精神障害者の人権を配慮した医療の確保と、保健福祉施策の充実であった。具体的には、①社会復帰施設として、精神障害者地域生活支援センターが創設され、追加された。②在宅福祉事業として、精神障害者居宅介護等事業（ホームヘルプサービス）、精神障害者短期入所事業（ショートステイ）が創設され、先の地域生活援助事業（グループホーム）を含めて精神障害者居宅生活支援事業と位置づけられた。③市町村は精神障害者保健福祉手帳と通院医療費公費負担の申請窓口となり、他の障害者と同様に在宅福祉サービスの提供を担うことになった。

　社会復帰施設として、精神障害者地域生活支援センターが認められたことによって、長年法定外の活動とされてきた共同作業所の活動の一部がセンター業務として取り込まれることになった。法定化されることによって、ある種の不自由さはやむを得ないが、今までの精神障害者用の施設と違って、便利で、人通りの多いところにも建設可能になった。その建物や看板は、一般市民の共有財産として認知され、関心が寄せられやすくなったという面で大いに評価できるだろう。

　現行の福祉制度を分かりやすく図示した資料が精神障害者社会復帰促進センタ

2——日本の精神保健福祉の歴史とコミュニティ心理学

窓　口

くらしの保障に関連するもの
- 雇用保険 → 公共職業安定所 ← 障害者職業センター
- 労働者災害補償保険 → 労働基準監督署 ← 障害者雇用支援センター
- 障害厚生（共済）年金 → 社会保険事務所（共済組合）
- 障害基礎年金
- 心身障害者扶養共済
- 特別児童扶養手当 → 市区町村役場
- 障害児福祉手当
- 特別障害者手当
- 健康保険の傷病手当金
- ※地方自治体の福祉手当・手帳による給付金等
- 生活保護 → 福祉事務所
  - ＊扶助　＊世帯分離
  - ＊障害者加算
- 生活福祉資金貸付制度等

就労に関連するもの
- 社会適応訓練事業（通院患者リハビリテーション事業）

精神保健福祉法：法内
- 各施設 ← 通所・入所授産施設
- 　　　　　福祉工場
- 　　　　　援護寮
- 　　　　　福祉ホーム
- 保健所　グループホーム
- 　　　　　地域生活支援センター
- 　　　　　ホームヘルパー
- 精神保健福祉センター → 精神保健福祉手帳

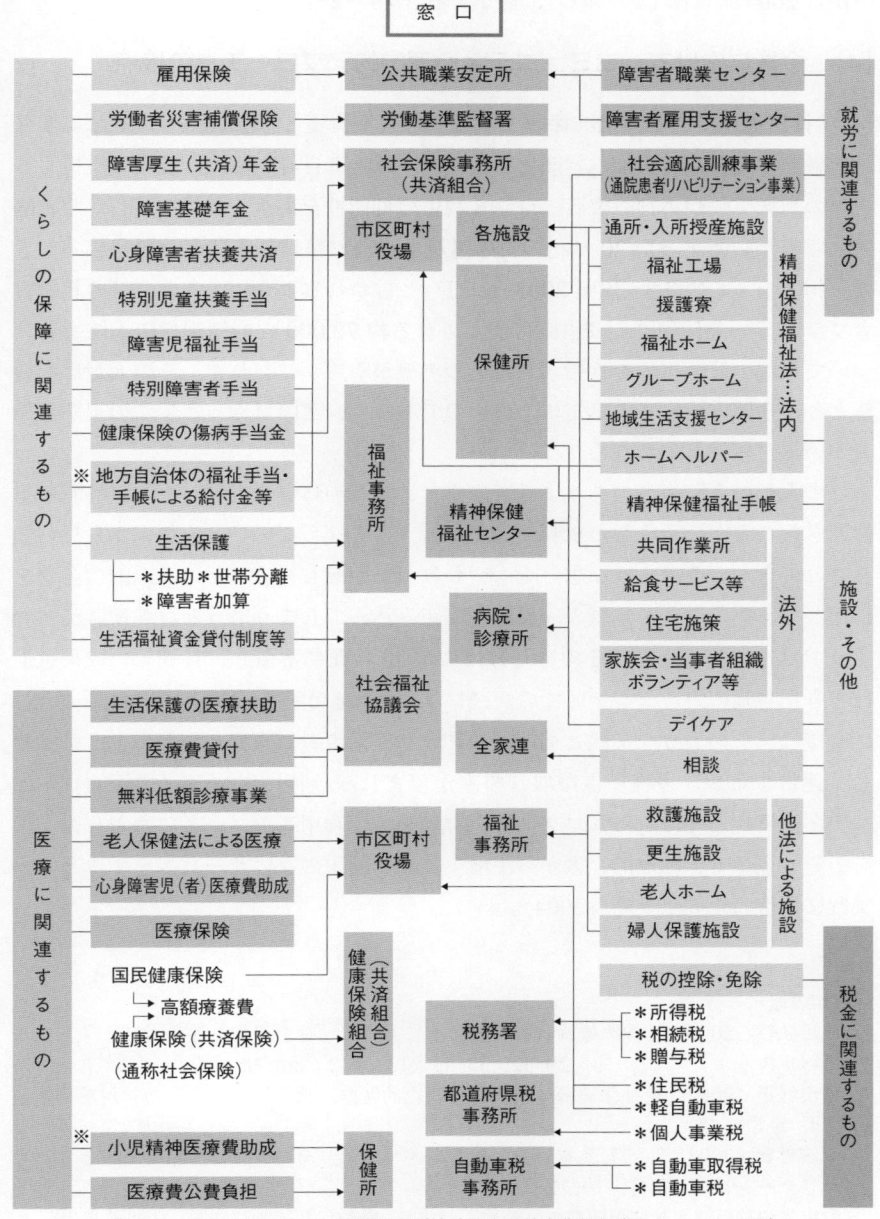

法外
- 共同作業所
- 給食サービス等
- 住宅施策
- 病院・診療所 ← 家族会・当事者組織 ボランティア等
- 社会福祉協議会
- 全家連 ← デイケア
- 　　　　　相談

医療に関連するもの
- 生活保護の医療扶助
- 医療費貸付
- 無料低額診療事業
- 老人保健法による医療 → 市区町村役場
- 心身障害児(者)医療費助成
- 医療保険
- 国民健康保険 → 健康保険組合（共済組合）
  - ↳ 高額療養費
- 健康保険（共済保険）（通称社会保険）
- ※小児精神医療費助成 → 保健所
- 医療費公費負担

他法による施設
- 福祉事務所 ← 救護施設
- 　　　　　　更生施設
- 　　　　　　老人ホーム
- 　　　　　　婦人保護施設

税金に関連するもの
- 税の控除・免除
- 税務署 ← ＊所得税
  - ＊相続税
  - ＊贈与税
- 都道府県税事務所 ← ＊住民税
  - ＊軽自動車税
  - ＊個人事業税
- 自動車税事務所 ← ＊自動車取得税
  - ＊自動車税

図Ⅳ-2-1　暮らしに役立つ福祉制度（精神障害者社会復帰促進センター，2004）

ーから 2004 年に出ているので、紹介する（図Ⅳ-2-1）。

[4] 今後に向けて、コミュニティ心理学的アプローチとの接点

　「精神保健施策の目的は、保護と隔離から人権擁護と社会復帰へ、そして個人の尊厳の尊重と社会参加へと変化し、加えて障害者自身、家族、現場で支援する人々の地域実践が精神障害者の自立と共生の可能性を大きく広げた。しかし、隔離と収容から始まった 20 世紀の負の遺産は今なお精神障害者とその家族の大きな負担となっている」（伊藤 2003, p. 22）と言われるように、このたびの新障害者プランで「条件が整えば退院可能とされる約 72,000 人の精神病床入院患者について退院・社会復帰を目指す」とその実態が明らかにされた。その人数は旧態然とした病院内治療での算定によるものであって、実際はもっと多くの退院可能者がいるだろうと思われる。

　この大量の入院患者のありようを思うと、病院の体質を批判したい気持ちが当然湧き起こるが、そうした批判だけではどうにもならないことを従来から思い知らされてきた。そのような思いをもつわれわれが成し得ることは、逆転の発想を活用して、病院さえも地域の一員として組み込んでしまうようなコミュニティづくりではないだろうか。そのやり方はこの 30 年間に蓄積し、目覚しい成果を上げてきた各地のコミュニティでの実践に学ぶところが多いと思われる。

　今後は、そのような実践と病院内スタッフ、当事者、家族とがどのように協働し、連帯するか、多種多様な取り組みが望まれる。特に、ACT（積極的コミュニティ治療）と呼ばれるプログラムを導入して、利用者のニーズに密着した支援をチーム全体で、治療的介入から生活支援まで制限のないサービスをするという実践に期待したい（大島, 2004）。

引用文献

浅野弘毅　2000　精神医療論争史――日本における「社会復帰」論争批判．メンタルヘルス・ライブラリー 3，29-32，33-43，131-142．批評社．

猪俣好正　2002　精神保健福祉法改正の歴史的考察．猪俣好正（編）精神保健福祉法 4．星和書店．

伊藤哲寛　2003　障害者基本計画と精神障害リハビリテーション．精神障害とリハビリテーション，**7(1)**，19-22．

厚生省精神保健福祉法規研究会（監修）　1998　精神保健福祉法詳解．中央法規出版．

倉知延章　1998　精神障害者に対する職業リハビリテーションの歴史と展望．精神障害とリハビリテーション，**2(2)**，103-110．

大島　巌　2004　ACT・ケアマネジメント・ホームヘルプサービス．大島　巌（編）精神障害者地域生活支援の新デザイン，98-136．精神看護出版．
精神障害者社会復帰促進センター　2004　暮らしに役立つ福祉制度〈http://www.mental.ne.jp/kiso/welfare/system/system1.htm〉．
新　雅子　1991　大阪府立高等職業技術専門校における精神障害者の職業訓練．日本障害者雇用促進協会職業リハビリテーション部　季刊職リハネットワーク，**12**，14-17．
新日本医師協会精神科領域部会　1987　精神衛生法改正に向けての提言〈http://homepage3.nifty.com/shinikyo/data4.html〉．
高畠克子　1991　精神科リハビリテーションを考える3　作業所における働くことの意味．病院・地域精神医学，**35(1)**，71-74．
田中英樹　2002　民間活動の意義と歴史．精神障害とリハビリテーション，**6(2)**，85-89．
渡嘉敷暁　1998　精神障害者のリハビリテーション制度の歴史・現状・問題点．精神障害とリハビリテーション，**2(2)**，124-132．

年表　わが国における精神保健福祉年表

1874（明治7）年	医制発布→8年京都府癲狂院、11年私立加藤瘋癲病院がそれぞれ開設
1879（明治12）年	東京府癲狂院（→東京都立巣鴨病院→東京都立松沢病院）開設
1880（明治13）年	医学校初の精神病舎が愛知医学校に設置
1884（明治17）年	岩倉癲狂院開設。相馬事件が始まる
1886（明治19）年	東京大学医学部精神病学教室開設
1900（明治33）年	「精神病者監護法」公布
1901（明治34）年	呉秀三「無拘束の理念」を提唱、作業療法開始
1902（明治35）年	日本神経学会創立、呉秀三「精神病者慈善救治会」結成（後の日本精神衛生会）
1917（大正6）年	精神障害者全国一斉調査（病者総数：6万5千人、入院中：5千人）
1918（大正7）年	呉秀三「精神病者私宅監置ノ実況及ビ其統計的観察」を発表
1919（大正8）年	「精神病院法」公布
1925（大正14）年〜32（昭和7）年	公立精神病院が相次いで開設された（鹿児島保養院、大阪中宮病院、神奈川芹香院、福岡筑紫保養院、愛知城山病院）
1926（昭和元）年	日本精神衛生会発足
1938（昭和13）年	厚生省設置
1940（昭和15）年	「国民優生法」公布、当時の2万5千床が終戦時には4千床に激減
1949（昭和24）年	「身体障害者福祉法」公布
1950（昭和25）年	「精神衛生法」、「生活保護法」公布
1952（昭和27）年	国立精神衛生研究所設置
1953（昭和28）年	日本精神衛生連盟結成、第1回全国精神衛生大会開催
1954（昭和29）年	全国精神障害者実態調査（精神障害者130万人、要入院35万人、病床3万床）
1955（昭和30）年	1952年に開発された向精神薬がわが国でも使われだした→前頭葉ロボトミーの衰退
1958（昭和33）年	「精神科特例」（医療法）→精神病院ブーム

1960（昭和35）年	「精神薄弱者福祉法」公布
1964（昭和39）年	ライシャワー駐日アメリカ大使刺傷事件
1965（昭和40）年	「精神衛生法」改正（17万床、人口1万対17.6床） 全国精神障害者家族会連合会（全家連）結成、理学療法士及び作業療法士法制定
1966（昭和41）年	「保健所における精神衛生業務運営要領」（公衆衛生局長通知）
1968（昭和43）年	「日本における地域精神衛生――WHOへの報告」（D. H. クラーク）
1969（昭和44）年	「精神衛生センター運営要領」（公衆衛生局長通知） 「精神障害回復者社会復帰センター設置要綱案」の答申
1970（昭和45）年	「心身障害者対策基本法」公布
1974（昭和49）年	精神科作業療法、精神科デイ・ケアの社会保険診療報酬の点数化
1975（昭和50）年	「精神障害回復者社会復帰施設」及び「デイ・ケア施設」運営要綱（通知）（28万床） 「保健所における社会復帰相談指導事業（デイ・ケア）」開始
1976（昭和51）年	「精神障害者措置入院制度の適正な運用について（通知）」
1981（昭和56）年	「精神衛生社会生活適応施設」運営要綱（通知）（国際障害者年）
1982（昭和57）年	「老人保健法」の制定：老人精神衛生相談指導事業 「通院患者リハビリテーション事業（職親制度）」開始
1984（昭和59）年	報徳会宇都宮病院事件発生（国連・障害者の10ヵ年行動計画：1983～1992）
1985（昭和60）年	「精神病院入院患者の通信・面会に関するガイドラインについて」
1986（昭和61）年	「日本における精神障害者の人権と処遇に関するICJ及びICHP合同調査団の結論と勧告」 精神科集団精神療法、精神科ナイト・ケア、精神科訪問看護指導料等の点数化
1987（昭和62）年	保健所等におけるデイ・ケア事業、小規模作業所運営助成事業開始 「精神保健法」へ改正（34.5万床　人口1万対28.4床）
1988（昭和63）年	「精神障害者社会復帰施設の設置及び運営について」→事業開始 「身体障害者雇用促進法」→「障害者の雇用の促進等に関する法律」へ改正
1991（平成 3）年	国連原則成立：「精神病者の保護および精神保健ケアの改善のための諸原則」
1992（平成 4）年	ILO第159号（1983）「障害者の職業リハビリテーション及び雇用に関する条約」に批准
1993（平成 5）年	「精神保健法」一部改正、「心身障害者対策基本法」→「障害者基本法」公布
1994（平成 6）年	「地域保健法」公布、（財）全家連を精神障害者社会復帰促進センターに指定
1995（平成 7）年	「精神保健及び精神障害者福祉に関する法律」（精神保健福祉法）へ改正 障害者プラン（ノーマライゼーション7か年戦略）の策定
1997（平成 9）年	「精神保健福祉士（PSW）法」成立
1999（平成11）年	「精神保健福祉法」一部改正→翌年施行
2002（平成14）年	重点施策実施5か年計画（新障害者プラン）の策定

コミュニティの教育力

福山清蔵

 「**地域やコミュニティの教育力**」が取りざたされるのは、決まってその力がなくなったときか、なくなりつつあるときのようである。そして、このテーマは、これまで「教育学」を中心として語られ、けっして「心理学」の世界で話題になることはなかった。

 心理学は、どうしても、「個人の内面」に目を向けることはあっても、「教育」にまで目が届くことはなかったようである。「教育心理学」の世界においても、このことは同様の扱いであったと思われる。

 従来の教育に関する心理学は、「教師と子ども」「学校と子ども」「学習や発達と子ども」、そしてやっと「親子関係」まで扱うことがせいぜいである。どうしても「地域」や「コミュニティ」までは届いたことはなかった、といってもよい。ここでいうところの「コミュニティ」は必ずしも「地域」を指しているものではなく、「関係のネットワーク」という意味も含まれている。しかし、「学校」という場を考えるときには、必然的に「地域」としての意味が大きくなるといえる。

 ところで、ここでいう「地域」は、「コミュニティ」ととらえないと、これから考察する「教育力」から離れることになりそうなので、「地域」と「関係のネットワーク」「協働」「親密さによって支えられる場」としての「コミュニティ」とが、不可分のものとして論を進めていきたい。

 Illich（1971　東訳　1977）はその著書『脱学校の社会』において、「個々人にとって人生の各瞬間を、学習し、知識・技能・経験をわかち合い、世話し合う

瞬間に変える可能性を高めるような教育の『**ネットワーク**』をこそ求めるべきである（p. 6）」と述べており、「社会全体が学校として利用され、社会のすべての施設が教育のために活用される」という「壁のない学校」の構想について見解を示している。

　この見解は、「**学校教育**」を「**社会教育**」の枠組みからとらえようとするものであるが、社会全体が「教育」に参与し、責任を担おうとするものである。ここでいうところの「社会教育」とは、学校教育を除く、広く社会における教育活動および教育システムを指しているが、これには「家庭教育」「成人教育」などが含まれている。

[1]　教育力の具体的な展開

1）教育力の二つの方向

　さて、このイリイチ（Illich, I.）の指摘から始めるとして、最初に「コミュニティの教育力」を考察する視点のいくつかを議論しておくこととする。

　新井（1987）は『地域の教育力を生かす』の中で、地域の資源を教育的資源とするための方法を論じている。そこでは、①教材を作るための資源　②地域のさまざまな人材　③教育や学習のための場、という視点からカテゴリー化を試みている。そして「地域の教材化」に触れて、「教材に生活基盤としての地域というリアリティを持たせることによって子どもたちの知識が、断片的な知識ではなく、人間の生き方にかかわるものとなる（p. 52）」と述べている。すなわち、地域が、子どもたちにとってリアリティを失っている現実を乗り越えるために、地域を基盤とした「教材」が求められている、と指摘している。

　2002年度のコミュニティ心理学会のシンポジウムでは、学校に地域の人々が参加する方法が例示されているが、同時に、子どもたちが地域に出て行くことによる、いわば「地域の学校化」としての「地域型学習」も紹介されている。

　このような議論は、どちらかといえば「学校」をめぐって、地域と学校の関係を論じているのであるが、「地域の教育力」とは必ずしも「学校教育」との関係でのみ取り上げられるものではなく、「社会生活」をベースにおいて論じられるべき性質のものである。つまり、「**地域社会**」に生活するあらゆる人々にとって、「**協働性**」に基づく学習の場の保証が「地域の教育力」を規定するものだからである。

　そうであれば、学校もまた「地域のために開かれるべきものであるし、住民が

教育機能や施設としての学校を活用する」という方向も、議論されるべきものだろう。たとえば、よく行われている「体育館の夜間貸し出し」「校庭の開放」「パソコン教室」「美術教室」など、施設や人的資源を活用する方法も「地域・コミュニティ」との関連で取り上げる必要がある。

とりあえず、本節では、「子どもの教育」を軸として「教育力」をとらえることとして、論を進めたい。その中でも、とりわけ、地域の人材を子どもたちの福祉や教育に活用していく方法を総括的に、「地域の教育力」ということとしてとらえることから出発したい。

もう一度、コミュニティ心理学会（2002年度）におけるシンポジウムでの話題を、少し丁寧に取り上げて紹介してみる。

①地域の人が正課の授業にアシスタントとして参加する　②地域の人がクラブ活動の指導補助として参加する　③地域の人が菓子作り、パソコンなどの指導に参加する　④高齢者が子どもたちとの懇談の場に参加する　⑤地域の人が挨拶・掃除の方法などの生活指導に参加する　⑥地域の人が週休二日制の土曜日にクラブを開催し指導する、などの「地域の人が学校の諸活動への参加」方式がいくつも指摘されている。これらは、「場」としての「学校」に住民が出向いてさまざまな活動に参加するもので、「**世代間交流**」もしくは「**人的交流**」という側面に特徴がある。

一方では、子どもたちが学校や教室から地域に飛び出していく活動もある。①駅前「朝市」への子どもたちの参加体験　②「保健センター」「博物館」など諸施設への訪問　③「商店」「工場」「企業」などへの体験労働　④高齢者施設への訪問、などである。こちらは子どもたちが「学校外」に出て行く「**地域への参加**」方式であり、どちらかといえば「子どもたちの体験」にウエイトがある。地域・コミュニティの人々が活動（生活・労働）している「場」に子どもたちが参加して、実際の体験から、予定したものや予定しなかったものまで種々学習することによって、コミュニティにおける諸活動を直接に体験し、さらに、直接にコミュニティ活動に参加するものである。これら二方向の参加形式が、地域・コミュニティの教育力活用のスタイルとして紹介されているものである。

ところで、先に挙げたいくつもの例は、「正課」としての活動に主眼が置かれており、課外活動や、さらには、さまざまな地域の特性から生まれた諸活動としての行事や祭り、そして、地域の清掃活動などといった「地域活動」としての組織的連携までは議論の範囲に含まれていない。しかし、地域の「野球クラブ」

表Ⅳ-3-1　地域と関係する教育活動

正課教育	A　正課学習に市民が参加する活動 　　授業補助、特別授業など B　学校外での参加・体験学習 　　見学、実習、訪問、労働体験、修学旅行など
正課外教育	A　クラブ活動 　　文化活動、体育活動、など B　生徒会活動 　　文化祭、体育祭、コンクールなど 　　奉仕活動など
地域団体活動	A　地域性のある団体活動 　　伝統芸能、祭り、奉仕団体活動など 　　スポーツクラブ、美術・芸術活動など 　　文化祭、体育祭など 　　社会教育団体活動（交通安全）、地域清掃活動など B　広域団体活動 　　JRC、ボーイスカウト、スポーツクラブなど 　　被災地支援活動、宗教活動など 　　全国組織活動（全国大会）など

「サッカークラブ」などのスポーツ団体のもっている「教育機能」は、当然「コミュニティの教育力」に関与している。同様のものは、地域で行われている「合唱団」「奉仕活動団体」「絵画・美術団体」など、枚挙に暇がないほどであろう。

表Ⅳ-3-1を眺めてみると、学校外で展開される諸活動にも、広義の「教育的意義」が含まれていることがわかる。それらは、直接に「教材」として作成されるような、意図的・計画的・継続的な教育活動だけとは限らず、子どもたちの社会生活・社会活動を通じて「共同体感覚」を育て、知的・体育的・芸術的な諸活動に参加することによって、それぞれの技能や感性を育てることに貢献しているのである。特に、近年のスポーツ活動としてのクラブ参加が、「集団への帰属意識」「役割や統制力」の形成に大きな力を発揮していることは知られている。

これらの活動は、おおむね「地域」をベースとして成立しているので、「地域の教育力」として多様に活発に展開されているか、そのことが社会的に保障とサポートが得られているか、それらを見ることによって「潜在的な地域の教育力」ということができる。

これらの視点としては「社会教育」についての文献で多く触れることができる（人吉・球磨サークル協，1984；菊地，1995）。

2) 地域メンタルヘルス活動としての教育力

　先に学校を中心とした二つの方向があることを指摘したが、学校内での「世代間交流」「人的交流」と学校外での「地域への参加」「子どもたちの体験」という枠組みだけでなく、地域活動というもう一つの視点からとらえることができることを示してきた。

　地域・コミュニティをベースとしたスポーツ・文化活動との関わりは、「自分自身のため」「自分たちのクラブやグループのため」という意図をもっているが、他者に向けられた活動としての「援助活動」やそれを支える市民の力、もしくは、それらに関心を向ける市民の力という点から少し検討したい。たとえば埼玉県志木市教育委員会（2003）では、「ホームスタディ」制度を、不登校児のための訪問支援活動としての市民・大学との協同で発足させた。

　これは、教師が個別に家庭訪問などによってサポートしていくことの困難さをカバーしつつ、大学生など年齢の近さからくる親密さと同胞感覚的な熱意をもって、取り組まれているものである。「教育相談室」「適応指導教室」など既成の組織にのれない「引きこもり」傾向の強い、外出困難を抱えた子どもたちに対して、個別の訪問によって、心理的・学習面での支援をしていく。

　これを今までの論旨に沿って定義すると、社会的な活動に参加する力と余裕のない子どもの成長に働きかけるという点で、リソースとしての地域のもつ教育力、と定義できるかもしれない。

　三枝（2003a）は、このホームスタディに関して、行政の立場と援助ボランティアの双方に調査を行い、双方のニーズの違いやイメージの違いなどについて検討している。また、その結果から、システムを運営するための研修のあり方について検証している。ここでは大学生を中心としてこの働きを見ているのだが、広くいえば「市民」が、そのような「力」や「機能」を備えたり、それらを活用したりするような「組織的」活動として位置づけると、より明確となる。「排除」と「無関心」から脱却して、「協働」と「支援」に向けての市民活動として位置づけることができれば、不登校に限らず広く**地域メンタルヘルス**に関わる市民活動を「教育力」ととらえることができよう（濱野, 2002；昼田・水谷・鈴木, 1997, 1998；伊藤・松井, 1998；伊藤, 1999, 2001；小林, 2001；三枝, 2003a, 2003b；志木市教育委員会, 2003；田村・石隈, 2003；大原・水野・長岡, 2002；水谷・鈴木・昼田, 1997）。

　同様に、「いのちの電話」の活動は、市民のボランティア活動として「こころ

を支え、励ます」ことを通じた自殺予防運動であることは広く知られており、この「いのちの電話」の活動は全国に広がり、全国51の地域センターが8,000名余のボランティアによって展開されている。それぞれのセンターは原則的には「県」ごとに設立・運営されており、各県の市民、学者など多様な人々が参加している（稲村・林・齋藤，1981；いのちの電話連盟編，1986）。

さらに、震災に対しても多くの市民や学生が参加してきたように、多くの人々の生活や感情を温め、支えてきたことは知られている。特にメンタルヘルス活動として、うつや心身症に対するサポート活動は大きな貢献であった。近年多発する震災に対して、多くの自治体や大学などで「**災害ボランティア**」を組織化する動向にあり、それらに参加する人の多さも注目される点である。佐藤（1984）は「ボランティア・コミュニティの発生と発展」と題して、新潟地震の際に形成されたボランティア組織を真のコミュニティととらえ、その経緯などについて検討している。

3)「NPO」としての「地域の教育力」

「**NPO**」すなわち「非営利法人」が法律の整備とともに多く組織化され、多彩な活動に取り組んでいる。「給食サービス」「移送サービス」をはじめ、現在ではじつに多くの社会活動が展開されており、社会的貢献、組織化、継続性という観点からNPOが組織されている。

筆者の関係している青森県や静岡県の「いのちの電話」は、NPO法人として活動している。その活動は、地域のメンタルヘルスのために地域の市民による非営利性のものとして展開されている。そこに参加している人自身が、市民的感覚とある種の使命感をもちつつボランティアとして関わっているのである。今日では、全国で2万弱のNPOが存在するといわれるが、里山を守りその活用を図る、町並みを保存する、子ども虐待を防ぐなど、その活動はじつに多彩多様である。

地域精神衛生的な活動としては「DV」に対するシェルター活動、子育て支援活動、エイズ患者のサポート、死別の問題へのサポート、アルコール問題へのサポートなどが挙げられる。

このような「市民活動」を支える力や、そうした活動に対する共感の力が地域に存在することがもっている意味を「教育力」と呼んでもよいのではないか。すなわち、こうした活動を、あえて子どもたちとのつながりとして言及すれば、子どもたちへの「感化力」、「参加を促進する力」、地域の人々と「連携する力」、困

難を抱えている他の人々への「共感力」などという観点から、総合的には「教育力」ととらえることが可能であろう。

このようにとらえることにより、地域の力、コミュニティの教育力を幅広く認識することができる（植村，1998）。

改めて整理しておくと、「コミュニティの教育力」というコンセプトをとらえるには、学校の中へ、学校の外へという二つの軸が想定されるとともに、もう一つとしては、地域で展開されるさまざまな活動そのもの、そして、それらを支えている人々の他者への豊かな配慮や感性、というとらえ方がある。

前者を「顕在化した教育力」「見える地域の教育力」、そして、後者を「潜在的教育力」「見えない地域の教育力」といってもよい。

さらにいえば、潜在的な地域の力の総体が、コミュニティを支え、コミュニティを活性化させ、コミュニティに生きる人々に希望と信頼を創りだしていくものなのである。

たとえ直接的な働きとしては届かなくとも、子どもたちは、このような活動に参加している親や市民から、間接的にポジティブな影響を受けていくものである。もちろん、「子育て支援」「児童虐待」など、直接子どもに関する問題に対して支援活動を行っていることもある。

このように、「子どもの成長」や「心身の健康」を「見守り」「支え」「促す」かかわりを含んだ概念として、「コミュニティの教育力」をとらえていく必要性がある。

[2] コミュニティ心理学から見た「コミュニティの教育力」

これまで述べてきたことで、ある程度の「コミュニティの教育力」に関する枠組みを確認することができたと考えるが、さて、「コミュニティ心理学」ではこの問題をどう考えていくのかに視点を転じてみよう。

コミュニティ心理学は、これまで「コミュニティ」「連携」「臨床・実践」などをキーワードとして、心理学の新しい展望を切り開こうとしてきた。そして、個人の心理を超えつつ、かつ実践的（臨床的）な関心から研究を志向してきている。そのための方法としては心理学に依拠しているが、これまでの心理学の対象としてとらえきれないできたテーマにも意欲的な研究が数多く取り組まれてきている。

さて、本テーマである「地域の教育力」も、これまでは心理学のテーマとして

成り立ちにくいものであったが、コミュニティ心理学の登場によって「**コミュニティ意識**」「**共同体感覚**」などに基づいた検討がなされるようになってきている。

藤本（1994）は「コミュニティ意識の研究」において、コミュニティ意識の類型やその形成要因の背景、コミュニティ意識の形成と変容のメカニズムの解明などについて論考している。また、植村（1994）は「地域社会に対する住民の態度」について、地域社会ストレス、コミュニティ成員の行動などついて詳細な研究をしている。

[3]　活動評価・プログラム評価の視点

1) 心理学的視点

これまで見てきたように「コミュニティと教育」との関係は現在とりわけ強く議論されるべきものであるが、これらのいくつかの試みを心理学的視点から評価する際の軸を表Ⅳ-3-2に整理しておく。

1 は子どもにどのような成長の機会となったか。活動への参加動機などの変化はあったか。肯定的効果や否定的効果をもたらした要因はどのようなものであったか。

2 は自我・自己評価などにどのようなプログラムがどのように貢献したか。効力感は向上したか。逆に否定的な要因はどのようなものであったか。

3 は活動から得られた社会的側面に注目して、愛他行動・福祉的行動・交友関係などの変化や要因について構造的な分析を行い、結果としてプログラムを評価する。

4 は特定のプログラムに参加したことが他の活動や教科活動にどのような影響を与えるか、学習の汎化や転移を確定する。

5 は活動プログラムのシステムの構造や構造の変化などを通じてネットワークに与えた影響を確定する。協力体制や風土などにも関わってくる。

6 はプログラムの参加満足など、所属感や満足感としての評価。

7 は地域のもつ活力や親密で信頼のある交流として、また、組織のもつ特性や動機などについて分析していく。もしくは、個人のトラブルの組織的解決、逸脱者の扱いなどさまざまな課題がある。

その他、いくつかの視点から、活動の心理学的な検討がなされる必要がある。

それらはあくまでも「実践性」「臨床性」「評価の公開性」をもつことが望まれる。

表Ⅳ-3-2　評価の軸

1	地域との交流や活動が子どもの成長に与える要因分析
2	子どもの自我・自己評価、効力感に与える構造分析
3	愛他行動や社会的行動に与える効果分析
4	他の教科や活動に与える汎化的効果分析
5	システムやネットワークの成熟・達成度を測るプロセス分析
6	プログラム参加者の満足度、貢献度などの意識分析
7	地域や組織の風土・モラール分析
8	その他

2）活動に即した評価

　コミュニティ心理学は「実践的課題」についてエコロジカルな視点をもっている。コミュニティ心理学の発祥の一つに「地域精神衛生活動」とのつながりがあるからであるが、「地域精神衛生活動」は相談室や実験室という枠組みから外へ飛び出し、地域・コミュニティに存在する問題に対して取り組む組織や機関、そして個人との連携と協同が必然的に求められてくる。それらの統合的連携から、新しいサポート・システムを構築していくこととして成立してきたものである。

　ところで、活動内容や活動方法についての評価の視点として、以下のような項目が想定されよう。

① 相互性
　一方的に働きかけることで満足を得るだけでなく、それぞれに活動を通しての意味づけができていることが大切である。相互に建設的な意義を感じることで、参加が発展していくものである。

② 協働性
　個人的な活動であるよりも、他者と協力したり、議論したりすることで参加度は高まる。また、協力することによる満足感も得られる。

③ 組織性
　単発的で短期的な活動を組織的な活動にすることによって、継続性ができたり、組織自体が展開の力をもったりするようになる。

④ 親和性
　日常的で自分の生活と密接なつながりのあることで、参加意欲と結びつきやすいし、体験などを活かしやすくなる。

⑤ 負担性

表Ⅳ-3-3　活動評価の教育的視点

1	相互性（活動の利益が双方向的である）	人的・組織的
2	協働性（他の人と一緒に活動する）	
3	組織性（参加・交流のシステムの整備状況）	
4	親和性（身近な問題であること）	
5	負担性（心身に大きな負担とならない）	
6	必要性（一定の教育的ニーズがある）	活動内容的
7	公共性（社会的な価値がある）	
8	実践性（実際的・体験的・日常的である）	
9	地域性（地域の特色とマッチしている）	
10	接続性（社会と学校を切り結ぶこと）	
11	定着性・継続性（継続的取り組み）	
12	開放性（誰でも自由に参加できる余地がある）	
13	発展性（新しい試みへの展開可能性）	

活動時間や労力または経済的な負担が大きくないこと。遠方にたびたび出かけることは時間的にも経済的にも負担感が大きくなる。また、重労働・危険労働もサポートを含めて負担感が大きくなる。その分だけ継続的な活動として成り立ちにくいものである。

⑥　必要性

地域社会や教育活動からのニーズがあり、活動の意味づけがしやすいものであること。ある種の社会貢献的要素を含んでいる。

⑦　公共性

社会の役に立つこと、地域社会形成に貢献することが求められている。そのことで子どもたちにとっての社会性が形成されることにつながる。

⑧　実践性

実際的・体験的であること。活動の場所や内容において実際的で体験的であること。体験的であることにより、地域との交流や人的リソースとの交流が図られる。日常的であることにより、より定着した活動として位置づけられる。

⑨　地域性

地域の特色（たとえば大都市、地方小都市、山漁村など）を活かした活動内容。または、地域の施設や自然環境などを取り入れた活動などにより、地域を再発見するとともに地域への参加を促すことになる。

⑩　接続性

社会と学校との内容的な接続性が保証されていること。
⑪　定着性・継続性
教育活動全体の中での位置づけができ、子どもたちにも意欲的に受け入れられること。また、継続されることを通じて子どもたちの生活に定着していく。
⑫　開放性
特定の人にだけ関係するものではなく、誰にでも開かれていることで風通しがよくなる。障害をもつ人や高齢者を含めて、地域にいる多くの人々から関心がもたれていること。
⑬　発展性
一つの体験から次の段階へ進化したり、新しい試みへと転換したりする。
調査活動から働きかけの活動へ発展したり、間接的な関係から直接的な関係へと転換したりすることで、停滞しないような活動が組織される。

「プログラム評価」については別に論じられているのでそちらに基本的にはゆずることとするが（Ⅴ章2節参照）、先に挙げたような「評価の視点」は、「教育」に資すると想定できる活動をとらえる軸として提示したものである。もちろん、さまざまな活動プログラムはそれぞれ目的をもって展開されており、その当該の活動プログラムによって、新しい知識、スキルの増大、態度や価値の変化、行動の修正、条件の改善などがもたらされると考えられ、そのような変化を期待して活動が計画されるものである（Scileppi, Teed, & Torres, 2000　植村訳2005）。

そして、それには当然のことながら、個々の児童生徒の取り組みや、変化の量として評価されることも含まれている。つまり、「教育的評価」はプログラムに関するものと、参加した子どもたち一人ひとりに対するものとがあるので、それらは分けて考える必要があるし、同一のものさしで測ることは適当ではない。

[4]　実践活動のもう一つの方向性

ここまではどちらかというと、学校と地域・コミュニティとの相互作用や地域・コミュニティに存在するリソース及びサポートの展開を中心に述べてきた。しかし、もう一つのコミュニティへのアプローチについて触れてこなかったので、ここで改めて論じておきたい。

それは「学校というコミュニティ」が内包する、もしくは学校というコミュニ

ティに対するアプローチについてである。つまり、学校というコミュニティそのものについての介入（この場合は「教育活動」を指しておく）によって、教室や学校全体や、教師と子どもとの関係などに、どのような変化をもたらすことができたかが問われることになる。

　学校の内と外との関係としてのみ「教育力」を想定してしまうと、学校というコミュニティの変革は除外されてしまう。本来、「教育力」とは、変化に対する意図と作用と結果に対する方向性をもつ概念の総体としてとらえていかないと、「自己変革」としての「教育力」を切り捨ててしまうことになる。

　その意味で、『コミュニティ心理学』（Duffy & Wong, 1996　植村監訳1999）の中で「偏見」に対する学校内での取り組みについて紹介されているように、学校コミュニティそのものへの「介入」（教育活動）が射程となる必要性がある。石隈（1999）は大学内の新しいシステム構築を目指した活動について実践的な報告をしており、その効果についての評価や判断が求められている。このように、学校コミュニティそのものに内包する問題や課題を対象とした活動は、わが国では近年「スクール・カウンセリング」として多くの実績を生み出している。

　そこでは教師への「コンサルテーション」、担任や養護教諭その他の人々との「コラボレーション」はもとより、学校風土に対するリサーチと介入などの研究や実践活動が、数多く産出されている。コンサルテーション活動だけに限っても、石隈（1999）、伊藤（1998）など多様な研究が積み重ねられている。

[5]　もう一度、コミュニティの教育力とは

　子どもたちが「学校」にいて、学校外から地域の人々が参加して学習活動に協力する。また、子どもたちが「学校」から地域に出て行き、さまざまな活動に参加しつつ体験を通して学ぶ。これら二つの方向が、コミュニティ心理学会において指摘されてきた。

　さらに視野を広げると、「地域精神衛生」に関わる活動や、NPOとして取り組まれている他者やコミュニティに対する活動も、潜在的な「地域の教育力」であるととらえることができることを指摘してきた。

　ともするとわが国では、「地域の教育力」を「社会教育施設の整備状況」ととらえていた経緯があるが、そこには「人的交流」「人的リソース」といった「マンパワー」「人的ネットワーク」、そしてさらに「地域コミュニティ形成」の視点

が欠落していた。

 さらにいえば、「教育」はいつでも「カリキュラム」「教材」「教師が計画し与えるもの」として、教師から子どもたちに提示されるものという暗黙の前提もあった。

 地域の人々のネットワークや人的な交流も「カリキュラム化」され、「教材化」されなければならないとすれば、それは相当に寂しい教育といえよう。むしろ、「複雑で」「未整理で」「混沌として」いるものの中にこそ「真の教育」が働くものであると考える。

 さて、「地域の教育力」を焦点にして、地域活動全体や地域のもつ「共感力」「支えあう力」までを含んだ概念としてとらえる必要性を論じてきた。それらは**「風土」**や**「社会規範」**として働くものたちでもある。

 ここまで、コミュニティにおいて「教育」として働くものの範囲を広げて考察すべきであることを指摘してきた。その「教育」は、「見えない形」「整理されない形」であっても、コミュニティの人々を「支え」「癒し」「励まし」「つなげる」ものであれば、優れて「教育」的であるといえる。

 むしろ、本来的には、子どもに対して「直接的」「学校教育」に属するものだけでなく、広く社会に潜在・顕在している人々の「コミュニティ感覚」に属した行動や共感力として展開している総体を指して、「コミュニティの教育力」として用いられるべきであることなどを指摘してきたものである。そして、コミュニティ自体に向けた介入そのものに内包する作用に対しても、「教育」という観点からとらえることができることを示してきたのである。

 それだからこそ、このようなコンセプトであればあるだけ、それらを実践的な明確さと客観的な検証性を備えたものとするために、コミュニティ心理学が果たすべき課題は多いといえよう。

引用文献

足立節雄　1981　地域の教育力をつちかう．明治図書．
新井邦男　1987　地域の教育力を活かす．ぎょうせい．
Duffy, K. G. & Wong, F. Y. 1996 *Community Psychology*. Allyn Bacon.（植村勝彦（監訳）1999　コミュニティ心理学．ナカニシヤ出版．）
藤本忠明　1994　コミュニティ意識の研究．山本和郎（編）コミュニティ心理学の実際．263-274．新曜社．
濱野玲奈　2002　社会的・文化的現象としての不登校に関する質的研究——地域社会における不登校支援機関とそのネットワークに着目して．文部科学研究助成論文集，

38, 181-189.
昼田源四郎・水谷由克・鈴木庸裕　1997　教育相談・学校カウンセリングに関する教師ニーズ調査（第3報）――教師の自覚的なストレス度と問題行動への対処能力．福島大学教育実践研究紀要，**33**, 119-126.
昼田源四郎・水谷由克・鈴木庸裕　1998　教育相談・学校カウンセリングに関する教師ニーズ調査（第4報）――教師の援助行動と教師支援のあり方．福島大学教育実践研究紀要，**34**, 81-86.
人吉・球磨サークル協　1984　地域をつくる教育実践．明治図書．
Illich, I. 1971 *Deschooling Society*. TOKYO SOGENSHA.（東　洋（訳）　1977　脱学校の社会．東京創元社．）
稲村　博・林　義子・齋藤友紀雄（編）　1981　眠らぬダイヤル．新曜社．
いのちの電話連盟（編）　1986　電話による援助活動．学事出版．
石隈利紀　1999　学校心理学．誠信書房．
伊藤亜矢子　1998　学校という「場」の風土に着目した学校臨床心理士の2年間の活動過程．心理臨床学研究，**15**(6), 659-670.
伊藤亜矢子・松井　仁　1998　学級風土研究の意義．コミュニティ心理学研究，**2**(1), 56-66.
伊藤亜矢子　1999　学級風土質問紙作成の試み――学級風土を捉える尺度の帰納的な抽出．コミュニティ心理学研究，**2**(2), 104-118.
伊藤亜矢子　2001　学級風土質問紙の臨床的妥当性検討の試み――学級編成時の生徒のメンタルヘルスが風土形成に与える影響を中心に．コミュニティ心理学研究，**5**(1), 11-22.
伊藤亜矢子　2003　スクールカウンセリングにおける学級風土アセスメントの利用．心理臨床学研究，**21**(2), 179-190.
菊地幸子（編）　1995　地域の教育力と生涯学習．多賀出版．
小林正幸　2001　学校メンタルヘルスへの適用――不登校児支援の新展開（特別企画　行動療法）．こころの科学，**99**, 76-81.
水谷由克・鈴木庸裕・昼田源四郎　1997　教育相談・学校カウンセリングに関する教師ニーズ調査（第2報）――援助専門職・機関との連携をめぐる教師ニーズ．福島大学教育実践研究紀要，**33**, 111-118.
大原榮子・水野信義・長岡利貞　2002　不登校傾向児童生徒の自立支援モデルに関する研究――メンタルフレンド活動を充実させるための研修のあり方について．文部科学研究助成論文集，**38**, 244-250.
三枝将史　2003a　組織風土理論によるボランティア組織への介入（第1報）．日本コミュニティ心理学会第6回発表論文集，18-19.
三枝将史　2003b　不登校支援プログラムへのコミュニティ心理学的介入の試み――S市ホームスタディ精度関係者へのニーズ調査を中心に．立教大学修士論文．
佐藤忠司　1984　ボランティア・コミュニティの発生と発展――新潟ボランティア・グループの場合．山本和郎（編）コミュニティ心理学の実際，245-260．新曜社．
Scileppi, J. A., Teed, E. L., & Torres, R. D. 2000 *Community Psychology : A common sense approach to mental health*. Prentice-Hall.（植村勝彦（訳）　2005　コミュニティ心理学．ミネルヴァ書房．）

志木市教育委員会　2003　志木市ホームスタディ制度　平成14年度4月実施から1年間の実績と検証.
田村節子・石隈利紀　2003　教師・保護者・スクールカウンセラーによるコア援助チームの形成と展開．教育心理学研究, **51**, 328-338.
植村勝彦　1994　地域社会に対する住民の態度の類型化尺度の構成とその適用（Ⅱ）．山本和郎（編）コミュニティ心理学の実際, 275-288. 新曜社.
植村勝彦　1998　ボランティア活動への参加－非参加を規定する態度要因――女子成年の場合．コミュニティ心理学研究, **2(1)**, 2-13.

社会変動・生活文化の変容のもとでのコミュニティ・ライフとアイデンティティ

星野 命

　20世紀の世界をふりかえると、例外的な場合を除いて、どの国や地域においても、多かれ少なかれ社会の仕組みや生活文化の変動・変容が起きていた。旧ソ連や東西ドイツやユーゴスラビアでは、それまでの政治体制の崩壊によって、内乱に続く少数民族の台頭が始まり、庶民の生活は、経済面のみならず、通信・情報・教育の各方面において新しい局面を現出した。

　特に、経済面やメディアにおけるグローバリゼーションとコンピュータ技術の飛躍的向上が、人々の思考や関係を動かした。表IV-4-1は、「昨今のわが国の生活文化の変容」を思いつくままに列挙したものである。

　これだけの変容が起きたとすれば、それが都道府県のような広域の、また市町村の地域住民のアイデンティティに変化を与えないわけはないであろう。

　本節では、3、4のキーワードをめぐって考察をすすめる。

[1] コミュニティと「地域社会」

　すでに数々の先行研究においては、「コミュニティ」の定義がこまかくなされていて、それが単に「地域社会」と同義でないことは明らかである。

　行政上で区切られた地上部分は「地域」かもしれないが、そのまま「地域社会」ではない。「社会」が付されている以上、そこには人々が集まって作っている何かが内包されている。しかし、その言葉に人々の、人々による、人々のためのダイナミックな機能までが含まれているかといえば、それはなく、いかにも素っ気ない。

4——社会変動・生活文化の変容のもとでのコミュニティ・ライフとアイデンティティ

表Ⅳ-4-1　昨今のわが国の生活文化の変容

Ⅰ　物質文化における時代的変容
1　食文化：和・洋・中華混食、バイキング・エスニック選好、グルメ志向、食材・料理法の多様化、ビール・発泡酒・ワイン選好、健康食品（ダイエット用も）普及
2　衣文化：木綿物・低級合成繊維物→絹織物・毛織物・高級合成物、デザイン選好・ブランド物志向
3　住文化：一戸建・集団住宅→マンション・億ション志向、複数世代同居→家屋内住み分け
4　交通文化：徒歩・自転車・公共バス利用（勤住接近）→長距離列車（新快速・特急）・自家用車利用（勤住隔離）
5　通信情報文化：封書・ハガキ・電報→ファクシミリ・テレックス・e-mail・パソコン（インターネット・PHS・携帯電話、郵便小包→宅配便）
6　余暇文化：祝休日の増加、長期休暇制、パチンコ・スマートボール・ボーリング→アミューズメント・プレイス（複合施設）、ファミリーレストラン、テーマパーク、ビデオ撮影・映写、CD-ROM
Ⅱ　対人関係における時代的・世代間変容
1　家族関係：少子化、高齢化（独居老人／要介護老人増加）、晩婚・非婚・離婚増加、父親・父権不在、母親の機能不全（養育要支援・虐待）、親のアルコール依存（アダルトチルドレン出現）、子の暴力・逸脱行為（非行・家出等）
2　学校（教師－生徒関係・生徒相互関係）：不登校・いじめ、就学・学習困難、帰国子女・難民子女・留学生問題、教員の燃え尽き症候群
3　地域社会：都市過密化、村落過疎化、「むら」の喪失、出稼ぎ困難、他民族混住、「方言」の問題
4　企業・団体の対人関係：上意下達の困難、リーダーシップの低下、リストラ等による失業者・肩たたきの増加、女性の自由時間（家庭においても）の増加、雇用・社会参加の増大（と、その反面の不安）、男女性役割・関係の変容、セクハラ・ストーカーの表面化
5　移動勤労者・移住者の異文化体験ストレス、「根こぎ」現象
Ⅲ　精神文化（意識・態度・価値観・言語様式・出版・芸能・学術文化）における変容
1　心の危機・ストレス・孤独感・疎外感の増大（電話相談・青少年相談・スクール・カウンセリングのニーズの増大）
2　集団・組織への忠誠・依存→自己本位、○○エゴの主張、非協力（一方で、危機ボランティアの出現）
3　既成宗教への帰依・俗信の減衰→新新宗教志向
4　「ニューエイジ」・「自己啓発」ムーブメントの出現と「癒し」の強調
5　礼儀・性的羞恥心・プライドの衰退
6　個人悪・犯罪、集団悪・組織犯罪の跳梁跋扈
7　死生観・善悪観の多様化
8　敬語・敬表現、軽卑語、漢熟語の使用減少、外来語・混成語の増加・氾濫
9　共通語発音・文章表現の変容（例「ら」抜き）
10　自筆文書（手紙・ビジネス通信）の減少、ワープロ・パソコンソフトの利用増大
11　出版物・芸能ニュースにおけるコミック・性風俗の氾濫

それに比べて、「コミュニティ」という言葉には、私見ながら、そこに人々が単に集まるだけでなく、目的や方法において、必ずしも一様でない人々の、ダイナミックな相互関係や働きを想い浮かべることができる。

一言で言えば、「**相互作用**」「**相互影響**」がなければ、「コミュニティ」が成立しているとは言えないであろう。そして、コミュニティは、「地域」に限定されず、人々の生活の多様性に応じて、たとえば、「キャンパス・コミュニティ」「治療的コミュニティ」といった言い方と現実がある。

スポーツでの「球団」や、芸事・趣味の「流派」や、宗教教団・教派・政治団体も、それぞれ一つのコミュニティと考えることができる。

そして人々は、一つだけのコミュニティに属しているわけではなく、同時に三つも四つものコミュニティに属しており、それぞれで異なった自己表現と自分への評価を行っている。

しかし、そのことを絶えず自覚しているかといえば、そうとは限らない。つまり、コミュニティと自己との間には距離があり、それが時と場合によって伸び縮みすると考えられるのである。それを仲介するのが「**コミュニティ感覚**」や「**コミュニティ意識**」である。そして、これらを共有する生活態度が、連携や協働を可能にするのだと考える。

[2] 「県民性」の問題

コミュニティにおける生活とアイデンティティの関係を考えるときに、日本人がしばしば話題にする「**県民性**」のことを避けて通れない気がする。

文化人類学者の祖父江孝男は、『県民性——文化人類学的考察』(1971)の中で、その当時にはまだ復帰していなかった「沖縄」や、九州各県の人々のことをスペースの関係で略記していた。それを補って書いた『出身県でわかる人柄の本』(1993)、さらに、『県民性の人間学』(2000)では新しい資料を付け加え、また大幅に書き改めている。祖父江の著書3冊のほかに、武光誠『県民性の日本地図』(2001)、葦田万『人間まるわかり——県民性の法則』(2003)がある。これらの著作の中で、県民性が実在するかという問題と、それが実在する場合、それを培う要因について論じている祖父江と武光の所論を引用する。

祖父江(2000)は、「県民性とは多分にイメージであることが多い」と断りながら、「いろいろなデータにあらわれた数字や、その地域の人だけの集まりを見ていると、たしかに県民性は実在するなと思うことが多い。イメージが、データ

4——社会変動・生活文化の変容のもとでのコミュニティ・ライフとアイデンティティ

表Ⅳ-4-2　一言で表した県民性（武光, 2001）

北海道	陽気で人なつっこく進歩的	京都府	保守的だが勉強熱心で情が細やか
青森県	正直な一徹者だが冗談好きで親切	大阪府	陽気で実利、個性を重んじる
岩手県	冷静沈着で粘り強い	兵庫県	融通性があり控え目で人当たりが良い
秋田県	勇敢で忠実、冒険心に富む	奈良県	自立心が強いが用心深い
山形県	義理人情に厚い堅実家	和歌山県	自己主張が強く楽天的
宮城県	誠実で根気があり信心深い	岡山県	陽気で努力家だが計算高い
福島県	頑固で探究心が強い	広島県	世話好きで積極的だが飽きっぽい
群馬県	短気だが正直で人情味が厚い	鳥取県	素朴で辛抱強い
栃木県	勤勉で誠実、正義感が強い	島根県	保守的だが人情は細やか
茨城県	我が強く正義感に富む	山口県	自己顕示欲が強い努力家
埼玉県	堅実で穏やか	徳島県	堅実で勤勉で陽気
千葉県	明るく楽天的で、熱しやすい	香川県	明るく協調性に富むが計算高い
東京都	社交的で好奇心と出世欲が強い	愛媛県	穏やかでまじめで素朴
神奈川県	現実主義者で新しいもの好き	高知県	頑固で一本気で反骨精神が強い
新潟県	慎重で粘り強い働き者	福岡県	開放的で目立ちたがり
富山県	勤勉で向学心が強い	大分県	淡泊で柔軟性ゆたか
石川県	忍耐強く控え目	佐賀県	律儀で控え目
福井県	才覚があり粘り強い	長崎県	陽気でのんびり屋
静岡県	開放的で新しいもの好き	熊本県	剛健で正義感が強い
愛知県	保守的だが状況に敏感	宮崎県	穏やかで楽天的で思いやりがある
山梨県	忍耐強く実利主義	鹿児島県	剛健で誠実で開明的
長野県	頑固で努力家で義理堅い	沖縄県	陽気でおおらか
岐阜県	誠実で粘り強く保守的		
三重県	穏和で柔軟な考えをもつ		
滋賀県	勤勉で知恵がはたらく		

によって裏付けられる例はたくさんある。そうなってくると、程度の差はあっても性格と出身県との関係は認めざるを得ない。事実、ほとんどの県には最大公約数的な性格特徴が実在する（p. 14）」と述べている。

そして祖父江は、それが生まれてきた要因として「風土と歴史」を挙げ、好例として群馬県（上州）や、福島県（会津地方）を指摘している。また、宗教（浄土真宗）が県民性を形づくっている典型として、北陸の三県（富山、石川、福井）について述べている。しかし、祖父江は、「既に虚像と化した県民性もある」として、東京・千葉・埼玉そして長野などが、人口の流入と流出による変動で、「江戸っ子気質」などは「もはや下町といえどもあまり見られなくなった」と記

317

している。さらに、「〇〇県人であることに誇りを持つ住民が多いほど、その県の県民性も個性あるものとなる」と記している一方で、「県民性のはっきりしている県でも、住民や出身者の一人ひとりに個性があることを忘れてはならない」という。

いうなれば、ある県内の住民は、一方で平均的共通な性格を濃淡の差はあれ、わかちもっており、他方その居住地域の中で一人ひとりが（さらに市町村の中で）個性をもち、発揮していることを示唆している。

武光（2001）は、「全国の均質化がすすんでいるとか、マスコミュニケーションの発達のおかげで、誰もが東京の最新の流行をまねする時代になったとか言われながらも、地域性は根づよくのこっている、その最たるものが、地方ごとの独自の気質である（p. 8）」と述べ、「わかりやすいように、本書ではそれを『県民性』という言葉で表現するが、一つの県の住民が必ずしも似たような考えをもっているわけではない。青森県の南部地域と津軽地域のような形で、同じ県内に全く異質の気質をもつ集団が同居する場合もある（p. 8）」また、「一つの地域の人間すべてを、マインドコントロールして一つの型にはめこんだ者が存在するはずはないからである（p. 10）」と述べている。そうはいいつつ、表Ⅳ-4-2のように全国の都道府県の一つひとつについて「一言で表した県民性」を掲げているのは、ご愛嬌というべきか、前後矛盾とすべきか、と考える。

武光は、県民性が形づくられた要因に、「古代日本の国境の線引きが一つの文化を共有する地域のあり方とよく適合していたことと、中世のはじめに荘園村落として囲い込まれたことで、その荘園特有の気質・文化がつくられていった（p. 14）」。さらに、荘園村落と幕藩体制との間に**盆地世界**」（山などの自然の障害によって区切られた地域生活の範囲）をおいてみる必要を説いている。そして、県民性の底に、この「古くから（の）個々の盆地世界ごとに固有の文化、気質が形づくられてきたことと、もう一つは弥生時代の開始以来、日本の東と西でそれぞれ異なる文化がつくり上げられていったことの二つの要素があるように思われる（p. 16）」と述べている。

「盆地世界」については樋口（1981）の所論があり、「盆地の風景が日本人が心に抱くふるさとの基本型である（p. 17）」とする。「それは人の心を平穏にさせる。「同じ盆地世界の住民は気心の知れた同郷人であるとされる」と武光（2001, p. 18）も語っている。

米山（1988）は、小盆地を中心とする領域を一つの世界としてとらえ、「小盆

地宇宙」を提言した。それは、盆地の中に、人、物、情報が集まる城、城下町、市場をもち、その周辺に平坦な農村地帯をもつ、さらにその外側の丘陵地帯には棚田、畑、果樹園などが作られる。そのような地形の中で住民がつくり上げた精神世界を「小盆地宇宙」と呼んだのである。「あらゆる小盆地で、最低限の自給自足が可能で、町や村も小盆地の一部とみて扱っていく必要がある（p.19）」という。

米山（1988）は「亀岡と篠山は山一つへだてただけの近い位置にあるけれども、やはり気質のようなものが違う（p.192）」という。「それが県民性の底にあることはまちがいない（p.26）」と、武光（2001）もこの考えを支持している。

[3] 文化とパーソナリティの問題

筆者は多年にわたって、主として米国の文化人類学者による大小の地域調査の結果に基づいた「**文化とパーソナリティ論**」に興味をおぼえ、それをわが国の心理学会に紹介し、また論述してきた（星野，1980, 1984, 1990）。

Kardiner（1939, 1945）や、Linton（1945　清水・犬養訳　1961）は、**第一次制度**としての文化、特に育児様式や家族構造が、成長期の子どもの行動に類似の、または共通な特徴を与え、「**基本的性格構造**」を共有させ、その構造の性質が、成人となった折りに信じるであろう一定のタブーや世界観に反映している、つまり**第二次制度**としての文化に反映していると考えた。

また、Benedictは、アメリカ国内に住む日系人に広汎な調査研究を行い、日本文化に特徴的な観念体系の型と日本人の儀礼的性格や「恥の心理」との関係をその著作『菊と刀』（1946　長谷川訳　1951）の中で取り扱った。

Mead & Metraux（1953）は、南太平洋の島民の生活様式と気質の関係を異なる部族について明らかにした。

しかし、Benedictの研究では、日本人の内部における行動的な差異——地域別・階層別・職業別などの——をほとんど顧慮せず、図式的な精神分析的解釈がほどこされたりしたし、Meadらの場合も、文化によって親子関係や友人関係がどのように様式化されているかを論じたが、実際は制度的慣行や儀礼や文書をもっぱら分析の対象として、個人はもちろん、集団の成員の共通性格よりは、行動や価値にみられるパターンやタイプ、結局は「文化のテーマ」の記述にほかならなかったといえる（我妻，1974）。

文化人類学における「文化とパーソナリティ論」は、一時期から「心理人類

学」としての発展をみたが、それは今や三つの事情によって批判の対象となり、その研究動向は下火となった。

その一つの事情は、「文化と、心理過程（行動・意識・性格）とは、歴史的循環の中で互いに生成しあうものである」という相互構成過程という認識がなく、片方を独立変数、他方を従属変数と考え、つまり、別々のエンティティとして、その関係を問題にしてきたことであり、文化と心理は不即不離であることを主張する新しい「文化心理学」による批判を招いた。

もう一つの事情は、国民も広大地域の住民も、いずこにあっても複合体であり、地域・階層・職業・役割などの要因によって複数の分節的モーダルパーソナリティを含んでいるので、単純明快な結論を導くわけにはいかないことである。

さらに第三の事情として、現代社会の変動とそれに伴う生活文化の変容がひき起こすであろう人々の心理過程、たとえば、日々の生活行動やセルフ・アイデンティティの多様化と複雑化が十分に考えられるので、もはや住民に共通の、また単純多数のパーソナリティのタイプを仮定することは無意味に近く、広汎な、またはサンプリングによる調査をしても、結果を期待できないということがある。

この結論に近い所論として、箕浦（2003）やマーフィ重松（2004）のものがあり、筆者も最近の論文でそのことを指摘しておいた（星野，2004）。

箕浦（2003）によれば、「同じような意味体系に晒されていても、意味空間は、個々人によって違い、自分の外にある文化的意味体系と内につくり上げた意味空間は同一でも相似でもない。意味空間は、個々人がシンボル環境と相互交渉することでまとまっていく文化の衣で、個々人によって違う（p. 284）」と言う。この文章の中の「意味空間」を「アイデンティティ」と言い直せば、判かり易い。

また、マーフィ重松（2004）は、「世界の一体化が進む中で、日本の文化はいたるところで急速かつ広範に変化している。こうした変化や発展に影響されない人がありえるだろうか？　さらに、世代の違いや土地がら、教育といった体験から、同一の文化の中にも多様性が生じるのを否定できるだろうか？（p. 2-3）」とたずね、また次のように引用している。

「ある特定の民族集団というものは、その同質性、単一性や不変性を強調し、個々の差異に配慮せず、矛盾をとりあつかわず、葛藤や動きを覆いかくすことによって構築される。民族集団のメンバーなら共有しているだろうと考えられている恒久的な一連の特質、行為上の特徴、信条などにより、特定の文化というもの

が記述される。こうした記述は、構築された境界の中には、固定された特徴をもった固有の実態が存在すると読むものに思わせる。その結果、本質的な自己（essential self）とは区別できる"固有の民族的特質をもつ他者"の構築に、知らず知らずのうちに加担してしまっているのだ（Abu-Lughod, 1991, pp. 137-162）」（マーフィ重松，2004, p. 12）。

この文章での「民族的特質」を「県民性」とか「地域住民の特質」と言い直すとどうなるだろうか。それはイメージとしてある「県民性」や、「地域住民の特質」は、必ずしも実在せず、その存在を信じることが迷妄となる。祖父江（2000）によれば、「既に虚像と化した県民性もある（p. 16）」と述べているが、遅かれ早かれ、イメージを裏付けるデータは極めて少ないか解消するであろう。そうなると、「県民性」なるものは、最大公約数どころか、最小公倍数に堕してしまうのである。

[4]　「本質的自己」としてのコミュニティ住民のアイデンティティ

筆者が最近石川県教育委員会の依頼で、「石川の学校教育振興ビジョン」の策定に14名の一人として関わったときに、「目指す人間像」として、次の四つのイメージが挙げられた。

①確かな学力を身につけ、個性や創造性に富む人間　②責任とモラルを重んじ、人を思いやる心豊かな人間　③健康や体力の増進に積極的に取り組む、活力ある人間　④ふるさとに誇りをもち、広い視野にたって社会に貢献する人間。

そして、この④の解説において、「時代や社会がますます急激に変化することが予想され、新しい事態に対応するための資質や能力が求められている、その一方で、（……）自らの住む地域の伝統や文化を大切にし、住みよいまちづくりに積極的に関わることも重要です」とあった。そして教育行政にたずさわっている職員の一人は、このような施策は、県民が、また地域住民が、「一丸となって推進する必要がある」という意味のことを述べた。

筆者はそれに直ちに反論して、「一丸となって」とか「一致団結」してという言い方には同意できない、勇ましい強い言葉は、戦時中のかけ声を想い起こさせる、と述べた。そして、そのわけは次の通りである。

構築された境界の中では、ともすれば、現実の社会・文化や人間行動の多様性を嫌って、単一で同質の統制のとれたシステムを期待しやすい。たとえば、「ふるさと創成」という場合の、ある居住地域に住む人々には、そこで生まれ育った

人々に限らず多くの移住者がかわらず「ふるさと」感を共有させ、創成事業に関わらせようとする期待（というより圧力）が存在する。しかし、現実は、多様かつ複雑な上、住民は、他の人々との共通特性において生きようとせず、それこそ性別、世代差、居住地帯、職業、学歴、価値観などの意味空間の統合体としての**「本質的な自己」**（エッセンシャル・セルフ・アイデンティティ）に基づいて、個別の人生を生きようとしているのではないだろうか。

　筆者が主張したいのは、コミュニティ心理学、または心理学のコミュニティ・アプローチを自分の実践・研究の立場としようとするときは、文化についても、住民の性格についても十把一からげに把握せず、その内実（多様性と複雑性）と、それを作りあげている諸種の文脈・要因（たとえば、生育環境、地方史、経済発展などを含む）に注目して総合的に把握することが必要だという点である。

引用文献

Abu-Lughod, L. 1991 Writing against Culture. In Fox, R. G. (ed.) Recapturing *Anthropology*, 137-162. School of American Research Press.

Benedict, R. 1946 *The Chrysanthemun and the Sword : Patterns of Japanese Culture*. Houghton Mifflinco.（長谷川松治訳　1951　菊と刀　上・下　現代教養文庫，社会思想研究会出版部．）

樋口忠彦　1981　日本の景観．春秋社．

菱田　万　2003　人間まるわかり──県民性の法則．小学館．

星野　命　1980　文化とパーソナリティ研究の系譜．サイコロジー，**8**，24-33．

星野　命　1984　文化とパーソナリティ．講座現代の心理学6　性格の科学，153-183．小学館．

星野　命　1990　文化とパーソナリティ．小川捷之・詫摩武俊・三好暁光（編）臨床心理学大系2　パーソナリティ，228-255．金子書房．

星野　命　2004　流動する社会・文化とパーソナリティの発展的変容（仮説の展望）．パーソナリティ研究，**13(1)**，116-119．

Kardiner, A. 1939 *The Individual and his Society : The Psychodynamics of Primitive Social Organization*, Colombia University Press.

Kardiner, A. 1945 *The Psychological Frontiers of Society*. Columbia University Press.

加藤秀俊　1987　地域と生活．放送大学教育振興会．

Linton, R. 1945 *The Cultural Background of Personality*. Appleton Century-Crofts.（清水幾太郎・犬養康彦（訳）　1961　文化人類学入門．創元社．）

Mead, M. & Metraux, R. 1953 *The Study of Culture at a Distance*. University of Chicago Press.

箕浦康子　2003　文化とパーソナリティ論再考．子供の異文化体験（増補改訂版）──人格形成過程の心理人類学的研究．新思索社．

マーフィ重松，S.（辻井弘美訳）　2004　多文化間カウンセリングの物語（ナラティ

4——社会変動・生活文化の変容のもとでのコミュニティ・ライフとアイデンティティ

ヴ）．東京大学出版会．
祖父江孝男　1971　県民性——文化人類学的考察．中公新書，中央公論社．
祖父江孝男　1993　出身県でわかる人柄の本．同文書院．
祖父江孝男　2000　県民性の人間学．新潮社．
武光　誠　2001　県民性の日本地図．文芸春秋．
我妻　洋　1974　理論的考察．原ひろ子・我妻　洋（編）しつけ，225-284．弘文堂．
米山俊直　1988　小盆地宇宙と日本文化．岩波書店．

ネット社会と匿名性

小坂守孝

[1] ネット社会の広がり

1) パソコン通信からインターネットへ

　コンピュータを介して人間と人間がコミュニケーションを取る方法（Computer Mediated Communication: CMC）は、1980年代にはパソコン通信ネットワークという形で普及し、加入者は数百万人にまで達した。大手商用ネットの相互接続も手伝い、電子メール（e-mail）の交換や、特定の興味をもった人々がネット上に意見を掲載できる電子掲示板（Bulletin Board System: BBS）、リアルタイムで文字のやりとりができるチャット、などのコミュニケーション方法が徐々に普及してきた。

　その後、ネットワーク間を接続する共通のプロトコル（Transmission Control Protocol/Internet Protocol: TCP/IP）の開発に伴う**インターネット**の出現により、現在のインターネットの基本的な仕組みができあがった。インターネット接続を提供するプロバイダーが出現し、従来のような e-mail、BBS の機能に加え、WWW（World Wide Web）を用いて、いわゆるホームページという形で全世界に向けて情報発信ができるようになった。また、リアルタイムでビデオチャットができる仕組みも開発された。

　インターネットには、ほとんどの大学・企業・行政などの組織が接続するようになったほか、一般の人々もインターネット接続業者（プロバイダー）と契約することにより、個人でも前記のサービスを利用できるようになった。かつてのパ

ソコン通信ネットワークも、一部はインターネット・プロバイダー化して同様のサービスを行うようになった。このようにして、1990年代中頃には世界中のネットワークとコミュニケーションを行う仕組みができあがった。

2) インターネットの普及

日本国内のインターネット人口は、インターネット協会（2006）が調査を開始した1997年2月時点では600万人弱であったが、その1年後には1,000万人を突破し、2006年2月時点で約7,300万人に達している。これまでに、パーソナルコンピュータなどインターネットへの接続機器の価格低下や接続に伴うソフトウエアの標準搭載により、インターネットへの接続がより手軽になった。また、ADSL（非対称デジタル加入者線）や光ファイバーケーブルの普及によって、当初よりも単位時間あたりに送信できる情報量が飛躍的に増加した。これにより、テキスト情報の他にも静止画・動画・音声などの容量の大きなファイルの交換が日常的に行われるようになった。さらに、インターネットを利用したバンキング（残高照会、振込など）、チケット予約、クレジットカード決済、アンケート投票、オークションなど、現実社会の代理となる仕組みも実用化されるようになった。

1990年代における価格低下によって大衆に普及した携帯電話も、インターネット人口の増加にさらに拍車をかけたと思われる。携帯電話は、当初インターネット機能を備えたモバイル機器と接続して使われることが多かったが、2000年以降、日本の携帯電話会社は電話機単体で使用可能な無線インターネットサービスを開始し、前記のサービスの多くが、携帯電話上でも使用可能な形で提供されるようになった。

3) ネット社会の特徴

このようにして、インターネットは一部の人たちのものであったCMCを超え、われわれの生活に深く浸透してきている。すなわち、インターネットの大衆化（吉田，2000）である。現代のネット社会は、いわば現実社会と仮想社会が網のように入り組んだ状態であり、現実社会との接点を随所にもちつつ、現実社会とは独立したネットワークをも形成できる、独特の社会と言えよう。

ネット上のコミュニケーションの特徴として、橋本（2002）は「テキストベース」であり**非言語的コミュニケーション**がカットされること、互いの社会的属

性が隠れるという「匿名性」、「一対一ではない（N対N）」不特定多数との情報交換が可能であること、いつでも利用できるという「随時性」と相手にいつ利用されるかわからないという「**不完全なリアルタイム性**」、社会的制約の解放にもつながる「**地理的制約からの解放**」、自分の参加したいコミュニティにだけ参加できるという「選択的」かつ「共同的」であること、を取り上げている。また、吉田（2000）は、仮想社会の社会的特性として、既存の社会関係から独立した新たな自律的な社会関係が形成されるという「**ネットワーク性**」、非言語要素のカットと社会的属性の隠蔽としての「**匿名性**」、新たな社会的リアリティを形成するという「**自己言及性**」の3点を取り上げている。

中でも匿名性は、オンライン環境を含む全ての状況においてわれわれの行動に影響を及ぼす要因の中で最も重要なもの（Wallace, 1999　川浦・貝塚訳 2001）と言われている。

[2]　匿名性とその影響

1) 匿名性の特徴

匿名性とは、「自分のことが知られていない状態」（Moore & Fine, 1990　福島監訳　1995）、「識別性の欠如（巨大な群衆の中の一人でいるということ）」（Joinson, 2003　三浦・畦地・田中訳　2004）といった言葉で説明できる。ネット社会においては、すでにパソコン通信が使われていた頃から、コンピュータ専用"ニックネーム"を使用することで匿名的な性質を有することと、BBSでのコミュニケーションの匿名性がメッセージ内容に「ある程度の正直さと率直さで記述する現象を招いている」（Rogers, 1986　安田訳　1992）との指摘があり、匿名性が人々の行動に影響を与えていることが知られている。

匿名性についての主な特徴は、①あるなしではなく程度問題であるということ②人々に強い抑制解除をもたらすということ、である（Wallace, 1999）。

匿名性の程度問題については、特に多くのCMCの特徴であるところの「他者から自分が見えない」という**視覚的匿名性**が、ネット上の行動に影響を及ぼすと言われている（Joinson, 2003）。コミュニケーションの方法で比較すると、対面よりも電話によるコミュニケーションのほうが、相手の顔が見えないという点で匿名性が強いといえるであろうし、さらに電子メールだと相手の声もわからないので性別や年齢なども予測できず、より匿名性が強まるであろう。この他にも、名前・出身地・経歴・職業など、素性を特定しうる情報の有無により、匿名性の

強さや意味は変わってくるであろう。このように、匿名性は相対的なもので、参加者自身の意思によりコントロール可能である（吉田，2000）と思われる。

抑制解除については、匿名性といういわば社会的手がかりが減少した状態において、ネット上の参加者は地位やリーダーシップの役割が減少して没個性化すると考えられており、その中で社会的文脈よりもメッセージ内容に注目するようになること（Kiesler, Siegal, & McGuire, 1984）、さらに、自己知覚能力が減少するために自己規制能力が損なわれること（Prentice-Dunn & Rogers, 1982）が言われている。特に抑制解除により現れる主な結果としては「**自己開示の促進**」と「**攻撃性の発揮**」がある（Wallace, 1999）。

自己開示の促進については、視覚的匿名性を保持したCMCが、ビデオ画像も提供される場合よりも高水準の自己開示を引き出すことが、実証的に確認されている（Joinson, 2001）。このような効果はインターネットによって普遍的に与えられるものではなく、文脈依存かつ意図的なものである（Joinson, 2003）。

攻撃性の発揮については、ネット上に限らず、素性がわかりにくい立場にいる人はそうでない人よりも攻撃性が高まる傾向にある（Zimbardo, 1969）。パソコン通信が使われていた頃から、匿名性の強い立場に置かれた者は、大胆な行動に出やすくなることが知られている（大野，1993）。オンライン上の集団形成実験においては、コンピュータ上のメッセージに実名を公表してやりとりする群と匿名でやりとりする群を設けて、敵対発言の数を比較したところ、匿名群における敵対発言の数は実名群の6倍以上であった（Siegel *et al*., 1983）。

ネット社会の出現によって、匿名性のもつ意味や人々に与える影響が変わってくる部分もある。柳田（2001）は、出版においては編集者が匿名の投稿を検閲できるが、インターネット上の「掲示板」や「匿名ホームページ」や「出会い系サイト」などでは中間チェック機能がなく、発信者の特定できない情報を恣意的に流し続けることができることを指摘している。ネット上では、他者に対して攻撃を加えても、相手の傷や苦痛に満ちた表情は見えないし、安全であると感じ、反撃をされても打撃を受けることはないのである（Wallace, 1999）。

ただし、ネット社会において、匿名性は所与のものとして提供されているのではなく、システムの中に組み込まれているのであり、匿名性の問題を考える場合、当該利用者が誰に対して匿名なのかということを考える必要がある（Joinson, 2003）。

2）匿名性の影響

　匿名性が人々の行動に及ぼす影響としては、自己開示の促進が長所として、そして攻撃性の発現は短所としてとらえられることが多い（橋本，2002）。現代のネット社会において匿名性が関わっている出来事として、短所の例としては、主にフレーミングや誹謗中傷、そしてネット詐欺などの犯罪を取り上げることができる。また、長所の例としては、オンラインゲームなどで変身願望を満たせること、心理相談において普段なら話題にしにくいことでも、匿名であることによってためらいなく相談することができること、または、同じような悩み事をもっている人々が自由に意見を言えるということがある。

a　フレーミング（または誹謗中傷）

　ネット上における、人を怒らせたり、いらいらさせたり、あるいはからかい、侮辱するようなメッセージ、そしてそのとめどないやりとりを、炎が赤々と燃えさかる様子からフレーミング（flaming）と呼んでいる（柴内，1998）。匿名性が促進する抑制解除のうちでも特に、攻撃性の促進の一つとしてフレーミングをとらえることができる。特に、社会的手がかりの減少の結果（Kiesler, Siegal, & McGuire, 1984）というとらえ方が強調されている。社会的文脈の不足したテキストメッセージは、受信した際の解釈の自由度が上がり、受信者の心のありようが投影された形での返信が行われることになると思われる。フレーミングの発生については、ネット上の要因がフレーミングを可能にしたり増大するかもしれないという観点はあるにせよ、フレーミングの全てを説明するには、フレーミングを可能にする技術と同様に、フレーミングをする人の特徴を考慮することが必要である（Joinson, 2003）。

b　犯罪

　犯罪のほとんどは、匿名であることを利用して行われる。匿名性が低い場合、少なくとも、顔や名前が知られている状況では極めて起こりにくい。

　すでにパソコン通信でも、コンピュータ・ウイルスの送付、不正アクセス、ネット詐欺などが行われていた（山田・小浜編，1993）。ネット詐欺は、架空の商品に対して料金を振り込ませるものが多いが、近年では架空の料金請求をメールで送付するケースも増えた。クレジットカード会社になりすましてカード番号の情報を入手するという手口も見られる。2006年上半期中には、ハイテク犯罪に関して警察庁に寄せられた相談の3割強が架空請求、不当請求に関するものであった（警察庁，2006a）。その他、詐欺以外のハイテク犯罪、個人情報漏洩、

「出会い系サイト」関連の事件（強盗、強姦、略奪誘拐）などが問題となっている（インターネット協会，2004）。

匿名性によって引き起こされるトラブルの例として、オンラインショッピングでは「メール以外で連絡がとれない」「偽の事業者情報」「偽のメールアドレス」「連絡先の記載がない」「ホームページがなくなった」など相手との連絡方法に支障が生じること、そして、ネットオークションでは「出品者の偽情報」「詐欺を繰り返す出品者」ということがあるほか、匿名の発信者が商取引と偽って個人情報の収集を行うことによって、個人情報の漏洩や脅迫などに結びつく恐れがある（内閣府国民生活局消費者企画課消費者調整課，2002）。

このほかには、特定のメールアドレスなどに大量のメールやファイルを送信してサーバーをパンクさせる行為や、文章・音楽・映像などの著作権侵害も見られるようになった。

ネット社会では相手の素性がわからないため、被害にあった時に犯人を特定することが困難であり、ユーザー一人ひとりが可能な限りの予防策をとる必要がある。

c 流言・うわさ

流言自体はネット社会に特有のものではないが、匿名性の存在は、ネット上において真偽の不明な情報の発信をより促進する恐れがあると思われる。流言が日常的な人間関係のネットワークに沿って広がるが、インターネットを通した場合には他のメディアに比べて伝播スピードが速いこと、地球規模の伝播範囲をもつこと、伝播過程における情報の歪みが記憶変容（忘却）ではなく、意図的な情報負荷や修正によって生じること、などを指摘することができる（三上，1999）。

このような形で広まったうわさは、人々のもつ経済不安や治安上の不安などを煽り、結果的に大きな騒ぎにつながることがある。2003年12月には、某地方銀行がつぶれるとの流言がネット経由で流され、当該銀行に定期預金解約や預金払い戻しに客が殺到した。

インターネット上の流言への対策として三上（1999）は、警告型の流言においてチェーンメールを決して転送しないことと、根拠の不確かな情報に対しては多数の情報源に当たり、情報の信頼性に関して客観的、総合的な評価を行うことを提唱している。

d インターネット依存症（またはインターネット中毒）

現実社会の生活を忘れてインターネットにはまりこんでしまう状態であり、機

械としてのコンピュータ操作に没入する側面をとらえたテクノ依存症に加えて、ネットワーク上に展開される社会とのコミュニケーションに没入するという面がある（岡田，1998）。

潜在的に依存を引き起こす要因となっているインターネットの三つの側面としては、匿名性に加えて**利便性・逃避性**も挙げられている（Young, 1997）。また、**サイバーセックス**（性的刺激と満足を求めるコンピュータ媒介型の対人相互作用（Doring, 2000））依存症の原因としても、インターネットが匿名であることと、アクセスしやすく値段が手頃であることが指摘されている（Cooper, 1998）。しかし、これらは、利用者ではなくインターネット属性にのみ注目しており、何がインターネット中毒を引き起こす原因であるかについては説明していない（Joinson, 2003）。

利用者側の要因については、病的なインターネット利用（Pathological Internet Use: PIU）に関する認知・行動モデルも提唱されている（Davis, 2001）。これは基本的には脆弱性ストレスモデルを適用しており、サイバーセックスやポルノサイト閲覧など特定のPIUは、既存の精神病理学的問題にストレスが加わったことによって強化され、オンラインでの時間つぶしや**オンラインコミュニティ**への強迫的な参加など一般的なPIUは、前記に加えて、社会的孤立を経験することにより強化される。特に、インターネットが有用な道具であるよりもアイデンティティの源である場合には、病的な利用である（Davis, 2001）と説明されている。

インターネット依存症に関するこのようなモデルは、インターネットは日常の問題からの逃避を与えてくれ、インターネットの匿名性が魅力（あるいは依存）を作り出しているとしている（Joinson, 2003）。

e　ロールプレイング

匿名性の強さは、われわれに、実生活では得られない新たなる自分を演出できる場所を与えてくれる（山田・小浜編，1993）。特定の話題に関するBBSやチャット、または、個人ホームページ上で本名とは違う名前（ハンドルネーム）を名乗り、実生活とは違う自分を演じているケースはすでに散見されるところである。また、**オンラインゲーム**ではユーザー情報を自由に設定できるので、本来の自分の性別や年齢とは異なるものを設定する場合もあるが、そこで演じられている「もう一人の自分」は、偽物の自分ではなくて、現代を生きる私の「自分」の一部なのである（豊島，1998）。このようにして、日常生活においてはいわば影

になっている部分を、匿名性を利用して自己開示するということは、抑圧された感情を表出するというカタルシス効果が期待されるものである（山田・小浜編, 1993; Wallace, 1999）。橋本（2002）は、インターネットを介して他者と接する時に利用者に生じる、日常生活とは異なる人格を「**ネット人格**」と定義し、「理想的な人格」、「攻撃的な人格」、「全く他人の人格」の3種類に大別できる、とした。

ロールプレイングは、抑圧されている自己を解放するというプラスの側面だけでなく、たとえば「攻撃的な人格」が発揮される場合に他者への誹謗中傷につながるほか、ロールプレイングに執心する結果として、インターネット接続に熱中し過ぎて現実生活への適応に障害が生じるような、インターネット依存症につながるというマイナス面も兼ね備えている。

f 心理相談

オンラインコミュニケーションにおける匿名性とその脱抑制効果を、オンラインカウンセリングの充実のために用いることができる（Barak, 2001）。ネット上では、主に電子メール相談や **BBS** などを利用した**オンライン・セルフヘルプ・グループ**という形で心理相談が行われている。電子メール交換の仮想的な匿名性は、クライエントに対面式のセッションに参加することで、混乱したり感覚刺激に圧倒されることなしに、自身の問題に焦点づけることを許容するのである（Chechele & Stofle, 2003）。メール相談の場合、匿名性の高さは、相談実施の難易度・利用者の相談機関への接近のしやすさに比例すると思われる。そして、視覚的匿名性は臨床的判断をより困難にするであろう。利用者に関する情報が多ければ多いほどより適切な対応ができると思われるが、いち早く相談が必要と思われる人に相談窓口が開かれる機会が多くなるのであれば、そのほうがより有益であろう。そして、メール相談を通してラポールがつけば、面接相談にまでつなげられる可能性も出て来るのである。

また、セルフヘルプ・グループにおいても、匿名性と非言語コミュニケーションの欠如は、秘密の暴露と転移感情の急速な発達を促進すると思われ、たとえば、性被害者のセルフヘルプ・グループにおける匿名性は、個人的な巻き込まれや依存のリスクを最小化するという意味で有用である（Colon & Friedman, 2003）。

今後、コンピュータグラフィックによって描かれた仮想的な身体を媒介としたセラピーの可能性がある。それは、伝統的な対面式セラピーよりも、クライエン

トが匿名性や安全や心地良さの感覚を得られるという仮定に基づいている（Goss & Anthony, 2003）。

[3] ネットワーク・コミュニティの形成と匿名性

1) ネット社会におけるコミュニティ形成

インターネットの普及以来、「電子コミュニティ」「インターネット・コミュニティ」という言葉が当たり前のように使われるようになったが、ネット社会の全ての要素において、必ずしもコミュニティが形成されるとは限らない。コミュニティの概念には、「領域（地域的範域）」「社会的相互作用」「共通の絆」が含まれる（植村，1995）が、ネット社会の場合には、現実社会における「地縁」「血縁」「社縁」「学校縁」のいずれでもない、「情報縁」によって社会関係が形成されるというネットワーク性（吉田，2000）の発揮により、**コミュニティの形成**が促進されると思われる。社会的属性が近い場合には、本名がわからないという意味での匿名性は確かにあるが、どういう人かという「人となり」は自然とわかってくるものであり、それがわかってしまえば、（相手がわからないという意味での）匿名性は非常に低い（情報通信総合研究所，2000）。

一方、匿名性は、とりわけフレーミングのような逸脱現象につながる場合、いうまでもなく、前述のネットワーク性と対立（吉田，2000）することになる。このように、ネット社会は、コミュニティ形成とその破壊という両面を同時に兼ね備えていることになる。

また、ネット社会においては、参加者が自身の意志で匿名性をコントロールし、顔文字の使用・必要に応じた社会的属性の開示・ローカルな社会規範の創造など、多様な方法で新たなリアリティを自己言及的に構築するというプロセスがあり、これがネットワーク性実現のための基礎になる（吉田，2000）のである。

2) 匿名性における三つの予防について

ネット社会におけるコミュニティ形成という観点から、匿名性をうまく利用するためには、その性質を理解し最低限のトラブルを回避する必要がある。Caplan（1964　新福監訳　1970）の三つの予防になぞらえると、**一次予防**（発生予防）としては自己防衛のための知識習得が、**二次予防**（早期発見・早期対処）としてはサイト管理者によるローカルルールの制定と施行が、そして、**三次予防**（二次的・三次的損失への対応）としては法的手段が考えられる。

インターネット上のコミュニケーションのルール・マナーは「**ネチケット** (Network と Etiquette を組み合わせた造語)」と呼ばれており（吉田，2000）、新規利用者に一般的なインターネットでの適切な行動規範を提供してくれる（Joinson, 2003）。一次予防の一環としてはこのようなネチケットの遵守がある。ネット利用者のモラルについては当初より問題になっており、モラルを維持するために匿名性をなくそうという傾向も出てきていた（山田・小浜編，1993）。

インターネットが学術利用中心であった頃には、実名使用が主であったが、吉田（2000）によると、パソコン通信からインターネットへの移行に伴い、ネット社会がより匿名の社会に変わってきており、インターネットの拡大、大衆化が、必然的に匿名性の増大を、そして、匿名性を利用した逸脱の増大をもたらしている。パソコンや携帯電話の爆発的普及が、社会的なアイデンティティをもたない姿なき情報発信者を無限に量産した（柳田，2001）のである。パソコンをもたず携帯電話単体で初めて電子メールを送受信したりインターネットに接続する人たちの間には、おそらくネチケットのような感覚は馴染みの薄いものであるかもしれない。ネチケットの浸透よりも速いスピードで、インターネット接続環境は広がっていったものと思われる。

このような背景の中、公的なサイトでも、ネット利用についての警告を促すようになっている。その内容は、ネチケットに関するものに加え、ネット上における犯罪の手口とその対策についても触れられている。警視庁（2006b）では、チェーンメール、迷惑メール、出会い系サイト、料金請求メール、ネット取引等に関する警告とともに「インターネット利用7ヶ条」を提示している。その内容は、①インターネット社会でも実生活と同じルールとマナーを守る　②他人のプライバシーを尊重する　③住所・氏名などの個人情報を入力する時は十分注意する　④ID・パスワードなどの管理を徹底する　⑤他人のミスを大げさに指摘しない　⑥メールを送る前に、内容をよく確認する　⑦面と向かって言えないことは書かない、というものである。

また、ネチケット以外の側面として、日本では、自分と違う前提条件をもっている人が読んで理解する、という観点での日本語の文章の書き方についての訓練は全くなされておらず（情報通信総合研究所，2000）、文字によるコミュニケーションの訓練が必要との見解もある。

インターネットの大衆化はネット社会の低年齢化も招いていると考えられる。小・中学生でも携帯電話をもち、e-mail のやりとりや BBS への投稿を行うとい

うことも珍しくなくなってきた。牛島（2004）によると、自我が未熟な子どもの場合には、BBSやチャットでの交信の中で、彼らが処理できない攻撃性、性愛性が突出するという。すなわち、子どものネット使用については、大人たちが子どもたちに上手な扱い方を指導する必要が出て来ている。奈良県警察（2004）では子どもがインターネット上での犯罪に巻き込まれないために、「保護者がインターネットをよく理解する」「家庭でパソコンを使う時のルールを決めておく（保護者の目の届く場所にパソコンを置く、できるだけ保護者と一緒に利用する、長時間の使用は生活のリズムを乱すため、時間を決めて利用する、悪口や差別表現、不快にさせる内容を見つけたら、すぐ保護者に知らせる）」「ネット上で知り合った相手に、自分の名前・住所・電話番号・学校名等をむやみに教えない」「メールアドレスやパスワードは厳重に管理する」「（子どもにとって好ましくない有害な情報を遮断する）フィルタリングシステムを活用する」ということを推奨している。また、文部科学省（2004）では、インターネット上のモラルやマナーを子どもにどう指導するか悩んでいる教員を支援するサポート事業を立ち上げる方針を検討している。ネット社会においては、匿名性がゆえに、使用者が大人であろうが子どもであろうが他者に同等の影響を与える可能性があり、子どもへの**ネチケット教育**や**リテラシー教育**は今後の重要な課題の一つとなっている。

　二次予防に関しては、主に不特定多数がコミュニケーションを行うBBSやチャットにおいて問題となることであるが、ネット社会における自己免疫機能に期待するものである。サイトの管理者は、不適切と思われる書き込みについては、利用者に注意や警告を促したり書き込み自体を削除する。場合によっては、書き込みが行われた特定のIPアドレス自体のアクセス拒否も行われている。

　内閣府国民生活局消費者企画課消費者調整課（2002）では、掲示板などでの誹謗中傷に対して利用者の取れる対処方法を提示しており、トラブルが起こったら、掲示板の投稿内容を「HTML（Hyper Text Markup Language）形式」で保存した上で、掲示板管理者もしくはプロバイダーに書き込み記事の掲載を差しとめてもらうよう依頼する、という手順を説明している。この機能は管理者の人格や思想などに左右される部分であるが、管理者自身も匿名である場合には無法地帯をつくることも可能であり、二次予防としては十分に機能しえない可能性もある。

　三次予防に関しては、2002年5月27日より「特定電気通信役務提供者の損害賠償責任の制限及び発信者情報の開示に関する法律」、すなわちプロバイダー

責任法が施行された。これにより、被害にあった人がメッセージの発信者を特定できない場合に、特定の要件を満たせば裁判所に訴えるなどして、プロバイダーなどに発信者情報の開示を求めることができるようになった（内閣府国民生活局消費者企画課消費者調整課，2002）。

また、BBS上での誹謗中傷の書き込みが名誉棄損罪に問われ、実刑判決が下るという例（毎日新聞，2004.8.11.）も出て来ている。このような既存の法律に照らし合わせた判断がなされる場合も多いが、ネット社会の実情に合わせた法律の制定や改正ということも、今後は起こりうるものと思われる。

ネット社会は、利用者一人ひとりがその性質をよく理解した上で利用するのが望ましい。その最も重要な特質が匿名性であり、ネットワーク・コミュニティの形成にも深く関わるものである。匿名性の要素としてさまざまな社会的属性があるが、そのうち、どの特性の開示の有無がどのような影響をわれわれに及ぼすのか、今後さまざまな研究によってさらに明らかになってくることを期待するものである。

引用文献

Barak, A. 2001 SAHAR: An internet-based emotional support service for suicidal people. Paper presented at a conference of The British Psychological Society "Psychology and the Internet: A European Perspective." Farnborough, UK, November 2001 〈http://construct.haifa.ac.il/~azy/sahar02.htm〉.

Caplan, G. 1964 *Principles of Preventive Psychiatry*. Basic Books.（新福尚武（監訳）1970　予防精神医学．朝倉書店．）

Chechele, P. J. & Stofle, G. 2003 Individual therapy online via email and internet relay chat. In Goss, S. & Anthony, K.（eds.）*Technology in Counseling and Psychotherapy: A practitioner's guide*, 39-58. Palgrave Macmillan.

Colon, Y. & Friedman, B. 2003 Conducting group therapy online. In Goss, S. & Anthony, K.（eds.）*Technology in Counseling and Psychotherapy: A practitioner's guide*, 59-74. Palgrave Macmillan.

Cooper, A. 1998 Sexuality and the Internet: Surfing into the new millennium. *Cyberpsychology and Behavior*, **1**, 181-187.

Davis, R. A. 2001 A cognitive-behavioral model of pathological Internet use. *Computers in Human Behavior*, **17**, 187-195.

Doring, N. 2000 Feminist views of cybersex: victimization, liberation and empowerment. *Cyberpsychology and Behavior*, **3**, 863-864.

Goss, S. & Anthony, K. 2003 *Technology in counseling and psychotherapy: A practitioner's guide*. Palgrave Macmillan.

橋本麻有子　2002　インターネット上の別人格．慶應義塾大学文学部図書館・情報学科卒業論文（未公刊）〈http://www.slis.keio.ac.jp/~ueda/sotsuron02/hashimoto02.pdf〉．

インターネット協会（監修）　2004　インターネット白書2004．インプレス．

インターネット協会（監修）　2006　インターネット白書2006．インプレス．

情報通信総合研究所　2000　「ネット社会の未来を考える」シンポジウム　第1回（2000年2月7日）デジタル社会の光と影——これからのネット社会の新しいパラダイムを探る．〈http://www.icr.co.jp/newsletter/report/2000/crisis/1-0.html〉

Joinson, A. N. 2001 Self-disclosure in computer-mediated communication: The role of self-awareness and visual anonymity. *European Journal of Social Psychology*, **31**(2), 177-192.

Joinson, A. N. 2003 *Understanding the Psychology of Internet Behavior: Virtual worlds, real lives*. Palgrave Macmillan.（三浦麻子・畦地真太郎・田中敦（訳）2004　インターネットにおける行動と心理．北大路書房．）

警察庁　2006a　平成18年上半期中のサイバー犯罪の検挙及び相談状況について．2006年8月17日．警察庁広報資料．〈http://www.npa.go.jp/cyber/statics/h18/pdf31.pdf〉

警視庁　2006b　ハイテク対策〈http://www.keishicho.metro.tokyo.jp/haiteku/index.htm〉．

Kiesler, S., Siegal, J., & McGuire, T. W. 1984 Social psychological aspects of computer mediated communication. *American Psychologist*, **39**, 1123-1134.

三上俊治　1999　インターネットと流言．佐藤達哉（編）流言、うわさ、そして情報．現代のエスプリ別冊．327-337．

文部科学省　2004　児童生徒の問題行動対策重点プログラム（中間まとめ）．平成16年8月．〈http://www.mext.go.jp/b_menu/public/2004/04082402/002.htm〉．

Moore, B. E. & Fine, B. D. 1990 *Psychoanalytic Terms and Concepts*. Yale University Press.（福島　章（監訳）　1995　アメリカ精神分析学会精神分析事典．新曜社．）

内閣府国民生活局消費者企画課消費者調整課　2002　匿名性と消費者トラブル e-コンシューマー・ミーティングからの提案（平成14年1月30日掲載）〈http://www.consumer.go.jp/seisaku/cao/kohyo/econsumer/tokumei/tokumeisei.html〉．

奈良県警察　2004　〈http://www.police.pref.nara.jp/〉．

岡田　努　1998　はまる？インターネット中毒．三浦康至（編）インターネット社会．現代のエスプリ，**370**．167-176．

大野太郎　1993　パソコン通信と匿名性．山田冨美雄・小浜満広（編）パソコン通信の心理学．65-90．信山社．

Prentice-Dunn, S. & Rogers, R. W. 1982 Effects of public and private self-awareness on deindividuation and aggression. *Journal of Personality and Social Psychology*, **43**, 503-513.

Rogers, E. M. 1986 *Communication Technology: The new media in society*. The Free Press.（安田寿明（訳）　1992　コミュニケーションの科学——マルチメディア社会の基礎理論．共立出版．）

柴内康文　1998　言い争う——「フレーミング」論争の検証．三浦康至（編）インタ

ーネット社会. 現代のエスプリ, **370**, 138-146.
Siegel, J., Dubrovsky, V., Kiesler, S., & McGuire, T. 1983 Group process in computer-mediated communications. Study cited in Kiesler, S., Siegal, J., & McGuire, T. W. 1984 Social Psychological Aspects of computer mediated communication. *American Psychologist*, **39**, 1123-1134.
豊島　昇　1998　演じる？オンラインゲームの中の私. 三浦康至（編）インターネット社会. 現代のエスプリ, **370**, 177-187.
Turkle, S. 1995 *LIFE ON THE SCREEN: Identity in the Age of the Internet*. Simon & Schuster.（日暮雅通（訳）1998　接続された心——インターネット時代のアイデンティティ. 早川書房.）
植村勝彦　1995　コミュニティの諸概念. 山本和郎・原裕視・箕口雅博・久田満（編）臨床・コミュニティ心理学——臨床心理学的地域援助の基礎知識, 2-5. ミネルヴァ書房.
牛島定信　2004　佐世保小6女児殺害事件（2004）から学ぶ. 精神療法, **30**(4), 73-75.
Wallace, P. 1999 *The Psychology of the Internet*. Cambridge University Press.（川浦康至・貝塚泉（訳）2001　インターネットの心理学. NTT出版.）
山田冨美雄・小浜満広（編）1993　パソコン通信の心理学. 信山社.
柳田邦男　2001　「匿名」の恐怖. *Voice*, **283**, 35-37.
吉田　純　2000　インターネット空間の社会学——情報ネットワーク社会と公共圏. 世界思想社.
Young, K. S. 1997 Internet addiction: The emergence of a new clinical disorder 〈http://www.pitt.edu/~ksy/apa.html〉.
Zimbardo, P. G. 1969 The Human Choice: Individuation, Reason, and Order versus Deindividuation, impulse, and chaos. In Arnold, W. J. & Levine, D. (eds.) *Nebraska Symposium on Motivation*, University of Nebraska Press.

コミュニティにおける自殺予防活動

福山清蔵

[1] 自殺予防への取り組みの概況

　これまで日本における**自殺予防**・防止に関する研究や活動については、おおよそのところ、①青年期と自殺、②精神障害と自殺など、事後に問題を解釈し、位置づけるというかたちの研究が主導で進められてきた。一方、実践的活動には「自殺防止センター」「いのちの電話」の二つの組織が、どちらも民間ベースでこの問題に取り組んできた。「**いのちの電話**」は1971年より電話によって広くコミュニティの人々からの相談を受けることを通じて、「**自殺防止センター**」は、77年より電話相談と面接を含んだアプローチとして取り組まれてきている。

　日本では、1998年から自殺者数が年間30,000名を超えるようになり（図Ⅳ-6-1）、厚生労働省は「いのちの週間」と銘打って、無料の電話相談、自殺予防に関する地域ベースでの講演会・研修会をバックアップする事業に取り組み始めている。この事業の受け皿となったのが「全国いのちの電話連盟」であり、以来毎年度この事業は継続されている。また、自殺率全国一位の秋田県では、2000年から特別予算を組んで具体的取り組みに着手している。

　「いのちの電話」は1971年に東京で設立されて以来、大阪、北九州へと広がりをみせて、2005年度現在では全国に51のセンターを有している。それぞれのセンターは独立して運営され、ボランティアによって支えられ、各地の心理臨床家、教育者、自治体などの協力の下で活動を継続している。全国で17のセンターが365日24時間の体制を維持していることは特筆すべき点である。もちろ

図Ⅳ-6-1 自殺率の推移

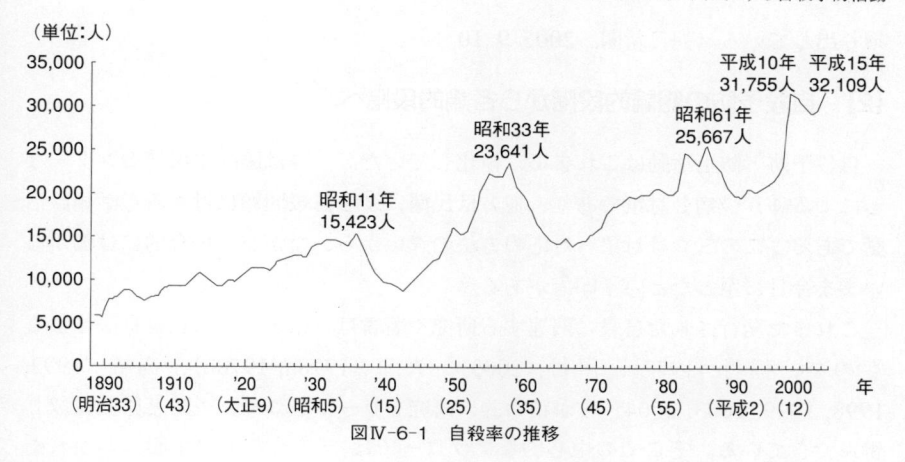

ん、この「いのちの電話」にも自殺念慮の人々や自殺企図・実行中の人々から電話がかけられているが、その数は統計的には年間全体の18〜25％となっている。周辺まで裾野を広げると、自殺遺族からの電話も少なからず存在しているし、生活上の苦痛や孤独が数多く寄せられている。

2000年には初めて、国レベルで自殺予防対策が取り上げられている。「健康日本21」（21世紀における国民健康づくり運動）において、自殺死亡者数を22,000名に減少させる目標を掲げており、2002年には「自殺予防有識者懇談会」を設置し、『自殺予防へ向けての提言』を公表している。この提言の中では五つの柱が示されている。

① 継続的な実態把握
② 心の健康問題に対する正しい理解の普及
③ 危機介入、ハイリスク・アプローチとしてのうつ病対策
④ 事後対策（自殺未遂者や遺族・関係者に対する相談・支援）
⑤ その他（報道・メディアに関すること）

2005年8月には、自殺予防対策として「いきる」と名づけたホームページを開設し、各都道府県の自殺予防対策の現状についての情報提供を開始している。同じく2005年になって、これまでの個別的、うつ病の対症療法的な対応から脱却して、政府はコミュニティベースでの、具体的かつ総合的予防政策への転換を決定している。政府内への省庁横断的連絡会議、「自殺予防総合対策センター」の設置などにより、行政機関とNPOとの共同による積極的な予防と防止対策に

乗り出している（朝日新聞，2005.9.10.）。

[2]　自殺予防の総論的段階から各論的段階へ

　自殺予防・防止活動はこれまで二極化していた。一つは医師や保健センターなどによる「うつ病」対策であり、他方は民間による自殺問題に対する電話相談活動である。この二つは対象・対応の方法の違いから、なかなか統合的には働かないまま今日に至ったという印象がある。

　これまで発行された自殺に関連する研究や著書は、ほとんどが精神科医によるもので、稲村（1977）、田村（2003）、大原（1978a, 1978b）、高橋（1992, 1998, 1999, 2003, 2004）らが精力的に研究をリードしつつ、予防と啓蒙に取り組んできている。そこでの中心的なアプローチは、「うつ病」に主眼がおかれた治療モデルであり、予防精神医学である。生活モデルや、ヘルス・プロモーションモデル（図Ⅳ-6-2）、そしてコミュニティ心理学モデルなどは、近年台頭しつつあるものである。

　1985年からは「健康保持増進のための指針（トータル・ヘルス・プロモーションプラン）」（労働省）に基づき、ストレスに対する援助やリラクセーションの指導に取り組むようになり、自殺問題を健康全体に対する援助の観点からとらえるようになっている。

　ところで、具体的なコミュニティベースの取り組みとして、大学生の自殺予防について、内野（2004）が「プリベンション」「インターベンション」「ポストベンション」の各段階への対応について論じており、高橋（2004a, 2004b）は新潟県の高齢者の自殺に関して特定地域への介入プログラムを展開し、その成果をまとめている。また、渡邉は青森県において、本橋は秋田県において、それぞれの地域の特性をリサーチしながら「ヘルス・プロモーション」という視点から報告している（渡邉ら，2005）。これらの実践的研究は総論の段階を超えて、各論しかも地域の特性や実情を踏まえた介入プログラムを設定し、予後的なリサーチも含めて詳細に論じている。

　平野・山田・島田（2003）は「**地域保健**」の視点からネットワークを駆使した取り組みの必要性について報告している。また、宇田ら（2005）は、鹿児島県伊集院での保健所活動に触れつつ、うつ対策に対する地域展開の必要性を論じている。

　このように、自殺問題は具体的な地域をベースとして展開することが必要なア

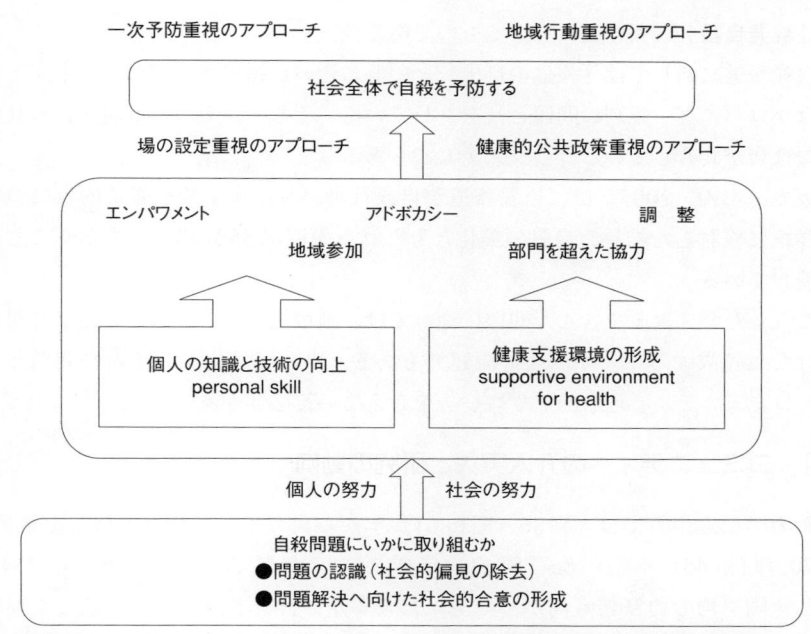

```
               一次予防重視のアプローチ           地域行動重視のアプローチ
                              ┌─────────────────────┐
                              │ 社会全体で自殺を予防する │
                              └─────────────────────┘
                                         ↑
               場の設定重視のアプローチ           健康的公共政策重視のアプローチ

      ┌──────────────────────────────────────────────────────────┐
      │  エンパワメント      アドボカシー            調　整          │
      │              地域参加         部門を超えた協力              │
      │                ↑                  ↑                     │
      │     ┌──────────────────┐  ┌──────────────────────┐       │
      │     │ 個人の知識と技術の向上 │  │   健康支援環境の形成    │       │
      │     │  personal skill  │  │ supportive environment│       │
      │     │                  │  │      for health       │       │
      │     └──────────────────┘  └──────────────────────┘       │
      └──────────────────────────────────────────────────────────┘
                    個人の努力    ↑    社会の努力
                  ┌──────────────────────────┐
                  │ 自殺問題にいかに取り組むか      │
                  │ ●問題の認識（社会的偏見の除去）│
                  │ ●問題解決へ向けた社会的合意の形成│
                  └──────────────────────────┘
```

図Ⅳ-6-2　ヘルス・プロモーションアプローチによる自殺予防モデル（本橋・渡邉編，2005）

プローチであることを、いくつもの実践が示している。

　さらに、近年のネット社会の出現によって、インターネット上で自殺志願者を募る「**ネット自殺**」が問題としてクローズアップされており、各国で取り組まれている「自殺報道」のあり方についての検討も課題となっている。また自殺報道は、時に自殺を考えている人に不安を喚起しやすいものでもあり、多くの場合に自殺の具体的な方法を提示するものでもある。

　上田（2004）は「ネット自殺」の予防対策に触れて、勧誘者の病理的視点（境界性人格障害、解離性同一性障害ほか）と共に、被勧誘者にも病理的な問題（うつ病、躁うつ病他）が見られることを指摘すると同時に、メディア・リテラシー教育の必要性に触れている。

　新聞報道で「ネット自殺」が取り上げられてから、次々と同様の方法で自殺が相次いだことは耳に新しい。その昔、ゲーテが1774年に『若きウェルテルの悩み』を出版してから、若い人々の拳銃自殺が続いたことは有名なエピソードであるが、このような影響は「ウェルテル効果」と名づけられている。このように、自殺報道は、社会の受け止め方によっては、高橋（1998）が指摘しているよう

に「**群発自殺**」の引き金にもなるものである。

　自殺報道に関しては「報道の自由」との兼ね合いが指摘されており、ネット自殺はプロバイダー規制の問題とリンクしている。そして、それらは現在、われわれの社会が共有している社会システムでもある。

　坂本・影山（2005）は、自殺報道が自殺行動に及ぼす影響を報道内容について詳細に検討した結果、自殺の美化ともとれる報道が35%以上もあったことを指摘している。

　こうしたマスコミを含んだ問題については、地域社会をベースとした取り組みだけでは達成することが困難な課題でもある。いわば社会システムの問題として、コミュニティ心理学的アプローチを考えていく必要がある。

[3]　コミュニティへの介入実践と研究の動向

　新潟県松之山町では、1986（昭和61）年から自殺予防活動を実施した結果、1970（昭和45）年から86（同61）年までの17年間で、10万人あたり434.6人と全国平均の約9倍も高かった老人自殺率が、自殺予防活動を開始した翌年の1987（昭和62）年から2000（平成12）年までの14年間で、96.2人と4分の1以下に減少した。うつ病を手がかりに自殺念慮のある高齢者をスクリーニングし、適切に治療につなげたり、危険のある人を継続的にフォローしたりしたことが、高齢者自殺を予防することに有効だったと指摘されている。少し詳しく展開を紹介する。

1) 松之山町における高齢者自殺予防システム

　a　うつ病のスクリーニング
　①　「健康についてのアンケート」調査：面接対象高齢者の選定
　②　精神科による診断面接：自殺の恐れのあるうつ病高齢者の発見
　③　アクセス計画のためのミーティング
　　精神科医：治療方針の決定、診療所医師と保健師への助言
　　診療所医師：治療計画作成
　　保健師：保健福祉的ケアの計画作成
　④　追跡とケア
　　精神科医：対象高齢者の定期的診察面接
　　診療所医師：日常診療でのうつ病治療

保健師：うつ病高齢者の病状観察、保健福祉的ケアの実践

松之山町では高齢者への全数調査を行っているが、必ずしも全数でなくとも啓蒙効果を伴い、予防効果が発揮されるとの報告もある。

b　うつ対策

① 　一次予防（健康増進、疾病予防）

老人保健事業の健康教育、健康相談の場を活用して、うつ病についての正しい知識の普及啓発を行うことができる。また、脳血管疾患既往後の高齢者にはうつ病にかかる人もいるので、機能訓練事業に関わるスタッフも正しい知識をもっておくと良い。また、閉じこもりや社会的孤立を予防し、生きがいづくりにつながるような「人との関係をつなぐ」場づくりなど積極的な対策も大切である。

② 　二次予防（早期発見、早期治療）

老人保健事業の健康審査の機会などに、質問票を用いたスクリーニングの実施や必要により、相談や受診勧奨などの保健指導を行うことができる。

③ 　三次予防

相談、訪問活動を通じ、うつ病の危険が高い人や、すでにうつ病にかかっている人、その家族への支援など個別ケアを進めることが重要である。回復までに長い期間かかる人もいるので、本人や家族がうつ病についての理解を深め、セルフケアの力を高め、再発予防ができるような支援を、個別または集団での関わりの中で考えていけるとよい。障害をもつ高齢者や自宅に閉じこもり状態となっている高齢者は、うつ病にかかっている者が比較的多いと推測される。直接、高齢者の介護にあたるヘルパーなどの職員が、うつ病についての正しい知識をもつことはとても重要である。

うつ病理解の普及・啓発活動やスクリーニングなどの保健活動は、高齢者自身やその家族のうつに対する気づきを高めるし、窓口としての役割も明確になり、気軽に相談や受診しやすい地域づくりにも重要である（飯島，2003）。支援に関わる職員の側も、できるだけ一人で抱え込まずに、一般の臨床医や精神科医、保健所、精神保健福祉センター、福祉事務所などの地域の関係機関の職員を含めた検討会など、地域ぐるみで考える体制づくりが重要である。

次に紹介する青森県や秋田県などの介入的実践は、試みが開始されたばかりのものであるが、すこし詳しく提示しておきたい。そして、このアプローチが、どのようにコミュニティ心理学と関係するかについて論じたい。

2）秋田県の自殺予防モデル事業

　秋田県では自殺率連続一位に危機感を抱き、県を挙げて取り組みを続けてきた（朝日新聞社秋田支局，2000）。本橋（2003）は、秋田県が秋田大学と県内の町と協力して「心の健康づくり基礎調査」を実施して、うつ病に対する有病率の推定とうつや自殺のハイリスク者に対する個別フォローを計画し、小地区ごとの心の健康状態を図示するかたちで地域検診を行った過程について、詳細に報告している（表IV-6-1）。

① 調査結果は住民に対して報告会という形式で還元
② 小地区ごとに健康講座を開催
③ 心の健康づくりに関するパンフレットの全戸配布

以上のようなかたちで、町全体としての心の健康増進に取り組むことで、大きく自殺者を減少させている。

　一方、自治体の担当者は、調査にあたり、基礎調査と結果の分析、そして啓発のためのパンフレット作成に参画したことで、町の実態把握と、この問題に対する自治体職員の意識の変革がもたらされている。秋田県の自殺予防活動の中から、「ふれあい相談員」を育成し、地域住民のパワー活用として計画されている。秋田県の藤里町では、行政と住民とが一体になって「心と命を考える会」というNPOを立ち上げ、町が事務局となって事業を行っている。

表IV-6-1　自殺予防戦略

一次予防
1　集団を対象とした健康教室
2　メディアによるヘルス・コミュニケーション
3　学校の場における健康教育プログラム
4　精神保健サービスへのアクセスの改善
5　労働と失業に対する対策
二次予防
1　うつ病や精神疾患の早期発見
2　アルコールとドラッグへの対策
3　自殺未遂の評価の実施
4　自殺危機介入
5　致死的な自殺手段へのアクセスの減少
三次予防
1　ポストベンション
2　専門家の訓練プログラム
3　致死的な自殺手段へのアクセスの減少

3) 青森県の自殺一次予防の推進事業

秋田県と同様に、青森県でも「こころのヘルスアップ事業」と銘打ち、自殺の多い地域9市町村を選定し地域内全数調査を行っている。ここでの調査項目は、①対象者の属性（性別、婚姻関係、職業の有無など）②家族形態　③健康度自己評価　④生活習慣　⑤通院の有無　⑥ストレス（ストレスの程度、ストレス対処法、相談相手など）　⑦別居子の有無　⑧交流頻度　⑨趣味　⑩文化活動　⑪経済問題　⑫希死念慮、などから構成されている（渡邉ら編, 2005）。また、①調査報告会の開催　②町の広報誌での配布　③講演会の開催、などさまざまなかたちでの地域還元を心がけている。

結果からは、希死念慮の多く見られる地域と少ない地域とが存在していることが指摘されており（図Ⅳ-6-3）、希死念慮の高い町においては「うつスクリーニング」を実施している。

4) コミュニティベースの自殺予防活動

ここで紹介した、秋田県や青森県の実践活動は自治体ベースで実施されており、その主な担い手は保健所、保健師、医師、大学教員、そして住民などからなっている。もちろん、自殺問題は単一の原因ではないため単一のアプローチでは実効性はなく、複合的な取り組みが必要である。その意味では、社会医学モデル、地域看護モデルだけでなく、教育モデル、福祉モデル、コミュニティ心理学モデルなどが統合的に展開されることが求められている。

先に紹介した取り組みは、どちらかといえば自治体主導型であり、地域に存在している多様な地域諸活動とリンクした取り組みはあまり見られていない。地域のリソースについては、上から下を育てるものとして想定されているように見える。いずれにしても、地域のコミュニティ感覚やコミュニティ意識・風土などを合わせて考察しないと、限界が生じるであろう。それでもこれらの試みは、これまでに比べると、より具体的な実践に基づく介入研究になっていることがわかる。つまり、調査結果の共有、心の健康増進策との連携、地域パワーの活用など、多くの見るべきものを含んでいる。従来の実践は治療モデルを基盤としており、生活モデルや健康モデルに関心が向けられてこなかったことも事実である。

また、①地域コミュニティのサポートリソースの発見と活用　②医師主導の治療モデルからの脱却　③コミュニティ意識・風土やサポートリソースに関する調査の必要性　④プログラムに関する評価の視点の必要性　⑤可能な限り一次予防

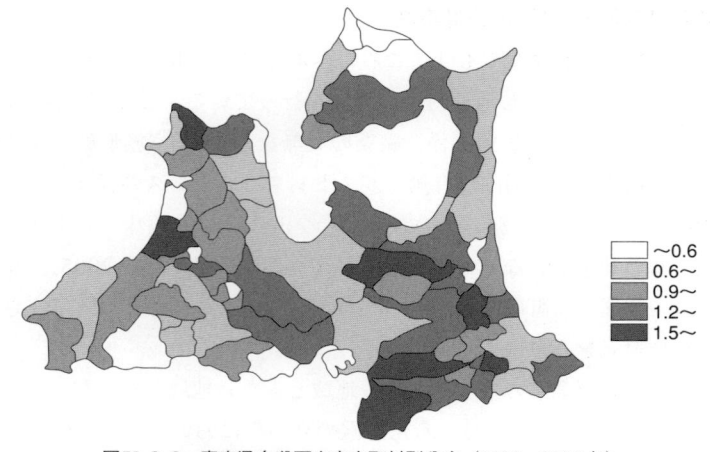

IV章——コミュニティと社会システム

図IV-6-3　青森県自殺死亡率市町村別分布（1998－2002年）

にウェイトを置いた方策、など一次予防・二次予防と三次予防との連関・循環の活かし方など、さらなる展開を可能にする構想が必要であろう。

　たとえば東北三県の「飲酒傾向」「家族システム」「姥捨て（厄介者）思想」などに関して踏み込んだ解釈を提供する一方、インターベンション、ポストベンションに対する具体的・人的サポートにいくつもの困難さが想定される。青森県の調査において、「誰かに相談するとしても、誰にしてよいか分からない」「相談する必要が無い」と答えた人に対して、誰がサポートを担うかという点では、現在のシステムでは行政に依存していく必然性が認められるからである。その意味では、「行政」は強固なシステムと役割を保持しているが、民間の力をどのように誰が作り上げていくかが日常的に問われることとなろう。

　「風土」「コミュニティ意識」「コミュニティが共有している価値観（生命観、仕事観、家族観など）」「コミュニティが自殺を許容する潜在的意識」についての社会診断的アプローチの工夫など、今一つ踏み込んだリサーチが求められている。

　さらには、農村型の地域密着社会と大都会の匿名社会との間には大きな乖離が認められる。「ネット自殺」のような広域化した自殺問題に対する有効な手立ては、地域型のモデルでは追いつかない。

　それでもなお、近年の地域モデルによる自殺予防活動から得られる知見は、意

義深いものである。ここから、具体的な自殺者や自殺念慮者に対するコンタクトのモデルが構築されていくものと期待される。

[4] 自殺未遂者に対する対応

保坂（2000）は、「自殺未遂例」と「自殺既遂例」を比較して、男性、高齢者、精神科既往あり、精神疾患の家族歴なし、初回の自殺企図、などの「既遂者」の特徴を指摘しつつ、特徴に見合った介入の必要性を提起している。

現在までのところ、「ポストベンション」としての「自殺未遂者」に対しては、医療の現場では多くの場合に、「生命維持」もしくは「体力の回復」措置が済んだ段階で、比較的早期に退院措置がなされている。これは、「本人は自殺に関して触れられるのを嫌うであろう」「家族は自殺という問題としては、これに触れずにいたいだろう」という心理に対しての配慮からなされているであろうことは想像できる（高橋, 2004b）。

しかし、フィンランドの例などから見ても、自殺未遂者に対して、適切な段階で、自殺を企図した心理に対してアプローチすることが有効である。心理的剖検と呼んでいるが、心理的な観点からの、自殺移行までのプロセス、対処行動、心理学的ネットワークなどの詳細な理解や解釈が求められている。

「リエゾン」として、つまり、内科や外科といったセクションと精神科や臨床心理士とが連携して、当事者の自殺までに至った心理過程や、当人を追い詰めた問題との取り組み方などについて対応することが、当然求められる。自殺が未遂に終わったとしても、問題や問題に対する対処行動には何の変化ももたらすことなく退院させることは、さらに苦痛な状況が待ち受けているところに放り投げるようなものである。自殺未遂者の再実行の割合が高いことが知られているにもかかわらず、放置するようなものである。

プリベンションとしてのアプローチは、広くコミュニティのメンタルヘルスの増進として認められているが、ポストベンションとしてのアプローチには、未遂者自身とその家族とを視野に入れた丁寧なケアが求められているのである。

[5] 自殺遺族に対する対応

宮崎（2003）は、自殺遺族の心理について、これまでの研究を踏まえて詳細な報告をまとめており、自殺遺児が後悔、不安、恨み、悲しみの感情を示していること、罪悪感や自責感をもつことに触れている。

自殺遺族の自殺者への愛着のレベルが高いほど罪悪感が増すという点に着目すると、遺族の深い悲しみがよりリアルに理解できる。自殺遺族はおよそ、その自殺という現実に対して向き合うことが困難である。自殺遺族はできるだけそのことに触れないようにするし、医師を含めた周辺の人々もそのことに触れないようにしつつ、遺された者たちの生活の回復を応援しようとするものである。

　自殺遺族は、福山（2005）が指摘しているように、複雑で苦痛を抱えた人々である。彼らは、社会的にカミングアウトすることの困難さと、自身が抱えた自責や排除の感覚との間で苦しむ人々なのである。それだけに、自殺遺族が安心して出来事や感情を語れるような場と励ましが求められているのである。遺族の基本的な心理過程は「封印」である。触れることも見つめることも、語ることも、捨て去ることもできない。縛りつけられた感情に、ともすると何十年もの間さいなまれていくものなのである。時には、遺族自身が後追い自殺に追い込まれたり、心身が衰弱していったりすることもある。

　遺族はひっそりと静かに、そしていつまでも心の奥底の苦痛と闘いながら、感情の置き所を探し続けていくことになる。ショック、そして怒り、さらにうつというように感情は循環していくが、際限のない循環の中で遺族はむなしさを募らせていくのである。

　遺族の中から新たな自殺者が出てくる可能性は高いとされる。それだけに、自殺遺族に対する丁寧で温かい配慮と関わりとが大切になってくる。もし、遺族に配慮が与えられれば、彼らの苦痛の置き所ができることになる。しかし、そのためには、自殺の現実に向き合うことが求められるはずである。

　2005年に、自殺遺族ネットワークが結成されている。このようなネットワーク活動がどれほど自殺遺族の心を励ますものであるかは、今後検証されていくであろう。すでに、若林（2003）は、実践的なサポート活動の成果を幾たびも報告している。今後遺族に対するケアへのまなざしが一層求められていくであろう。自殺予防カウンセリング（藤原・高橋，2005）という働きにも関心がもたれている。

引用文献
朝日新聞社秋田支局　2000　自殺——自殺率全国一・秋田からの報告．無明舎出版．
藤原俊道・高橋祥友　2005　自殺予防カウンセリング．駿河台出版社．
福山清蔵　2005　自殺と遺族とコミュニティ．平和・コミュニティ研究 1, 92-105．唯学書房．

平野かよ子・山田和子・島田美喜　2003　地域保健における自殺予防へのアプローチ．公衆衛生，**67**(9)，664-666.
保坂　隆　2000　中年期の自殺．教育と医学，**48**(5)，416-422.
飯島美世子　2003　地域保健と職域保健の連携．保健医療科学，**52**(4)，322-325.
稲村　博　1977　自殺学．東京大学出版会．
宮崎朋子　2003　自殺遺族の心理・社会的経験とその支援．精神保健研究，**49**，89-95.
本橋　豊　2003　秋田県における高齢者の自殺予防対策．保健医療科学，**52**(4)，317-321.
本橋　豊・渡邉直樹（編）　2005　自殺は予防できる，**31**．すぴか書房．
大原健士郎　1978a　自殺の防止．至文堂．
大原健士郎　1978b　自殺の心理学．精神医学．至文堂．
坂本真士・影山隆之　2005　報道が自殺行動に及ぼす影響．こころの健康，**20**(2)，62-72.
高橋祥友　1992　自殺の危険．金剛出版．
高橋祥友　1998　群発自殺．中央公論社．
高橋祥友　1999　サラリーマンの自殺——今，予防のために．岩波書店．
高橋祥友　2003　中高年自殺——その実態と予防のために．筑摩書房．
高橋祥友（編）　2004　自殺予防．こころの科学，**118**，12-18.
高橋祥友　2004a　自殺未遂——「死にたい」と「いきたい」の心理学．講談社．
高橋祥友　2004b　自殺，そして遺された人々．新興医学出版社．
高橋祥友・福間　詳（編）　2004　自殺のポストベンション——遺された人々へのケア．医学書院．
滝澤　透・渡邉直樹・山中朋子・大西基喜・鳥谷部牧子・中路重之・大山博史・鳴海寧子・辻浦智賀子・田中尚恵　2005　青森県における自殺予防活動．こころの健康，**20**(2)，36-42.
田村　毅　2003　インターネット・セラピーへの招待．新曜社．
内野悌司　2004　大学生の自殺予防．こころの科学，**118**，24-28.
宇田英典・宮ノ下洋美・五田貴子・三谷惟章　2005　地域におけるうつ対策への取り組み．こころの健康，**20**(2)，27-35.
上田　茂　2004　Webサイトを介しての複数同時自殺の実態と予防に関する研究．厚生労働科学総括研究報告書．
若林一美　2003　自殺した子どもの親たち．青弓社．
渡邉直樹・本橋　豊・滝澤　透・田口　学（編）　2005　自殺予防の実際——北東北3県における取り組み．本橋　豊・渡邉直樹（編）自殺は予防できる，74-117．すぴか書房．

V章

コミュニティ心理学の研究法

概説

渡辺直登

　心理学は「方法の宝庫」といわれるほど多様な方法論を有している。それらの方法論はいくつかのダイコトミー（二分法）によって論じられることが多い。すなわち、質的（定性的）方法―量的（定量的）方法、法則定立的方法―個性記述的方法、探索的方法―仮説検証的方法、などである。さらには、それぞれの方法論で扱われる概念や変数には自然科学で用いられるような量的に観察可能なものから、研究者の認知や言説による、質的で客観的に観察不可能なものまでが含まれている。

　心理学は、人間の行動と心理にアプローチするために、多様な方法論を生み出してきた。その子の学問であるコミュニティ心理学も、親の学問である心理学が有する豊潤な方法論に多くを依存している。残念ながら、コミュニティ心理学独自の方法論と呼べるものは未だ存在しない。しかし、コミュニティ心理学にユニークな「研究姿勢」を反映した方法論群を同定することはできる。

　コミュニティ心理学の研究姿勢は、以下のようにまとめられよう。

① 個人の行動や心理を、その人の置かれた社会的文脈の中でとらえる。
② 研究の目的は、環境との不適合を起こしている人のウェルビーイングを向上させることにある。
③ 環境の改善のために具体的なアクションを起こす。
④ 科学的な方法論を用いながらも、実際的な問題の解決を目指す実践型研究を行う。
⑤ 個人の脆弱性よりも、頑健性やコンピテンスに焦点を当てる。
⑥ 介入を行う場合は、治療的介入よりも予防的な介入を目指す。

　以上から見て分かるように、コミュニティ心理学の研究姿勢はすぐれて実践的

であり、個人の行動や心理の「原理」を追求するために、環境変数をコントロールする多くの心理学の方法論とは大きく異なっている。個人が生きる社会的文脈は、個人の行動を規定する大きな変数である。それを無視しては研究が意味をもたない。また、変数が個人のウェルビーイングを脅かしているのであれば、変数を改変する実践に、研究者自らが身を投げ出さなくてはならない。冷笑的な研究のための研究は慎まなければならない。

　本章では、前記の、コミュニティ心理学の研究姿勢を色濃く反映した方法論を取り上げた。すなわち、調査研究を主体とした「コミュニティ・リサーチ」、介入の効果を測定する「プログラム評価」、介入の必要性を明らかにする「ニーズ・アセスメント」、個人と社会的文脈との関係を精査する「質的研究法」、実践事例を記述する「事例研究法」、である。

V章——コミュニティ心理学の研究法

1

コミュニティ・リサーチ

箕口雅博

　コミュニティ心理学は、コミュニティへの介入に関する心理学的諸科学の総合領域であり（Korchin, 1973　村瀬監訳　1980）、その親学問である心理学で用いられている幅広い研究法に多くを依拠している。一方、コミュニティ心理学は、その特色あるアプローチのゆえに、他の心理学領域に比べ、きわめて多様な理論と研究法を採用している（Tolan *et al*., 1990）。加えて、他の学際領域から心理学領域に取り入れられた研究法を利用する傾向も強い。これは、コミュニティ心理学のような発展途上の領域では、新しい介入方法が次々に導入・開発され、研究課題も社会の要請に応じて、多岐に及ぶことが多いからである（田中, 1995）。

　コミュニティ心理学の中核的概念である**文脈内存在人間**（person-in-context: Orford, 1992　山本監訳　1997）というパラダイムにもとづく**生態学的視点**（Kelly, 1986; Trickett & Mitchell, 1992）は、比較的高度に統制された研究法とは相容れない側面を含んでいる。「科学」としての心理学は、厳密かつ統制可能な研究デザインによってのみ成り立つ、と一般的には考えられがちだが、それは事実ではない。研究しようとする対象や現象の様相に応じて、多様なアプローチを適用する態度こそ、真に「科学的」だといえるのだろう（Duffy & Wong, 1996　植村監訳　1999）。

　コミュニティ心理学にとって最適の研究パラダイムは何か、という命題はまだ完全には明らかではないが、重要なアプローチの一つとして、**コミュニティ・リサーチ**（community research）が挙げられる。

本節では、コミュニティ・リサーチがコミュニティ心理学の研究法の中でどのような位置を占め、その基本的な接近方法と特徴は何か、**アクション・リサーチ**（action research）としての意義と協働の原理、研究法とその実際例、倫理的配慮などについて検討する。

[1] コミュニティ・リサーチとは何か

コミュニティ心理学の文脈の中で、コミュニティ・リサーチの概念や方法論を明確に取り上げたのは、Heller et al.（1984, pp. 51-113）が最初である。その後、Dalton, Elias, & Wandersman（2001, pp. 60-118）および Nelson & Prilleltensky（2005, pp. 235-290）は、コミュニティ・リサーチを、コミュニティ心理学の中核的な研究パラダイムとして位置づけ、詳細に論じている。また、Jason et al.（2004）は、コミュニティ・リサーチの実践的・協働的側面を包括的に取り上げ、多様な領域への展開についてまとめている。

コミュニティ・リサーチについての明確な定義は、これまでなされていない。ここでは、「人々の生活基盤となるコミュニティを活性化することによって、コミュニティとそのメンバーが直面している心理社会的課題の解決を図り、新たな社会価値を創出することを協働で探求する研究的努力」とおおまかに捉えておきたい。すなわち、コミュニティにおける生活の質を改善し、個人と環境の適合（person-environment fit）を図る（安藤, 1989）ことがコミュニティ・リサーチの最終目標となる。

以下では、コミュニティ・リサーチの視座と接近方法、方法論的特徴と意義、研究方法の次元などについて検討していく。

1）コミュニティ・リサーチの視座と接近方法

コミュニティ・リサーチを進めていく場合の背景にある理論には、大きく分けて二つの認識論的立場がある（Dalton, Elias, & Wandersman, 2001; Nelson & Prilleltensky, 2005）。一つは、**論理実証主義**（positivism）の視座であり、価値観によらない中立的・客観的研究を通して、多くの環境やコミュニティ現象に適用可能な一般法則を見出すことを強調する立場である。因果関係の理解、変数の統制、データの測定など、伝統的な心理学研究において共通して重視されてきた方法である。もう一つは、**文脈主義**（contextualism: **社会構成主義** social constructivism と同義）の視座であり、コミュニティ場面という特有の文脈の中で、

より深い現象理解を目指すものである。個人と環境との社会的相互作用を重視し、研究者と対象者（研究協力者）との社会的つながりを通して対象を理解しようとするため、協働関係を通して研究が進められる。これまで、コミュニティ・リサーチの多くは論理実証主義的立場から研究が進められてきたが、コミュニティ場面における「変数統制の問題」をどう扱うかが大きな課題となってきた。一方、文脈主義的立場はこの20年間で影響力を増してきており、「研究者とコミュニティ（コミュニティ・メンバー）との関係性の構築」はコミュニティ・リサーチ全体のテーマとなっている（Dalton, Elias, & Wandersman, 2001）。

以上の論理実証主義と文脈主義という二つの認識論的立場に加えて、コミュニティ・リサーチを進める際には、コミュニティまたは社会で起きている問題に、どのようにアプローチしていくかという課題がある。Price（1989）は、こうした課題について、科学的・技術的（techological）と弁証法的（dialectical）という二つのアプローチを示した。

科学的・技術的アプローチにもとづくコミュニティ・リサーチは、価値観によらない中立の立場から社会問題（たとえば、AIDSの感染予防、10代の妊娠率の低減、校内暴力の減少など）を研究し、問題に対する具体的・実際的な答えを得ようとする。このアプローチは、初期のコミュニティ心理学の発展を支えており、今日でも有用だとされている。方法としては、まず研究対象となる問題を定義し、その原因を特定し、それらの要因に対処するプログラムを開発し、プログラムの有効性を評価する。このアプローチの有用性は、研究の各段階で社会的コンセンサスをどのように得ていくかが鍵となる。Price（1989）は、社会的ジレンマを、「解決すべき社会問題」と捉えるのではなく、「社会的葛藤」として理解するアプローチを提唱している。彼はまた、このアプローチによって仮定された客観的知見が、社会の一部の考えや体験しか反映しておらず、過大視や偏見が生じる危険性についても触れ、こうした問題の低減を図るために、社会的コンセンサスについての点検を常に明確に行うことの必要性を指摘している。

これに対し、社会的コンセンサスが得られなくとも研究を意義あるものとするアプローチが弁証法的視点である。この立場の特質は、大胆かつ詳細に研究の大前提を設定し、声なき声に耳を傾け、強さやリソースに焦点を当てることにある。社会問題は往々にして強い立場の人々に支配されている。弁証法的アプローチは、無視されてきた弱い立場の人々（社会的に孤立している人、差別を受けている人、サービスを受けられない人、コミュニティ活動を阻害されている人な

ど) の声に注意を向ける。これらの人々は、社会システムの影響を最も強く受けているにもかかわらず、システムへの統制力を欠いているからである。その際、研究者は二つ (あるいはそれ以上) の異なる価値観・問題理解・理論を汲み取りつつ、研究者自身の価値観に沿った立場で研究に取り組むのである。一方で、弁証法的アプローチには、研究者の弁護的・擁護的なスタンスの取り方が、複雑な社会問題を過度に単純化してしまう危険性も同時に存在する。Price (1989) は、対立し合う立場それぞれの理論的根拠やエビデンスを認識することで、この問題は低減されうると指摘している。

コミュニティ・リサーチを進めるにあたり、「論理実証主義」と「文脈主義」、「科学的・技術的アプローチ」と「弁証法的アプローチ」のいずれの視座・接近方法を選択するかは、哲学的な問題でもある。いずれの立場をとるにせよ、①コミュニティとの協働　②コミュニティ・メンバーの視点に立って、注意深く彼らの声を聴くこと　③コミュニティの強さを見出すこと、はコミュニティ心理学の中核的価値であり、コミュニティ・リサーチの根幹となる研究姿勢である。

2) コミュニティ・リサーチの方法論的特徴と意義

それでは、コミュニティ・リサーチとはどのような特徴をもつ方法論なのであろうか。ここでは、生態学的視点の重視、アクション・リサーチとしての側面、コミュニティとの協働、という三つの側面から、その方法論的特徴と意義について検討する。

a　生態学的視点の重視

Lewin (1951　猪股訳　1956) の有名な公式 ($B = f(P, E)$) にあるように、行動と環境との関係は相互連関性をもち、人間の行動や発達・成長はコンテクスト (文脈) の中で起きるという生態学的モデル (Barker, 1968; Bronfenbrenner, 1979　磯貝・福富訳　1996) は、コミュニティ心理学の中核をなすものであり、コミュニティ・リサーチを進めていくうえでもきわめて重要な概念である。すなわち、すべての行動は"場 (setting)"の中で起こるとし、特定の行動がなぜ起きるかを理解すると同時に、人とその人をとりまく環境の両者を追究する発想から、空間的・時間的文脈を重視する方法論的特徴を有している。ここでいう文脈とは、ミクロからメゾ・エクソ・マクロレベルまでの環境システムの影響を同時に考慮に入れて、人間行動の様相を捉えていくアプローチを指す。「人間の営みの文脈を壊さないで、人間と環境との相互作用を研究する方法」(Willems,

1977)であり、「現象が起きている現場(フィールド)に身を置いて、そこで直接体験された生のデータや一次資料を集めて生態学的妥当性の高い現象把握を目指すアプローチ」(やまだ, 1997; 箕口, 2000; 木下, 2003)であると言い換えることもできる。

このように、生態学的視点からコミュニティの心理社会的問題にアプローチしていくことは、学問的蓄積として有用であるのみならず、より多くのコミュニティへの介入を一般化し、生活の中で起きる問題を軽減し、人と環境の適合性を創りだしてくれるのである。

b アクション・リサーチとしての側面

実践学としてのコミュニティ心理学が採用する研究方法は、もっぱらアクション・リサーチである。アクション・リサーチは、研究者が、組織・グループ・コミュニティに介入し、研究対象のメンバーとともに実際の問題解決を図りながら、現象の理解を深める研究を指す(Eden & Huxham, 1996; 大野木, 1997; 渡辺, 2000)。この方法は、1940年代にLewin(1946 末永訳 1954)によって導入された概念で、彼自身が関心をもった社会問題(ファシズム、ユダヤ人排斥、貧困、マイノリティ問題)を解決するためのアプローチであった。Rappaport(1970)によれば、「現下の差し迫った問題状況に置かれている人々の実際的な問題を解決することに貢献するとともに、相互に受容できる倫理的な枠組みのもとで共同研究を行い、社会科学の目標に貢献することを目的とする(p. 499)」と定義されている。すなわち、アクション・リサーチの中心となる発想は、ある重要な社会的問題や組織的問題を、それを直接経験している人々が一緒になって解決する方法を探るために、科学的なアプローチを用いるという点にある。「コミュニティにおける生活の質を改善し、個人と環境との適合を図る」ことを最終課題とするコミュニティ・リサーチも、「環境への働きかけ」としてのソーシャルアクション(social action:社会的実践活動)を重視したアプローチであり、アクション・リサーチそのものであると換言できる。

アクション・リサーチャーには、理想的には、研究と問題解決という二つの目標を最適に組み合わせ、一つのプロジェクトあるいは一連のプロジェクトにすることが求められる(渡辺, 2000)。したがって、実践家と研究者とが協働関係を築き、問題状況にいる人々のために、研究者として、また実践家として、何ができるのかをともに考えながら研究を進めていく発想とプロセスが、アクション・リサーチとしてのコミュニティ・リサーチには不可欠となる。

c　コミュニティ・リサーチにおける協働の原理

コミュニティ・リサーチにおける研究データの質と有用性は、収集された文脈、特に研究者と研究協力者（コミュニティ・メンバー）との協働のあり方に依存する部分が大きい。どのような協働関係のもとにコミュニティ・リサーチを進めていくかは、以下のように分類できる（Dalton, Elias & Wandersman, 2001）。

① 「ゲストと主人」の関係
　ゲストである研究者は、コミュニティによって提供されたデータという"協働"の贈り物を受け取る一方、主人である研究協力者のコミュニティに有益な形での何らかの生産物を提供する。

② 「パートナーシップ」の関係
　研究者と研究協力者が同じ程度の統制力をもち、開かれた誠実なコミュニケーションと歩み寄りのもとに、相互の選択を尊重する。

③ 「同盟」関係
　参与的なアクション・リサーチのもとに、コミュニティ・メンバーの視点に立って、注意深く彼らの声を聴き、コミュニティの長期的なウェルビーイング（well-being）の維持を重要視する。

いずれの協働関係においても、コミュニティとのパートナーシップにもとづく研究と実践の統合は、コミュニティ心理学の中核的な価値であり、「研究と活動は実質的に分かちがたく、同時に行われる」（Serrano-Garcia, 1990, p. 172）のである。

アクション・リサーチとしてのコミュニティ・リサーチでは、研究者とコミュニティ・メンバーとの協働関係を成立させるために、研究前そして研究の実施中に、研究者が自身に問いかけねばならない五つの協働の原理がある（Dalton, Elias, & Wandersman, 2001）。すなわち、

① コミュニティ・リサーチは、コミュニティに存在するニーズを掘り起こす。
② コミュニティ・リサーチは、コミュニティのさまざまな資源を結びつける。
③ コミュニティ・リサーチは、ソーシャルアクションの道具となる。
④ ソーシャルアクションについての評価は必須である。
⑤ コミュニティ・リサーチは、コミュニティの創成に貢献する。

この五つの明確な協働関係のもとにコミュニティ・リサーチが行われるのであ

れば、コミュニティ・メンバーからも多様な視点と見識がもたらされ、さらに新たな方法を発展させることが可能となり、統制された実験室的研究よりもずっと有用な方法として定着していくであろう。そして、最も重要なことは、コミュニティ・リサーチがコミュニティの生活に関連して、研究者とコミュニティ・メンバーに活力を与え続けていくことである。

3) コミュニティ・リサーチにおける研究方法の次元

　コミュニティ現象を研究するために利用可能なアプローチには、**疫学**（epidemiology）、**社会指標研究**（social indicators study）、**フィールド実験**（field experiments）、**準実験法**（quasi-experiments）、**シミュレーション**（simulations）、**ネットワーク分析**（network analysis）、**参与観察**（participated observation）、**エスノグラフィー研究**（ethnographic studies：民族誌研究）、およびアクション・リサーチなどが含まれる。これらのアプローチの各々が、以下に述べるような三つの主要な次元のどこに位置づけられるかを明確にしておくことは、コミュニティ・リサーチを進めていくうえで重要かつ有用である（Heller *et al.*, 1984）。表V-1-1は、この三つの次元とそれぞれの研究アプローチの関係を示している。

　まず第一に、研究者が、研究参加者（研究協力者）であるコミュニティ・メンバーとどれだけ協働できるかの次元が存在する。この次元には、コミュニティ・メンバーとの接触をほとんど要しない社会指標研究がある一方、アクション・リサーチのように、研究テーマの設定・研究計画の立案・データ収集と分析まで、コミュニティ・メンバーとの協働がきわめて重要となるアプローチがある。

表V-1-1　コミュニティ・リサーチにおける研究方法の次元──協働・統制・実践（Heller *et al.*, 1984, p.65 より改変）

		コミュニティ・メンバーとの協働の程度		
		低位	中位	高位
現象に対する統制度	低位	・疫学 ・社会指標研究	・ネットワーク分析 ・エスノグラフィー	・参与観察
	中位		・準実験法	・アクション・リサーチ
	高位		・フィールド実験	・シミュレーション

注）ゴシック体は分析的アプローチを指し、明朝体は実践的アプローチを指す。

第二は、対象となる現象を明らかにするために、どれ程変数（条件）統制が可能かという次元である。たとえば、フィールド実験のように、研究協力者がいくつかの条件統制グループに振り分けられる場合がある一方、研究者が対象となるフィールドに入り込み、"グループの一員"として行動や活動をともにする参与観察のようなアプローチもある。

第三の次元は、研究の最終目的がどの程度「分析指向」か「実践指向」かによる分類である。疫学、ネットワーク分析、エスノグラフィーなどの分析指向アプローチでは、起きている現象をどのくらい深く解明、または説明できるかを主な目的とする。一方、アクション・リサーチ、シミュレーション、準実験法などの実践指向アプローチでは、個人・グループのみならず、コミュニティ全体の変革を目指している。すなわち、コミュニティ・リサーチを通して、コミュニティにおける生活の質を改善することが最終目標となる。

以上のように、それぞれの研究アプローチがどのような次元のもとで行われているのかを検討しておくことは、コミュニティ・リサーチの目的と多様な方法論を明確化するうえでも有用である。

[2] コミュニティ・リサーチの方法と実際

前項で述べたように、コミュニティ・リサーチを進めていく際、大きく三つの次元に分けることができるが、これらの次元の組み合わせによって研究方法も多様になる。以下では、コミュニティ・リサーチにおける方法論について、研究例を交えながら考察を加える。

1) コミュニティ・リサーチにおける研究デザインと分析方法の比較

a 研究デザインの比較その1——質的研究法と量的研究法

コミュニティ・リサーチの方法は、言語記述データを主とする**質的研究法**（qualitative method）と、数値データを用いる**量的研究法**（quantitative method）に分けることができる。この二つの研究法には、それぞれ利点と限界が存在する。表V-1-2に示すように、質的研究法は、コミュニティ・メンバーがコミュニティでの生活をどのように体験しているかの意味づけを、内側から明らかにする方法である。一方、量的研究法は、仮説検証を通して、現象の因果関係を外側から明らかにする方法である。すなわち、質的研究と量的研究の相違は、単なるデータの種類の違いというレベルではなく、研究の手続きや研究を評価する

表V-1-2 コミュニティ・リサーチにおける質的研究法と量的研究法の比較 (Dalton, Elias, & Wandersman, 2001, p. 93 より改変)

基準	質的研究法	量的研究法
認識の仕方 (epistemology)	社会構成主義	論理実証主義
目的 (purpose)	生活の"場・体験"の意味の理解：内側からの知見	仮説検証を通して、因果を推測する：外側からの知見
データの性質 (nature of data)	言語記述データ	数字データ
信頼性 (reliability)	言語データのコード化に対する相互主観的信頼性	標準化された尺度と手続きを用いる
妥当性 (validity)	分厚い詳細な記述による文脈の理解：トランギュレーション（三角測量法）を用いた多様なデータ収集	実験法や統計法によって攪乱要因を統制し、明確に現象を説明する：多変量を測定する
一般化可能性（普遍化） (generalizability)	少数サンプルを徹底的に調査する：厚い言語記述によって、他のサンプルとの比較や普遍化が可能となる	多数のサンプルに対する広範囲な調査：サンプルの量的記述によって他のサンプルとの比較や普遍化が可能となる

妥当性の基準という、根本的なレベルでの相違が存在するのである。

　質的研究法では、得られた結果が現実の意味を解釈するうえで有効であることが研究の妥当性の基準となるため、一つのフィールド（場）ないしは少ないサンプルについて集中的に研究する。したがって、質的研究の最終課題は、対象とする場のもつ意味や、そこで生活する人々の経験を文脈の中で明らかにすることである。そのために、質的研究者には、先入観を取り除き、対象とする場や研究協力者の文脈に沿った理解や解釈を行う態度と方法を身につけることが求められる。

　このような態度と方法によって、単なる表面的な事実の記録を超えて、人々の発言や行動の奥に幾重にも折り重なった生活と行動の文脈をときほぐし、その作業を通して初めて明らかになる社会的行為の意味を解釈して読みとり、その解釈を書き留めていくことが、対象との関係性を深め、より妥当性の高い「分厚い記述」(thick description) を可能にする。

　これに対して、量的研究法では、普遍的な法則を客観的、論理的に検証できることが研究の妥当性の判断基準となる。そのため妥当性の評価は、研究の手続き

との関連で、内的妥当性、外的妥当性といった客観的な評価基準によって判断されることになる。すなわち、量的研究による仮説検証型の実証研究では、検証すべき仮説が明確に立てられ、測定する変数を明確にしてデータを収集し、収集したデータを分析して仮説を採択もしくは棄却する、というプロセスをとる。質的研究では、仮説は、むしろデータの収集・分析・解釈を経ながら生成されていく。検証すべき仮説を生成するほどには現象についての知見が得られていないか、あるいは、前もって仮説を設定することが現実に即した現象の理解を妨げることにつながるからである。

このように、質的研究法と量的研究法では、妥当性の基準をはじめとして、方法論の基礎となるパラダイムのレベルからして異なっている。したがって、コミュニティ・リサーチの多様性を理解するうえでは、両者の相違を明確にしておくことが重要となる。

b 研究デザインの比較その2──横断的研究法と縦断的研究法

横断的研究（cross-sectional study）は、ある一時点における現象を、主に変数間の相関関係によって明らかにする方法である。それに対し、縦断的研究（longitudinal study）は、変数の経時的変化を明らかにすることによって、現象の因果的関係を推測する方法である。コミュニティやコミュニティ・メンバーがどのように変化していくかを研究するうえでは、縦断的研究が有用な方法となる。コミュニティの中で生じている力動や、コミュニティとコミュニティ・メンバーとの関係性をより深く理解するためには、コミュニティとそのメンバーにどのような継時的変化が見られるのかを分析することが必要である。

こうした縦断的な研究デザインは、歴史的・文化的文脈をふまえた深い理解が得られる反面、研究の実施にあたっては、時間や資金面でのコストが大きいため、コミュニティ・リサーチすべてに適切な方法とはいえない。とはいえ、コミュニティとの協働的パートナーシップを形成するうえで最も望ましい方法であり、有用な知見を提供し得るものと考える。

c 質的研究法と量的研究法の特徴と研究例

表V-1-3は、コミュニティ・リサーチでよく用いられる質的研究および量的研究について、それぞれ4種類の研究方法の特徴・利点・限界をまとめてある。

まず、観察法と質的面接法を用いた研究を取り上げる。

Langhout（2004）は、学校へのポジティブな感情を引き起こす環境要因を明らかにすることを目的として、探索的な質的研究を行った。小学校に在籍する8

表V-1-3　コミュニティ・リサーチの方法の比較（Dalton, Elias, & Wandersman, 2001, p. 114 より改変）

	方法	特徴	利点	限界
質的研究法	参与観察法	研究者はコミュニティに参加し、インフォーマントと生活や仕事を共にしながら、内部と外部の両者の視点から仮説を生成する	内部からの知見を最も得やすい／分厚い記述が可能／コミュニティとの関係性が密接／文脈的理解が得やすい	一般化可能性に欠ける：観察が一部にとどまり、記憶によるデータ記述の客観性に疑問が残る
	質的個人面接法	協働的アプローチをとりながら、対象者の言葉や体験を掘り起こす開かれた質問ができる／少数サンプルに対する徹底的な調査が可能	研究者の予見にとらわれず、柔軟にテーマを追究できる／分厚い記述が可能／参加観察法よりも対象者とのより密接な関係づけが可能であり、文脈的理解が深まる	一般化可能性に欠ける／参加観察法より、直接的体験の側面が弱い／質的研究の中では標準化に乏しい
	フォーカス・グループ・インタビュー	質的個人面接法と同様だが、集団で意見・テーマを共有できる点が異なる	質的個人面接法と同様だが、集団の精査と集団力動の観察が可能	質的個人面接法よりも個人の理解に関する深みに欠ける
	組織・コミュニティの事例研究	一つの組織またはコミュニティを、じっくり時間をかけて研究できる	"場(setting)"の深い理解および、"場"の変容についての理解が可能／分厚い記述、文脈的理解が可能	一般化可能性に欠ける／公的資料の収集や振り返り調査の実施に限界がある
量的研究法	量的分析を前提とした観察法・疫学的方法	多数のサンプルによる標準化された測定データを、統計的に解析する／実験による条件統制は行わない	標準化された方法が適用可能／変数間の関連性が明確に示せる／実験的操作を行えない変数を検討できる／一般化可能性・実用性あり	表面的知見に依存しやすい／因果の推論に限界がある／文脈的理解に弱い
	無作為フィールド実験	何らかの社会的介入の評価を、統制群との比較によって明らかにする／標準化された測度を用いる	標準化された方法が適用可能／攪乱要因の統制や因果関係の推測が可能	表面的知見に依存しやすい／"場"の統制が必要となる／一般化可能性に欠ける
	非等価比較グループ	フィールド実験と同様だが、条件を無作為に割り当てる方法をとらない点で異なる	標準化された方法が適用可能／攪乱要因のある程度の統制が可能／実用性あり	表面的知見に依存しやすい／グループ間の比較が可能／ある程度の"場"の統制が必要となる／一般化可能性に欠ける
	時系列中断法	長期にわたって、一つまたは小数の"場"を対象に何らかの介入を行い、介入の前後に効果測定を実施する；複合的なベースラインを用いる	文脈的視点からの測定が可能／実用性あり／縦断的・長期的視点あり／複合的なベースラインを作成できる	表面的知見に依存しやすい／ある程度の"場"の統制が必要となる／一般化可能性に欠ける／外部要因によって、時系列が妨げられる可能性をもつ

名（3年生4名、4年生4名）の小学生を対象に、インタビュー項目を用いて、学校での好きな場所と嫌いな場所、さらにそれらの場所に関する感情について尋ねた。次に、それぞれの場所での対象者の行動を明らかにするために、3名の観察者により行動観察を行った。観察記録の分析方法は、観察記録の内容を「その人は何をしているのか」「なぜそのような行為をしているのか」「その行為にはどのような意味があるのか」「その行動をどのように人々は理解しているのか」についてコード化し、テーマを分類していった。その結果、好きな場所に共通することは、物理的環境（きれい、広いなど）が整っていること、子どもたちを歓迎する雰囲気があること、子どもたちに選択や自治、リーダーシップなどが与えられていること、コミュニティのメンバーを見ることができることであった。以上の結果から、生徒の好む学校環境を整える方法として、有能さや自己効力感の促進、空間的な広さ、生徒の自治や独立の保障、コミュニティ・メンバーの参加を促すようなコミュニティ心理学的介入の重要性を強調している。

　次に、量的研究法のうち、非等価比較グループ法を取り上げる。コミュニティ・リサーチに実験法ないしは準実験法を適用することは、実験的社会変革につながり、社会変革の効果を検証する方法となる。

　非等価比較グループ法の適用例として、サマリタン運動（The Samaritans：英国国教会牧師が始めたボランティアの電話相談による**自殺予防運動**）が、コミュニティの自殺率を下げることに影響を及ぼすかどうかを評定した研究がある。Bagley（1968）は、サマリタンの支部のある15の町と、これらと社会生態学的要因（65歳以上の人口のパーセンテージ、男性1,000人当たりの女性の数、社会階級指標）が類似しているサマリタンの支部のない15の町（統制群）におけるそれぞれの年間自殺率を調べ、サマリタン計画開始前後の4年間の平均自殺率の差を検討した。その結果、サマリタンを有する町全体の自殺率が、開設以来6%低下したのに対し、統制群の町のそれは7～20%上昇していることが認められた。この結果は、サマリタン活動が自殺予防に寄与していることを明らかにした。一方、Jennings, Baarraclough, & Moss（1978）は、統制群の町をBagley（1968）の研究より厳密にマッチングして、計画開始前後6年間の自殺率の推移を比較したところ、両群に有意差は認められなかった。

　表V-1-3に示してあるように、質的研究法と量的研究法は相補的である。質的研究法と量的研究法を併用することによって、それぞれの研究法のもつ利点を生かした知見が得られるからである。

2）日本におけるコミュニティ・リサーチの例

　日本におけるコミュニティ・リサーチの動向を検討してみると、欧米のように、研究者と研究協力者の間の明確な協働関係を基盤とした研究例は必ずしも多くはない。しかしながら、地域精神医学、社会精神医学、公衆衛生学、保健社会学、地域福祉学、そしてコミュニティ心理学の領域では、コミュニティ・リサーチの発想と方法にもとづく実践研究が行われている。以下では、これらの研究例をいくつか紹介したい。

a　精神障害者の地域ケアに関する研究

　高畠ら（1996）は都内S区の委託を受け、地域精神保健に関わる（共同作業所・授産施設、デイケア、ソーシャルクラブ、共同住居・援護寮、地域精神保健ネットワーク）全数のコミュニティ・サーベイ（施設調査、利用者およびスタッフへの面接調査）を行った。そして、S区における地域精神保健活動の現状を分析した結果から、リハビリテーション事業における家族の役割の重要性に着目し、精神障害者を支える家族への支援と同時に、家族の力に依存しないリハビリテーションの推進事業として、①保護住宅の増設　②区立精神保健センターの設置の必要性、を提言した（西山，1998）。この研究は、行政の行う地域精神保健事業に資する基礎資料を提供することにとどまらず、行政との協働関係のもとに、新たな施策や事業計画の展開に結びつく研究が実施された点に意義があるといえよう。

　また、松田ら（1999）は、保健所の「精神障害者社会復帰システム開発事業」の一環として、地域の複数の精神科病院と協働で「地域精神保健福祉を考える会」を立ち上げ、精神障害者を地域で支えていく条件とは何かを把握するため、障害者本人のニーズ調査を実施した。その結果をもとに、「メンタルヘルス・ネットワーク会議」「就労促進の会」「認知症対策を進める会」による協働的対応システムを構築した。

b　学校コミュニティへの介入研究

　日本の学校現場にもスクール・カウンセラーの導入が行われ、コミュニティ・臨床心理学的な視点からの支援の要請が高まっている。集団を扱う場であり、生徒や教師の生活の場でもある学校や学級への介入には、コミュニティや生態学という視点がきわめて重要となる。個人への介入のみならず、学校・学級全体を視野に入れた介入方法の開発や、学校・学級そのものへの介入研究が必要とされている。

伊藤（2003）は、学級風土をアセスメントする質問紙（伊藤，1999, 2001）を媒体にした学級へのコミュニティ・アプローチの第一段階として、中学校において、学級風土質問紙を用いたコンサルテーションを試みた。具体的には、生徒対象の学級風土とメンタルヘルスに関する質問紙を実施し、学級担任（個別）および学年会においてフィードバックする方法を用いた。その結果、学級風土プロフィールとそのフィードバックにもとづく生徒個人についてのコンサルテーションでは、①情報収集（学級風土質問紙の実施）→②学級の見立て→③見立ての提示→④学級理解の深化と共有・気づき→⑤具体的な方策の発見、というコンサルテーション・プロセスが成立すると考えられた。

一方、学校コミュニティへの介入にあたっては、教員とスクール・カウンセラーとの協働的関係の構築がきわめて重要となる。瀬戸（2003）は、教員のもつ特有の価値観や行動様式を「教員文化」と定義し、教員文化アセスメントの観点の一つとしての「校内の協働性」の実態について、半構造化面接および教育活動評価資料を用いて調べ、教員文化（校内の協働性）の実態が学校外の専門家との連携と協働に大きく関与していることを明らかにした。また、落合（2003）は、中学校の職員室をフィールドとして、質的面接と詳細な参与観察によるエスノグラフィー研究を試み、教師のバーンアウト（燃え尽き）は、教師の能力やパーソナリティなどの個別要因を超えた、社会・教育システムのレベルのもとで生じていることを明らかにした。

c 異文化に生きる人々との共生に関する研究

近年における日本の国際化には著しいものがあり、コミュニティの中で、異文化に生きる人々といかに共生していくかという問題は、彼らを受け入れる側にとってもきわめて現実的で重要な課題である。

江畑・曽・箕口（1996）は、異文化への移住者としての中国帰国者が、日本社会でどのように適応していくか、すなわち定着・自立を果していくかを継時的に明らかにするとともに、適応障害の減少と予防に必要な援助様式および援助組織を明らかにすることを目的とした包括的かつプロスペクティブなプロジェクト研究を行った。この研究の方法論上の特徴は、アクション・リサーチの一種であり、被調査者への援助的還元が同時並行して行われている点にあった（箕口ら，1991）。定住後3年間にわたる「帰国者」の適応過程を、心理・社会・文化の三側面に分けてその継時的変化を検討した結果、①適応の各側面が同時平行的に推移するのではなく、ズレをもって進行することを踏まえた援助が必要となる　②

孤児、配偶者、二世では、適応パターンがそれぞれ異なっている　③「帰国者」の総合的な適応過程に関与していると思われる諸要因を抽出してみると、移住前の要因、移住（定住）後の要因、移住者自身の生活史や性格傾向などの要因のいずれもが影響を及ぼしている、ということが明らかになった。

　大西（1998）は、「外国人労働者」の支援団体をフィールドとする参与観察と面接調査によって、支援団体における「組織レベルの援助」が、外国人労働者の「個人レベルでの心理的エンパワメント」にいかに関与しているかを明らかにした。

　そのほか、外国人留学生相談活動におけるコミュニティ支援に関する事例研究（加賀美・箕口，1997）、外国人学生の教師との葛藤事例の内容分析（加賀美，2003）、在日日系ブラジル人の抑うつ・文化所属感とサポート・ネットワークに関する研究（杉岡・兒玉，2005）などが行われている。

d　被災コミュニティの復興過程に関する研究

　地震や水害など自然災害は、人的被害をもたらすのみならず、コミュニティそのものに壊滅的な影響を及ぼす場合がある。

　「人と防災未来センター」は、兵庫県の委託により、阪神淡路大震災後に新たなコミュニティとして建設された災害復興公営住宅が、被災者の心理・社会的復興にどのように寄与しているかを継時的に調査を実施した（兵庫県、2003）。その結果、①規模が大きい団地のほうが、小規模な団地に比べてコミュニティ活動は活発である　②公的支援者がコミュニティづくりに果たす役割が大きい　③自治会活動などが充実している団地の居住者ほど生活満足度が高い　④重要他者との出会いや、訪問者の存在など、人と人との交流は、生活復興感を高める　⑤交流の「場」と「しくみ」づくりがコミュニティの活性化に効果的である、などが明らかになった。

e　性暴力被害・虐待予防を課題とするコミュニティ・サーベイ

　石川（2003）は、関西地区に生活する女性を対象に無作為抽出による性暴力被害の実態について調査を行い、村本（2004）は、前記調査の一環として、23名の志願者に面接調査を実施した。その結果、何らかの性的被害を受けたことが、心理的損傷→PTSD症状→否定的生活経験へと一連の重大な影響を及ぼしていることが明らかとなり、早期の危機介入システムを構築する必要性を指摘した。また、安藤ら（2000）は、東京都に在住する20歳代から50歳代の成人女性より無作為抽出した2,400名を対象に、郵送法により性暴力被害に関する質

問紙調査を行った。その結果、回答者の82.7%が何らかの性的被害（うち、強姦・強姦未遂が13.5%）を経験しており、強姦被害者の23.7%、強姦未遂被害者の15.1%が、PTSDハイリスク群と判断された。

一方、河村ら（2006）は、地域保健の立場から、母親の子ども虐待予防を目的とした簡易スクリーニング調査票を開発し、その有効性を検討した。

f 地域コミュニティの特性分析とまちづくりに関する研究

三浦・山賀・山本（1985）は、行動場面調査（Barker, 1968；Wicker, 1979 安藤監訳 1994）の手法を用いて、「活気のある団地と活気のない団地の特性」に関する比較調査を試みた。この研究は生態学的心理学の研究と位置づけることができる。東京近郊のS団地（1,022戸、3,200名）とM団地（1,215戸、3,400名）を対象に、団地コミュニティの居住者が行動場面を共有している購買施設（店舗）、公共施設（集会場、学校、グラウンド）、診療所などを調査場所とした。その結果、①活気のあるとされていたS団地のほうが居住者に共有される行動場面が1.7倍多い　②自治会に関する行動場面の占める割合は、M団地では、S団地の16分の1にすぎない　③参加年齢別行動場面量は、S団地は40歳代、M団地は30歳代の行動場面参加が頂点を形成している　④サークル活動の内容をみると、M団地特有のものは17%にすぎないが、S団地に特有のものは27%、であった。このように、行動場面調査は行動場面の時間空間的分布や行動場面の量的・質的分布を操作的に把握でき、行動場面のもつ多様な特性次元（この研究では、活気のあるS団地と活気のないM団地）に沿った、地域コミュニティ特性の多角的な分析が可能となる。

石盛（2004）は、市民のまちづくり活動（行政手続きへの参加・協働、社会貢献活動）への関与の基盤に、いかなるコミュニティ意識や態度が存在するのかを、質問紙を用いて調査した。その結果、まちづくりに関する意思決定は、市民が主体的に行うことが保障されるべきといった、より積極的な権利意識が人々との間に定着していることが明らかとなり、この権利意識が実際の地域活動の積極性につながっていることを指摘した。

g 物理的・社会的環境とその変化が人間行動に及ぼす影響に関する生態学的研究

熊澤（1998）は、大小二つの施設規模における精神科デイケア活動を、1年間の参加観察を通して生態学的視点から比較分析した。その際、Barker & Gump（1964　安藤監訳　1982）の調査項目を参考に、大小二つの施設における行動場面プログラムをリストアップし、その独立性を評定した（Wicker,

1979　安藤監訳　1994, pp. 276-292)。その結果、デイケア活動は、スタッフとメンバー、そして物理的な条件の三者の複雑な相互作用で成り立っていることが明らかにされた。また、大規模施設では、スタッフの恒常的な参入によって安定したプログラム構造を提供しており、小規模施設ではそれが不安定であり、意外性のあるメンバー主導型の種々の活動を生み出していた。

　精神保健福祉法の制定以来、さまざまな精神科病院がより開放的な病院環境を模索し、新しい病棟を整備し始めている。しかしながら、これらの新・改築によって生じる物理的・社会的環境の変化が、患者や医療・看護スタッフに及ぼす影響（リロケーション効果）を評価し、その変化がもたらす意味を体系的に検討することはほとんどなされていない。箕口ら（2000）・高橋（2001）・箕口（2002）は、東京近郊の一精神病院の全面改築・移転の前後に、二つの異なる病棟（男女混合開放 A 病棟と男子開放 B 病棟）を対象として、自然観察法による行動場面調査、入院患者の QOL（Quality of Life）調査を実施し、物理的環境および社会的環境双方の変化が人間行動の生態に及ぼす影響をプロスペクティブに調べている。その結果、移転によって生じた物理的環境の変化よりも、男子病棟が男女混合病棟に変わったという社会的環境の変化のほうが、観察された総行動生起数の変化の差異に大きな影響を与えているなど、リロケーションのもつ意味が A 病棟と B 病棟では異なることを示唆している。

[3]　コミュニティ・リサーチにおける倫理的配慮

　これまでに述べてきたように、コミュニティ・リサーチの方法や対象とする内容には、多種多様なものが考えられる。しかし、いずれの場合にも共通するのは、個人・グループ・組織の生活に深く入り込み、インタビューや観察などの方法を通して、研究協力者の「私的な世界」に関わることが多いことである。したがって、リサーチを通して得られるさまざまな種類のデータには、研究協力者の個人的な情報が多く含まれている。こうした情報の取り扱いを間違えると、研究協力者の権利を侵害してしまう危険も生じかねない。とりわけ、アクション・リサーチや事例研究などにおいては、通常は知りえないような個人やグループの秘密、社会組織の方針などを知るチャンスがある。その点で倫理の問題に特に注意を払わなくてはならない（古澤・斉藤・都筑，2000）。

　アクション・リサーチを行う際の倫理的配慮について、Morton-Cooper（2000　岡本・関戸・鳩野訳　2005）は次の点を挙げている。

① 自発的に（強要されずに）参加すること。
② 研究協力者はインフォームド・コンセントの内容に同意していること。
③ 研究協力者やその他の間接的に関わりをもつ可能性のある人たちが、研究によって精神的・身体的に危害を受けることを未然に防止すること。
④ 個々人が研究への協力をやめたり、同意の撤回を求めることができる権利を保証すること。
⑤ 匿名性と守秘義務を厳守すること。
⑥ 研究によって収集されたデータを正確に記録し、安全に管理すること。
⑦ 専門職、あるいは雇用者としての倫理規定を遵守すること。
⑧ 研究の進捗状況について適切な回答と報告をすること。
⑨ 共同研究者同士が協働チームの構成員としてお互いを尊重し支持しあうこと。

以上のような倫理的配慮のポイントは、コミュニティ・リサーチを展開していく際にもそのまま当てはまる。これらの指摘にもとづき、以下では、コミュニティ・リサーチにおける倫理的配慮について、3点に絞って検討する。

1) 研究協力者の基本的権利の尊重

研究者が、研究協力者に対して研究目的を十分に説明し、インフォームド・コンセントの内容に同意を得ることは、研究を開始する段階の必須の手続きである。また、研究に際しては、プライバシーを侵害しないように注意することも必要である。研究協力者は、研究への参加・不参加を決定する固有の権利をもっている。研究への参加は、あくまでも研究協力者の自由意志にもとづくものであり、研究への協力を強制することがあってはならないし、研究への協力を途中で撤回できる権利を保障することも必要である。

2) 個人的な情報の共有と保護

研究方法が量的なものであれ質的なものであれ、コミュニティ・リサーチを通して得られた情報は、研究者と研究協力者双方に所属する。研究者と研究協力者は、それぞれ固有の役割をもちながら、研究のうえでは対等の関係として存在している。したがって、研究者は、結果のフィードバックを随時行いながら、研究協力者と共同で研究を進めていくという姿勢をもつことが必要である。

次に検討すべき課題は、個人的な情報の保護をいかに保つかという点である。

研究の成果の発表に際して、個人的な情報がわからないようにするために、匿名性への配慮を十分に行う必要があることは当然である。しかしながら、慎重に匿名への配慮がなされたとしても、実践的フィールド調査（箕口，2000）やグラウンデッド・セオリー・アプローチ（木下，2003）などの質的研究法を用いた「分厚い記述」がなされる場合は、関係者の間で匿名性が保たれないこともある（南，2000）。こうした問題を予防するためには、研究成果を公表する際に、研究協力者本人ないしは研究協力機関のチェックと同意を得る手続きが求められる。箕浦（1999）は、自らの研究を公表するときには、事例として使った人に対して、関係箇所の記述部分のドラフト原稿を送付し、不都合がある場合は知らせてもらう、という手続きをとっている。個人的な情報を扱うことの多いコミュニティ・リサーチの公表に際しては、あらためて研究協力者・機関による確認と同意を得るようにし、それが得られない場合は、公表をあきらめる度量が必要であろう。

3）個人的な情報の管理

コミュニティ・リサーチによって収集された個人的な情報は、研究協力者の同意にもとづいて集められたものであり、本人が知らない間に集められたものではないが、得られた情報を適切に管理し、個人的な情報が流出することがないように努める必要がある。また、所期の研究目的以外に、個人情報を転用したり利用したりしないことも重要である。これは、研究実施のどの段階においても配慮が求められる。さらに、研究を通して得られた個人的な情報について、研究協力者・機関から開示・訂正・抹消などを請求された場合にも、即応的に対応することが必要である。

研究者は、科学的知見の発展や実践の前進への貢献を目指して研究を進める。それはまた、人間の成長・発達と幸福を目指す学問的営みでもある。研究の自由は、その一方で社会的責任をともなう。ヘッドワークのみならず、ネットワーク、フットワークを備えた倫理的配慮が研究者に求められる所以である。

引用文献

安藤久美子・岡田幸之・影山隆之・飛鳥井望・稲本絵里・柑本美和・小西聖子　2000　性暴力被害者のPTSDの危険因子——日本におけるコミュニティサーベイから．精神医学，**42(6)**，575-584．

安藤延男　1989　コミュニティ・アプローチの基礎．安藤延男（編）コミュニティの

再生.現代のエスプリ,**269**,9-21.至文堂.
Bagley, C. 1968 The evaluation of a suicide prevention scheme by an ecological method. *Social Science and Medicine*, **2**, 1-14.
Barker, R. G. 1968 *Ecological Psychology: Concepts and methods for studying the environment of human behavior*. Stanford University Press.
Barker, R. G. & Gump P. V. 1964 *Big school, small school: High school size and student behavior*. Stanford University Press.(安藤延男(監訳) 1982 大きな学校, 小さな学校.新曜社.)
Brofenbrenner, U. B. 1979 *The Ecology of Human Development*. Harvard University Press.(磯貝芳郎・福富 護(訳) 1996 人間発達の生態学——発達心理学への挑戦.川島書店.)
Dalton, J. H., Elias, M. J., & Wandersman, A. 2001 *Community Psychology: Linking individuals and communities*. Wardsworth, Thomson Learning.
Duffy, G. K. & Wong, F. Y. 1996 *Community Psychology*. Allyn & Bacon.(植村勝彦(監訳) 1999 コミュニティ心理学——社会問題への理解と援助.ナカニシヤ出版.)
江畑敬介・曽文星・箕口雅博(編) 1996 移住と適応——中国帰国者の適応過程と援助体制に関する研究.日本評論社.
Eden, C. & Huxham, C. 1996 Action research for the study of organizations. In Clegg, S., Hardy, C., & Nord, W.(eds.)*Handbook of Organization Studies*, 526-542. Sage.
Heller, K., Price, R. H., Rainharz, S., Riger, S., & Wandersman, A. 1984 *Psychology and Community Change: Challenge of the future*. Brooks/Cole.
兵庫県 2003 2002年兵庫県災害復興公営住宅団地コミュニティ調査報告書.阪神・淡路大震災記念協会人と防災未来センター.
石川義之 2003 性的被害とトラウマ——関西コミュニティ調査の統計分析.大阪松蔭女子大学人間科学研究紀要,**2**,139-159.
石盛真徳 2004 コミュニティ意識とまちづくりへの市民参加——コミュニティ意識尺度の開発を通じて.コミュニティ心理学研究,**7**(2),87-98.
伊藤亜矢子 1999 学級風土質問紙作成の試み——学級風土を捉える尺度の帰納的な抽出.コミュニティ心理学研究,**2**(2),104-118.
伊藤亜矢子 2001 学級風土質問紙の臨床的妥当性検討の試み——学級編成時の生徒のメンタルヘルスが風土形成に与える影響を中心に.コミュニティ心理学研究,**5**(1),11-22.
伊藤亜矢子 2003 スクールカウンセリングにおける学級風土アセスメントの利用.心理臨床学研究,**21**(2),179-190.
Jason, L. A., Keys, C.B., Suarez-Balcazer, Y., Taylor, R. R., & Davis, M. I.(eds.)2004 *Participatory Community Research: Theories and methods in action*. American Psychological Association.
Jennings, C., Baarraclough, D., & Moss, J. 1978 Have the Samaritans lowerd the suicide rate? A controlled study. *Psychological Medicine*, **8**, 413-422.
加賀美常美代・箕口雅博 1997 留学生相談におけるコミュニティ心理学的アプロー

チの試み——チューター制度導入後の留学生寮相談室活動の質的変化．コミュニティ心理学研究, **1(1)**, 15-30.

加賀美常美代 2003 多文化社会における教師と外国人学生の葛藤事例の内容分析——コミュニティ心理学的援助に向けて．コミュニティ心理学研究, **7(1)**, 1-14.

河村代志也・高橋ゆきえ・秋山 剛・加固正子・三宅由子 2006 新生児，乳児の母親における子どもの虐待の簡易スクリーニング——新生児訪問指導，乳児検診診査におけるエジンバラ産後うつ病自己評価票（EPDS）を利用した11項目調査票の使用経験．日本社会精神医学会雑誌, **14**, 221-230.

Kelly, J. G. 1986 Context and process: Ecological view of the interdependence of practice and research. *American Journal of Community Psychology*, **14**, 581-605.

木下康仁 2003 グラウンデッド・セオリー・アプローチの実践——質的研究への誘い．弘文堂．

Korchin, S. J. 1973 *Modern Clinical Psychology: Principles of intervention in the clinic and community*. Basic Books.（村瀬孝雄（監訳）1980 現代臨床心理学——クリニックとコミュニティにおける介入の原理．弘文堂．）

古澤頼雄・斉藤こずゑ・都筑 学（編） 2000 心理学・倫理ガイドブック——リサーチと臨床．有斐閣．

熊澤千恵 1998 精神科デイケアの施設規模がプログラムに及ぼす影響．愛知県立看護大学紀要, **4**, 23-33.

Langhout, R. D. 2004 Facilitators and inhibitors of positive school feelings: An exploratory study. *American Journal of Community Psychology*, **34**, 111-127.

Lewin, K. 1946 Action research and minority problems. *Journal of Social Issues*, **2**, 34-46.（末永俊郎（訳）1954 アクション・リサーチと少数者の問題．社会的葛藤の解決——グループダイナミックス論文集, 269-290. 東京創元社．）

Lewin, K. 1951 *Field Theory in Social Science*. Harper.（猪股佐登留（訳） 1956 社会科学における場の理論．誠信書房．）

松田ひろし・関 富治・恩田 晃・阿部俊幸 1999 精神障害者のニーズ調査について．日本病院・地域精神医学会雑誌, **42(2)**, 141-142.

箕口雅博・江畑敬介・曽 文星・山田 寛・益子 茂・増井寛治・斎藤正彦・梅津 寛・原田誠一・原 裕視・丹羽郁夫・江川 緑・浦田優子 1991 中国帰国者の適応過程に関するプロスペクティブ・スタディ（第1報）——研究の概要と方法論的研究．社会精神医学, **15(1)**, 41-50.

箕口雅博・高畠克子・高橋 直・浅井健史 2000 ある精神病院のリロケーション効果に関する生態心理学的研究——移転前後の病棟における自然観察調査から．日本コミュニティ心理学会第2回大会発表論文集, 14-15.

箕口雅博 2000 実践的フィールドワーク．下山晴彦（編）臨床心理学研究の技法, 93-102. 福村出版．

箕口雅博 2002 病院のエコロジー——精神病院のリロケーション効果に関する生態学的心理学．心理学ワールド, **18**, 9-12.

南 保輔 2000 海外帰国子女のアイデンティティ——生活経験と通文化的人間形成．東信堂．

箕浦康子（編） 1999 フィールドワークの技法と実際——マイクロエスノグラフィー

入門.ミネルヴァ書房.
三浦由里・山賀千博・山本和郎 1985 生態学的心理学の方法による団地コミュニティ構造の分析.慶應義塾大学社会学研究科紀要,**25**,19-31.
Morton-Cooper, A 2000 *Action Research in Health Care*. Blackwell Science.(岡本玲子・関戸好子・鳩野洋子(訳)2005 ヘルスケアに生かすアクションリサーチ.医学書院.)
村本邦子 2004 性被害の実態調査から見た臨床コミュニティ的介入への提言.心理臨床学研究,**22**(1),47-58.
Nelson, G. & Prilleltensky, I. 2005 *Community Psychology: In pursuit of liberation and well-being*. Palgrave MacMillan.
西山 詮(編)1998 これからの精神医療と福祉.星和書店.
落合美貴子 2003 教師バーンアウトのメカニズム——ある公立中学校職員室のエスノグラフィー.コミュニティ心理学研究,**6**(2),72-89.
大西晶子 1998 外国人労働者のメンタルヘルスと相互援助活動.井上孝代(編)多文化時代のカウンセリング.現代のエスプリ,**377**,179-187.至文堂.
大野木裕明 1997 アクションリサーチの理論と技法.中澤 潤・大野木裕明・南 博文(編)心理学マニュアル——観察法,46-53.北大路書房.
Orford, J. 1992 *Community Psychology: Theory and practice*. John Wiley & Sons.(山本和郎(監訳)1997 コミュニティ心理学——理論と実践.ミネルヴァ書房.)
Price, R. 1989 Bearing witness. *American Journal of Community Psychology*, **17**, 151-167.
Rappaport, R. 1970 Three dimensions in action research. *Human Relations*, **23**(5), 499-513.
Serrano-Garcia, I. 1990 Implementing research: Putting our values to work. In Tolan, P., Keys, C., Chertoc, F., & Jason, L. (eds.) *Researching Community Psychology*, 171-182, American Psychological Association.
瀬戸健一 2003 A高校における教員文化の事例研究——教員の「協働性」を中心として.コミュニティ心理学研究,**6**(2),55-71.
杉岡正典・兒玉憲一 2005 滞日日系ブラジル人の抑うつ症状と文化的所属感およびサポート・ネットワークの関連.コミュニティ心理学研究,**9**(1),1-14.
高畠克子・西山 詮・皆川邦直・飛鳥井望・三宅由子・箕口雅博・上村晶子・宮本真巳・広瀬寛子・山村 礎・伊藤ひろ子・小宮敬子 1996 東京都S区におけるリハビリテーション資源の量的拡大と質的多様性.病院・地域精神医学,**38**(4),8-10.
高橋 直 2001 精神病院のリロケーション——行動場面の自然観察.やまだようこ・南 博文・サトウタツヤ(編)カタログ現場(フィールド)心理学——表現の冒険.金子書房.
田中富士夫 1995 研究法.山本和郎・原 裕視・箕口雅博・久田 満(編)臨床・コミュニティ心理学——臨床心理学的地域援助の基礎知識,145-148.ミネルヴァ書房.
Tolan, P., Keys, C., Chertok, F., & Jeson, L. 1990 *Researching Community Psychology: Issue of theory and methods*. American Psychological Association.
Trickett, E. J. & Mitchell, R. E. 1992 An ecological metaphor for research and inter-

vention. In Gibbs, M. S., Lachenmeyer, J. R., & Sigal, J.（eds.）*Community psychology and mental health*, 13-28, Gardner.

渡辺直登　2000　アクション・リサーチ．下山晴彦（編）臨床心理学研究の技法，111-118．福村出版．

Wicker, A. W. 1979 *An Introduction to Ecological Psychology*. Cambridge University Press.（安藤延男（監訳）　1994　生態学的心理学入門．九州大学出版会．）

Willems, E. P. 1977 Relations of models to methods in behavioural ecology. In Mccgurk, H.（ed.）*Ecological Factors in Human Development*, 21-36, North-Holland, P. C.

やまだようこ（編）　1997　現場心理学の発想．新曜社．

プログラム評価の計画と方法

笹尾敏明

　ある社会・コミュニティ問題の解決のために企画・実施された**介入プログラム**（intervention programs）が、実際に期待したような結果をもたらしたのかどうかの評価を実施することは、コミュニティ心理学者が社会へ果たすべき責任——**社会的アカウンタビリティ**（accountability）と密接に関連している（Nelson & Prilleltensky, 2005; Weiss, 1998）。さらに、プログラム評価は、単にそのプログラムが効果的であったか否かについての実証的エビデンスを示すだけではなく、より効果が期待されるプログラムの開発にとって必要不可欠な情報を提供する点においても重要である。本節では、プログラム評価について、その目的やモデルを紹介した上で、**プログラム評価**（program evaluation）の流れの各段階について概括し、プログラム開発へとつながっていく過程について説明する。また、プログラム評価が抱える課題について論じる。

[1]　コミュニティ心理学におけるプログラム評価の位置づけ：社会的アカウンタビリティ

　プログラム評価は、コミュニティ心理学分野における研究の重要な一分野（Dalton, Elias, & Wandersman, 2001）であると同時に、プログラムの開発者または実施者としてのコミュニティ心理学者が、社会に果たすべき説明責任、つまり社会的アカウンタビリティの実現として位置づけられるべきものである。通常、介入プログラムは、その「良い効果（結果）」が期待されて、コミュニティに導入され、人々が参加し、多くの資金や人的・物的な資源が投じられる。しかし、資金提供者や、参加者を含むプログラムの実施によって利害が及ぶ人々であ

るステークホルダー（stakeholder）や、同様のプログラムの導入を検討している他のコミュニティの人々が、「本当に、そのプログラムは期待されたような"良い効果"をもたらしたのか」「プログラムは計画どおりに進められているのか」「想定外のネガティブな影響はなかったのか（**医原性効果**）」「プログラムから得られた利益は投じられた資金に見合っていたのか（**費用便益**）」などの質問を発し、それらに対する信頼のおける回答を求めるのは至極当然である。コミュニティ心理学者は、心理学研究者の倫理として、これらの質問に対し、科学的方法論（scientific method）をもって注意深く計画された、プログラム評価研究から得られた結果に基づき答えることで、社会的アカウンタビリティを果たすことが求められているのである。

[2] プログラム評価とは

　プログラム評価は、ある特定の目的をもった介入プログラムに関しての実施状況や結果情報を系統立てて収集し、より効果的なプログラムに向けてそれらの情報を活用すること、と定義される。しかし、プログラム評価は、単に収集した情報をもとに、そのプログラムが効果的であったかどうかの判断を下すのが主目的であると思われがちである。それゆえ、プログラム評価は、多くのプログラムに関わる人々の不安を誘い、現行のプログラムを脅かしかねない存在として認識されることが決して少なくない。しかし、プログラムが変化をもたらしたかどうかの実証的エビデンスを示すことに加え、入念に検討企画されたプログラム評価は、プログラムの改良・改善のために有用な情報を提供し、より効果的なプログラムの開発に貢献する機能を併せもっている。つまり、本来、プログラム評価は、現行のプログラムを脅かすものではなく、それを改善していくために必要な情報を得るために、計画・実施されるべきなのである。そして、改善された介入プログラムが、実施され、評価されることにより、継続的なプログラムの改善が可能になる。このような評価研究の枠組み、一連の流れについては、この後でさらに詳しく説明する。

[3] プログラム評価の目的・枠組み・モデル

1）プログラム評価の目的

　プログラム評価は、それが行われる状況、研究者または他の行政や財団などのニーズによって、さまざまな目的のもとに行われる。まず、プログラム評価の主

目的には、そのプログラムが期待したような効果があったのかどうか、を示すということがある。そして、これに並ぶ重要な目的として、プログラム改善のための情報を提供することが挙げられる。プログラムの改善のためには、最終的な、アウトカムやインパクトと呼ばれる効果を評価するだけではなく、プログラムの実施のプロセスにおいて、何か問題はないのかどうか、を査定することも必要である。このような、介入プログラムの向上のための情報を得る目的でも、プログラム評価は実施される。また、行政関係者や政策立案者が、プログラムの実施にかけた費用を超える利益がそのプログラムによってもたらされたのかに興味がある場合は、プログラム評価は、費用対効果を示すために実施される（例：Rossi, Lipsey, & Freeman, 2004; Weiss, 1998）。

さらに、プログラム評価には、プログラムの効果に関する実証的エビデンスを示すことで、社会的アカウンタビリティを果たす目的もある。同じ効果についてのエビデンスを示すといっても、それが資金提供を受けるためだったり、プログラムの導入を考えている行政部門が、いくつかの選択肢の中からどれを選択すべきかを決めるためだったり、その目的は多様である。そのために、研究者は、自分が何の目的のためにプログラム評価を実施しているのか、最終的には誰がどのような報告を望んでいるのかを常に念頭に置いて、プログラム評価の計画を立てていくことが求められる。

2) 評価研究の枠組み

図Ⅴ-2-1は、評価研究の枠組みを示した図である（Sasao, 1993）。ここに示したように、評価研究は、それ自体がコミュニティ介入プログラムの実施から独立しているのではなく、コミュニティにおける問題の特定から始まり、またそこへ戻るという、レヴィン（Lewin, K.）が提唱したアクション・リサーチ、つまり循環する研究プロセスである（Gold, 1999）。ここで重要な点は、**ニーズ・アセスメント**（needs assessment）を通して、コミュニティのニーズ、つまり問題の種類やその程度が最初に特定されなければならない、ということである。それらが明らかになってはじめて、理論やモデルを基盤にして、介入プログラムの戦略が策定されるのである。まず、「プログラムありき」ではなく、あくまでも、解決すべき問題やプログラムへのニーズが存在し、それに対応したプログラムが開発され、実行されることが、評価研究が成立する前提となる。

プログラム評価のタイプや研究デザイン（後述）は、介入方法の決定と同時に

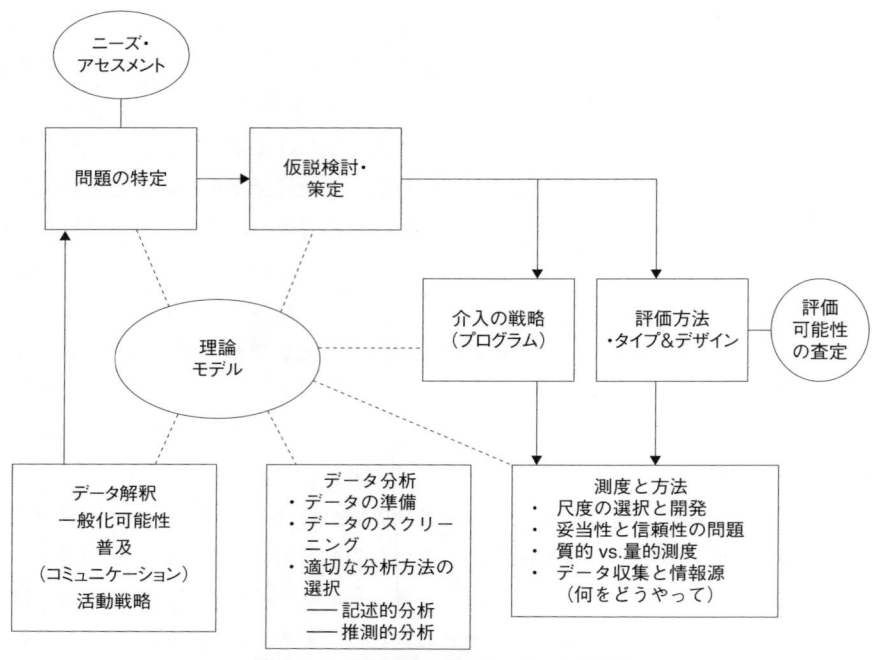

V章——コミュニティ心理学の研究法

```
          ニーズ・
         アセスメント
             │
             ▼
      ┌──────────┐      ┌──────────┐
      │ 問題の特定 │─────▶│ 仮説検討・│
      │          │      │   策定   │
      └──────────┘      └──────────┘
                              │
                    ┌─────────┴─────────┐
                    ▼                   ▼
              ┌──────────┐        ┌──────────┐      ┌────────┐
              │ 介入の戦略│        │ 評価方法 │      │ 評価   │
              │(プログラム)│       │・タイプ& │──────│可能性  │
              │          │        │  デザイン │      │の査定 │
              └──────────┘        └──────────┘      └────────┘
```

図Ⅴ-2-1 評価研究の枠組み (Sasao, 1993)

（図中の他の要素：理論モデル／データ解釈 一般化可能性 普及(コミュニケーション) 活動戦略／データ分析 ・データの準備 ・データのスクリーニング ・適切な分析方法の選択 —記述的分析 —推測的分析／測度と方法 ・尺度の選択と開発 ・妥当性と信頼性の問題 ・質的vs.量的測度 ・データ収集と情報源(何をどうやって)）

検討される。特に研究デザインは、評価研究の内的・外的妥当性に関わる非常に重要な問題である。また、対象とするコミュニティの文脈をよく理解した上で、プログラムのアウトカムとして、何がどのように測定されるべきなのかについて決定される。それに基づき、データが収集・分析され、その結果により、実施されたプログラムが期待したような効果をもたらしたのかどうかの判断が下される。効果があったと判断された場合は、他のコミュニティにおける効果は期待されそうか（一般化可能性）、また、どうやって、そのプログラムを普及させていくのか、といった問題の検討に移る。もし、期待どおりの効果が見られなかった場合は、その評価研究で得られた情報をもとに、コミュニティの問題に即した効果的なプログラムと介入方法が再考、再開発され、その効果が再測定される、という過程へと戻っていく。また、理論・モデルから全ての過程に延びる破線は、この一連の研究過程が、常に理論やモデルに導かれていることを示している。理論やモデルに基づいているからこそ、そのプログラムの効果を予測する仮説が形成され、評価研究が成り立つのである。

3) 評価モデル——プロセス・アウトカム・インパクト評価

　プログラム評価は、それが実施される時期・目的によって、通常、**プロセス評価**（process evaluation）、**アウトカム評価**（outcome evaluation）、**インパクト評価**（impact evaluation）に分類される。他の評価研究モデルについては、古典的な書物に詳しく記述されているので参照されたい（Posavac & Carey, 2002; Rossi, Lipsey, & Freeman, 2004; Sturening & Guttentag, 1975; Fitzpatrick, Sanders, & Worthen, 2004; Weiss, 1998）。

　a　プロセス評価（process evaluation）：プログラムはどのように行われたのか

　プロセス評価は、日本においてはほとんど馴染みのないプログラム評価のタイプであるかもしれない。プロセス評価は、実際にプログラムを実施する以前、そして実施するに当たって関連する事柄（例：人的・金銭的資源、介入プログラムの内容策定、プログラム提供のセッティング、プログラムスタッフと組織のインフラ）に関して、任意の時点で実施され、「プログラムにおいて、プログラムが実際にどのように行われたか」という質問に答える評価である。これは、後述のアウトカムやインパクト評価のように、プログラムや介入の効果に関連はしているが、直接それを評価するものではない点で、その二つとは異なっている。

　▷プロセス評価の目的

　プロセス評価には複数の目的がある。

　第一に、プログラムで計画どおりにアクティビティ（プログラム内容）が実施されているかを監視することで、アクティビティの漏れを防止したり、資源が必要な部分に適切に投入されるのを助ける。さらに、プロセス評価によって、アクティビティの進行状況についての情報が収集されることによって、プログラム実施途中でのさまざまな修正が可能となる。また、既存のプログラムを実施する場合には、プログラムが当初の企画どおりに実行されているかどうかという、実行の厳格性（implementation fidelity）が、プログラムのアウトカムに影響を与える可能性がある要因として重要になってくる（Posavac & Carey, 2002）。そのため、プロセス評価において、プログラムはプログラムの策定された内容のとおりに実施されているか、そうでなければ、何が問題になっているのかを把握することが、その大きな目的の一つになっている。

　第二に、プロセス評価は、そのプログラムではじめに計画されたとおりにアクティビティが実行されていることを示すことで、行政や財団、ステークホルダーなどへのアカウンタビリティを果たす役割がある。

第三に、プロセス評価によって、そのプログラムがなぜ効果があったのか、もしくはなかったのか、に関する情報を得ることができる。アクティビティが当初の計画どおりに実行されないことは、そのアウトカムに大きな影響を与えることが予測される。プロセス評価によって、何が誰に対して、どれだけ行われたのか、という情報が得られることによって、プログラム企画者は、介入プログラムの成功または失敗の原因が、プログラムの運用にあったのかどうかを特定することができるようになる。また、プロセス評価の結果は、今後のプログラムの改善に役立てられるのはもちろんのこと、同様のプログラムの実施を計画している他の人々や、セッティングにとっても有益な情報となる。

　特に、日本の場合、プログラムの多くがアメリカからの「輸入品」であることが多く（Sasao & Yasuda, 印刷中）、開発国ではうまく機能したアクティビティが、必ずしもそのまま日本のコンテクストに当てはまるとは限らない。プロセス評価は、そのようなアクティビティの実行の際の問題点を見つけ出し、日本のコンテクストにより根ざしたプログラムの開発のために、有用な情報を提供してくれると考えられる。

　第四に、プロセス評価は、プログラムの効果を測定する時期なのかどうかを決定するのにも役立つ。たとえば、プログラムが短期間のみ実施されて、予定されていた六つのアクティビティのうち、最初の一つしか実行されていなければ、そのプログラムの効果を測定する時期としては適当ではないことがわかる。

▷プロセス評価の実施

　プロセス評価では、アクティビティに関して、「誰が、何を、誰に対して、いつ、すべきであったのか」ということが問題となる。「誰が」は、アクティビティを実際に行うスタッフや組織のことであり、どんな資格をもった、またはどのような教育訓練を受けた、何人のスタッフがプログラム遂行のために必要とされているのか、ということである。「何を」は、スタッフが行うべき事柄である。たとえば、ビデオを見せる、ロールプレイングにおけるモデルとなる、といったことを指している。「誰に」は、それぞれのアクティビティの対象となる集団のことであり、「いつ」は、たとえば、公立小学校における総合的学習の時間や放課後など、そのアクティビティが行われる時間やセッティングを指している。

　そして、計画されていたアクティビティと実際に実行されたアクティビティについて、以上の質問に対する答えを明らかにしていくのである。それらの情報をもとに、さらに「対象としていた人々のなかで、参加しなかった、あるいは脱落

した人々は誰なのか、どのような属性を有するか、それはどうして起こったのか」「計画どおりにアクティビティが実施されなかった原因として、何が考えられるのか」などの質問に答えることによって、プロセス評価から有益な情報を引き出せるのである。

プロセス評価での情報収集では、スタッフはもちろんのこと、参加者にアクティビティに対する評価（「何がおもしろかったか」「役に立ったか」など）を依頼することも重要である。プロセス評価で収集された全ての情報は、今後のアクティビティの修正のために役立てられることになる。

b アウトカム評価（outcome evaluation）：プログラム終了直後の効果は何か

アウトカム評価は、プログラム実施直後の効果を検証する。「アウトカム」は後述する「インパクト」とは異なり、プログラムが終了してからの短期間の効果を指している。そのため、アウトカム評価では、プログラムがその参加者にもたらした、短期または直後の効果の測定にその関心が置かれている。つまり、そのプログラムの直接的な効果を決定しようとするのである。たとえば、飲酒予防プログラムが、どの程度、参加者のアルコールについての知識や、飲酒の危険性に対する知覚を高めたのか、といったことがアウトカム評価において査定される。飲酒予防プログラムの例では、飲酒がもたらす危険性への認識の向上、飲酒行動の参加に対する圧力に抵抗する社会的スキルの得点の上昇、などが含まれると考えられる。

アウトカムの測度を選択する際には、そのプログラムのアウトカムとして、何を測定すべきなのかということがまず決定される。プログラム評価研究者は、プログラムの背景となっている理論、プログラムの対象集団の特性、状況による制約などを考え合わせ、アウトカムとして測定すべき変数を決定する。そのプログラムのアウトカムを最もよく反映していると思われる測度を、先行研究の結果や対象者らの意見等を反映しながら選択することが重要である。

c インパクト評価（impact evaluation）：プログラムの最終的な効果は何か

インパクト評価は、先のアウトカム評価とは異なり、プログラムが狙っている最終的な効果、もしくは長期的な効果であるインパクトに関心がある。飲酒予防プログラムの例では、全体の飲酒量と回数の減少や、飲酒を開始する新入生の割合の減少、学校内外における飲酒関連の問題行動の減少、などが介入プログラムのインパクトとして考えられる。それぞれのプログラムのインパクトは、プログラムの背景となっている理論やモデルから導かれるものである（Weiss, 1998）。

データのソースとしては、公的なデータ、たとえば、各省庁が発表している統計資料などがある。

[4] プログラム評価研究の概要と流れ

1) プログラム評価の企画

a プログラム評価対象のコンテクストの理解

プログラム評価は、その対象となる集団の社会的コンテクストを理解することから始まる。コミュニティ心理学における他の研究同様、プログラム評価においても、個人や集団はそれを取り巻く社会的環境との間に相互依存関係を形成している、という生態学的視座（Bronfenbrenner, 1979; Kelly, 1986）からのコンテクストの理解が重要である。プログラムの対象が、ある地域の中学生であれば、家族や友人（ミクロレベル）、学校や塾、教師（メゾレベル）、教育委員会や学校が存在している地域（エクソレベル）、さらに、中学校教育に関する政策や、マスメディア、文化（マクロレベル）などの各レベルと対象の集団との相互依存関係について理解を深め、どのようなコンテクストの中に対象の集団は存在しているのか、介入においてはどのレベルに働きかける必要があるのかについて見極める必要がある。

また、あるプログラムが一つのコミュニティにおいて効果を示したからといって、別のコミュニティにおいても同じ効果が期待できるとは限らない。それぞれのコミュニティがもつ、独自の歴史や文化、資源などが、プログラムの実施やその効果に影響を与える可能性があるからである。特に、海外で開発されたプログラムを日本のコンテクストに適用する場合、開発国でのコンテクストと日本のコンテクストの違いを反映する文化的な変数が、介在変数や調整変数になりうることが十分に考えられる。これは、プログラム評価研究において、**文化的感受性ーコンピタンス**（cultural sensitivity and competence）の問題として議論されている（Castro, Barrera, & Martinez, 2005; Sasao, 1995）。

表Ⅴ-2-1 は、評価研究者や評価研究における文化的習熟度を、認知、感情、行動のレベルの側面から示したものである。文化的感受性が高い状態とは、異文化に対応するスキルに若干欠けるところはあっても、文化差に敏感であり、共感的で、全体としては、異文化に対してニュートラルな状態であるといえる。それに対し、文化的にコンピタントな状態とは、文化に対しての知識・スキルともに豊富で、その文化における変化に積極的に関与するという、建設的な状態であ

表Ⅴ-2-1　文化的習熟度のマトリックス（Sasao, 1995）

文化的コンピタンス	文化的インコンピタンス（不器用さ） Culturally Incompetent	文化的感受性のある Culturally Sensitive	文化的コンピタンス（有能さ） Culturally Competent
認知的次元	気づきがない	気づきがある	知識に富んだ
感情的次元	無関心	共感的	行動と変化へのコミットメント
行動的次元（スキル）	スキルの欠乏	不十分なスキル	高度なスキル
全体的な効果	破壊的・有害的	ニュートラル（中立的）	建設的

る。その対極にある、文化的にインコンピタント（不器用）な状態とは、文化差に対して鈍感、無関心であり、スキルもないことを指し、全体として、非建設的な状態であるといえる。ここで重要なのは、文化は、決して国や民族などのカテゴリー化によって生じる属性から理解されるのではなく、先に述べたような社会的コンテクストから理解されるということである（Sasao, 1995；Trimble, 1996）。したがって、文化差はさまざまな場面において生起し、現代においては、人は複数の文化に属して生きていると考えるのが妥当であると考えられる（例：学校、塾、家庭、バーチャル・コミュニティ）。

　プログラム評価研究者は、コンテクストから評価対象の理解を深め、これらの文化差に敏感であることが求められる。そのような研究者が、文化的感受性の高い研究デザインを生み、その研究結果が文化的感受性の高いプログラムの開発に貢献していくことになる（Sasao & Sue, 1993）。さらに、実際の研究においては、潜在的な介在変数、調整変数として検討されるべき文化的要因の特定が必要である。そして、単にプログラムのアクティビティとアウトカム変数の関係を検討するだけではなく、そのような介在変数あるいは調整変数を含めた、プログラムが効果を示すまでの過程に焦点を当てて研究を進めていくことが重要である。文化的コンピタンスおよび文化的感受性の問題については、Castro, Barrera, & Martinez（2005）も参照していただきたい。

　また、評価対象のコンテクストの理解において、そのプログラムや介入を取り巻く参加者、家族、資金提供者、地域、行政などの利害関係者、もしくは団体であるステークホルダーを把握することが非常に重要である。ステークホルダーによって、プログラム評価から得たい情報は異なり、プログラムに関する利害や価

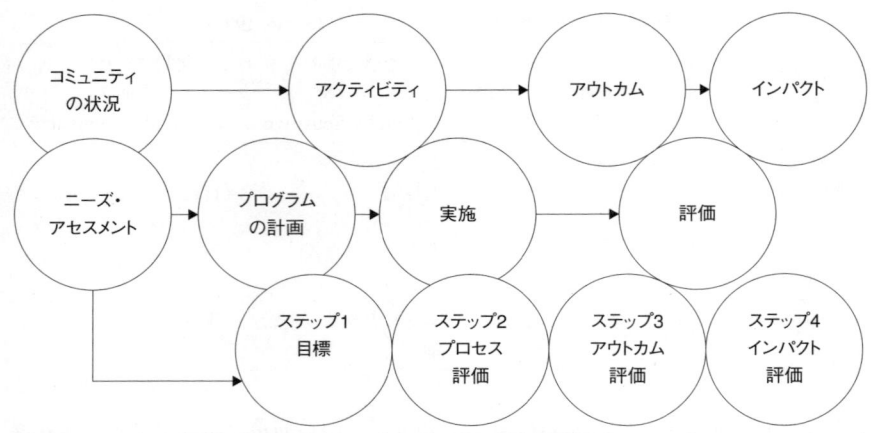

図V-2-2　4ステップ評価モデル，ロジック・モデル，プログラム開発の関連図（Linney & Wandersman, 1991, p. 9）

値観が相反したりする場合も少なくない。評価研究者は、ステークホルダーとの協働のもとに評価研究が効果的に行われるように、自分たちとステークホルダーの関係、およびステークホルダー間の関係を理解することが求められている（Rossi, Lipsey, & Freeman, 2004）。

b　プログラム目標の設定

　プログラム評価は、まずプログラムの目標の設定から始まる。図V-2-2に示したように、まず、プログラム開発の第一段階である、「ニーズ・アセスメント」から得られた情報は、プログラム評価の4ステップ評価モデル（Linney & Wandersman, 1991）の第一段階である「プログラムの目標の設定」において役立てられる。4ステップ評価モデルは、プログラム評価を段階的に実施するための最も一般的かつ理解しやすいモデルの一つである。図V-2-2に示したように、4ステップ評価モデルは、プログラムの目標の設定のあと、第二ステップ「プロセス評価」、第三ステップ「アウトカム評価」、そして、第四ステップ「インパクト評価」へと進んでいく。それぞれの内容については、前述の通りである。

　プログラム目標は、そのプロジェクトが何を目指しているのか、ということを明示し、その後のアウトカムの設定のための枠組みを提供する（Linney & Wandersman, 1991）。特定された問題に基づいて、主要な目標を設定したら、次にプログラムの対象となるコミュニティや集団を決定し、プログラムが何を目指すのかを狭めていく。たとえば、目標として、未成年者の飲酒量の減少を設定すると、次に、プログラムの対象は、何歳の未成年者か、親、教師、酒類を扱う

店の店員、一般の人々も含めるのかということを検討するのである。対象となる集団は、年齢や社会経済的地位などの特定のデモグラフィック特性や、住んでいる地域、リスクのレベルなどによって表現されることもある。目標が決定したら、それをもとにアウトカムの設定をする。目標は一般的であるのに対して、「飲酒に対して否定的な規範の強化」など、アウトカムは明確に定義され、現実的かつ測定可能なものでなくてはならない。

この4ステップ評価モデルに並び、介入プログラムの開発・評価において用いられるのが、**ロジック・モデル**（Logic Model: United Way of America, 1996; W. K. Kellogg Foundation, 2001）である。ロジック・モデルとは、ある介入プログラムが適切な目標設定をし、その目標達成のためにアクティビティを実施し、その結果を評価してプロセスを明確にするモデルである。図Ⅴ-2-2の最上段の四つの円は、コミュニティがある特定のプログラムを必要とするような状況、プログラムのアクティビティ、そのアウトカムとインパクトをそれぞれ表している。その間をつなぐ矢印は、プログラムを支える理論が導く論理的な関係を示している。つまり、ロジック・モデルは、そのプログラムによって何が達成されると期待されるのか、それがどのように作用すると考えられるのか、ということを明示するのである。このように、プログラムが対象集団の問題に対応して開発され、プログラムの背景にある理論によって、アクティビティと、アウトカムやインパクトの間に因果関係が期待されるからこそ、プログラム評価研究は成り立つのである。ロジック・モデルおよび4ステップ評価モデルについては、United Way of America（1996）やLinney & Wandersman（1991）を参照されたい。なお、図Ⅴ-2-2においては、4ステップ評価モデルやロジック・モデルとプログラム開発との関係性が示されているが、これについては後で議論することにする。

2）プログラム評価研究デザインの設定

ここでは、プログラム評価研究における主要な量的研究デザインのいくつかを紹介する。

▷研究の内的・外的妥当性（internal and external validity）

ロジック・モデルが表すような、「確実にプログラムのアクティビティが、期待したアウトカムを導いた」という因果関係を示すことは、プログラム評価において非常に困難なことである。それは、統制の利かない実際のコミュニティにお

表V-2-2 内的妥当性への脅威（Cook & Campbell, 1979, pp. 51-55 を一部改変）

1 履歴：プログラム介入とは直接関係のない出来事による参加者の環境に起因する変化。
2 測定：介入前後に、複数回測定に参加することによって得られる経験や練習の結果として起こった変化。
3 測定法や道具：参加者を測定する方法や道具のうち、事前事後で変化した部分。
4 統計的回帰：ある極端な得点（例：高得点や低得点）や測定値によって、プログラム参加者が選択された場合、その後のテスト得点は、それほど極端ではなくなる傾向（「平均への回帰」）。
5 欠落：介入プログラムか比較群から、なんらかの理由で欠落した参加者がいることで、参加者のサンプルが母集団とは異なることによる結果の変化。
6 成熟：プログラム介入における処遇とは無関連で、参加者の発達または成長による変化。
7 選択：プログラム介入に参加する以前から存在する参加者間の違い。
8 成熟―選択の交互作用：参加者の発達の速さが、介入群あるいは統制群によって異なる傾向。
9 因果方向の曖昧さ：AはBの原因なのか、または、BはAの原因なのか、があいまいな場合。
10 介入の拡散・模倣：ある集団が、第二の集団にのみ計画されていた処遇を中途半端に受けてしまったときや、情報を得たとき。
11 介入の代償的な平等化：ある集団が「特別な」処遇を受けているとき、統制群に対しても、それを受けているようにする組織的もしくは他の圧力の存在。
12 代償的な対抗：前記の代償的平等化に似ているが、統制群ではなく、参加者自身への効果（新しく入った機械よりも自分が優れていることを示そうとして過労死した鉄鋼労働者にちなんで「ジョン・ヘンリー効果（John Henry Effects）」とも呼ばれる）。

けるフィールド研究では、研究の内的妥当性がさまざまな要因によって脅かされるためである。**内的妥当性**とは、従属変数において観察された変化が、ほかの要因からの影響を全く受けずに、独立変数のレベルの変化によってのみ引き起こされたかどうかの判断に、確信がもてる程度のことである（Campbell & Stanley, 1966; Cook & Campbell, 1979; Shadish, Cook, & Campbell, 2002）。つまり、プログラム評価研究の内的妥当性が高いほど、プログラムのアクティビティが期待された結果を確かに引き起こしたと、より確信をもって主張できるのである。しかし、実際には、内的妥当性を脅かす多くの要因が存在している。表V-2-2は、Cook & Campbell（1979）が示した内的妥当性への脅威の一覧である。

たとえば、新しく開発された健康促進プログラムに参加者を募り、それに参加した人と、同年代の参加しなかった人との間で、さまざまな健康の指標を測定したとする。新しい健康促進プログラムに参加した人たちの得点の平均値が、統制群のそれよりも高かった場合、この新しいプログラムに効果があったと、どれだけ確信をもっていえるだろうか。もともと、そのようなプログラムに関心のある

表V-2-3　外的妥当性への脅威（Shadish, Cook, & Compbell, 2002 を一部改変）

1　介入対象の集団における因果関係の交互作用：ある特定の種類の集団において見出された効果は、別な種類の集団が介入を受けた場合には見出されないかもしれない可能性。
2　介入のバリエーションにおける因果関係の交互作用：介入のバリエーションの効果は、その介入の別なバリエーションでは見出されないかもしれない。もしくは、その介入がほかの処遇と組み合わされたり、その介入の一部分だけが用いられたとき。
3　介入結果における因果関係の交互作用：ある種の介入結果の観察において見出された効果は、別な結果の観察が用いられたら見出されないかもしれない。
4　セッティングにおける因果関係の交互作用：あるセッティングにおいて見出された介入効果は、別なセッティングが用いられたら見出されないかもしれない。
5　コンテクスト依存の介在変数：あるコンテクストにおける、因果関係の説明的介在変数は、別のコンテクストでも介在変数になるとは限らない。

人は、そうではない人よりも、介入プログラム開始当初から健康状態が良かったのかもしれない。あるいは、プログラムへ参加するということ自体が、参加者のより健康的な生活を促進していたかもしれない。前者は、「選択」の脅威の例であり、後者は、「履歴」の脅威の例の一つである**ホーソン効果**（Hawthorne Effects）の可能性もある。このように、内的妥当性への脅威が多く考えられる場合は、内的妥当性の低い研究ということになり、プログラムとアウトカムの因果関係を示すことが難しくなってしまう。

一方、内的妥当性に対して、**外的妥当性**は、評価結果の他の母集団（対象コミュニティや集団）やセッティングへの一般化可能性の問題である（Campbell & Stanley, 1966; Cook & Campbell, 1979; Shadish, Cook, & Campbell, 2002）。外的妥当性への脅威は、表V-2-3 にまとめた通りである。しかし、プログラムの効果を示そうとするプログラム評価における研究デザインとの関連が強いのは、内的妥当性の問題である。

▷**実験法と準実験法**（experimental and quasi-experimental designs）

プログラム評価の内的妥当性を高めるためには、従属変数への干渉変数をできるだけ統制することが必要になってくる。実験法においては、無作為に実験群と統制群に参加者を割り当てるために、干渉変数がより統制され、内的妥当性が高まる（Campbell & Stanley, 1966; Cook & Campbell, 1979）。代表的な実験研究デザインとしては、「事前－事後統制群デザイン（pretest-posttest control group design）」（実験群と統制群に無作為に参加者を割り当て、事前事後のテストを実施する）や、テストの脅威に配慮した「ソロモン4群デザイン（Solomon four-group design）」（4群を実験群と統制群に分け、さらに事前事後のテストを

受ける群と、事後のみの群とに分ける）などがある。

しかし、実際のコミュニティにおけるプログラム評価では、さまざまな制約から、プログラム群と統制群に、参加者または集団を割り当てることが困難な場合が多い。たとえば、効果が期待できるプログラムが、無作為に抽出された集団にだけ実施することに伴う倫理的な問題や、時間や資金の制限などである。では、このような制約を抱えたプログラム評価研究では、どうやってプログラムとアウトカムの間に因果関係を示せばよいのか。

そこで、用いられるのが準実験デザインである。これは、独立変数と従属変数の間の因果関係を示そうとする目的や、デザインの構造は実験デザインに類似しているが、各条件への無作為割り当て（random assignment）がない実験デザインのことである（Campbell & Stanley, 1966; Cook & Campbell, 1979; Shadish, Cook, & Campbell, 2002）。準実験デザインには、不等価2群事前事後テストデザイン（non-equivalent control group pretest-posttest design）や中断時系列デザイン（interrupted time-series design）など、さまざまな種類があり、内的妥当性への脅威もそれぞれ異なる。さまざまな評価デザインの種類については、Shadish, Cook, & Campbell（2002）を参照されたい。実際のプログラム評価において、どのデザインを用いるかは、プログラム評価研究の目的をふまえ、それぞれのデザインがもつ限界や問題点を理解した上で、対象のコミュニティにおいて実現可能、かつ内的妥当性が高い研究デザインを工夫することが必要となってくる。

▷クロス-サイト・デザイン（cross-site design）とメタ分析デザイン（meta-analysis design）

最近のプログラム評価において、プログラムのアウトカムやインパクトについてのエビデンスを得るために、複数のソースからのデータを統合して用いる研究デザインが注目されている。ここでは、そのようなデザインとして、クロス-サイト・デザインとメタ分析デザインを紹介する。

クロス-サイト・デザインは、複数のプログラム・サイトにおける独立した研究プロジェクトが進行していく中で、アウトカムの測定やデータ収集について、ある程度の統制がなされるような、協働プロジェクトに適した研究デザインである（Hansen, 2002）。通常、独立したいくつかの研究チームが、それぞれに独自の準実験デザインでプログラム評価を進めている場合、測定に使用する尺度や指標がまったく同じとはいかなくても、かなりの部分で重なっていることが多い。実際、Hansen & Kaftarian（1994）は、アメリカでの薬物乱用予防に関する独

立した複数の研究において、測度のカテゴリー（例：生徒の薬物使用、薬物関連の逮捕）にかなりの重複があることを見出している。したがって、初めからそう企画していたわけではなくても、いくつかのアウトカムについては、研究プロジェクトの協働により、複数のサイトからのデータを比較分析することが可能となるのである。実際の研究例としては、カリフォルニアの複数サイトで実施された、飲酒と喫煙の予防プロジェクトを評価した Bruvold（1990）のプログラム評価研究がある。

　一方、メタ分析は、ある研究領域における過去の研究を統計的に統括する手法として、プログラム評価に利用するアプローチであり、過去の独立した研究からデータの要素を算出、収集し、データベースを作成し、それらをさまざまな統計手法を用いて分析することを目的としている（Hansen, 2002）。従来の先行研究のレビューとは異なり、メタ分析では、複数の独立した過去の研究結果を統計的に統合し、分析される。このアプローチでは、評価デザインの特徴や評価結果の説明変数をコード化し、評価の結果として、効果サイズ（effect size）と呼ばれる共通の測定基準に変換されるという過程を通して、個々のプログラム評価結果が数量化されていく（Durlak, 1995）。メタ分析では、複数の研究のサンプルが統合されるために、標本抽出の誤りを実際の効果と誤って解釈することが避けられるだけではなく、実際に効果がみられる場合には、研究方法や手順が異なっていても、あるトピックに関する複数の研究から共通の結果を引き出すことが統計的に可能になる（Cooper & Hedges, 1994; Durlak & Lipsey, 1991; Hunter & Schmidt, 1990）。実際のメタ分析を用いた研究例には、Bangert-Drowns（1988）や Tobler & Stratton（1997）などがある。特に、プログラム評価のメタ分析は、メタ評価（meta-evaluation）という言葉で、あるトピックに関するプログラム評価の統合だけではなく、プログラム評価方法に関する意味合いでも使われている（Fitzpatrick, Sanders, & Worthen, 2004）。

3）プログラム評価の実施

　プログラム評価の実施においては、評価に必要なデータが収集され、分析される。

a　評価データの収集の方法

　プログラム評価研究の実施において、データの収集には、質問紙法、面接法、観察法など、いくつかの方法が考えられるが、それぞれその特徴や長所・短所な

どについては、他書を参照されたい（たとえば、Fitzpatrick, Sandler, & Worthen, 2004; Rossi, Lipsey, & Freeman, 2004; Weiss, 1998）。

b　データ収集と分析

実際のデータ収集の際は、費用を含めて現実的に可能な範囲で、必要な情報を取るのに最もふさわしい方法を選択することが必要となってくる。データ収集の方法は単一で用いる必要はなく、複数を組み合わせることもある。たとえば、まず対象者全員から質問紙法によって多くのデータを集め、それからより詳しい情報を得るためにインタビューを実施する、ということも可能である。

こうして、データが収集されたら、次はデータ分析である。データ分析の目的は、大量のデータを集約して、意味のあるパターンや傾向、関係などを見つけることにより、プログラム評価で明らかにしようとした質問に対する答えを見つけることである。分析の方法は、あらかじめプログラム評価を考える段階で、明らかにしたい質問、収集するデータの種類に合わせて適切に選択される必要がある。

分析が終了したら、その結果の解釈に入る。統計的分析により、数的な結果が得られても、それ自身は意味するところを語らない。介入プログラムの基礎となっている理論、過去の研究からの知見、そこから予測された結果、また、そのコミュニティのコンテクストなどに基づいて、結果の解釈が必要になってくる。また、特定の研究者のバイアスが反映したデータ分析を避けるために、複数の人間がデータに目を通し、ステークホルダーとの協働において、質的データを分析・解釈することが勧められるが、これがコミュニティ心理学におけるプログラム評価の立場である。

4）　プログラム評価の活用

データの分析が終了し解釈がなされたら、最後の段階は、プログラム評価の報告と活用である。

a　評価のまとめ方と発表

評価から得られた情報は、評価の目的と、誰に向けて発表するのかによって、そのまとめ方や発表の方法は異なってくる。プログラム評価から得られた情報は、単にその効果の有無についての実証的エビデンスとして用いられるだけではなく、プログラムの改良・改善に有効的に役立てられることを究極の目的としている。そのためには、評価結果が有効に活用されるように、それぞれのステーク

ホルダーのニーズや関心に合わせて、評価の結果のまとめ方や報告の仕方を工夫する必要がある。たとえば、類似した分野におけるプログラム評価研究者は、データ収集や分析の方法などの方法論に関心があって、その詳細な報告を望んでいるかもしれないが、プログラム・スタッフや参加者、行政関係者などにおいて、そのような情報へのニーズが大きいとは考えにくい。このように、評価の報告をまとめる段階に入ったら、プログラム評価研究者は、相手が最も欲している情報を考慮するとともに、いつ、どのような方法で評価結果を伝達するかを決定しなくてはならない。

　評価の結果は、通常、報告書としてまとめられることが多いが、ほかにも多くの方法で伝達することが可能である。たとえば、口頭での発表だけではなく、スライド、ビデオテープ、写真、ニューズレターやパンフレット、ウェブページ、電子メールなど多様な伝達手段が考えられる。正式な結果報告会のようなフォーマルな発表のほかに、インフォーマルなコミュニケーションが有効なこともある。中間報告を電子メールで送信して、ステークホルダーからフィードバックを得るということも、最近のITの発展により可能である。評価結果の報告の時期は、評価研究を計画していく段階で、いつステークホルダーと結果を共有し、フィードバックを得るのかをあらかじめ計画しておくべきである。

b　評価目的に即した評価の活用

　はじめに評価目的について述べたが、そのプログラム評価が実施された目的にそって、評価がまとめられ、活用されなくてはならない。たとえば、行政関係者がプログラムのコスト・パフォーマンスをもとに、導入するプログラムを決定するために実施された評価であれば、行政関係者に対して、プログラムでかかった費用と、プログラムを実施したことで得られる利益が示され、その結果に基づいて政治的な判断が下されることになる（例：費用便宜分析）。また、プログラム実施上の問題の改善目的で実施されたのであれば、プロセス評価の結果をもとに、問題点の改善がなされるであろう。ステークホルダーへのアカウンタビリティのためであれば、先に述べたようなさまざまな方法を用いて、評価結果についてのコミュニケーションを図り、何が起こっているのか、何がプログラムによってもたらされたのか、ということをステークホルダーに合わせて伝えていく必要がある。プログラム評価研究によっては、複数の目的のもとに実施されることから、それぞれの目的に合わせた評価の報告の仕方と、活用の方法を考えていくことが必要である。

表V-2-4　プログラム評価の最終報告書の主要な構成要素

1　エグゼクティブ・サマリー（要旨）
2　序章
　a）評価の目的
　b）評価報告書の対象読者
　c）評価の限界と免責条項（必要時のみ）
　d）報告書の内容の概要
3　評価の焦点
　a）評価プロジェクトの説明
　b）評価における問い、または研究の目標
　c）評価を完了するために必要な情報
4　評価研究計画とその手順の概要
5　評価の結果
　a）評価結果の要約
　b）評価結果の解釈
6　結論と今後に向けた提案
　a）評価における判断の基準
　b）評価の質や限界についての判断（長所や短所）
　c）提案
7　少数意見（マイノリティ・オピニオン）（必要時のみ）
8　付録
　a）詳細にわたる評価計画／デザイン、測定道具、データ分析と解釈の記述
　b）量的データの分析または詳細な図表、トランスクリプトまたは質的データの要約
　c）その他の情報（必要時のみ）

c　評価の最終報告書の主要な構成要素

　先に述べたように、評価はさまざまな目的で実施され、プログラム評価が行われるコンテクストも多様であることから、そのどれにも対応した評価結果の報告書の書き方は存在しない。そこで、ここでは、正式な結果報告書に言及される最低限の内容について簡単に説明する。表V-2-4には、Fitzpatrick, Sanders, & Worthen（2004）をもとに、コミュニティ心理学におけるプログラム評価の最終報告書の主要な構成要素が示されている。

d　学術目的の評価プロセスと結果の活用

　プログラム評価研究の結果は、同じ分野で研究している他の研究者にとっても有用な情報である。評価プロセスについての報告がなされることで、その情報が蓄積され、プログラム評価研究の方法論の発展に貢献する。また、プログラムの実施および評価プロセスと結果についての情報は、同様のプログラムの実施と評価を考えている評価研究者・プログラム実施者にとって、非常に有用である。ま

た、プログラムの効果についての報告は、より効果的なプログラム開発に結びつくとともに、世界中に広がる研究者がプログラム評価についての知見を共有することで、プログラムの文化的感受性、適応性、効果の一般化可能性の問題についての検討が可能になる。学術目的での評価研究の報告は、先のステークホルダーへの報告書とは異なり、学術論文として、一定の書式に従って、プログラムの理論、仮説、研究のデザインおよび方法、手順、分析の結果に重点を置いて、アメリカ心理学会（American Psychological Association）による論文作成マニュアル（American Psychological Association, 2001）や、日本心理学会、日本コミュニティ心理学会が定める論文投稿規程に準じて報告する。

[5] プログラム評価における今後の課題

プログラム評価について、実際の流れを概括してきたが、ここでは、これからの課題について考えてみたい。コミュニティ心理学的な視点から判断する「良いプログラム評価」を実現するためには、確かに方法論や技術が重要であるが、それと同じくらい、もしくはそれ以上に、人間関係、政治、倫理などの側面が重要である。ここでは、このような側面からのプログラム評価の今後の課題について考えたい。

1) ステークホルダー

プログラム評価の全ての段階において、全てのステークホルダーとの良好なコミュニケーションを図ることは、プログラム評価を効果的かつ円滑に進めるためだけではなく、プログラムを継続していくためにも必要不可欠である（Jason *et al.*, 2004）。しかし、これは一朝一夕に達成されるような簡単なことではない。ステークホルダーは多岐にわたり、プログラムとその評価に対して、それぞれ異なる期待、関心、不安を抱いている。このようなステークホルダーを把握し、効果的なコミュニケーションをとりつつ協働でプログラム評価を行っていくには、プログラム評価研究者自身の対人スキルとともに、ステークホルダーの把握と良好な関係を構築するための方策を考える必要がある（Fitzpatrick, Sanders, & Worthen, 2004; Weiss, 1998）。たとえば、定期的なミーティング、ニューズレターの発行などを計画し、ステークホルダーの評価への参加を促進し、意見を交換する場を設けるなどである。もちろん、計画した以外にも、インフォーマルな交流も重要である。

2) 公共政策との関連

　プログラム評価は公共政策の決定に本来、貢献すべき分野である。実際、アメリカでは、プログラム評価の結果が政策に反映されている（Hansen, 2002）。しかしながら、日本では、プログラム評価研究が発展途上であることに加え、政策が評価され、国民に対してアカウンタビリティが果たされている例が、非常に少ないように見受けられる。ようやく最近になって、「アウトカム評価」という用語が聞かれるようになったが、まだまだ根づいているとはいいがたい。このような状況を打開するためには、プログラム評価研究者は、自らのプログラム評価において政策への影響を意識し、政策提言をしていくことが必要だろう。こうすることで、少しずつだが、評価研究が確固たる一研究分野としての位置を築き、その結果が、公共政策に影響を与えることができる環境を整えていくことが重要であろう。

3) 資金・資源の制限

　プログラム評価研究が、多くの資金と多くの人の労力を必要とするのは、想像に難くない。しかし、資金には限りがあり、それほど大口の資金提供を受ける機会は非常に限られている。しかも、大きな資金がかかるようなプログラムは、その継続性を考えると問題がある。プログラム評価研究の多くは、限られた資金と人材の中で、実施しなければならないのが現実であろう。その中で、実現可能な範囲で、内的妥当性への配慮がなされた評価デザインを用いて、どれだけ効果的なプログラム評価が行われるかは非常に難しいところであり、評価者とプログラム実施者の創意工夫が試されるところでもある。しかし、確かなプログラム評価を積み重ねることにより、プログラム評価研究への認知が高まり、資金提供を受けやすくなるということも考えられる。資金や資源に制限があるなかで、どうやって効果的なプログラム評価を行っていくかが、やはり一番の課題であろう。

4) 社会倫理と評価の役割

　プログラム評価は、評価者が社会に果たすべき説明責任、つまり社会的アカウンタビリティの実現として位置づけられるべきものである。それは、介入プログラムが実施されたことによって、期待した効果かどうかに関係なく、社会的に少なからぬ影響が生じるためである。それは、生態学的視座から考えても明らかなことで、介入プログラムの実施による影響は、プログラムの参加者のみならず、

家族や友人、コミュニティ・メンバー、資金提供者、行政部や政策、そして国民全体に及ぶ可能性がある。また、そうした可能性があるからこそ、プログラムの実施は、社会変革につながる潜在性をもち、より良い社会の実現に貢献すると考えられるのである。そうした中で、プログラム評価研究者は専門家として、適切な方法論のもと、プログラムが社会に与えた影響について答える責任を負っているとともに、適切な評価を実施し、より良いプログラムを開発・実施することで、社会へ貢献することが可能なのである。そのためには、コミュニティ心理学者は、プログラム評価研究者としての役割や社会的責任を認識し、効果的なプログラム評価研究の実現のために貢献することが求められる。

引用文献

American Psychological Association. 2001 *Publication manual of the American Psychological Association*（5th ed.）. American Psychological Association.
Bangert-Drowns, R. L. 1988 The effects of school-based substance abuse education: A meta-analysis. *Journal of Drug Education*, **18**, 243-264.
Bronfenbrenner, U. 1979 *The Ecology of Human Development: Experiments by nature and design*. Harvard University Press.
Bruvold, W. H. 1990 A meta-analysis of the California school-based risk reduction program. *Journal of Drug Education*, **20**, 139-152.
Campbell, D. T. & Stanley, J. C. 1966 *Experimental and Quasi-experimental Design for Research*. Rand McNally.
Castro, F. G., Barrera, M., & Martinez, C. R., Jr. 2005 The cultural adaptation of preventive interventions: Resolving tensions between fidelity and fit. *Prevention Science*, **5(1)**, 41-45.
Cook, T. D. & Campbell, D. T. 1979 *Quasi-experimentation: Design and Analysis for Field Settings*. Rand McNally.
Cooper, H. & Hedges, L. V. 1994 *The Handbook of Research Synthesis*. Russell Sage Foundation.
Dalton, J., Elias, M., & Wandersman, A.（2001）. *Community Psychology*. Wadsworth.
Durlak, J. A. 1995 Meta-analysis. In Grimm, L. G. & Yarnold, P. R.（eds.）*Reading and Understanding Multivariate Statistics*, 319-352. American Psychological Association.
Durlak, J. A. & Lipsey, M. W. 1991 A practitioner's guide to meta-analysis. *American Journal of Community Psychology*, **19**, 291-333.
Fairweather, G. W. & Davidson, W. S. 1986 *An Introduction to Community Experimentation*. McGraw-Hill.
Fitzpatrick, J. L., Sanders, J. R., & Worthen, B. R. 2004 *Program Evaluation: Alternative approach and practical guidelines*. Allyn and Bacon.

Gold, M. (ed.) 1999 *The Complete Social Scientist: A Kurt Lewin reader*. American Psychological Association.

Hansen, W. B. 2002 Program evaluation strategies for substance abuse prevention. *Journal of Primary Prevention*, **22**, 409-436.

Hansen, W. B. & Kaftarian, S. J. 1994 Strategies for comparing multiple-site evaluations under nonequivalent design conditions. *Journal of Community Psychology*, Special Issue, 170-187.

Hunter, J. E. & Schmidt, F. L. 1990 *Methods of Meta-analysis*. Sage.

Jason, L. A., Keys, C. B., Suarez-Balcazar, Y., Taylor, R. R., & Davis, M. I. 2004 *Participatory Community Research: Theories and methods in action*. American Psychological Association.

Judd, C. M. & Kenny, D. A. 1981 *Estimating the Effects of Social Interventions*. Cambridge University Press.

Kelly, J. G. 1986 Context and process: An ecological view of the interdependence of practice and research. *American Journal of Community Psychology*, **14**, 581-589.

Linney, J. A. & Wandersman, A. 1991 *Prevention Plus III: Assessing alcohol and other drug prevention programs at the school and community level: A four-step guide to useful program assessment*. U. S. Department of Health and Human Services, Office for Substance Abuse Prevention.

Nelson, G. & Prilleltensky, I. 2005 *Community Psychology in Pursuit of Liberation and Well-being*. Palgrave MacMillan.

Posavac, E. & Carey, R. 2002 *Program Evaluation: Methods and case studies*. Prentice-Hall.

Rossi, P. H., Lipsey, M. W., & Freeman, H. E. 2004 *Evaluation: A systematic approach*. Sage.

Sasao, T. 1993 Program evaluation & data analysis: An introduction to theory and methods. A paper presented at the *New Dimensions in Prevention Conference* sponsored by the Center for Substance Abuse Prevention, Washington, D. C.

Sasao, T. 1995 Reframing the Concept of Acculturation in Psychological and Educational Research. Paper presented at the *12th annual Cross-Cultural Roundtable in Psychology and Education*, Teachers College, Columbia University.

Sasao, T. 1996 The cultural context of epidemiologic research. In Bayer, A. H., Brisbane, F. L., & Ramirez, A. (eds.) *Advanced Methodological Issues in Culturally Competent Evaluation for Substance Abuse Prevention*, 183-212. SAMHSA/CSAP.

Sasao, T. & Sue, S. 1993 Toward a culturally anchored ecological framework of research in ethnic-cultural communities. *American Journal of Community Psychology*, **21(6)**, 705-727.

Sasao, T. & Yasuda, T. (印刷中) Historical and theoretical orientations of community psychology research and practice in Japan. In Reich, S. M. *et al.* (eds.) *International community psychology*, 166-181. Kluwer/Academic.

Shadish, W. R., Cook, T. D., & Campbell, D. T. 2002 *Experimental and Quasi-experimental Designs for Generalized Causal Inference*. Houghton Mifflin.

Stoecker, R. 2005 *Research Methods for Community Change: A project-based approach*. Sage.

Struening, E. L. & Guttentag, M. 1975 *Handbook of evaluation research* (Vol. 1). Sage.

Tobler, N. S. & Stratton, H. H. 1997 Effectiveness of school-based drug prevention programs: A meta-analysis of the research. *Journal of Primary Prevention*, **18**, 71-128.

Trimble, J. 1996 Acculturation, ethnic identification, and the evaluation process. In Bayer, A. H., Brisbane, F. L., & Ramirez, A. (eds.) *Advanced Methodological Issues in Culturally Competent Evaluation for Substance Abuse Prevention*, 13-62. SAMHSA/CSAP.

United Way of America. 1996 *Measuring program outcomes*. United Way of America.

Weiss, C. H. 1998 *Evaluation* (2nd ed.). Prentice-Hall.

W. K. Kellogg Foundation. 2001 *Logic model development guide*. Retrieved April 10, 2005 〈http://www.wkkf.org/Pubs/Tools/Evaluation/Pub3669.pdf〉.

Yin, R. K. 1993 *Applications of Case Study Research*. Sage.

3

ニーズ・アセスメント

中村裕子

　ニーズ・アセスメント（needs assessment）は医療、福祉、教育など、支援やサービスに関する幅広い分野で用いられている概念である。コミュニティ心理学においても、プログラムの計画や評価のプロセス内に位置づけられている。
　コミュニティ心理学における活動目的の一つが、コミュニティのニーズを充足することであるとすれば、まずはコミュニティがもつニーズについて知ることが必要となる。個人臨床でも、支援を計画する最初のステップとして心理アセスメントが行われるように、コミュニティ心理学でも、コミュニティにアプローチする際は、コミュニティがもつニーズについてアセスメントを行うことになる。
　このニーズ・アセスメントという概念は、多方面で用いられている一方で、現在もその定義について明確な合意は得られていない。さらに、調査手法の開発も途上段階にある。実際にコミュニティで行われているプログラムも、コミュニティのニーズに基づいて行われているとは限らず、むしろ政策や世論などの社会的な要因や、コミュニティに関係する人々の文化、経験、価値観などが少なからず影響している。
　このような課題を克服するためには、アセスメントの目的に応じた定義づけを行い、コミュニティの特性を十分に把握した上で、ニーズの背景にあるさまざまな社会的な文脈を明らかにすることが必要である。ここでは、ニーズとは何か、ニーズ・アセスメントとは何か、そしてそのプロセスにおいて配慮が必要な社会的な文脈とは何か、という点を中心に整理を行いたい。

[1]　ニーズの定義

「ニーズ（needs）」という言葉は主に、「要求、必要、需要」などと訳されるが、そのままカタカナで表記されて用いられることが多い。邦訳して用いられると、demand（要求）、want（欲求）などの類似した概念との区別が困難になる。英語でも"need"は前記のような名詞としてだけではなく、「要求する、必要とする」など動詞の意味を併せもつため、その意味の解釈には混乱が生じやすい。ニーズという言葉を定義する際のポイントについて、ここでは4点に分けて整理したい。

1）操作的な定義

基本的にニーズという言葉は、研究者のそれぞれ異なる理論的な背景によってさまざまな定義が与えられている。また、研究者がもつ理論的な背景以外にも、アセスメントを実施する目的や背景、アセスメントを行う対象の性質などの要因に合わせて、操作的に定義されている。

たとえば、古典的なニーズの定義として知られているMaslow（1954　小口訳　1987）の定義は、心理学的な視点に基づいている。彼は「欲求階層説」のなかで、人間には普遍的な欲求（ニーズ）が存在し、生存欲求など低次の欲求から、自己実現など高次の欲求まで階層的な構造をもつと指摘した。このMaslowが行った調査は、健康な成人を対象としていたため、ここで用いられているニーズとは、生存に必要不可欠なニーズのみならず、生活の質を向上させるニーズまで幅広い意味が含まれている。

一方で、Brewin *et al.*（1987）は、精神医学的な観点からニーズを、「患者の機能がある最低限の水準より下回っている、あるいは下回る恐れがある場合に存在する」と定義している。彼らの調査では、主に重度の精神疾患患者を対象としていたため、彼らが定義するニーズとは、必要最低限の生活水準を維持するために必要なものを意味する。すなわち、彼らにとって「ニーズを満たす」ということは「治療的な措置を行う」ことと同義である。ここでは、ニーズという言葉の意味がより限定されているため、これは狭義の定義ということができる。

このように、心理学と精神医学との間では、ニーズという言葉の定義も異なる。コミュニティ心理学では、精神疾患をもたない健康な人もサービスの対象となるため、ニーズという言葉も通常は広義で用いられる。

2) 社会的に構成される概念

　ニーズをアセスメントする際、そこに「ニーズがある」という判断は誰によって行われるものであろうか。これについては Bradshaw（1972）が社会学的な観点から行っているニーズの分類にわかりやすくまとめられている。

　Bradshaw（1972）はニーズを「**規範的なニーズ**（normative need）」「**感じられたニーズ**（felt need）」「**表出されたニーズ**（expressed need）」「**比較上のニーズ**（comparative need）」という四つのタイプに分類している。「規範的なニーズ」とは、「専門家」が行う、「当該個人あるいは集団」が望ましいレベルに達していないという判断のことである。「感じられたニーズ」とは、want と同義であり、「当該個人あるいは集団」がもっている問題に関する主観的な感情である。「表出されたニーズ」とは、言い換えれば demand であり、当該個人あるいは集団のサービス利用率など、利用者側の行動観察を通じて判断される。「比較上のニーズ」とは、「二つの類似した個人や集団」が受けているサービスを比較した上で生じる相違である。

　この分類を見ると、われわれはしばしばニーズについて、専門スタッフの判断あるいは利用者の要求という一面的な理解をしていることに気づかされる。しかし、実際にはこの Bradshaw の分類にあるように、ニーズとは多様な側面から構成されている概念である。Slade（1994）はさらに「ニーズは社会的に協議された概念であり、ニーズ・アセスメントは客観的ではあり得ない」と指摘している。彼によれば、ニーズ・アセスメントとは、利用者と専門スタッフ間の協議を通じて行われるものである。この Slade を含んだグループ（Phelan *et al.*, 1995）は、このような視点に基づき、専門スタッフと利用者の両方を調査の対象としたニーズ・アセスメントの尺度（The Camberwell Assessment of Need）を開発している。

3) 問題志向か解決志向か

　Thornicroft, Phelan, & Strathdee（1996）によれば、ニーズは「理想と現実の間にある相違（discrepancy）」、あるいは「必要なものの欠如（lacking あるいは deficiency）」と定義される傾向が強い。つまりニーズは、相違や欠如などいわゆる「問題点」を意味するため、ニーズ・アセスメントは問題志向的な方法論であるという批判もある。一方で、Stevens & Gabbay（1991）は保健医療の観点から、ニーズを「保健医療から利益を得る可能性」と定義している。彼らによれ

ばニーズとは、「要求（demand）」、「資源（supply）」との相互作用によって構成されている。そして、ニーズ、要求、資源の三つそれぞれに影響する外的要因に配慮しつつ、この三つを一致させていくことで、利益を得る可能性（ニーズ）を広げていくことができると指摘している。

このようにニーズと問題はイコールなのか、あるいは問題解決の可能性を伴うのか、ということに関する見解は論者によって分かれている。この議論は単純な二者択一ではなく、むしろ問題とそれに伴う解決可能性の両方を、ニーズ・アセスメントのプロセス内で把握することが重要と考えられる。

4）価値観とニーズ

Reviere & Berkowitz（1996）は社会調査の観点から、ニーズを「現実の状態と理想の状態の間にある相違であり、コミュニティの価値判断によってニーズであると認められ、変化として受け入れられる可能性があるもの」と定義している。つまり、ニーズには問題志向的な性質が基本にある一方で、変化や充足の可能性も含まれている、と考えることもできる。いずれにせよ、コミュニティにあるさまざまな価値判断のなかで共通理解を得られるような定義を行うことが現実には重要である。

このReviere & Berkowitz（1996）の定義で登場する「価値（value）」という概念も、ニーズを定義する際に重要となる。ニーズはコミュニティの人々がもつ価値観と密接に関係しているため、Mckillip（1987）は、ニーズを「ある集団が解決し得る問題を抱えているという価値判断」、すなわちニーズとは価値判断そのものであると定義している。過去には、調査に価値観が含まれることが批判される傾向もあったが、現在は価値観を完全に排除することは困難であるという考え方が定着しつつある。そのため、ニーズ・アセスメントでは、価値判断はニーズのなかに含まれるという前提のもとで話し合うプロセスが設けられている。

以上、ニーズを定義する際のポイントは次のようにまとめることができる。①ニーズ・アセスメントを実施する目的や背景、アセスメントを行う対象、調査者の理論的な背景などによって操作的に定義される。②サービスの利用者やそれを供給する専門スタッフなどによって社会的に構成される概念である。③理想と現実との間にある相違や必要なものの欠如など、主に対象がもつ「問題」を指すが、その問題には変化や解決の可能性が伴わなければならない。④ニーズ・アセスメントの対象や調査者がもつ価値判断が含まれている。

[2] ニーズ・アセスメントの定義

　ニーズ・アセスメントが実施される主な目的は、プログラムの計画や実施に必要な情報を収集し、コミュニティがもつ課題に優先順位を定める、という意思決定を行うことにある。つまり、ニーズ・アセスメントとは、情報収集を通じてプログラムの計画と実施に必要な意思決定を行うプロセスである。ここでは、ニーズ・アセスメントを構成する各要因について整理を行いたい。

1) ニーズ・アセスメントを構成する要因

　ニーズは社会的に構成された概念であり、コミュニティの成員がもつ価値判断は完全に除くことはできない。そのため、ニーズ・アセスメントでは、ニーズを構成する要因やニーズの背景にある社会的な文脈へ十分な配慮を行わなければならない。Altschuld & Witkin（2000）によればニーズ・アセスメントとは、①専門スタッフの専門性　②利用者コミュニティの文化や歴史　③ステークホルダーが決定する方針やプログラムに供給可能な資源、という三つの要因によって構成される社会的な文脈への配慮が必要な作業である。言い換えれば、ニーズ・アセスメントとは、①プログラムを計画し実行する専門スタッフ　②プログラムの利用者　③プログラムのステークホルダー、の三者間によって行われる協議のプロセスである。

　まず、①専門スタッフがもつ専門性の要因は、ニーズ・アセスメントで使用する調査手法や調査対象に影響を及ぼすことになる。コミュニティ心理学者が行う調査では、コミュニティ心理学的な目的に基づいた手法が用いられる。②プログラムの利用者の要因は、コミュニティがもっている要求や価値観など、いわばユーザーの声である。

2) ステークホルダーとニーズ・アセスメント

　先の二つの要因に加えて重要とされているのが、③プログラムの「**ステークホルダー**」（Stakeholders：利害関係者）と、彼らが管理しているさまざまな資源である。ステークホルダーはわれわれにとって少々馴染みが薄い言葉だが、欧米では、このステークホルダーがプログラムの計画や評価に大きな影響を与えるといわれている。ステークホルダーとは、対象となるコミュニティの内外で直接的、間接的な利害を共有する全ての人々を指す。中でも特にニーズ・アセスメントで

重要とされるのは、プログラムを利用する側のコミュニティの代表者や、プログラムの出資者や管理者など、コミュニティで行われるプログラムに直接的な利害を共有する人々である。たとえば、学校のステークホルダーには、生徒と教師のみならず、PTAなどの保護者や、学校が置かれている地域の住民、さらには教育委員会のような行政機関も含まれる。プログラムの規模によっても異なるが、プログラムの実施に必要な「資源（resource）」を集めるには、彼らの承認や理解が少なからず必要である。なお、ここで用いられている「資源」とは、財源や物資などの物質的な資源のみならず、政策やボランティア・スタッフなど、ニーズを充足させるプログラムに役立つ、有形無形のあらゆる要因が含まれている。

3) ニーズ・アセスメントが行われる三つのレベル

このように、ニーズ・アセスメントは関係者間の協議を通じて行われるため、きわめて流動的な性質をもつ。専門家やステークホルダーの異動、社会政策や経営方針の転換、事件や事故に伴う世論の高まり、コミュニティを構成する人々の推移など、コミュニティの内外にある環境は刻々と変化する。ニーズ・アセスメントではこれらの変化を明らかにしつつ、規模や手法をその時々に応じて変えていく柔軟性が求められる。

Altschuld & Witkin（2000）は、他にも、ニーズ・アセスメントが行われる対象には、三つのレベルがあると指摘している。「一次的ニーズ」は支援やプログラムの直接的な受け手のニーズであり、たとえば生徒、クライエント、そして患者などが該当する。「二次的ニーズ」は支援を供給する個人あるいは集団がもつニーズであり、ここには教員、カウンセラー、ソーシャルワーカー、そして政策や方針を決定する管理職などが含まれる。「三次的ニーズ」とは問題解決に寄与する資源であり、建物、施設、教室、移動手段、給与、プログラムの供給システムなどを指す。ニーズ・アセスメントでは、この三つのレベルにある全てのニーズが対象となり得るが、基本的には支援を受ける側の一次的ニーズが優先される。しかし、現実には、二次的・三次的ニーズに対する調査がほとんどであるという批判もあるため、ニーズ・アセスメントのプロセスを通じて一部のニーズが先行するような事態を防ぐことが必要である。

[3] ニーズ・アセスメントのプロセス

コミュニティ心理学で行われるニーズ・アセスメントは、個人を含めたコミュ

ニティ全体が対象となる。このコミュニティ全体のニーズに基づいたプログラムを計画・実施する上で必要なプロセスが、ニーズ・アセスメントである。

　ニーズ・アセスメントは、いくつかのプロセスに分けることができる。ただ、これらのプロセスは、必ずしも段階的に行われるものではない。ニーズ・アセスメントは状況の変化に応じ、繰り返し実施される円環的なプロセスである。緊急性が高いニーズがある場合には支援を行いながら、その他のニーズへのアセスメントを並行して実施することになる。ニーズ・アセスメントが実際にどのようなプロセスで実施されるか、ここでは、①コンサルテーション　②データの収集　③ニーズ・アナリシス　④アセット・アセスメント　⑤フィードバック、という五つのプロセスに分けて考えていきたい。

1）コンサルテーション

　最初のプロセスでは、ニーズ・アセスメントに関係する人物やその役割を明確にすることが目的となる。今回実施されるニーズ・アセスメントを、誰が提案し、誰が中心となって実施し、誰の許可を得なければならないのか、など責任の所在を明らかにしつつ、実施に至った経緯を確認していく。そして、関係者が特定された後には、関係者間で相互コンサルテーションを行う。これは予備調査とも位置づけられ、それぞれの立場からの情報交換を通じて、調査の目的やコミュニティの特徴を把握し、ニーズ・アセスメントに必要となる人的・経済的資源を調整することになる。こうして、ニーズ・アセスメントを実施する調査チームが編成される。

　ニーズ・アセスメントの「関係者」とは、前述のように、専門スタッフ、利用者、ステークホルダーの三者が含まれる。ただし、関係者の人数が多い場合には、キー・インフォーマント（核となる情報提供者）に限定することや、対象者と直接会って話すことが困難な際は、間接的な情報を用いるなどの配慮を行う。

　対象となるコミュニティの規模が比較的小さく、特に臨床的な目的でニーズ・アセスメントが実施される場合には、臨床家が調査者を兼ねることも少なくない。これに対して、対象となるコミュニティの規模が大きい場合や、コミュニティ内部の専門家が調査を行うことにより何らかの利害が生じる場合には、外部の調査者を活用することも必要となる。どちらの場合でも調査者はニーズ・アセスメントの結果、コミュニティ内外にさまざまな変化が生じる可能性があることを、関係者に十分説明しながら調査の土台を作っていく。

また、プログラムの責任者や関係者（すなわち、ステークホルダー）は、ニーズ・アセスメントの調査チームでも中心に位置づけられることが望ましい。彼らステークホルダーは、プログラムだけではなく、ニーズ・アセスメントの実施にも利害を共有していることが多い。ただし、規模の大きなコミュニティの場合には、実際に関係者を全て召集することは困難である。その場合には、専門家と現場担当者など、より人数の少ないチームで調査を行いながら、重要な意思決定が必要な際に確認を求めるという方法もある。いずれにせよ、そのコミュニティの実情に合った方法を関係者間で話し合い、相互に合意を得ることが重要であろう。

2）データの収集

ニーズ・アセスメントの関係者が特定され、調査を実施するチームが編成された後には、データの収集が行われる。まずコンサルテーションを通じて得られた予備調査の情報をまとめ、それに基づき人口統計学的なデータや既存の情報を整理しながら、コミュニティの特徴を描き出していく。

ニーズ・アセスメントに必要な情報が、既存のデータだけでは不足していた場合は、新しい調査を企画する。しかし、新たな調査を実施することはコミュニティにとって少なからず負担を伴う。このような負担に配慮しつつ、調査は質問紙など量的な手法から、面接法や観察法など質的な手法まで、多くの場合は目的や対象に応じて組み合わせて用いられる。対象となるコミュニティや調査の目的が合致するならば、既存のニーズ・アセスメント尺度を利用することも選択肢の一つであろう。

コミュニティ心理学と関連するニーズ・アセスメントの調査項目としては、①精神衛生や疾病の発症率などの健康上の要因　②自尊心や自己効力感などの心理的な要因　③ソーシャルサポートやコミュニティの風土などの社会的な要因　④既存のプログラムやサービスの認知度や評価そして利用率　⑤新旧のプログラムに対する価値観や信念　⑥対象となるコミュニティが感じ表明している要求や意見、などが挙げられる。このように、ニーズと定義され得るデータは多岐にわたるため、調査目的と合致しているか否かが採用の基準となる。

3）ニーズ・アナリシス

収集されたデータに対して、次に分析作業が行われる。ニーズ・アセスメント

は、**ニーズ・アナリシス**（needs analysis）とほぼ同義に用いられていることもあるが、ここでは、ニーズ・アナリシスはニーズ・アセスメント内のプロセスとして位置づけたい。得られた結果の解釈については、調査者だけではなく、関係者間に広くデータを提示しながら協議が進められる。この協議では、コミュニティにおける主要な問題を定義し、その背景にある要因を整理していく。コミュニティがどのような問題を経験し、その背景にはどのような要因の関与が想定されるか、それぞれの視点から議論しながら、問題の構造を明らかにする。実際にどの程度の問題を、どんな人々が経験しているのか、他のコミュニティとの比較上で得られる差異も重要な結果の一つとなる。

　この分析の過程では、関係者間に価値観の相違や利害の対立が生じることもある。その際には、プログラムを利用する側の視点、つまり「一次的ニーズ」を優先する姿勢を、関係者間で再確認するべきであろう。また、個別の話し合いから全体の協議へと、段階的に移行させるような工夫も有効である。基本的には、それぞれの価値観や利害を完全に排除することは困難であり、それをなくそうとするよりは、むしろ、それを前提とした話し合いが必要である。このようなプロセスを通じて、それぞれのコミュニティの課題には優先順位が付けられ、必要なプログラムが選択される。

4）アセット・アセスメント

　ニーズ・アセスメントにおいてもう一つ重要なプロセスは、その課題が解決可能であるか否かについて、検討を行うことである。プログラムの計画と実施に至るための情報を収集することが、ニーズ・アセスメントの目的であり、そのプログラムの実現可能性は、常に念頭に置かなければならない。現実に解決が困難な問題を優先順位の上位に位置づけると、プログラムの遂行は当然困難となる。ニーズ・アセスメントは、プログラムを実施するという実践的な目的で行われているため、原則的には、問題解決に向けた対処が可能な範囲内で調査を実施し、問題提起に終わらないよう心がけなければならない。

　このプロセスでは、①特定された問題に対し、有効なプログラムが存在するか②プログラムに必要な人的・経済的な資源を調整することが可能か、という2点について検討が行われる。問題に対し有効なプログラムを検討する際は、専門スタッフの専門性が活用され、プログラムに必要な資源の調整は、ステークホルダーの力が発揮される。ここで行われる作業が、コミュニティの資源を特定す

る、**アセット・アセスメント**（assets assessment: 資産査定）である。資源については先に述べたように、有形無形のあらゆる資源が評価の対象となる。この際には、新しいプログラムを計画するだけではなく、すでにある資源も評価の対象となる。

　視点を変えれば、ニーズ・アセスメントは、コミュニティの潜在的なニーズを、言語化や数値化によって顕在的なニーズへと変え、意識化させるプロセスでもある。顕在化させることは、ニーズに必要な資源を調達し、喚起されたニーズを満たす責任を伴う。充足することが困難なニーズを不用意に喚起させることは、関係者間に葛藤を残すことにもなりかねない。特に緊急性が高い状況では、資源を調整することが可能なプログラムが優先される。

5) フィードバック

　ニーズ・アセスメントの最終段階であるこのプロセスでは、最終的に合意に至ったコミュニティの課題が定義され、その背景にある要因や課題の優先順位が、調査結果として関係者にフィードバックされる。この報告書の作成やフィードバックの目的は、ニーズ・アセスメントの結果をコミュニティと共有することにある。そのため、収集されたデータそのものを提示することよりも、結果の解釈や方針をわかりやすい表現でまとめることが必要である。利用者にとってわかりやすい内容であれば、その情報を通じて、利用者の認識や関与を促すことができる。これはすなわち、プログラムの効果を高めることにもつながると考えられる。

[4] ニーズ・アセスメントに関する課題と展望

1) ニーズ・アセスメントが置かれている社会的な文脈

　ニーズ・アセスメントには、その定義づけが曖昧であることや、方法論や尺度が多様であることなど、さまざまな課題が伴う。また、欧米を中心に発展してきたニーズ・アセスメントには、調査や研究としてだけではなく、社会活動としての意味合いや政治的な影響も見られ、ステークホルダーの概念など日本では馴染み難い面もある。

　さらに、誤解を受けやすい点でもあるが、われわれがニーズ・アセスメントを行う目的は、すでに実施されているプログラムを正当化するためでも、現状のプログラムを維持させるためでもない。むしろ、改善に向けた変化を意図してい

る。ニーズ・アセスメントの結果次第では、すでに得ている役割や利益を失う人が生じる可能性もある。これは調査を実施する専門スタッフも例外ではなく、たとえば、調査の結果、コミュニティ心理学者がその職を失うこともある。そのような不安は、当然他の人々にも共有されるため、ニーズ・アセスメントは、関係者間の利害や価値観が錯綜する危険性をはらんでいる。こうした事態を防ぐため、ニーズ・アセスメントのプロセスにはさまざまな配慮が含まれているが、それに伴い作業が煩雑となる感もある。

ただ本来、支援を計画する際にさまざまな社会的文脈に配慮することは、コミュニティを対象としたニーズ・アセスメントだけの特徴ではない。個人に対するニーズ・アセスメントも、個人が社会的な文脈のなかに位置づけられていることを考えれば、関係者間の対話や、環境の調整を通じてアセスメント行う点は同じである。社会活動としての色彩が強いことは否めないが、それはコミュニティ心理学的な活動の一側面ともいえよう。

2) ニーズ・アセスメントの実際とコミュニティ心理学

ニーズ・アセスメントでは理論や概念が先行し、いざ作業を行う段階になると、実際に何をすればよいのか戸惑うことや、煩雑な作業ゆえに頓挫しがちである（Altshuld & Witkin, 2000）ことも指摘されている。しかし、われわれコミュニティ心理学者は、コミュニティとの対話を通じて役割を遂行するという、いわば小規模なニーズ・アセスメントを日々の活動のなかで行っているはずである。厳密なデータを得るために調査を実施することは当然望ましいが、たとえば、学校の新学期など、多忙な時期に大規模な調査を行うことや、病院で症状に苦しむ患者に直接インタビューを依頼することは適切とはいい難い。その場合は、各種委員会で今後の活動方針について話し合いをもつことや、これまでの施設利用率などのデータを整理することも、その場に即したニーズ・アセスメントとなる。

調査やプログラムと表現すると、多少大げさな印象だが、ここでいう「調査」とは、コミュニティ内で日常的に行われる対話を含み、「プログラム」とは、専門性に基づいて行われる全ての支援活動を指す。このような視点に立てば、ニーズ・アセスメントとは、コミュニティの成員が互いを理解し、関わり合うというコミュニケーションのプロセスである。コミュニティ内外における相互コミュニケーションを、緩やかに構造化した様式であるとも考えられる。

ニーズ・アセスメントは、コミュニティ心理学におけるさまざまな活動のなかで、その活動を方向づけるほんの始まりに過ぎない。しかし、そのプロセスは、コミュニティの特徴を理解すること、そのコミュニティ内外で共同する体制を作り出すこと、プログラムへの関与を促進することなど、その後の臨床活動に役立つ土台を作ることにもなる。今後も、ニーズ・アセスメントを経て計画されたプログラムが、数多く実施されることが期待される。

3) ニーズ・アセスメント研究

ニーズ・アセスメントは、欧米の公的事業を評価する際よく用いられるが、国内でも、公的事業であるスクール・カウンセラーに関する研究がいくつか見られる。鵜養・鵜養（1997）がその著書で紹介している「臨床心理士の新規参入の留意点」では、スクール・カウンセラーが学校のニーズを把握するプロセスが詳細に描かれている。また、石隈・小野瀬（1997）による「スクールカウンセラーに求められる役割に関するニーズ調査」では、生徒・保護者・教職員の三者を対象とした大規模なアンケート調査を実施している。スクール・カウンセラーが現在のように制度化される以前に実施されている調査だが、ニーズを構成する各関係者間における、価値観の相違点や一致点が興味深い。近年の調査では、黒沢・森・有本（2001, 2002）もスクール・カウンセリングにおける教師や保護者のニーズに焦点を当てている。この他には、大学の学生相談の領域で、金沢・山賀（1998）の学生を対象としたニーズ調査が行われている。

引用文献

Altschuld, J. W. & Witkin, B. R. 2000 *From Needs Assessment to Action: Transforming needs into solution strategies*. Sage.

Bradshaw, J. 1972 The concept of social need. *New Society*, March: 640-643.

Brewin, C. R., Wing, J. K., Mangen, S. P., Brugha, T. S., & MacCarthy, B. 1987 Principles and practice of measuring needs in the long-term mentally ill: The MRC needs for care assessment. *Psychological Medicine*, **17(4)**, 971-981.

石隈利紀・小野瀬雅人（代表） 1997 スクールカウンセラーに求められる役割に関する学校心理学的研究――子ども・教師・保護者を対象としたニーズ調査より．文部省科学研究費補助金（基盤研究〈c〉〈2〉）研究成果報告書（課題番号 06610995）．

金沢吉展・山賀邦子 1998 大学のカウンセリング・サービスに対する学生のニーズと構造――上智大学新入生を対象としたニーズサーベイの結果から．学生相談研究，**19(1)**, 33-44.

黒沢幸子・森　俊夫・有本和晃 2001 スクールカウンセリング・システム構築のた

めの包括的ニーズ調査（その1）　教職員用包括的ニーズ評価尺度CAN-SCS（T-version）の信頼性と妥当性．目白大学人間社会学部紀要，**1**，11-25．

黒沢幸子・森　俊夫・有本和晃　2002　スクールカウンセリング・システム構築のための包括的ニーズ調査（その2）　保護者用包括的ニーズ評価尺度CAN-SCS（P-version）の信頼性と妥当性．目白大学人間社会学部紀要，**2**，27-41．

Maslow, A. H. 1954 *Motivation and Personality*. Harper & Row.（小口忠彦（訳）1987　人間性の心理学――モチベーションとパーソナリティ（改訂新版）．産業能率大学出版部．）

McKillip, J. 1987 *Need Analysis: Tools for the human services and education*. Sage.

Phelan, M., Slade, M., Thornicroft, G., Dunn, G., Holloway, F., Wykes, T., Strathdee, G., Loftus, L., McCrone, P., & Hayward, P. 1995 The Camberwell assessment of need: The validity and reliability of an instrument to assess the needs of people with severe mental illness. *British Journal of Psychiatry*, **167**, 589-595.

Reviere, R. & Berkowitz, S. 1996 *Building for future needs assessments*. In Reviere, R. Berkowitz, S., Carter, C. C., & Ferguson, C. G.（eds.）*Needs Assessment: A creative and practical guide for social scientists*. Taylor & Francis.

Slade, M. 1994 Needs assessment: Involvement of staff and users will help to meet needs. *British Journal of Psychiatry*, **165**, 293-296.

Stevens, A. & Gabbay, J. 1991 Needs assessment. *Health Trends*. **23**(1), 20-23.

Thornicroft, G., Phelan, M., & Strathdee, G. 1996 Needs assessment: In Knudsen, H. C. & Thornicroft, G.（eds.）*Mental Health Evaluation*. Cambridge University Press.

鵜養美昭・鵜養啓子　1997　学校と臨床心理士――心育ての教育をささえる．ミネルヴァ書房．

4

質的研究法

松嶋秀明・田畑 治

　「**質的研究**（qualitative study）とは何か」という問いに対して、最も簡単に答えるならば「数量的な研究以外のもの」となる。人の「こころ」を具体的、かつ詳細に描きだすという点で、研究の方法は共通しているとみなせる。質問紙や実験を実施して、被験者や調査対象者（最近では研究参加者ともいう）の反応を数量化し、数値で「こころ」を表現するのではない。言語や映像、音声といった媒体を用いて「こころ」を表現するところに質的研究法の独自性がある。

　いわゆる「質的研究」の方法論は多岐にわたる。代表的なものを挙げるだけでも、エスノグラフィー／フィールドワーク（佐藤郁哉，1992, 2002；箕浦，1999）、グラウンデッド・セオリー・アプローチ（Glaser & Strauss, 1967　後藤・大出・水野訳　1996）、KJ法（川喜田，1967）、ナラティブ・ディスコース分析（Burr, 1995　田中訳　1997）、会話分析／相互行為分析（西阪，1997）、ライフストーリー（やまだ，2000）などさまざまある。これらはそれぞれに相違点も多く、それぞれ単なる手法にとどまるものではない。それ自体で、独自の視点や理論に基礎づけられた「方法論」と呼べるものである。これを「質的研究法」というカテゴリーでひとくくりにするのが乱暴に思えるほどである。したがって、本節においても、その全てを網羅的に扱うことはできない。

　以下では、多くの方法が共有するものとして、**フィールドワーク**を行い、その中でフィールドにいる人々のふるまいを記述し、語りを聴くという活動を行うことを念頭において、それらを遂行するうえで留意すべき点、評価される点について、数量的研究との対比を織り込みつつ論じていくことにする。それぞれの方法

についての専門的解説は他書にゆずる。

[1]　量的研究の問い、質的研究の問い

　質的なデータを扱えば、どんなものでも質的研究と呼んでよいとは限らない。どのような問いをたて、何を明らかにするのかが重要になってくる。Heidegger（1927　細谷訳　1994）は、**存在的問い**と**存在論的問い**という、2種類の問いを提唱している。ここで「存在」とは、「ある」という言葉で了解されているさまざまなもののことである。「存在」には客観的に規定される側面と、とらえる人によって変わってくる側面とがある。このうちで「存在的問い」とは、存在の客観的に規定される側面に注目するものである。

　「非行」の例でいえば、非行が厳密な行動目録によって定義されており、家庭環境、友人関係、本人の性格といった要因がそれとどのように関連するのかをみようとするのは、「存在的問い」に基づく研究である。「どのような人は非行に陥りやすく、どのような人はそうではないのか」「非行のある少年は、一般の少年に比べて何が違うか」といったように、厳密に非行を定義し、それと非行少年本人の性格、家庭環境などとの関係をみようとする問いがこれにあたる。

　一方で「存在論的問い」とは、問う主体それぞれに対して、現象から次第に立ち上がってくる意味を考えようとする問いのことを指す。たとえば、同じく「非行」という言葉を使っても、教師が「生徒集団」内の問題として考える「非行」と、両親が「かけがえのないわが子」の問題として考える「非行」とでは、「非行」の意味は異なることが予想される。そこで、それぞれの人がどのように「非行」を意味づけているのかという問いが生まれることになる。

　前者の問いは、質問紙法をはじめとした、数量的方法に向いている問いであり、後者は本節で扱う質的研究に向いている問いだと考えられる。前者は「**仮説検証型**」の研究、後者は「**仮説生成型**」の研究に当てはまると考えてもよい。

　さて、このように問う主体にとって、現象がもつ意味を記述することが求められるということは、逆にいえば、問う主体である研究者のあり方によって、彼（彼女）にみえてくる現象のあり方もまた変化するということになる。つまり、質的研究における研究者は、現象に対して外在的な観察者の立場をとることができないということだ。研究者はつねに対象と関わりつつ、特定の視点から現象について知っていくことになる。したがって、質的研究では、自分がみている現象の全体像が、どのようになっているのかを知ることはできない。質的研究者には

何かがみえるのとひきかえに、何かがみえなくなっていると考えられる（當眞，2000）。質的研究における研究者は、対象と関わる過程のなかで、次第に、現象についての理解を深めていくよりほかにない。

　また、このようにして見出された知見は、自然科学的な意味で「客観的」なものであったり、真偽が問題となったりするものではない。むしろ、当事者の視点に立ち、現象が当事者にもたらす「意味」を問題にすることも、質的研究法に特徴的な問いである。Bruner（1986　田中訳　1998）は人間の思考形態のなかに「**論理実証的思考**（paradigmatic thinking）」と、「**物語的（ナラティブ）思考**（narrative thinking）」という二つの形態を見出した。前者は論理的に生み出される原則や観察可能な仮説を、観察された事実から検証する。これに対して後者は、二つの出来事間の意味連関の探究である。Bruner（1986）がしばしば取り上げるのは「王が死んだ。そして、妃が死んだ」という文章である。この文章の前半部と後半部には、明確な因果関係はない。にもかかわらず、通常、私たちは前記の文章から「王が死んで悲嘆にくれた妃が体調を崩した」といったストーリーを読み込み、二つのエピソードの相互関係を把握できる。前者が普遍的な真理を追求する思考様式であるのに対し、後者は複数の仮説のなかで、どれが正しくどれが間違っているかと検証するという方向性はとらない。むしろ、それがもっともらしいかどうかということが基準になる。このうちで、前者はいわゆる数量的研究が依拠するものであり、後者は質的研究が依拠する思考形態であるといえる。

[2]　コミュニティ心理学における質的研究

　コミュニティ心理学は、一般的には個人の問題として扱われるようなことであっても、コミュニティを単位としてそれをとらえるところに特徴がある。たとえば、何らかの病理、障害をもった人について調査する際、コミュニティ心理学では、その人物を周囲の環境から切り離して扱うことはしない。むしろ、ある地域、社会、組織に埋め込まれ、そのなかで生きている存在がもつ問題として取り扱おうとする。

　質的研究でなければ、このような現象のとらえ方ができないわけではない。しかしながら、質的研究が取り入れられている諸研究は、しばしば、従来の心理学が自明の前提としてきた個人という概念を批判的に見直し、個人を社会的関係性に埋め込まれた存在として見直そうと試みている。実際、やまだ（2000）は、

ナラティブの性質について、語り手の内的な能力の現れとしてだけではなく、語り手と聞き手との関係、そして社会や文化、歴史を含み込んだ関係性のなかに埋め込まれて生み出されるものとして概念化している。同様にして、人間の活動を、個人の能力の所産としてではなく、社会的関係の中で、モノや道具を媒介としながら行われるものとしてとらえようとする状況論的アプローチでは、質的研究の一つであるエスノグラフィーが適した手法として取り上げられている（茂呂，2001）。このような現象のとらえ方は、コミュニティ心理学と親和性の高いアイディアであると考えられる。

　コミュニティ心理学は、困難に直面する人々への援助を志向して、コミュニティのアセスメントや介入を計画することがあるが、質的研究は、こうした作業に有用な知見を提供すると思われる。たとえば、障害者自身にとっての自らの障害についての意味づけ（能智，2000）、小児がんのために子どもを亡くした母親の語り（戈木クレイグヒル，1999）、高校を中退した青年の語り（加藤，2001）、といったように、人々の語りを通じて、種々の現象に付与された意味が検討されている。これらは、問題とされる状況について、当事者の視点からはどのようにみえているのかを知るうえで、有用な知見といえる。

　また、集団のなかで自明な前提となってしまっている事柄に対して、これを相対化しつつ読み解くことも質的研究にはみられる。たとえば、刑部（1998）は、ある保育園におけるフィールドワークを行っている。そして、保育者から「ちょっと気になる子」とされた子どもについて、その子どもの能力を問うのではなく、むしろ周囲との関係性の中で、いかにこの子どもが「気になる子」として周囲からみられるようになっていくのかと問いなおしている。森田（2004）は、在日ブラジル人児童が小学校においてどのように日々の生活を営んでいるのかを検討している。森田はこの中で、「文化」の違いによって一般的には説明されているブラジル人児童の学校生活への不適応を、詳細にとらえなおすことによって、「文化」の違いといわれるものの内実について検討している。これは、ある集団、コミュニティの中で自明になった規範、慣習を明るみに出すことにより、それらを反省的に見直す手がかりを与える。その意味で、コミュニティの変革に対して有用な資料を提供することになる。質的研究を用いる研究者の中には、アクションリサーチの立場から、人々の語りや行為を記述するだけではなく、研究者自らがそれに介入して変革していこうとする立場（杉万，2000；矢守，2003）もある。

表V-3-1 「非行少年」と指導者の会話分析（抜粋）

1	T：丁寧に挨拶できたね。おはよ……ってね。うん、イチローどうだった？
2	A：聞き取りやすかった。
3	T：聞き取りやすかった。うん。声が、もう、はじめてやったわりには、ね、随分上手
4	だったね。うん。シンゴうまかったよ。
5	それで朝、ああやってね、たとえば、おはようございますから始まって……。それ
6	でさ、きちんとそういう流れで話しているとさ、今日も1日頑張ろうという気持
7	ちになるだろう。
8	B：でも、なんか、話しても話してくれないっすよ。
9	T：えっ、それはー［笑］。それはいつもおまえがうるさいと思われてるんだ。
10	B：違いますよ［笑］。本当、言っても全然話してくれないすよ。
11	T：つらいなー［笑］。
12	B：しごっ、仕事の時だけ逆にうるさいっすよ。
13	T：あ、そうかー。（保護観察官に向き直り）先生どうでした？

［3］ 文脈を込みにした「意味」の記述

　質的研究法では「意味」の探求がなされることはすでに述べた。質的研究のなかで、共通して重要とされる概念として、文化人類学者であるGeertz（1973 吉田・柳川・中牧他訳　1987）の提唱する「**厚い記述**（thick description）」という概念がある。たとえば、ある少年の「無意図的なまぶたのけいれん」と「友人への悪企みの合図」は、まぶたの運動としては同じであって区別は難しい。しかし、自然のまばたきと、意図的な目くばせとの間には、意味的には大きな差があるとGeertzは言う。彼は目にみえる行動ではなく、そうした目にみえる行動の布置として現われる「意味」の記述をすることを「厚い記述」と呼んでいる。

　さて、意味を読みとるためには、観察者の主観を関与させた、文脈を込みにした行為の記述が必要になる（質的研究における「関与しながらの観察」については、鯨岡（1999）の論考が参考になる）。以下では、松嶋（2002a）の一部を紹介しつつ、解説していこう。

　松嶋が行ったのは、いわゆる「非行少年」の社会復帰を援助する施設での、少年と指導者のやりとりについてのエスノグラフィーである。表V-3-1は、この施設で行われているソーシャルスキル・トレーニング（SST）の一コマの会話分析である。SSTとは、社会で適切にふるまうスキルを、ロールプレイを交えて練習するという心理教育の一種である。ここでは、「仕事場で挨拶をする」という課題のもとで行われたロールプレイの後、少年と指導者が討論している。

ロールプレイでは、社長と従業員との間での挨拶が課題とされた。2行目でイチロー（A）は、従業員を演じていたシンゴ（B）がうまかったと言っている。シンゴは、SSTは初体験であったが、上手に挨拶できた。3－7行目で指導者（T）は、そのことを褒めた後、「朝に大きな声で挨拶する」ことが人間関係をよくするコツだと述べている。ところが、シンゴは「課題」にあるような状況は、自分たちの実生活での体験とは異なると主張する（8行目）。指導者は一瞬「えっ」と驚いているが、すぐに笑い、それをシンゴの態度の悪さのせいにしている（9行目）。そして、食い下がるシンゴにはあまり取りあわず、むしろ、はやく会話を打ち切ろうとしている。

　一連のやりとりからは、「SSTの課題」と「実生活」との食い違いを指摘するシンゴの発言は、その場にふさわしくないようにみえる。課題があくまでも、実際のシンゴの状況ではなく、抽象的な「ふさわしい挨拶」の練習だということもみえてくる。もちろん、この場面がSSTだとみれば、シンゴの発話は、当然、「課題の意味が飲み込めていない」という意味をもつ。しかし、SSTではなく、少年の愚痴を聞いて励ます会だったらどうだろう。指導者がシンゴの訴えを、まともに取り上げず、話題をそらせているようにみえることのほうが、不思議に思えてくるのではないだろうか。当然シンゴの発言の意味も変わる。

　このように、発話の意味は、それがどのような文脈におかれるかによってさまざまに変化する。また、その文脈のもつ意味も、最初からSSTであると決まっているわけではなく、指導者と少年とが発話を続けていく過程で、徐々に明らかになるものである。このように、発話の意味と文脈の間には、お互いがお互いを作りあう相互構成的な関係がある。質的研究では、このような意味と文脈との関係性を丹念に記述することが求められる（茂呂, 2001）。

[4]　現場との関係性

　文脈が重要であることに関して、研究者と被調査者との関係も問題になる。心理学においては、伝統的に、研究者の影響を排除したデータこそがよいと信じられてきた。これに対して、質的研究では、どのような調査であれ、研究者が被調査者に影響を与えないとは仮定できず、むしろ、被調査者と相互作用する中でしか、データをとることはできないと考えられる。

　Bakhtin（1975　伊東訳　1996）は、「**発話の宛名性**」という概念を提唱している。これは、たとえ独り言であろうとも、人の発話には必ず聞き手が想定され

ていることを指摘するものである。現場において研究者が、必ず何者かとしてみられることは避けられない。そうだとすれば、現場で得られた発話やインタビューは研究者と被調査者の関係性を反映したものとしてみることが必要になる。

　実際、質的研究は、研究者が被調査者の前に何者として現れるのかによって、獲得できるデータの質が左右され、結果にも大きな違いを及ぼす。呉（2001）は「原風景」について、大倉（2002）はアイデンティティの拡散状態の体験について、気心の知れた友人との語り合いを通じて探っている。これは2人が探求しようとするテーマを得るためには不可欠な方法である。なぜなら「原風景」とは、人が子どもの頃からの体験をもち、懐かしく感じている風景のことである。このような現象について知るためには、幼い頃からの互いの体験が共有されていることが不可欠となる。また、アイデンティティというテーマも、容易に見ず知らずの他者に語れるものではない。様子を知り合う友人同士だからこそ語られるものであると考えられる。

　もっとも、語り手と聞き手との関係は、〈いま―ここ〉でのみ成立しているわけではない。社会的・歴史的文脈によって、〈いま―ここ〉の関係の性質が規定されていることがある。たとえば、石井（1997）は、沖縄のある集落で参与観察を行っている。沖縄では本土出身者を表わすヤマトゥンチュと、沖縄人であることを表わすウチナンチュという二分法的カテゴリーがある。この二分法は、第二次世界大戦中、および戦後に沖縄がくぐってきた歴史的状況におかれることで、ヤマトゥンチュとされる人々にネガティブな影響をもたらすことがある。石井もまた、沖縄の人からはヤマトゥンチュとみなされる。したがって、彼に語られた内容を分析するうえでは、不可避的に、「ヤマトゥンチュ」に対して語られているという事実を前提にする必要が生じる。

　もっとも、現場の人たちとの関係が大事ではあるが、それは現場の人から必ずしも「本音」「本心」を聞くことが目的だからではない。たとえば、菅野（2001）は、乳幼児をもつ母親が、わが子を「嫌」だと感じる瞬間について聴き取っている。彼女は、ここでの母親の語りを説明づけ（accounting）と呼んでいる。そしてそこには、こうした母親の語りのなかに、自らをある一定の道徳性、規範性をもつ人物として呈示することを可能にするしかけがあることを明らかにしている。一般的に考えて、わが子のことが嫌になるといった経験を語ることは、聴き手から否定的に受け取られがちである。だから、われわれは、母親から「自分の子どもが嫌だ」と語られ始めたとき、もしかしたら「本音を話してくれ

ている」と感じるかもしれない。もちろん、たしかにそういう側面もあるだろう。ところが母親の側からしてみれば、たとえ「子どもが嫌だ」というトピックについて語っても、なんでもかんでも自分の思うがままに語っているわけではない。自分をある一定の印象でみてもらおうと工夫しているともいえる。

[5] 「観察者（研究者）」の学習

　多くの場合、質的研究においては、現場の人の「こころ」を理解することには時間がかかる。研究者自らが、調査当初に抱いていた思い込みを脱して、相手の枠組みを体験的に知っていくことが求められるからだ（南, 1996）。

　石野（2003）は、6年間という長期にわたって調査を続けてきたが、そのなかで徐々に自分の認識も変化したことを報告している。自分の研究が、現場の人たちのどのような役に立てるのかと自問することもあったという。松嶋（2002b）もまた、3年間にわたって施設でフィールドワークを行ったが、その過程では、何度か対象への認識が変化していった。すなわち、最初は現場での実践形態に懐疑的であったが、後半になるにつれて、現場の指導者が行っていることの意味が実感され、そのことによって、その場で行われている実践に対する共感が増すことを体験した。実際、認識が変わるだけではなく、研究者のあり方自体、長期間の関わりのなかで変化していく。たとえば、古澤（2001）は長期縦断的な子どもとの関わりのなかで、対象となる子どもからは、研究者である自分の見え方が異なってきたことを報告している。これは、研究者自身が変わらずにそこにい続けることはありえないことを示していると思われる。

　このようにみてくると、質的研究における調査とは、研究者とは切り離された外部にある対象を観察するのではなく、研究者と被調査者が協同で意味を交渉しあっていくプロセスであるということが実感される。その中では、本山（2000）が「〈出来事〉に遭遇すること」と呼んでいるように、自分のそれまでの見方を相対化するような体験をすることがある。本山が挙げているのは澤田（1993）の例である。すなわち、澤田はある島において調査をしていた。当初、彼が主に情報を得ていた人物は、澤田にも通じる言葉を話す人物であり、それは漁民の方言とは異なるものであった。澤田はこのことを知識としては知っていたものの、調査が進展したときに初めて、漁師の話す言葉が全くわからないということに改めて気づき、調査の障壁として体験したという。

　フィールドワークにおいては、研究者は、このような体験を通して常にフィー

ルドの性質についてモニターすることが求められる。これらはぶつかってみて初めてその存在に気づくことが多いが、宮崎（2001）が報告するように、現場についての理解不足から、現場の信用を得られず、調査を続けられなくなることもあるから、注意が必要である。

このように、現場の人の「こころ」を理解することは、研究者自身の認識を反省的に振り返り、自らのあり方を問いなおすことでもある。先述したように、質的研究においては、研究者は調査対象となる現場から距離をとり、外在的にこれに関わることができない。知らず知らずのうちに、調査対象のなかで盲目になる点もでてきてしまう。このことは、調査対象との関係のあり方や、自らが対象に与えている影響の善し悪しを吟味していくうえでも重要である。

その意味で、研究者の反省性は、調査の過程のなかでの盲点に気づくことを可能にし、調査対象を深く理解することや、研究者としての倫理を考えていくことを可能にするといえる。

[6] 質的研究の評価基準

質的研究であっても、単なる思弁ではなく、経験的データに依拠して議論するという意味で、広義の科学性を保証する必要がある（西條，2003）。ただし、これまでに数量的研究において用いられてきた評価概念を無自覚に使ってはならないことも、しばしば指摘される。

伝統的に、研究評価にあたって重視されて来たのは「客観性」である。佐藤達哉（2002）は、質的研究においてこれに代わる評価概念として、「再現可能性」「**反証可能性**」を挙げている。先述された Geertz（1973）の「厚い記述」は、この基準を満たすための工夫の一つでもある。つまり、他者が同じことができるようするために、条件を詳しく書くということである。実際のデータを開示して、読者に再解釈の余地を残しておくことも求められる（南，1992）。どのように結果が導かれたのかという過程を、できるだけ透明にする必要もある。いずれにしても、自分がみたものを、みていない他者にもわかるように、説得的に記述する必要がある。フィールドワークに行き、そこでみたものが存在するということを、「私がみたから、あるのだ」と言ってしまったら、循環論となって議論にならない。

次に問題になるのは「信頼性」である。これは通常、同じ条件のもとであれば、同じ結果が繰り返し得られることを意味する。しかし、質的研究で対象にな

るエピソードは一回性をもつものであり、繰り返し同じ結果が得られるということはありえない。佐藤達哉（2002）は「信頼性」に代わる概念として、「確実性」「**監査可能性**」を挙げている。つまり、同条件下で同じ結果が得られることよりも、その知見を導いた方法がどれだけ手堅いものであるかどうかを表すのが「確実性」である。また、「監査可能性」とは、どうしてその結果が得られたのかを辿ることができる道筋を残すことであり、これは西條（2003）のいう「決定（構造化）に至る軌跡（decision trail）」という基準とも重なる。質的研究は、仮説検証の枠組みにはなじみにくく、調査中の認識の深化の過程が、論文中に盛り込めないことも多い。そのため、結果が示されてはいるものの、それがどのような過程を経て集められたものかが不透明であることが多い。このことが質的研究に対する信頼感を低め、恣意的との批判を呼ぶことにもつながっている。研究の透明性を高めていくためにも、研究のプロセス自体を検討する必要性が、質的研究には求められている（石野，2003；松嶋，2004）。

「妥当性」もまた重要である。佐藤達哉（2002）は「有意味性」「真正性」という概念を挙げている。質的研究は少数事例だけで構成されることが少なくなく、数量的研究の枠組みから、「1事例で何がわかるのか」という疑念が寄せられることがある。「有意味性」とは、このような疑念に対して、「何がわかったのか」「この調査にはどういう意味があるのか」を、読者に明確に説明することができるということである。一方、「真正性」とは、その研究が背景としてもつ理論からみて、自分の集めたデータが、その理論が要請する基準を満たしていることを説明できるということになる。

このほか、妥当性を満たす基準として「転用可能性」もある。これは、ある限定された現場から得られた知見が、他の類似した現場に対して、どの程度、転化して応用することが可能であり、どういった点において転化してはならないのか、をはっきり示すということである。概念が意味するところを、個々の研究者が吟味し、無限定に適用されることがないように、概念を鍛えるという作業を行うことが必要となる。

[7] 質的研究法という選択

どの領域で使われるにせよ、はじめに質的研究法ありき、という姿勢は慎まなければならない。方法は、あくまでも目的と相関的に決められるべきものであって、自らの探りたいテーマを追求するための道具にすぎない。ナラティブを扱っ

たとしても、目的次第では、数量的な検討が望ましい場合もあるだろう。

また、前言と矛盾するかもしれないが、質的研究は単なる手法であると同時に、それ自体が、ある種のものの見方、世界との関わり方をわれわれに示すものでもある。どれでも好き勝手に使えるわけではなく、それぞれの手法は、おのおのに現象の見え方に一定の制約を与えていることを理解しておく必要がある。

冒頭で述べたように、本節では、数多くある質的研究法をひとくくりにして「質的研究」としている。このようにまとめることは、質的研究／数量的研究という二分法からのみ研究を評価することを助長し、かえって生産的な議論を阻害する危険性をもっている。質的研究内での方法論の違いに敏感になること、そして、質的研究のもつ限界点を見極めておくことが求められる。

引用文献

Bakhtin, M. 1975 Слово в романе, Из предыстории романного слово. Москва.（伊東一郎（訳）1996 小説の言葉．平凡社．）

Bruner, J. 1986 *Actual minds, possible worlds*. Harvard University Press.（田中一彦（訳）1998 可能世界の心理．みすず書房．）

Burr, V. 1995 *An Introduction to Social Constructionism*. Routledge.（田中一彦（訳）1997 社会構築主義への招待――言説分析とは何か．川島書店．）

Geertz, C. 1973 *The Interpretation of Cultures : Selected Essays*. Basic Books.（吉田禎吾・柳川啓一・中牧弘允・板橋作美（訳）1987 文化の解釈学．岩波書店．）

Glaser, B. G. & Strauss, A. L. 1967 *The Discovery of Grounded Theory : Strategies for qualitative research*. Aldine.（後藤 隆・大出春江・水野節夫（訳）1996 データ対話型理論の発見――調査からいかに理論をうみだすか．新曜社．）

刑部育子 1998 「ちょっと気になる子ども」の集団への参加過程に関する関係論的分析．発達心理学研究, **9**, 1-11.

Heidegger, M. 1927 *Sein und Zeit*. Niemeyer.（細谷貞雄（訳）1994 存在と時間．筑摩書房．）

石井宏典 1997 語られる共同性――ライフストーリーを読む．茂呂雄二（編）対話と知――談話の認知科学入門，175-202．新曜社．

石野秀明 2003 関与観察者の多様な存在のありよう――保育の場での子どもの「育ち」を捉える可能性を探り当てる試み．発達心理学研究, **14**, 51-63.

加藤弘通 2001 問題行動の継続過程の分析：問題行動を巡る生徒関係のあり方から．発達心理学研究, **12**, 135-147.

川喜田二郎 1967 発想法．中央公論社．

古澤頼雄 2001 縦断的研究．斎藤耕二・本田時雄（編）ライフコースの心理学．金子書房．

鯨岡 峻 1999 関係発達論の構築――間主観的アプローチによる．ミネルヴァ書房．

松嶋秀明 2002a いかに非行少年は問題のある人物となるのか？――ある更生保護施

設でのソーシャルスキルトレーニングにおける言語的相互行為．質的心理学研究，**1**，17-35．
松嶋秀明　2002b　観察者の「私」の物語り的構成——自身のフィールドワーク過程の再検討．名古屋大学大学院教育発達科学研究科紀要心理発達科学専攻，**49**，17-29．
松嶋秀明　2004　質的研究に，もっと研究のプロセスを．発達心理学研究，**15**，243-245．
南　博文　1992　事例研究における厳密性と妥当性——鯨岡論文（1991）を受けて．発達心理学研究，**2**，46-47．
南　博文　1996　経験に近いアプローチとしてのフィールドワークの知——embodied knowing の理論のための覚え書き．九州大学教育学部紀要教育心理学部門，**39**（**1-2 合併号**），39-52．
箕浦康子　1999　フィールドワークの技法と実際——マイクロ・エスノグラフィー入門．ミネルヴァ書房．
宮崎清孝　2001　AV 機器が研究者によって実践に持ち込まれるという出来事——研究者の異物性．石黒広昭（編）AV 機器をもってフィールドへ——保育・教育・社会的実践の理解と研究のために，121-142．新曜社．
森田京子　2004　アイデンティティー・ポリティクスとサバイバル戦略——在日ブラジル人児童のエスノグラフィー．質的心理学研究，**3**，6-27．
茂呂雄二　2001　実践とエスノグラフィの意味．茂呂雄二（編）シリーズ状況論的アプローチ 3　実践のエスノグラフィー，1-21．金子書房．
本山方子　2000　フィールドワークにおいて〈出来事〉に遭遇すること——民族誌『森の狩猟民』の記述を手がかりにして．人間文化論叢（お茶の水女子大学大学院人間文化研究科），**2**，157-168．
西阪　仰　1997　相互行為分析という視点——文化と心の社会学的記述．無藤　隆・田島信元（編）シリーズ認識と文化 13．金子書房．
能智正博　2000　頭部外傷者の〈物語〉／頭部外傷者という〈物語〉．やまだようこ（編）人生を物語る——生成のライフストーリー，185-214．ミネルヴァ書房．
大倉得史　2002　拡散．ミネルヴァ書房．
呉　宣児　2001　語りからみる原風景——心理学からのアプローチ．萌文社．
西條剛央　2003　「構造構成的質的心理学」の構築——モデル構成的現場心理学の発展的継承．質的心理学研究，**2**，164-186．
戈木クレイグヒル滋子　1999　闘いの軌跡——小児がんによる子どもの喪失と母親の成長．川島書店．
佐藤郁哉　1992　フィールドワーク——書を持って街に出よう．新曜社．
佐藤郁哉　2002　フィールドワークの技法——問いを育てる，仮説をきたえる．新曜社．
佐藤達哉　2002　モードⅡ　現場心理学・質的研究——心理学にとっての起爆力．下山晴彦・子安増生（編）心理学の新しいかたち——方法への意識，173-212．誠信書房．
澤田英三　1993　フィールドワーク初期に展開する研究者心理の微視発生に関する一考察——フィールドが自分らしくあれるまでの過程．広島大学教育学部紀要，**42**，161-170．

菅野幸恵　2001　母親が子どもをイヤになること——育児における不快感情とそれに対する説明づけ．発達心理学研究, **12**, 12-23.
杉万俊夫（編著）　2000　フィールドワーク人間科学．ミネルヴァ書房．
當眞千賀子　2000　人がインスクリプションを用いて可視化する「人，もの，世界の関係」の多様性——川床論文に対するコメント．心理学評論, **43**, 24-26.
やまだようこ　2000　人生を物語る．ミネルヴァ書房．
矢守克也　2003　4人の被災者が語る現在——語り部活動の現場から．質的心理学研究, **2**, 29-55.

5

事例研究法

坂爪洋美

　事例研究法は、心理学だけでなく、経営学における組織研究や、文化人類学における異文化の理解など、幅広い分野において用いられている研究方法である。学問領域によって分析される事例は異なるが、全ての事例研究に共通することは、取り上げられる事例が、現実の世界で自然に生じる出来事であることである。言い換えれば、実験的に無理やり作られた出来事や、シミュレーションによって生じた出来事は取り上げていないということである。

[1]　事例研究（case study）とは何か

　Yin（1994　近藤訳　1996）は、事例研究を、公共政策や社会科学で一般的に活用することができるリサーチ戦略とみなしたうえで、次の2点によって定義している。第一に、事例の範囲に関する定義である。Yinは「事例研究は経験的探求であり、とくに現象と文脈の境界が明確でない場合に、その現実の文脈で起こる現在の現象を研究する（p. 18）」と述べている。この定義は、実験や質問紙といった、心理学で頻繁に用いられる他の研究方法と比較した場合の事例研究の特徴を明らかにする。実験は、実験室など特殊な環境下において、多くの変数をコントロールし、限定されたごく少数の変数に注目するのに対して、事例研究では、現象と文脈を分離してコントロールすることはしない。また質問紙調査は、一般的に実験よりは多くの変数を扱うことができるが、それほど多くの変数を一度に扱うことはできない。そのため、文脈に関する調査をする方法としての能力は限定的である。それに対して、事例研究では、文脈に関するデータを豊富

に集めることができる。

　第二に、データ収集ならびに分析に関する定義である。この点に関して、Yinは「事例研究による探求は、関心のある変数がデータポイントよりもはるかに多いような技術的に特有の状況を扱い、その一つの結果として、**トライアンギュレーション**（triangulation：三角測量法）によって収斂させる必要のあるデータをともなう複数の証拠源を利用し、もう一つの結果として、データの収集・分析の指針となるすでに開発ずみの理論命題から便益を受ける（p. 19）」としている。言い換えれば、事例研究とは、データ収集やデータ分析をするための特定のアプローチを含む、研究デザインの論理をカバーする包括的な方法といえる。

　トライアンギュレーションとは、同一の現象を理解するために複数の方法を組み合わせて活用することで、四つのタイプがある。第一に、データのトライアンギュレーションである。これは複数の情報源から情報を収集することである。第二に、研究者のトライアンギュレーションである。これは、1人だけでなく複数の研究者が関与することである。第三に、理論のトライアンギュレーションである。これは、現象の解釈に対して複数の理論的スキーマを活用することである。第四に、方法論上のトライアンギュレーションである。これは複数の方法論を活用することである。これらにより、研究者はさまざまな視点から事例を理解することが可能になり、事例研究が有する問題点の一つであるバイアスについてもチェックすることが可能になる。Yinが指摘しているのは、この四つのうち、データのトライアンギュレーションである。

　心理学的事例研究では、一般的に何らかの問題を抱えた個人を対象とし、その個人にとって重要なエピソードを事例として取り上げることが多い。そして、個人がある状況下で、どのように、そしてなぜそのように行動したかについて、適切なフレームワークや手続きを用いて記述し、分析し、評価する。また、事例研究はある一定の時間的な範囲を有していることから、時間の経過による変化を記述することも重要である。特筆すべきことは、個人だけを状況から抜き出すのではなくて、「ある状況下にある個人」が、記述・分析・評価の対象となることである。

　コミュニティ心理学では、個人だけでなく、コミュニティや組織が事例の単位となることがある。コミュニティや組織を事例の対象として取り上げる場合には、時間経過による発達や変化のプロセスについて記述されることになる。同様に、コミュニティや組織を対象とする事例研究では、組織構造に着目する場合も

多い。その場合、組織構造が人々（特に、当該組織でコントロールする権限をもたない人々）に対して、与える影響に注目する研究が多い。

　事例研究に類似する研究方法としては**ライフヒストリー**（life history）があるが、両者の違いは、ライフヒストリーが、それほど密には関連していないがお互いに関連する一連のエピソードを対象としているのに対して、事例研究法では、個人にとって重要な一つの出来事を対象としていることである。結果として、事例研究法が対象とする時間的範囲は相対的に短いものとなる。

[2]　事例研究のさまざまなデザイン

　心理学的事例研究を実施する際には、研究の対象と目的に応じて、さまざまな研究デザインの中から、適切な研究デザインを選択することが必要になる。ここでは、①固有事例研究と道具的事例研究　②単一事例研究と多元的事例研究　③記述的事例研究と説明的事例研究、という三つの点から事例研究のデザインをみていくことにする。

1）固有事例研究と道具的事例研究

　事例研究法には、**個性記述的デザイン**（idiographic design）と、**法則定立的デザイン**（nomothetic design）の2種類が存在する。

　Stake（1995）によれば、個性記述的なデザインである**固有事例研究**（intrinsic case study）が扱うのは、その事例そのものである。つまり、固有事例研究で取り扱われる事例は、それ自体が興味深いものであり、特にその事例について知りたいという理由で選ばれるのである。具体的には、非常に珍しい症状や稀有な疾患を抱えたクライエントなどが、この例に該当する。このデザインでは、詳細で濃密な観察やインタビュー、それらに基づく物語的叙述を特徴とする。そして、取り上げられた事例を再構成するために、事例の全体像やプロセスが、リアリティを伴うかたちで記述される。

　一方、法則定立的なデザインである**道具的事例研究**（instrumental case study）では、関心のある現象を研究することを目的として事例選択される。死別や病気からの回復といった特定の現象について、「その現象が事例の中で、どのように現れるか」を研究し、有効な仮説ないしは視点を提供することが目的となる。したがって、事例の対象者は、研究者が関心をもっている現象を経験した個人となる。事例は仮説や視点を提供するための手段・道具であるために、道具的事例研

究と呼ばれる。道具的事例研究では、その事例が所属している範疇の典型例を選択することが望ましい（山本・鶴田，2001）。

2）単一事例研究と多元的事例研究

　事例研究のデザインには、単一の事例の詳細な探求を目的とするものと、逆に一連の事例の比較を目的とするものがある。Yin（2003）は、**単一事例研究**（single-case study）を選ぶ基準として以下の五つを挙げている。

　第一に、事例を使って、理論を批判的に検証することができる場合である。単一事例が、ある十分に定式化された理論を検証する際の決定的な事例（critical case）であり、理論を検証するために有用な全ての条件を充たす場合、研究者は単一事例を用いて、理論を確証したり疑問視したり、あるいは拡張するために単一事例を用いることができる。この場合、単一事例は理論構築に大きく貢献することになる。

　第二に、研究者個人が関心をもつ、独自あるいは稀少な事例を表現することができる場合である。この例は臨床心理学でよくみられるものであり、極めて稀にしか生じないある症候群では、その単一事例について記述し分析しておくことに価値がある。

　第三に典型的な事例の場合である。この場合、ある産業群の中での典型的な工場であったり、典型的な中学生である、というような、事例がその母集団の中での典型例であり、それについて有益な情報を提供することが期待される。

　第四に、新事実の事例の場合である。たとえば、問題となる事例について、漠然とは理解されていたが、これまで適切に情報源にアクセスできなかったため、その現象を明らかにすることができなかった、という意味で画期的であるという場合がこれに該当する。この場合、事例には前述のような稀少性はなく、広く存在するが未知のものであるという特徴を有する。

　最後に、縦断的な事例の場合である。一つの事例について、異なる二つもしくはそれ以上の時点で調査を実施することで、時間を通じてどのような変化が生じるか捉えることが可能になる。

　単一事例研究の弱点は、ある事例が、当初想定されたような事例にならないことが、調査開始後に明らかになることである。したがって、単一事例研究を実施する際には、事例の選択に細心の注意を払うことが求められる。

　一方、**多元的事例研究**（multiple-case study）デザインは、新しい理論を作り

出す機会となる。このデザインでは、事例を比較分析することで、理論を発展させ、修正するというプロセスを経ることになる。具体的には、最初の事例分析から暫定的な仮説を立てる。次に、これが他の事例にあてはまるかを検討する。こうして、研究している現象と関係する全ての例を、新しい理論で説明できるように修正していくわけである。

　具体的には、最初の事例分析に基づいて仮説が立てられたのち、各事例は、（a）同じような結果を予測するか　（b）対立する結果を生むか、というかたちで追試のために用いられることになる。後者の場合、対立する結果をもたらす要因が、事前に想定されていることが必要である。このような追試を通じて、特定の現象が発見される条件とともに、それが発見されない条件を説明することが可能になる。

　多元的事例研究では複数の事例を用いて追試を行い、より精緻化された理論を作り出すことに主眼がおかれている。これは母集団を代表するサンプルを対象として実施され、統計的手法によって特定の現象の頻度や、他の変数との関連を明らかにすることを目的とする質問紙調査とは、基本的な考え方が異なるものである。このことは、多元的事例研究における複数の事例それぞれを、質問紙調査における一つのデータと同等のものと捉えることは適切ではないことを意味する。その理由として Yin は、次の3点を指摘している。第一に、一般に事例研究は現象の発生率を評価するために利用すべきではないからである。第二に、事例研究は、関心のある現象とその文脈両方を扱うものであるが、それは極めて多数の潜在的な関連変数をもつ。それらの関連変数を統計的に考慮することはできないからである。第三に、全てのタイプの研究に質問紙調査の考え方を適用すると、重要なトピックスではあるが、非常に稀にしか出現しないようなトピックの研究ができなくなってしまうからである。

3）記述的事例研究と説明的事例研究

　事例研究の主たる目的は事例の理解にあるため、当然ながら、全ての事例研究には事例の具体的記述が含まれる。しかし、純粋に事例の記述にとどまる事例研究もあれば、記述を超えて何らかの説明を文中内で試みている事例研究もある。

　記述的事例研究（descriptive case study）とは、ある文脈で、どんな（what）現象が生じたのかといったことについての詳細な記述を目的とするものであり、詳細な記述をもとに、現象についての着想を得たり、理解を深めることができ

る。ボストンのイタリア系スラムコミュニティを対象とした小集団研究である、Whyte（1955　寺谷訳　1974）の『ストリート・コーナー・ソサイエティ』は、記述的事例研究の典型的な例である。

　一方、**説明的事例研究**（explanatory case study）とは、取り上げた現象に関する具体的な記述とともに、出来事の因果関係や、どのように（how）出来事が生じたのか、なぜ（why）生じたのかといったことに関して、説明的な概念を文中に組み込むものである（Yin, 2003）。研究者は、同じ現象について競合する説明を提示し、そうした説明がどのように他の状況に適用できるかを指摘する。キューバ・ミサイル危機を取り上げた Allinson & Zelikow（1999）では、3種類の、それぞれ異なるが相補的であるという性質をもつ説明を比較しながら、最も優れた説明を導き出している。さらに、そこから得られた説明を、危機状況だけでなくさまざまな政治的行為まで一般化しようと試みている。

　事例研究において、事例の詳細な記述にとどまらず、解釈し、理論的な説明を行うことに対してはさまざまな意見がある。事例研究では、事例に関する情報だけでなく、それを説明する概念を導入すべきであると主張する研究者もいる。逆に、事例研究において重要なことはそれぞれの事例の個別特殊的な状況を記述することであり、事例を読んだ者がその出来事を追体験し、自分で結論を作り上げることが重要であると主張する研究者もいる。Smith, Jarman, & Osborn（1999）は、これらの議論を踏まえて、いずれのアプローチをとっても、研究対象者から収集した情報と、研究者の解釈（因果関係や意味など）とを明確に区別することが重要であると指摘している。

[3]　事例研究法を実施するための基本的なルール

　Bromley（1986）は、優れた心理学的事例研究を実施するために必要なルールとして、以下の6点を示している。

① 　最も重要なことは、研究者は個人、その生活や環境について誠実に報告することである。記述は詳細についてまで正確でなければならない。また、それぞれの事実の関連性や重要性は、レトリックや特別な釈明によってではなく、合理的な理論に基づいて確立されなければならない。

② 　事例研究の目的は明確に述べられていなければならない。事例研究の内容や構成は、その研究目的によって大きく異なるものである。心理学的事例研究は、通常、窮地にある個人が呈する反応や、その反応がもたらす影響を理

解することを目的として実施されることが多い。これに関連して、Willig（2001　上淵・大家・小松訳　2003）は、事例研究の境界を定めること、そのために、研究者が研究目的ならびに研究事項を見極めることの重要性を指摘している。同じ事例であっても、研究者の研究目的によって、異なる視点から論じることができる。たとえば、連続殺人者を研究対象とした場合に、その精神病理から事例研究を実施することもできるし、生育歴から事例研究を実施することも可能である。

③　事例研究には、当初想定された研究目的が、どの程度達成されたかを評価する記述が含まれていなければならない。そこには、さまざまな理由から、関連があると想定される全ての心理学的もしくは環境的要因を、事例研究において調査することは不可能かもしれないし、個人の全ての行動を意味づけしたり、概念化することも不可能かもしれない、という前提がある。たとえば、自殺の事例において、全ての促進要因や素因についての情報を得ることはできないであろう。研究目標の獲得を妨げた要因について記述することも重要である。

④　事例研究の実施において、研究者が研究対象者に提示する質問が、研究対象者の深い感情や、重要かつ深遠な部分に関連する場合、研究者には高度なスキルが必要とされる。具体的には、長期間にわたる親密かつ困難が伴いうる人間関係を構成し、マネジメントするための訓練をうけ、スキルを身につけた研究者によってのみ適切に実施されるべきである。本来、非常に個人的な考えや感情、欲望を他者に開示することは、通常、長い時間をかけて構築される信頼を必要とするからである。また、系統だった平易な質問は、間違いや抜けやもれ、研究対象者の意図的な虚偽の発言が起こりにくくする。

⑤　研究対象者は、生態学的文脈の中で捉えられなければならない。研究対象者の物理的・社会的・象徴的環境を踏まえたうえで出来事について十分な説明をする必要がある。生態学的文脈には、生物学的かつ一次的な意味だけでなく、文化的かつ二次的な意味も含まれる。文化的な文脈には、建物や社会組織、コミュニケーションシステム、経済・政治システムといった、人間が作ったシステムのようなものも含まれる。

⑥　事例研究のレポートは、わかりやすい平易な言語で、かつ、一つの物語として読者の興味を失わない程度に、率直かつ客観的に書かれなければならない。また、それは高水準の証拠と議論を伴うものでなければならない。

事例研究の分量について、明確な基準があるわけではなく、それは調査目的、研究者が利用できる資源、研究者の能力などによって決まってくる。事例研究には、高品質のものからそうではないものまで幅があるため、事例研究は、科学的かつ専門的な基準によって評価することが必要であろう。

[4] 事例研究法に関する議論

事例研究法は、ある状況下におかれた個人の経験や行動について、幅広い問いを考える際に使うことができるが、一方で、繰り返し議論される課題を内包している。ここではなかでも代表的な二つの議論、①「一般化可能性」に関する議論 ②倫理に関する議論、を紹介する。

1)「一般化可能性」に関する議論

Silverman (2000) によれば、一般化可能性とは、特定の事例から、母集団への一般化を可能にする研究の特徴のことである。ある一つの事例研究の結果を別の事例に適用することができるか、一般化することはできるのかということは、事例研究法に関して、最も頻繁に批判かつ議論されてきたことである。その背景には、これまで行われてきた事例研究の中に、事例を単純化しすぎた研究があったこと、また単一の情報源しか活用していない研究があったことなど、研究手続き上、問題を有する事例研究が存在したことがある。また、伝統的な心理学が推測統計に依拠して科学主義を目指してきたことも、事例研究が批判されてきた一つの要因である。このような状況を背景として、ともすれば、事例研究法は個別の事例の特異性を記述するものであるか、現象から仮説をみつけ出すためのパイロットスタディであると位置づけられ、事例研究によって得られた結果の一般化可能性は低いとみられてきた。

一方で、複数の研究者が、事例研究に一般化可能性はあると指摘している。一般化可能性には二つの種類があると考えられている。第一に、事例の代表性による一般化可能性である。事例の頻度がその現象が典型的なものであるという信頼を高めることになる。この場合、一般化可能性は、同様の事例を集めることで達成される。第二に、事例研究は一般化可能な理論的命題を生み出すという考え方である。Yin (1994) は、事例研究は研究を通じて得られた知見を、母集団への類推（統計的一般化）ではなく、理論へと一般化（分析的一般化）することを目的とする研究方法であると主張する。つまり、ある事例研究から得られた知見に

ついて、母集団への類推をすることはできないが、その知見を理論へと一般化し、さらなる追試を通じて、理論的に検証することは可能であるという考え方である。Stake（1994）も、「事例研究は、既存の理論の限界（一般化可能性の限界）を調べることにも役立つし、理論を修正したり、今後さらに研究すべき複雑な点を示唆するという価値がある（p. 238）」と指摘している。

　一般に、事例の代表性による一般化可能性を追求することは、事例研究に向かない。少数の事例に基づく事例研究は、母集団を想定して実施される質問紙調査とは違って、事例の背後にある母集団について、何か言及するということを目的とはしていない。したがって、事例研究がもつ一般化可能性は、理論への一般化である。この一般化可能性は、統計的手法を伴う第一の一般化可能性に慣れ親しんでいる多くの心理学研究者にとって、なじみがないものである。事例研究法を行う研究者は、この点について十分理解しておくことが必要である。

2）倫理に関する議論

　Stake（1994）は、事例研究を含む質的研究の研究者に対して、「質的研究者は、研究対象者の個人的空間への客人である。礼儀正しく、厳しい倫理基準を持って望まなければならない（p. 244）」と述べている。個人を事例として取り上げることの多い心理学的事例研究では、研究対象者の匿名性や守秘義務に関して敏感であることが要求される。Bromley（1986）は、事例研究の形態や内容を保持したうえで、事例が特定されないように変更することは可能だとしている。また研究対象者に対して、彼らが提供したデータが研究に使用されること、言い換えれば、研究以外に使用されないことについて同意を得ておくことも必要である。

　事例研究を実施するプロセスでは、研究対象者が自分自身の経験（ライフイベントやその時点での状況）や、感情を話したり書いたりすることが求められる場面がある。このような経験は、研究対象者に対して刺激となり、さまざまな感情や思考を喚起する可能性がある。たとえば、それまで意識していなかった価値観を意識したり、意識していなかった出来事を思い出したりすることである。こうした経験は、肯定的で治療的な効果をもつ場合もある（Smith, 1993）が、好ましくない影響を与えることもある。Willig（2001）も、事例研究に参加することで、研究対象者に重大な変化が生じる可能性があることを指摘している。そして、研究者は、研究が研究対象者に対してもたらす影響に責任を負う必要はある

が、意図しないこれらの結果にいつも対処することができるとは限らないとしたうえで、必要に応じて、別のサポート機関を紹介することが重要であると指摘している。

[5] 事例研究の実際

坂爪 (2000) は、所属企業の早期退職制度の実施によって非自発的な退職をする個人が、退職についての検討を始めてから再就職先を決定するまでのプロセスにおいて、遭遇する課題とその変遷について明らかにすることを目的とする事例研究を実施した。同時に、アウトプレースメント会社を非自発的退職者のサポート源の一つと捉え、アウトプレースメント会社が提供するサポートが果たす機能、ならびにその限界についても検討した。

この事例研究の背後には、これまで日本企業の特徴の一つであった終身雇用制が崩れ始めたことや、個人のキャリア形成において個人が果たす役割が増大してきたことなど、雇用やキャリアをめぐる様々な方向転換がある。これらの現象は、個人が自らのキャリアに対する興味関心を高める結果をもたらした。中でも、「中高年のリストラ」は、前述したような転換期の象徴的な出来事として注目を集めた。この意味において、この事例研究は、「漠然とは理解されていたが、これまで適切に情報源にアクセスできなかったため、その現象を明らかにすることができなかったことを明らかにする」という、単一事例研究の利点を踏まえているといえる。

この事例研究の研究対象者は、アウトプレースメント会社を利用して再就職をした30歳代後半の男性、ならびに、アウトプレースメント会社のカウンセラーである。再就職をした男性に対しては1回、カウンセラーに対しては合計で4回のインタビュー調査を実施した。複数の情報源を活用すること、ならびに、繰り返し情報収集を行い、それまでの段階で収集した情報について研究対象者に確認をとることで、さまざまなバイアスが生じることを避けている。事例では、男性が上司から早期退職を勧められたことで生じた怒り、所属企業から退職で感じた喪失感やこだわり、自分のキャリアを再構築することによる自尊心の向上、再就職活動の停滞によるあせりや不安の増大などが記述されている。

事例の分析から、非自発的な失業を経験した個人が、再就職活動を実施するプロセスにおいて経験する課題として、「前所属企業に対するネガティブな感情」「再就職に対する不安」「看板はずし」「働き方の再確認」「配偶者との課題の共

有」という五つの課題があることが明らかになった。「前所属企業に対するネガティブな感情」とは非自発的な退職をせまった前所属企業に対する不満や憤りのことである。「再就職に対する不安」とは、今まで経験したことのない、再就職活動に対する不安のことである。「看板はずし」とは、それまで所属していた企業の会社名（アウトプレースメント会社利用者の多くは大手企業の元従業員である）という看板の存在を認識し、社名なしの一個人としての自分の実力を知ることである。「働き方の再確認」とは、これからどのように働いていきたいかを確認することである。また、「配偶者との課題の共有」とは、他の四つの課題について、合意形成を目的として配偶者と情報を共有することである。

　これらの課題は、退職を決意してから、アウトプレースメントの支援を受けながら、再就職活動を開始し、再就職先の企業を決めるという一連のプロセスにおいて変化していくことが明らかになった。また、課題間での相互作用が存在することも明らかになった。

　一方で、アウトプレースメント会社が提供したサポートに関する分析から、アウトプレースメント会社が提供するサポートの有効性として、以下の3点を確認することができた。第一に、まだまだ外部労働市場が未発達な日本においては、アウトプレースメント会社が提供する再就職活動に関する情報は、利用者にとって非常に有効である。第二に、居場所の提供という側面を含め、物理的環境としてのアウトプレースメント会社は、有効なサポート源となっている。第三に、アウトプレースメント会社を利用する人々には、①早期退職制度を利用して所属企業を退職し、再就職先の企業を探している　②ほとんどの場合、非自発的な退職を経験している、という共通性がある。類似する経験をもつ人々との接触は、利用者にとって大きな情緒的サポートとなっていることも明らかになった。

　一方で、アウトプレースメント会社の目的が再就職援助であるため、利用者のキャリア形成という観点からみると、キャリア形成上対象すべき重要な課題であるにもかかわらず、再就職を妨げないとアウトプレースメント会社が判断した課題についてはほとんど取り上げられない、という問題点があることも明らかになった。このような現状を踏まえて、アウトプレースメント会社の利用者には、再就職に際し、自分のキャリアをどのように形成していくのか、その妨げとなっているものは何か、といった点について、あくまで個人主導で整理し、考えていく姿勢が求められることが指摘されている。

　その後、坂爪（2003）では、複数の研究対象者を対象とした多次元事例研究

を実施し，本事例研究で提示された課題，ならびにその変遷について追試をしている．

引用文献

Allinson, G. T. & Zelikow, P. 1999 *Essence of Decision: Explaining the Cuban missile crises*（2nd ed.）. Addison Wesley Longman.
Bromley, D. 1986 *The Case-Study Method in Psychology and Related Discipline*. Wiley.
坂爪洋美 2000 非自発的失業者の再就職プロセスにおける課題とその支援——早期退職制度による退職者の事例から．コミュニティ心理学研究，**4(1)**，45-62.
坂爪洋美 2003 キャリアの危機としての非自発的失業者の再就職活動——臨床心理学的アプローチに基づく心理的課題の探索．組織科学，**37(1)**，31-43.
Silverman, D. 2000 *Doing Qualitative Research: A Practical Handbook*. Sage.
Smith, J. A. 1993 The case study, In Bayne, R. & Nicolson, P.（eds.）*Counselling and Psychology for Health Professionals*. Chapman & Hall.
Smith, J. A., Jarman, M., & Osborn, M. 1999 Doing interpretative phenomenological analysis, In Murray, M. & Chamberlain, K.（eds.）*Qualitative Health Psychology: Theories and Methods*. Sage.
Stake, R. E. 1994 Case Studies, In Denzin, N. K. & Lincoln, Y. S.（eds.）*Handbook of Qualitative Research*. Sage.
Stake, R. E. 1995 *The Art of Case Study Research*. Sage.
Whyte, W. F. 1955 *Street Corner Society: The social structure of an Italian slum*. University of Chicago Press.（寺谷弘壬（訳） 1974 ストリート・コーナー・ソサイエティ——アメリカ社会の小集団研究．垣内出版．）
Willig, C. 2001 *Introducing Qualitative Research in Psychology: Adventures in theory and method*. Open University Press.（上淵 寿・大家まゆみ・小松孝至（共訳） 2003 心理学のための質的研究法入門——創造的な探求に向けて．培風館．）
山本 力・鶴田和美（編） 2001 心理臨床家のための「事例研究」の進め方．北大路書房．
Yin, R. K. 1994 *Case Study Research: Design and methods*（2nd ed.）. Sage.（近藤公彦（訳） 1996 ケーススタディの方法（第2版）．千倉書房．）
Yin, R. K. 2003 *Case Study Research: Design and methods*（3rd ed.）. Sage.

VI章
コミュニティ心理学者の役割

概説

高畠克子

　本章は、理論編の最後に位置し、Ⅶ章の実践編へと橋渡しをする重要な章である。本章では各領域別に節が組み立てられているが、各節の前半では、その領域においてコミュニティ心理学者が取ってきた役割を中心に、概念的・理論的な研究レビューが行われ、節の後半では、筆者自身が行った実践的研究に触れながら、全体として統合されているという構成になっている。

　さて、コミュニティ心理学者の役割については、その資質と共に多くの研究者によって論じられてきたが、やはり山本（1979, 1984, 1986 他）の 5 分類が分かり易く一般的であろう。そして、これらの役割の第一に掲げられているのが、「変革の促進者」（change facilitator）であり、これがある意味ではコミュニティ心理学者のラディカルな役割をイメージさせる。たぶんこれは、コミュニティ心理学が「人と環境の適合」（person-environment fit）を理念に掲げ、人の発達や成長を促進させる以上に、環境への働きかけを重視して、ひいては社会の変革を目指してきたことに繋がるのであろう。また、すでに Scribner（1970）は、コミュニティ心理学者を 4 タイプに分けているが、「社会運動（social movement）をする心理学者」と「社会活動（social action）をする心理学者」のタイプが、山本の「変革の促進者」に当たるのであろう。このように、コミュニティ心理学のパイオニアたちが考えた思想や姿勢を、われわれはしっかりと実践したり、発言したりできているかと振り返ると、いささか疑問に感じざるを得ない。それでも、3 節「地域精神保健領域」や 9 節「人権擁護領域」において、筆者らは障害者や暴力被害者に対して、社会が体制として培ってきた「差別や偏見」、および「排除」の思想を変革すべく、社会運動的な視点で論を進めている。

　次に、「コンサルタント」としての役割については、「コミュニティ心理学者

が、もしコンサルテーションを行っていないとしたら、コミュニティ心理学者として認めない」といっても過言でないほど重要である。したがって、全ての筆者がこの役割に触れているが、特に2節「教育領域」においては、学校コミュニティという専門家集団に、心理学者という異質な職種が参入したことで、ある種の混乱を起こしつつも、コンサルテーションという専門家を支援するやり方が、一定の評価と成果を得ていることが示されている。また、1節「臨床心理学的地域援助領域」および、5節「福祉領域」においても、地域福祉・児童福祉・障害者福祉・高齢者福祉では、それぞれの専門家やボランティアと、コミュニティ心理学者がコンサルテーションを通して協働していることが分かる。

さらに、「評価者」および「参加的理論構成者」としての役割は、困難ではあるがコミュニティ心理学者としての真価が問われるところである。コミュニティ心理学者は、必要とされる現場に出向き、そのコミュニティのもつニーズをアセスメントをした上で、どのような介入や問題解決を行えばよいかを検討し、その結果を評価しなければならない。4節「医療・看護領域」においては、介護者・がん患者・子どもに対する、連携・協働によるエンパワメントとソーシャルサポートが具体的に述べられ、その後に医療・看護者のメンタルヘルス・ケアに関する尺度作成とその有効性が述べられており、このような実証的な研究は不可欠である。なぜなら、最近は、医療スタッフだけでなく、対人援助に携わる専門家が、さまざまなストレスによって、うつ病や燃え尽き症候群に罹患することが少なくないからである。それゆえに、6節「公衆衛生領域」における予防の問題も重要である。

最後に、「システム・オーガナイザー」としての役割については、7節「産業領域」でかなり詳細に述べられている。ここでは、個人レベルから、職場の小集団レベル、組織の構造や制度のレベル、社会・文化・環境レベルにまで、介入・支援の方向性が示されている。また、8節「NPO/NPO領域」においては、一市民としてのコミュニティ心理学者が、地域の自治会や余暇活動や市町村の行政計画に参加しながら、黒子的にシステムに介入している。

以上、山本によるコミュニティ心理学者の役割に沿って、各節のポイントを大まかに触れたが、振り返ってみると全体としてはコミュニティ心理学者のとる役割が並列的に述べられており、相互の関係や位置づけが不十分であると感じる。ところで、Duffy & Wong（1996　植村監訳　1999）の『コミュニティ心理学——社会問題への理解と援助』を見ると、第Ⅰ部の「導入」から、第Ⅱ部に

なると「社会変革」となっており，コミュニティ心理学が社会問題を扱い，その解決を社会改革に求めるという明確な方向性が打ち出されている。このように，コミュニティ心理学は本来価値中立的ではなく，障害者や社会的ハンディを負う人々のために存在するといってもよい。さらに，Scileppi, Teed, & Torres (2000 植村訳 2005) によれば，コミュニティ心理学者が，変革のエージェントたらんとする場合，①議員などの政治的役割を取る人　②プログラム評価者　③ヒューマンサービス機関の責任者やスタッフ　④大学教授や教員，などであることが重要であるという。本章の執筆者は，おおむね④に当たる人々であるが，版を改めるごとに，①②③の社会変革に強力なパワーをもつ人々に登場願って，変革者の視点からコミュニティ心理学に深まりと広がりとを与えてほしいと思う。

引用文献

Duffy, K. G. & Wong, F. Y. 1996 *Community Psychology*. Allen & Becon.（植村勝彦（監訳）　1999　コミュニティ心理学——社会問題への理解と援助．ナカニシヤ出版．）

Scileppi, J. A., Teed, E. L., & Torres, R. D. 2000 *Community Psychology. A Common Sense Approach to Mental health*. Prentice-Hall.（植村勝彦（訳）　2005　コミュニティ心理学．ミネルヴァ書房．）

Scribner, S. 1970 What is community psychology made of? In Cook, P. E.（ed.）*Community Psychology and Community Mental Health: Introductory readings*. Holden-Day.

山本和郎　1979　コミュニティ心理学の課題．安藤延男（編）コミュニティ心理学への道．新曜社．

山本和郎　1984　コミュニティにおける心理臨床家——臨床心理の独自な領域を求めて．村瀬孝雄・野村東助・山本和郎（編）心理臨床の探究．357-383．有斐閣．

山本和郎　1986　コミュニティ心理学——地域臨床の理論と実践．東京大学出版会．

臨床心理学的地域援助領域

山本和郎

[1] 日本における臨床心理学的地域援助

　Ⅰ章のコミュニティ心理学の歴史で述べられたように、コミュニティ心理学が、地域精神保健を母体に生まれた経緯をみると、最初に取り組んだ課題が臨床的問題であったことが納得できる。筆者は1965年にハーヴァード大学医学部に留学し、地域精神保健の手ほどきを受けたが、そこで学んだことは、病院の緊急外来サービスにおける危機介入、地域相談室での危機介入、学校に出向いての教師に対するコンサルテーション、看護学生に対するグループ・コンサルテーション、就学児童に対する就学準備状態のチェックアップ、などの実習であった。危機介入は、問題の渦中にあるクライエントの問題を的確に見立てて、どの相談機関またはどの病院に、あるいはどの地域のケア提供者につないだらよいのかを判断するサービスで、学校教師に対するコンサルテーションは、児童・生徒の発達に取り組む教師への支援活動であった。さらに、看護学校に対する活動は、在籍する学生の悩みを聴くことを通して、看護学生が退学するのを防止する相談活動であった。**チェックアップ・サービス**（check-up service）は、小学校入学直前の子どもの就学準備状態を調べ、入学に不安のある者に就学時前ガイダンスを行うものであった。危機介入、コンサルテーション、さらに予防プログラムは、コミュニティ心理学の重要な方法となっているものである。

　コンサルテーション（consultation）について、初めて日本に紹介されたのが、山本（1967a）の論文であり、危機理論と危機介入については、山本（1971）で

紹介された。ハーヴァード大学で地域精神保健を学んだ体験を紹介したのが山本（1967b）であったが、発表当時はほとんど注目されなかった。その後、佐治守夫・水島恵一（編）『臨床心理学の基礎知識』（1974）の第9章で、筆者が「地域精神衛生」を担当してはじめて、日本の心理臨床の世界に、コミュニティ心理学の母体である地域精神保健の考えが導入されることになった。

筆者は1965年から75年までの10年間、コミュニティ・メンタルヘルス・ワーカーとして、国立精神衛生研究所で研究と実践活動を行ってきた。しかし、自分は心理学の専門家であり、地域精神保健はやはり医学の世界のことなので、心理学独自の社会問題解決の学問領域を日本でも作らねばと思い立ち、1975年4月に、当時九州大学在職の安藤延男と共に、「コミュニティ心理学シンポジウム」を開催した。この年が、日本でのコミュニティ心理学の誕生の年だといえる。その第1回シンポジウムのまとめが、安藤（編）『コミュニティ心理学への道』（1979）として出版された。続いて1976年に行われたシンポジウムについては、筆者が『コミュニティ心理学の実際』（1984）として出版した。シンポジウムは23回を重ね、1998年に日本コミュニティ心理学会となったことは周知の通りである。

一方、臨床心理学領域でも、1964年に日本臨床心理学会が設立されたが、1969年9月に、心理技術者認定機関が、「臨床心理士」の認定業務の開始を発表したのをきっかけに、その年の10月に開かれた第5回名古屋大会において、資格そのものと資格認定の手続きに関する疑問が噴出し、理事を追及するという形のいわゆる学会闘争がはじまった。1971年11月には理事会が不信任され、学会改革委員会が作られ、ここで臨床心理学の中核学会が機能停止状態になった。この学会の動きについていけなかった人々、職場で心理臨床の業務に携わりながら、そこで何をしたらよいのかを少しでも前向きに考えようとする人々、学会闘争を知らない若い心理臨床家たちが、1979年に「心理臨床家の集い」をもち、1982年10月に京都で学会設立総会がもたれ、1982年10月に九州大学で日本心理臨床学会第1回大会が開催された。以来順調に発展し、2006年12月末現在で、会員数19,042名に達している。さらに、1988年3月に日本臨床心理士資格認定協会が設立され、1990年8月に文部省（当時）により財団法人として認可され、臨床心理士の資格認定業務を開始した。ここに臨床心理士資格制度が確立したことは大きな成果であった。

一方、1996年4月に文部省初等中等教育局長より、「**スクール・カウンセラ**

ー(school counselor)活用研究委託実施要項」が示され、都道府県の教育委員会は、臨床心理士会から推薦された臨床心理士をスクール・カウンセラーとして、小学校・中学校・高等学校で活用し始めた。さらに6年間の活用調査期間を終えて、2004年から制度化に踏み切られた。このスクール・カウンセラー活用事業と制度化により、臨床心理士の存在は世の中に認知されることになった。また、1995年1月17日早朝に発生した阪神・淡路大震災で、兵庫県臨床心理士会が被災者の心のケアと支援活動に乗り出し、従来の密室における心理臨床活動を地域社会にフィールドを移し、臨床活動を開始したことは、臨床心理学のこれまでのアイデンティティをがらりと変えるものであった(Ⅶ章1[8]を参照されたい)。

このように、スクール・カウンセラー事業によって、臨床心理士が世の中にはっきりと認知されるにつれ、社会からの臨床心理士に対する要請も日増しに増加しており、それに伴って臨床心理士会もその対応に忙しさを増している。さらに、各地で起こる自然災害被災者への支援活動、子育て支援活動、ドメスティック・バイオレンス被害者に対する対応、HIV感染者への支援、犯罪被害者への支援、高齢者への支援、そしてスクール・カウンセラーの取り組みなど、その活動範囲は従来の臨床心理学の守備範囲をはるかに超えたものとなっている(山本,2001)。

この地域社会に出て活動する心理臨床実践は、日本臨床心理士認定協会が、臨床心理士の実践活動として定めた「臨床心理相談」「臨床心理アセスメント」についで、3本目の柱として挙げた「**臨床心理学的地域援助**」といわれるものである。コミュニティ心理学は、この実践の土台を提供していることになる(山本,2002)。

[2] 臨床心理学的地域援助とは何か

この臨床心理学的地域援助は、現代の日本の社会的要請によって、欠かすことのできない実践領域となった。だが、臨床心理学的地域援助とは何か、ということははっきりと定義されてこなかった。そこで、コミュニティ心理学の立場からの定義を提案してみることにする。

臨床心理学的地域援助とは「地域社会で生活を営んでいる人々の、心の問題の発生予防、心の支援、社会的能力の向上、その人々が生活している心理的・社会的環境の整備、心に関する情報の提供等を行う臨床心理学的行為」(山本,2001,

p. 244) を指す。

　この定義によれば、臨床心理学的行為を行う対象者は、地域社会で生活を営んでいる人々であり、病院や施設に入院していたり収容されていたりする人々ではない。つまり、日々地域生活・家庭生活を営んでいる普通の人々である。障害や病気を抱えながら地域社会において自力で生活している人々、病気や障害をもっていないが、日常生活の中でストレスを抱えて生活している人々などである。

　また、その臨床心理学的実践の内容は、第一に、問題が発生しないようにあらかじめ予防対策を行うこと、特に**一次予防**（primary prevention）をすることである。心の病の原因はまだはっきりしなかったり、原因が複雑であったりするが、ストレスの低減またはストレス対処方法を身につけることによって、心の病の予防をすることができる。第二に**心のケア**（mental care）である。何らかの意図をもった他者の行為に対する働きかけであり、その意図を理解しつつ、行為の質を維持しつつ、改善する一連のアクションのことをいい、最終的に他者への**エンパワメント**（empowerment）を図る（事柄をこなす力をつける）ことである（今田，2000）。心の支援とは、病気や障害、心の悩みを抱えて生活している人々の心の支えになるだけではなく、自分自身の生活を生きるという力の獲得を目指す働きかけである。支援のためには**ソーシャルサポート・グループ**（social support group）を作り、そのグループによって、または、個人的にはカウンセリングやコンサルテーションによって、心の支えとなる活動である。第三に、社会的能力の向上を図ることである。これは、心の発達促進を手助けしたり、社会的能力を身につけるような訓練プログラムを提供したりする活動である。発達障害児の訓練、精神障害者回復クラブの支援、デイケアのグループ活動などへの臨床心理学的活動がそれである。第四に、心理的・社会的環境整備である。これは問題を抱えた本人だけでなく、その人を囲む環境の側に働きかけ、環境を整備・改善・改革することで、**人と環境の適合**（person-environment fit）、あるいは人と環境の調和をより増加させることである。家庭では両親の育児態度の改善を図ったり、学校では教師が児童・生徒をより適切に理解し指導できるように援助したり、職場の雰囲気や学校環境の改善を行ったり、さらには社会制度の見直しに参加したりする活動である。最後に第五として、地域生活を営んでいる人々に、心の問題に関する情報を提供する活動である。このことによって、心の病気や心の仕組みについての理解が深まるのである。このような5点の活動内容を含む臨床心理学的支援が、臨床心理学的地域援助である。

こうした臨床心理学的地域援助を展開するためには、それなりの理念を備えなくてはならない。これらの理念は、コミュニティ心理学的アプローチの中にさまざまな形でちりばめられている。伝統的な個人臨床心理学的活動を超えて、地域社会で生活する人々にとって、身近でより役に立つ臨床心理学を目指すためには、コミュニティ心理学的アプローチの理念をもって臨床活動を展開しなくてはならない。このもつべき理念は、次の通りである。

[3] 臨床心理学的地域援助者のもつべき理念

1) コミュニティ感覚をもつこと

　援助者になる側も被援助者になる側も、コミュニティ（地域社会）の一員なのだという感覚を大事にすることが必要である。そして、このコミュニティの中で共に生き、共に生活しているのだという感覚を大切にすることである（Sarason, 1977）。心理臨床家は病院や相談室の中で、「患者と治療者」という関係でクライエントを見ることに慣れてしまい、クライエントが生活者であり、しかも、自分も同じ生活者であるという自覚が薄れていることがよく見られる。心理臨床家が学校社会や地域社会に飛び出していったとき、その社会性の欠如が指摘されるのも、このコミュニティ感覚の欠如からくるものである。**コミュニティ感覚**（sense of community）をもつことで、被援助者と援助者の関係は、従来の「患者と治療者」とは違う関係が生まれてくる。たとえば、被援助者がセルフヘルプ・グループを作り相互に支え合うのを、援助者として見守る関係になったり、災害被害者を支援する場合、被災者を決して患者呼ばわりせず、また援助者も、心の専門家を名のらない関係になったりすることである。

2) 社会的文脈内の人間であるという認識

　クライエントを理解する場合に、心の内面への理解も重要であるが、クライエント自身は、家族の一員であり、学校組織や職場組織のメンバーであり、地域社会の中で生活する人であり、社会制度を遵守して生活する人である。こうした集団・組織・社会という入れ籠的な社会システム内に存在する人、つまり**社会的文脈内存在**（person in social context）であるからこそ、クライエントが環境システムとどのような関係をもっているのかを理解しなくてはならない（Orford, 1992　山本監訳　1997）。社会的文脈内の人間だからこそ、問題の解決には心の内面に焦点を合わせるだけでなく、**環境面への調整・介入**を行うことも可能であ

ることを念頭に置いて、働きかけなければならない。

3) 悩める人々の援助は地域社会の人々との連携で

　悩める人々、ニーズをもった人々への援助は、地域社会の人々との連携で行わなくてはならないことである。心理臨床家もそのネットワークの一員であり、その一員として専門性を役立たせるのだ、という自覚をもつことである（山本，1986）。その考えの根底には、クライエントと呼ばれる人についての次のような認識がある。つまり、クライエントはそれぞれに生活を営んでいる。すなわち、クライエント・ライフを生きている。そのクライエント・ライフは、地域社会のさまざまな人々によって支えられている。もちろん、その中核は家族であるが、さらに親族、友人、近隣の人々、先輩、同僚などさまざまな人々によって支えられているのである。一方、心理臨床家は、せいぜい1週間に1時間しか面接をしない。もちろん、心の支えとなることはあっても、クライエントの現実の生活を支えているわけではない。また、クライエントの生活にはさまざまなニーズがあり、それを満たすのは地域社会の人々や、地域社会のさまざまな社会資源である。このように考えると、クライエントを支えているのは、多くの市井の人々であり、専門家はクライエント・ライフを支える人々や、資源の一つに過ぎないという認識が生まれてくるだろう。

　もちろん、心理臨床家の専門性は、クライエントの心の内面を共に見つめ、心の成長・成熟を援助するところにある（山本，1995）。そのためには、面接室という場面で、心を見つめる作業をきちんとする条件を整えなくてはならない。しかし、忘れてはならないのは、その相談室も他の関係機関や人々との連携で運営されており、心理臨床家自身も地域社会の人々との連携の中で生きているということである。

4) 予防を重視する

　心の問題が発生してから、心理療法やカウンセリングによって問題解決するよりは、心の問題が起きないように、予防対策に力をいれることの方が、多くの人々に役立つ実践になるだろう。この予防を重視する考え方は、医学でいえば、医学モデルに対する公衆衛生モデルの立場をとることである。心の問題の発生原因はまだ十分に解明されていないという意見もあり、また、複雑で一次予防などできないという意見もあるが、とりあえずストレス対策によって予防が可能であ

る。ストレスの軽減法かストレス対処法かを身につけることによって、対処可能になる。このように具体的に、**ストレス・マネジメント**（stress management）をしたり、心の病についての知識を提供したり、子育ての知識を提供する講演会や講習会を開催したりするのも、一つの予防活動になる。また、心の問題を抱えやすい集団、つまり**リスク・ポピュレーション**（risk population）を対象に介入するのも、予防活動の一つといえよう（山本，1986）。

5）強さとコンピテンスの重視

弱いところを改善し修復しようとする発想は、医学モデルの発想である。これに影響を受けているのが、伝統的な臨床心理学である。ところが、コミュニティ心理学は、個人の強いところをもっと強め、**コンピテンス**（competence）を向上させるように支援したり、成長を促進させるよう訓練したりする立場をとっている（山本，1986）。ソーシャルサポート・グループを支えていく活動も、この考え方によっている。また、発達障害児の支援活動も精神障害者の回復過程への支援活動も、このコンピテンスの向上を目指しているのである。

6）エンパワメントの重要性

支援の目的は、被支援者の心のケアだけでなく、被支援者自身のもっている潜在的な力を、最大限に発揮できるようにするのが目的である（久木田，1998）。自らの行動を自分でコントロールし、決定し、自らの生きる意味を見出していくことである。社会的無力の状態に置かれた人々が、社会に対して、はっきりと自己の権利を主張できるように支援することである。たとえば、血友病で輸血を受け、HIV感染したクライエントの支援において、心のケアを通じてその人が生きていくことを支援するだけでなく、輸血をした医師や、それを許可した厚生労働省に対する責任を問う裁判闘争を支援し、対社会的に自分たちの立場を訴えて、**権利の回復**に至るまでを支援することである。

ソーシャルサポート活動の中でのエンパワメントとは、個人・組織・コミュニティの3層にわたり、自らの生活に**統制力と意味**を見出すことで、力を獲得するプロセスである。個人レベルでは、無力の状態から、認知・行動・情動面に働きかけて変化を生じさせ、生活面に統制力と意味を見出すことで実現され、組織レベルでは、コミュニティ感覚がグループの中で形成されていくことで実現され、コミュニティ・レベルでは、対社会的に影響を与える運動を展開していくこ

とで実現されるプロセスである（三島，1999）。

　この概念が特に重要なのは、心の問題を抱えている人々を、生活者として支援する際である。生活者として生きている人々が、自己の問題を自分の力で統制し解決し、集団や地域社会の中で共に生き、支え合っているのだという感覚をもち、さらには、社会に向かって、自分たちの主張を伝えていくという力をもてるように支援するのである。単に心が軽くなることを目指すだけではなく、生活者としての心の問題を抱える人々を、エンパワメントすることが支援の目的である。そうなってくると、被援助者は、与えられた援助を黙って受け取るという一方的な関係から、自ら必要とする援助を要求し、作り合う関係に拡大し、パラダイム・シフトが起こることになる（植村ら，1997；Duffy & Wong, 1996　植村監訳　1999）。

7）ケアの精神の重要性

　心理療法やカウンセリング関係においては、問題の解決や症状の除去といった病のキュアの考え方が先行している。しかし、地域社会の援助活動の中には、もはや治療が及ばない状況に直面している人々を支援しなくてならないことが少なくない。がんの末期症状を抱える人々や、HIV感染者などに対する援助である。また、高齢者の心のケアもそうである。さらに、障害を抱えた人々に対する支援活動もその一つである。これらの支援では、**キュア**でなく**ケアの精神**が重要になる。

　キュアの概念は「生の現状回復」を目的とし、科学的技術によって人間の「老い・病い・死」を克服して、あるべき健康な生を取り戻そうとする行為である。心理臨床家の心理相談活動も、キュアの概念にそった活動である。しかし、キュアの及ばない人々を無視するわけにはいかない。クライエントがどのような状態に陥っても、「決して見離さない」という態度は最も重要である。被援助者の現実を共感し、受容するためには、ひたすら耳を傾ける必要がある。そして、被援助者自身もこの「老い・病い・死」という現実を共有し、また自らのうちに「老い・病い・死」を認め、そのことによって相手の「老い・病い・死」を担うことができ、その「老い・病い・死」を直視し、そこから何らかの意味を見出し、何らかを学ぼうとする態度がケアである（村田，1994）。

　心理臨床家の中には、キュアの及ばない状況に陥っている人々のケアに取り組んでいる人が、多くいるはずである。その中で、臨床心理学的キュアに取り組ん

でいないために、心理臨床家らしくないと悩んでいる人もいるだろう。しかし、このじっくりと耳を傾けるケアこそ、臨床心理学的援助の中核であることを強調したい。「老い・病い・死」を抱え、それを直視し、生きる意味を見出していくクライエントの仕事は、心理臨床家が受容的・共感的に支援し続け、人間の全体性にかかわり続けることで、成し遂げることができるであろう。

8）黒子性ということ

臨床心理学的地域援助を展開していくには、心理臨床家が常に歌舞伎でいう**黒子**に徹する必要がある。お互いを支え合うことも、ソーシャルサポート・システムを運営することも、そのグループに参加しているメンバーが行うことなのである。メンバーが主役なのである。専門家は、自分の意図を全面に出すことはせずに、メンバーの要求を正確に理解し、そのグループを支援するボランティアやコミュニティの関係機関に、それを正確に伝えるゲート・キーパー（藤森・藤森, 1995）の役割をしたり、時に求められたら、アドバイスをしたりする程度に関わるのである。

学校社会でのスクール・カウンセラーの役割も同様で、学校では教師が主役で、心理臨床家は脇役で、主役の教師が児童・生徒を十分理解し、適切な指導ができるように、コンサルタントの役割をするのである。「いのちの電話」のような電話相談活動の場合でも、組織作りや運営は地域社会の人々が主役であり、心理臨床家は専門的技術援助を提供するだけである。地震や災害の被害者への心のケアでも、臨床心理士やカウンセラーとは名乗らずに、支援に参加することを心がける必要がある。いずれにおいても、黒子に徹することが優先され、あくまでも被援助者が主役であり、彼らが自らの責任で生き、自らをコントロールし、支え生きているのである。専門家は陰からそっと見守り、必要なときに援助の手をさしのべるだけであるが、重要な働きをしているといえる（山本, 1986）。

9）非専門職との連携

伝統的な心理臨床家は、他の専門家、つまり精神科医やソーシャルワーカーなどとの連携や協力は行ってきたが、**非専門家との連携**（cooperation with non-professionals）や協力は考えてこなかった。ところが、臨床心理学的地域援助では、非専門家の生活体験やパーソナリティ資源を重視して、非専門家の協力を歓迎するところがある。被援助者にとって心の支えになるのは、身近な存在で、生

活を共にしている人たちの方が望ましい場合がある。また、心の支えといっても、心だけでなく、生活面のことまで支援する必要も出てくる。この場合、被援助者のコミュニティによく精通している地付きの人や、生活体験の豊かな人や、面倒見のよいパーソナリティの持ち主が、良き支援者になるかもしれない。専門家はこうした非専門家の協力を仰ぎ、心の問題についての理解を深めてもらうようにし、それによって非専門家がソーシャルサポート・ネットワークの一員として、働けるよう支援するのである（山本，1986）。

以上9点、つまり、臨床心理学的地域援助を展開するためには、コミュニティ感覚をもち、クライエントの理解のためには社会的文脈内の人間であることを認識し、悩める人々の援助は地域社会の人々との連携で行い、予防対策を重視し、強さとコンピテンスを信頼し、エンパワメントの重要性をかみしめ、ケアの精神を尊重し、黒子に徹し、非専門家の協力を得て活動する必要がある。この9点はまさに、コミュニティ心理学的アプローチの視点から出てくるものであり、さらにコミュニティ心理学者の果たす役割なのである。

引用文献

安藤延男（編） 1979 コミュニティ心理学への道．新曜社．
Duffy, K. G. & Wong, F. Y. 1996 *Community Psychology*. Allyn & Bacon. （植村勝彦（監訳）1999 コミュニティ心理学——社会開発への理解と援助．ナカニシヤ出版．）
藤森和美・藤森立男 1995 北海道南西沖地震の災害者のメンタルヘルス．保健の科学，**37(10)**，689-695．
今田高俊 2000 支援型社会システムへ．支援学基礎論研究会（編）支援学——管理社会をこえて．東方出版．
久木田純 1998 エンパワーメントとは何か．久木田純・渡辺文夫（編）エンパワーメント——人間尊重の新しいパラダイム．現代のエスプリ，**376**，10-34．
三島一郎 1999 セルフ・グループの Empowerment の研究——精神障害者回復クラブとそのメンバーの Empowerment に関する評定研究．慶應義塾大学大学院社会学研究科社会学専攻博士論文．
村田久行 1994 ケアの思想と対人援助——終末医療と福祉の現場から．川島書店．
Orford, J. 1992 *Community Psychology : Theory and Practice*. John Wiley & Sons. （山本和郎（監訳） 1997 コミュニティ心理学——理論と実践．ミネルヴァ書房．）
Sarason, S. B. 1977 *The Psychological Sense of Community : Perspects for community psychology*. Jossey-Bass.
植村勝彦・三島一郎・門間晶子・平川忠敏 1997 コミュニティ心理学におけるエンパワーメント研究の動向．コミュニティ心理学研究，**1**，139-168．
山本和郎 1967a 精神衛生コンサルテーションの方法と日本における問題点．精神衛生研究，**15**，59-68．

山本和郎　1967b　地域精神衛生と臨床心理学．臨床心理学研究，**6**，117-126.
山本和郎　1971　クライシス理論について．年報社会心理学，**12**，51-66.
山本和郎　1974　地域精神衛生（第9章）．佐治守夫・水島恵一（編）臨床心理学の基礎知識，235-268．有斐閣．
山本和郎　1984　コミュニティ心理学の実際．新曜社．
山本和郎　1986　コミュニティ心理学——地域臨床の理論と実践．東京大学出版会．
山本和郎　1995　心の成長モデル．山本和郎・原裕視・箕口雅博・久田　満（編）臨床・コミュニティ心理学，28-29．ミネルヴァ書房．
山本和郎（編）　2001　臨床心理学的地域援助の展開——コミュニティ心理学の実際と今日的課題．培風館．
山本和郎　2002　社会的要請で展開する「臨床心理学的地域援助」について——その定義・理念・独自性・方法．人間学研究（大妻女子大学紀要），**3**，243-252.

2

教育領域

黒沢幸子

[1] 学校コミュニティにおける心理社会的問題と課題

1) 学校場面での子どもたちを取り巻く多様な問題

　学校コミュニティは、子どもたちを育む場であるとともに、問題の発生の場でもあり、さらに対応の拠点でもある。また、学校コミュニティには子どもたちだけではなく、教職員、保護者、地域社会、関係諸機関などの人々が属し相互に影響し合っている。そこでは、円環的・生態学的な理解と対応が不可欠であり、コミュニティ心理学者の役割が大きいことは明らかである。

　少子化が進み、児童・生徒数が年々減少し続けている一方で、子どもたちの問題行動はむしろ増加する傾向にある。子どもたちの問題としては、不登校・いじめ・暴力・中途退学・学級崩壊・非行・発達障害・自殺・精神疾患などが挙げられる。学校は、さらに、保護者の問題（家庭の機能不全、虐待、外国籍家庭の言語や文化の相違など）、教職員の問題（メンタルヘルス、ハラスメントなど）、地域社会にかかわる問題（特性、事件、事故、災害など）、またそれぞれの立場間の問題（保護者と教員の対立、学校と地域の不和、マスコミの干渉など）も抱えている。

　たとえば、**教師のメンタルヘルス問題**については、教師の病気休職者のうち精神疾患によるものは、全体の半数を超え、過去10年間増加し続け、深刻な状況である。子どもの成長を支える教師たちが、今、自分自身のメンタルヘルス上の危機に晒されている。個人と組織の双方向からのアプローチが必要であるばかり

でなく、さらに地域や関連機関の連携による教師支援も検討されなければならない（田上・山本・田中，2004）。また、虐待については、イギリスやアメリカではすでに予防的役割が教育現場にあるという認識が高まっており（数井，2003）、日本でも、学童期以降の子どもに対する**虐待の発生予防**（child abuse prevention）や早期発見・早期対応において、学校が大きな役割を果たしている。現代社会の多様な問題や課題が、学校現場で噴出しているといっても過言ではないだろう。

2）不登校問題への視点と施策

不登校（school refusal / avoidance：年間 30 日以上の病気以外の欠席）については、文部省（当時）は、1992 年、「誰にでも起こりうる」と提起するに至り、特定の子どもに特有の問題があって起こるとする考え、いわゆる「疾病モデル」からの転換を図り、複合的な環境との相互作用というとらえ方にシフトした。しかしながら、不登校児童生徒数は、2001 年度には 13 万人を超え、ピークに達し、その数はそれまでの 10 年間で 2 倍に膨れ上がった。同省の 2001 年の報告書『今後の不登校への対応の在り方について』では、学校内での相互理解や取り組み、学校外の関係機関との連携・ネットワークをさらに充実させることを強調した。特に学外では、適応指導教室などの公的機関に加え、民間施設や NPO などとの積極的な連携、各学校種間のネットワークを強く求めた。不登校の背景要因として、発達障害、保護者からの虐待、また、引きこもり問題との関連なども指摘し、多機関を通じての多角的な対応が必要であることを示した。不登校対策の具体的な事業として、「スクーリング・サポート・ネットワーク整備事業（SNN）」が 2003 年から実施され、地域ぐるみのサポートシステムの整備が展開されている。

中学校卒業 5 年後の**不登校予後の研究**（森田，2003）によれば、治療機関よりも、適応指導教室や教育センターが役に立ったとする割合が高く、心理相談や出会いの場、学習・技術指導などの支援があればよい、と答えた割合も高かった。不登校経験を必ずしも後悔している者ばかりではなく、森田（2003）は「不登校は心の問題でなく進路問題である」と指摘している。不登校に求められている対応について、当事者からの声を大切にしたい。

3) いじめ問題とスクール・カウンセラー配置

学校におけるいじめは、まず 1980 年代中頃、次に 90 年代中頃に、「いじめ」による自殺などの事件が続発したことで、重大な社会問題として国民の関心を強く集めるに至った。いじめは、文部科学省によれば「自分より弱いものに対して一方的に、身体的・心理的な攻撃を継続的に加え、相手が深刻な苦痛を感じているもの。起こった場所は学校の内外を問わない」と定義される。いじめ論が百花繚乱を呈するなか、いじめ理解に大きな影響を与えたのは、社会心理学者の森田・清水（1986）による、教室でのいじめは被害者と加害者に加え観衆や傍観者によって成立するという「いじめの四層構造論」であった。四層構造論は、いじめの抑止、助長の両方に、観衆と傍観者の果たす役割が大きいことを明らかにした。

いじめ問題は社会的関心が高く、教育システムに大きなインパクトを与えている。いじめ防止への社会的な関心が後押しする形で、1995 年から「**スクール・カウンセラー**（以下、SC）活用調査研究委託事業」が文部省（当時）により開始され、「SC 元年」と称される、学校教育が外部の専門家をスタッフとして迎え入れる新たな流れが到来した。その後、SC はいじめ・不登校対策の柱の一つとして拡充され、2001 年から、国が予算の半額負担を行う「SC 活用補助」制度に移行し、全国の公立中学校への配置が目指された。公表されるいじめの発生件数は年々減少傾向にあったが、2006 年度になり、再度「いじめ」による自殺事件が相次ぎ、いじめへの社会的関心が再燃した。国は、いじめの実態調査と SC 配置拡充への補正予算を同年度内に組むことを決定し、予算面でやや行き詰まり感のあった SC 配置が強化されることとなった。

神村・向井（1998）は、いじめの実証的研究を展望しているが、いじめは個人内の要因が直接の原因とするモデルではなくなっているとし、受容的傾聴や自己洞察を促す介入だけでは不十分な場合が多く、行動と環境要因との関係性に積極的に介入する試みの実証的検討が期待されると述べている。また、ノルウェーやイギリスでの学校におけるいじめへの取り組みが、1990 年代中頃から相次いでわが国に紹介され、地域ぐるみの対応やスキル訓練を含む心理教育などの多次元の介入がいじめ問題に有効であることが示された。わが国でも加害者への対応や予防的・開発的な取り組みなどの報告が増え、その対応方略や研究は進展してきているが、2006 年 11 月の『いじめ問題への緊急提言』（教育再生有識者会議）に示された、家庭・地域との連携を含む「社会総がかり」での取り組みはまだ途

上にあり、そこでのコミュニティ心理学者の役割は大きいと考えられる。

4）学校が遭遇する事件・事故・災害

　学校は、予期せぬ状況的な危機（事件、事故、災害など）にも見舞われうる。2001年6月には、大阪の小学校で、外部からの侵入者による児童殺傷事件が発生し、未曾有の大惨事となった。また、10代の少年による前例のない非行や犯罪が年々新たに生じ、2004年6月には、小学校内での12歳の女児間の殺害事件まで発生した。犯行や事件が学校コミュニティの内外で起これば、加害・被害の当事者のみならず、コミュニティ全体（子どもたち、教職員、保護者、地域住民までも）が大きな影響を被り、危機状況に陥る。学校での緊急対応や危機介入といったシステム作りの要請は日々高まっており、さらに、被害関係者への支援、加害者の更生に関しても学校コミュニティは無縁ではいられない。

　人為的災害だけでなく、自然災害も学校コミュニティを見舞う。1995年の阪神・淡路大震災をはじめ、自然災害時において、学校は、地域のなかで救援のキー・ステーションとなる。サバイバルのための生活支援から心のケアまで、学校を拠点として展開される。

[2] 学校コミュニティを活かす援助活動

　学校コミュニティにおける広範な心理社会的問題への援助には、多角的で多元的な援助サービスが必要であるが、学校コミュニティ援助を構成する主要な活動は、その特徴から五つに収斂させることができ、以下の「5本柱」として整理することができる（黒沢，2000）。①**個別相談活動**（counseling：狭義の教育相談・カウンセリング・ガイダンス・セラピーなど）　②**コンサルテーション**（consultation）　③**心理教育プログラム**（psycho-educational programs）　④**危機介入・緊急対応**（crisis intervention/emergency service）　⑤**システム構築**（system organization）、である。

　これを見れば、学校や教育領域において、コミュニティ心理学的アプローチが不可欠であることが窺える。この5本柱の活動は、心理臨床家だけが行うのでなく、教職員や保護者、地域の人々、ボランティアにもそれぞれ役割と出番がある。コミュニティ志向の心理臨床家に対しては、この5本柱を明確に意識して、学校コミュニティのニーズに沿った活動を、内外の資源を活かしてコーディネートし、有用なシステムを構築して学校を元気にすることが求められている。

1）個別的相談活動

　個別的相談活動は、伝統的に心理臨床家が最も得意とする活動であるが、ともすると個人内界を過度に重視する個人中心的視座に埋没してしまい、学校コミュニティにおける連携や協働といった社会的に開かれた活動展開を阻害してしまう恐れがある。コミュニティ感覚をもって個別的相談活動を行う場合には、それに適したモデルを採用することが必要である。学校教育領域で特に有用と考えられるものが、**ブリーフセラピー・モデル**（brief therapy model）である（宮田，1998；黒沢，2002）。短期的な問題解決に有効なだけでなく、「**リソース**（resource：資源）」、「**ユーティライゼーション（利用）**」、「**解決・未来志向**」という援助への焦点の当て方が、学校コミュニティに優れて適している。なかでも、**解決志向アプローチ**（solution focused approach）のもつ「クライエント自身が解決の専門家であり、そのためのリソースを必ずもっている」という前提は、連携や協働を促進させ、コミュニティ中心主義の発想や、コミュニティへのエンパワメントの姿勢に通じるものである。解決志向ブリーフセラピーは、問題志向から脱却し、問題の生じていない「例外」に宿る力や資源を見出し、これからのより良い解決／未来の状態の構築をダイレクトに扱う、効果的効率的なモデルである（森・黒沢，2002）。さらに、コミュニティのさまざまな構成要員と共有できる、安全で理解しやすいモデルでもある。非病理学的モデル、希望のカウンセリング、動機づけ促進面接法などと形容され、解決志向アプローチの学校教育領域での有用性は多く論じられている（Murphy & Duncan, 1997　市川・宇田監訳　1999；Davis & Osborn, 2000　市川・宇田監訳　2001）。

2）コンサルテーション

　コンサルテーションは、日本では山本（1977）の先駆的実践に始まり、昨今学校臨床領域で活発に論じられている。たとえば桜井（2003）は、攻撃性が顕著なADHD児3事例への対応について、児童への薬物・行動・支持的療法による折衷アプローチに加え、支持的環境を作るネットワーク・モデルでの、医師、ソーシャルワーカー、教員、親などのキーパーソンの組織化と、教員や親へのコンサルテーションが特に効果的であったことを報告している。

　学校臨床への効果的なコンサルテーションの理論と実践に関して、**システムズ・アプローチ**（system's approach）の利用が論じられている。これは、人を文脈内存在人間であるという視点でとらえ、問題の原因を個人に帰せず、社会的

文脈／システムを介入の対象とする発想をもつため、コミュニティ志向と類似の視点に立っている。**システムズ・コンサルテーション**（system's consultation）の戦略のポイントは、①「ジョイニング（学校システムへの仲間入り）」の強化　②介入ではなく、意味のある「対話」　③肯定的結果を問う質問（解決志向の発想：成果をもたらした能力、コンピテンスへの注目）　④「リソース（資源）」というものの見方　⑤仮定法や「外在化」による深刻さの払拭（問題を内在化せず、誰も悪者にしない柔軟な発想によりチーム援助を促進させる）、の5点に整理されている（吉川，1999）。たとえば黒沢・森（2001）は、学校臨床の場面で、**問題の「外在化」**（externalizing the problem）というナラティブ・セラピーの一技法と解決志向アプローチを用い、教師・保護者に対し児童の問題（暴力）をメタファーにより「外在化」して扱うことをコンサルテーションのなかで提案し、児童の周囲の皆（保護者・教員）がチームを組んで問題に対応できる構造を作り出し、短期間で解決に至った事例を報告している。

3）心理教育プログラム

予防・開発的な方法である心理教育プログラムは、学校という集団教育の場に最もフィットするものである。問題に対してリアクティブ（事後的）に対応するだけでなく、それを未然に防ぐプロアクティブ（事前的）な活動が重視される。

いじめへの予防的な取り組みから発展した、イギリスでの**ピア・カウンセリング**（peer counseling：児童生徒による同輩相互の支援）の実践報告（Cowie & Sharp, 1996　高橋訳　1997）は、わが国に大きな影響を与えた。松尾（2002）は、学校における暴力・いじめ防止プログラムの内外の動向を展望し、海外に比べ、日本では系統的な暴力・いじめ防止プログラム研究は希少であるとしているが、岡安・高山（2004）は、中学校で啓発活動を中心としたいじめ防止プログラムを実践し、その効果を報告している。さらに、最近の学校現場では、アサーション・トレーニング（主張訓練）やアンガー・マネジメント（怒りのコントロール）プログラムの導入も試行されている。一方、教職員に対して、アメリカで実績を上げているCPI（危機予防研究所）の非暴力的危機介入プログラムが、日本でも、学校や矯正教育領域で実施され始めている。また、中学校教員を対象にした自殺予防プログラムが報告されている（阪中，2003）が、その数は少なく、青少年への自殺予防マニュアル（高橋，1999）などを参照した、自殺へのさらなる予防的な取り組みが望まれる。

学校では、子どもへのスキルの獲得を目指すだけでなく、学級や学校風土の改善をも意識したプログラムが重要である。その点で、学校での同輩支援（友だち作り、問題解決、対立解消など）の風土作りを目指す**ピア・サポート**（Peer Support: PS）・プログラムが、日本で活発化しつつあることは評価される。新井・黒沢・森（2004）は、K県のプロジェクトによる中学校8校でのPSプログラムについて、各校の教職員へのインタビューと質問紙調査による評価研究を行っており、生徒の学校生活面全般にわたる肯定的な波及効果を報告している。Durlak（1995, 1997）は、学校での一次予防プログラムについて、実証的な視点から詳細に論じている。生徒の行動的・社会的問題などに関しては、特に複数のシステム・レベルを対象に行う環境中心プログラム（「社会開発プログラム」や「エコロジカルモデル」、複合的な「いじめ予防」など）の有効性を示している。薬物濫用には、マスメディアも含めた複数システム・レベルへの総合的な予防プログラムが、成功につながることを報告している。

4）危機介入／緊急支援

　学校コミュニティ援助において急務とされ社会的意義も大きいのは、学校コミュニティへの危機介入や緊急支援である。『学校の危機介入』（Pitcher & Poland, 1992　上地・中野訳　2000）などが翻訳され、学校の危機に影響を与える要因に関する研究（三島・上地，2003）、大学受験予備校でのメンタルヘルス問題への「緊急対応」システムの構築（元永・佐久間・早川，1999）などの有益な報告がなされている。重篤な状況的危機については、池田小学校事件における精神的支援の1年についての報告（元村ら，2003）、阪神・淡路大震災被災の教訓を踏まえた「震災・学校支援チーム」（EARTH）の紹介（杉村，2001）などがあり、また今までの知見が集大成された『学校コミュニティへの緊急支援の手引き』（福岡県臨床心理士会，2005）がまとめられている。黒沢（2007）は、学校において精神病性興奮を呈した中学生への対応を、「危機介入―危機後介入―予防的プログラム」の観点から報告し、「**危機介入のトライアングル**（triangle of crisis intervention）」と呼ばれる援助プロセスの実際を示し、その重要性を論じている。危機介入の経験を予防的な動きにつなげ、さらなる危機へ備えられるように学校コミュニティの自衛力を強める支援が大切である。

5) システム構築

システム構築は、ユーザーのニーズに合った援助サービスが、安定して機能するための体制作りや、組織作りを行う活動の柱である。内的な心の支援に慣れてきた、伝統的心理臨床家が苦手としやすい領域である。システム構築は、校内の校務分掌や委員会のレベルから、先に述べた自治体規模の危機介入システムまで多様である。文部科学省事業によるSCの導入においても、それが機能するシステムを、各学校、自治体、臨床心理士職能集団のおのおので構築することが求められてきた。不登校児の親の会における援助機能に関する研究（山崎，1999）などは、自助活動のシステム構築への有用な知見を与えるものである。

[3] コミュニティ心理学者の役割

1) 教育心理学パラダイムのモデルとの相違

a アメリカの包括的スクール・カウンセリング・モデル

スクール・カウンセリング（school counseling）の先進国とされるアメリカのモデルは、「教育モデル」として位置づけられている。1997年に採択されたスクール・カウンセリングの新しい定義（Campbell & Dahir, 1997　中野訳 2000）では、なにより優先すべきは、子どもたちの個人的な発達的ニーズであり、治療や生活の危機状況へのニーズではないとされ、教職員、家族、地域住民に働きかけ、子どもたちの学業達成、予防と介入、アドボカシー、および社会的・情緒的・キャリア的発達への援助を行うことであるとされた。アメリカでは、1960年代頃まで、治療的カウンセリング中心の「**クリニカルサービス・モデル**（clinical service model）」が隆盛していたが、その後、全校規模の先手型のプログラムとそれを提供するシステムのための「**包括的プログラム・モデル**（comprehensive program model）」に転換した。アメリカモデルでの学校カウンセラーの役割は、①プログラムのマネジメント（計画や評価）　②ガイダンス（予防・開発的、集団的心理教育）　③カウンセリング（個人とグループ）　④コンサルテーション　⑤コーディネーション　⑥アセスメント　⑦プロフェッショナリズム（法的、倫理的基準の遵守）、の七つにまとめられる。それに対し、日本での実践に基づく既述の「5本柱」は、状況的危機にも対応する「コミュニティ心理学モデル」の色彩が濃いといえよう。

b 日本の学校心理学モデル

石隈（1999）による**学校心理学**（school psychology）では、学校教育を「指

導サービス」と「**心理教育的援助サービス（psycho-education service）**」の二つの相補的なサービスによって成立しているととらえ、児童・生徒（教師／保護者）のニーズを査定し、それに応じて、心理社会的な側面のみならず、学習面、進路面、健康面の四つの領域においてサービスを展開すると考えている。学校心理学では、援助サービスの理論モデルのなかに、コミュニティ心理学の発想を多く取り入れている。一次～三次の予防モデルを適用して、児童・生徒の援助ニーズとそれへの援助サービスを三段階に分け、全ての児童・生徒から特定の児童・生徒まで、予防的な援助からより治療的な援助まで、介入のレベルを段階的にとらえ整理している。また、児童・生徒への援助者については、専門的ヘルパー（カウンセラーや相談員）や複合的ヘルパー（教員など）だけでなく、役割的ヘルパー（保護者など）やボランティア・ヘルパーといった非専門家も援助チームのメンバーとしている。ソーシャルサポートによる支援を重視し、多職種による**チーム援助（team support）**やそれへのコンサルテーション、**コーディネーション（coordination）**といった、方略に関する研究や実践報告が活発になされている。さらに、連携やチーム援助の視点から、援助要請行動や被援助志向性についても注目し、教師や留学生などの被援助志向性に関する研究がなされている。

　学校心理学は、アメリカのスクール・サイコロジーを基盤にしつつも、日本の学校システムに合うように工夫されている。日本の学校教育が、アメリカのように役割や権限が明確化された多種の専門家集団によるものではないため、日本の既存の学校システムに即した資源活用を重視したモデルになっているといえる。水野（2004）は、援助サービスを中心とした学校心理学に関する年間の研究報告を展望して、①援助ニーズのアセスメント　②援助サービスそのもの　③連携・チーム　④一次的援助サービス（心理教育や予防的アプローチ）、の四つの視点からその知見が分類できることを示している。学校心理学による実践研究は盛んに行われており、たとえば、コミュニティ心理学の概念では、コーディネーションはコンサルテーションに含まれる（山本，2000）とされていたが、家近・石隈（2003）は、学校外のコンサルタントが学校内のシステムレベル（組織運営）でのコーディネーションを行うには限界があるため、学校自体が主体的に、校内の資源や役割権限を活かして行うべきであるといった学校現場に有用な知見を提示している。

　アメリカでは、多くの**スクール・サイコロジスト（school psychologist）**が、単なる心理査定や心理療法から脱して学校自体を研究し、学校のなかで助言を与

えたり、アクション・リサーチを行ったりできる専門家になろうとしてきたとされる。日本の学校心理学も同様の方向性をもっているといえよう。しかしながら、学校を、より広範なコミュニティ援助の拠点として見るような発想や知見は十分ではない。

2) 学校教育領域でコミュニティ心理学者の担うべき役割

包括的スクール・カウンセリングも学校心理学も、「教育心理学モデル」であるが、いずれも学校領域の問題解決に資する実践学であり、有効な実践知見はコミュニティ心理学の知見とも多く共通している。しかし、あえてコミュニティ心理学者の条件を述べるなら、現実の解決すべき課題にコミットし、根本的な発想の点検と新しい発想の転換を行うことで、新しい理論・技術・方略を展開し、その成果を評価し、検討を加えていく一連の作業を意図することであろう（山本, 1986）。学校教育領域への援助において、コミュニティ心理学者が担うべき役割を、山本（1986）に倣い五つの役割から整理してみよう。

a 変革の促進者

まず、「変革の促進者」という意識をもって活動を行うことが重要となる。たとえば、教育心理学のパラダイムによる発想を超えて、学校コミュニティを一つの有機体、学校全体を生きたコミュニティとして、外側の視点からとらえてアセスメントし、ニーズを見立てて参入するといった取り組みは、学校コミュニティを援助するうえで非常に重要である。今まで、心理臨床家は、個人の内的変革や行動変容を意図して活動してきたわけであるが、鵜養・鵜養（1997）は、外部から新たに学校現場に参入したSCが、学校コミュニティの変革に貢献する「**システム・チェンジ・エージェント**」（system change agent）になりうると表現した。SCが個人のみならず、学校コミュニティ変革の促進者として貢献する可能性に言及している。

安藤（1995）は、学校を「相互依存的な複合システム」の一部としてとらえ、学校コミュニティへの介入には一味違った特異なスキルが要求されるため、学校システムへの介入技法の習得の重要性を強調している。その実践例として「荒れた中学校」における学校改善（関, 1993）や、安藤（1995）による、大量留年問題の大学コミュニティ・アプローチの研究報告が挙げられている。また、植山は、SCとして参入した指導困難校に、新妻ら学生ボランティア・グループを導入し、学校・SC・ボランティア・グループの連携を図った。それにより、生徒

への認知的カウンセリングによる学習支援活動が定着・充実し、生徒の主体性に影響が及び学校風土が改善されていった。さらに校内活動から地域活動へ広がっていった5年にわたる実践と、その成果を報告している（新妻・植山，2005）。これらの報告者は皆、学校や教師の限界を補完して、ケアの連続性の保障、ネットワーク化、非専門家の活用などの多様なサービスを進め、変革の促進者の役割を果たしているといえよう。

b　コンサルタント

山本が1967年頃に始めた学校精神衛生コンサルテーション・プログラム（山本，1977，1986）は、日本での学校コミュニティに対するコンサルタントの役割の先駆である。これは、I市教育委員会と提携し、その小・中学校教師を対象として、学校が危機状態になったとき、要請があれば訪問する危機型コンサルテーション活動であり、現在のSCの訪問型に近い活動であった（山本，2000）。事実、新規事業として1995年に開始されたSC活動では、SCの黒子性が強調され、SCの役割をコンサルタントの役割になぞらえることで、その実践指針が示されてきたのである。

学級崩壊への実践報告を展望しても、コンサルテーション（吉川・阪，1999；野々村，2005など）の有効性がよく示されており、生態学的に学級をとらえて支援するコンサルタントの役割は大きい。また、**学級風土**（classroom climate）と生徒たちとの相互性・適合性に着目して、学級風土のアセスメント・ツールが開発され、それを利用した教師へのコンサルテーションも実践されている（伊藤，2001，2003）。伊藤は、学級風土アセスメントに対し、担任が、評価されるという抵抗感をもちやすいことを十分配慮し、協働的な姿勢を前面に出して活動し、成果をあげている。教員コンサルテーションという表現は一般化してきたが、それが伝統的個人臨床の発想による専門家からの単なる助言ではなく、学校コミュニティをエンパワーすることを目指した方略であることを再確認する必要があろう。「新しい皮袋に古い酒をいれただけ」の活動では、コミュニティ心理学者の役割を果たしたことにならない（山本，1986）。たとえば、ブリーフセラピーは課題解決に向けて新たな発想の転換を伴う方略であるが、ブリーフセラピー・モデルによるコンサルテーションとして、既述の吉川（1999）、黒沢・森（2001）に加え、高須・宮田（2001）の教育コンサルテーションや、津川（2003）による学校コンサルテーションなどが論じられている。どれも、関係者の強さとコンピテンスを重視し、協働を促進するコンサルタントの役割を実現す

るのに有用である。

c 評価者

　環境への介入を積極的に進めていくためには、社会システムや環境の人間行動への影響の仕方や、社会と個人の相互作用の仕方を研究し評価する必要がある。大河原ら（2000）は、子どもの心理治療の方法論に関して、エコシステミックな見立てに基づいたモデルの確立に向けて論じている。大友（2002）は、いじめについて、高等学校での12年間のケースを分析し、生態学的な視点からの理解を提示し、落合（2003）は、ある中学校職員室を対象にしたエスノグラフィーによって、教師バーンアウトのメカニズムを検討し、そこには従来の個人的要因だけでなく、社会的・歴史的要因が抱合されることを示している。これらは評価者としての役割をもった研究であるといえよう。

　さらに、サービス・プログラムやシステムが、学校コミュニティのニーズに適合しているかを評価することも重要である。学校においては、個々人のニーズのみならず、コミュニティのニーズを包括的に査定する必要がある。学校コミュニティにおける潜在的・顕在的ニーズを査定し、何らかの介入を行った場合に、その影響を評価する指標になりうるようなアセスメント・ツールが求められるが、実際には意識調査の域を出ないものが多い。このような観点から、黒沢らは「スクールカウンセリング・システム構築のための包括的ニーズアセスメント調査（CAN-SCS）」（教師用）と（保護者用）をそれぞれ開発（黒沢ら，2001；黒沢ら，2002）しており、これら調査をもとに、複数の学校でスクール・カウンセリング・システムを構築し、実践活動に反映させ、活動をリファインしている。

　導入されたプログラムや介入への評価では、たとえば、元永らの「学校メンタルヘルスサービスの活動評価の試み——大学受験予備校からの報告」（2002）などが行われている。SCの実践に関しては、全国調査による学校側や保護者からの評価が、臨床心理士会によって報告され肯定的な結果が示されているが、その一方で、SCの効果を疑問視する報告（財務省，2004）もある。日本では説明責任（Accountability）に応えうる評価研究はまだ熟していない。井上・野内（2006）は、アメリカで進行中のスクール・カウンセリングの評価プロジェクト「MEASURE」（Stone & Dahir, 2006）を紹介し、日米での共同研究を進めている。

　この領域のさらなる発展と、説明責任に応え、現実の解決課題にその評価を還元していくことが、コミュニティ心理学者に強く望まれる。その際、大島ら（監

訳）『Evaluation: プログラム評価（purogram evaluation）の理論と方法』（2005）の著者 Rossi, Lipsey, & Freeman（2004）が論じているように、バイアスが少なく妥当性・信頼性に耐えうるシステマティックな評価を、評価対象に見合った方法論を吟味して取り組むことが求められる。

d システム・オーガナイザー

システム・オーガナイザーの役割は、既存の公的サービスを調整して、よりニーズに合ったものにしたり、新しい支援システムを作ることである。たとえば、心理相談と大学教育のコラボレーションによる**学生相談**（students counseling）のシステム作り（宇留田・高野, 2003）や、改革期の大学教育における学生相談システムが、コミュニティ・アプローチ・モデルにより、再構築される必要性を論じたもの（吉武, 2005）などがある。

久留米市とその周辺地域における軽度発達障害児への支援システムに関する研究（山下・水間, 2004）のような方向性も、システム・オーガナイザーに必要である。さらに、その役割をよく示すものとして、小・中学校支援を目指した「メンタルサポート・ボランティア活動」のシステム構築を行った実践研究（黒沢・日高・沢崎, 2005; 日高・黒沢, 2007）が挙げられる。「メンタルサポート・ボランティア活動」では、大学と教育委員会で協定を締結し、学校や学生双方への活動ガイドラインや各種書式ツールを、ニーズと問題点の事前調査に基づき整備し、学生スーパービジョン体制を大学内でカリキュラム化し、教育委員会の関連研修に講師協力する形で学校コンサルテーションの場をもち、メゾシステムレベルでの協働と連携を促進するシステムを構築している。さらに、派遣学校・学生双方からの実証的評価を経て、活動の見直しと改善を行ったリファインプロセスも報告している（黒沢・日高, 2006）。

e 参加的理論構成者

実践家として、コミュニティにコミットして問題に取り組んだ経験を通して、概念構成し、理論化し、方略や技術を明らかにしていくことが、参加的理論構成者の役割である。

丸山（2002）は、相談員として参入したある中学校において、生徒が有力化／無力化される要因について、学校という共同体に埋め込まれた生徒の成長を誘発する力との関係から、ナラティブアプローチを用いて検討している。学校不適応の原因を、従来の個人・家族・教師の問題に帰さず、学校での共通の物語に接近や参加ができない状態ととらえ、学校での臨床活動では、生徒の自助努力を支

援しつつ、学校への新たな参加を促すアプローチが必要になると論じている。また、瀬戸（2003）は、ある高校における教員文化について、教員の「協働性」に焦点を当てた事例研究を行い、不登校やいじめなどへの施策や外部資源との連携が有効に展開する前提は、教員の文化や協働性であるとしてその重要性を示し、その査定やマネジメントが必要であることを論じている。これらの報告は、どれも参加的理論構成者の役割につながるものであり、このような新たな知見・方略のさらなる蓄積が期待される。

引用文献

安藤延男 1995 学校教育組織へのエコ・システミックな支援．岡堂哲夫・平尾美生子（編）スクール・カウンセリングの要請と理念．現代のエスプリ別冊，176-185.

新井 励・黒沢幸子・森 俊夫 2004 中学生におけるピア・サポートプログラムの評価研究――教職員に対する意識調査を通して．ピア・サポート研究，1，11-24.

Campbell, C. A. & Dahir, C. A. 1997 *The National Standards for School Counseling Programs*. American School Counselor Association.（中野良顯（訳）2000 スクールカウンセリング・スタンダード――アメリカのスクールカウンセリングプログラム国家基準．図書文化社．）

Cowie, H. & Sharp, S. 1996 *Peer Counseling in School*. David Fulton Publishers.（高橋道子（訳）1997 学校でのピア・カウンセリング．川島書店．）

Davis, T. E. & Osborn, C. J. 2000 *The Solution-Focused School Counselor: Shaping professional practice*. Taylor & Francis（市川千秋・宇田 光（監訳）2001 学校を変えるカウンセリング――解決焦点化アプローチ．金剛出版．）

Durlak, J. A. 1995 *School-based Prevention Programs for Children and Adolescents*. Sage.

Durlak, J. A. 1997 Primary Prevention Programs in Schools. In Ollendick, T. H. & Prinz, R. J.（eds.）, *Advances in Clinical Psychology*. **19**. 283-318.

福岡県臨床心理士会（編）2005 学校コミュニティへの緊急支援の手引き．金剛出版．

日高潤子・黒沢幸子 2007 「メンタルサポート・ボランティア」による学校教育支援．精神科臨床サービス，**7(1)**，121-124.

家近早苗・石隈利紀 2003 中学校における援助サービスのコーディネーション委員会に関する研究――A 中学校の実践をとおして．教育心理学研究，**51(2)**，230-238.

井上孝代・野内 類 2006 学校カウンセリングにおける MEASURE 評価法は日本で活用可能か．心理学紀要（明治学院大学），**16**，19-30.

石隈利紀 1999 学校心理学――教師・スクールカウンセラー・保護者のチームによる心理教育的援助サービス．誠信書房．

伊藤亜矢子 2001 学級風土質問紙の臨床的妥当性検討の試み――学級編成時の生徒のメンタルヘルスが風土形成に与える影響を中心に．コミュニティ心理学研究，**5**

(1), 11-22.
伊藤亜矢子　2003　スクールカウンセリングにおける学校風土アセスメント利用——学級風土質問紙を用いたコンサルテーションの試み．心理臨床学研究, **21**(2), 179-190.
神村栄一・向井隆代　1998　学校のいじめに関する最近の研究動向——国内の実証的研究から．カウンセリング研究, **31**(2), 190-201.
数井みゆき　2003　子ども虐待——学校環境に関わる問題を中心に．教育心理学年報, **42**, 148-157.
黒沢幸子　2000　スクールカウンセリング活動の5本柱．村山正治（編）臨床心理士によるスクールカウンセラー．現代のエスプリ，別冊, 89-99.
黒沢幸子　2002　指導援助に役立つスクールカウンセリング・ワークブック．金子書房．
黒沢幸子　2007　危機介入事例からみたスクールカウンセラーの活動．精神科臨床サービス, **7**(1), 30-33.
黒沢幸子・日高潤子・沢崎俊夫　2005　小・中学校支援を目指した「メンタルサポート・ボランティア活動」のシステム構築——小・中学校、教育委員会、学生、大学等が協働できる臨床心理学的地域援助．日本心理臨床学会第24回大会発表論文集, 21.
黒沢幸子・日高潤子　2006　学校支援「メンタルサポート・ボランティア活動」システムのリファイン・プロセス——協働とエンパワメントを意図したスーパービジョン体制と学生主導のツール開発．日本心理臨床学会第25回大会発表論文集, 216.
黒沢幸子・森　俊夫・有本和晃・久保田友子・古谷智美・寺崎馨章　2001　スクールカウンセリング・システム構築のための包括的ニーズ調査（その1）——教職員用包括的ニーズ評価尺度 CAN-SCS（T-version）の信頼性と妥当性．目白大学人間社会学部紀要，創刊号, 11-25.
黒沢幸子・森　俊夫・有本和晃・中西三春　2002　スクールカウンセリング・システム構築のための包括的ニーズ調査（その2）——保護者用包括的ニーズ評価尺度 CAN-SCS（P-version）の信頼性と妥当性．目白大学人間社会学部紀要, **2**, 27-41.
黒沢幸子・森　俊夫　2001　家庭内暴力を伴った不登校女児への「問題の外在化」アプローチの適用．臨床心理学, **1**(2), 217-228.
丸山広人　2002　A中学校における生徒の有力化／無力化について——学校に埋め込まれた誘発力との関係から．コミュニティ心理学研究, **5**(2), 100-110.
松尾直博　2002　学校における暴力・いじめ防止プログラムの動向——学校・学級単位での取り組み．教育心理学研究, **50**, 487-499.
三島浩路・上地安昭　2003　学校の危機に影響を与える要因に関する研究．カウンセリング研究, **36**, 20-30.
宮田敬一（編）　1998　学校におけるブリーフセラピー．金剛出版．
水野治久　2004　学校心理学に関する研究の動向と課題——援助サービス実践への知見を中心として．教育心理学年報, **43**, 126-134.
森　俊夫・黒沢幸子　2002　森・黒沢のワークショップで学ぶ解決志向ブリーフセラピー．ほんの森出版．

森田洋司　2003　不登校・その後——不登校経験者が語る心理と行動の軌跡．教育開発研究所．

森田洋司・清水賢二　1986　いじめ——教室の病．金子書房．

元村直靖・岩切昌弘・瀧野揚三・下村陽一・石橋正浩・上本未夏・坂口守男・天冨美禰子・林　龍平・髙橋　登・小松孝司・山下　光・山本　晃・大日方重利・安福純子・藤田裕司　2003　大阪教育大学附属池田小学校事件における精神的支援の一年．大阪大学紀要第Ⅲ部門　自然科学・応用科学，**51**(2)，137-143．

元永拓郎・佐久間祐子・早川東作　1999　大学受験予備校における「緊急対応」時のカウンセラーの役割．心理臨床学研究，**17**，186-197．

元永拓郎・早川東作・佐久間祐子・中野良吾・森　美加・橋本貴美子・馬渕麻由子・平部正樹・森　俊夫・奥村雄介・角川雅樹・熊倉伸宏　2002　学校メンタルヘルスサービスの活動評価の試み——大学受験予備校からの報告．こころの健康，**17**(2)，33-49．

Murphy, J. J. & Duncan, B. L. 1997 *Brief intervention for school problems collaborating for practical solutions*. The Guilford Press.（市川千秋・宇田　光（監訳）1999　学校で役立つブリーフセラピー．金剛出版．）

新妻　大・植山起佐子　2005　指導困難校における生徒の主体性に及ぼす学生ボランティアグループ導入の成果——学校・SC・ボランティアグループの連携と学習支援活動を通した校内活動から地域活動への広がり．日本心理臨床学会第24回大会発表論文集，71．

野々村説子　2005　学級崩壊事例へのかかわり——個人療法の集団への応用．心理臨床学研究，**23**(2)，221-232．

落合美貴子　2003　教師バーンアウトのメカニズム——ある公立中学校職員室のエスノグラフィー．コミュニティ心理学研究，**6**(2)，72-89．

大河原美以・小林正幸・海老名真紀・松本裕子・吉住あさか・林　豊　2000　子どもの心理治療における見立てと方法論——エコシステミックな見立てモデルの確立に向けて．カウンセリング研究，**33**，82-94．

岡安孝弘・高山　巌　2004　中学校における啓発活動を中心としたいじめ防止プログラムの実践とその効果．カウンセリング研究，**37**(2)，155-167．

大友秀人　2002　いじめの生態学的研究——高等学校での12年間のケース分析より．学校心理学研究，**2**(1)，19-25．

Pitcher, G. D. & Poland, S. 1992 *Crisis Intervention in the Schools*. The Guilford Press.（上地安昭・中野真寿美（訳）2000　学校の危機介入．金剛出版．）

Rossi, P. H., Lipsey, M. W., & Freeman, H. E. 2004 *Evaluation: A systematic approach* (7th ed.). Sage.（大島　巌・平岡公二・森　俊夫・元永拓郎（監訳）2005　プログラム評価の理論と方法——システマティックな対人サービス・政策評価の実践ガイド．日本評論社．）

阪中順子　2003　中学校における危機介入の具体化のために——教員を対象とした自殺予防プログラムを実施して．自殺予防と危機介入，**24**(1)，10-17．

桜井美加　2003　ADHD児の攻撃行動に対する多面的アプローチの効用．心理臨床学研究，**20**(6)，533-545．

関　文恭　1993　荒れた中学校における学校改善の実証的研究．実験社会心理学研究，

32(2), 122-130.

瀬戸健一　2003　A高校における教育文化の事例研究——教員の「協働性」を中心として．コミュニティ心理学研究，**6**(2)，55-71.

Stone, C. B. & Dahir, C. A. 2006 *School Counselor Accountability: A MEASURE of Student Success* (2nd Edition). Prentice Hall.（井上孝代（監訳）　2007　風間書房から出版予定）

杉村省吾　2001　阪神淡路大震災被災者への心のケア．山本和郎（編）臨床心理学的地域援助の展開——コミュニティ心理学の実践と今日的課題，36-53，培風館．

田上不二夫・山本淳子・田中輝美　2004　教師のメンタルヘルスに関する研究とその課題　教育心理学年報，**43**，135-144.

髙橋祥友　1999　青少年のための自殺予防マニュアル．金剛出版．

高須俊克・宮田敬一　2001　ブリーフセラピー・モデルによる教育コンサルテーション．ブリーフサイコセラピー研究，**10**，43-49.

津川秀夫　2003　ブリーフセラピー・モデルによる学校コンサルテーション．心理臨床学研究，**21**(1)，45-55.

鵜養美昭・鵜養啓子　1997　学校と臨床心理士．ミネルヴァ書房．

宇留田麗・高野　明　2003　心理相談と大学教育のコラボレーションによる学生相談のシステム作り．教育心理学研究，**51**(2)，205-217.

山本和郎　1977　地域精神衛生の実践から——学校精神衛生コンサルテーション・プログラムと自閉症児の援助活動で考えること．青少年問題，**24**(6)，6-11.

山本和郎　1986　コミュニティ心理学——地域臨床の理論と実践．東京大学出版会．

山本和郎　2000　危機介入とコンサルテーション．ミネルヴァ書房．

山下裕史朗・水間宗幸　2004　久留米市とその周辺地域における軽度発達障害児の支援システム．LD研究，**13**，53-58.

山崎　修　1999　不登校児の親の会における援助機能に関する研究．コミュニティ心理学研究，**3**(1)，12-20.

吉川　悟　1999　システムズ・コンサルテーションの概論・学校臨床での利用．吉川　悟（編）システム論からみた学校臨床，205-234，金剛出版．

吉川　悟・阪　幸江　1999　学級崩壊など集団の問題へのシステムズ・コンサルテーション．吉川　悟（編）システム論からみた学校臨床．267-277，金剛出版．

吉武清實　2005　改革期の大学教育における学生相談——コミュニティ・アプローチモデル．教育心理学年報，**44**，138-146.

財務省　2004　予算執行調査資料．総括調査票，19.

3

地域精神保健領域

氏家靖浩

[1] コミュニティ心理学者はどこにいる？：「舞台」と「役者」の二重構造

　現在の日本においては、それが**地域精神保健活動**（community mental health practice）とみなせるものでありながら、実際に活動している人々には、それとはまったく自覚されずに行われているものが多数存在する。また、それらの活動に関わる人々は、一つの活動にのみ専念するのではなく、常に多様なネットワークの中で、さまざまな役割を担いながら多くの活動に携わっている。

　筆者なりの言い回しに換えてみると、たぶん、地域精神保健活動という「舞台」は、どこにでも存在する。探せば探すほど発掘されてくるもののように思われる。そして、それらの活動への参加者、つまり「役者」も、じつはかなりの数で存在している。ただ、この「舞台」と「役者」は、一筋縄ではいかない、わかりづらい構造をもっている。役者自身は、舞台を地域精神保健活動と思わず、また、自らも地域精神保健活動に参加している役者であると思わなければ、これまた活動もその役者自身も、地域精神保健の文脈に位置づけられなくなってしまう構造ももっている。

　そこで、まず取り組まなければならないことは、何らかの精神保健の文脈に関わるもので、地域で行われ、地域の意味合いが色濃いものは全て、地域精神保健領域のものとして見直す視点をもつことである。その視点に立てば、身の回りのあらゆるところから、地域精神保健活動があふれ出てくることであろう。また、地域精神保健に関わる役者も、じつは、身近に多くいたことに気づかされるであ

ろう。

　では、役者の中から、コミュニティ心理学者をどうやって見つけ出せばよいのだろうか。これには、二つのメガネを使って見極めるのがよいだろう。最初は、大きなメガネで見てみる。病や障害を抱える人で、あえて患者とは呼ばず、精神医療のユーザーや当事者と呼ばれる多くの人々を含め、活動に参加するすべての人々が、コミュニティ心理学者であるという広義の立場である。コミュニティ心理学の志向するものが、**専門家と非専門家のコラボレーション**である、という本来のコミュニティ心理学の原理に従えば、こういう考え方も許されるだろう（山本，1986；高畠，2003）。極端な言い方をすれば、非専門家にアクセスできないコミュニティ心理学者は、その時点で失格なのである。

　しかし、それではいくらなんでも大雑把過ぎるかもしれない。それならば、次に小さなメガネで見てみよう。つまり、限定されたコミュニティ心理学者である。心理学ベース、もしくは、人間科学として包括される近接諸科学を学んだ人々ということになる。

　日本で最初に臨床チーム論を唱えた高木（1958）は、精神医療において、精神科医の限界と精神科医以外の学識者の必要性を強く訴えていた。そう考えると、精神医学だけではない、人間に関する学問の応用として、まさにコミュニティ心理学者は、地域精神保健の推進において必然的な存在だと考えてよいだろう。ただ、慎重にいわせてもらえば、後述するように、筆者は、臨床的な活動に従事しないが、コミュニティ心理学の成果と思えるものを知っており、コミュニティ心理学はそうした意味で、必ずしも臨床心理学と同義ではない場合もあることを指摘しておく。地域精神保健もその一部を含む、さらにもっと大きなコミュニティ心理学の流れが背景にあることは、常に理解しておかなければならない（Duffy & Wong, 1996　植村監訳　1999）。

　さて、地域精神保健活動の「発掘」と、コミュニティ心理学者の「気づき」について、探索を始めよう。

[2]　コミュニティ心理学の視点で実践を読み解く

　時代の先駆者は常に存在する。例を挙げると、埼玉県さいたま市を中心に展開されている「やどかりの里」である。精神科病院に入院していた患者とソーシャルワーカーが、病院を離れ街で暮らそうと志し、以後30年以上の歴史を重ねる中で、精神障害を抱える人々が、精神科病院の外で生きていくことが可能なモデ

ルを作り上げ、それは今や国際交流活動を旗上げ、地域における政策立案の提言を発信するまでの成長を見せている（谷中，1996；増田，2002）。

　また、北海道日高支庁、襟裳岬にほど近い浦河町で、地道な地域活動を展開させてきたのが「べてるの家」である。病院に勤務する精神科医師とソーシャルワーカーが、その精神科病棟の患者や地域に暮らす人々と、ミーティングと笑いを大切にした「ふれあい」を積み重ねる中で、病院のある周辺地域を活性化させ、精神障害を抱える暮らしを当たり前にするほどのインパクトを与えている（四宮，2002；浦河べてるの家，2002）。

　さらに卑近な例だが、筆者の体験も紹介しておく。筆者は宮城県北部の寒村に生まれ、その後、故郷から若干離れた地の教員を養成する大学に学んだ。不思議な運命で、筆者は教育学部に学んだはずなのに、なぜか多くの精神科医から教えを受けることになった。それらの精神科医それぞれが、精神科デイケア、精神保健福祉センター、そして精神科病院から、地域精神保健活動を明確に意識した発言をしていた。卒業後、精神医療の片隅で心理職の仕事に携わってからも、これらの医師たちをはじめとして、一つのエリアで精神医療に関わる者たちと、立場を超えて気楽な意見交換をする機会を、数多くもてたことは幸いであった。

　それぞれの職種や機関の裏事情を共有することは、自分の所属機関が過度に他の機関に依存しないように、また他の機関に対して恨みごとや不満をもたないように、一つの緩やかな安心できる「コミュニティ」が形成され、真のネットワークを体験することができる。こうした自然発生的なネットワークは、関係者に対する「教育力」とでもいうべきものをもち、今さらながら侮れないと思う。学校の教員の研修に講師として招かれる立場が多い筆者であるが、本音を言えば、講師による一方的な研修会を10回開催するよりは、切実なテーマで膝突き合わせて話し合うほうが、学べるものははるかに大きいように思われる。

　そして、筆者の将来を最も強く方向づけたのは、地域精神保健体験とでもいうべき出会いであった。いわゆる**患者クラブ**（social club：精神疾患をもつ当事者の自主的な集まりに、専門職も一人のボランティアとして参加するもの）に長期にわたって参加したことである。これが契機となり、この患者クラブ（宮腰・浅野，1980；佐藤，1987）へのボランティア参加の意義を問うことが、筆者自身のその後の大きなテーマにもなった（氏家ら，1992）。筆者が参加した患者クラブをはじめとして、じつはもともと筆者の生まれ故郷の近辺は、いわゆる地域生活支援の原型とでもいうべき活動がかなり盛んな地域であった（白澤，2003）。

VI章——コミュニティ心理学者の役割

 ところが、そこに住んでいたときには、筆者を含め隣人の多くもそれに気づくことはなく、むしろ遠く離れた場所に住んでから、故郷で展開されていた地域精神保健活動を知り、参加することになったのである。先述のとおり、地域精神保健活動は、関わる側がそれと気づかなければ、見えないものであることを知る機会となった。

 一般的に見て、地域精神保健活動はその業務分担のゆえか、保健所や精神保健福祉センターが主導になり、また専門職としては、保健師や**精神保健福祉士**（Psychiatric Social Worker: PSW）が大きな役割を果たすと考えられるが、ここで常識論に囚われると、地域精神保健活動におけるコミュニティ心理学者の姿や役割も見えてこない。

 むしろ現代の情勢では、前記の機関以外でも、精神科デイケア（森谷, 2003）、作業所や生活支援センターを含むさまざまな社会復帰施設の実践（石黒, 2002）、さらに社会的入院者の退院促進・支援（松山・氏家, 2004）といった活動も、それぞれが元来の職種・業務分担をもっていたとしても、必然的に地域精神保健を念頭に置いた活動を行わなければならない。そして、そこで展開されるものは、コミュニティ心理学が蓄積してきた発想法なり、方法論なりである。また逆に、コミュニティ心理学に還元されるべき経験も知恵も、豊富に揃っている。

 したがって、前述したように、当事者を含めて活動に参加するすべての者が、コミュニティ心理学者であると広義に仮定して、これまでの実践の見直しを図ることが、地域精神保健活動の本質やコミュニティ心理学に求められるものが明らかになり、望ましいのではないかと考える。「医師にしかできないこと」「当事者の本音」「心理学を学んだ者が陥りがちな落とし穴」などの、いくつかの「テーマ」をとりあえず設定し、地域精神保健に限らず、精神疾患そのものへの「囚われ」から自らを解放していく自浄努力こそが、コミュニティ心理学者の重要な役割であると考える。そうした視点で、『コミュニティ心理学研究』（日本コミュニティ心理学会）、『臨床心理学研究』（日本臨床心理学会）、『病院・地域精神医学』（日本病院・地域精神医学会）などの学術団体の学会誌・機関誌に掲載された研究論文、実践報告、現場からのレポートを読み直すことは、大変意義深いものと思われる。

 また、特に日本の精神医療の実践とその背景思想を探った歴史（浅野, 2000）を振り返ることは、今後の地域精神保健とコミュニティ心理学が、経験の知・臨

床の知による蓄積を活かして、より確かな前進を遂げるために必須の課題であると考える。

[3] 地域精神保健の基礎理論

ここで、地域精神保健活動を実践するために、コミュニティ心理学者が理解しておくべき、いくつかの理論体系について触れておく。いくつかは、他の章でも紹介されているので、随時そちらも参照してほしい。

1) 精神保健福祉に関わる法律について

日本において、精神保健と精神障害者の福祉について規定している法律は、**「精神保健及び精神障害者福祉に関する法律」**（略称「**精神保健福祉法**」）である。また、**ノーマライゼーション**（normalization）の理念と、精神障害を含む障害者に関する偏見・差別の解消をうたった法律に、「**障害者基本法**」がある。さらに、地域における住民の健康について示したものとしては「地域保健法」がある。

条文のすべてに精通する必要はないが、まったく知識をもち合わせていないのは、コミュニティ心理学者として問題である。たとえば精神保健福祉ガイド（藤本・花澤，2004）を常に手元に置いて、実践に関連した法律の理解を深める努力は怠るべきではない。というのも、今日、精神障害者に対して「心神喪失者等医療観察法」という名称で、過剰に犯罪との関連を想定した法律も存在し、法的な理解の乏しいコミュニティ心理学者は、地域での精神障害者の生活について、より一層の適切な判断が求められるコミュニティ心理学者は、法的な理解や矛盾に敏感でなければならないからである。コミュニティ心理学者と自称する者は、それ相応の社会的責任を問われることも自覚しておく必要がある。

そうでなくても、精神科病院や精神科医、そして法律家・行政官との関わりが乏しい、あるいは避けたがる一部のコミュニティ心理学者は、地域生活が維持されている精神障害者には寛容に接していても、少しでも精神症状の悪化を見ると、その精神障害者に対して、誰よりも早く入院を勧める役割を取る傾向があるようだ。これを念頭に置くと、コミュニティ心理学者は、精神科病院を「コミュニティ」として捉え、精神科医療の仕組みをよく理解し（伊藤弘人，2002）、時に意見が食い違う精神科医や法律家とも、これを自覚したうえで連携を作りあげていく姿勢をもつ必要があるだろう。

2）予防とリハビリテーションの理念について

　地域精神保健は、医学の一分野である**公衆衛生学**（public health）の大きな流れの中に依拠しており、実際に保健所を活動の場としている保健師と、共に活動しているコミュニティ心理学者は多いと言える。そこで、公衆衛生学の理念と意義（真野，2002）も知っておく必要がある。

　その中で特に、病気の**予防**（intervention）に関する3段階理論は、コミュニティ心理学に直結する理念である（Caplan, 1974　近藤・増野・宮田訳　1979；石井ら，1997）ため、確実に把握しておくべきだろう。一般には以下のように区分される。

① 一次予防──病気の発生予防
② 二次予防──病気の早期発見・早期治療で治療を長期化させない
③ 三次予防──再発予防・早期のリハビリテーション

　これらのうち、一次予防は発生予防として、優生思想を連想させ、やや不穏に感じられがちであるが、コミュニティ心理学が最も穏やかに貢献できる分野である。多くの人々が精神的な不調を訴えやすい環境を見抜くまなざしは、コミュニティ心理学者に求められる大きな課題である。また、遺伝子の時代と言われる現代にあって、実験室レベルの研究と日常的な暮らしとを冷静につなぎ合わせ、たとえば、生命科学の研究から見て、精神疾患の発症リスクが高いと考えられる人々に対して、そのリスクを低くするよう環境調整を行い、精神疾患の発症の低減を図る研究と実践（高橋・岡崎，2000；神庭，2004）を行うキーパーソンは、やはりコミュニティ心理学者であろう。

　また、三次予防は、いわゆる**リハビリテーション**（rehabilitation）であるが、単なる早期の社会復帰ではないだろう。コミュニティ心理学に求められているのは、安直に精神障害が治ったと満足するのではなく、症状・障害を抱えつつも生き抜ける力をもった姿を、実践の場から具体例として提起することであると考える。リハビリテーションの名のもとに陥りがちな誤謬（Anthony, Cohen, & Farkas, 1991　高橋・浅井・高橋訳　1993）を、一度リセットする役割が、コミュニティ心理学に求められていると思われる。

　コミュニティ心理学者は、リハビリテーションの再考を通して、われわれが知らず知らずもっている精神疾患そのものに対する「囚われ」から、自らを解放する努力を積み重ねることが必要であると思われる。

3) 生命と臨床の倫理をめぐる話題

　近年、**医療における倫理**（medical ethics）に関して議論が高まりつつある。それに呼応するように、心理学の研究方法や臨床実践に関する倫理についても議論が始まっている（村本，1998）。そして、地域精神保健の領域で問われる倫理的な諸問題は、医療の現場で起こるさまざまな事象に心理学的な介入が可能であり、精神医療だけでなく、まさに医療全般と心理学の狭間に生きるコミュニティ心理学者が関わらなければならない課題といえよう。

　たとえば、主治医である医師（精神科、あるいは精神科以外の身体科を問わず）と並行面接を行う心理臨床家であれば、次のような体験が少なからずあるだろうと想像される。つまり、当初は、クライエントの心理的な問題に焦点を当てて心理療法的な面接をしていたはずなのに、気がつくと、クライエントは、むしろ主治医に対する微妙な関係性のきしみ（はっきり言えば、主治医やその医療機関に対する愚痴、悪口）などの話題を、主に語り出していることも少なくない。このとき、コミュニティ心理学者の役割を自覚する者であれば、ためらわず**インフォームド・コンセント**（informed consent：診断と治療の方針に関して、医療者が患者に十分な説明を行い、患者も納得して医療を受けること）やセカンドオピニオン（主治医以外の医師にも、診断と治療に関する意見を求めること）、あるいは看護の領域で開発が進むクリティカルパス（病気と治療の経過を医療関係者と患者が共有するためのツール）について思いを及ばせながら、クライエントと話し合うべきだと考える（伊藤道哉，2002；氏家，2003a）。

　他の医療関連領域よりも地域精神保健領域においては、疾病をもつ人の生活の場で出会うことが多く、それゆえ、コミュニティ心理学者が一番患者の日常に近い場にいることが多いので、**アドボカシー**（advocacy：患者側の権利擁護）についても敏感な感覚をもち合わせておく必要がある。

[4] コミュニティ心理学者はここにいた！：「動」と「静」の一人二役

　もう一度、基本理念と実践を振り返りながら、地域精神保健領域におけるコミュニティ心理学者の役割について考えてみたい。大切なことは、コミュニティ心理学者が行う試行錯誤の実践の中から紡ぎ出された「言葉」が、後世になってさまざまな角度からの評価を経て、真の役割や専門性として残されていくということである（氏家，2003b）。まずは、どんなにささやかな実践も、どんなにささやかなデータも、的確に記述することから始める姿勢を大切にすべきである。

特に、心に関しては、心理学のみならず精神医学、公衆衛生学（地域保健学）、看護学といった医療分野や、さらに社会福祉学などとクロスオーバーする地域精神保健の領域では、関わった者が自らの行為や、そこで起きたことを丁寧に記述する作業が必要であろう。その作業を軽んじると、どうしても臨床心理学的な関わりのみが突出して、「善なること」という幻想を、自分自身にも他人にも与えてしまう危険性がある。カウンセリングに対して、評論家的で無責任で過剰な万能論（氏家，2002）を振りまき、本来は向精神薬の効果についても考慮すべきなのに、心理療法の有効性のみを喧伝するという誤りを犯す危険性（Jansz, & van Drunen, 2004）もありうる。

おそらく、地域という場、さらにコミュニティという文脈で起こる精神保健に関するエピソードは、簡単に良し悪しの判断ができるほど単純なものではない。過剰な臨床心理学の自己主張や、精神医学などから知らず知らずのうちに感化された医学モデル的思考法を解きほぐす役割も、コミュニティ心理学者に課せられた大きな宿題であろう。コミュニティ心理学は、「社会的文脈で人間を捉えることの必要性を主張してきた」（山本，2001）ことを肝に銘じておくべきである。

コミュニティ心理学は、その本質に常に、「**調整役（coordinator）**」としての機能を担ってきた。またコミュニティ心理学が、真に科学であろうとすれば、地域の混沌の中から真実を抽出しようとするときに、不可欠な要素は「バランス感覚」であろう。

そうした流れを踏まえ、「動」と「静」の二面に分けて、コミュニティ心理学者の役割を述べてみる。

1)「動」：コーディネーター、ディレクター、フィールド・ワーカー

ここでは「動く」こと、「行動する」ことを前提にして議論を進めたい。本節の随所で紹介したが、多職種が協働作業を行う地域精神保健領域において、コミュニティ心理学者に課せられた使命として、コーディネーターの役割を取ることは一つの運命といってもよいほどである。それが比較的やりやすい立場にいるのは、他の専門職種と比べて、皮肉にも統一された資格や免許をもたないからかもしれないという現状認識も心得ておきたい。今後、医療分野における心理職の国家資格化が進んだ場合、冒頭でも触れたように、いわゆる当事者・精神医療ユーザー・家族といった非専門家へ容易にアクセスできる理念と方法を、さらに専門職同士のコンサルテーションを常に主導する技法を、コミュニティ心理学者は常

に開発し維持していかなければならない。

　筆者自身が関わってきた、患者クラブと呼ばれる活動は、患者が主導する相互援助活動の中から、ほぼ同じ理念で参加するメンバー自らが内なる力に気づき、自らとまわりの仲間に勇気を与える「エンパワメント」という概念を生んできたが、これと同じ概念を根底に置くセルフヘルプ・グループ（三島, 2001）などへのコミュニティ心理学者の関与は、今後もますます重要になるであろう。

　おそらく、そういった活動に参画するコミュニティ心理学者には、大なり小なり活動のまとめ役となり、組織を運営・調整する役割も期待されよう。冒頭の「舞台」と「役者」のたとえではないが、期待されたらまとめ役にもならなければならないが、やはり主役は当事者であるという自覚を忘れずに、黒子になって上手に表舞台から隠れ、流れを見守る総監督、ディレクターの役割に徹することこそが、真に求められているのであろう。

　また、コーディネーター、ディレクターの役割を担う前提としては、やはり、フットワークの軽い**フィールド・ワーカー**（field worker）として、常に地域精神保健の現場を駆けめぐっている必要があると思われる。しかし、絶対に現場にいなければならないというものではない。詳しくは「静」のところで触れるが、ここで強調したいことは、ある精神科病院が話題になれば、その病院のある街と風景が思い起こされ、当事者の話題になれば、その当事者の住む生活圏の情報が想起されるような、「社会環境に対して感性が動く」ことが、コミュニティ心理学者の重要な役割であろう。現場に居合わせなくても、コンサルテーションはできるのである。

　社会環境に関する一例を挙げれば、近年は、いわゆるうつ病を「心の風邪」と称して、本人や家族、周囲の人々への偏見の解消に大いに役立っているのかもしれない。しかし、もしかすると、うつ状態を作り出す社会構造があって、本来は、そのシステムこそ社会病理として改善されるべきなのに、無理やりに個人病理に還元させている危険性（藤本・花澤, 2004）も考えられる。コミュニティ心理学の見地とは、安易に個人の病理に原因や帰結を求めるのではなく、精神病理を生み出すシステムとしての学校、会社、地域社会、時代や文化などの影響にも思いを馳せられるような、柔軟な思考法と解決法であろう。

　この流れで現在の地域精神保健の動きを見ると、これまた繰り返しになるが、精神保健に関する多くの機関は、コミュニティというものに比重を置いているとはいえない。市町村の精神保健関連部門、保健所、精神保健福祉センターは当然

であるが、精神障害の回復途上者に関わる精神科デイケアやさまざまな社会復帰施設、さらに、精神科病院の退院支援部門における実践の多くは、コミュニティ心理学者の取り組むべき現場実践として包含されるであろう。これらの現場における課題を解決するプロセスは、取り組みが始められた精神障害者へのケアマネジメントと軌を一にしており、相互に好ましい影響を及ぼしていくことになると考えられる。

また、病気にも病院にも縁がなく、精神的にも身体的にも健康を自負する人々の心の健康をサポートしたり、ライフサイクルの中で突然訪れる心の危機に対処したりすることは、生活の現場だからこそ見えやすいはずである。これらへの介入も視野に入れておくべきであろう。

今後は、さまざまな地域精神保健の課題に取り組む者自らが、臨床心理的地域援助の技法（山本，2002）に対して、地域発信の実践の知・臨床の知を投入することで、コミュニティ心理学の発展に寄与していくものと思われる。

2)「静」：エスノグラファー、リサーチャー、クリエイター

最後に、実際の行動はしなくても、「社会環境に対して感性が動く」、いわば「静」なるコミュニティ心理学者の役割について考えてみたい。

まず行うべきことは、関係者以外にはわかりにくい地域精神保健活動を、いかにわかりやすく描くかということであろう。実践をわかりやすく記述する工夫に関して、努力を惜しむべきではない。この点では、文化人類学で培われてきた暮らしを描く作法、**エスノグラフィー**（ethnography：箕浦，1999）がもっと活かされてよいと思われる。自らが活動の参加者の一人でありながら、主観・客観をまじえて、地域精神保健の実像を描こうとした上田（2002）の姿勢も大いに参考になる。厳密な意味では地域精神保健の枠を超えるが、筆者らも含めて、大学の心理学・福祉学・障害児教育関連の教員が、自らの行っている臨床実践を赤裸々に描く試みを行っているが、このような試みがもっと必要だろう（中村・氏家，2003）。

こうした実践を描く努力を惜しまないことで、ACT（Assertive Community Treatment：西尾，2004）のような地域の精神障害者支援について、共通理解が図られていくことに繋がる。こうして描かれる地域精神保健の現場は、生々しい暮らしがあることを実感させ、どこよりも本音が飛び交う場になる。たとえば、精神医療のユーザーの語る言葉は、病院の診察室や相談室で語られる言葉より、

飾り気がないだけ鋭い切れ味をもち、真実が含まれていることであろう。コミュニティ心理学者は、こうして語られた言葉について、精神保健、精神医療、そして医療・福祉全体の発展のために、語り継ぐ責任を負う。そこでは、語られた内容を研究的な視点で確かめていくリサーチャーとしての使命と、より質の高い地域精神保健を創り上げていくクリエイターとしての使命をもつことになる。

　もし精神医療のユーザーから、少しでも有能な精神科医が欲しい、否、全ての医師に丁寧な診察をして欲しいと言われたら、より有能な医師養成のための工夫をすべきである（Ujiie *et al.*, 2004）。精神科病院において、まともに話を聞いてもらったためしがないと、ユーザーたちは言う。逃げているのか、本当にスタッフが足りなくて忙しいのか、人員配置が不適切なのか（濃沼，2000；氏家ら，2003）などについて、考え直す必要があるかもしれない。さらに、心身の状態に合った投薬をしてもらえれば就職も可能なのに、近隣に精神科の医療機関がないために、働けない場合もある。病院の場所や病床数を決める基準は、これでよいのだろうか（猪俣，2004）。精神障害者であることを隠さずに、参加できるスポーツ施設はないものだろうか（岡崎，2003）などさまざまである。精神科病院の建物や設備について、少しでも生活のしやすい病棟環境へのアイデアを提供することができるのは、コミュニティ心理学者かもしれない（高橋，2001；木下・氏家・中川，2003）。

　すべての願いが叶うわけではない。しかし、地域精神保健の場で語られる要望や期待に対して、だめと言うだけでなく、こうすれば可能かもしれない、こう考えれば違う地平線が見えてくるかもしれないなど、希望の光を最後まで灯し続けるのが、コミュニティ心理学者の最大の役割かもしれない。コミュニティ心理学者とは、地域精神保健のフィールドで、とことん真摯に真正面から相手に向き合い、ニーズ実現のために働く人のことをいうのではないだろうか。

　最後に一つ、筆者の身近な「コミュニティ」に関する話題を提供し、この節の締めくくりとしたい。筆者は学内、国内、時に外国の地域精神保健現場を駆けめぐり、フィールド・ワークを生業として、コミュニティ心理学者を自称する者であるが、筆者の話をいつも傾聴し、寛容の中にも批判的に的確なコメントを返してくれる人、次なる課題と癒しを与えてくれる人たちは、ずっと実験室内で基礎的な実験に取り組んできた生理心理学者などであり、じつに、さまざまなバックグラウンドをもつ人々なのである。だからこそ「コミュニティ」は面白いのである。

引用文献

Anthony, W., Cohen, M., & Farkas, M. 1991 *Psychiatric Rehabilitation*. Boston Center for Psychiatric Rehabilitation at Boston University.（高橋 亨・浅井邦彦・高橋真美子（訳）1993 精神科リハビリテーション．マイン．）

浅野弘毅 2000 精神医療論争史——わが国における「社会復帰」論争批判．批評社．

Caplan, G. 1974 *Support Systems and Community Mental Health*. Behavioral Publications.（近藤喬一・増野 肇・宮田洋三（訳）1979 地域ぐるみの精神衛生．星和書店．）

Duffy, K. G. & Wong, F. Y. 1996 *Community Psychology*. Allyn and Bacon.（植村勝彦（監訳）1999 コミュニティ心理学——社会問題への理解と援助．ナカニシヤ出版．）

藤本 豊・花澤佳代（編）2004 よくわかる精神保健福祉．ミネルヴァ書房．

猪俣好正 2004 社会保障審議会精神障害分会報告書をどう評価するか．精神神経学雑誌，**106**，631-635．

石黒 亨 2002 精神障害者地域生活支援センターの実践事例．社会福祉法人全国精神障害者社会復帰施設協会（編）精神障害者生活支援の体系と方法——市町村精神保健福祉と生活支援センター，190-206．中央法規．

石井 厚・宮腰 孝・福田一彦・大平常元・相沢宏邦・浅野弘毅・中井 滋 1997 精神保健（第5版）．医学出版社．

伊藤弘人 2002 精神科医療のストラテジー．医学書院．

伊藤道哉 2002 生命と医療の倫理学．丸善．

Jansz, J. & van Drunen, P.（eds.）2004 *A Social History of Psychology*. Blackwell Publishing.

神庭重信 2004 養育環境と脳の発達．精神神経学雑誌，**106**，362-364．

木下和彦・氏家靖浩・中川博幾 2003 精神科病院におけるリロケーション効果——移転前調査．北陸公衆衛生学会誌，**30**，18．

濃沼信夫 2000 医療のグローバルスタンダード．エルゼビア・サイエンス・ミクス．

真野喜洋（編）2002 スタンダード公衆衛生学．文光堂．

増田一世 2002 日加交流：政策決定参画への旅立ち——住民が自らの思いや願いを実現できる社会を目指して 共同学習を基盤に相互研修の5日間．響き合う街で，**21**，3-27．

松山由香里・氏家久仁子 2004 社会的入院者の退院促進に向けた作業療法．作業療法ジャーナル，**38**，1109-1112．

箕浦康子（編著）1999 フィールドワークの技法と実際——マイクロ・エスノグラフィー入門．ミネルヴァ書房．

三島一郎 2001 精神障害回復者クラブ——エンパワーメントの展開．山本和郎（編）臨床心理学的地域援助の展開——コミュニティ心理学の実践と今日的課題，164-182．培風館．

宮腰 孝・浅野弘毅 1980 地域精神衛生活動を通して精神分裂病者の社会復帰を考える．精神神経学雑誌，**82**，637-642．

森谷就慶 2003 精神病院デイケアから見えたコミュニティメンタルヘルス．氏家靖浩（編）コミュニティメンタルヘルス，110-127．批評社．

村本詔司　1998　心理臨床と倫理．朱鷺書房．

中村圭佐・氏家靖浩（編）　2003　教室の中の気がかりな子．朱鷺書房．

西尾雅明　2004　ACT入門——精神障害者のための包括型地域生活支援プログラム．金剛出版．

岡崎伸郎　2003　精神障害者スポーツ振興の現状と展望．日本社会精神医学会雑誌，**12(2)**，179-186．

佐藤昌子　1987　地域患者クラブの経験から．精神医療，**16(4)**，18-22．

四宮鉄男　2002　ベリーオーディナリーピープル　とても普通の人たち——北海道浦河べてるの家から．北海道新聞社．

白澤英勝　2003　宮城県の精神医療，保健・福祉——過去、現在そして未来．病院・地域精神医学，**46(1)**，5-14．

高畠克子　2003　コミュニティ心理学．下山晴彦（編）　よくわかる臨床心理学，152-155．ミネルヴァ書房．

高木四郎　1958　臨床チームについて．精神神経学雑誌，**60(13)**，82-90．

高橋　直　2001　精神病院のリロケーション——行動場面の自然観察．やまだようこ・サトウタツヤ・南　博文（編）カタログ現場（フィールド）心理学——表現の冒険，80-87．金子書房．

高橋象二郎・岡崎祐士　2000　精神分裂病の病因と予防——一次予防の可能性へ向けて．臨床精神医学，**29**，391-398．

上田将史　2002　地域精神保健領域における心理臨床家の役割——PAC分析・参加観察による福祉と心理の視点の違いより．臨床心理学研究，**40(3・4)**，13-15．

氏家靖浩・森谷就慶・赤羽礼子・多田智恵子・荒井祐子・宮腰　孝　1992　患者クラブ活動と学生ボランティアの接点について．病院・地域精神医学，**35(3)**，46-48．

氏家靖浩　2002　医療・福祉・教育の史的・理論的相互交渉．小林　剛・皇　紀夫・田中孝彦（編）臨床教育学序説，92-105．柏書房．

氏家靖浩　2003a　インフォームドコンセントと患者心理——精神医療における「医療者－患者」関係から考える．福井大学教育地域科学部紀要，**59**，11-20．

氏家靖浩（編）　2003b　コミュニティメンタルヘルス．批評社．

氏家靖浩・太田裕一・伊藤道哉・濃沼信夫　2003　精神病院に必要とされる心理臨床家の適正数を算定する試み——福井県の精神医療状況をもとにして．病院・地域精神医学，**46(3)**，37-38．

Ujiie, Y., Asano, H., Ikezawa, Y., & Terasawa, H. 2004 Medical interview training contributes students to viewing social psychiatric practices. XVIII World Congress of the World Association for Social Psychiatry, 310.

浦河べてるの家　2002　べてるの家の「非」援助論——そのままでいいと思えるための25章．医学書院．

山本和郎　1986　コミュニティ心理学——地域臨床の理論と実践．東京大学出版会．

山本和郎　2001　コミュニティ心理学の臨床分野への貢献——そしてさらなる展開へ．コミュニティ心理学研究，**5(1)**，39-48．

山本和郎　2002　臨床心理的地域援助の技法．日本臨床心理士資格認定協会（監修）臨床心理士になるために（第15版），78-83．誠信書房．

谷中輝雄　1996　生活支援——精神障害者生活支援の理念と方法．やどかり出版．

4

医療・看護領域

山口桂子

[1] コミュニティ心理学と医療・看護

1) 医療・看護の対象者からみたコミュニティ心理学的発想の重要性

　医療・看護の領域においては、その対象となる当事者が何らかの健康上の問題を有していることが多く、その健康問題に特定の、さらには個別のストレッサー（ストレス認知要因）を抱え、それを機にストレスフルな状態へと追い込まれていく。その具体的なストレッサーになるものとしては、症状の自覚あるいは健康診断における指摘、受診、診断と予後の告知、治療といった一連のプロセスに伴う不安や脅威、あるいは恐怖といった心理的なストレッサーから、実際に病気そのものや治療から受ける身体的な痛みや苦痛、制限、喪失といったものまでさまざまである。さらに、その状況に伴って起こる社会的な孤立や社会的機能不全、経済的困窮などが、その人のおかれている環境によっては、病気そのものよりも深刻な事態を招くこともある。こういった状況は、人生の一大イベントとなる手術や生死をかけた入院治療といったように、時期を限定して起こる場合もあるが、慢性的・永続的に経過するものもある。また全く予期しない中で、突然起こることもある。このように、その問題の質によって引き起こされる状況は多種多様であるが、人々は常にストレッサーに曝され、対処を迫られることになる。

　一方、これら当事者の周りにいる配偶者や親や子ども、きょうだいなど、家族も当事者と同時に、この問題を背負うことになる。先に述べた健康問題やその解決のプロセスを、当事者として体験するわけではないが、個々の家族自身がもと

もと抱えている生活上の役割や制約に加え、ともに回復への道を歩むことは、場合によっては、当事者よりもストレスフルな状況を強いられることにもなる。しかし、一般的に家族は、医療従事者から、サポーターとして位置づけられ、人的資源としての役割を期待されることが多く、支援者役割、介護者役割を遂行することから生じるストレスフルな状態——すなわち、支援者でありながら自らも支援を受けることが必要な状況——にあることについての周囲の認識は、本人自身も含めてきわめて低いといわざるを得ない。

　従来、医療従事者は、健康問題の解決のための方略として、医学モデルを中心に対応してきたが、1980年代以降、特に看護領域では、対象である人々を、精神的・社会的側面をもった生活体として位置づけ、心理学や社会学などの理論や概念を取り込みながら、この状況を乗り切るための個別的援助について模索・実践してきた。しかし、他領域も含めて、研究として学問的に明らかになりつつあることが、必ずしも実践に結びついていない現状もある。先述のような健康問題を有する本人や周囲の人々が、危機的な状況をひとまず乗り越え、できる限りその人らしく人生を送るためには、すでに明らかになっている知識をより正確に、効率よく適用し、活用することが不可欠となる。山本（1986）は、「……だれもが切りすてられることなく、共に生きることを模索する中で……（p. 42）」と、コミュニティ心理学の定義のなかにその姿勢を述べているが、医療・看護は、まさにその対象領域であることをしっかりと認識する必要があるだろう。

2）医療・看護の実践者とコミュニティ心理学者

　現在、コミュニティ心理学で用いられる主要な概念であるエンパワメントやソーシャルサポートが、広く普及しつつあることをうけて、医療・看護の実践者である研究者たちはこれらの概念に注目し、自らの介入方略に活かすことを試行し始めている。しかし、多くの場合、彼らは、いわゆる専門家としての純粋なコミュニティ心理学者ではない。われわれコミュニティ心理学者は、これら二つの学問的接点を十分に理解したうえで、コミュニティ心理学的概念の正しい普及に努めること、健康問題の特性ごとに、引き起こされる状況や有効な介入方法の体系化に向けて、専門性を発揮することに努める必要がある。そのことによって、実際には、この領域における実践者たちから提供されるコミュニティ心理学的アプローチが、より有効に効率よく活用されることにつながると考えられる。そのためには、われわれはより積極的に、医療・看護の実践者との関わりを求め、彼ら

の対象にとってのコミュニティ心理学の存在価値を知らしめる努力をしていく必要がある。

以下に、主に看護職である研究者・実践者が、対象者の健康問題に伴う精神的・社会的問題状況を査定し、介入しているいくつかの実践事例を紹介するが、これらはいずれも、広い意味で対象者のエンパワメントを目指し、ソーシャルサポートを提供していることから、コミュニティ心理学的アプローチを活用していると解釈されるものである。まずはその概要を紹介し、有効性について考えていきたい。また、その後には、これらをさらに発展させるためのコミュニティ心理学者の役割、**連携・協働**(cooperation and collaboration)の方向性について探っていきたい。

[2] 医療・看護におけるコミュニティ心理学的援助の実際

1) よりよいコミュニティづくりへの介入：地域・在宅看護学との連携・協働

地域における医療や看護の活動は、もともとのコミュニティ心理学の意味からいっても密接な領域であり、精神保健の予防的関わりには多くの実績もあると思われるが、ここでは、在宅療養者家族の介護に関わる問題に焦点を当てる。

a 在宅療養者家族の介護負担感と対処パターン

堀井ら（2001）は、京都府内の高齢化の進む地区における在宅療養者家族の**介護負担感**（caregiver's burden）へのコーピングに関する調査を行い、その対処パターンと**訪問看護ステーション**（visiting nurse station）の介入の効果について報告している。その中で、対象とした二つの訪問看護ステーションの利用者とその家族について、介護度が高い老々介護の状況において、90％以上の介護者が身体的・精神的介護負担感を感じていること、さらに、対処パターンとして、介護負担感が強いほど「接近認知型」（「……と考える」などの認知的対処で、前向きに介護をとらえていこうとする態度を反映）が多く、また、介護者が高齢になるほど、対処能力の低下が生じることを指摘している。さらには、訪問看護ステーションの利用は、特に「健康ではない・介護に支障がある」と感じている家族の介護負担感を変化させることに役立っており、「困ったときに気軽に相談できる」「介護に対する精神的負担が軽減した」など、利用者への直接的効果や物質効果としてよりも、介護者への精神的サポートとしての価値を報告している。

この事例からは、高齢の介護者たちが、利用者本人との立場や関係性からか、

あるいは、日本の慣習的考え方によるものか、問題解決型よりも接近認知型での対処を試み、自分のつらさを無理に押し隠そうとしていることがわかる。また、専門職による関わりによって、その精神的なつらさが解消されたことをも示している。過疎化が進むこのような地域では、もともとの地域のダイナミックスや、ネットワークによるつながりを期待することが不可能になることを受け止め、在宅療養者を抱える家族が、それぞれ孤立化することを防ぐための意図的なネットワークづくりやサポート体制が、専門家によって、公的に提供されることが必要であることを明確に示した事例でもあろう。

介護負担感の研究例では、このほかにも、関連要因を挙げたいくつかのものがあるが、この事例では、これまでに用いられている対処パターンの項目を引用して調査し、比較・検討することで、研究対象とした地域特性を明確にするなど、研究による積み重ねや体系化を図ることにも寄与している。

b 在宅介護者の会の結成と運営

廣森（2003）は「**在宅介護者のエンパワーメント**（empowerment for caregivers）の可能性と専門職の役割」と題し、東北地方の人口10万人程度の市にある、在宅介護者の家族会の結成と運営の現状を報告している。約20年の経過について、当初、介護者の孤独感や悩みなどの解消を要望する声に呼応したものであったが、その際に、病院が呼びかけて、家族会として介護者主体の会の結成をサポートしたことや、日ごろの苦労を述べ合って励まし合う会から、徐々に市当局への交渉の窓口となって、介護事業に対する改善を要望するようになった活動などが示されている。廣森は「このような過程は、専門職を介して在宅介護者がエンパワーメントし、その要求を外へ向けて発信し、成果を得ていった過程として捉えることが可能であろう（p. 27）」と述べているが、この事例においては、現在もなお、病院側から看護師2名、事務職員1名、メディカル・ソーシャルワーカー1名が事務局として参加しており、専門職のサポートの重要性を示唆している。この点については、同時に報告されている意識調査にも現れている。すなわち、介護者はこの会に病院関係者の薦めで入会し、また、入会後の利点として、「自分だけがつらいのではないことがわかった」とともに、「訪問看護師と身近に接することができる」を多く挙げており、この会への参加によって大きな支えを得ていることがわかる。また、この会の特徴として、被介護者の死亡後も「OB」として残っている参加者が20名程度おり、彼らが経験者としての情報提供や、ボランティア的活動を提供することによって支えている部分も大き

いことを報告している。本来、**セルフヘルプ・グループ**（SHGs）では、当事者間のネットワークが主体になるべきであるが、この事例では、介護者にはその活動を主体的に十分に行うゆとりが、精神的にも身体的にもないことが特徴的な背景としてあり、介護者自身のセルフヘルプの会でありながらも、専門職やボランティアのサポートの果たす役割が大きいことを示していた。

以上2事例は、**介護者の孤立**（caregiver's isolation）を防ぐための実践活動に関する報告であるが、いずれも、介護者自身が自らの状況を打開するための十分な力をもち得ないことが、対象の特性として示されており、専門職、非専門職を問わない十分なサポートの必要性が示唆されている。

2) その人らしくあるためのQOLの確保に向けて：がん看護学との連携・協働

がんサバイバー（cancer survivor）という言葉がある。「がんと診断されたときから、人生の最後までがんとともに生きるがん生存者」を意味し、がんと診断されたそのときから生を全うするまで、いかにその人らしく生き抜くか、その日々のプロセスを重視した考え方である（赤羽, 2004）が、日本では、未だ社会的孤立に至りやすい人々である。

昨今、がん患者の医療については、マスコミにも取り上げられることが多くなってきたが、前記のように、がんが慢性疾患の様相を呈するようになり、がんとともに長期間生活する人々が増えてきたことや、その患者意識が徐々に高揚しつつあることとも関連している。その背景には、がん医療の発達に伴う発見率・治癒率の上昇、さらには5年生存率の上昇に伴って、インフォームド・コンセントの定着により告知率が急激に上昇し、人々は、従来の「お任せ医療」からの脱却を迫られているという事実がある。患者は、がんであることの告知を受け、さまざまな治療方法に対する自らの選択を迫られ、身体的な治療が一段落したあとも、再発への恐れや不安、治療による身体の喪失や障害など、多くの精神的・社会的問題を抱いたままの、長期間の闘病生活を強いられることになる。このことは結果として、患者自身に対し、がんと向き合うことから逃れられないことの自覚を促し、自らそれに対処するための方略を求める姿勢を生み出すことになる。こういった患者自らのエンパワメントの要求に対し、専門職はタイムリーに即応しなくてはならない。

a　がん患者へのサポート・ネットワーク

赤羽（2004）は、がん専門看護師として病院内での直接的活動を行う一方、

がん患者に対する三つの主要な**ソーシャルサポート・システム**（social support system）として、①ネットワーク介入アプローチ　②ケースマネジメント・アプローチ　③システム開発アプローチ、を挙げ、これらを患者や家族の状況に応じて、組み合わせて活用することを提案しているが、これらを具体的に実践するためには、看護職のみならず、多くの職種との連携・協働が重要であるとも述べている。

　また、川名（2004）は、精神看護専門看護師としてがん看護に携わり、がん患者を支えるうえでのグループ精神療法を応用したアプローチが注目されるなかで、サポート・グループ「がんと共にゆったり生きる会」を運営してきた。その活動から得たこととして、患者－看護者の相互作用が、がん患者のサポート・システムの中核であると述べている。また、その中で表出される、死の不安や転移への心配に対しては、「患者が前向きに考えられるように」「否定的なことは考えなくなるように」向けるのではなく、「患者は苦悩に負けない潜在的な力をもっているため、表出することがマイナスにはならない」ことを信じて、まずは耳を傾けることを提案している。さらに、がん患者は、治療を受ける過程で、医師への信頼感をもちながらもそれに相反する不満や不信をももち合わせ、ひいては、病院や日本の医療システム全体への怒りのような感情も抱いているので、看護者は、安易に医師や病院の立場で発言することを避けるべきであるとも述べている。それらは患者自身の成長によって、医療に対する問題意識をもったことの証であり、看護者はよりよい医療を目指す「同士」として、意見交換できる場を提供することが必要としている。

　また、村上・大野（2005）は、再発乳がん患者の治療が主に外来で行われることから、その**全人的ケア**（holistic care）のためには、地域の多くの職種や、ボランティアとの連携が重要であると述べている。その中で、村上・大野は、再発乳がん患者の再発後の生存期間が約2年で、胃がんや肺がんの再発例よりも長く、その間にも、末期に至るまでは重篤化することの少ない身体的特徴があると述べる一方で、精神疾患の有病率の高さをも指摘している。引用された国立がんセンターの治療例において、再発乳がん患者の40％以上に何らかの精神症状があり、初回手術後の乳がん患者の2倍以上になっていることを示しているが、その要因として、これら対象者が50歳代までの若年層が多いことから、妻として、母親としての家庭内での役割が果たせなくなること、子どもの将来を案じながらの闘病生活であることなどが、大きな不安やストレスを生むことを挙げてい

る。そして、これらをできるだけ軽減し、患者や家族の多様なニーズに応えるためには、外来医療における全人的なケアが必要となり、それが多くの職種との連携・協働のもとで、自治体なども巻き込んだ地域活動として展開されることの重要性を示唆している。

以上のように、一度がんに罹患した人々が、その人らしく生きるためには、自らをエンパワメントによって強化し、また、適切なソーシャルサポートを受けながら、一日一日を大切に過ごすことに価値をおく必要がある。そのためには、量的にも質的にも十分な**ネットワーク**（network）が必要であり、それぞれの専門職がそれぞれの立場から、自らの役割を自覚して関わっていく必要がある。川名（2004）は、「ネットワークは患者同士だけではなく、社会が患者をどう支えるかが重要である。（……）がん患者は異質なものとして社会から排除されることが少なくない（p. 31）」と述べているが、本人と周囲の人々の相互理解が深まるような援助を行うことが求められている。

b　がん切除による中途障害を有する人々の社会生活への介入

一方、金子（2003）は、舌がんによって、舌切除を余儀なくされた**中途障害者**（the disabled in the middle）のストレス過程について、ラザルス（Lazarus, R. S.）のストレス認知理論に基づいて分析し、看護介入についての提案を述べている。半構造化面接法によって明らかにされた彼らのストレッサーは、〈がんの告知・再発〉〈舌の喪失〉〈痛み〉〈停職・収入の停止〉〈外食時の他者からの視線〉〈顔貌の変化〉〈他者からの障害の指摘〉と、術前から術後、さらには社会復帰後まで、その闘病中の時期ごとに変化し、またその内容も、身体的苦痛から精神的・社会的なものまで広範囲にわたっている。これらに対し、体験を肯定的あるいは無関係な出来事として知覚し、問題解決的コーピングを用いることで、ストレス反応は低くなり、同様に、感情表出ができるキーパーソンの存在が影響することを明らかにしている。また、この結果から、舌切除後に生じる障害を術前から予測し、新たな生活行動を獲得するための準備状態をつくることや、予期的悲嘆を経験できるような介入が求められていることをも示唆している。

従来より、手術を受ける人々に対する準備的ケアとしては、「術前オリエンテーション」がルーティン化され一般的になっているが、これは、全身麻酔やがん切除による手術直後の身体的変化に対する情報提供や、トレーニングが主となっていることが多い。これは、医療者側にとって、生体への侵襲からみて最も注意を要する時期の、身体的側面への焦点化から始まったものである。また、がんの

病態部分の切除によって生じる生活行動の変化に対しては、ある程度の予測をもって事前に説明がなされるが、その時点では本人も看護者も切実感が薄いためか、実質的な予測や援助には至っていないのが現状であり、実際に障害のある生活を実感するようになる退院後には、そのことについて一緒に相談し、対策を講じてくれるようなサポート体制がないことに気づくのであろう。

前記のストレッサーにもあるように、患者が必要とする援助内容は、その病期ごとに質的に変化していくが、患者が身体的危機を脱し、その管理が外来へと移るにつれて、その問題は社会的なもの、精神的なものへと移っていく。にもかかわらず、それに寄り添う看護師が慣れていない現状がある。これまで、日本の医療・看護は、施設の中にその中心があり、外来部門は必ずしも重要視されてこなかった。しかし、入院日数の政策上の短縮化に伴い、健康問題を抱える多くの人々が在宅での療養に移行し、がん患者も例外ではない。そういった社会状況に応えるための連携が求められている。

3）子どもと家族の健やかな発達に向けて：小児看護学との連携・協働

小児とその家族へのアプローチの目標は、いかなる状況にある子どもであっても、その子なりの健やかな成長・発達を遂げることであり、それを支え、見守る家族へのサポートにある。少子高齢化、核家族化が進む今日、子育ては経験の少ない個々の親に委ねられ、子どもに発生した健康問題は、すぐさまその親やきょうだい、場合によっては遠隔地に住む祖父母など、家族全体に大きな影響を及ぼす。健康問題を有する子ども自身とその家族のエンパワメントは、今日の小児医療で必要不可欠な課題となっている。

a　子どもの医療・看護における説明とプリパレーション

従来、子どもは未熟な存在であり、さまざまなことを理解することは難しいとされ、医療の現場においても、一連の治療過程について子ども自身に説明することは避けられていた。そのため、さまざまな診察や検査・処置場面において、子どもが暴れることは当たり前で、押さえつけてでも早く終えてやることが、子どもにとっての最良であると信じられてきた。しかし、患者の権利の尊重が叫ばれる中、1994年に「子どもの権利条約」が日本でも批准されたことが動機づけとなり、小児医療においても、**子どもへの説明と同意**（informed consent for children）を得ることが提唱され、子ども自身の力を引き出すことへの方法論的模索が続いている。

二宮（2000）は、その最初のプロセスとして、「検査や処置を受ける子どもへの説明と納得の過程における医師・看護者・親の役割」についての実態を明らかにする中で、それぞれの役割を認識しながら子どもに関わることが、子どもの主体的参加をうまく引き出すこと、さらに看護者のコーディネート能力が、それを左右することを指摘している。また、勝田（2000）は、「子どもが検査・処置に主体的に取り組めるためのかかわり」の中で、まず、子どもが処置を主体的に受容している状態である「覚悟」の現象を明らかにし、そのうえで、子どもが主体的に覚悟に至ることを支え導くことが重要であると述べている。これら一連の研究成果により、子どもは大人が思う以上に、さまざまな能力を発揮していることが明らかにされたが、これらを十分にふまえたうえで、子どものエンパワメントへのアプローチがなされるべきであろうと考える。

現在、小児医療・看護の中におけるエンパワメントは、心理的準備と訳される**「プリパレーション（preparation）」**の実施によって試みられている。プリパレーションは、「子どもの病気や入院によって引き起こされる心理的混乱を最小限にし、子どもや親の対処能力を高めるケアである（及川，2002, p. 189）」とされ、子どもの対処能力を引き出すような環境を整えることをも意味している。子どもの健康問題の発生は予期できないことも多いため、準備が間に合わないこともあるが、できる限りの場面でケアが行われようとしている。

具体的方法については、対象児の発達段階や健康問題の特性上、求められるものは多種多様で、まさに場面ごとのプランが必要である。よって、その原則をふまえながら、場面ごとに個別的に実施されなければならない（楢木野・高橋，2002）。多くの個別的・実践的取り組みによって、着実な成果が報告されつつある（河野・森田，2002；大竹，2002）。

しかし、実際にこれらの援助を行うことは、小児看護に携わる看護職にとっては必ずしも容易ではない。小児医療の特性として、これら小児の身体的機能の未熟性は、生命に対する一刻を争う危険性を常にはらんでいることから、看護師はきめの細かい観察と、身体的援助に多くの時間を費やさなければならないこともまた事実である。このような状況にあって、日本における活動が徐々に広がりつつある**チャイルド・ライフ・スペシャリスト**（Child Life Specialist: CLS）や、従来から小児看護に関わりをもっていた保育士の中から学会認定された医療保育士など、新たな職種によって、医療や看護の現場における小児へのエンパワメントが図られようとしており、ここでも、他職種との連携・協働が必要とされてい

る。

b 子どもの在宅療養に向けて：セルフヘルプ・グループとの関わり

村上ら（2001）は、「セルフヘルプ・グループを利用した在宅人工呼吸器療法に向けての援助」の中で、医療者が仲介役を果たし、セルフヘルプ・グループとのつながりをもたせることができた1事例への介入の経過を報告している。対象となった事例は、気管軟化症で人工呼吸器を装着している4歳児とその母親であるが、病態的に自宅管理が可能であることを告げられた母親は、退院を喜ぶと同時に、自宅管理への不安を募らせた。そこで、看護者は、セルフヘルプ・グループとコンタクトをとり、まずは実際に在宅管理を行っている家庭を訪問させてもらい、生活のイメージ化をはかった。このことで、細かいニーズが明らかになり、具体的援助へとつながっていったものと思われる。

この事例では、実際の管理場面を見せてもらうことで、母親にも自信がつき、在宅療養への移行がスムーズに行えたが、その後もセルフヘルプ・グループとの関わりやホームページからの情報収集が、家庭での生活や近くに医療者がいないことからくる不安の解消に役立ったことを示唆している。

母親は、子どもの療養生活を支えるキーパーソンになることが多いが、全ての母親が、その役割を十分にこなせるだけの能力をはじめから備えているわけではなく、徐々にその能力をアップしていくことの方が多い。母親や家族全体のエンパワメントをはかるための具体的援助として、「親の会」などの共感できる仲間の紹介は大きな効果を示すことが多い。前記の例は、環境的・物理的な情報収集という面から、非常に効果的であったが、今後情緒的側面においても、有効な役割を示すことが予測される。

[3] 医療・看護領域に従事する人々に対するメンタルヘルス・ケアの必要性

より高度化・複雑化する医療システムの中で、これらを提供する人々に対するメンタルヘルス・ケアの必要性も叫ばれている。医師や看護師に代表される医療職の人々は、人の生死に直接的に関わり、その多種多様な場面において求められる多くの役割や機能を、安全かつ迅速に、また個々のニーズに合わせて遂行することが求められる。このことは、専門職業人としてのやりがい感や生きがい感につながっていくといわれる一方で、よりストレスフルな状況をも引き起こし、**バーンアウト**（burn-out）の多さや離職率の高さなどの点からも、すでに多くの指摘がある。中でも、看護職はその代表として取り上げられ、ストレスを引き起こ

す要因としての職業特性を明らかにすることや、その状況をいかに改善するかについての検討がなされてきた。

筆者は主に、基礎教育を終了して間もなく職場適応に悪戦苦闘する、いわゆる新卒看護師の適応の促進と、早期離職の予防への介入方法を探るために、ストレスと環境の関係に着目し、コミュニティ心理学の立場からの研究を重ねてきた。それは、職場への不適応を示す人に対して、性格特性や行動パターンなど、その個人の内的要因に原因を帰す傾向が未だ根強い中で、より広い視野からの改善を探るためには、管理的・教育的立場から、個人とそれを取り巻くすべての環境へのアプローチが必要であると考えたことによる。以下、2002年に約1,000名の新卒看護師を対象に行った調査（山口，2004）を中心に、その研究例を紹介し、コミュニティ心理学者の果たすべき役割について提案する。

1) 看護師の「ストレス」研究に用いられる測定用具の開発

a ストレッサー尺度

1980年代以降の看護者のストレスに関する研究は、バーンアウトなどの精神的混乱を招くものとして、ストレッサーの同定を目指したものが多くみられた。しかし、いずれも、①それぞれの必要度に応じた職場ごとの質問項目が設定され、独自の方法によって行われてきたものであること　②尺度化を目的としたものが少なかったこと　③基になるストレス理論や概念的枠組みについて、明言されているものが少なかったこと、などの点から、筆者の行う研究において、尺度としてそのまま使用できるものは見当たらなかった。そこで、これら先行研究を参考にしながら、新卒者の状況を想定した項目設定を行って調査を実施し、尺度構成の手続きにより、「看護実践能力」「人間関係」「業務量」「対患者」の4下位尺度からなる、就職後6ヶ月の**新卒看護師用ストレッサー尺度**」（25項目）を作成した（山口，2004）。これにより、従来の看護師のストレッサーに加え、この時期の特徴である、自分自身の「看護実践能力」の低さをどの程度負担に感じているか、を測定することが可能になった。また、このストレッサー尺度を作成する過程において、たとえば、就職後6ヶ月と1年の比較では、そのストレス認知に違いがあることが明らかになった（山口ら，1997）が、これは、前記①にみられる状況の必然性を裏づけているものでもあった。よって、ストレッサー尺度の開発に当たっては、やはり、対象看護師の職場特性や条件に合わせたきめの細かい質問構成を行ったうえで、一定の尺度構成の手続きを経て作成するこ

とが必要であるといえよう。また、一方では、看護師全体としての共通のストレッサーについても、これまでの多くの研究を系統的に整理分類することにより、抽出することが可能であると考えられることから、今後われわれは、これまでの研究成果を意図的に集積・分類し、研究方法の確立にも努めなければならないと考える。

b ストレス反応尺度

日本で開発された「ストレス反応尺度」の代表例としては、新名ら（1990）が挙げられるが、その他の開発例は少なく、多くの研究においては、うつ状態や疲労度・健康度の測定用具がストレス反応の測定に代用されてきた。しかし、看護師のストレス反応を正しく測定するためには、看護師を対象として開発された用具が必要であり、前記の新名ら（1990）をもとに作成された尾関（1990）のストレス反応尺度を引用して、約700名の看護師を対象に「**看護師用ストレス反応尺度**」の開発を試みた。その結果、3領域7下位尺度（情動的反応：抑うつ・怒り・不安、認知・行動的反応：情緒的混乱・引きこもり、身体的反応：身体疲労感・自律神経亢進）、合計27項目からなる「看護師用ストレス反応尺度（短縮版）：SRSN-27」を完成させた（山口ら、2001）。この作成過程において、特に看護師のストレス反応の特徴として明らかになった点は、身体的反応に関してであった。すなわち、一般的には、ストレス反応として特異な出方をする身体的症状であっても、看護師においては、不規則勤務や夜間帯勤務によって、便秘、肌荒れ、浮腫などが現れることは珍しいことではなく、これらの症状が、看護師のストレス反応を表す特有なものではないという結果が得られた。よって、これらの症状の除外をはじめ、身体的反応の2下位尺度に含まれる症状の分類の見直しによって、看護師用のストレス反応としての信頼性・妥当性を高めることができたと考えている。この尺度に関しては、その後数回にわたり他の看護師集団においても使用、検証を重ねているが、十分な判別力を有していることが確認されている。

2) 新卒看護師のストレス反応に関連する要因の分析と介入プログラムの開発

ラザルスの心理学的ストレス・モデル（Lazarus & Folkman, 1984　本間・春木・織田監訳　1991）を参考に、ストレス状況の最終段階に当たるストレス反応に関連する要因を、環境的視点から明らかにするための分析を行った。独立変数としては、ストレッサーのほか、勤務病棟に関連する項目、職場コミュニティ

感覚、仕事に対する自己評価などを準備したが、従属変数であるストレス反応の合計得点との相関や分散分析などで、関連のある項目のみ10変数（勤務病棟関連2変数、ストレス認知要因4変数、職場コミュニティ感覚要因3変数、仕事に対する自己評価要因1変数）に絞って、重回帰分析を行った（山口，2004）。その結果、この10変数のみによって、R^2が0.502（$p<.01$）と高い値を示し、その中で「仕事に対する自己評価」（$p<.01$）のほか、ストレス認知の変数である「業務量」（$p<.01$）「人間関係」（$p<.01$）「看護実践能力」（$p<.05$）、コミュニティ感覚変数である「同僚への信頼感」（$p<.01$）が有意な変数として示された。また、これについて概念モデルとの適合度をみると、ストレス反応の情動的反応については、ストレス認知の「人間関係」が大きく関与し、その人間関係には、**コミュニティ感覚**（sense of community）の下位尺度（「同僚への信頼感」「職場志向性」「良好なコミュニケーション」）がそれぞれ影響しているという修正モデルを導き出すことができたが、この時期の看護師にとって、環境としての職場コミュニティへの感情が重要であることが示唆された（山口，2004）。

　次に、前記結果をもとに、就職後6ヶ月頃を目安として、新卒看護師のストレス反応軽減と早期離職予防のための集団介入プログラムを、現在試行している。その**介入プログラム**（intervention program）においては、まずラザルスの心理学的ストレス・モデルを例にとり、彼らが置かれている状況について、自ら知ることを目標としている。たとえば、今ストレッサーとして感じていることは、自分以外の人も同じであることを知るとともに、それを自分自身が正確に、冷静に評価できることを目指す。一方、病棟に対するコミュニティ感覚を増すために、病棟メンバーとの関わり方や、個人主義といわれる時代におけるコミットメントの仕方についても提案する。約90分のプログラムの最後に、今の自分の感情を吐き出すために自由記述してもらうと、ストレッサーとなる状況や、上司・先輩に対する訴え、病棟への肯定的・否定的感情など多くの気持ちが述べられるが、それとともに、「自分だけではないことがわかった（だから安心した）」「気分がすっきりした」「明日からもがんばろう」などの声が聞かれるようになる。新人を対象とする研修は、昨今多くの施設で取り入れられているが、その内容や方法をより洗練し、効果的なものにするために、コミュニティ心理学的概念や方法を取り入れることは有用であろうと考えられる。われわれも、今後さらに内容や開催時期について、計画的・意図的なプログラムへと発展させて、その評価をしていく予定であり、また一方では指導者層・管理者層に向けたプログラム

についても開発を計画している。

　先にも述べたが、きめの細かい介入のためには、医療・看護職の多くの場面や、条件ごとの実態把握がまず優先され、それに対応させたプログラムの開発および評価について、臨床現場の管理者や当事者と、コミュニティ心理学者間のネットワークの活用によって、確実な成果に結びつけていくべきであろう。

[4] 医療・看護領域におけるコミュニティ心理学者の役割

　ここまで、医療や看護の実践者が中心になって行っている、コミュニティ心理学的アプローチによる取り組みを述べてきたが、前述のように、医療・看護職が中心的な役割を果たす場は施設内だけでなく、患者が社会生活を営んでいる家庭や地域、それをつなぐ外来など、広い範囲で展開されるようになってきていることから、純粋な意味でのコミュニティ心理学者が、より多くの場面で、特に地域においての活動を拡げる必要性が高まってきていることを認識すべきであろう。以下に、今後に向けての要望も含め、コミュニティ心理学者の具体的役割について述べてみたい。

　まず、第一には、先にも述べたが、医療や看護の実践的研究者たちが、正しい理論的背景のもとで研究や活動が行えるような、知識の普及に努めるべきである。今回、先行研究の紹介のための事例選択の過程においても、キーワードとして使われている概念が、必ずしも実践や研究の実態に合致していない文献をいくつも目にしたが、言葉だけが一人歩きをしないような、この領域での正しい活用のための情報提供が必要となる。そのためには、医療・看護領域を自らの実践・研究の対象ととらえ、その領域の研究雑誌への投稿やホームページ上におけるリンクなど、積極的な関与を心がけていくべきであろう。

　第二には、正しい情報提供のために、これまでに行われてきた研究の成果をもとに、対象や環境の特性ごとの問題状況や効果的介入について、体系的に整理し明確化する必要がある。特に医療・看護の領域では、健康問題の質や特性によって規定される対象の典型的状況もあり、ストレッサーの同定やコーピング・スタイルの明確化がなされているものもある。こういったものを正確に把握し、研究の枠組みの作成や介入計画の作成に際して、情報提供をしていくことが大切な役割の一つである。

　第三には、前記をふまえ、**コンサルタント**（consultant）としての役割を明確に打ち出し、医療・看護の現場に対し、自らが何をできるかアピールしていく必

要がある。例えば、今回取り上げたすべての紹介事例において、ネットワークづくりや、他職種との連携・協働に関する必要性を強調していたが、その方法論については十分に精通しているわけではない。コミュニティ心理学者は、その専門的基盤によって、対象の特性に応じたネットワークづくりへの具体的方法をアドバイスすることが可能であり、方向性を示唆することができる。

また、コミュニティ心理学の概念を用いた研究を行う際の、コンサルタントとしての役割も重要である。たびたび述べるように、医療・看護領域における対象は社会的弱者であるが、その意味からいっても、コミュニティ心理学の概念を研究の枠組みに活用することは、まさにフィットしているといえよう。知識普及とともに、実際の研究へのアドバイスによって、より有用な知識となるはずである。

以上、医療・看護領域におけるコミュニティ心理学者の役割について、現状をふまえながら述べたが、どの場面においても適用可能なこれらの概念について、広くかつ正しく伝える努力を筆者自身も続けていきたい。

引用文献

赤羽寿美 2004 がんサバイバーとは．Nursing Today，**19**(4)，18-19．

廣森直子 2003 在宅介護者のエンパワーメントの可能性と専門職の役割．青森県立保健大学雑誌，**5**(1)，25-34．

堀井たづ子・岡山寧子・大西早百合・小松光代・福間和美・桃井満寿子・山本恵美子・伏木マサエ 2001 在宅療養者家族の介護負担感へのコーピングに関する調査．京都府立医科大学医療短期大学紀要，**11**，45-52．

金子昌子 2003 舌切除に伴う中途障害者に対する看護介入．茨城県立医療大学紀要，**8**，9-17．

勝田仁美 2000 子どもが検査・処置に主体的に取り組めるためのかかわり．小児看護，**23**(13)，1754-1757．

川名典子 2004 がん患者のサポートグループの意義．Nursing Today，**19**(4)，29-31．

河野 恵・森田美鈴 2002 開心根治術を受けた幼児のプリパレーション．小児看護，**25**(2)，145-151．

Lazarus, R. S. & Folkman, S. 1984 *Stress, Appraisal, and Coping*, Springer Publishing Company．(本間 寛・春木 豊・織田正美（監訳） 1991 ストレスの心理学——認知的評価と対処の研究．実務教育出版．)

村上 久・山田麻衣子・熊原敬子・河原瑞穂 2001 セルフ・ヘルプグループを利用した在宅人工呼吸器療法に向けての援助．第32回日本看護学会（小児看護）集録集，62-64．

村上 茂・大野真司 2005 地域活動への介入——社会の中での生活を援助するため

に．臨床看護，**31**(7)，1062-1065．
楢木野裕美・高橋清子　2002　子どもに正確な知識をどう伝えるか．小児看護，**25**(2)，193-196．
新名理恵・坂田成輝・矢冨直美・本間昭　1990　心理的ストレス尺度の開発．心身医学，**30**(1)，29-38．
二宮啓子　2000　検査・処置を受ける子どもへの説明と納得の過程における医師・看護者・親の役割．小児看護，**23**(13)，1739-1743．
及川郁子　2002　プリパレーションはなぜ必要か．小児看護，**25**(2)，189-192．
大竹恵子　2002　整形外科患児へのプリパレーションの実際．小児看護，**25**(2)，166-169．
尾関友佳子　1990　大学生のストレス自己評価尺度．久留米大学大学院紀要比較文化研究，**1**，9-32．
山口桂子・服部淳子・上野仁美・小宮久子　1997　小児病院新人看護婦の認知ストレスの変化．愛知県立看護大学紀要，**3**，21-28．
山口桂子・服部淳子・中村菜穂・水野貴子・小林督子　2001　看護婦用ストレス反応尺度の作成――既成尺度の看護婦への適用と短縮版作成の試み．愛知県立看護大学紀要，**7**，1-11．
山口桂子　2004　新卒看護師のストレス反応に関連する要因の研究．愛知淑徳大学大学院コミュニケーション研究科博士論文．
山本和郎　1986　コミュニティ心理学――地域臨床の理論と実践．東京大学出版会．

5

福祉領域

目黒達哉

[1] 社会福祉領域におけるコミュニティ心理学者の役割

　社会福祉領域の課題は、対象別に見ると、**児童福祉**（child welfare）では子育て支援や児童虐待の問題、**障害者福祉**（welfare for the disabled）では施設から地域へという脱施設の風潮における地域支援の問題、**高齢者福祉**（welfare for the elderly）では認知症や精神障害を呈する高齢障害者の心理的ケアや予防の問題、などさまざまである。

　本節では、このような課題を抱える社会福祉領域において、コミュニティ心理学者がどのような役割を果たし、貢献しているのかについて、さらに今後の福祉領域への参入および参画の可能性などについても論及したい。

　筆者は、社会福祉領域におけるコミュニティ心理学者の役割を、次のように定義する。すなわち、「臨床心理学における臨床心理査定技法、臨床心理面接技法に精通しつつ、児童、障害者、高齢者、精神障害者の対象者別社会福祉領域において、社会福祉従事者やボランティアとの協力、連携を図りながら、児童、障害者、高齢者などの対象者（クライエント）を取り巻く家族、集団、組織、地域社会といった環境に働きかけて、対象者の問題解決や成長・発展を促すと同時に、対象者をサポートするボランティアの育成、社会福祉従事者に対するメンタルヘルス・ケアの役割を担う」と考える。

　次に、①対象者別社会福祉領域での役割、②ボランティア育成の役割、③社会福祉従事者に対するメンタルヘルス・ケアの役割、について詳しく述べることに

する。

1) 社会福祉の対象となる児童、障害者、高齢者、精神障害者の各領域別での役割
a 児童福祉領域

　児童福祉は、児童福祉法の法的根拠に基づいて、児童相談所、児童養護施設、保育所などで相談援助が展開されている。近年、この分野は児童虐待の増加に伴って、その対応に追われている。これらの専門機関においては、児童福祉の専門家（児童福祉司、児童指導員、保育士など）が被虐待児に関して、その子どもをどのように理解し、どのような援助をしたらよいのかに困っているときに、コミュニティ心理学者が現場に出かけていき、心理的な角度からその援助方法などを助言し、**コンサルティ**（consultee）である児童の専門家が、被虐待児に対してより良い援助ができるように、**コンサルテーション**（consultation）を行うことが有効である。この場合、**コンサルタント**（consultant）はコミュニティ心理学者で、コンサルティは児童福祉の専門家である。また、日本には虐待問題の専門家が不足しており、コミュニティ心理学者が中心となって、現場の職員をはじめ、被虐待児を取り巻く環境に働きかけ、環境間の連携体制をコーディネートし、職種間で補い合い、この問題に取り組んでいくことも可能である。

　また、児童虐待を未然に防ぐためには、子育て支援の問題が浮上してくる。現代日本の家族構造は、核家族や単親家族が多くなっており、療育者が母親である場合、母親は身近に育児に関して相談できる人がいなくて、孤立化しやすい。そのため、育児ノイローゼや児童虐待を引き起こすこともある。育児相談や子育て支援は、一般的には公共機関が中心となって実施しており、各市町村の子育て支援センター、保健福祉センター、保育所で、保健師や保育士がその業務に当たっている。育児相談の内容は身体的なものから心理的なものまであるが、特に心理的な相談に関しては、保健師や保育士はそれ相応の教育・訓練を受けていることが少なく、慣れていない。相談した母親などからは、期待はずれだったということをよく耳にする。したがって、臨床心理士などのカウンセラーを配置し対応するか、コミュニティ心理学者が現場に出かけていき、保健師や保育士のコンサルタントとして役割を果たすか、あるいは、コミュニティ心理学者が現場のニーズにあった教育訓練プログラムを準備し、保健師や保育士の心理相談に関する力量を高めるために参入するか、などが考えられる。

　これまでの児童福祉領域の実践事例として、岡野（1995）は、都下の小都市

にある幼児のための相談室の例を報告している。岡野は援助者間の調整・連携にふれ、「地域の中で一つのケースを非専門家、専門家あるいは機関が複数で援助している場合が少なくないが、ケースの了承を得て相談室がキーの役割をとるように動いている（p. 187)」と述べている。また、地域における幼児相談の意味と心理臨床家の役割についてもふれ、臨床心理士が健診事業などに加わること、保育園や幼稚園でのコンサルテーション、障害児と診断された子どもをもった親たちや、わが子の発達について心配を始めた親たちへの初期の心理的援助の重大さについて考察したうえで、「以上の活動は地域の幼児の全面的発達を保障する幼児相談室における、心理臨床家の役割であり、全国的に用意されるべきだ（p. 187)」と強調している。また、藤後（2001）は、専門機関主体のサービスを批判し、専門機関と地域が協力的に進めるサービスへの転換を提唱しており、行動コミュニティ心理学を背景に、保育園での保育士による継続的な親面接の実践事例を報告している。この親面接は、保育士と専門家の共同作業で行われ、保育士が主体となって親面接を行い、親面接の方法や方向性に関する相談は、専門家と保育士の間で行われる。この実践研究では、保育園における親面接の有効性、事例を通した育児支援のプログラムが保育園風土に与えた影響を明らかにすると共に、地域に根ざした教育臨床的方法の意義を、保育園の風土や親子に与えた影響を交えて総合的に考察している。藤後は「日常生活の一つである保育現場での相談は、親にとって軽い気持ちで利用しやすいようであり、相談機能が育児不安に対して予防的な役割を果たす可能性を示唆する（p. 36)」とし、また「今回の面接のように、通常の保育に加えた形でさらなる専門性を有する支援は、保育士にとって新たなストレスとなる可能性がある。このようなストレスを少なくするために、今後、さらなる専門職との協力体制の強化や保育士自身の研修機会の確保、養成機関でのカウンセリング的知識の指導などが望まれる（p. 37)」と述べている。さらに「保育士と専門家の共同作業を行うことで、保育士を中心とした相談体制を整えることが可能になり、その結果保育園全体へ影響を及ぼした（p. 37)」と考察している。

b　障害者福祉領域

障害者福祉は、知的障害者福祉法、身体障害者福祉法、精神保健福祉法等の法的根拠に基づき、障害児（者）の通所施設、入所施設、授産所、そして、共同作業所や生活支援センターなどで展開されているのが一般的である。しかし、近年、世の中の流れが施設中心から地域中心へと移行の時期を迎え、障害児（者）

が地域の中で生活できるよう援助し、生活の質（QOL）の向上を図ることが、重要な課題になっている。このような課題に、コミュニティ心理学者は役割を果たすことが可能である。

　先行の実践事例として、山本（1986）は、自閉症児に対する地域支援活動を、医学的モデルに重点を置いた治療プログラムではなく、それをも含んだ地域社会での発達支援プログラムとして、コミュニティ心理学の立場から展開している。この支援活動は、はじめ国立精神衛生研究所内で「グループ」として、母親プログラム、子どもプログラム、学校・幼稚園・保育園プログラム、医療プログラムの4領域から出発したものであるが、千葉県I市の公民館でボランティアを含んだ「会活動」にまで成長、発展した。平川（1995）は、地域における障害児・者の療育活動として、「自閉症児の日曜学級」の実践事例を報告している。この療育活動は、対象児のみでなく、親、兄弟姉妹のケアも行われ、そこに学生ボランティアも加わって展開されており、コミュニティに対して自閉症児に関する情報発信基地の役割を果たし、成果を上げた。

　筆者は、2001年度から国の「障害児（者）地域療育等支援事業」（以下、支援事業と記す）に関わりをもっている。支援事業は、「平成7年12月、国によって障害者プランが策定された。このプランでは、障害者のライフ・ステージの全段階において、全人的復権を目指すリハビリテーションの理念と、障害者と障害のない者とが同等に生活し、活動する社会を目指す**ノーマライゼーション**（normalization）の理念が強調されている。支援事業は、このプランと理念に沿って在宅の重症心身障害児（者）、知的障害児（者）、身体障害児（者）を地域で支え、福祉の向上を図ることである（p.2）」（愛知県心身障害者コロニー療育部事業課地域療育担当編，2001）としている。筆者が関わるきっかけとなったのは、この事業を実施しているA施設の担当コーディネーターから、B地域の特殊教育教員の研修会講師を依頼されたことであった。その際に、担当コーディネーターと情報交換をする機会があり、その中で、B地域では他地域に比べ支援が立ち後れていること、特に夏休みの療育キャンプなどはB地域では実施されておらず、対象児は遠方の他地域まで出かけていることなどが分かった。そこで筆者は、この事業を実施しているA施設に対して、障害者福祉に関して開拓の余地のあるB地域での支援事業に対して、支援プログラムの提案を行い、この提案は受理された。対象者は、B地域在住の幼児から中学生までの障害児と、その家族および関係者であった。筆者は、具体的に、講演会、療育キャンプ、ボラン

ティア育成の三つの柱を提案し、A 施設の担当コーディネーターと**連携・協働**(cooperation and collaboration) して実践した。講演会は A 施設の園長と筆者が対話形式で行い、「障害児（者）がいかに地域の中で暮らすか」というテーマで、その重要性をアピールした。療育キャンプは、B 地域の知的障害児とその家族を対象とした。キャンプの実施にあたってボランティアを育成し、キャンプに留まらず、継続して地域の中でも、ボランティアが障害児やその家族のサポートができるようにすることを意図し、現在も実践を積み重ねている。ボランティアは担当コーディネーターと協力し、筆者の所属する大学の学生、卒業生、地域の高校生、社会人と幅広く募集した。このように、障害者福祉施設に介入、支援プログラムの提案、連携・協働、新しいシステムの構築、そしてボランティアの育成に努めるなど、コミュニティ心理学者は障害者福祉領域に貢献が可能といえる。

c 高齢者福祉領域

日本における 65 歳以上の人口割合は、2020 年に 25.5% に達するといわれている。これは国民 4 人に 1 人が 65 歳以上の高齢者となる計算である。厚生労働省は、このような高齢化社会に対して危機意識を高めている。こうした社会状況の中で、厚生省（当時）は、1994 年、「新・高齢者保健福祉推進十か年戦略（新ゴールドプラン）」を策定し、在宅介護支援センター、特別養護老人ホーム、老人保健施設の整備を目標に掲げ、2000 年 4 月に介護保険制度をスタートさせた。これに伴って、ホームヘルパー、介護福祉士など福祉のプロフェッショナルの育成が行われている。しかし、こうした介護職に対して、介護技術に関しては、知識としても実践としてもある程度の教育機会が与えられているが、心理面への援助については十分とはいえない。高齢者福祉の現場において、介護職が認知症高齢者の心理状態がよく分からないため、どのように対応してよいかという声をよく耳にする。そのようなときに、老人心理学や臨床心理学の視点をもったコミュニティ心理学者が、現場に出かけていき、専門的立場から援助するコンサルテーションが有効に働くのであろう。

ところで、2002 年の厚生統計協会の資料『国民の福祉の動向』によると、老人福祉施設の従業者総数 72,970 人（専任 47,383 人、兼任 25,587 人）のうち、心理と名のつく専門職（心理判定員）は専任 1 人、兼任 5 人となっており、皆無に近いというデータが出ている。しかし、現場では、介護職は高齢者の心理的援助の必要性に迫られているのである。そこで、今後、コミュニティ心理学者

が、高齢者福祉における心理的ケアの事例など、介護職のニーズにそった現任研修プログラムを考案し、実践をすることによって、高齢者福祉領域における心理職の必要性が認知されるであろう。

さて、介護保険の適用外で、健康な高齢者も地域の中に生活している。現在は介護を必要としない高齢者への援助も、見落としてはならないのであり、ここにコミュニティ心理学者による開拓の余地があると考えられる。つまり、認知症にならないで精神的健康を保つために、予防的サービスを提供することも忘れてはならない。行政機関に介入し、**予防プログラム**（prevention program）を提案していくことも、コミュニティ心理学者の重要な役割である。

先行の実践事例としては、増田（1998a, 1998b）は、「痴呆の予防教室を実施して」と「痴呆予防教室の運営」を紹介している。この教室は、前認知症状態にある人を対象に、和太鼓と竹を合奏すること、リズム運動、ゲーム、パズル、ダンスなどのプログラムによって、やる気が出て自信が取り戻せること、脳を刺激することで脳の機能を上げること、を目的として成果を上げている。

筆者は一つの試みとして、2000年度から、健康な高齢者と学生の交流を実施している。これは、A市社会福祉協議会、A市老人クラブ連合会に関与しながら、予防プログラムを提案し、賛同が得られ実施の運びとなった。高齢者と学生が共に、ゲートボールなどのレクリエーションを楽しんだり、デイ・キャンプで自炊したりしている。高齢者にとって、若い学生との関わりは、「楽しかった」「エネルギーをもらった」「童心に返ることができた」「若い頃を思い出した」「孫がどんなことを考えているのか分かった」などと述べられ、こうした若者の刺激が、認知症予防に有効だと考えられる。また、学生の事前トレーニング・キャンプでは、お釜でご飯を炊いたところお焦げになってしまったが、本キャンプでは高齢者に水加減や火加減を教えてもらったところ、ふっくらとおいしいご飯が炊きあがった。高齢者は若い学生からもらうだけでなく、知識や経験を与える存在でもあった。そこで、今後は交流に留まることなく、高齢者と学生の混合のボランティア・グループにまで発展し、社会貢献できればと考えている。

d 精神保健福祉領域

コミュニティ心理学の発端は、1965年に開催されたいわゆるボストン会議である。当時、アメリカ各地に地域精神衛生センターが設置され、それまで精神病院や医療機関の相談室という密室で、心理療法やカウンセリングなどを実施していたカウンセラーが、地域の精神衛生センターに配属され、実社会、特に地域社

会での活動に取り組むという変化が起こった。すなわち、ボストン会議においてコミュニティ心理学は誕生したといえる。

　コミュニティ心理学は、地域精神保健と臨床心理学の二つの領域から成り立っている側面があると考えられる。高畠（1995）は、地域精神保健におけるコミュニティ心理学の基本理念について、①クライエント（来談者）からユーザー（利用者）へ　②個人治療者からコミュニティ治療者へ　③一方向関係から相互的関係へ、の3点を述べている。このような背景からいって、精神保健福祉こそが、コミュニティ心理学に最も深い関係があるといえよう。

　現在、精神保健福祉活動は、各都道府県の精神保健センター、各市町村の保健福祉センター、（保健所）、精神科医療機関などが中心となって実施され、展開されている。主として精神保健相談、デイケア、精神障害者の社会復帰などの取り組みがなされている。精神保健福祉士やコミュニティ心理学者は、相談室に留まることなく、訪問活動、セルフヘルプ・グループの支援、地域関係機関とのネットワークづくり、こころの健康の啓発活動など、幅広く実践活動を展開している。高畠（1995）は、精神保健の領域でのケース・マネジメントの重要性についてふれ、「これは正にコミュニティ心理学の活動を具現化したものといえよう（p. 75）」と述べている。ケース・マネジメントとは、ケース・マネージャーが当事者のニーズを引き出し、諸機関が提供可能なサービスを評価し、当事者のニーズに合ったサービスが提供できるように援助する技法である。すなわち、コミュニティ心理学は、精神保健領域でケース・マネジメントを行い、コミュニティ心理学者はケース・マネージャーの役割を果たすのである（高畠，1995）。

　精神保健福祉関連の実践活動として、柳（1995）は、精神障害者社会復帰施設における実践を報告している。この施設は、施設化を防ぐ工夫が見られ、「まず、精神病院退院と同時に自分の城を確保した上で、援護寮で短期間生活訓練をし、あとはおのおのの居住地の生活支援センターで必要に応じて継続的に支援が受けられ、危機介入は援護寮でというシステムを作りあげてきている（p. 161）」と述べている。また、新（1995）は、精神障害者の職業リハビリテーションについて、精神障害者の職業自立を促進してきた実践を紹介し、「援助者が彼らの職業自立を目指して働きかけ続けると、逆戻りの度合いと回数が徐々に減り、5年、10年の単位では確実に職業自立を果たすようになる（p. 189）」と報告している。さらに、杉本（1995）は、精神障害者の地域ケアについて、「精神障害者を地域で支えるためには、『生活する場』『仲間づくりの場』『働く場』とそれら

を支えるマンパワーの存在、地域住民の理解と協力が必要となる。さらにまた、関係機関や関係者が連携しながら、その地域の活動を促進し課題を検討していくための地域ネットワークの存在が必要となる (p. 191)」と述べ、A市関係者の連携の場である「A地域精神保健連絡会」の機能と活動例を紹介している。丹羽 (1997) は、保健所デイケアについて、約9年間の体験をもとにして、週半日という開催数の少ない形態の保健所デイケアの諸活動とそこでの工夫を報告し、その機能について「K保健所デイケア活動の四つの機能」として考察している。牧 (2002) は、職業リハビリテーション分野での躁うつ病の支援事例から、クライシス介入とリスク場面への支援関係について考察し、「リスク支援は、クライシス介入を方向づけ、1回性の人生における最大利益の追求を目指す (p. 63)」と述べている。

2) ボランティア育成の役割

地域福祉とコミュニティ心理学の関係性は非常に深いといえる。特に地域福祉では、コミュニティ心理学的援助技法の一つである「社会的援助組織づくりとその方法」は、社会福祉援助技法の中の「コミュニティ・オーガニゼーション」に近いものである。地域福祉援助にしても、コミュニティ心理学的援助にしても、地域援助を展開するうえで、専門家のみならず、児童、障害者、高齢者といった当事者、および、彼らを支える**ボランティア** (volunteer) との協力・連携は欠かすことができない。しかし、地域援助活動では「ボランティアを集めるのに苦労する」、「継続して関わってくれるボランティアが少ない」などの声が聞かれ、ボランティアの育成には大きな課題がある。ここに、コミュニティ心理学者の参入の余地があると考えられる。そこで、コミュニティ心理学者が熟知すべきボランティア論と、ボランティア育成のあり方について考えてみたい。

a ボランティア論

現代社会は物質至上主義社会といわれ、金品をより多く得ることに終始してきたように見受けられる。戦後、日本は高度経済成長を遂げたが、その後低成長時代に入り、バブル崩壊、銀行や生命保険会社の破綻する時代となって、経済活動だけでは人生は保障されないという認識が高まっている。われわれが経済活動や物質を追い求めてきた結果として、その影の部分である精神 (こころ・気持ち) に関する出来事が多発し、たとえば、うつ病やバーンアウトする人々が増え、年間3万人を越す自殺者や自殺予備軍が増加傾向にあり、際だってきていると考

えられる。このような諸事情は、われわれに何か重大なことを警告しているように思われる。

　こうした時代背景で、われわれは、「自分はいったい何がしたいのか」「どう生きていけばよいのか」「何に向かって生きていけばよいのか」といった、漠然とした不安感や疑問をもちながら生きているように思われる。

　ここで取り上げるボランティアのあり方についても、阪神・淡路大震災をきっかけに、最近、事あるごとに市民ボランティアがかけつけ、ある種のブームにすらなっているようである。ボランティアは、真に困っている人々のためにという純粋な気持ちで出発したはずだが、最近の活動を見ていると、交通費が支給されたり日当が出たりなど、ボランティアといいながらも準アルバイト化している傾向もある。最近、筆者は、ボランティア活動そのものが、精神性から物質性へ変化しているように感じる。このような状況では、純粋にボランティアをしたいと思っている人々の気持ちを、くじいてしまうことにもなりかねない。

　さて、社会福祉領域におけるボランティア論という観点に立って考えてみると、まず、何のためにやるのかということである。ボランティアはまず、援助を必要としている当事者のためにあるのであって、そこから外れてはならないと考える。ボランティアは、自分自身の活動の動機や目標を確認にすることが重要である。ボランティアにとって最も重要なことは、ボランティア自身の内面にある「思いやり」や「優しさ」といった「こころ」が、援助を必要とする人々のために発揮されることである。当事者は、何よりもボランティアの精神（こころ・気持ち）に触れたいのである。次に、ボランティアは実践を行うために、時間を自分で作り出さなければならない。実践の場所まで行くための交通費や宿泊を伴うものについては、実費を自分で用意しなくてはならない。さらに、社会福祉領域における対人援助に関しては、当事者がさまざまな障害や「こころ」の問題を抱え、援助を求めているので、ボランティアに過剰な期待や要求をすることも多々ある。すると、ボランティアの側に不平や不満が生じることもある。しかし、このような場合、ボランティアは当事者とのトラブルを回避するために、可能な限り当事者の要求に沿うように心がけ、我慢や辛抱することが大切である。ボランティアは無理をしてやるものではなく、やる以上は決意して取り組む必要がある。そういうボランティアの決意が、当事者を成長・発展させていくための一つの要因となっていくのである。

b　ボランティア育成

　筆者は相談機関を開業し、その中で、学生や社会人有志といったボランティアとの連携と協力によって、児童、障害児（者）、心の問題を抱えた人々とその家族への援助を行ってきた。これを基盤として、筆者は、不登校の親の会や障害児とその家族のセルフヘルプ・グループづくりなどのサポートをした経験をもっている。

　当事者は、地域社会の中で生活していくうえで、専門家の指導や助言をもらうことを望んでいるが、場合によっては、専門家よりもむしろ身近に住んでいる地域住民（ボランティア）の方が話しやすかったり、本音を言いやすかったりする。そういう意味で、コミュニティ心理学者は、ボランティアの人々と当事者に関する情報交換をしながら、当事者の成長を見守っていくように協働していくことが重要である。

　筆者は、ボランティアがいかに当事者と関わるかによって、その後の当事者の成長に大きく影響することを痛感している。ボランティアは、当事者との関わりの中で葛藤を体験したならば、それをそのままにしておかず、専門家にアドバイスを求め、そのことについて解決しておく必要がある。これは、その後の関わりいかんによって、当事者の成長にもつながる可能性があるからである。特に障害の重い、あるいは精神病理の深い当事者は要注意で、彼らに振り回されて、お互いに傷つく結果となり得る危険性もある。したがって、コミュニティ心理学者は、まずボランティア自身が自分の実践を振り返る機会を作り、さらにスーパーバイズの機会や、カウンセリング論やボランティア論などについて実践的に教育・訓練を受けられる機会を提供する必要があろう。

　ボランティアは、中途半端な気持ちでいると、当事者に悪影響を及ぼす危険性がある。このことは覚悟してかかる必要がある。なお、ボランティアは、当事者と関わることによってさまざまな葛藤を体験するであろうが、この葛藤こそがボランティア自身の最大の学びであり、それこそがボランティア自身を成長・発展へと導き、最終的には自分のためにやっているのだということに気づくであろう。ボランティアに気づきをもたらすような指導・教育をしていくことも、コミュニティ心理学者に課せられた役割である。

　このように、コミュニティ心理学者は、ボランティアをいかにコーディネートし、協働していくのか、また、いかに教育・訓練していくのか、ということにも携わっていくことが課題であると考える。

3）社会福祉従事者に対するメンタルヘルス・ケアの役割

　福祉領域でのコミュニティ心理学者は、社会福祉従事者に対するメンタルヘルス・ケアの役割を視野に入れる必要がある。近年、児童相談所では児童虐待の問題が急増し、児童福祉司などが過重負担となり、うつ症状を呈する人も増えている。児童から高齢者まで、福祉施設に勤務する職員は、利用者との困難な関わりや入所施設での夜間勤務などで、人によっては過労や**バーンアウト**（burn-out）傾向を示すこともある。児童養護施設の場合、児童指導員などは、被虐待児の精神病理の深さから精神的負担を強く感じる。特別養護老人ホーム、老人保健施設などでは、重症認知症高齢者の介護などにおいて、肉体的・精神的な負荷が大きく、バーンアウトする人々も少なくない。

　コミュニティ心理学者は、バーンアウトの要因分析、予防プログラムなどを開発する必要がある。現任者は、ケース・カンファレンスなどで、担当する当事者への援助方法の問題点に対してアドバイスをもらったり、また、課題を多面的に把握したりすることが重要である。さらに、自己覚知の研修やフォローアップなどによって、当事者との関わりを通して自分自身を振り返り、自分自身の存在に気づき、今後に役立てることが重要である。ここでいう**フォローアップ**（follow-up）とは、例えば、**構成的エンカウンター・グループ**（structured encountered group）などの手法を用いて、現任者自身が福祉の仕事を志そうと思った動機に改めて向き合い、施設という組織内での自分自身の位置づけ、当事者との関係のあり方、職場の人間関係を見つめ直してみることなどの課題に取り組むことである。そして、現任者同士が相互に分かち合うことによって、トータルに自分自身を見つめ直し、自己の再確認、自己の再発見の場となるようなプログラムを作ることである。このようなプログラムによって、現任者は、再度、自分の動機や精神（こころ、気持ち）にふれ、現場で改めて新鮮な気持ちになって取り組んでいけるのである。しかし、実際に現場では時間的余裕がなく、フォローアップの機会も少ないため、自分自身の課題が見えなかったり、未解決のまま過ぎていったりすることも多い。現任者にとって、スキルアップや自己成長は、フォローアップからしか始まらないのであって、フォローアップこそがバーンアウトを未然に防ぐ方策となると考えられる。

　コミュニティ心理学者は、フォローアップの重要性を福祉従事者にアピールし、バーンアウトの予防を促すことも重要な役割である。

[2]　福祉領域における実践研究の動向

　今日の日本は、地域社会において、乳幼児から高齢者まで、児童福祉、障害者福祉、高齢者福祉、精神保健福祉、地域福祉といった社会福祉領域の問題を抱え、こうした状況の中でコミュニティ心理学者は貢献している。最近の社会福祉領域におけるコミュニティ心理学的援助の実践・研究の動向を挙げてみると、子育て支援、虐待防止のための援助、いじめ・登校拒否のコミュニティ・アプローチ、高齢者の援助、ソーシャルサポート・グループづくり、精神障害者回復のため援助、セルフヘルプ・グループ、ボランティア活動、介護職のバーンアウトに関する研究、介護職のメンタルヘルスに関する研究、DV被害者・虐待被害児への心理的支援、ホームレス問題に関する研究、里親支援に関する研究、コミュニティ・オーガナイジングの実践・研究、と多様化している。こうした動向は、複雑化した日本の社会において今後も続いていくことが予測され、福祉領域でのコミュニティ心理学者に寄せられる期待は、今以上に大きくなることだろう。

引用文献

愛知県心身障害者コロニー療育部事業課地域療育担当（編）　2001　愛知県．

平川忠敏　1995　地域における障害児・者の療育活動．山本和郎・原　裕視・箕口雅博・久田　満（編）　臨床・コミュニティ心理学——臨床心理学的地域援助の基礎知識，184-185．ミネルヴァ書房．

牧　裕夫　2002　社会復帰支援におけるリスクとクライシス——職業リハビリテーション分野での支援事例から．第5回日本コミュニティ心理学会発表論文集，62-65．

増田末知子　1998a　痴呆の予防教室を実施して．厚生福祉，**5017**，3．

増田末知子　1998b　痴呆予防教室の運営．厚生福祉，**5018**，3．

丹羽郁夫　1997　保健所デイケアにおける諸活動の多様な機能と工夫．コミュニティ心理学研究，**1(1)**，31-41．

岡野美年子　1995　地域における幼児相談活動．山本和郎・原　裕視・箕口雅博・久田　満（編）　臨床・コミュニティ心理学——臨床心理学的地域援助の基礎知識，186-187．ミネルヴァ書房．

新　雅子　1995　精神障害者の職業リハビリテーション．山本和郎・原　裕視・箕口雅博・久田　満（編）　臨床・コミュニティ心理学——臨床心理学的地域援助の基礎知識，188-189．ミネルヴァ書房．

杉本好行　1995　精神障害者の地域ケア．山本和郎・原　裕視・箕口雅博・久田　満（編）　臨床・コミュニティ心理学——臨床心理学的地域援助の基礎知識，190-191．ミネルヴァ書房．

高畠克子　1995　地域精神保健とコミュニティ心理学．山本和郎・原　裕視・箕口雅博・久田　満（編）　臨床・コミュニティ心理学——臨床心理学的地域援助の基礎知

識，72-73．ミネルヴァ書房．
藤後悦子　2001　保育士による親の"良い行動"強化の指導とその効果——ある事例をもとにした行動コミュニティ心理学的介入．コミュニティ心理学研究，**5**(1)，23-38．
山本和郎　1986　コミュニティ心理学——地域臨床の理論と実践．東京大学出版会．
柳　義子　1995　精神障害者社会復帰施設．山本和郎・原　裕視・箕口雅博・久田　満（編）　臨床・コミュニティ心理学——臨床心理学的地域援助の基礎知識，160-161．ミネルヴァ書房．

6 公衆衛生領域

中川 薫

[1] 公衆衛生とは

　Winslow（1920）の定義によると、「**公衆衛生**（public health）とは、環境衛生の改善、伝染病の改善、個人衛生の原則についての健康教育、疾病の早期診断と治療のための医療と看護サービスの組織化、および地域社会の全ての人に、健康保持のための適切な生活水準を保証する社会制度の発展のために、組織的な共同社会の努力を通じて疾病を予防し、生命を延長し、肉体的、精神的健康と能率の増進をはかる科学であり、技術である」。

　臨床医学が、疾病に罹患した個人の治療にアプローチするのに対し、公衆衛生医学は、人口全体の発症率、有病率を減少させることに目標があり、歴史上いくつかの疾病の克服に効力を発揮してきた。

　公衆衛生の対象は、保健所に来所した人だけでなく、地域住民全てである。また、公衆衛生の目標である地域住民の健康度のレベルアップのためには、個人の健康はその人自身が守ること、個人衛生の考え方と健康づくりに望ましい環境を整備すること、すなわち環境衛生の考え方にもとづいた、地域住民の組織的な努力が必要であるとされる。

　公衆衛生プログラムの特徴として挙げられることは、①コミュニティ支援的、かつコミュニティ志向的　②コミュニティが全体として提供できる資源にアプローチし、それによって人々が健康であることを保障する　③予防を重視し、素早く介入する　④貧困者や不利益者や健康危機に曝されている人々に関心をもち、

彼らの特別なニーズを明確化する　⑤コミュニティの健康の向上に向けた活動の基礎として、コミュニティの健康状態の評価、あるいは、不健康原因追求のための研究を重視する　⑥専門家間の協働を活用する　⑦費用効果性を重視する　⑧脅威に対処する能力を育てる　⑨人々の来談を待つのではなく、人々の門戸をたたく、というものである。

このような公衆衛生のアプローチ方法から、コミュニティ心理学は大きな影響を受けており、考え方に共通する点が多い。

それでは、両者にはどのような共通点があるかについて、次項で述べていく。

[2] 公衆衛生学とコミュニティ心理学の考え方の共通点

コミュニティ心理学の原理として、Korchin（1976　村瀬監訳　1980）は以下の点を挙げている。①社会的環境的諸要因を重視すべきである。②個人志向でなくシステム志向である。③社会的およびコミュニティ的介入は、社会的制度をより健康的なものにし、個人の苦痛を軽減するために同様の効果をもつ。④介入は、予防を目指すべき。ニーズをもつ個人ばかりでなく、ハイリスク母集団がコミュニティ心理学の本来関わるべき対象である。⑤介入は、単に心理的悩みを軽減することよりはむしろ、社会的能力を強化することを目標とする。⑥援助は、問題が発生する状況のごく近くにあってすぐ利用できるとき、より効果的である。したがってコミュニティ心理学者は地理的に離れた場所でなく、問題が発生する状況の中で働くべきである。⑦コミュニティ心理学者は、来談者がサービスを求めてくるのを受動的に待っているのではなく、来談者の方へ近づいていかなくてはならない。

以上のように、コミュニティ心理学も公衆衛生学も、その対象は、相談室や保健所に来所した住民に限るのではなく、地域住民全体を対象としている。つまり、両者の目的は、地域住民の健康度を増進させることである。そしてそこでは、個人の健康は個人で守るという個人衛生の方法もさることながら、地域の健康問題を解決していくために、環境の改善といった解決方法も強調される。また、治療より**予防**（prevention）を重視することも、コミュニティ心理学と公衆衛生学の共通点である。

そこでまず、公衆衛生領域におけるコミュニティ心理学者が果たせる役割について、両者の共通点の一つである「予防」を軸にしてみていくことにする。予防にとって最も効果的な方法は、患者の状態に強く影響を与える社会環境、あるい

は地域環境に介入することである。

　ここでは、予防を一次、二次、三次とする。

　一次予防（primary prevention）は、感染する危険率の高い集団に対して、罹病する可能性を減少させることを目的とするものである。例として、予防接種が挙げられる。

　二次予防（secondary prevention）は、すでに罹病した人の病気の持続や伝染性を減少させるために、早期発見・早期対処が重要視される。例として、検診が挙げられる。

　三次予防（tertiary prevention）は、すでに罹病した人が、病気をもつことで二次的、三次的にマイナス面がもたらされることを減少させることである。例として、障害をもった人のリハビリテーションが挙げられる。

　次に、一次、二次、三次予防ごとに、コミュニティ心理学者の役割について整理していく。

[3] 一次予防におけるコミュニティ心理学者の役割

　前述のように、一次予防は、問題の発生そのものをくいとめることに目的がある。以下では、一次予防において、コミュニティ心理学者が果たせる役割を、①社会制度・社会環境　②地域社会　③家族や個人、という水準に分けて考えてみる。

1）社会制度・社会環境への働きかけ

　まず、保健医療福祉制度、あるいは教育制度などの育成や改善をすることは、精神健康上の問題の発生予防にとっては、重要なアプローチである。

　例えば、障害児の日々の世話で一時も気を抜けない母親に対して、心身の健康回復のために、障害児の一時預かり制度を作ることなど、制度の育成や改善を通して社会環境に働きかけることは、一次予防にとって重要な事柄である。

　しかし、このような制度的な仕組みの改善において、コミュニティ心理学、あるいはコミュニティ心理学者は、どのような貢献ができるであろうか。それには、政策決定過程への参入が必要であり、コミュニティ心理学者には限界があるかもしれない。しかしながら、日々の暮らしにおいて人々がどのような問題を抱えているか、精神健康上の問題が発生する過程において、制度のどのような改善が効果的であるか、といったことに関する調査研究を行うことはできるであろ

う。そのような調査研究を通して、政策立案に役立つような資料を提供し、社会制度や社会環境に働きかけることは、コミュニティ心理学者の大きな仕事であろう。

ここで、国内外の研究例をいくつか紹介しよう。

高層集合住宅に関する**住環境ストレス尺度**の開発研究（山本, 1984；渡辺, 1985；渡辺・山内, 1982）では、住環境からくるさまざまなトラブル・イベントを取り上げ、トラブル・イベント尺度を開発し、住環境の評価を行っている。あるいはまた、**高層集合住宅と母子分離度の関係**に関する研究（山本・渡辺, 1985）では、団地の多い地域の保健所における3歳児健診の歯科検診の場面で、母子の行動を観察して査定した結果、居住階が4階以上の男児の母子分離度に問題があることが示された。高層集合住宅の場合、母親の見える庭先で遊べるような戸建てとは違って、幼児は一人で戸外に出られないので、母親が一緒に連れて出なければならない。しかし、事情があって母親が外に出られない場合は、幼児は部屋の中で遊ばなければならず、特に男児の場合は動きが活発であるため、母親がたえず子どもを監視するようになり、母子分離がスムースに行われないのではないかと考察し、集合住宅設計での配慮の必要性を提言している。

社会階層と精神医療サービスの受け方の関連について検討したHollingshead & Redlich（1958）の研究は、古典的で示唆に富んだものである。彼らは、ニューヘブンにおける精神病の発生率と分布を調べ、そこに社会階層による差があることを示した。病院、診療所、開業医からの詳細なデータを得て分析した結果、下層階級には統合失調症の有病率が高いこと、なおかつ、統合失調症になると精神病院に入院する率が高いこと、さらに、入院するとその期間も長くなることなどが示された。一方、診療所と開業医の統計によると、外来診療を受けている患者は、上層階級の患者が多いことも示された。したがって、下層階級の患者は統合失調症と診断されると、精神病院に入院させられる率が高く、上層階級の患者は診療所に通院して、心理療法などを受ける率が高いという結果が得られた。この結果は、精神医療サービスの利用が社会階層によって偏ることを示すものであり、心理療法は経済的富裕層のためのサービスだという批判を生むことになり、その後アメリカの地域精神健康対策のあり方に影響をもたらした。

2）地域社会への働きかけ

コミュニティ心理学者は、地域社会に対してさまざまな働きかけが可能であ

る。まず、地域住民を対象にした**健康教育**（health education）である。特に、精神健康問題に関するテーマでは、その専門性が発揮できる。たとえば、子どもの発達の問題、不登校など学校適応の問題、青少年の非行の問題、精神その他の疾患の心理状態など、テーマはさまざまであるが、人々は個人の心理や環境問題について非常に関心をもっているので、コミュニティ心理学者が専門知識を提供することは、そのニーズに適うことになる。そのような情報をもつことは、今問題に直面している人にとっては問題の改善に役立ち、あるいは今は直面していなくても、情報を得ることで人々は安心感を得ることができ、また実際にそのようなことを体験したときの脅威を低減することにも寄与できる。

　さらに、「地域の組織化」という役割も重要である。たとえば、**セルフヘルプ・グループ**（SHGs）の育成にも、コミュニティ心理学者はある一定の貢献ができる。セルフヘルプ・グループとは、共通の問題や悩みを抱える当事者の集まりで、当事者グループとか、患者会とか、家族であれば家族会などと呼ばれてきたものである。Levy（1976）の定義によると、①基本的な目的は、相互援助を通じてメンバーの問題を改善し、より効果的な生き方を求めることである。②グループの起源と発足がグループ・メンバー自身にあり、外部の権威や機関によらない。ただし、発足当初は専門家が機関車役を果たし、グループが機能するにつれてグループ・メンバーが運営していくようになったものも含める。③援助の主要な源泉は、メンバーの努力・技能・知識・関心である。専門家がグループの集会に参加しても、補助的な役割しか果たさない。④メンバーは同じ体験や問題を共有している人たちで構成されている。⑤組織の構造や活動の様式はメンバー主体で形成される。

　つまり、セルフヘルプ・グループとは、当事者の主体性がグループの活動源になっているもので、コミュニティ心理学者は専門家として、グループの主体性を尊重し、あくまでも補助的、あるいは黒子的関わり方をする必要があるだろう。

　さらに、コミュニティ心理学は、地域社会におけるキーパーソンや、関係機関に対しても役割を発揮することができる。たとえば、学校組織が、子どもたちの成長にとって適した環境になるように、管理職や学校教員への**コンサルテーション**（consultation）を通じて貢献することができる。あるいは、レクリエーション施設や住居など、都市開発計画に携わる人とのコンサルテーションを通じて、人々の社会的な接触を保つなど、重要な心理的要求を満たすような、都市開発計画などに参加することができる。

3) 家族や個人への働きかけ

　コミュニティ心理学者は、深刻な問題が発生するのに先立って、家族や個人に対して健康教育を行うことができる。たとえば、結婚する男女、これから母親になる妊婦、慢性疾患を抱えている人、定年退職する人、介護を要する人などに対する働きかけがある。また、もっと積極的に予防的な危機介入を行うこともある。このときの介入は、人生の危機に直面する可能性の高い人や真っ最中の人が、それに対処できる力をもてるようにすること（エンパワメント）である。その際、それらの人々に直接働きかける場合と、それらの人々に関わる人へのコンサルテーションという形で間接的に働きかける場合がある。

[4]　二次予防におけるコミュニティ心理学者の役割

　二次予防は、問題が起きたときに、それが拡大しないよう早急に援助に結びつけることである。そのために、問題の発見とそれに対する即座の介入が必要となってくる。

　これに関して、Korchin（1976）は、次の三点が必要であると述べている。①初発状態を示す兆候についての情報を提供すること　②何を、どこで、いくらで利用できるかなど、利用可能な資源についての費用などの情報を提供すること　③援助を求めることについての偏見や、精神衛生の専門家が行うことについての誤解を取り除く努力をすること、などである。

　これら三点に対し、コミュニティ心理学者はどんな貢献ができるであろうか。これに関連して、地域住民を対象に設置された「**心の相談室（mental counseling room）**」の相談員として活動した筆者の経験から、相談室の役割として、次のように整理した（中川，2001）。「心の相談室」に対してもつ期待には、①「この悩みをどこに相談したらよいか分からないので、教えてほしい」　②「どんなサービスか教えてほしい」　③「病院に行ったほうがよいか教えてほしい」、などがある。つまり、地域の人々は、何か問題が発生したとき、それをどこかで相談したいと思っても、どこに行ったらよいか分からず、問題が発生したときの心理的な負担ゆえに、まず「心の相談室」に来談する場合がある。相談者の抱くこのような相談ニーズに対して、「心の相談室」の果たせる役割は、以下のように、まさに二次予防的なものである。①「総合相談窓口」としての役割である。つまり、問題を抱えた人が、どこかで相談したいが、どこに相談したらよいか分からないときに、相談者の抱える問題に適した医療機関や相談機関を照会

するという、交通整理としての役割である。②「サービス案内」としての役割である。相談内容に適したサービス案内ができる必要があり、そのためには、常にアンテナを張って、さまざまなサービスに精通している必要がある。③ある機関や施設での相談に対する不安や偏見を取り除く役割である。相談者自身がすでに、ある機関に行ったほうがよいと分かっていても、その機関の敷居が高くて行きにくい場合に、まず相談しやすい「心の相談室」に相談してみようと来談する場合がある。たとえば、最近マスコミで精神医学などの情報が頻繁に取り上げられるため、自分は精神的な病ではないかと心配する場合がある。このようなときに、敷居の高い病院の精神科や神経科に最初から直接行くのが躊躇され、まず「心の相談室」に行ってみて、そこで背中を押してもらって、病院の精神科に受診することがある。このように、援助機関にかかることへの漠然とした不安や偏見などを取り除くとともに、相談者の事情に合わせて、行きやすい援助機関を探したり、その機関へのアクセス情報を提供したり、知り合いの援助者を教えるなど個人的な紹介を試みたりして、敷居を低くして援助を受けやすくする支援もある。

　このように、各種サービスへの**アクセシビリティ**（accessibility：接近しやすさ）を高めることは、コミュニティ心理学者の役割の一つであるが、そのことの前に注意しなければならないのは、臨床心理サービスそのものへのアクセシビリティである。心の時代とか、ストレスの時代などと言われるように、現代人には心理的な悩みが多く、相談する所さえあれば相談したいというニーズは非常に高まっている。しかし、臨床心理サービスへのニーズが高まっているにもかかわらず、「カウンセラーってどこにいるの」「どうすれば会えるの」という質問がしばしば聞かれるように、アクセシビリティが高いとは言えない現状である。一昔前よりはよくなっているとはいうものの、十分とは言いがたい。また、相談方法にしても、現代の情報化された時代の中で、来所による面接相談にとどまらず、さまざまな交信手段を駆使するなどして、幅を広げる必要があると思われる。

　また、学校のような組織では、スクールカウンセラーなどの専門職が配置されており、早急な介入が可能であるが、いったん組織から地域に出ると、適切な時期での介入が難しい場合がある。児童相談所や教育センターなどでは、予約が必要であったり、受付時間の制限があったりする。「いのちの電話」のようなホットラインは、この意味でも重要であり、今後、予約なしで駆け込める**ウォーク・イン・クリニック**（walk-in clinic）のような機関が増えていくことが望まれる。

[5]　三次予防におけるコミュニティ心理学者の役割

　三次予防は、障害をもつことで生じる、二次的・三次的なマイナス面を抱えないように予防することである。

　この例として、病院あるいは入所施設から退所する際の、社会復帰のための援助が挙げられる。病院や施設は、ある意味では保護された閉鎖的な世界である。患者役割あるいは入所者役割をとって、医療従事者やスタッフの指示を守り、病院や施設の規則を遵守している限り、平穏で社会からの荒波を受けずにすむ。実際、あるがん患者は、入院中は別世界にいるようで、退院してからが大変であったと語る。がんの手術を受け退院した後、再発の恐怖におびえながら社会に生活するとき、がん患者と言っても何一つ容赦されたり免除されたりすることもなく、他の人と変わらぬ一個人である。精神科領域では、長期間にわたって入院・入所していた患者が、退院してから地域社会で生活するには、職業的なスキル、金銭管理などの生活技能、サービス利用の仕方などの社会技能を習得する必要がある。このように、入院治療と退院後の生活を連続させ、患者またはその家族が退院後に直面するであろう、問題への対処能力を強化していく援助が求められる。

　また同時に、地域社会への働きかけも必要である。特に、差別や偏見という**スティグマ**（stigma）をもった病者やその家族にとって、地域社会で生活していくためには、地域社会、職場、学校などの生活場面に関わるさまざまな人に対して、疾病や病者に対する正しい知識や理解、態度を育成することが求められる。

　さらに、病気をもった人やその家族が地域社会で生活するうえで、必要とされる制度やサービスといった社会環境にも常に敏感になり、必要な環境を整備する貢献が必要になるであろう。

[6]　疫学的調査とアクション・リサーチ

　公衆衛生学とコミュニティ心理学とでは、研究のあり方に関しても共通する視点をもつ。公衆衛生領域では「**疫学的調査**（epidemiological survey）」、コミュニティ心理学では「**アクション・リサーチ**（action research）」が、よく用いられる研究方法である。

　「**疫学**（epideminology）」とは、人間集団における疾病の分布とその発生原因を研究する科学である。疫学では、個人の疾病の経過ではなく、集団や地域全体

における疾病の起こり方を観察する。このとき、人口、患者数、死亡数を調べ、ある事柄の発生率や死亡率を算出するとともに、これらの比率が時間的経過とともにどう推移するか、あるいは地域による差があるか、さらには、疾病を抱えた人の特徴（性、年齢、人種、環境要因等）を比較することで、疾病の特性、原因、さらに試みられた対策や治療の効果を明確にすることを目的としている。

例えば、有名な疫学的調査の例として、イギリスのSnow（1854）の公衆衛生の著書に挙げられている研究があるが、これはまだ細菌学の技術や知識がなかった時代のものである。ロンドン市内の給水はL社とS社が行っていた。1854年に、ロンドンでコレラの流行があり、地域によってコレラの発生状況が異なることにSnowは気づいた。そこで、コレラの死亡者の発生地点を地図上にプロットし、発生が集中している地域を把握した。次に、死亡者数と利用している共同井戸との関係を調べてみると、S社の共同井戸を利用している人の死亡率が高いことが確認された。さらに、この井戸を調べているうちに、近くにある住居の便所の排水が流れ込んでおり、この家でコレラ患者が次々と発生していることが分かった。そこで対策として、S社の井戸を撤去し、他の井戸から水を供給したところ、コレラ患者の発生が激減した。当時は、細菌が発見されていなかったが、井戸に関係した何かが病気の原因と疑われて調査が行われ、S社の井戸の撤去という対策により、患者数が急減したのであった。

一方、コミュニティ心理学の領域でよく用いられる研究方法に「アクション・リサーチ」がある。アクション・リサーチとは、社会、組織、集団で生じる問題の解決のため、レヴィン（Lewin, K.）によって提唱された研究方法である（Lewin, 1946）。彼は、グループ・ダイナミックスの研究を行っていたが、実験的研究は精密になればなるほど、現実場面からは解離してしまうことから、実験のための実験とならないように、研究と実践の連結を強調した。彼は、実践的な問題の解決において、活動の分析と結果の評価が曖昧であると考え、計画→実践→評価による事実発見の循環を強調した。アクション・リサーチは、問題のある状況に置かれている個人の内面だけでなく、個人をとりまく社会環境や文脈をも対象とし、その改善や改革を行おうとするもので、この点においてコミュニティ心理学の理念に合うため、よく用いられている。

たとえば、日本におけるアクション・リサーチの例としては、箕口ら（1995）、丹羽・箕口（1999）は、中国残留日本人が日本に帰国した後の適応を、援助しながら研究を行った。また、高畠（1997, 1999）は、夫からの暴力を受

けた女性を守るためのシェルター活動を行いながら、研究を行った。

「疫学的調査」も「アクション・リサーチ」も、地域社会をアセスメントし、課題を発見し、それへの対策を計画し、その効果評価に関心をもつのである。

対策の効果評価を行うとき、その測度が問題となる。サービスの利用頻度、あるいは専門家によるサービス利用者の行動変化の推移、さらには、地域社会レベルの疫学的指標（たとえば、入院率や退院率）などがある。

効果評価研究（effect valuation study）は、これらの測度を相補的に組み合わせて使う必要がある。たとえば、自殺予防プログラムの評価研究は、自殺率などの社会統計資料を用いることができるが、子どものもつ情緒的問題の改善プログラムの評価研究では、子どもの様子を観察することで、行動測度や、あるいは検査など、多様な測度が必要となってくる。

このように、公衆衛生学とコミュニティ心理学に共通する視点である、地域社会への対策とその効果評価においては、公衆衛生領域でよく用いられる疫学的指標と、コミュニティ心理学が用いる行動観察や検査指標など、互いに補い合って、多種の指標やアプローチを組み合わせて行うことで、対策の効果がよりよく捉えられると考えられる。

本節では、コミュニティ心理学と公衆衛生学の共通点を述べたうえで、コミュニティ心理学が公衆衛生領域においていかなる役割を果たすことができるかについて考察した。コミュニティ心理学と公衆衛生学の協働の進展により、地域における健康問題の解決が、組織的・制度的に効果が現れるように行われることが望まれる。

引用文献

Hollingshead, A. B. & Redlich, F. C. 1958 *Social Class and Mental Illness: Acommunity study*. John Wiley & Sons.

Korchin, S. J. 1976 *Modern Clinical Psychology*. Basic Books. （村瀬孝雄（監訳） 1980 現代臨床心理学．弘文堂．）

Levy, L. H. 1976 Self-help groups: Types and psychological processes. *Journal of Applied Behavioral Sciences*, **12(3)**, 310-322.

Lewin, K. 1946 Action Research and Minority Problems. *Journal of Social Issues*, **2**, 34-46.

箕口雅博・江畑敬介・曾文星・原　裕視・丹羽郁夫・鈴木淑之　1995　中国帰国者の適応過程に関するプロスペクティブ・スタディ——面接法にもとづく3年間の追跡調査．日本社会精神医学会雑誌，**3(2)**，85-95．

中川　薫　2001　臨床心理士とサービス利用者の認識のズレ．山本和郎（編）臨床心

理学的地域援助の展開——コミュニティ心理学の実践と今日的課題，232-243．培風館．
丹羽郁夫・箕口雅博　1999　中国帰国者におけるソーシャル・サポート利用の精神保健への影響．コミュニティ心理学研究，**2**(2)，119-130．
Snow, J. 1854 *On the Mode of Communication of Cholera, in Snow on Cholera*（being a reprint of two papers/by John Snow; together with a biographical memoire by B. W. Richardson; and an Introduction by Wade Hampton Front, Hafner Publishing Company, 1965）．
高畠克子　1997　ドメスティック・バイオレンスに対するフェミニスト・セラピーからの取り組み．コミュニティ心理学研究，**1**(1)，42-52．
高畠克子　1999　ドメスティック・バイオレンスの被害者のための"シェルター活動"——予防・危機介入・アフターケアから見た実践報告．コミュニティ心理学研究，**3**(1)，1-11．
渡辺圭子　1985　住環境と精神健康．山本和郎（編）生活環境とストレス，77-102．垣内出版．
渡辺圭子・山内宏太郎　1982　住形態による住環境ストレスの違い——住環境ストレスと精神健康に関する調査その9．日本建築学会関東支部研究会報告集，117-120．
Winslow, C. E. A. 1920 The untilled fields of public health. *Modern Medicine*, **2**(3)，183-191．
山本和郎　1984　高層住宅のもたらす影響（シンポジウム）．日本心理学会第48回大会発表論文集，S15．
山本和郎・渡辺圭子　1985　核家族の三歳児とその母親の母子分離度におよぼす住居環境の影響．昭和60年度日本建築学会大会学術講演集，環境工学，4343．

7 産業領域

北島茂樹

[1] 産業発展とコミュニティ心理学

1）今日の産業社会

　産業とは、「生産を営む仕事、すなわち、自然物に人力を加えて、その使用価値を創造し、またこれを増大するため、その形態を変更し、もしくは、これを移転する経済的行為」（『広辞苑』）のことをいう。

　Toffler（1980　徳岡監訳　1982）は、**社会発展**（social development）を三つの波で俯瞰するが、18世紀のイギリスに始まる「産業革命」という第二の波は、石炭などのエネルギー資源の活用と機械・工業技術の著しい進歩が相まって、社会の生産力を飛躍的に発展させる結果となった。大きな規模の産業施設が出現し、人口が都市に集中し、労働者は組織のなかの分業化した仕事に従事することとなった。家族の構成・形態も大きく変化し、給与生活者が増え、物流や人々の移動に不可欠な交通手段・交通網も発達した。やがて、社会全体の価値観や行動原則（経済優先、大量生産―大量消費、組織人など）も大きく変貌することとなった。

　加えて、情報化という近年の第三の波は、今日ではIT（高度情報通信技術）の進歩と浸透に支えられ、仕事のスピード化・ネットワーク化・自動化が加速されると同時に、知識・情報のもつ価値自体が経済行為の大きな領域を占めるようになり、人々の仕事や生活を大きく変質させ続けている。Drucker（1969　上田訳　1999；1993　上田・佐々木・田代訳　1993）は、こうした社会の招来を

「ポスト資本主義社会」または「脱工業化社会」と呼び、知識・情報の拡散的性質からして、各種のボーダーレス化をこれからの社会の帰結的特徴として掲げている。

われわれは、こうした現代社会のなかで慌しく仕事に従事し、経済上の豊かさや利便性を享受しながら生活している。しかしその半面で、味わう不安や苦悩、そして受けるストレスなども確実に増大したように見える。

2）ヒューマン・リレーションズ運動から学ぶもの

産業というフィールドへの、心理学をはじめとした行動科学関連分野からの貢献を振り返るとき、産業組織のガバナンスを大きく変えたという点で、「ヒューマン・リレーションズ運動」は重要な転機になっている。

この運動の契機の一つは、ハーバード大学のメーヨー（Mayo, E.）やレスリスバーガー（Roethlisberger, F.）らの**ホーソン実験**（Hawthorne experiment）であったことは周知の通りである。イリノイ州シカゴにあるウエスタン・エレクトリック社のホーソン工場内において、1924～32年にかけて行われたものであり、当初の目的は、「科学的管理法（scientific management）」の唱導下、作業環境としての照明などの作業条件と作業効率の関係を明らかにすることであった。しかしながら、期待された最適照度などを見出すことには失敗し、1928年から研究の焦点を移し、作業者や作業集団の間で観察された作業効率のバラツキなどの原因を探るため、面接調査を開始した。その結果明らかになったことは、作業効率に強く影響を与えているのは、施設環境や作業条件の方ではなく、むしろ、①作業者のセンチメント（情感）　②作業班における集団規範、といった「ソフトな要因」であるという事実であった。とりわけ、センチメントに関しては、職場同僚や上司との人間関係がこれを左右していた（Roethlisberger & Dickson, 1939）。

その後、従業員の「職務満足」や「ワーク・モチベーション」のもたらす影響、あるいは、その測定に関する実証研究が集積され、いくつかの重要な発見もあったが、職務満足や仕事意欲が従業員の職務態度や職務行動、ひいては職場の生産性に影響するという点では一致していた。

経営者にとって職場の生産性は最大関心事である。しかし、それは従業員への厳しい監視や抑圧、あるいは施設環境などのハードな要因の改善という手段ではなく、従業員のセンチメントや職場集団規範の改善を通して達成できる、という

当時の新しい認識は広まりを見せ、これに関する産業組織現場での各種の工夫・改善は、やがて**ヒューマン・リレーションズ運動**（human relations movement）と称される潮流となっていった。

　この運動は、①従業員のモラール・サーベイ結果に基づく改善の実施　②各種機会への従業員参加の促進　③職場カウンセリング制度の導入　④管理監督者の調整能力の訓練・向上　⑤ソシオ・テクニカルな側面からの職務再設計、などを主だった骨格とするものであった。

　今日、かなりの企業が採用している職場カウンセリング制度は、ホーソン研究終了後の1940年頃に、この工場で実施した**人事相談員制度**（personnel consultant）に始まるといわれ、1945年の同工場の年次報告には、男女40名のカウンセラーが配置され、それぞれ300人の従業員を担当したと記録されている。従業員の離職・欠勤・事故の問題を抱えていたトラクターメーカーのキャタピラー社が、心理学者主導の下に展開した**キャタピラー・プログラム**（Caterpillar program）も同時期に行われ、従業員の精神衛生の見地から、①心理テスト　②カウンセリング　③教育訓練、を体系的に実施して、職場不適応の改善・災害防止などに大きな効果が認められたという。また、別の事例として、以前はのどかな農村であったテネシー州オークリッジに大規模な軍事工場が造られ、一挙に他地区から大勢の労働者と家族が流入してきたこと、そして、軍事機密に関する守秘義務が労働者に課せられたこともあって、社員のホームシック・情緒不安定・神経症・子どもたちの非行、などが多発するという事態が生じた。この工場では、社員寮にカウンセラーを配置し、さらには精神的ケアのための病院づくりを通して、早期発見・早期治療が行われた結果、改善成果が上がったという。

　Ⅶ章でもふれるが、構造的な経済不況下で厳しい変革期にある日本の産業組織では、従業員のメンタルヘルス対策として**従業員支援プログラム**（Employee Assistance Program：**EAP**）が注目されている。これは1946年頃のアメリカの職場での断酒会プログラムが下地となっており、1960年代に国家的な職場保健プログラムとして採用され、さらに、レーガン（Reagan, D.）政権下の1988年に制定された「薬物なき職場に関する法律（Drug-Free Workplace Act）」の後押しもあって、現在では米国の大手企業の90％以上がこのプログラムを採用している（小田，1994）。

　職場の問題点を自由に言い合える「職場懇談会制度」、従業員がもつ仕事のアイデアなどに関する「提案制度」、「労働者代表の経営参画」などもヒューマン・

リレーションズ運動から生まれたものである。これらは、組織行動論の立場からいえば、組織能力を高めるためのコミュニケーション回路に関する工夫・改善であるが、労働者の立場からは、職場の民主化達成の一環と見ることができる。

　高度成長期に日本の企業が、こぞって導入した「QC（品質管理）サークル」や「安全活動」を含む各種の**小集団自主管理活動**は、別の側面からのヒューマン・リレーションズ運動の展開例である。品質向上・省エネ・コスト削減・災害事故防止などといった、組織にとっての重要な成果や責任の達成に関して、現業部門の下位集団に一部権限の委譲を行い、これらの職場集団は、ミーティングを通して原因を探り、自ら目標値と重点活動を設定し、達成値のフィードバックを受けながらそれ以降の改善活動に反映させていく。受身的かつ単調になりがちな仕事が、能動的かつ多様性をもった面白みのある仕事へ、また学びの多い仕事へと変化するのである。人間や人間集団のもつ本来的な欲求・動機を数多く充足させるように仕事を変えたということで、**労働の人間化**（humanization of work）の一助となったと理解してもよい。ちなみに、災害事故防止にかかる「KY（危険予知）訓練」は、日本独自の小集団活動の手法として国際的にも評価が高いが、1974年に住友金属工業が考案し、78年から中央労働災害防止協会が「問題解決4ラウンド」として確立したものである（三戸, 1997）。

　ヒューマン・リレーションズ運動については、批判も向けられている。たとえば、小集団自主管理活動は、果たして自発的・自主的なものといえるだろうかという点、達成した成果と努力に見合う報酬配分が従業員へなされたのかという点、あるいは労働強化の隠れ蓑ではないかという点で、批判が寄せられている（足立, 1997）ように、すべてが肯定的に評価されているわけではない。組織の問題を従業員のセンチメントという心理的側面に「矮小化」し、真の問題解決に向かおうとしていないという鋭い指摘もある。しかし、それまでの経営者が、報酬条件の調整くらいでしか省みることのなかった従業員のセンチメント問題などに、生産性向上のためとはいえ、焦点をあてその改善に向けて工夫・努力したことの意味は大きい。組織と個の統合（適合）、仕事を民主化・人間化することによる、従業員のワーク・モチベーション・能力・QWL（Quality of Working Life）の改善、従業員のメンタルヘルス悪化の予防に向けた支援が実現されており、そこにはエンパワメントや、従業員のもつ知識・情報の活用、人間関係ネットの改善・構築を通した職場資源の活用が見てとれる。ヒューマン・リレーションズ運動は、コミュニティ心理学の立ち上げ以前からのものであるが、コミュニ

ティ心理学が掲げる理念・原理と相通じており、産業というフィールドに関わるコミュニティ心理学者にとって、この運動から学ぶべきものは多い。

3）産業発展のとらえ方

　産業発展という言葉は、コミュニティ心理学者には慎重な扱いが必要であり、少なくとも次の2点の問いかけは大切である。

　第一に、発展とは「どのような」内容を指し、また「誰にとって」の発展を指すのか。経済的利益を上げることなのか、生活の利便さや生活水準を上げることなのか、労働者や生活者の生活能力や福利を高めることなのか、である。第二に、産業が「どの範囲」を指しているのか。個別組織体や個別業界の存続発展を言っているのか、それとも消費者・利用者、ひいては生活者を含む総体的な産業社会をいうのか、である。

　たとえば、構造不況下の日本において、経営者たちは雇用調整や成果主義の導入を急速に進めてきた。それはそれで組織の存続に有効なのかもしれない。しかしその一方で、労働者のメンタルヘルス状況は悪化し、職場には冷たい雰囲気が漂っている。産業組織体は生き残りをかけて、正規雇用者を減らし、パートなどの非正規雇用者を増やしている。このことだけが理由ではないが、フリーターといわれる就業者は2001年に417万人を超え、さらに増加を続けているという。15～24歳の若者の完全失業率も12％近くに達し（2004年『労働力調査』総務省統計局）、若者の無業者（仕事・学業・家事もしない者：ニート）は52万人に達する（2004年版『労働経済の分析』厚生労働省）。経営者層にとって都合のよい施策が、これからの社会を支える人々の労働能力の育成を阻害し、生活や消費を支える資力を減じていくとすれば、日本社会に「持続可能な発展」を期待するのは困難である。

　産業発展は、経営者のため、あるいは経済的利益価値のためだけのものであってはならない。消費者や健全な社会があってこその産業発展であり、健康な労働者があってこその企業の発展であろう。「企業の社会的責任」という近年の主張は、こうしたことへの気づきの反映に他ならない。**企業の社会的責任**（Corporative Social Responsibility：**CSR**）とは、「社会的な存在としての企業の果たすべき役割のこと」であり、「現在では法的な責任、経済的な責任だけでなく、倫理的責任、環境的責任等幅広い問題を含んでいる。社会や企業が、経済的な成長、環境の保全、社会的な公平性を統合し、発展していくうえで重要な取組みとして

認識されている」(竹居, 2005)。CSR が含む領域は拡大される傾向にある。

　産業発展に関わるコミュニティ心理学の実践者は、渡辺 (2000) が指摘するように、企業活動のもつ「利己的 (egoistic)」側面と、コミュニティ心理学が内在させる「利他的 (altruistic)」側面の相克のなかに身を置くことになるが、この相克を通して止揚を図らねばならない。

[2]　産業組織へのコミュニティ心理学的介入

1) 必要な組織理解と介入上の留意点

　コミュニティ心理学者の産業フィールドへの関わり方は多様である。①メンタルヘルス・ケアなどで領域を限定委託されて、外部資源として支援的な関わりをもつ場合　②組織開発などでコンサルテーションを行う場合　③直接的な介入支援が求められる場合、がある。

　特に、外部の人材がコミュニティ心理学のコンセプトや方略を用いて、②③に関わりをもつ場合、組織の目的・構造・機能を的確に把握・査定し、それをより有効な組織像とすべく、計画的で確かな変革の支援作業が必要となる。このような、外部の立場から「介入 (intervention)」を行う場合には、内部スタッフではもち得ない影響力を発揮しうるという利点はあるものの、戸惑いと困難がつきまとう。

　組織体への介入を有効に行うためには、どのような留意点が必要であろうか。

a　組織変数の選定

　産業組織への介入者にとって、**組織変数** (organizational variables) をどう選定するかは、介入の方向性と成果を左右する。Thompson (1966) が「組織の分野は変数の宝庫である」と述べ、Triandis (1966) が組織設計に関する考察のなかで、55 の組織変数と 43 の仮説を提示したように、組織体には多くの変数が蠢いており、相互に影響し合っている。実際、組織への介入を図るということは、変数の「密林」に分け入るようなものである。

　コミュニティ心理学の発展のなかで、こうした視点の重要さに気づいたのは Murrell (1973　安藤監訳　1977) である。彼は著書『コミュニティ心理学——社会システムへの介入と変革』のなかで、「問題は、あらゆる種類の組織にも重要な変数があり、かつその中での統制可能ないくつかの変数を選定するということにある。(……) 一方、介入者には、自らの課題内容と当該組織に最も適切ないくつかの付加的変数や異なる変数を選択することが、まかされるであろう

（p. 126)」と述べている。介入者には課せられた使命があるが、当該組織の状況・特徴を的確に把握せず、ひとりよがりな動き方では介入は決して成功しないこと、また、あまりにも常識的な組織変数の選定や動き方では、改善に向けての効果は少ないということである。

Murrell（1973）は、介入を行う者が大枠で考慮すべき組織変数として、①課題要件　②勢力　③コミュニケーション　④風土、の四つを挙げている。また、これらのことを前もって知るための**予備分析**（preliminary analysis）の実施を勧めている。予備分析の例として、問題領域の識別、ポピュレーションの優先体系の測定、集団特性の査定、システムの諸要件の測定、ポピュレーションとシステム間の不調和の識別、ポピュレーションの満足度の査定などを挙げている。ここでの「ポピュレーション（population）」とは、当該システムのなかで仕事を含む生活を行う人々（組織体では従業員、地域社会では住民）のことである。コミュニティは生活共同体を意味しており、ポピュレーションは最も重視されなければならない対象（変数）であろう。変数の密林にあって、識別・査定・優先体系・調和／不調和といった諸コンセプトは、コミュニティ心理学者には特に有益であり、その活用を図りたいものである。

「仮説と検証」を繰り返しながら実践を進めるという点では、コミュニティ心理学も他の行動諸科学と同様であり、組織体への介入の場合には、組織変数をどう選定し、それらをどう関係づけるかの問題と同値であるといってもよい。

b　システム論的な思考様式

産業組織への介入に当たっては、システム論的な思考も欠かせない。**システム論的思考様式**（thinking way of system theory）とは、ちょうど、生態システムが細胞・器官から地球・宇宙に至るまでの階層を成しているように、対象を「入れ籠」型で理解することに他ならない。システムの各要素・各階層は相互に関係をもち影響し合って、全体のシステムを維持している。

たとえば、産業組織体において下位の階層やポピュレーションが、労働者の健康を増進する施策や環境負荷を低減する製品づくりを要求しても、上位の階層がこれに価値を置かなければ、組織のなかでの展開・促進は望めない。こうした場合、上位の階層への説得、または調整が必須要件となる。また、近年の例として、日本では「健康増進法」（2003年5月1日）が施行され、施設における受動喫煙の防止は急務の課題となっている。しかし、禁煙行動という究極目標の達成を考えれば、上位の階層に当たる社会の法体系の整備だけでは十分でない。①

組織体のなかの上位階層である経営者・管理者の意識・行動の変容　②職場安全衛生委員会・職場懇談会での意思決定や周知徹底　③従業員自身の保健行動に向けての意識と行動の変容（例：定期健康診断時の個別的フォローや健康教育の実施）など、複数の階層レベルへ向けてのアプローチが必要であり、実際有効である（大和ら, 2003）。これは、並列的かつ同時的な組織体の各階層へのアプローチがあってはじめて、有効となるシステム介入の好例といえる。

　対象となる社会システムのどの階層レベルに介入するかは、その時点での課題や状況の性質、あるいは介入に伴うコストやアプローチの可能性によって異なる。コミュニティ心理学ではなじみの概念である「介入のレベル」（Murrell, 1973）、つまり、①個人の再配置（individual relocation）　②個人への介入（individual intervention）　③ポピュレーション介入（population intervention）　④社会システム介入（social system intervention）　⑤システム間介入（intersystem intervention）　⑥ネットワーク介入（network intervention）、はシステム論的思考が基礎にあり、産業組織体への介入を計画・実践する場合にも有効である。

　システム論的な思考様式において、システム内部の関係の理解に劣らず重要なのは、外部環境と当該システムとの関係である。ほとんどの組織体は、外部環境との間で少なからず出入力を行う「開放システム（open system）」といえる。それでも、相対的には出入力の多い開放系と、それらが少ない閉鎖系に区別することができる。Kilmann（1983）は、こうした視点に技術的対社会的の次元を加え、組織体を四つのタイプに類型化している（**Kilmannの組織類型**：図Ⅵ-7-1参照）。この図式で特に理解したいことは、それぞれの組織タイプによって重きを置く「価値」と「パワー」が異なるということである。対内部的効率性を目指すのか、対外部的適応性を目指すのか、対内部へのコミットメントを目指すのか、対外部との妥当性を目指すのか、などである。実際の組織体の機能からすれば、純粋系であることは稀で、多くは混合系なので、組織体への介入を行う者にとっては、先の組織変数の選定においても、優先順位（体系）の査定をはじめとする予備分析においても、これらが有益な枠組みを提供するであろう。

　職場などの組織体は、多くの対立・葛藤が渦巻く場として理解しなければならない。安定した状態を維持しようとする「静態的な構え（morphostatic）」と、成長を志向する「動態的な構え（morphogenetic）」、つまりは「守旧派」と「改革派」はよく起こる対立であるが、当該システムの置かれた状態についての解釈

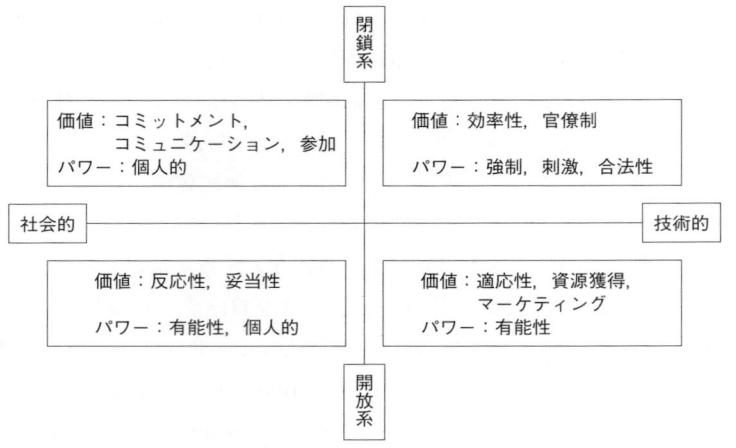

```
                    閉鎖系
                      │
   ┌─────────────┐   │   ┌─────────────┐
   │価値：コミットメント,│   │価値：効率性，官僚制│
   │  コミュニケーション，参加│ │パワー：強制，刺激，合法性│
   │パワー：個人的  │   │             │
   └─────────────┘   │   └─────────────┘
社会的 ───────────────┼─────────────── 技術的
   ┌─────────────┐   │   ┌─────────────┐
   │価値：反応性，妥当性│   │価値：適応性，資源獲得，│
   │             │   │  マーケティング │
   │パワー：有能性，個人的│ │パワー：有能性  │
   └─────────────┘   │   └─────────────┘
                      │
                    開放系
```

図Ⅵ-7-1　組織の類型（Kilmann, 1983）

や立場・利益の違いから、これらの対立が生じるというのがシステム論的な見方である。

　介入者が社会システムの改善・変革の支援を請け負うという立場からすれば、自ずと介入の展開において、創発的発展（emergent development）ないし形態生成（morphogenesis）への志向性を内在化させることになる。しかしこのことは、当のシステム側から見れば「安定を脅かすもの」と映る場合も少なくなく、組織内部からの抵抗が伴うことを覚悟しておかねばならないことを意味する。

c　多様な影響力の発揮

　組織体への介入は、改善・変革を目的としており、査定・計画の的確さが必要であると同時に、影響力の発揮の仕方に関して十分配意しなければならない。

　組織体は通常、伝統的な組織管理の方法で運営されている。伝統的な組織管理とは、規則・規程、報酬、懲戒などによる運営であり、French & Raven（1959）のパワー分類にならえば、正当性・報酬性・強制性といった類の影響力をその基盤とする。

　しかし、**影響力の基盤**は多様で、吉田（1973）は、①情報処理の適合性　②パワー　③参加　④集団・組織の規範、の4種類に整理している。①に関していえば、組織体において改善すべき課題や解決すべき問題について、対処案や決定事項、またその方法や道筋が妥当で説得力があれば、組織体メンバーは従うであろう。介入者には説明力をもった展開が期待され、また必要でもある。②に関

しては、介入者はとくに専門的能力が期待されており、そのパワーゆえに組織メンバーはこれに従う。したがって、介入者は期待に応え得る力量を磨いておく必要がある。また、介入者のもつ誠実さ・熱意などの個人的魅力も、実際の組織現場では大きな力を発揮することも見逃してはならない。③の参加に関しては、当該の課題・問題への組織メンバーの関与が高まるほど、諸策展開の受け入れがよくなり、ひいてはその実行も高まる。介入者は各種機会（新たに設けることも含めて）を通して、メンバーの意見やアイデアを反映できるよう心掛けねばならない。④に関しては、ホーソン研究の紹介ですでに述べたように、組織体のメンバーの行動は、所属する集団・組織の規範によって強く影響される。こうした規範が改善・変革の妨げになっている場合、この規範そのものが介入の標的となる。規範は、メンバー間で長年の相互作用の結果としてでき上がった、暗黙の行動標準や判断の枠組みであるため、ミーティングなどを通して課題に正面から取り組んでもらい、メンバー間に「新たな合意づくり」ができるよう働きかける必要がある。介入者は、規範の解体・移行・再定着を促すような各種情報提供や必要なフィードバックを行い、十分な合意づくりの機会の確保に努めなければならない。

近年、組織体の事故隠しやコンプライアンス（法令遵守）の逸脱が、長期的には組織の発展・存続を危うくするという立場から、「内部告発の仕組み」ないし「公益通報制度」を積極的に導入する産業組織体が増えている。これなどは組織規範もしくは組織文化の変革と捉えることもでき、制度設計と合わせて、各職場におけるミーティング機会の確保などを通して改善・変革を図る必要がある。

産業組織体への介入が成功している事例を検討してみると、③④のような「非権力的な影響力」の発揮が奏功していることがわかる。三隅・篠原（1967）による「バス運転士の事故防止のための集団決定の導入」、高（1979）の「造船所における全員参画方式による職場安全運動」は、本邦におけるこうしたものの好例である。**目標管理**（Management By Objectives: **MBO**）は、組織体の改善に人気の手法であるが、とくに、従業員と管理者が課題についてともに話し合い（participative negotiation: 参加的交渉）、どう達成できるかの検討も含めて目標を定め、その後フォローアップする過程こそが大切である。Rodgers & Hunter（1991）は、目標設定や意思決定への参加の効果に関して、MBO実施事例70件を検討し、そのうち68件にこうした効果があったと結論している。

2）コミュニティ心理学と組織心理学の共有点・相違点

　産業組織体への介入において、**コミュニティ心理学**と**組織心理学**（ないし組織行動論）の間には、理論上あるいは方法論上で大きな相違があるのだろうか。

　Duffy & Wong（1996　植村監訳　1999）は、この両者の間には次の三つの共有点があるという。第一に、個人レベルの分析を超える構成概念や測定技法とともに、そうしたパラダイムやモデルを開発してきたこと。第二に、個人と組織はダイナミックな関係をもっていること。つまり、双方向的に影響し合う関係にあると理解していること。第三に、個人にとって、仕事は自己概念の一部となること。つまり、仕事は幸福や自信をもたらす可能性をもつと理解していること、というのが三点である。

　そのうえで、組織心理学（ないし組織行動論）は、①組織効率や組織利潤の向上を優先的に目指しているため、個人を犠牲・切捨てにすることがあり、組織努力が個人の利益になるとしても、それは組織向上を目指す主目的への付随物にすぎないこと（Riger, 1990）　②しかし、組織の全体基盤や組織の構造・機能に関する理解及び改善方法については、モデル構築等を含む多くの研究蓄積があること、といった特徴を指摘する。これに対して、コミュニティ心理学は、①組織内の個人をエンパワーし、組織が直面している問題への革新的解決案を開発し、革新と変革が人道的であるように保証し、組織内のコミュニティ感覚を増進することを主たる目的としていること　②そのための有益なコンセプトや手法について実践を通して先行的な蓄積をなしてきたが、その一方で組織の全体基盤や組織内のその他の問題に注意を向けることが苦手なこと、といった点を指摘する。

　これらの相違点は、介入という実践の場ではかなり深い溝ともいえる。しかし、産業組織体における心理—社会的な諸問題の改善や予防のために、コミュニティ心理学者は組織心理学（ないし組織行動論）の知見やモデルを学ぶ必要があり、組織心理学者（ないし組織行動論者）は組織の理解と改善に向けて、コミュニティ心理学のもつ価値の置き方やコンセプトを学ぶ必要があることは確かである。

　日本の産業は、近代化の過程において経済的価値を優先させてきた。今日の構造的な経済不況は、「リストラクチャリング」を加速させ、社会においてこれに対応するための基盤整備ができていないこともあって、労働者のストレスや不安を増大し、職場には冷たく刺々しい雰囲気が充満している。組織心理学（ないし組織行動論）の知見を備えたコミュニティ心理学者の活躍が待望されている。

[3] コミュニティ心理学者の役割と貢献が期待される領域

　産業組織体がその改善・変革への支援を望む領域は多岐にわたる。北島（2002）は、産業組織心理学の研究対象について、表Ⅵ-7-1 のように整理しているが、産業領域におけるコミュニティ心理学の実践領域と置き換えても大きな違和感はない。すでに述べたように、コミュニティ心理学者は関心・価値の置き方やそれに必要なコンセプトに独自性があり、時代・状況・課題などの社会的文脈を勘案しつつ、それにふさわしい取り組み方をしているのである。

　労働者個人ないしポピュレーション・レベルにおいては、とりわけストレス・不安、ひいてはメンタルヘルスへの支援について、相談活動や危機介入、ストレス・コーピングなどに対する従業員教育などがあるが、職場内外の社会諸資源と連携を密にして取り組む必要がある。雇用の流動化が進む今日の状況下では、「キャリア・コンサルティング」などの、情報提供を含めた**自律的キャリア形成への支援**（supports for voluntary carrier choice/development）も欠かせない。コミュニティ心理学者自身が、人間の内面への感受性と同時に、社会の事象や変化への感受性を高めることで、労働者へのエンパワメントを図る必要がある。

　一方、中小企業ではこういった支援の備えは乏しい。しかし、日本の企業の大半は中小企業なのである。中小企業への支援のシステムづくりに取り組むのも、コミュニティ心理学者の急務な課題といえる。

表Ⅵ-7-1　産業組織体への介入・支援の対象となる領域（北島, 2002）

個体レベル	職務満足, 仕事意欲 仕事能力, 職業適性 キャリア, 勤労観, ライフスタイル ストレス, メンタルヘルス　等
職場小集団レベル	人間関係, コミュニケーション 職場規範, チームワーク リーダーシップ　等
組織の制度・構造レベル	組織構造, マネジメント諸制度 組織開発, 組織デザイン　等
人間－機械系レベル	作業環境, 動作形態　等
社会・文化・環境レベル	家庭や地域社会, 少子・高齢社会, 情報通信技術の高度進展, 説明責任, 生涯学習, 男女共同参画社会, 地球環境問題・資源 循環型社会, 経済・市場の動向　等

職場の人間関係やコミュニケーションを含む職場小集団の問題は、いつの時代にも重要な組織変数であり、これへの取り組みも、コミュニティ心理学者の貢献が期待される領域である。事故防止のための双方向的コミュニケーションの浸透、ダブルチェックへの取り組み、管理監督者へのリーダーシップ訓練の実施、ミーティング重視の職場運営などがある。ちなみに、先の三隅・篠原（1967）や、高（1979）に見られるアクション・リサーチの成果も、実はこれらの併用が原動力となっているのである。

　今日の変革時代にあって、職場のメンタルヘルス状況は劣悪化し、従来とは違ったものの考え方や行動標準が必要とされ、それらに応え得るリーダーシップやメンタリングなども求められている。**リーダーシップ訓練**（leadership training）については、厳しいノルマや過重労働を余儀なくされる部下たちのメンタルヘルスの向上に貢献できる力量、各方面からの能力評価に晒される部下たちを適切にフォローする力量、変革に必要とされる斬新な課題設定および規範改善能力など、コミュニティ心理学者が、今後重きを置きたい点である。

　組織開発をはじめとする、組織の制度・構造といったレベルの領域にも、コミュニティ心理学者は積極的に取り組む必要がある。フィンランドにおける「**OH&S**（Occupational Health and Safety）」という取り組みは参考になる。これは、小規模事業所を対象にした、安全衛生上の改善を通して、労働能力確保と事業所にとっての生産性向上を包括するプログラムであり、事業主・労働者・実務団体・産業医学研究所が協働し合っている。職場状況のサーベイ・報告書・改善の実施・査察がその流れであり、査察チームの構成は事業主側と労働者側が同等の比率である。コミュニティ心理学者が組織開発に取り組む場合、労働の人間化・民主化という視点を忘れてはならない。しかしその一方で、OH&Sのような説得力をもった包括的な視点もまた不可欠である。包括的という点では「ヘルシーカンパニー」という構想などにも注目できる（Ⅶ章3節（1）参照）。

　その他、日本においては、少子・高齢社会が、欧米に比べ格段に早い速度で進行している。高齢者の就業や生きがいの問題、若年者の労働能力・意欲・エンプロイヤビリティの形成の問題、などへの対策を急がねばならない。また、健全な社会づくりのための組織体あるいは従業員の立場から、企業市民性（corporative citizenship）の発揮や企業の社会的責任（CSR）の実行など、コミュニティ心理学者が取り組むべき課題は少なくない。

　産業組織体へのコミュニティ心理学者の介入・支援は、①従業員へのメンタル

ヘルスやキャリア支援　②職場改善や組織開発等の組織への直接的な参加的介入　③それらへのコンサルテーションやサーベイ支援，というかたちをとることが多かったが，今後もそうであろう．成果のあがる介入・支援を行うためには，産業社会の現下の状況や組織理解が大切である．しかし，決して「組織人」ではないということも大切である．その意味では，専門家としての確かな視点，幅広い見識，適切かつ柔軟な方略，それを実行できる対話能力などをコミュニティ心理学者は育んでおく必要がある．

引用文献

足立明久　1997　働く意欲．NIP 研究会（編）21 世紀の産業心理学――人にやさしい社会をめざして，171-189．福村出版．

Drucker, P. F. 1969 *The Age of Discontinuity: Guiding to our changing society*. Harper & Row.（上田淳生（訳）1999　断絶の時代――いま起こっていることの本質．ダイヤモンド社．）

Drucker, P. F. 1993 *Post-Capitalist Society*. Harper Collins.（上田淳生・佐々木実智男・田代正美（訳）1993　ポスト資本主義社会．ダイヤモンド社．）

Duffy, K. G. & Wong, F. Y. 1996 *Community Psychology*. Allyn & Bacon.（植村勝彦（監訳）1999　コミュニティ心理学――社会問題への理解と援助．ナカニシヤ出版．）

French, J. R. P., Jr. & Raven, B. H. 1959 The bases of social power. In Carteright, D. (eds.) *Studies in Social Power*, 17-32, University of Michigan Press.

Kilmann, R. 1983 A typology of organizational topologies: Toward parsimony and integration in the organizational sciences. *Human Relations*, **36**, 523-548.

岸　玲子　2000　北方圏の小さな国――フィンランドの労働衛生研究．産業医学ジャーナル，**23**，63-64．

北島茂樹　2002　産業心理学入門．産業衛生学雑誌，**44(4)**，76-78．

高　禎助　1979　組織変革におけるコミュニティ・アプローチ．安藤延男（編）コミュニティ心理学への道，230-244．新曜社．

三隅二不二・篠原弘章　1967　バス運転士の事故防止に関する集団決定の効果．教育・社会心理学研究，**6(2)**，18-22．

三戸秀樹　1997　安全教育・訓練．NIP 研究会（編）21 世紀の産業心理学――人にやさしい社会をめざして，105-110．福村出版．

Murrell, S. A. 1973 *Community Psychology and Social Systems: A conceptual framework and intervention guide*. Human Sciences Press.（安藤延男（監訳）1977　コミュニティ心理学――社会システムへの介入と変革．新曜社．）

小田　晋　1994　産業カウンセラー――海外の現状．内山喜久雄（編）実践カウンセリング 1　産業カウンセリング，25-33．日本文化科学社．

Riger, S. 1990 Ways of knowing and organizational approaches to community psychology. In Tolan, P., Keys, C., Chertak, F., & Jason L. (eds.) *Researching Com-*

munity Psychology, 101-114, American Psychological Association.

Rodgers, R. & Hunter, J. E. 1991 Impact of management by objectives on organizational productivity. *Journal of Applied Psychology*, **76**, 332-336.

Roethlisberger, F. J. & Dickson, W. J. 1939 *Management and the Worker : An account of a research program conducted by the Western Electric Company, Chicago*. Harvard University Press.

竹居庸一　2005　CSRの歴史的背景と現代における展開．産業衛生学雑誌，**47**，212-216．

Thompson, J. D. 1966 *Approaches to Organizational Design*. University of Pittsburgh Press.

Toffler, A. 1980 *The Third Wave*. W. Morrow & Co.（徳岡孝夫（監訳）　1982　第三の波．中公文庫．）

Triandis, H. C. 1966 Notes on the design of organization. In Thompson, J. D.（ed.）*Approaches to organizational design*, 57-102, University of Pitts-burgh Press.

渡辺直登　2000　経営組織という文脈におけるコミュニティ心理学．コミュニティ心理学研究，**4(1)**，2-5．

大和　浩・大神　明・大藪貴子・森本泰夫・田中勇武・筒井保博・中村正和・増居志津子・大島　明　2003　職域における喫煙対策介入の有効性について．産業衛生学雑誌，**45（臨時増刊号）**，294．

吉田民人　1973　リーダーシップ理論の再構成――情報論的組織理論の視角．組織科学，**7(1)**，18-23．

NGO/NPO 領域

高畑 隆

[1] 市民社会の現状と課題

　WHO 憲章（1946）の前文では、「健康とは単に身体に病気がないとか虚弱でないというだけでなく、肉体的にも精神的にも社会的にも完全に調和のとれたよい状態（well-being）のことである」と定義している。これは、コミュニティ心理学の理念である「**人と環境の適合**（person-environment fit）」を高める働きかけと合致する。日常生活は人の行動として営まれ、人の行動は精神活動で営まれ、精神活動は脳の中の中枢神経活動で営まれる。社会生活は精神活動であり、心の活動として行われている。人は人の間にいて初めて、社会的関係の中で人間として存在する。したがって、心の問題の多くは、人が社会から孤立し、孤独になると深刻化し、問題化する。予防の概念からは、この心理的孤立を未然に防ぎ、問題化する前に介入することだといえる。ここでは、筆者が、ある地域で暮らす一市民として、**コミュニティ感覚**（sense of community: 市民の生活感覚）をもつ専門職として、その役割と活動を考えたいと思う。

　現在、日本社会においては、経済発展、人・物の移動によるボーダレス化、都市化、技術革新による生活の豊かさ、少子化、平均寿命81.9歳の高齢化が進んでいる。一方で、市民生活を取り巻く健康リスクは、食材に含まれる有害物質、新興・再興の感染症（エイズ、SARSなど30の新興感染症が出現）、心の不健康（うつ、自殺など）、生活習慣病、医療・医薬品の副作用、次世代の担い手に

とっての不健全環境、虐待・DV・暴力問題、犯罪や災害などがある。さまざまな課題の中で、子育て支援、子どもの健全育成や脆弱性の予防、労働者の職業の安定・安全・能力開発、高齢者の雇用・生きがい、安心して暮らせるまちづくり（**健康日本 21** では一次予防の重視、社会全体での支援）、障害者施策と地域福祉推進、心身ともに健やかな生活（難病・感染症対策、臓器移植施策、科学技術振興）、国際貢献、行政体制の整備（規制革命、情報化・情報公開，政策評価：重層的ネットワーク）などが重要課題であり、行政、企業、保健・医療従事者が、国民の共通理解と協働で解決する方向性を探っている。

　国は、行政の効率的運営と住民に身近な行政サービス充実を目指し、地方分権や規制緩和を推進し、市町村に行政権限委譲を行っている。市町村は、住民の身近な問題、少子高齢化での介護問題、ゴミなどの環境問題、うつ病や自殺、虐待、依存などの心の問題、犯罪や非行問題、外国人と社会の受け入れ、犯罪や災害の PTSD 問題などを直接支援する状況となっている。市民の側からは、一人ひとりのライフサイクルが尊重されつつ、日常生活・家族関係を基盤に、環境、地域、教育、地域移行、異文化、産業、医療・保健・福祉、司法などの分野からの支援が求められている。

　しかし、行政だけで、増加するさまざまな問題の全てに対処することは不可能である。そこで、行政だけでなく、住民の参加によるまちづくりが推進されている。特にボランティア活動や NPO 活動がこの典型である。また、企業は、地域社会の一員として、社会貢献・責任を果たす意味で、行政や市民とのパートナーシップによる地域活動を行っている。コミュニティ心理学的介入の基本は、対象者との対等な視点をもちながら、対象者との関係の中で参加型のコミュニティづくりへの介入であるといえる。そこでは、専門職としての見方よりも、その活動を担っている人々の感覚、すなわちコミュニティ感覚が基本になる。これは、自らも市民としての生活をする感覚のことである。

[2]　NGO と NPO

　NGO（Non Governmental Organization：民間非政府組織）は、1960 年代頃に誕生したと言われている。1980 年代初頭のインドシナ難民問題で活動が活発化し、ピースボート、国境なき医師団などの組織がある。NGO は、外務省や国連などさまざまな機関と連携し、地球規模で、開発協力、農業、経済、環境、保健・医療、教育、人権・人道、平和などの活動を行っている。NGO は草の根活

動を担う組織で、発展途上国などの地域社会、文化、住民に密着し、迅速できめ細かい援助を行っている。日本では、1998年12月「**特定非営利活動促進法（NPO法）**」が施行されて以降は、NGOもNPO法人に分類されるようになった。

NPO（Non Profit Organization：民間非営利団体）は、市民の自発的意志、目的志向的な活動を組織的に行う参加型市民活動である。1995年の阪神・淡路大震災時、政府や行政よりも早く市民ボランティアが支援活動を行った。これらのボランティア活動はその後組織的となり、社会的な位置づけが求められた。そこで、国はNPO法を制定し、NPO活動を法的に位置づけた。NPO法の12活動分野は、①保健・医療・福祉の増進を図る活動　②社会教育の推進を図る活動　③まちづくりの推進を図る活動　④文化、芸術またはスポーツの振興を図る活動　⑤環境の保全を図る活動　⑥災害救援活動　⑦地域安全活動　⑧人権の擁護または平和の推進を図る活動　⑨国際協力の活動　⑩男女共同参画社会の形成の促進を図る活動　⑪子どもの健全育成を図る活動　⑫上記の活動を行う団体の運営または活動に関する連絡・助言または援助の活動、などである。

NPO活動は、ボランティアの活動とは異なり、社会貢献を優先し利潤追求を行わない民間組織の活動で、収益の範囲で組織と事業が運営・継続され、社会的責任を果たしていくのである。

[3]　一市民としてのコミュニティ心理学者

コミュニティ心理学者もまた、自らが住んでいる地域社会で、さまざまな日常的ストレスや社会問題の中で生活している。そこでは、職業人としての専門家の役割ではなく、一市民としての体験と当事者性を前面に打ち出して、さまざまな個人的役割を担うのである。コミュニティ心理学者は、家のある居住地域で暮らし、周囲からも一人の住民として認識されている。住民としての役割には、父親・母親、子ども、自治会、余暇活動などの役割がある。そこでは、コミュニティの一員として、地域性や年代、生活感覚、コミュニティ・ベース感覚をもっている。たとえば、人口30万人以上の都市とそれ以下の人口規模では、自然、歴史、風土が異なり、さらに東日本と西日本では生活感覚にも違いがある。

市民としてのコミュニティ感覚は、地域社会の一員として共に生き、共に生活しているという社会感覚で、自分自身が生活者であるという実感が、コミュニティ感覚につながる。一方、専門家としては、平等性と多様性を尊重しながら、住

民グループとの協働関係を発達させ、社会的役割（social role）を果たしていく。その場合、専門家として、社会的に相応しい行動が期待され、それに応じた行動様式側面（役割）、住民ニードでの役割取得と創造的役割などがあるが、現実には関係性の中で役割は変化する。一市民であり専門職としては、市民と他の専門職とのパイプ役、インタープリター役（通訳者）であり、地域の独自性、特異性、人のコミュニケーション様式をふまえた活動を行わなければならない。

　地域社会の住民ニーズに適合したサービス内容と、サービス・システムづくりを行うために、山本（1986）は**コミュニティ心理学の価値**（values of community psychology）を、次の4点にまとめている。①人間を全体として捉える。②共に生きよう、共に生きているのだ。③それぞれの人がその人なりに、いかに生きるのかを社会的に追求する。④自分たちの責任で、一人ひとり主体的に参加する。ここでは、自らが一市民として、ユーザー、消費者、参加型システムづくりの担い手として、サービスへのアクセスがしやすいか、いつでも、どこでも、誰でもが、主体的に活動を行えるかなどを評価し、コミュニティ住民との良好なコミュニケーション・システムを構築する役割がある。

　次に、**豊かな生活とこころの健康づくり**について、2003年12月に出された国の具体的な施策を示す（一部筆者改変）。①地域支援：在宅福祉（市町村）、住まいの確保、地域医療圏（1-3次医療圏）、救急システム、多様な相談体制（ピアサポート）、就労支援　②社会復帰施設の充実（障害者プラン）：市町村の役割（バックアップ体制）　③適切な医療確保：人権確保（審査会）、病床機能分化、医療情報提供（評価・選択）、治療ガイドライン、安全性　④専門職の確保と資質向上（卒後教育）　⑤心の健康対策（1 検診・2 受診・3 医学的リハビリテーションと予防）：健康教育（児童）、自殺予防・うつ病対策、PTSDケア、睡眠障害対策、思春期の心の問題（引きこもり、キレやすい子、被虐待児、不登校、家庭内暴力）、ケア・マネジメント（次世代予防）　⑥評価（疫学）と計画的推進、である。なお、2004年1月には、周囲の人が**うつ病を疑う七つのサイン**が示され、①以前と比べて表情が暗く、元気がない　②体調不良の訴え（身体の痛みや倦怠感）が多くなる　③仕事や家事の能力が低下、ミスが増える　④周囲との交流を避けるようになる　⑤遅刻・早退・欠勤（欠席）が増加する　⑥趣味やスポーツ、外出をしなくなる　⑦飲酒量が増える、などが挙げられている。2004年2月には、うつ病対策と自殺予防があり、2004年9月には具体的計画が示された。

　以上をふまえて、一市民としてのコミュニティ心理学者の役割は、一地域住民

として参与し、緊急時及び日常生活でさまざまな生活課題をもつ人々に対して、予防・早期発見・危機介入など、住民感覚を大切にしたコミュニティ支援という役割が考えられる。そこではさらに、多様な住民が参加できるコミュニティ・システム、異なるコミュニティ・システム同士の連携づくりが重要になる。たとえば、領域の異なる地域の医療・保健領域、社会福祉、教育機関、労働機関などが、地域の多様な市民・組織と連携し協働する必要がある。

なお、生活者理解には、WHO（2001）の**国際生活機能分類**（International Classification of Functioning: **ICF**, 障害者福祉研究会編，2002）があり、構造的な理解を提供している（図Ⅵ-8-1）。また、それぞれに対応したアプローチも明確にしている（図Ⅵ-8-2）。

[4] 市民ストレスの体験者としてのコミュニティ心理学者

働く市民は、仕事のつながりが中心で、地域のつながりが希薄化したなかで生活を送っている。人が、ある目標への一連の活動を維持する動機・欲求・動因は、生理学上での生存に必要な一次的欲求、外部からの誘因、社会的地位など、心理・社会的な二次的欲求から形成される。マズロー（Maslow, A. H.）は、欲求を5段階に階層化した欲求階層説を提唱した。すなわち、①生理的ニーズ ②安全と安定のニーズ ③所属と愛情のニーズ ④尊重のニーズ ⑤自己実現のニーズ、の5段階である。また、マズローによれば、自己実現は個人的な欲求で、自分らしい行動様式の探求で、自己の成長と関わっていると玉瀬（2004）

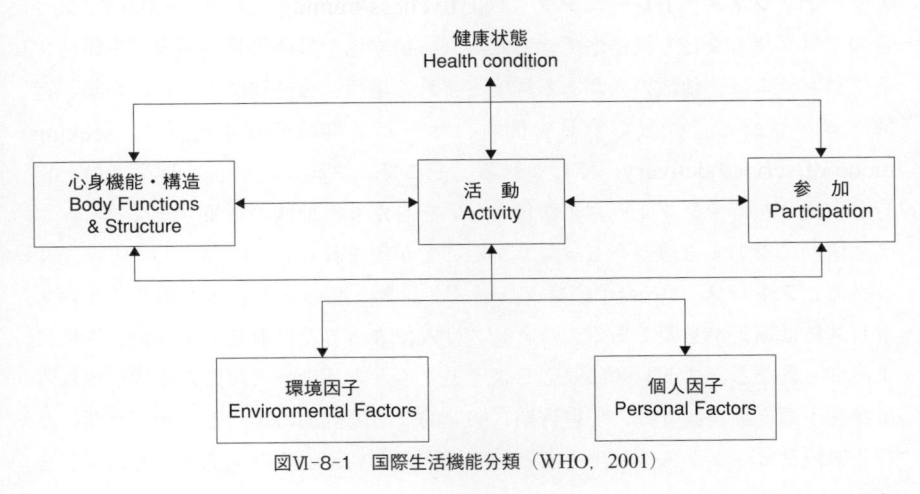

図Ⅵ-8-1　国際生活機能分類（WHO，2001）

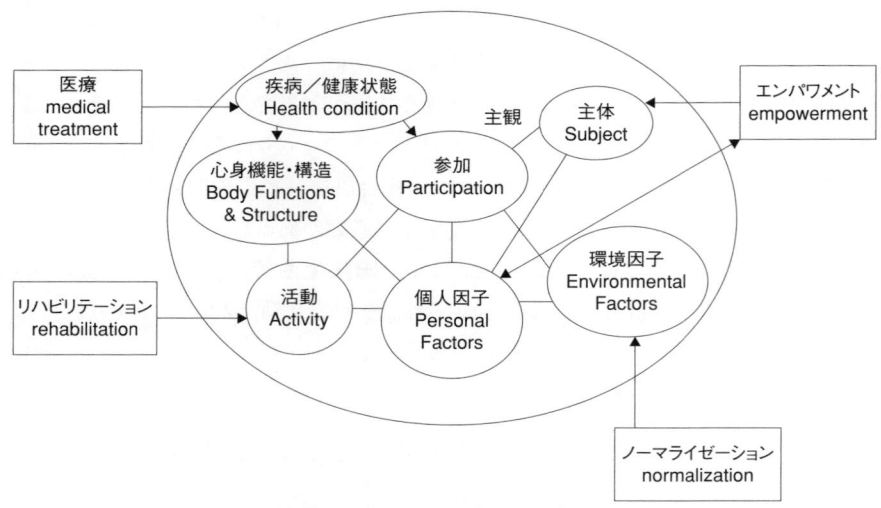

図Ⅵ-8-2　ICFと三つのアプローチ（佐藤久夫作成を一部修正：高畑，2000）

は述べている。この5段階は、危機などの問題場面で、どの段階までニーズが充足されているかを見極め、支援の手がかりとして活用することもできる。

　コミュニティ心理学者は、ライフサイクルの発達危機に突入しそうな人に対して、ニーズに合ったコミュニティ資源やプログラムを開発する。Scileppi, Teed, & Torres（2000　植村訳　2005）は、エリクソン（Erikson, E. H.）の発達段階説を用いて、健康な人のストレス予防と危機の治療プログラムを開発している。**アサーティブネス・トレーニング**（assertiveness training：自己主張訓練）、気づきのプログラムなども提供ができるだろう。孤立感や分離恐怖（不安）を予防するプログラムは、地域の人がある程度集まれる場所、公的機関や学校、企業、近隣グループなどで住民の意見を聞き、サービス供給の探索的様式（seeking mode of service delivery）で行われる。そこで、コミュニティ心理学者は、自らが市民としてインフォーマルな付き合いをしたり、地域のさまざまなコミュニティ活動に参加する機会をもったりすることが望まれる。

　さて、**ストレス**（stress）には、良いストレスと悪いストレスがあり、悪いストレスには備えが必要である。ストレスは人によって受け取り方が違い、性格によっても異なる。ストレスに適応しようとするとき、全身に複数の症状が現れる全身性不適応症候群では、①警告期（突発的な活動抑制の起こるショック期、及びその後ショックから抜け出そうとして抵抗力を高める防御反応としての反ショ

ック期）②安定してストレスに対応する抵抗期　③ストレスに耐えられない疲弊期、などの形をとって現れる（吉川，2003）。ストレスのチェック項目は、不眠、食欲不振、イライラ・不安・緊張・混乱、思考のこだわり・まとまりのなさ、自殺願望、周囲のアドバイスが役立たない、内科などの検査で異常がないなどで、これらが2週間以上続いたときは、精神科の専門医や心の相談機関を訪れるなどの対処が必要だと、野村（2004）は述べている。

　これらのストレスへの対応としては、**ストレス回避**（avoidance from stress）の生活習慣づくりがあり、たとえば、仕事を抱え込まない、無理をしない、目標の立て方を考え直す、休養をとる、睡眠不足を防ぐ、誰かに悩みを打ち明ける、時間の有効利用（リラックス・リフレッシュ）、趣味をもつ、アルコールや薬に頼らない、完璧主義を捨てる、生活態度を変える、などがある。そして、笑顔と笑いを大切にし、ある程度忘却する、音楽・香りで気持ちをリラックスする、ストレス回避のために物の見方・考え方をプラス思考に変換するなどがある。また、これらの対処によって現れる心理的効果としては、笑顔や笑いが出る、ユーモアが言える、生活習慣が改善する、人との心理的なネットワークを実感する、孤立感がない、人とフィットする感覚をもてる、前向きでやる気が出る、などがあると吉川（2003）は述べている。

[5]　市民活動への参加者としてのコミュニティ心理学者

　コミュニティ心理学者は、自己の日常生活の中に多様な人とのつながりや、組織とのつながりを意識する。特に、自己の余暇活動、趣味や遊びでのつながりを大切にする。ブレーキやハンドルに遊びがないととても危険なように、市民の日常生活においても**遊び**は重要で、コミュニティ心理学者にとって遊びは、市民活動の理解やインフォーマルなつながりに欠かせないものである。人は、ホモ・サピエンスといわれる一方、ホモ・ハーベル、ホモ・モーベンス、ホモ・ルーデンスといわれるように、遊びは発達心理学でも重要な活動である。コミュニティ心理学者は、フォーマルにもインフォーマルにも市民性、市民感覚、コミュニティ感覚を重視するが、遊びは温かで血の通う活動の展開に役立てることができる。地域組織にはさまざまな活動があり、遊びは既存の活動に市民の協力を導入するための機動力になる。

　明治以降、さまざまな**悉皆型組織**が各地域に存在してきた。たとえば、地区組織、自治会、商工会、婦人会、地域の余暇・趣味の会、ボランティア組織、

NGO/NPO などがあり、NGO は市民の主体的な活動で、行政にも働きかけたり行政計画へ参加したりする活動もある。ここでは、一市民として、コミュニティ心理学の専門知識・技術・倫理をもって参入し、同時に自らのコミュニティ感覚を醸成する活動にもなるといえる。この活動は、コミュニティ心理学者の専門性に、コミュニティ感覚という包括的なインパクトを提供するものである。

　市民性、同質・同属性でのインフォーマルな人間関係〈利害のない関係〉における信頼関係は、社会的役割と活動に大きな影響を与える。日本では昔から、「同じ釜の飯を食べた仲間」「飲みニケーション」「タバコケーション」などの表現がある。何か一つの共通基盤が、他の場面で重要な要素になる。地域の趣味の集まりなど、利害のない市民活動での関係性は重要である。コミュニティ心理学者は、一人ひとりが笑顔で過ごし、余裕のある豊かな心で多くの人とつながり、多様な社会的役割をもって、より良い生活への評価と日常生活づくりに寄与する。日本では、何かの共通性が上下関係となったり、社会的役割関係が持ち込まれたりすると、時として弊害になる。年長者を敬うことは重要であるが、年長者の言うことを聞けとばかりに、上意下達の一方向的関係性や、ドグマティックな関係性になると話は別である。

[6]　実際の手がかり

　さまざまな相談や活動における支援では、ラストユーザー（最終的な消費者）である市民を主人公にした支援が重要である。市民であるコミュニティ心理学者は、専門家であると同時に、同じ目標を目指す市民として、**ピア**（peer: 仲間）性や対等性をもっている。相手を対象化するのではなく、相手も自分も地域の課題や現象に参与し、解決を図ろうとする者である。生活とは問題解決が 24 時間連続しつづける活動である。しかし、市民は生活課題を自らの力、および家族や近隣や友人などの力で乗り越えている。生活とは、身体的に健康で活き活きとし、心理的にも生き生きとし、社会的課題を連続して解決しながら、丁寧によりよい人生目標に向けて生きることである。置かれている現状理解、達成目標、共通認識、介入ポイント、社会的役割、権利・義務・責任の明確化などのためには、エコロジカルモデルで図式化する必要がある。特に、心理的な変化やトラブルは、波・リズムで表示するとよい。また、人と人の関係性やサービスを地図上にプロットし、時間やタイム・スケジュールを表で視覚化する。今よりも良い生活に向けて、目標達成型アプローチ（**plan-do-see-check-action**）を意識的にと

り、二重三重の人のつながりやシステムを明らかにし、孤立・孤独、不安・混乱・緊張状態を起こさない環境システムづくりを促進する。また、予期しないアクシデントには、パニックへの緊急介入も行わなければならない。同じ市民の視点から、その人に合った心理・環境支援システムを、参与しながら構築する。

一方、心理的問題は、家族内間・同僚間・恋人間など多様な人間関係の中で、近年、言語化よりも行動化が顕著で、特に、暴力によるコミュニケーションのあり方が社会問題にもなっている。児童虐待、老人虐待、DV、ストーカー、アルコールなど、弱者への暴力支配と依存の悪循環が広がっている。次世代にこの暴力が連鎖しないように、暴力が介在する生活問題を、暴力への依存と暴力によるコミュニケーション問題として捉え、一市民としてのコミュニティ心理学者が、中核的な課題として取り上げる必要がある。暴力依存が周囲の人や次世代に伝播しないように、次世代への暴力の予防システムの構築が重要になってくる。家庭内で起こる暴力問題の発見者が、近隣の地域住民であることも少なくない。一市民としてのコミュニティ心理学者は、市民の孤立・孤独感を軽減し、市民同士のつながりづくりによって、予防・早期発見のシステムを構築することも必要である。

[7] 具体的実践活動

1) 市町村レベルの行政計画への参加

市町村の計画では、住民主体による地域づくりの実施のために、地域で活動している市民活動家・障害者団体・地域団体の人々に対して、委員会への参加が求められる。自らが参加し協力している団体から、市町村の計画に参画する委員を出すことがある。そこでは、参与団体の活動が行政計画へ参入されることになる。コミュニティ心理学者も、一市民として多様な役割や機能をもっており、市民性と専門性を同時に果たすことも少なくない。

コミュニティ心理学者は、多様な立場で地域のさまざまな活動に参与し、日ごろから地域活動を支援する。日常場面で市民としての活動に参加すると、地域団体の人々と付き合いも多くなる。地域活動への参加は、一人の会員、支援者、相談役などさまざまな立場で行われるため、日ごろから団体の人々と**信頼関係**をつくっておく必要がある。例えば、地域活動には、さまざまな問題（たとえば、子育て不安、発達障害、不登校・引きこもり、虐待やDV、アルコールや薬物、精神障害、認知症など）を抱えた本人や家族の地域団体への参加がある。その団体

の活動のなかには、行政計画会議の委員としての活動もあれば、さまざまな心理的・専門的情報、心理的技術・価値・倫理観などを、地域団体に提供することもある。委員会への団体参加者が、不安・緊張・混乱が起こらないように、日ごろから意見を会議で正確に言えるような支援も行う。そのための資料作りも重要で、経過および現状分析、課題整理、用語の整理、目標設定、実施における役割分担、予算、計画書などについて、専門的立場から支援する。さらに、他の参加委員が理解できるように、資料の素案づくりの支援がある。委員会への準備段階では、関係諸団体の中での多様な意見を集約し、地域関係者や市民の意見を集約し、それらを分析し、方向性を示すことも必要である。かなり広い視点から支援し、計画づくりを支える、**リサーチ**（research）、**コンサルテーション**（consultation）、**コーチング**（coaching）の役割がある。

2) 自治会活動や地域余暇活動への参加

　地域にはさまざまな活動がある。地域組織としては悉皆型組織があり、これはその行政地域の人が単一の地域団体に参加することであり、自治会が代表的なものである。また、地域には趣味や余暇の活動もある。一市民としてのコミュニティ心理学者には、仕事と同様に自治会活動や余暇活動への参加が望まれる。自分自身の心の健康づくりに留意し、バランスよく活動することが望まれるからである。

　地域にはさまざまな人が住んでいる。職業も趣味や関心も多様である。地域住民の底力、「ご近所の底力」などといわれるように、人々が協力するとかなり大きな力になり、時には、行政や地域全体を動かすこともある。市民は多様な社会的役割を果たし、居住地域では住民役割を果たしている。地域には、自治会、子ども会、老人会、婦人会、青年団、消防団、農協、学校関係のPTA、地域クラブの野球・サッカー、商店会やライオンズクラブ、ロータリークラブなど、地域に根づくさまざまな組織がある。

　日本では、地域に古くから悉皆型の地区組織が構築されてきた。近年、都市化によって新住民が増え、移動が激しい地域では、地区組織は形骸化する傾向にある。一方、新住民による新たな形態の地区組織が構築され、古くからの旧住民による地域組織とどう協働するかが課題になる。

　コミュニティ心理学者も一地域住民として生活している。したがって、専門職といえども、市民としての社会的な役割をもち、そこでは、地域住民から市民の

一人として役割が期待される。たとえば、ゴミ当番、子ども会や自治会での役割など、地域によってさまざまな活動がある。一市民ではあるが、背景にはコミュニティ心理学者としての知識をもっているため、子どもの発達支援、余暇活動などの地域活動の企画に参加し、自らの知識を最大限活用できる立場にいる。さらに、老人会への活動では、高齢者の心理や家族心理を配慮しながら、参加者が楽しく興味のもてる企画を提案することもできる。専門職の立場にある者は、科学的な知識を、住民に役立つように、分かりやすく積極的に活用するような役割をもつ。そして、それぞれの住民を心の健康面で**エンパワメント**し、支援する活動も望まれる。

3) NPO法人への参加と支援

　最後に、筆者が関わったNPO法人での支援について述べる。A氏は障害者として、地域活動や全国組織の立ち上げなど、組織化の活動に長く関わっている。そして、A氏は障害者権利擁護支援センターでの活動や、当事者への生活支援サービスなどを提供するNPO法人（2000年）の立ち上げなどに関わってきた。筆者はA氏と創成期の当事者活動で知り合い、かなり長い付き合いをしてきた。そこで、A氏の設立したNPO法人の理事に就任することにした。主な活動は、権利擁護と自由な活動の場の確保であり、地域活動支援センターや就労継続支援事業を運営することではないため、わずかな予算で運営するしかない。日本の社会福祉制度では、施設運営を専門職が行うという歴史は長く、当事者自らがサービスを提供する活動、すなわち本人の本人による本人のためのサービス提供活動は、なかなか行政や社会に認知されにくい。

　筆者は、NPO法人が行う講演会の講師になったり、理事会に参加して意見を述べたり、A氏の悩みの相談役になったりして、A氏とはWin—Winの関係である。また、時に時間のあるときには、日常活動に参加し、障害のある人との雑談の輪に加わったりしている。ここでは、とくに何かをするわけでなく、のんびりとした時間を当事者と共に過ごし、活動参加者に安心感を与えている。ここでの一市民としてのコミュニティ心理学者の役割は、Katz（1987）の専門職ができる九つの支援を具現化したものである。Katzの専門職の支援では、①紹介機能　②必須資源の提供　③説明やPRの援助　④行政機関との交渉の仲介や紹介の役割　⑤情報提供を通しての専門的援助　⑥直接的でない専門的援助（リーダー養成、短期コンサルテーション）　⑦行政や私的・公的団体からの資金調達の

援助　⑧効果的な研究のデザインと実施の援助　⑨グループ初期の指導や立ち上げ、などである。

引用文献

Katz, A. H. 1987 *Partners in Wellness: Self help groups and professionals*. Department of Mental Health Office of Prevention.

吉川武彦　2001　こころの病気を防ぐ日常生活．吉川武彦（編）図解症状からわかるこころの病気．290-297．法研．

野村総一郎　2004　心の悩みの精神医学．PHP 研究所．

Scileppi, J. A., Teed, E. L., & Torres, R. D. 2000 *Community Psychology*. Prentice-Hall.（植村勝彦（訳）2005　コミュニティ心理学．ミネルヴァ書房．）

玉瀬耕二　2004　動機付け．無藤　隆・森　敏昭・遠藤由美（編）心理学，192-194．有斐閣．

WHO 2001 *International Classification of Functioning, Disability and Health*.（障害者福祉研究会（編訳）2002　ICF 国際生活機能分類．中央法規出版．）

山本和郎　1986　コミュニティ心理学——地域臨床の理論と実践．東京大学出版会．

9 人権擁護領域

高畠克子

[1] アドボケイト／アドボカシーとは

1）アドボケイト／アドボカシーの定義

アドボケイト／アドボカシー（advocate/advocacy）の意味を辞書で調べると、ad＋vocate として分節することができ、ad は toward や to の意味をもち、vocate はラテン語で calling や to call と関係があり、「声のするほうへ」ということから、求めの声に応じて援助したり支援したりすることを指す。*Concise Oxford English Dictionary* では、アドボケイトは支援して弁護する意の他動詞と、「他の人を弁護する人、味方になって話をする人」「仲裁者・擁護者であり、他の人に言い分を伝え弁護する人、何かを勧めるとか力説する人」となっている。アドボカシーは擁護・弁護（pleading）・支持（support）・唱導・主張であり、アドボケイトは擁護する・弁護する・唱導するなどの動詞と、擁護者・代弁者・唱道者などの名詞で、アドボケイターと同義語である。また、アドボカシーは「アドボケイトの機能であり、支持して弁護すること」である。

2）アドボカシーに関する諸説

アドボカシーの概念は福祉分野から発展してきたが、当事者のニーズに対して、誰が、どのように実現するかについてのアプローチはさまざまである。たとえば、医師は患者の医療に関する事柄をアドボケイトし、ソーシャルワーカーは生活に関する事柄をアドボケイトし、コミュニティ心理学者はコンサルテーショ

ンやネットワークでアドボケイトするだろう。さて、イギリスの精神保健福祉団体である MIND は、アドボカシーを次の 3 点に分けて規定しているので、それに沿ってアドボカシーに関する概要を述べる。

a　セルフ・アドボカシー

これは、「個人またはグループが、自らのニーズと利益を求めて自らを主張し、あるいは行動する過程」と定義されている。この定義からすると、われわれは全て、多かれ少なかれセルフ・アドボカシーを求めるアドボケイトなのかもしれない。そして、**セルフ・アドボカシー**（self advocacy）の概念は、全体の合計は個人の合計より大きいという原理に基づいて、集団的セルフ・アドボカシーとして実践されることが多い。たとえば、イギリスでは住宅事情を改善するために、借家人グループやホームレス・グループが作られており、これらの数あるグループの中で、最大勢力をもつのは 1940 年代に作られた労働組合であり、この労働組合が国家の福祉システムに影響を及ぼし、イギリスの包括的福祉システムを成立させたといわれている。一方、アメリカでは、1960 年代に公民権運動が広がり、黒人や女性などの抑圧・差別された人々が、集団的セルフ・アドボカシーによって政治的・法的な権利を獲得していった経緯がある。さらに、知的障害者や身体障害者は、家族や健常者との集団的セルフ・アドボカシーによって、さまざまな個人的・社会的な力を獲得している。前記の MIND も、精神病院から退院した精神障害者によるセルフ・アドボカシーをそのルーツにして、さまざまな政治的・社会的・福祉的改革を展開してきた。なお、Bateman（1995　西尾監訳 1998）は、セルフ・アドボカシーについて、次のような特徴を挙げている。

①　法的活動と大衆的行動を統合する。
②　しばしば、組織化した集団形態のうちに含まれる。
③　組織会員の大多数は、追求している問題解決によって直接利益を受ける人々である。
④　協力関係にある専門職から、外部の情報を入手する。
⑤　その団体は、民主主義的参加と限定的なフォーマルな構造をもつ。
⑥　その団体は、サービス供給の主流に吸収されるかもしれない。
⑦　アドボカシーの限界と形態に係る倫理上の原則、および組織の構造に関して議論が起こるだろう。

b　市民アドボカシー

市民アドボカシー（civil advocacy）は、1966 年にアメリカで始まり、当事者

(当初は知的障害をもつ人々)とアドボケイターは、一対一のパートナーシップを結ぶことが、市民アドボカシーの基本であった。Bateman（1995）は、Sang & O'Brien（1989）を引用して「パートナーとの関係が発展するにつれて、アドボケイターはその人の利益をまるで自分の利益であるかのように理解し、応じ、代理しようとする（p. 14）」と述べている。市民アドボケイターは、社会的な行事の企画や参加などに関わったり、医療機関や公的な機関への同行援助を行ったり、ミーティングなどに当事者と共に出席して代弁したり、自立的な生活ができるように援助したりと、アドボカシーの内容は日常的なことから公共的なことまで多様で、しかも継続的な関わりが必要であり、そこには多くの課題が残されている。ただし、この市民アドボカシーは、オランダなどのヨーロッパや北欧諸国で緩やかに発展してきた経緯があり、これらの福祉国家ではアドボカシー活動が、公的な資金を提供するという伝統によって育ってきたのである。市民アドボカシーの特徴は次のとおりである。

① サービス提供組織から独立しており、利害対立から自由な立場にある。
② 当事者あるいはパートナーの身内ではない。
③ 仲間あるいはヘルパーとしての働きをするだけでなく、個人の権利を保障する働きをし、コミュニティから自発的に委託されたメンバーである。
④ 当事者あるいはパートナーと長期的・継続的に援助関係や心構えをもつ。

c 法的アドボカシー

法的アドボカシー（legal advocacy）は、法律家が得意とする活動範囲であり、裁判所では法廷弁護士が事実上の法的独占権をもっているが、法廷外では、対人援助の専門家がかなりの部分を担っている。彼らは、弁護士のように金銭を介した契約関係にはないが、法廷における弁護士と同じように、アドボカシー・スキルと倫理をもっていなければならない。たとえば、アドボケイターは弁護士と同様、あるいはそれ以上に当事者の精神的な代理人であるため、論争的であったり、探索的であったり、弁明的であったり、不正に怒ったりするが、法律の複雑な部分にも触れるため、法律的な訓練も必要である。そして、その法律的な見解を、当事者に分かりやすく説明する仕事が、法的アドボカシーの重要な職務であるといえる。また、逆に、法律家が法的スキルにだけ走り、対人関係のスキルが不十分で不適切であったり、法律に忠実であるあまり創造性に欠けたりする場合は、対人援助の専門家が補ったり法律家を教育したりする必要もあり、これらも大切な法的アドボカシーの仕事である。法的アドボカシーの特徴は次の通りで

ある。
① 一般的には、契約上・金銭上の関係に基づいている。
② 問題の性質が、当事者との関係の薄いアドボカシーを伴っている。
③ 裁判所での複雑な行為規定と制限された聴取の権利のために、大抵の人には関わるのが難しい。
④ 法律に関係しないアドボカシーの側面には関わらない。
⑤ 権利に関する法律上の解釈の限界を押し戻すために、非常に有効に活用できる。

[2]　コミュニティ心理学者の行うアドボカシー活動の実際

1）精神医療におけるアドボカシー活動の実際

a　精神病院開放化運動におけるアドボカシー活動

　コミュニティ心理学の誕生の経緯は、アメリカにおける精神医療の領域で、州立病院から退院した精神障害者を地域で支援するために、理論およびスキルの開発を求めて、精神保健センターの心理学者39名がボストン郊外のスワンプスコットに集まり、会議をもったことに始まる（1965年）。ところが、日本において、精神保健センターが中心になってコミュニティ心理学が展開されるのは、アメリカに遅れること20〜30年の隔たりがある。この間、日本の精神医療においては、コミュニティの問題より、精神病院の閉鎖性の問題が取り上げられ、先進的な精神科医、ソーシャルワーカー、一部の臨床心理士およびコミュニティ心理学者によって、精神病院の開放化運動（unlocked movement）が進められた。この精神病院の「開放化」にこそ、入院患者の「解放」と「人間らしさの復権」があり、ここにアドボカシー活動のさきがけを見ることができる。

　ところで、日本において、精神病院のオープン・システムについて論議されたのは、1957年の第1回病院精神医学懇話会（後に日本病院・地域精神医学会として統合される）においてであり、その後数年間は、「開放化」をめぐる議論が活発に行われた。この時期を第一次開放化運動期といい、稲地（1979）によれば、「増床していく中で退院しやすい軽症者を重症者から切り離し、開放病棟を設けて収容していくことによって進められた（p. 13）」とある。1960年代の、向精神薬の開発と精神病院の増床という潮流を背景にして、精神病院では、患者を病状によって分類収容して、投薬と医療とは名ばかりの「生活療法（therapy for living）」によって、患者を精神病院内で管理していくといった方式が採られ

たのである（浅野，2000）。

　その後，1970年代より第二次開放化運動期が始まったが，この時期に「閉鎖病棟の開放化」が具体的に進められ，第一次開放化運動期の「開放化と生活療法」という管理システム，さらには「薬漬けと作業療法（occupational therapy）」などがこの時期に批判された。そして，「閉鎖病棟の開放化」という課題に，「全開放型病院」という形で答えを出した石川（1978）は，「開かれている病棟」の中で，閉鎖病棟を次の6点で批判している。①患者に不安と絶望を与え，病気の回復を妨げる。②患者から自分の問題を考える余裕を奪う。③治療者と患者は抑え・抑えられる関係にならざるを得ない。④患者は卑屈・自閉・夢想など歪んだ不自然な人間になる。⑤患者を慢性的欲求不満に陥らせる。⑥治療者を精神的に疲労させる。このような非人間的な閉鎖病棟が徐々に開放化される中で，この「閉鎖病棟の開放化」という課題は，単に精神病院の経営者や医師だけの問題に留まらず，全ての精神医療関係者に，患者の基本的人権を守るというアドボカシーの思想を導入することになった。そして，精神障害者の基本的人権を守るために，あるいは侵害されたときに，どうしたらよいかが真剣に討論されたのである。

　ところが，精神病院の開放化が，アドボカシー活動の重要性を喚起したにもかかわらず，その後精神病院における不祥事は後を絶たなかった。当時は，精神神経学会や日本病院・地域精神医学会などの学会レベルで，人権問題委員会や精神病院問題委員会が，病院の立ち入り調査などを行い，一定の見解を出したり，精神医療関係者および患者・家族の市民連合である「精神医療を良くする会」が，事件の被害者の訴えを聴き取りながら，セルフ・アドボカシーや市民アドボカシー活動を展開した。さらに，1984年に起こった宇都宮病院事件をきっかけに，日本弁護士会連合の人権擁護委員会が，患者や家族や医療関係者から精神病院における人権侵害の実態を聴取した。そして，人権擁護大会に向けて「精神病院における人権保障の決議」――①通信・面会の権利の具体的保障　②弁護人による援助を受ける権利の保障　③国際基準に沿った人権の保障――の準備がなされ，この時期に，弁護士の参加による法的アドボカシー活動が本格化したのである。そして，切実な当事者の訴えを聴き取る相談窓口の設置，また，医療機関の情報を収集し公表することで，安全で安心してかかれる医療機関の情報提供，そして，精神医療と人権に関する知識の普及・啓発・研修，さらには，精神医療制度の改革と新しい精神保健福祉法の制定，などを活動方針に盛り込んで，精神医療

人権センター（1985年に大阪、1986年に東京）が発足した（東京精神医療人権センター，1996）。以上のように、精神医療におけるアドボカシー活動は、セルフ・市民・法的アドボカシーとして、精神科医、コミュニティ心理学者、ソーシャルワーカー、人権問題を専門とする弁護士、などが中心になって行われた。

b　コミュニティ支援におけるアドボカシー活動

前述したように、閉鎖病棟という非人間的な精神病院に、5年、10年の単位で入院していると、病状とはいえない**慢性施設病**（institutionalism）、あるいは**ホスピタリズム**（hospitalism）ともいうべき特徴が現れてくる。すなわち、当たり前の生活者としての感覚が失われ、積極性や意欲が減退し、興味や関心の幅が狭くなり、自然な感情が流れなくなり、対人関係から引きこもり、コミュニケーションが不活発になる。これらの特徴を、統合失調症の陰性症状として捉え、患者に認知行動療法の一つであるSST（社会生活技能訓練）を施行することが盛んになって久しい。ところが、これらの病状の捉え方とそれへの働きかけは、30〜40年前に閉鎖病棟で、患者を動かすためと称して作業療法や生活療法が取り入れられた発想と酷似しており、今でも外来やデイケアの場面で、「挨拶の仕方」「服薬の仕方」「人間関係のとり方」など、モジュールに従って訓練がなされている。これは、受ける側にとって、またやり方によっては人間としての人格や尊厳を損わせる技法ではないかと考えられる。なお、筆者は10年以上前に、学会においてSST批判を行ったが（高畠，1991）、未だに決着がついているとはいえない。

そこで筆者は、前記のような指導・訓練する—される関係、サービスを提供する—受ける関係をできるだけ排除して、当事者をコミュニティで支援するのに最適と考える**ソーシャルクラブ**（social club）活動を支援してきたので、これをセルフ・アドボカシーの観点から述べる。ソーシャルクラブ活動は、セルフヘルプ活動（三島，1997）と置き換えてもよいが、純粋に当事者だけで活動し、専門家は入らないという形態とは多少異なる。そもそも筆者が勤務していた、東京都立総合病院の精神科外来および急性・救急病棟では、急性症状がほぼ治まる3ヶ月という短期間の入院を経て、外来に繋がるのが、おおよその治療・回復の流れであった。退院して間がない人々にとって、外来に通院することは家から外に出る唯一の機会であり、また同じ時期に同じ病棟で生活を共にした仲間と会える機会でもあり、彼らにとって外来は数少ない社交の場でもある。彼らは、同じ病棟で過ごしたという強い仲間意識と連帯感をもっているが、誰かがリーダーシッ

プを取って仲間をまとめるという意識は少なく、あえて、われわれスタッフが、ソーシャルクラブの推進役を買うことになった。ここでいうスタッフとは、コミュニティ心理学志向の筆者と、ソーシャルワーカー、コミュニティ活動に関心のある精神科医や看護師などである。ソーシャルクラブでのスタッフは、病院における専門家としての役割は果たさず、構成員であるメンバーと同等の生活者として参加し、時にメンバーの代弁をしたりサポートをしたりしても、あくまでも一人のクラブ・メンバーとしての立場を堅持した。

　スタッフはメンバーが安心して集まれる場所を院内に確保し、そこでお互いに近況を聞き合ったり、現在の不安や将来の夢を語ったり、家族とのトラブルを吐き出したりした。さらに、病院外活動としてハイキングやスポーツ大会を企画したり、展覧会やコンサートに行ったりと、メンバーとスタッフの話し合いで企画・立案・実行がなされた。スタッフは、過不足なくメンバーのニーズを聴き取って、メンバーから選ばれた実行委員や係員と協力して、企画を進めた。このような院内での自由なミーティングの中から、院外に**居場所**（comfortable place）を確保して、もっと自由に活動したいというニーズが高まり、場所探しから、そのために必要な資金集めなどへと新たな活動が展開した。このように、活動の場を病院から街中に移すことは、精神障害者の集まるソーシャルクラブが、病院基盤からコミュニティ基盤の組織へと変身することだった。ソーシャルクラブを「友の家」と命名し、それを会員制の組織として立ち上げ、地域の**ボランティア**（volunteer）や学生に「友の家」への参加を呼びかけ、一方行政に働きかけて公的助成金を獲得することになった。この一連の活動において、直接声を出し訴えるのはメンバーであり、スタッフはコミュニティ心理学でいう「黒子」に徹しつづけたのであるが、これがさらなる飛躍である作業所作りにも生かされた。

　ソーシャルクラブが病院から離れたため、徐々にスタッフの関わりが減り、その代わりにボランティアや大学生たちが「友の家」に詰めるようになったが、「おしゃべりして遊んでいるだけではつまらない」「何か生産的なことや仕事をしたい」というメンバーのニーズが芽生えて、ボランティアやスタッフが「黒子」になりながら、メンバーとの協働で作業所作りが始まった。病気によって就労が中断したり、学生時代に発病し、就労経験をもたなかったりするメンバーにとって、「働くこと」はわれわれが考える以上にハードルの高い切実な課題であり、その人の基本的人権や生活権に関わる重要な問題であり、この課題に真剣に取り組むことが、精神障害者へのアドボカシーにほかならないと考えた。①働くこと

はまず、成人の社会的義務であり責任である　②働くことで、社会的人間として認知され評価される　③働くことは人間関係の広がりと、社会文脈内人間（person in social context）としての意識を高める　④働くことは自己表現・自己実現の可能性を広げる、と考えられる（高畠，1992）。だからこそ、メンバーは働くことを切望し、ボランティアやスタッフは、メンバーのこの切なる願いを実現すべくアドボケイトするのである。

　一般に、精神障害者のための作業所は、家族会や精神病院が主体になって作られることが多い中で、当事者のニーズを代弁するソーシャルクラブが母体になった作業所は、当時全国でも唯一のものだった。したがって、認可の基準に合わないなどで補助金がなかなか出なかったが、消耗する役所との交渉も、メンバーと協働してやるのが「友の家」方式といわれるものだった。幸いにも、一人のメンバーの家族が経営する会社と提携ができ、仕事の契約から始まって、作業所での仕事の段取りを整えること、勤務形態や賃金体系を設定することなど、連日連夜議論し合っていた。なぜそこまで熱心にと問われると、メンバーにとって仕事をすることが死活問題であり、スタッフにとって、彼らの基本的人権や生活権を保障することが、コミュニティ支援において最優先されるべきアドボカシー活動と捉えていたからである。

2）女性支援におけるアドボカシー活動の実際

　女性に対する暴力は、古くて新しいものとして**ドメスティックバイオレンス**（Domestic Violence: **DV**）がある。有史以来、親密な男女間で起こる暴力は日常茶飯事であったという点では古く、男性が暴力の行使によって女性を意のままにコントロールすることが、女性に対する人権侵害でありDVであるという点では新しいのである。そして、コミュニティ心理学者がDVに関わるのは、DVが人権侵害であり、コミュニティにおけるアドボカシー活動の一環として、援助活動をしようとするためである。

　ところで、コミュニティ・サービスの一つである公的な女性相談機関で相談員をしていると、持ち込まれる相談ケースの3分の1から2分の1に、DVをはじめとする暴力問題が絡んでいる。負傷して、明らかにそれと分かるケースはまれで、体の不調や気分の落ち込みを訴えて来所し、じっくり話を聞いているうちに、DVが浮上してくる場合がかなりの割合を占める。また、女性から親密な関係や婚姻関係を解消されるや否や、電話やメール攻勢や身辺の付きまといなど、

男性のストーカー行為に悩まされる女性の相談も少なくない。このように、相談員が、女性に対する暴力や人権侵害の視点で、女性たちの話に注意深く耳を傾けると、訴えがDV問題として焦点化し、アドボカシーの視点でコミュニティ支援を行う必要性が明確になってくる。そこで、コミュニティ心理学者が、具体的に暴力によって人権侵害を受けている女性たちを、どのようにアドボケイトするかについて、3点に絞って述べる。

a 安全な場の確保、および保護における被害女性へのアドボカシー活動

暴力で酷い傷を負ったり、恐怖に慄いて固まったりしている被害者を目の前にして、臨床家なら誰しもが、この緊急事態に対処する義務があり、人間として行動を起こす責任がある。DV防止法が2001年にできたため、以前よりは迅速に、**配偶者暴力相談支援センター**や警察が対応するようになり、各都道府県によって違いはあるが、一時緊急保護の基本的な体制は整ってきたといえよう。ところが、このような保護体制が作られはしたものの、被害者が安全で脅かされない環境を保障されているかというと、大いに疑問が残る。

DV防止法では、その前文に個人の尊重と法のもとでの平等がうたわれ、配偶者からの暴力は犯罪行為であるとし、個人の尊厳を害し男女平等の実現の妨げとなると述べている。これは、夫から暴力を受けて警察に連絡しても、「民事不介入」として、加害者への介入や被害者の保護もされなかった時代から見れば、隔世の感がある。しかし、法律に書かれていることと現実には大きな隔たりがあり、今まで打つ手がなく我慢するしかなかったDV被害の事例が急増して、その処遇に関して、アドボケイトの視点が十分に配慮されていないことが挙げられる。被害者が多いため、受け入れ体制が質・量ともに整わず、被害者は2週間あるいは1ヶ月の短期間に、代替の住む場所と経済的な生活基盤を作らなければならないなど、現実の厳しさに直面して決心が揺らぐ人も少なくない。被害者としっかり向き合って、暴力によって傷ついた心のケアをし、住む場所や仕事などの生活基盤を確保し、支援者やボランティアとのネットワークを広げ、法的保護のためのアドボカシーを行うなど、今までにコミュニティ心理学者として行ってきたシェルター活動（高畠, 1999）を、改めて展開すべく、さまざまな要請がなされている（戒能, 2006）。

b 保護命令（接近禁止命令および退去命令）の申立てなどに伴う法的なアドボカシー活動

2004年4月に改正されたDV防止法では、第4章に**保護命令**（protection orders）の規定があり、6ヶ月の接近禁止命令と2ヶ月の退去命令で成り立ってい

る。前者は、被害者(その子どもを含む)の住居および身辺に付きまとい、住居や勤務先など通常所在する場所を徘徊してはならないことであり、後者は生活の本拠としている住居から退去すること、および当該住居近辺を徘徊してはならないことである。保護命令の申立てをする場合は、被害者本人が、警察あるいは配偶者暴力相談支援センターに出向き、暴力を受けた状況、さらなる暴力のため生命または身体に重大な危害を受ける可能性が大きいこと、そのために保護を求めることなどを話し、それらの事実によって調書が作成され、その上で地方裁判所に申立てを行えば、短期間のうちに命令が出されるのが通常である。

このような法的な手続きは、被害者であれば、これを行うことは困難を極め、信頼できる人や組織の支援がなければ進まない。そこで、コミュニティでアドボカシー活動を行うコミュニティ心理学者の登場となり、①自分自身がDV被害者であることを認識できるように援助すること ②どのような流れでDV被害者の保護がなされるか、法的な手続きも含めて必要な情報を伝えること(石井・相原,2004) ③警察やセンターに行く前に、あるいは行くときに同行して、受けた暴力の状況を時系列に整理できるように援助すること ④地方裁判所に同行したり、尋問のときに加害者と出会わないように、裁判所に配慮を依頼したりすること ⑤必要ならばDV支援に詳しい弁護士を紹介すること、などの形で支援する。前記の中で特に重要なアドボカシー活動は、③の暴力被害状況の想起と整理、およびそれらの文章化である。DV被害者は、程度の差こそあれ、複雑性PTSD(Herman, 1992 中井訳 1996)や、パニック障害やうつ症状に悩まされており、トラウマのために時に記憶が欠損したり、乖離症状で記憶の想起が不能であったり、時系列がばらばらでまとまらなかったりするので、被害者の病状や心の状態に合わせた支援が不可欠である。これが真の意味での心理的ケアを含めたアドボカシー活動であり、コミュニティ心理学者の専門とするところである。

c 離婚や子どもの親権獲得などの裁判へのアドボカシー活動

DV被害者の多くは、コミュニティでの支援を受けながら、暴力の加害者から逃れて自立的な生活の実現を目指していくが、そのときに必ず浮上するのが、夫との離婚問題や子どもの親権あるいは**面接交渉権**の問題などである。基本的には別居状態にある被害者たちは、家から遠く離れたコミュニティで居所を隠しながら生活しているが、さまざまな社会生活上の不便が生じるため、早く離婚して決着をつけたい気持ちが強くなる。しかし、DV被害者を支援するアドボケイター

たちは、家を出てすぐに離婚を申し立てると、夫を過度に刺激しストーカー行為や身の危険を高めることになるので、少なくとも1年以上を経過し、生活の安定が得られてから、離婚調停を申し立てるように勧めている。また、本来は被害者も調停を望まないが、調停前置主義という家事審判法18条の規定があるので、加害者の居住地の家庭裁判所に調停を申し立てなければならない。この時点で弁護士がつき、アドボケイターも相談に乗りながら二人三脚で行うことが多い。戦術的には、調停をあまり長引かせず2～3回で不調に終わらせ、裁判に持ち込むのが得策で、その後の裁判所への同行や、加害者との接点を回避するような配慮を裁判所に依頼するなどが、アドボケイターに求められることである。

次に、子どもの親権あるいは面接交渉権に関しては、相手方が強く主張する場合があるので、慎重に対処しなければならない。そもそも親権とは、かつては親の子どもに対する支配権とされていたが、ドイツで親権が廃止され「**親の配慮権**」という言葉に改められたように、親が保護を必要とする子どもを配慮する権利および義務と考えられ（内田，2002）、別の言い方をすると、子どもの福祉を第一とする考え方である。そして、親の配慮には、子どもを身体的に監督・保護する監護、精神的発達を図るための配慮である教育、子どもの生活費や養育費の経済的負担を負う扶養、子どもが財産を有するときの財産管理、以上の四つがあるといわれている。

ところで、父親側が親権を主張したり面接交渉を要求したりすることで、スムーズに事が運ばない場合、アドボケイターであるコミュニティ心理学者は何をすればよいのだろうか。筆者の経験では、乳幼児の場合は、母親の親権が父親より適切であること、子どもが意思表示できる年齢の場合は、子どもの面接交渉の拒否権を認めるべきであることなど、事前に家庭裁判所に意見書として提出することで、奏効することがある。具体的事例で述べると、前者の親権に関しては、連れて出た子どもが1歳8ヶ月で人見知りの激しい時期であったこと、今まで養育していた母親から離れて父親の実母（子どもの祖母）に養育が移ることで、子どもの心に傷を残し、人間不信になる可能性があることを書面に表した。さらに、面接交渉権についても、この乳幼児が父親と面会するとなれば、当然母親同伴が必要で、妻のほうが、DVの加害者である夫に恐怖心と不信感をもっている限り、このような両親間の葛藤の中で、子どもを父親と面会させることは不適切であると判断した。後者の子どもの拒否権に関しては、10歳と4歳の男児と父親との面接交渉をめぐって争われた事例で、10歳の少年がはっきり「父親とは

会いたくない」と意思表示をしており、4歳児も兄と同じように述べており、さらに、投影法のロールシャッハ・テストやTAT、および描画によって、男性への恐怖心や不安が読み取れたため、父親との面会は有害であると判断し、裁判所に意見書として提出し、両事例とも妻側の主張が認められた。このように、コミュニティ心理学者といえども、個人の内的世界に踏みこんだ心理アセスメントで、被害女性やその子どもへのアドボケイターになることもある。

3）子ども支援におけるアドボカシー活動の実際

　子どもへの暴力も、女性への暴力と同様、古くて新しい問題である（本城・西出，1993）。前述したように、親は子どもに対して、監護、教育、扶養、財産管理など絶大な権力をもっているが、子どもの人権や**ウェルビーイング**（well-being）の概念を導入しないと、子どもは親に支配され続け、しつけと称する虐待が氾濫する現代社会において、この悪しき現象に歯止めをかけることができない。それでは、子どものウェルビーイングを実現するために、どのような治療や対処方法があるだろうか。まず、最も一般的なことは、虐待されている子どもに対して、虐待というトラウマからの回復治療を行うことである（池田，1989；Gil, 1991　西澤訳　1997；西澤，1999）。これらの治療は、さまざまな治療機関や相談機関で実施され、一定の成果が得られているが、幼少時から長期にわたって虐待されてきたケースにおいては、このような治療的ケアだけでは不十分で、コミュニティ心理学的アプローチ、とりわけアドボカシー活動が重要になってくる。それでは、どのような活動を行えばよいのであろうか。一つ目に、虐待している親の権利を越えて、公的機関が法的強制力をもって子どもの保護を最優先させる場合と、二つ目に、虐待している親の支援をすることで、子どものウェルビーイングを実現する場合とが考えられる。

a　親権を越えた子どもへのアドボカシー活動

　2000年に児童虐待防止法が成立した背景には、養育者からの身体的・心理的・性的虐待及び**ネグレクト**（neglect：**養育放棄**）によって、幼い命が危険に晒されるという緊急事態が全国的に多発したこと、さらにこの緊急事態に対処するために、法的な根拠をもって子どもを保護する必要に迫られたことなどが挙げられる。しかし、その後も児童虐待の件数は急増を続け、2003年に全国の児童相談所が扱った件数は3万件を超え、さらに、虐待の残忍さもエスカレートしている。このような現象は、DVやセクシュアル・ハラスメントの場合と同様、法

律の中に虐待の概念が定義されると、潜在していた問題が事例化し、処遇や処分の対象件数が増え、予防というより緊急事態に追われるという逆説的な現象を生み出すのである。

なお、改正法（2004年）も含めて、児童虐待防止法では、具体的に、学校の教職員・福祉施設の職員・医療職員など児童虐待を発見しやすい立場の人は、これを自覚し早期発見に努め（第5条）、児童虐待を受けたと思われる児童を発見した人は、福祉事務所もしくは児童相談所に通告しなければならず（第6条）、立ち入り調査（第9条）や警察官の援助（第10条）などを受け、虐待児童の保護・教育及び支援を行わなければならないとしている。この児童虐待防止法の骨子は、コミュニティ心理学でいう二次予防、すなわち早期発見・早期治療の理念に通じるが、このように、早期発見・早期処遇の体制が曲がりなりにも整ったとはいえ、虐待は深刻化しており、特に措置処遇された児童の養育者と措置機関との関係は悪化し、泥沼化しているのが現状である。

それでは、なぜこのような悪化の事態に至るのであろうか。重大なことは、この種の養育者の多くが、「しつけであって虐待ではない」と主張したり、「親が子どもを叩いてなぜ悪い」と居直ったり、虐待の事実を認めなかったりすることである。この場合、親権を越えて、公的な強制力によって子どもを引き離すことが、子どもの人権やウェルビーイングであると判断されることも少なくない。したがって、アドボカシー活動に関わるコミュニティ心理学者は、虐待を受けている（と思われる）子どもの危険を察知すれば、危機介入としての通告を行ったり、虐待を受けても親の元にいたいと願う子どもを引き離したりなど、現場の緊急事態における子どもへのアドボカシー活動においては、苦渋の決断を迫られることがしばしば起こる。

b　親支援における子どもへのアドボカシー活動

児童虐待防止法が成立しても、虐待件数は減るどころか、次々に深刻な虐待事件が後を断たず、関係者や支援者の無力感や徒労感は増大している。このように、虐待がエスカレートしていく原因は、①虐待を認めない養育者の問題　②虐待者とパートナーとの関係から引き起こされる問題、の二つが挙げられるだろう。①については、前述したように、親権を越えて公的な強制力で介入することが多いが、②については、パートナーとの特異なありように気づき、より適切な関係性へと発展するよう支援することで、虐待を防止し、子どもたちへのウェルビーイングに繋げることができる。

最近筆者は、**子ども家庭センター**（child family center）において、地区の保健師や子育て支援者から虐待を疑われる「グレーゾーンの母親」と、カウンセリングを通しての関わりをもっている。母親とパートナーとの特異な関係で一番多いのは、DVを介した夫婦間の支配・服従関係である。パートナーが一家の暴君で、妻にはDV、子どもには虐待、という「支配・服従型」の夫婦関係である。次に多いのは、母親がパートナーに依存欲求をもつが、パートナーの無関心などで欲求不満状態から子どもを虐待する「不満型」であり、さらに最近ニュースを賑わせているのは、再婚した夫婦がお互いの関係を維持しようとして、夫婦で子どもをスケープゴートのように虐待する「同調型」である（橋本，2004）。これらの親たちは、子どもへの虐待を自覚しているが、止めようと思っても止められない葛藤をもった親たちである。そのため、コミュニティ心理学者は、虐待する親（主に母親）の葛藤を言語化するプロセスに丁寧に関わりながら、パートナーとの関係の改善を促し、それが結果的には、子どもの人権やウェルビーイングを取り戻すことにつながると考えるのである。

　次に、簡単にそのプロセスを述べると、他の心理療法と基本的には変わらないが虐待する親は、受容と共感的理解によってセラピストとの信頼関係を作り上げ、その関係の中で、今まで抑圧してきた攻撃性や自己不信・他者不信を表出する。しかし、こうすることでセラピストとの信頼関係が壊れたり、暴力的な支配関係になったりしないことを体験する。このセラピストとの信頼関係は、従来のパートナーとの支配・服従関係を、対等なパートナーシップ関係へと変えていき、さらに子どもとの関係でも、支配・統制の関係から、慈しみや暖かみのある関係へと変化させるであろう。しかし、これは言うは易く行うは難しで、関係を複雑で深刻にしている別の要因は、養育者自身が、原家族から何世代にもわたり引き継いできた特異な人間関係のありようで、渡辺（2000）はこれを世代間連鎖の問題として取り上げている。

　以上のように、親支援とは、一つの治療関係だけで完結するものではなく、コミュニティ心理学的にいえば、ボランティアや子育て支援グループやセルフヘルプ・グループに繋げることである。家庭という密室の中で起こりやすい虐待の問題は、コミュニティ支援のネットワークの中で養育者がエンパワーされながら、新しい人間関係を作って、自信と自尊心を取り戻すことで解決するだろう。このようにして、養育者が回復することは、子どもの虐待を消失させると同時に、子どもをアドボケイトすることにもなるのである。

引用文献

浅野弘毅　2000　精神医療論争史．批評社．

Bateman, N. 1995 *Advocacy Skills: A hand book for human service professionals*. Blackstone.（西尾祐吾（監訳）1998　アドボカシーの理論と実際――社会福祉における代弁と擁護．八千代出版．）

Gil, E. 1991 *The Healing Power of Play: Working with abused children*. The Guilford Press.（西澤　哲（訳）1997　虐待を受けた子どものプレイセラピー．誠信書房．）

橋本和明　2004　虐待と非行臨床．創元社．

Herman, J. L. 1992 *Trauma and Recovery*. Basic Books.（中井久夫（訳）1996　心的外傷と回復．みすず書房．）

本城秀次・西出隆紀　1993　児童虐待――その現状と展望．思春期青年期精神医学，**3**(2)，183-207．

池田由子　1989　児童虐待の病と治療（総論）．精神科治療学，**4**，559-568．

石井妙子・相原佳子編　2004　セクハラ・DVの法律相談．青林書院．

石川信義　1978　開かれている病棟．星和書店．

稲地聖一　1979　高茶屋病院における開放化の経緯．精神医療，**8**(4)，2-17．

戒能民江編著　2006　DV防止とこれからの被害当事者支援．ミネルヴァ書房．

MIND 1992 *The MIND Guide to Advocacy: Empowerment in action*. Mind Publications.

三島一郎　1997　セルフ・ヘルプ・グループの機能と役割――その可能性と限界．コミュニティ心理学研究，**1**(1)，82-93．

西澤　哲　1999　トラウマの臨床心理学．金剛出版．

Sang, B. & O'Brien, J. 1989 *Advocacy: The UK and American experiences*. Kings Fund Project, Paper No. 51.

高畠克子　1991　精神科リハビリテーションを考える2――SSTをめぐってデイケアの意味を考える．病院・地域精神医学，**34**(2)，179-183．

高畠克子　1992　精神科リハビリテーションを考える3――作業所における働くことの意味．病院・地域精神医学，**35**(1)，71-74．

高畠克子　1999　ドメスティック・バイオレンス被害者のためのシェルター活動――予防・危機介入・アフターケアからみた実践報告．コミュニティ心理学研究，**3**(1)，1-11．

東京精神医療人権センター　1996　東京精神医療人権センター10年の歩み　資料集（1986年3月～1996年9月）．

内田　貴　2002　民法Ⅳ　親族・相続．東京大学出版会．

渡辺久子　2000　母子臨床と世代間伝達．金剛出版．

VII章

コミュニティ心理学の実践的展開

概 説

北島茂樹

　本章では、コミュニティにおいて生じる心理―社会的問題の改善と解決に向けての実践的な取り組みについて紹介する。その中には、コミュニティ心理学を標榜してはいないけれども、こうしたアプローチ要件を十分に備えた取り組みとなっている諸事例を含めている。これまでの諸章で述べられたコミュニティ心理学の重要なコンセプト（例：エンパワメント、予防、社会資源の活用、ソーシャルサポートなど）や理論が、具体的なかたちで浮き彫りにされているはずである。

　実践の領域を、①家庭・地域社会　②教育　③産業　④医療・保健・福祉　⑤司法　⑥都市問題　⑦異文化問題、とした。そして、それらの領域における取り組みの事例をキーワード方式で並べている。もちろん便宜上の仕分けであるので、取り上げたキーワードによっては、領域が必然的にクロスオーバー（例：教育と家庭・地域社会）してくるような事例もある。また、同じキーワードであるにもかかわらず立場の違いからということで、地域社会（住民の視点）と司法（国・行政の視点）の両領域で触れられているようなケースもある。さらには、キーワードは明らかに異なっているのだけれども、似たような方略やコンセプトをもって取り組んでいる事例なども多く発見できるであろう。

　これらのほかにも、取り上げたい領域・キーワード・事例はあったが割愛している。たとえば、日本は地震・風水害などの自然災害の多い国であるが、一部を除いて、こうした問題への取り組みについての取り上げが不十分である。これらの点は、今後の課題としたい。

　今、日本は歴史的には大きな変革の時代を歩んでいる。第二次世界大戦後、焦土の中から立ち上がり、"ジャパン　アズ　ナンバーワン"と評されるような高度経済成長を成し遂げた。経済優先の行動原則や価値観の浸透とその実現は、多く

の利便さと豊かさをもたらしたが、その間に、日本人はやさしい心情や堅い社会的絆を失い、各生活の領域で多くの問題を発生させることとなった。

加えて、理解や学習が追いつかないほどのめまぐるしい技術革新、各種のグローバリゼーションの進行、新しい組織ガバナンスへ向けての試行錯誤など、新しい波が次々と押し寄せてきている。社会には先行きの不透明さや不安が充満し、ストレスも確実に募り、また増える犯罪などの世情は、新しいタイプの心理—社会的問題を噴出させている。

このように考えると、便宜的に異なった領域の問題事例として扱われているが、その深い根底では、社会・経済・行政などを含む「共通の基盤構造」の変化や歪みに起因しているように思われる事例も、実際には少なくない。比較的浅い基盤で生じた問題の要因連関は見えやすいけれども、深い基盤のものは見えにくい。このような視点と認識を共有しておくことも、コミュニティ心理学の実践者・研究者には大切であるように思えてならない。

本章で取り上げているコミュニティ心理学の実践的展開例について、理解を深めようとするときに、もう一つ大切にしたい視点がある。「個と社会をつなぐアプローチ」というのがそれである。目の前で困っている人や脆弱な立場の人々に対して、問題を改善・解決し、支援していくためには、「あの手この手」による多様、かつ有効な対策を打ち出していかねばならない。心理学でも社会学・行政学でもなく、まさに個と社会を細やかに関係づける、場合によっては必要な社会的支援の資源やネットを新たに創り出していく取り組みこそ求められている。

関係づけということでは、Murrell（1973 安藤監訳 1977）の「六つの介入レベル」や Bronfenbrenner（1979 磯貝・福富訳 1996）の「4段階の入れ籠状システム」は示唆に富んでいる。これらにならい、ここでの実践事例を「階層性」の視点から再編成してみることも可能である。こうした試みから思いがけない発見があるかもしれない。

いずれにしても、コミュニティ心理学のもつ「実践的知識（practical knowledge）」と「創発性（morphogenesis）」などを、本章の諸事例の中に数多く見出し、学んでいただければと思う。

引用文献

Bronfenbrenner, U. 1979 *The Ecology of Human Development: Experiments by nature and design*. Harvard University Press.（磯貝芳郎・福富 護（訳） 1996 人間発達

の生態学. 川島書店.）

Murrell, S. A. 1973 *Community Psychology and Social Systems: A conceptual framework and intervention guide*. Human Sciences Press.（安藤延男（監訳） 1977 コミュニティ心理学——社会システムへの介入と変革. 新曜社.）

家庭・地域社会領域での実践
[1] 地域における虐待防止への取り組み その1
東京都における「子ども家庭支援センター」での活動

三沢直子

1）児童虐待防止への地域の関わり

　日本においては、「児童虐待防止法」が 2000 年 11 月から施行されて、「児童の福祉に職務上関係のある者」の通告義務が明記された。さらに 2004 年 10 月からは、その改正法が実施されている。しかし、これまで保育園・幼稚園・児童館・学校など通告義務のある人々を対象とした研修会でさえ、虐待として定義された「身体的虐待」「心理的虐待」「性的虐待」「ネグレクト」をすべて正しく答えられる人は、ほとんどいないという現状である。また、児童虐待数は、1991 年から 2001 年までの 10 年間で約 20 倍にもなっているが、それに比して児童福祉司の数がわずかしか増えず、その専門性自体も不十分である。

　このような状況に対して、身近な市区町村が責任をもって、虐待ケースをはじめ各種の子どもや家族の問題に、より積極的・主体的に相談援助を行うことが求められるようになってきた。そして、その役割を果たすべき相談機関として、「児童家庭支援センター」「家庭児童相談室」「**地域子育て支援センター**」などが、市区町村に遅ればせながら設置されるようになった。東京都では独自の制度として、「子ども家庭支援センター」が設置されてきたが、筆者はその一つである「中野区子ども家庭支援センター」に開設当初から関わってきた。そこでの経験を基にして、地域における**児童虐待**（child abuse）防止への取り組みと、そこでの臨床心理的地域援助者としての役割を以下にまとめたい。

2)「子ども家庭支援センター」とは

　東京都における「子ども**家庭支援センター**」は、人口10万人に対して1ヶ所、少なくとも各市区町村に1ヶ所を目標に設置されてきた。そして、その機能は、①すべての子どもと家庭を対象とし　②子どもと家庭のあらゆる問題に応じ　③子どもと家庭の問題に適切に対処し　④地域の子育て支援活動を推進し　⑤子どもと家庭支援のネットワークを作る、などと考えられてきた。その第一号として、1996年に「府中市子ども家庭支援センターしらとり」が開設され、以降、各地域で次々と設立されて、2004年3月末には49ヶ所となった。

　このように、設置数は増えたが、各市区町村によって内容が大きく異なることが、次に問題となった。大別するならば、第一号の「しらとり」のように、母子生活支援施設（旧母子寮）に設置されたメリットを生かして、相談事業だけではなく、ショートステイ・トワイライトステイ・緊急一時保護など、多様なサービスを提供する「サービス提供型」、親子で集う場を提供し、その中から必要に応じて相談も受ける「ひろば型」、さらに地域における諸機関が連携するための中枢機関として機能する「ネットワーク型」の三つがある（三沢, 2004）。

　このような状況に対して、2001年に東京都児童福祉審議会からの意見具申として、「地域における子ども家庭支援センターのネットワーク作り——市区町村の役割とファミリーソーシャルワーク」が出され、図Ⅶ-1(1)-1に示すように、子ども家庭支援センターは、地域ネットワーク作りの中枢機関として、「総合相談、ケース・マネジメント、一元的情報収集、**チーム・ケア会議**（team care meeting）の主催、見守りネットワークの形成、問題の予防・啓発に関する子育て支援」などの**ファミリー・ソーシャルワーク**を行う機関として、新たに規定された。前述の三つのパターンでいうならば、最後の「ネットワーク型」としての役割がより強調されたわけである。

　筆者が関わってきた「中野区子ども家庭支援センター」は、まさに初めからそのようなネットワークの中枢機関として、区役所の一角に机と椅子と電話、それに面接室1室というシンプルな形で始められたものである。それは、すでに各学校区にある児童館が「子育てひろば」としても機能していたこと、また、各保育園が体験保育や子育て相談などの子育て支援活動を行っていたこと、さらに、保健所・教育相談センター・療育センター・女性会館など各種相談機関や、役所内の相談窓口が相談機能を果たしていたため、新たな相談窓口や子育てひろばを開設するよりも、既存の諸機関をつなぐセンター機能が求められたからである。

1——家庭・地域社会領域での実践

医療機関	保健所	民生児童委員 主任児童委員	学 校 保育所 児童館 子育てひろば	都　　民
一般診察 妊婦健診等	乳幼児健診 保健相談	各関係機関		子ども会 子育てグループ

通報　→　福祉事務所

身近な相談↓↑支援（問題解決）↓虐待通報↓　　↑調査委嘱　　↓虐待通報
の援助依頼

子ども家庭支援センター
（ファミリー・ソーシャルワークの実践）

○総合相談
○ケース・マネジメント
○一元的情報収集
○チーム・ケア会議の主催
　・各関係機関参加（プライバシー保護）
○見守りネットワークの形成
○問題の予防・啓発に関する子育て支援

虐待通報　→
　　　　　←
　　　　　協働

児童相談所
○調査（立入含む）
○緊急対応（分離判断）
○治療・指導
○診断・判定等

一時保護
一時保護委託

支援↓　↓指導　　↓支援　　↓入所措置　　同意

親（家庭）　——→　**児童福祉施設 養育家庭**
　　　　　　面会　○児童相談所と連携した
　　　　　　　　　　子どもへのケア
↑交流支援

※親・子ども不同意

東京都
児童福祉審議会

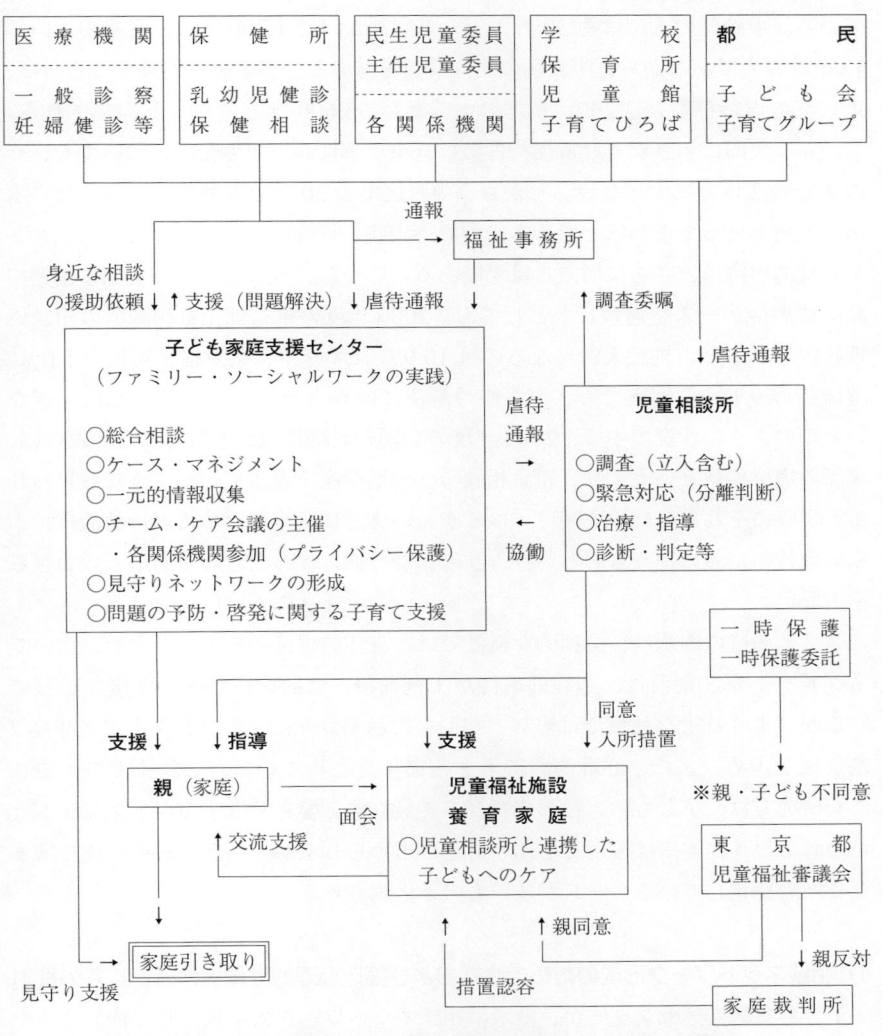

↓　　　　　　　　　　　　↑親同意　　　　↓親反対
家庭引き取り　　　措置認容　　　　　家庭裁判所

見守り支援

図Ⅶ-1(1)-1　支援のモデル図——子ども家庭サービスにおける相談

そのため、行政面と実践面で専門性の高いスタッフが集められ、ソフト面での強化が図られた。そのような子ども家庭支援センターの中で見えてきた、地域における虐待の実態について、次にまとめたい。

3）地域における虐待の実態

　表Ⅶ-1(1)-1に示すように、中野区の虐待総件数は、毎年ほぼ80前後になっ

ている。中野区の人口は約30万人で、東京都人口は1,200万人、日本の人口は12,600万人であるから、中野区の虐待件数を基準として単純に換算するならば、東京都の虐待件数は3,200、日本の虐待数は33,600ほどになると推定される。しかし、実際に示されている虐待件数は、東京都においても全国においても、その3分の2ほどにすぎない。しかも、中野区での80という数値も、いまだに氷山の一角といってよいほどで、本来の虐待定義に正確に従うならば、ネグレクトや心理的虐待は、さらに増えるはずである。しかし、残念ながら、実際に児童相談所に虐待ケースを通報したとしても、2000年度の東京都児童相談所の相談処理状況によると、施設入所になるのは10.9%にすぎず、児童福祉司指導5.0%、継続指導9.1%を加えても、何らかの解決に向かうケースはごく一部にすぎない。このような状況の中で、2002年度の全国の虐待件数が頭打ちになったのは、実際の虐待件数というより、児童相談所への期待度を表していたようにも思われる。実際にそれ以降は増え続けているが、いまだに日本における虐待件数は、本来の虐待の定義に従うものというよりも、受け皿に従ったものであるといわざるを得ない。

さて、虐待の内訳は、全国的な統計では、身体的虐待が約半数を占め、次いでネグレクトが3割前後、心理的虐待が1割前後、性的虐待が5%前後となっているが、より身近な地域では表Ⅶ-1(1)-1に示すように、ネグレクトが各年度7割前後を占め、また、心理的虐待も3割前後を占めている。これまでのさまざまな研究では、子どもの人格形成にとって最も悪影響を及ぼすのがネグレクトといわれており、本来はもっと早期の対応が求められるが、残念ながら、現在はまだまだ潜在化しているケースが多いものと推測される。

4) 相談ネットワーク形成のための会議および臨床心理的地域援助者としての役割

子ども家庭支援センターが、地域の相談ネットワークの中核として機能するために、行っている活動は以下のようなものである。まず、年に2回ずつ行われる、子ども虐待防止連絡会議と情報交換会は、各関係機関の責任者が一堂に会して定期的に行われるものである。より実質的な会議としては、困難事例に関して関係機関が集まって共に処遇法を検討するケース会議が必要に応じて年10～15回程度行われる。またよりきめ細かな連携の土台作りのために行っている機関別意見交換会、保育園・幼稚園・児童館など、職員に対して行っている研修会も月に1回程度開催される。このうち、臨床心理的地域援助者として筆者が関わっ

表Ⅶ-1(1)-1　中野区における虐待件数と相談者延数（カッコ内は％）

		平成12年度	13年度	14年度	15年度
虐待件数	ネグレクト	51（68.0）	61（70.1）	62（69.7）	57（77.0）
	身体的虐待	34（45.3）	33（37.9）	31（34.8）	26（35.1）
	心理的虐待	26（34.7）	25（28.7）	35（39.8）	24（32.4）
	性的虐待	0（　0）	1（ 1.3）	0（　0）	0（　0）
	計	75	87	89	74
相談者延数	父母	445（37.5）	555（22.5）	501（18.3）	575（25.8）
	祖父母	39（ 3.3）	19（ 0.8）	30（ 1.1）	42（ 1.9）
	近隣住民	20（ 1.7）	35（ 1.4）	24（ 0.9）	54（ 2.4）
	関係機関職員	528（44.5）	1,736（70.4）	2,071（75.8）	1,477（66.2）
	子ども	36（ 3.0）	53（ 2.1）	37（ 1.4）	19（ 0.9）
	その他	118（ 9.9）	69（ 2.1）	38（ 2.5）	63（ 2.8）
	計	1,186	2,467	2,731	2,230

注：虐待の内訳については、複合的虐待として重複するものがある。

てきたのは、ケース会議におけるスーパーバイザーとしての役割、研修会の講師、必要に応じての意見交換会への参加などであった。これ以外にも、困難事例に対する個別のコンサルテーションや、各地域住民に対する啓蒙的な講演活動なども加わる。

　以上のような会議や活動の積み重ねの結果、相談件数は表Ⅶ-1(1)-1に示すように年々増加し、しかも相談者の内訳を見ると、当事者からの直接的な相談よりも関係機関の職員からの相談が多くなっていることがわかる。虐待をはじめとするケースは、それが深刻になるほど、なかなか当事者からの相談がないことから考えると、関係機関からの相談が多くなっているというこの数値は、「子ども家庭支援センター」が地域における相談ネットワークの中枢機関として機能し、よりきめ細かな対応が可能になっていることを示しているといえよう。

5) 今後の課題

　筆者は主として、病院や相談室に来談するクライエントを対象とした相談業務に携わってきたが、予防的活動の必要性を感じて地域に赴くようになってから、深刻で複雑な問題を抱えた家族が、いかにたくさん地域に潜在しているかを目の当たりにした。世代間連鎖どころか、「密室育児」の中では問題が拡大再生産されることを考えるならば、ただ相談室で待っているだけではなく、支援を必要とする人々に、必要なサービスを届ける活動がますます必要になってくる。そのた

めには、これまで、虐待をはじめとする相談業務が、都道府県レベルの児童相談所を中心に行われてきたのが、市区町村レベルへとその重点が移行していくのは必然的な流れと思われる。そうした中で、今後、地域の相談機関への臨床心理的地域援助者の関わりが、次第に多く求められるようになってくるだろう。地域が必要とする臨床心理的地域援助者の専門性は、基本的には心理アセスメントと心理面接の技能であるが、従来の面接室での個別面談として当事者に直接関わるよりは、コンサルテーションや研修を通して、他職種の人々に、心理学的見方や関わり方を伝えて、活用してもらうという役割も大きくなる。そのためには、臨床心理的地域援助者自身が、他職種の人々の役割や地域全体のシステムを十分に理解し、ネットワークの中で自らの専門性を生かせるような、コミュニティ・ワークの技量を身に付けていくことが必要である。また、そのための実践的・具体的な教育・訓練が、大学においても求められるようになってくるであろう。

引用文献

三沢直子　2004　子どもたちはなぜ、9歳で成長が止まるのか．実業之日本社．

参考文献

安部計彦　2002　児童虐待防止市町村ネットワークの作り方．月刊地域保健，**33(11)**，72-87．

加藤曜子　2004　日本における児童虐待防止における在宅支援の課題――市町村虐待防止ネットワークの個別事例ネットワーク会議のあり方．ソーシャルワーク研究，**30(2118)**，115-121．

三沢直子　2000　「子育て支援」のスーパービジョン．深澤直子・江幡玲子（編）スーパービジョン・コンサルテーション実践のすすめ．現代のエスプリ，**395**，103-111．

三沢直子　2001　児童虐待問題を抱えた学校の心理的支援．亀口憲治（編）学校臨床と家族支援．現代のエスプリ，**407**，82-91．

才村　純　2000　児童虐待対策の現状と課題――その解決方向について．母子保健情報，**42**，39-45．

猿田誠一　2004　地域における児童虐待の予防――早期発見・早期対応ネットワークの形成について．社会福祉士，**11**，103-109．

清水　真　2005　市町村児童虐待防止ネットワーク――要保護児童対策地域協議会へ．捜査研究，**54(7)**，38-40．

高橋重宏　2001　子ども虐待．有斐閣．

山野則子　2004　児童虐待防止ネットワークを機能させる地域機関マネージメント実践モデルの研究――「サポート当事者化」プロセス．社会福祉実践理論研究，**13**，13-23．

家庭・地域社会領域での実践
[2] 地域における虐待防止への取り組み　その2
虐待予防の親教育

村本邦子

1）児童虐待とその予防プログラム

　1990年代、出生率の低下から、少子高齢化が問題となり、1994年にエンゼルプラン、1999年に新エンゼルプランが策定され、政策としてさまざまな子育て支援が打ち出されるようになった。同時期、児童虐待がクローズアップされるようになり、2000年に**児童虐待防止法**が制定され、2004年に改正が行われたが、法制度の整備とともに通報件数の増加は著しく、児童相談所での対応が追いつかない現状にある。介入して親子分離をしなければならないような緊急性の高いケース以外に、いわゆる育児不安や育児ノイローゼ状態にあって、いけないとはわかっていても、精神的に追いつめられて、つい子どもに手を上げてしまう、暴言を吐いてしまうなど、虐待的な関わりをしてしまうと悩む親が少なくない。親子分離を行ったケースにおいても、措置された子どもを家庭へ戻すためには、虐待してしまう親への心理教育を用いた**修復的援助**（restorative support）が不可欠である。

　虐待予防のための親教育のプログラムは、北米では早くから実践されてきたが、日本での歴史は浅く、いまだ試行錯誤段階にある。現在、カナダ政府が作成した教本を取り入れたCatanoの「ノーバディーズ・パーフェクト」（2002）、田上およびアメリカの母親（Crary, E.）が開発した「スター・ペアレンティング」（2002）、森田ゆりが開発した「MY TREE　ペアレンツ・プログラム」（2004）、アメリカの少年施設でできた「コモンセンス・ペアレンティング」（2000）などが紹介されているが、個別に独自のプログラムを考え実践している人々もある。

1990年に筆者は、女性と子どもの援助を目指して、女性ライフサイクル研究所を開設し、開業臨床と並行して、グループ、講座、コミュニティへの講師派遣、などによる子育て支援事業を展開してきた。ここでは、筆者らが取り組んできた虐待防止の親教育プログラムの実践と、その援助者養成の試みについて紹介する。

2) 虐待防止の親教育プログラムの実践

筆者は、子どもを虐待してしまう親へのプログラムとして、適切な子育てを学ぶ**親教育**（psycho-education for parents）と、怒りのコントロールを学ぶ**アンガー・マネジメント**（anger management）の二本立てが必要だと考えている。

一つ目の、適切な子育てを学ぶ親教育については、「FLC21子育てナビ」と称して、一般の親向けに、心理学的観点から子育てのノウハウをわかりやすくまとめた、子育てブックレット・シリーズの出版を行ってきた。具体的には、村本・窪田（2001）の『今からでもできる人格の土台をつくる子育て』、村本・津村（2001）の『子どもの叱り方』、窪田・村本（2001）の『子どもが被害にあったとき』、村本・津村（2002）の『ひとりっ子の育て方』、窪田・村本（2002）の『子どもにキレてしまいそうなとき』、窪田・津村（2003）の『きょうだいが仲良く育つためのヒント』、村本・前村（2003）の『思春期の危機と子育て』、村本・津村（2004）の『小学生の子育て』と続く。研究所では、これらをテキストにして、前半部でその回のテーマについて学習した後、後半部で学習したことをもとに、子育ての悩みを語り合う「子育てのコツ」グループを提供してきた。子育てのノウハウを学び、自分たちの体験に即してシェアリングするという構造の子育てグループは、開設以来継続してきたものであり、有効なフォーマットであることを実感してきた。これらのグループや講座は、公民館や女性センターなどへも出前することで、コミュニティへのアウトリーチを行っている。

二つ目の怒りのコントロールを目的としたプログラムは、認知行動療法の一つであるアンガー・マネジメントを、子育て中の親向けにアレンジしたものであり、原則的には週1回1時間半、全8回からなる心理教育プログラムである（窪田・村本，2002）。毎回のテーマは、①オリエンテーション　②怒りの行動を変える決意をする　③怒りを引き起こす状況を変える　④怒りの感情と行動に対処する　⑤怒りを強める思考を見直す　⑥怒りを強める思考を置き換える　⑦怒りの前提条件に対処する　⑧怒りの後のフォロー、からなる。怒りのプロセスを理

解し、それぞれの段階でストップをかけることができることを知り、グループの中で、思考や行動の置き換えを訓練するとともに、宿題を出すことで、学んだことを日常の実践へとつなげていく。毎回成果をチェックするシートを実施し、プログラムの前後、およびフォローアップとしてプログラム終了1ヶ月後に、怒りの状態をチェックするという構造になっている。プログラムの効果を統計的に示すだけの実践数はまだないが、参加継続率が高く、参加者の評判はよい。

3）援助者養成の実践

　子育て支援に携わっている援助者たちから、これらのプログラムを使わせてほしいというニーズが寄せられ、もっと裾野の拡がりをもつ援助プログラムの実践ができたらと考えたことから、子育て中の親へのグループ提供だけでなく、コミュニティの中で、**援助者養成**を行うことにした。具体的には、毎年1回「グループ・ファシリテーター養成講座」、および「怒りのコントロールを学ぶグループ・プログラム実践者養成講座」を実施してきた。どちらも、2日にわたる集中講座であり、前者は、親教育のためのテキストをベースにしたグループ・プログラムだけでなく、さまざまなグループ実践に応用できるものである。後者は、前者の修了生を対象とする全8回のものであるが、現場の状況によって、8回の継続講座が不可能である場合も少なくないことから、修了生はこのプログラムを自由にアレンジし、実行可能な条件に合わせて、1回きりや全3回のプログラムなど、部分的に利用した柔軟な実施を可とした。講座修了時、自分の実践計画を立てることを宿題として課し、1ヶ月後のフォローアップ・セッションでは、この宿題をもとに、修了生それぞれの現場で実現可能な形でのプログラム案を発表し合い相互に意見を出し合って、さらに実現可能なプログラムを練る。さらに、3ヶ月後のフォローアップでは、それぞれの実践経過報告とともに、参加者のニーズに合わせ、助成金の情報交換や申請書の書き方の勉強会を行うなどし、最後のフォローアップでは、修了した実践報告を行う。実践で困ったときには、メールでの助言を行うなどしてきたが、それぞれのやり取りから学んでもらえるよう、プログラム実践者向けの掲示板を設置したところである。援助者養成と実践の流れは，図Ⅶ-1(2)-1のとおりである。

　援助者養成を始めてから、「グループ・ファシリテーター養成講座」は5年、「怒りのコントロールを学ぶグループ・プログラム実践者養成講座」は3年経過したが、参加者としては、保健センターや子育て支援センターで子育て支援に関

わっている保健師、保育士、児童相談所の職員、女性センターのスタッフ、教育相談員、育児サークルのリーダーなど多岐にわたる。後者の実践例としては、このプログラムを学びたいという自主的な母親を、修了生が集め、全8回で実施した例、子育て支援センターで、それぞれ単発のオープングループとして複数回実施した例、実践に向け、まずは同僚の理解と啓発を目的に、職場の同僚を対象に研修として実施した例、地域のPTA講演会で、ワークを取り入れた講演として一般市民の啓発を行った例、子育て相談の個人セッションで、このプログラムを継続的に取り入れた例など多様であった。費用に関しても、公的機関のサービスとして無料で行ったものも、参加者から料金を集め有料で行ったものもあった。

　実施に当たっては、例えば、保育士が技能を活かし、説明の一部を紙芝居化したり、文字だけのワークシートに吹き出しのある漫画を加えたり、楽しいワークシートに改良したりするなど、修了生たちがそれぞれに工夫を凝らし、個性的なプログラム実施となっていった。それぞれのプログラムに対する、受講者への怒りの状態チェックやアンケート結果からは、いずれも肯定的評価を得ている。その後のフォローアップ講座や、メールなどによるフォローアップからは、参加者のなかには、重篤な症状を抱えた母親が含まれていることが推測され、深刻な虐待ケースへのアウトリーチという意味でも、こういったプログラムがコミュニティ・レベルで行われることの意義が感じられた。

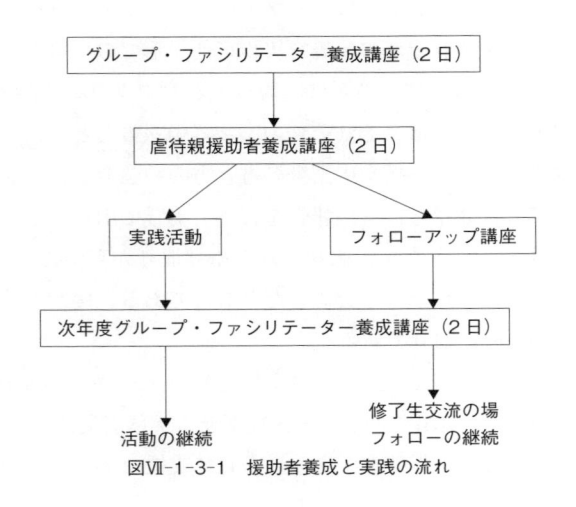

図Ⅶ-1-3-1　援助者養成と実践の流れ

4）今後に向けて

　虐待防止の親教育プログラムとして，既製のフォーマットもあれば，独自に考え実践されるものもあるだろう。ここで紹介したものは，筆者らが開発したものをベースに，実践者たちが内容を理解することで，自由にアレンジできるようにして実践の拡大を図っていることが特徴的である。どのようなフォーマットで実践するにせよ，共通の基盤や困難や課題があるだろう。逆に，対象者によるプログラムの得手，不得手というものもあろう。あちこちでスタートした，異なるプログラム実践者たちの交流の場が求められる。今後，それぞれのコミュニティでの実践が積み重ねられ，そこから得られた知恵と技術が共有されていくことが期待される。

引用文献

Catano, J.W. 2002 *Nobody's Perfect. English edition*. The Minister of Public Works and Government Services.（幾島幸子・三沢直子（訳）2002　完璧な親なんていない！――カナダ生まれの子育てテキスト．ひとなる書房．）
窪田容子・村本邦子　2001　子どもが被害にあったとき．三学出版．
窪田容子・村本邦子　2002　子どもにキレてしまいそうなとき．三学出版．
窪田容子・津村　薫　2003　きょうだいが仲良く育つためのヒント．三学出版．
森田ゆり　2004　MY TREE　ペアレンツ・プログラム――子どもの虐待・DV問題を抱える親の回復支援．子どもの虐待とネグレクト，**6(1)**，83-89．
村本邦子・窪田容子　2001　今からでもできる人格の土台をつくる子育て．三学出版．
村本邦子・前村よう子　2003　思春期の危機と子育て．三学出版．
村本邦子・津村　薫　2001　子どもの叱り方．三学出版．
村本邦子・津村　薫　2002　ひとりっ子の育て方．三学出版．
村本邦子・津村　薫　2004　小学生の子育て．三学出版．
田上時子，エリザベス・クレアリー　2002　子どもに愛を伝える方法．築地書館．

参考文献

Burke, R. & Herron, R. 2000 *Common Sense Parenting*. Boys Town Press.（野口啓示・ジョンウォン・リー（訳）2002　親の目・子の目――子どもは親はいらない　父親・母親が欲しい．トムソンラーニング．）
Crary, E. 1995 *Magic tool for raising kids*. Parenting Pr.（田上時子（訳）2001　「親」を楽しむ小さな魔法．築地書館．）
村本邦子　2001　予防としての虐待防止活動．山本和郎（編）臨床心理学的地域援助の展開，88-105．培風館．
村本邦子　2002　グループの理論と実践．三学出版．
村本邦子　2004　子育て支援のソーシャルサポート．臨床心理学，**4(5)**，606-610．

家庭・地域社会領域での実践
[3] DV被害を受けた母子への二次予防的介入

村本邦子

1）DV家庭に育った子どもとは

　長い間、女性への暴力と子どもの虐待は別個の問題として扱われ、対処されてきたが、昨今、DV家庭に育つ子どもの問題に関心が払われるようになった。2004年に改正された児童虐待防止法は、児童虐待を「人権の著しい侵害」と明記し、子どもの目の前での配偶者に対する暴力は、子どもへの精神的虐待にあたると定義した。また、同年改正されたDV防止法は、接近禁止の対象に子どもを加え、保育所や学校からの連れ去りを防止するようになった。

　DVが子どもに与える影響は、行動上の問題から身体的・心理的問題まで多岐にわたり、数々の研究において短期的影響だけでなく長期的影響が指摘されている（James, 1994　三輪田・高畠・加藤（訳）　2003 ; Edleson, 1999 ; Barnard, Morland, & Nagy, 1999）。例えば、攻撃性、反社会性、激しい気性、敵意、不安、引きこもり、抑うつ、身体症状のほか、社会的コンピテンスや自尊心が低く、他者の感情を読みとったり状況を推し量ったりする能力が劣り、自主性やセルフ・コントロールなどの能力が低く、言語能力の低さ、暴力で問題解決しようとする傾向、などが指摘されている。DVのある家庭で育った子どもたちが成人したあと、再びDVのある家庭を築く確率は、そうでない場合の3倍であるともいわれている。

　1980年代後半より、アメリカやカナダにおいて、DV家庭に育った子どもへの**グループ・プログラム**（group program）による介入が試みられ（Peled & Davis, 1995）、イギリスでも、1990年代に入ってから取り組みが始まった。日

本においては、2003年に「湘南DVサポートセンター」が、ミネソタにおける介入プログラムの紹介と援助者養成をスタートさせている。筆者は、十数年にわたりトラウマの心理療法に携わってきたが、被害経験をもつリスク集団への予防的介入（二次予防）の必要性が重要であることを痛感し（村本、2004）、「NPO法人FLC安心とつながりのコミュニティづくりネットワーク」を立ち上げたが、その中のプロジェクトの一つとして、DV被害を受けた**母子支援**（support for mother and child）を2003年2月にスタートさせた。今後、さまざまな機関が、DV家庭で育った子どもたちへの予防的介入を試みていくだろうが、一例として筆者らの取り組みを紹介したい。

2）介入プログラムの準備段階と介入実施まで

　DV家庭に育つ子どもたちの問題は、昨今注目を浴びるようになりつつあるが、具体的な支援の必要性とその方法については、一般社会においても専門家集団においても、いまだ、十分に認識されているとはいいがたい。そこで、われわれのプロジェクトは、①DVのある家庭に育った子どもと親を支えるプログラムを実施し、予防的介入をすることで、子どもたちの**レジリエンス**（resilience）を高める（**リスク集団に対する二次予防**：secondary prevention for high-risk group）　②DV家庭に育った子どもの抱える問題について、専門家集団への問題意識を高める　③上記について一般社会への啓発をする、を目的とした。

　まず、これらの問題を正しく理解し、適切な介入法を決定するにあたってのリサーチを開始した。大学院で臨床心理学を学ぶ学生や、援助専門家であるFLCの活動会員を中心に研究会を重ね、文献検索や現状の情報収集を進めながら、DV・虐待被害の影響やトラウマ理解、またその支援について、海外文献の読み合わせ、国内外の例について関係者を招いて話を聞き、具体的な援助法を学ぶなどして介入戦略を練った。また、三菱財団の助成を得て、2003年9月、メンバー3名で5日間のイギリス視察を行った。「ドメスティック・バイオレンスの被害を受けた子どもへの支援」プログラムは、歴史的にはカナダ、アメリカの順で始まり、イギリスではちょうど、それらに倣った取り組みが始まったところであり、取り組みの遅れた日本での導入の仕方を学ぶのにふさわしいと思われた。関連機関を訪問、インタビューと情報交換を行った。

　次に、日本における実態を把握し、予防的介入プログラムのニーズをさぐるため、これまでDVケースを手がけてきた弁護士に、事前インタビューを試みた。

その結果、DV に関わっている弁護士たちでも、子どもへの影響やケアの必要性を理解している人は、ごく少数であることがわかった。そこで、2003 年 10～12 月にかけ、啓発の意味も含め、京阪神の弁護士（約 3,000 名）にアンケート調査を実施した。回答があったのは 18 名、うち 8 名にインタビューを実施した。回答率はきわめて低かったが、こうしてつながりのできた弁護士たちとの関係をもとに、プログラムの広報や情報提供を行った。
　プログラム実施にあたって、ボランティア・スタッフを募集・養成するために、京阪神で臨床心理士を育成する 19 の大学院に「ボランティア・スタッフ養成講座」の案内を送り、教育機関への意識啓発とともに、本プロジェクトへのボランティア参加者を募った。養成講座には 17 名が参加し、2003 年 12 月の 2 日間にわたって行われた。子どものトラウマ理解と支援方法模索のために、大学院生の教育の場を提供するとともに、参加者の中から、「子どもプロジェクト」の新メンバーを得た。
　2004 年 1 月、マスコミを媒体としたプログラム広報活動を行うことで、一般社会への意識啓発を行い、支援を必要とする母子への呼びかけを行った。2 社が記事を掲載し、13 件の問い合わせを得た。プログラムへの問い合わせのほか、支援を必要としている当事者や周囲の教育関係者からの問い合わせを含め、DV の影響と援助に関する情報提供を行った。

3) 介入プログラムの実施とまとめ

　これまで収集した情報をもとに、子どもと母親のそれぞれを対象としたプログラムを作成し、2004 年 1～5 月にかけて実施した。プログラムは、母子への事前インタビュー、6 週にわたって母子並行で行う心理教育プログラム、1 ヶ月後のフォローアップ・インタビューから構成される。今回の介入プログラムの第一の目的は、DV 家庭で育った子どもへの支援であり、母親のプログラムは、基本的には子どものことをより良く理解し、適切な子育てができるような心理教育プログラムであるが、同時にケア・テイカーとしての母親が、自分自身のことを理解し、セルフ・ケアできることも含めてプログラムを作成した。
　プログラムのテーマとしては、子ども向けでは、①お友達と出会おう　②どんな時がホッとする？　③どんな気持ち？　④言葉で伝えられるかな？　⑤暴力ってなあに？　⑥自分を大切にしよう、であり、母親のプログラムでは、それぞれに対応させ、①自己紹介とオリエンテーション　②ストレス対処法とリラクセー

ション　③感情表現の意味や方法を学ぶ　④怒りのコントロールを学ぶ　⑤暴力の影響と対処法を学ぶ　⑥まとめ——安心とつながりを大切に、とした。

　プログラムには母子3組（うち、きょうだい1組、男の子3名、女の子1名）と、ボランティア・スタッフ12名が参加した。プログラム終了1ヶ月後にフォローアップ・インタビューを行った。今回は、参加人数が少なく、量的変化を示せないが、母親たちから、「それまでは思い通りにならないと手足が出ていたが、きょうだい喧嘩をしても、ごめんねと謝るようになった。親子でも、今のは暴力だよねと言えるようになった」「感情表現が親子ともに豊かになった。きょうだいと母の取り合いをしても、お兄ちゃんにもママの膝貸してと言えるようになった。否定的な感情（怒り、悲しみ、悔しさ）についても、「言葉で表現できるようになった」「今までは自分から行動できない子だったが、積極的に活動するようになり、図書館にひとりで行ったり、近所の家に遊びに行ったり、友達を見つけようとしたりするようになった。自信がついたようだ」「母子ともに穏やかに過ごせるようになった。表情も穏やかになり、よく笑うようになった。子どもは、母が笑っているのが嬉しいと言う」などの変化が語られた。出席率が非常に高く、親子ともに継続的な場を望む声が聞かれたことより、毎年同窓会を企画実施することにした。

　なお、2004年9月、ここまでの活動の報告書を出版し、関連機関約150に無料送付すると同時に、希望者へ配布するための広報活動を始めた。これによって、DVの被害を受けた母子への支援の必要性の認知が高まることを期待している。

4) 今後の課題

　次年度は、今回作成したプログラムを、さらに改良した形で、再度実施する。初年度と同じ、来所プログラムに加え、アクセスをよくするために、シェルターへの派遣プログラムも試みることにする。また、修了生向けのフォローアップ・プログラムも予定している。毎年、この取り組みを重ね、修了生たちをつなげることで、DV被害を受けた母子が交流できる場を作っていく予定である。今後は、DV家庭に育った子どもの抱える課題と介入効果を項目毎に評価していくことも必要であると考えているが、子どもたちへの予防的介入の成果を知るには、長年のフォローアップが必要だろう。始まったばかりのささやかな取り組みであるが、地道な活動を続けていきたい。

引用文献

Barnard, P., Morland, I., & Nagy, J. 1999 *Children, Bereavement and Trauma*. Jessica Kingsley.

Edleson, J. L. 1999 *Problems Associated with Children's Witnessing of Domestic Violence*. VAWnet.

James, B. 1994 *Handbook for Treatment of Attachment-Trauma problems in children*. Lexington Books.（三輪田明美・髙畠克子・加藤節子（訳）　2003　心的外傷を受けた子どもの治療——愛着をめぐって．誠信書房．）

村本邦子　2004　性被害の実態から見た臨床的コミュニティ介入への提言．心理臨床学研究，**22**(1)，47-58．

Peled, E. & Davis, D. 1995 *Groupwork with children of battered women*. Sage.

湘南DVサポートセンター　2003　暴力を目撃して育った子どものケアプログラム．

参考文献

Bancroft, L. & Silverman, J. G. 2002 *Adressing the impact of domestic violence on family dynamics*. Sage.（幾島幸子（訳）　2004　DVにさらされる子どもたち——加害者としての親が家族機能に及ぼす影響．金剛出版．）

FLC安心とつながりのコミュニティづくりネットワーク子どもプロジェクト　2004　トラウマを受けた子どもへの予防的危機介入のためのプログラム作成および試行的実施プロジェクト報告書——DV家庭に育った子ども支援プログラム作成の試み．

Hester M., Pearson, C., & Harwin, N. 1995 *Making an Impact : Children and domestic violence*. Jessica Kingsley.

家庭・地域社会領域での実践
[4] 高齢者および介護者へのコミュニティ支援

藤 信子

1）高齢者のもつ心理的問題

　高齢者人口が増加し、日本が長寿国になることにより、高齢者への関心は増加している。高齢者のもつ心理的問題に関しては、高齢者の知的能力・記憶・発達課題・精神症状・認知症などを、介護に関わる人が理解しようとする試みが出てきている（本荘，2004）。高齢者に見られる自殺に関しては、日本では、郡部における3世代家族に多いといわれている。これは「家」意識が強いところで、「非生産者は不要」という考えや世代間葛藤のために、心理的に孤立しやすいことが背景にあると考えられるため、市町村における自殺予防活動の取り組みの実践例も報告されている（大山編，2003）。また、近年多くの高齢者の施設で、**回想法**（reminiscence）が行われている。この方法は、個人の内面に対して、**ライフ・レヴュー**（life-review）を促すことで、過去からの問題の解決と再組織化および再統合を図り、アイデンティティの形成に役立ち、自己の連続性への確信を生み出し、自分自身を快適にし、訪れる死のサインにともなう不安を和らげ、自尊感情を高めるなどの個人的内面への効果が認められる。一方、対人関係の進展を促し、生活を活性化し楽しみを作り、社会的習慣や社会的技術を取り戻し、新しい役割を担い、世代間の交流を促し、新しい環境への適応を促すなど、社会的・対人関係的・対外的世界への効果があるとされている（野村，1998）。

　このような研究や実践で気づかされるのは、高齢になることを、発達課題の問題として、あるいはうつや認知症といった症状に関する課題として捉えることで、高齢化にともない生じる一般的なこととして論じている点である。しかし、

ある高齢者の悩みやつらさと、どのように向き合い考えたのかという、個性的・記述的な観点が少ない印象をもつ。認知症に関しては、体験に寄り添うかたちでその世界の理解を進める研究も見られる。精神科医として小澤（2003）は、認知症の人たちへのケアの経験から、高齢になった場合にありうる一つの状態として、「認知症という生き方」をわれわれに教えてくれる。その生き方を理解しようとすることが、認知症が社会的に受容される一つの入り口になるのではないかと考える。Boden（1998　桧垣訳　2003）が書く認知症患者としての自らの体験は、その記憶・感覚・行動について、どのような不自由さが生じるのか、初めて説明され描写されている。それにもかかわらず、積極的に生きる生き方は、認知症やその他の病気が対象として語られるのではなく、その人の世界として窺い知ることを可能にしている。ところで、85歳以上の25％は認知症であるといわれているが、残りの75％の人たちにとっては、生活上の悩みは未だ見えにくい。高齢者の事例性についての研究が少ない理由は、以下のようなことが関連していると考えられる。

① 研究者や臨床家が、自らは未だ体験していないために、個別的な悩みに関するイメージをもちにくい。

② 高齢者の場合、不安などは身体面の訴えとして表現されやすく、医療機関に通院するという解決法をとることが多い。

③ 高齢者には、自身の悩みを心理的問題として相談するという習慣が根づいていない。

④ 身体的な不自由さのために、外出も簡単ではない。

Garland（1998　下山訳　2003）によると、イギリスにおける高齢者への臨床心理サービスは、**物忘れ外来（記憶クリニック）**における、神経心理学的アセスメントやリアリティ・オリエンテーション、カウンセリング、回想法やライフ・レヴューなどは、日本と同じである。しかし、施設で見られる「**徘徊（wondering）**」について、「時間見本法」を用いて構造化観察を行い、周囲の人が対象者の行動に与える影響を見た結果から、スタッフがその人への関わりと環境に焦点を当てて考える実践（Garland, 1998　下山訳　2003）などが行われており、日本においてはまだ見られない。

また、イギリスにおいて、臨床心理士はコンサルテーションを業務とすることが多くなっていると聞くが、日本では、地域におけるチーム・メンバーとしての関わりを求められることがまだ少ない。しかし、高齢者への臨床サービスを考え

るときに、他の職種とのチームでの仕事がこれからは必要になると考えられる。

2）高齢者への心理的のケア

　高齢者のもつ心理的問題を考えるとき、本人が問題を言語化して表現するとは限らない点を念頭におく必要がある。それは身体的不調であったり、時には「問題行動」であったりする。高齢者の長年の習慣から、気持ちのつらさを直接表現しにくいこともあり、言語では伝わりにくいことを、行動や表情や体調から推し量る必要がある。一方的な決めつけをなくすために、標準化されたアセスメントや、行動観察が必要になることもあるだろう。しかし、日常的に、高齢者のつらさを考えたり感じたりするのは、その人の近親者から「落ち込んでいる」「食欲をなくしている」などと聞くときである。病気のため入院しているときに、今まで元気でいたはずなのに処置のために自由がきかなくなり、落ち込んでしまったり不機嫌になったりするという話を聞くことがある。病院の職員にとっては、身体の状態をよくするための処置であっても、高齢者にとっては、十分な説明を受けなければ納得がいかないであろう。医師や看護師などの専門職は、相手がどの程度説明を理解しているのかに留意しているだろうか。身体の状態をよくすることや心理的な安心感をもてることとが、スタッフの意図とはかけ離れて感じられることも少なくない。精神的な問題が体調に現れやすい高齢者には、特に落ち込んだりしているときに、ゆっくり気持ちを聞く人が必要だろう。

　また、公共交通機関の無料乗車券で、いろいろな所に出かけられて便利だという人がいる反面、自分の年齢を意識して、気分がしばらく落ち込んだという人の話も聞く。高齢者は、他のどの発達段階においてよりも、それぞれの個性と多様性が大きく関係するため、周りでよかれと思うことでも、人によって捉え方はさまざまらしい。現在の社会システムの急激な変化をどれくらいの人が理解し、適応できているのだろうか。世代や専門領域を超えて、できるだけゆとりをもって、お互いの話を聞くことから心理的のケアが始まると考えている。

3）介護者のためのグループ

　高齢者への支援に欠かせないことは、家族介護者や介護スタッフへの支援である。高齢者の家族への支援はさまざまであるが、情緒的支援や、情報提供、アドバイスなどは、現在、認知症の家族会などによって担われていることが多い。家族や介護者の燃え尽き症候群へのケアも、まだ端緒に着いたばかりで、十分とは

いえないのが現状である。

　ここでは、介護者の悩みを通して、高齢者の抱える問題を考えさせられた例を挙げて、これからの高齢者支援について考えたい。筆者は、大学の心理・教育相談センターで、「介護者のためのグループ」を実施している。このグループを始めたのは、ホーム・ヘルパーとして介護のこと、親や義父母とのことを相談したいと聞いたときに、次のように考えたからである。高齢者の介護を考えるとき、誰かひとりの弱さを問題にして、個人の行動の変化を期待するのではなく、周囲のサポートも含めて関係性のあり方を多面的に捉えて考えていくほうが、アプローチしやすい。また、ひとりで問題を抱え込まないためには、専門家とだけでなく、一緒に考えてくれる人や同じ悩みをもつ人と話し考え、さらに、自分自身の悩みを話すことが、他者の役に立つ経験にもなるからである（藤，2001）。そして、このようなグループを続けることで、ひとりで悩む高齢者を含めて、地域で他者に声をかけやすい環境や、土壌作りをすることに結びついていくと考える。日ごろ周りの人や「世間の常識」から、ケアすることが当たり前だと考えられている人たちを、**エンパワメント**（empowerment）することこそ、コミュニティの実践には必要だと考える（藤ら，2003）。

　さて、筆者が行っている「介護者のためのグループ」は、月1回金曜日午後の90分間を設定しており、いつでも誰でも参加できるオープングループである。介護する家族とケアワーカーを対象にしている。予想したように、介護する家族はなかなか家を出にくい事情があり、参加者は少数であったが、「ケアする人こそケアされる場が必要」という思いからグループを継続している。この2年間、家族やヘルパーと語り合った中で、制度上の問題から生じていると考えられることを、メンバーの発言からいくつか拾ってみる（藤・仲村，2004）。

① 　ヘルパーは介護保険から報酬をもらっていることをいくら説明しても、ヘルパーにお土産を持たせようとしたり、食事を一緒にしようと誘われたりする。制度としてできないことを納得してもらうことが、結構つらく感じる。

② 　田舎では夫に先立たれると、妻は孤独になる。地域での仕事は男の仕事、女は夫を支えて子どもを育てて、家の中を守っているため、人付き合いは夫を通じてすることがほとんどで、夫が死ぬと付き合いがなくなる。ヘルパーは話し相手として求められるが、聞いてあげたくても、そればかりもしていられない。

③ 　姑を介護するとき、医者から事故を起こさないようにと言われた。姑は歩

き回りたがったが、歩くと転ぶので、動かないように言うのが大変だった。

　このような話から浮かび上がってくるのは、介護保険はできたが、これまでの生活様式との違いからくる戸惑いがあったり、医療従事者からの説明の受け取り方のずれが見えてきたりする。進歩する医療や福祉制度の中で、新しい暮らし方に慣れるのは、高齢者本人も家族も楽ではないだろう。介護する人は、家族であれヘルパーであれ、身体的なケアが精一杯で、相手の戸惑いに余裕をもって接することができるとは限らない。このような中で、ケアしケアされながらも、お互いの思いが伝わらずに悩むようだ。このようなことを話しながら、介護者が少しでも気持ちにゆとりがもてるように、このグループを続けている。

　この「介護者のためのグループ」は、大学の心理・教育相談センターで実施してきたが、より身近な場所で行なうほうがよいのではないかと考え、地域で高齢者や子育て支援を行っているNPO法人と連携して、大学からスタッフの出張サービスを開始する準備を始めている。できるだけ地域の中で、しかも高齢者や家族の近くで支援ができるように、可能な方向性を探っているのが現状である。

引用文献

Boden, C. 1998 *Who Will Be When I Die?* Haper Collins Publishers.（桧垣陽子（訳）2003　私は誰になっていくの？──アルツハイマー病者から見た世界．クリエイツかもがわ．）

藤　信子　2001　コミュニティと集団心理療法──大学の心理・教育相談センターでの一つの試みとして．立命館大学心理・教育相談センター年報，創刊号，14-17．

藤　信子・竹澤　恵・安井美紗・仲村利江　2003　ケアする人のための2つのグループ．立命館大学心理・教育相談センター年報，**2**，17-18．

藤　信子・仲村利江　2004　介護者のためのグループから．立命館大学心理・教育相談センター年報，**3**，31-32．

Garland, J. 1998 Working with older adults. In Marzillier, J. & Hall, J.（eds.）*What is Clinical Psychology?*（3rd ed.）Oxford University Press.（下山晴彦（編訳）2003　専門職としての臨床心理士，178-215．東京大学出版会．）

本荘　繁　2004　高齢者ケアの心理学入門．朱鷺書房．

野村豊子　1998　回想法とライフレヴュー──その理論と技法．中央法規出版．

大山博史（編著）　2003　医療・保健・福祉の連携による高齢者自殺予防マニュアル．診断と治療社．

小澤　勲　2003　痴呆を生きるということ．岩波書店．

参考文献

小澤　勲　2005　認知症とは何か．岩波書店．

家庭・地域社会領域での実践
[5] フェミニスト・アプローチ

高畠克子

1）フェミニスト・セラピーの発祥

1960年代のアメリカというと、公民権運動や第二派フェミニズム運動が華やかなりし頃で、人種間や男女間の差別を撤廃する運動が全米を捲引した。これらの運動に呼応するように、大学という教育や学問の領域においても、既存の価値観やヒエラルキーを根底から覆すような、政治的・社会的運動が全世界的に吹き荒れた時代でもあった。ちょうどその頃、Friedan（1963　三浦訳　1986）は"The Feminine Mystique" を著し、その中でフェミニスト・セラピーについて触れたため、この本によってフェミニスト・セラピーが誕生したともいわれている。それ以降、女性たちは数人で集まっては、自らの体験を語ることを通して、多くの女性に共通の「自分たちの人生の生きづらさ」を確認し、それに伴う苛立ちや哀しみや怒りなどの感情を表出するプロセスを共有し、これらを女性特有の「名前のない病」として規定したのが、フェミニスト・セラピーの始まりである（河野，1991）。

2）フェミニスト・アプローチが目指すもの

Valentich（1986）によれば、フェミニズム運動から誕生したフェミニスト・セラピーにおいては、三つの活動がその発展を促進させたという。したがって、ここでは**フェミニスト・アプローチ**（feminist approach）の目指すものとして、次の3点に整理してみる。

① 「名前のない病」を社会的・政治的・歴史的・文化的文脈で捉え直すこと

女性たちが集い、自分たちの抱えている問題を語るというプロセスは、女性たちが家族や学校や社会の中で育てられ、躾られてきたという事実、すなわち、社会的・歴史的・文化的背景に気づくことに繋がった。そして、この気づきが力になるためには、社会的に発言したり、政策決定に携わるポジションに就いたりすることが必要である。こうして、個人的な問題から出発した出来事や事実を、社会的・政治的な問題に発展させることが、フェミニスト・アプローチの重要なポイントなのである。

② 「草の根」からネットワークおよび協働へ

女性たちの緊急な課題として、レイプ・虐待・DVなどが浮上したのは、1970年代のアメリカにおいてであったが、この頃すでに女性たちは、被害者たちをコレクティブズ方式で支援する「草の根」運動を始めていた。当初から専門家は入らず、当事者同士が自分たちの知恵と経験と力（power）を出し合うという意味で、セルフヘルプ的なものであったが、問題が複雑化・多様化してくるに従って、医療・心理・社会福祉・アドボケイト（人権擁護）・行政など、専門家とのネットワーク、および**協働**（collaboration）が不可欠になってきた。被害者や当事者を個人的に支援するだけでなく、広くネットワークやコミュニティのなかで支えること、さらには専門家・非専門家が協働して、組織・社会・マクロコミュニティを変革することが、フェミニスト・アプローチの第二の重要なポイントなのである。

③　自分自身の体と心をトータルに管理すること

多くの女性たちは、自分の体や心を酷使して、子ども・夫・親など多くの他者のために献身するという生き方を身に付けており、その結果として、自分自身の体や心を労わることを後回しにしてきた。改めて、自分自身のセクシュアリティや**ジェンダー**（gender）の問題、たとえば性的自由と選択権の問題、性同一性の問題、妊娠・出産・育児の問題などに向き合うことが、自分自身の体と心を取り戻し、それらを自らトータルに管理することに繋がり、これがフェミニスト・アプローチの第三の重要なポイントなのである。

3) フェミニスト・アプローチの鍵概念

　フェミニスト・アプローチは、原則的には前述した3点を目標にしてきたが、具体的にはさまざまな戦術を駆使しながら、現実に対処していかなければならない。そこで、最低限必要な戦術を鍵概念として、次の7点にわたって述べる（高

畠，2004)。

① セラピストとクライエントの平場性(ひらば)を保証すること

相談や治療に来る人(クライエント)と相談や治療をする人(セラピスト)の間には、対等な関係性や平場性が保証されていることが必要である。対等といっても、両者には知識や経験やスキルに違いがあることは否めないが、両者が協力して、この格差を狭めることはできる。セラピストが、クライエントを指導したり説得したり教育したりすることを極力避け、クライエントの言葉に耳を傾け、その体験を共有させてもらうことからセラピーを始めるなら、誕生期のフェミニスト・セラピーの精神と意義を継承することになるであろう。ナラティヴ・セラピーがいみじくも言うように、「クライエントこそ専門家である」(Anderson & Goolishian, 1992 野口・野村(訳) 1997) ということに繋がるであろう。

② フェミニスト・アプローチは対人関係であると認識すること

Sullivan (1953 中井ら訳 1990) は、『精神医学は対人関係論である』という著書のなかで、「人生における不安の意味」を解明することは、対人関係の中で不安に対して本質的な脆弱さを露呈する箇所があり、それが、どこであるかを探ることだと述べている。このように、フェミニスト・アプローチでは、前述①で述べた平場性をさらに踏み込んで、セラピストとクライエントという関係性を利用して、対人関係における独特のパターンや歪みや脆弱性を探り、さらに修正を加えていくという、治療あるいは協働作業が必要になる。

③ 問題を社会的・文化的文脈で捉えること

人は常に、家庭内の母子関係・父子関係・同胞関係というミクロシステムから、学校・社会・コミュニティ・地球などのマクロシステムに移行することで、発達・成長を遂げるが、同時にさまざまな問題や葛藤を抱え込むことにもなる。たとえば、学校でいじめや不登校の問題が発生したときに、個人の意思や性格の問題として捉えるだけでなく、学校システムや文部科学省レベルの教育行政の問題、さらには、人々が生きがいをもてない現代社会の問題として捉え、社会的・文化的文脈において、個人または環境内個人として捉えて働きかけることが必要である。

④ 女性のライフ・サイクルから人生を捉えなおすこと

男性の発達・成長は、「分離」「独立」「個体化」「自立性」などの概念によっ

て説明されてきたが、女性の場合は、「愛着」「相互関係性」「ケア」など、**「関係性の中の自己」**（self in relationship: Miller, 1986　河野監訳　1989）の概念で説明するほうが、発達・成長を適切に捉えていると考えられるようになってきた。そこで、今までの発達心理学が、男性の発達・成長を前提にして、「分離・個体化」の概念を優先させてきたのに対し、女性の発達・ライフサイクルを考慮しながら、新たに「関係性の中の自己」の概念で、問題を捉えなおし解決を図ることの必要性が高まっている。

⑤　女性の自己主張を促進すること

フェミニスト・セラピーでは、**意識覚醒訓練**（Consciousness Raising: **CR**）と同様に、**自己主張訓練**（Assertion Training: **AT**）が独自の戦術として開発されてきたが、後者のAT的なアプローチは、特に女性の生き方を変えるという点で有効である（Dickson, 1982　山本訳　1991；平木，1993）。すなわち、ATを通して女性が周囲の人に配慮しながらも、自分の気持ちや考え方を自己肯定的に表現することを一義的に考えるならば、女性のコミュニケーション・パターンや他者との関係性に変化が生じ、人生における葛藤や生きづらさがかなり軽減されるだろうと考えるのである。

⑥　女性をエンパワメントすること

フェミニスト・セラピーは、CRやATなどのグループ・ワークを活動母体にしているように、当事者の自己表出やそれに伴う気づき、当事者同士の支えあいや**エンパワメント**（empowerment）、さらには社会的・文化的環境への変革などが重要である。特にエンパワメントは、人が「本来もっている力」を発揮できない状態について、その阻害要因になっているものが何であるかを探り、個人・組織・コミュニティの三つのレベルから、その要因に働きかけて解決を図ることであり、これはフェミニスト・アプローチの中でも重要な戦術であるといえる（森田、1998）。

⑦　問題を抱える女性をアドボケイトすること

アドボケイト（advocate）は、語源的には「声のほうに」、すなわち「求める声に応じて」という意味をもち、一般的には人権を擁護する、代弁・弁護するなどの言葉が当てられている（第Ⅱ章第5節を参考）。今まで、女性たちにとって、社会的に男性と対等な立場や地位を獲得するのは、ごく少数の人々に限られていて、それ以前にはそのチャンスさえも保障されていなかった。このような抑圧的な体制の中で、女性たちは草の根的な運動や繋がりを

もとにして力を貯めてきたが、直ちにそれを有効に活用するのは困難で、そのためにアドボケイトする人（アドボケイター）が必要となる。時にはセラピスト自身も、そのような援助やアプローチを行う必要がある。

4）フェミニスト・アプローチのこれから

　もともとフェミニスト・セラピーには、「女性の」「女性による」「女性のための」セラピーという暗黙の了解があったが、時に男性から「なぜ女性に限定するのか」という批判にあうことも確かである。かつては、女性のセラピストによって、治療関係の中で病が癒されていったが、徐々に同じ悩みをもつ女性同士の繋がりによって、また司法や行政に携わる女性のアドボケイターたちによって、女性がエンパワーされ、精神的にも経済的にも自立し始めているのが昨今の状況でもある。そこで、かつてのフェミニスト・セラピーからセラピーが外れて、フェミニスト・アプローチに代わり、さらに将来的には、フェミニスト・アプローチからフェミニストが外れて、その代わりにヒューマン・アプローチが求められる時代が到来するだろう。それはフェミニスト・セラピーが退場する時でもあり、それが望ましいのかもしれないが、そのとき「桶から大切な赤子を流す」ことのないように、フェミニスト・セラピーのエッセンスを堅持する必要がある。

　そこで、このエッセンスは何かを考えてみると、それはまさにコミュニティ心理学のエッセンスにほかならない。このセクションにおいて、筆者はコミュニティ心理学を意識したわけではなく、フェミニスト・セラピーからフェミニスト・アプローチについて書き進んできたが、セラピストとクライエントの対等性も、問題を社会的・文化的文脈で捉えることも、ミクロ・メゾ・マクロの多様なレベルからアプローチすることも、ネットワークやコラボレーションが不可欠なことも、当事者へのエンパワメントやアドボケイトを重視することも、多くの部分がコミュニティ心理学とオーバーラップしているのである。

引用文献

Anderson, H. & Goolishian, H. 1992 The Client is the Expert: A not-knowing approach to the therapy. In McNamee, S. & Gergen, K. J. (eds.) *Therapy as Social Construction*. Sage.（野口祐二・野村直樹（訳）1997　ナラティヴ・セラピー——社会構成主義の実践．金剛出版．）

Dickson, A. 1982 *A Woman in Your Own Right: Assertiveness and you*. Quarted Books.（山本光子（訳）1991　アサーティブネス（積極的自己主張）のすすめ——

前向きに生きようよ女性たち．柘植書房．）
Friedan, B. 1963 *The Feminine Mystique*. Norton.（三浦富美子（訳） 1986 新しい女性の創造．大和書房．）
平木典子 1993 アサーション・トレーニング──さわやかな〈自己表現〉のために．日本・精神技術研究所．
河野貴代美 1991 フェミニスト・カウンセリング．新水社．
森田ゆり 1998 エンパワメントと人権．解放出版．
Sullivan, H. S. 1953 *The Interpersonal Theory of Psychiatry*. Norton.（中井久夫・宮崎隆吉・高木敬三・鑪幹八郎（訳） 1990 精神医学は対人関係論である．みすず書房．）
髙畠克子 2004 女性が癒やすフェミニスト・セラピー．誠信書房．
Valentich, M. 1986 Feminism and Social Work Practice. In Turner, F.（ed.）*Social Work Treatment : Interlooking theoretical approaches*. The Free Press.

参考文献
Eichenbaum, L. & Orback, S. 1983 *Understanding Women : A feminist Psycho analytic approach*. Basic Books.（長田妙子・長田光展（訳） 1988 フェミニスト・セラピー──女性を知るために．新水社．）
Jordan, J. V.（ed.） 1997 *Women's Growth in Diversity*. The Guilford Press.
河野貴代美 2004 フェミニスト・カウンセリング2．新水社．
Miller, J. B. 1986 *Toward a New Psychology of Women*.（河野貴代美（監訳） 1989 イエス、バット……──フェミニズム心理学をめざして．新宿書房．）
宮地尚子 2004 トラウマとジェンダー──臨床からの声．金剛出版．

家庭・地域社会領域での実践
[6]「いのちの電話」にみる自殺予防活動

高畠克子

1) コミュニティ心理学からみた「自殺」

自殺予防（suicide prevention）の問題を考えるとき、日本において先駆的な予防活動を行ってきた「いのちの電話」の実践を抜きにしては語れない。筆者自身も近年、「神戸いのちの電話」の訓練委員として関わるチャンスをもってきた。ここでは、30年以上にわたって日本の自殺予防運動を牽引してきた「いのちの電話」の実態を紹介し、さらにコミュニティ心理学の視点でこの活動のもつ意義について述べる。

さて、「自殺」という行為は人間に特有の行為であるが、それは、行為者個人の問題であると同時に、行為者が属している組織や社会や文化の問題でもある。したがって、コミュニティ心理学的にいえば、自殺をミクロ・メゾ・マクロレベルの問題として捉え、それぞれのレベルでの取り組みと、それらを統合するコミュニティ心理学的アプローチの視点をもたなければならない。たとえば、日本は自殺王国といわれて久しいが、自殺既遂者の数が1997年までは20,000人から25,000人の間を推移していたが、1998年以降一挙に30,000人を突破し、2003年には34,427人と最悪の事態になってきた。自殺に関連する要因としては、①健康問題 ②経済・生活問題 ③負債・事業不振・失業・倒産、などが挙げられ、男女別では男性が7割、年代別では60歳代以上が34％、50歳代が25％、40歳代が14.5％、19歳以下は2％と最少である。以上の厚生労働省の統計からは、日本の自殺者の特徴は、中高年期の男性の占める割合が非常に高く、背景には、中・高年期のうつ病（高橋, 2000）や成人病などの健康問題と、リストラ

や借金・負債による経済問題が大きく横たわっているといえるだろう。

2)「いのちの電話」とは

　日本における「**いのちの電話**」活動は、1971年に、ボランティアによる電話相談として誕生して以来、全国に50センターが設立され、総相談員数は8,000人に達しているといわれている。ところで、バーラー（Varah, C.）は、1953年にロンドンで相談活動「サマリタンズ」を開始し、その10年後に、オーストラリアの牧師ウォーカー（Walker, A.）は、自殺予告の電話を受けたことから電話カウンセリング「ライフ・ライン」を始めたが、これらの活動が「いのちの電話」の前身といわれている（石井，1986；佐藤・高塚・福山，1999；樋口監修，2001など）。歴史が物語るように、「いのちの電話」は、運営・財政・研修を主たる活動とする「いのちの電話連盟」（1977年設立）という全国的組織のもとに、自殺予防と危機介入をその目的とし、多くのボランティアが活動主体となってさまざまな活動を行ってきたのが特徴である（末松，2001）。

3) コミュニティ心理学からみた「いのちの電話」の意義

　山本（2001）は、コミュニティ心理学的援助を次のように定義している。「臨床心理学的地域援助とは地域社会で生活を営んでいる人々の、心の問題の発生予防、心の支援、社会的能力の向上、その人々が生活している心理的・社会的環境の整備、心に関する情報の提供を行う臨床心理的行為を指す（p. 244）」とある。そこで、筆者は「いのちの電話」活動が、コミュニティ心理学的援助活動そのものであることについて、山本のいう臨床心理学的地域援助の理念も含めて、次の7点にわたってその意義を整理してみたい。

　① 　地域生活者への援助

　　電話をかけてくるコーラー（caller）は、病院や施設に入所している人ではなく、地域社会の中に生活していて、悩みごとや困りごとを抱えている人々である。このように地域で生活するうえで起こってくるさまざまな悩みごとを、誰でもいいから聴いてほしいというのが、コーラーの切実な願いであろう。そこで、電話でコーラーの生の声で、さまざまな悩みなどに耳を傾けることが、「いのちの電話」の重要な意義であるといえる。

　② 　コミュニティ感覚をもつ相談員

　　全国50ヶ所のセンターに所属している「いのちの電話」の相談員は、その

地域に生活する主婦や学生や社会人であり、それぞれの地域特有の言葉や文化や**コミュニティ感覚**（sense of community）をもっている人々である。この生活者としての相談員自身がもつ、地域に密着した自然なコミュニティ感覚は、コーラーの悩みを聴き取り、援助するための重要な資質であり、これによってコーラーの心の病を予防したり、軽くしたりできるのである。このように、「いのちの電話」がコミュニティ心理学的地域援助の一社会資源として果たす意義は、きわめて大きいといえる。

③　専門家・非専門家との協働

「いのちの電話」の相談員は、精神保健の専門家であったり、カウンセリングや専門的な助言ができたりする人でなく、ひたすらコーラーの話を傾聴し、共感的理解をもって受容する、いわゆる普通の市民ボランティアである。だからこそ、コーラーは構えずに、電話を通して心の中や気持ちを吐露することができ、それによって直接的な問題解決に至らなくても、気持ちが楽になり前向きになれるようである。一方、市民ボランティアという非専門家は、専門家のコンサルテーションを通して、見守りや励ましやアドバイスによって、しっかりとコーラーと向き合うことができるのである。この点では、**非専門家と専門家との協働**（collaboration between professionals and non-professionals）が、コーラーへの有効な援助に繋がるといえる。

④　予防の重視

「いのちの電話」の活動目的にあるように、自殺予防と**危機介入**（crisis intervention）が本質的で不可欠であるが、自殺志向性の高い人たちが「いのちの電話」にかけてくるのは、いくばくかの生きたい気持ちをもっているからであろう。「いのちの電話」の相談員は、直接コーラーの傍らに駆けつけて、危機介入に関わることはできないが、かろうじて電話で繋がっているコーラーの話に丁寧に付き合い、コーラーのつらい絶望的な気持ちを受け止めることができる。これが自殺予防と危機介入に繋がる重要な意義であるといえる。

⑤　強さとコンピテンスの重視

心の病をもつ人を治療する場合、カウンセリングや薬物で、その人の心理的・病理的脆弱性を強めようとするのが一般的であるが、コミュニティ心理学では、その人の強さや有能さに焦点を当てて援助していくのである。「いのちの電話」相談も同様で、コーラーが前向きに生きられるように、その人

の強さや有能さを見出し、援助することが有効である。そのためには、コーラーの否定的な話に集中するだけでなく、コーラー自身が、肯定的に評価できるような出来事や人との関係に話を膨らませることができれば、その意義は大きいといえる。

⑥　エンパワメントの重視

エンパワメント（empowerment）とは、個人・組織・コミュニティの三つのレベルで、個人の生活を統制し意味を見出す力を獲得できるように、援助していくことである。個人のレベルでは、前述した強さとコンピテンスを重視することに相当するが、組織やコミュニティのレベルでも、問題点を把握しエンパワメントする必要がある。「いのちの電話」相談の場合は、個人レベルでの援助が主となるが、自殺と関係する死やうつの問題は、その人の背景にある経済的・社会的・文化的文脈で捉えることも重要である。すなわち、コーラーの置かれた生活的・環境的背景を視野に入れながら話を聴くことが、組織やコミュニティ・レベルでのエンパワメントに繋がることもあるからである。

⑦　黒子性の重視

コミュニティ心理学における黒子性とは、コンサルテーションなどの場合に使われる言葉で、これは直接的サービスというより、間接的サービスに重点が置かれる視点である。これを若干敷衍すると、相談員は常に、姿も名前もない援助者で、直接コーラーの前に現れたり面接したりしないが、舞台の主役であるコーラーを援助する黒子の役割を果たしているといえる。

4) 今後に残された課題

a　自殺既遂率の高い男性への取り組み

すでに述べたように、日本では、女性より男性において自殺頻度が高く、既遂率も高いのが特徴である。たとえば、男性では自殺実行のまさにその瞬間に、電話してくることも稀ではなく、深刻度や切迫度において性差が認められる。「いのちの電話」では、自殺念慮をもつコーラーに対する、予防および危機介入に活動意義が認められるので、自殺の危険性の高い男性が「いのちの電話」を利用するようになると、既遂率の減少にも繋がるのではないかと考えられる。そのために、啓発・広報活動が重要であり、たとえば通勤電車を利用した自殺防止キャンペーンとして、JRなどの列車内に「いのちの電話」活動を紹介する広告を出し

たり、男性の目に付きやすい場所にポスターやチラシを置いたり、テレビのテロップやCMなどに広報したりすると、それを見た男性が電話をしてくるかもしれない。また、電話よりメールのほうが利用しやすい人々のためには、メール相談を開設することも有効かもしれない。ただし、近年、自殺サイトにアクセスして集団自殺が決行されたり、犯罪事件が引き起こされたりする危険性も同時に高まっているので、これへの対策を講じることが、新たな課題になりつつある。

b 周囲から孤立し支援を求めようとしない人々への取り組み

誰も助けてくれる人がいないと思い込んで、孤立無援状態で自殺を決行しようとする人々に、支援の手を差し伸べることは至難の業である。震災後に高齢者の孤独死が後を絶たなかったり、生活保護を知らずに生活苦のために餓死する母子がいたり、障害児を抱えた母親が責任の重さから虐待に走らざるを得なかったり、極限的な危機状況に支援を求めようとしない人々の問題はより深刻で、「いのちの電話」を利用しない自殺志願者の問題とも共通している。危機状況の真っ最中に直接働きかけることは困難としても、事前に、公的サービスあるいはNPOのサービスを周知させながら、サービスを送り届けるボランティアのきめの細かい活動が、当事者を孤立させずに危機を回避させることに繋がるだろう。これはまさに、「いのちの電話」のボランティア相談員が、日常的に行っている配慮の行き届いた支援であり、「いのちの電話」が担う予防的な活動の重要性でもある。

c 相談員のメンタルヘルスへの取り組み

自殺の相談をはじめとして、犯罪被害・性的虐待・DV・セクシャルハラスメントなどのトラウマ相談に関わる人々は、被害者から繰り返し語られる想像を絶するトラウマ体験によって、あたかも自分自身がトラウマを受けたかのようになることが少なくない。これを相談員の受ける二次受傷（大澤，2001）といい、たとえば、日常生活の中で突然被害者のトラウマ体験が想起されたり、夢の中に出てきたり、体調不良や慢性疲労が現われたりする。さらに、この二次受傷が昂じると、感情疲弊に陥ったり（Figley, 1995）、バーンアウトしたりして、仕事が続けられなくなる。このような、相談員の二次受傷を予防し、二次受傷から回復するための取り組みが今後の重要な課題である。たとえば、①相談員になる前に、もしあれば自分自身のトラウマ体験を解決しておく　②同じ相談員同士で、**デブリーフィング**（debriefing: 感情の吐き出し）を行う　③事例会議で二次受傷について検討したり、スーパーバイズを受けたりする（黒川，1992）　④仕事

と私生活のバランスを保つ、などが考えられる。このように、相談員のメンタルヘルスを健全に保つことが、被害者など当事者に対して良好な支援を送り届けることにも繋がる。

d 遺族への支援

最後に、残された重い課題として、自殺で亡くなった人々の遺族に対する心のケアの問題がある。英米圏では、プリベンション（予防）・インターベンション（危機介入）・**ポストベンション**（post-vention: 事後対応）がセットで考えられているが、日本ではまだポストベンションへの取り組みは少なく、ホスピスが主催する「がんで身内をなくした家族の会」や、「自死で親をなくした子どもの会」（あしなが育英会）などがわずかに見られ、最近では、2005年4月に起こった兵庫県尼崎JR脱線事故による、遺族への取り組みが始まっている。日本では、年間30,000人以上の人々が自らの命を絶っているが、その裏には10倍とも20倍ともいわれる遺族が、悲しみと絶望と複雑な気持ちを一生抱え続けているのである。特に、日本では、後追い自殺が多いといわれており、新たな自殺者を出さないためにも、ポストベンションの取り組みが重要である。高橋・福間（2004）は、ポストベンションを行う際、遺族からの要請にどのように応えるかの難しさを述べているが、個人的ケアと集団的ケアのどちらを優先させるにしても、一般的には原因究明や犯人探しではなく、自殺という悲劇的な出来事によって遺された人々が受けたトラウマ体験を、どのようにデブリーフィングし癒すかが重要であることを説明する。そのうえで、具体的なアセスメントやグリーフ・ワークを行いながら、ハイリスク・グループへの予防的・教育的・医学的介入などを行っていく必要がある。

引用文献

Figley, C. R. 1995 Compassion Fatigue: Toward a new understand of the costs of caring. In Figley, C. R.（ed.）*Compassion Fatigue*. Burner/Mazel.
樋口和彦（監修）2001 一人で悩まずに……いのちの電話．ほんの森出版．
石井完一郎 1986 「いのちの電話」に問われるもの，いのちの電話．現代のエスプリ，**222**，5-30．
黒川昭登 1992 スーパーヴィジョンの理論と実際．岩崎学術出版社．
大澤智子 2001 二次受傷から身を守るために——支援者の傷つきを考える．藤森和美（編）2001 被害者のトラウマとその支援，202229．誠信書房．
佐藤誠・高塚雄介・福山清蔵 1999 電話相談の実際．双文社．
末松渉 2001 いのちの電話——組織と運営．山本和郎（編）2001 臨床心理学的地

域援助の展開——コミュニティ心理学の実践と今日的課題，54-66．培風館．
高橋祥友　2000　中年期とこころの危機．日本放送出版協会．
高橋祥友・福間　詳　2004　自殺のポストベンション——遺された人々への心のケア．医学書院．
山本和郎　2001　臨床心理学的地域援助とは何か——その定義・理念・独自性・方法について．山本和郎（編）　2001　臨床心理学的地域援助の展開——コミュニティ心理学の実践と今日的課題，244-256．培風館．

参考文献
稲村　博・林　義子・斉藤友紀（編）　1981　眠らぬダイヤル．新曜社．
Lester, D. & Brockopp, G. W. 1973 *Crisis Intervention and Counseling by Telephone*. Charles C. Thomas.（多田治夫・田中富士夫（監訳）　1982　電話カウンセリングの技法と実際．川島書店．）
宮島　喬　1979　デュルケム自殺論．有斐閣．
大原健士郎　1996　生きることと死ぬこと——人はなぜ自殺するのか．朝日新聞社．
Rosenfield, M. 1997 *Counseling by Telephone*. Sage.（斉藤友紀・川島めぐみ（訳）　1999　電話カウンセリング——電話相談の専門性と治療関係．川島書店．）

家庭・地域社会領域での実践
[7] 犯罪被害者支援

杉村省吾

1）犯罪被害者支援の現状

　犯罪が発生した場合、被害者やその家族は直接的な被害を被るばかりでなく、物心両面にわたって計り知れない打撃を受けることが多い。自分にとって欠くべからざるものを一瞬にして奪われ、慣れ親しんだ人や物を失くして対象喪失感に陥ったり、時には一家の経済的基盤を失って生活に窮したりすることも稀ではない。犯罪に巻き込まれたときの被害の深刻さには、筆舌を絶するものがある。この点で、コミュニティ心理学からみた犯罪被害者支援の意義は大きいといえるであろう。

　長年にわたってアメリカで、**犯罪被害者のトラウマ**（trauma of crime victims）の治療や、テロリズムの心理について研究を実施してきた Ochberg（1988）は、犯罪によって被害を受けた人々は、通常の PTSD 症状に加えて、次のような症状的特徴が見られることを指摘している。すなわち、①恥と感じやすい　②自責の念をもちやすい　③服従しやすい　④加害者に対する憎悪を抱きやすい　⑤逆説的な感謝の念を抱くことがある　⑥汚辱感を抱きやすい　⑦性的に抑制することが多い　⑧過去にも未来にも関心がなく諦観しやすい　⑨第三者による二次被害を受けやすい　⑩社会経済状況の低下が見られる、などである。

　このような被害者の心身両面にわたる苦痛を軽減し、その回復を支援することは、国家・社会にとって必須の活動といえるであろう。「国連被害者人権宣言」でも、「被害者は政府、ボランティア、コミュニティに基礎をおく機関を通じて必要な物質的、精神的、心理的、社会的支援を受けられる」と規定している。こ

れに対し、日本においては、被害者支援活動の立ち遅れが著しく、ややもすると被害者の権利が保障されることなく、放置されてきたきらいがある。しかし、近年、神戸市小学生連続殺傷事件、地下鉄サリン事件などの凄惨な事件の発生を契機として、犯罪被害者支援を求める世論が急速に高まり、法整備が図られるとともに、被害者支援活動に取り組む各種団体が設立されるなど、ようやく被害者に光があてられつつあるのが現状である。

2) 犯罪被害者権利宣言

日本では、2003年に全国被害者支援ネットワークが、「**犯罪被害者の権利宣言（declaration of crime victims' rights）**」を採択しているが、それによると、①公正な処遇を受ける権利 ②情報を提供される権利 ③被害回復の権利 ④意見を述べる権利 ⑤支援を受ける権利 ⑥再被害から守られる権利 ⑦平穏かつ安全に生活する権利、など7項目を被害者のアドボカシーとして宣言している。

3) 犯罪被害者保護法などの法的な整備

「全国犯罪被害者の会」や「全国被害者支援ネットワーク」などによる一連の精力的な活動、および犯罪被害者援護に対する世論の高まりなどにより、2000年11月1日には、「**犯罪被害者保護法**」が施行された。その主な骨子は、①刑事公判記録の閲覧・謄写ができる ②優先的に裁判傍聴ができる ③刑事公判調書に示談の記載をすると強制執行ができる、などである。また、同日に「刑事訴訟法」が改正され、①被害者は法廷で心情、意見陳述ができる ②証人尋問の際に付添人を付けられる ③証人と被告人・傍聴人の間に遮蔽板を置くことができる ④証人尋問の際、ビデオリンク方式（法廷外で映像により尋問すること）がとれる、ことになった。

4) セルフヘルプ・グループへの支援活動

筆者らの「NPO法人ひょうご被害者支援センター」の大きな特徴の一つは、被害者の**セルフヘルプ・グループ（SHGs：自助グループ）**の活動がきわめて活発だということである。同センターの臨床心理士・弁護士・精神科医・ボランティアらのメンバーに支えられながら、被害者自らが自助・互助・他助・公助の精神に基づいて運営しており、犯罪被害に遭遇した会員が、自らの被害体験を綴った文集『おもかげ』も発行している。同誌には、犯罪被害者の慟哭に満ちた赤

裸々な心情が表現されている。ここで、同会の主要な役割を担う高松由美子氏の承諾を得て、氏のエッセー「終着駅のないレールを走り……」の一部を紹介しておきたい。氏は、1997年、当時高校1年生だった長男聡至さんを同級生ら10人による集団暴力事件で亡くし、その後悲嘆に挫けず、われわれの「NPO法人ひょうご被害者支援センター」や「全国犯罪被害者の会」の主導的役割を担ってこられた。以下は事件発生から7年目の感慨の一端である（高松, 2004, pp. 42-44）。

「事件から7年、もし今生きていたら23歳。同級生を目にしては、『どんな彼女を選んでいるだろう、結婚して子どもがいる良きパパに、孫を見ている自分を……』なんて叶わぬ夢を見ながら歳を数えているが、やはり15歳の学生服のまま。聡至が青年となっている姿など想像ができず、現実に戻され、あの事件からすべて止まっている自分に気づかされます。（……）少年法という壁にぶつかり、法を犯した者は法で裁いてもらえると信じ、民事裁判を起こしました。真実を問い、神戸地裁姫路支部から、大阪高裁裁判所へと不服申し立て、全面勝訴しました。本当に裁判とは……、戦い続けるという大変なエネルギーとプレッシャーに負けそうになりながらも身体に鞭打ちしてここまで来ました。それもこれも、一人ではなかったからです。（……）」

山本（2001）は、コミュニティ心理学における**エンパワメント**の重要性について、支援グループの活動も、単なる心のケアだけではなく、自分たちの問題の解決を裁判に訴えたり、社会に訴えたりする力を獲得することであると言及している。エンパワメントとは個人・組織・コミュニティの3層にわたり、自らの生活に統制力と意味を見いだすことで、力を獲得することである。この概念が特に重要なのは、生活者として、心の問題を抱えている人々を支援する際であることを指摘している。上記の高松氏のエッセーには、そのエンパワメントの様子がよく表現されている。

5）心の喪の作業（モーニング・ワーク）と援助者の役割

Freud（1899）は、喪失した対象に対する思慕の情、恐怖、罪悪感そして償いの心理を改めて体験して洞察し、心の中で推敲する過程を**悲哀の仕事**（mourning work: 喪の作業）と称している。そして、それらの作業をうまく完遂できないと、心の異常現象が生じ、それが「うつ病」であると論じている。一般に災害

や犯罪による、対象喪失に伴う喪の作業は、第一段階：対象を喪失する段階、第二段階：喪失を否認する段階、第三段階：喪失への怒りの段階、第四段階：喪失を受容する段階、第五段階：対象を放棄する段階、第六段階：新しい対象の発見・回復の段階、の6段階を辿るといわれている。

　このような、被害者へのカウンセリング、およびセルフヘルプ・グループへの心のケアの留意点としては、①ゆっくり話を聴く　②話の腰を折らない　③安易な扱いをしない　④感情を受け止める　⑤悲哀を尊重する　⑥恐怖を和らげる　⑦罪悪感を取り除く　⑧怒りを認める　⑨強くなることを勧めない、などが挙げられる（小西，1996）。しかし、犯罪被害者への援助的関わりについて、心しなければならない点は、カウンセリングにしろセルフヘルプ・グループへの支援にしろ、被害者の話を聴くことが、彼らの心の葛藤状態を喚起することになることであろう。なぜなら理不尽な犯罪行為の被害者になった場合、加害者への怒りが突出して報復願望が出てくるか、あるいは悲嘆にくれて引きこもってしまうか、あるいは損害賠償を請求して訴訟を起こすか、泣き寝入りしてしまうかなど、さまざまな葛藤を抱え込むことになるからである。これらの葛藤を、自らの判断で解決していかなければならないという、直面化や対決を迫られることになる。このときに大きな役割を果たすのが、援助者の共感と支持である。共感と支持といっても、ただうなずいて聴いているばかりでなく、援助者は被害者と同質の体験をしていなくても、心が傷つく体験は多少なりともあるわけで、そのことを想起しながら、援助者自らも、自己の内面に直面化していくことが必要となる。このような双方の内的作業を通じて、被害者は困難な状況を解決していく勇気と希望を、わずかながら獲得できるのではないだろうか。このような観点から、被害に関する相談、および被害者の心のケアなどを支援するとともに、社会全体が被害者を総合的にサポートできる環境づくりが必要となってくるであろう。

6）被害者支援関連機関とのコラボレーション

　今や、被害者に対する早期かつ適切な支援を行うためには、社会的システムの確立とコラボレーションが、緊急を要する課題となっている。とりわけ、公的機関のみではなし得ない被害者支援のために、民間による被害者支援活動の基盤を早期に整備し、被害者自助組織や医療・カウンセリング・法律の専門家などと連携し、被害者のニーズに即した支援活動を行うことが必要である。また、それらの組織が、お互いに有機的に機能を発揮するためには、どのような役割を果たす

べきなのか、相互に知悉しておく必要があるだろう。以下は、筆者がこれまでに関わった被害者支援の経験から、関係機関とのコラボレーションについて、必要と思われるチェック・ポイントをまとめたものである（杉村，2004）。①連携しようとする関連機関の職務内容について通暁しておく　②関連機関のキーパーソンと常に連絡を密にしておく　③クライエントをめぐる複雑な人間関係の様相を察知する感性を身に付けておく　④守秘義務とコラボレーションのアンビバレンスを克服していく　⑤インドアでの相談活動と同時に、アウトリーチする行動力が必要である　⑥災害・事件には初期対応が重要なので、ケア・ネットワークによるマニュアルを共有しておく　⑦被害者支援の初期・中期・長期的対応を視野に入れ、燃え尽き症候群にならないようにする　⑧複数の機関と連携する際には、コンサルテーション・リエゾンの立場で、コーディネーターに徹する　⑨被害者に対する買い物代行、通院同伴、裁判法廷傍聴などの直接支援が有効である　⑩被害者のためのセルフヘルプ・グループへの支援活動はきわめて重要である　⑪メディア対応は窓口をできるだけ一本化し、不必要なプロパガンダを防止する　⑫コンステレーション・パワー（治癒力）を発揮するには、援助者のソーシャルスキルが必須である、などである。

7）被害者支援のコミュニティ心理学的意義

　最後になったが、従来のインドア・セラピーと、災害や犯罪といった広域の複数機関とのコラボレーションが必要とされる場合とでは、援助者に求められるスタンスは、自ずと異なってくることを念頭におくべきであろう。山本（2001）は、伝統的心理臨床家のスタンスとして、①個人対象的　②治療的　③専門家中心の専門性　④病気が対象　⑤疾病性　⑥病気の治療　⑦セラピー重視　⑧パターン化したサービス　⑨単一のサービス　⑩臨床家が一人で抱え込む傾向　⑪サービスの非連続性　⑫専門家のみ、などを挙げている。一方、コミュニティ心理学的援助者の視点と姿勢の特徴として、①集団・地域社会が対象　②予防・教育を重視　③地域社会中心の責任性　④来談者の生活・生きざまの構造重視　⑤事例性　⑥心の成長促進　⑦ケアを基盤　⑧創造的なサービス　⑨多面的・総合的サービス　⑩ケア・ネットワークづくり　⑪サービスの連続性　⑫非専門家・ボランティアの尊重と活用、などを挙げているが、慧眼に満ちた指摘だと思われる。これからのコミュニティ心理学志向の援助者には、援助対象者の置かれた時・場所・状況に応じて、インドアとアウトリーチの技法を使い分けられる技量

と柔軟な対応性が求められるであろう。

引用文献

小西聖子　1996　犯罪被害者の心の傷．白水社．

Ochberg, F. M. 1988 *Post-Traumatic therapy and victims of violence*. Brunner/Mazel.

杉村省吾　2004　被害者支援関係機関と臨床心理士の連携のあり方．日本臨床心理士会・奈良県臨床心理士会共催．第6回被害者支援全国研修会抄録集，**27**．

山本和郎　2001　臨床心理学的地域援助とは何か──その定義・理念・独自性・方法について．山本和郎（編）臨床心理学的地域援助の展開──コミュニティ心理学の実践と今日的課題，244-256．培風館．

山本和郎　1984　コミュニティ心理学の実際．新曜社．

全国被害者支援ネットワーク　2003　犯罪被害者の権利宣言．先刻被害者支援ネットワーク．

参考文献

ひょうご被害者支援センター　2002　ひょうご被害者支援センター設立趣旨書．

石附　敦　2000　コミュニティ心理学．氏原　寛・成田善弘（編）2000　コミュニティ心理学とコンサルテーション・リエゾン，32-47．培風館．

森　省二　1990　子どもの対象喪失──その悲しみの世界．創元社．

高松由美子　2004　終着駅のないレールを走り……．おもかげ，42-44．犯罪被害者遺族の会・自助グループ六甲友の会．NPO法人ひょうご被害者支援センター．

家庭・地域社会領域での実践
[8] 災害被害者の心の支援

杉村省吾

1）被災者支援システムの整備

　1995年1月17日午前5時46分に発生した阪神・淡路大震災は、震源が淡路島北部、深さ20 km、M7.3、震度7地帯は神戸、芦屋、西宮、宝塚、淡路島の一部に及び、死者6,308人、負傷者401,500人、建物の全半壊394,440戸、被害総額9兆6,000億円に上り、観測史上未曾有の災害と言われている。筆者らが、大震災の被災者に対する心の支援活動を開始したのは、まだ震度4～5の余震がつづく1995年1月24日からであった。以来、1998年5月にいたる3年4ヶ月、次の6段階をへて心のケアを実施してきた。

① 第一ステージ（1995年1月24日〜2月5日）
　大阪・京都・奈良の援助者らによるホットラインの開設。
② 第二ステージ（1995年1月24日〜9月23日）
　兵庫県下の援助者らによる8拠点での被災地巡回相談の実施。
③ 第三ステージ（1995年2月21日〜5月31日）
　武庫川女子大学における「心のホットライン」の実施。
④ 第四ステージ（1995年5月13日〜1996年3月31日）
　神戸市中央区の活動本部で「阪神淡路大震災こころの相談センター」の開設。電話相談と直接面談の実施。
⑤ 第五ステージ（1996年4月1日〜1997年3月31日）
　激震地での被災者の相談が増加したので、被災相談を1年間延長。
⑥ 第六ステージ（1997年4月1日〜1998年5月31日）

遅延性 PTSD（delayed posttraumatic stress disorders）の相談もあり、さらに相談業務を 1998 年 5 月末まで 1 年間延長。

2）電話相談の実際

第三ステージにおける**電話相談**（telephone counseling）の内容には、おおむね次のようなものが挙げられる。

① 30 代女性
障害がある娘が震災後、不安定になっているのに夫が冷たい。
② 40 代女性
地震の悪夢でうなされる。家庭の人間関係がうまくいかない。
③ 30 代女性
隣の解体作業の音がうるさい。「家が残った人が何を言うか」と言われた。
④ 60 代女性
もともと夫婦仲が悪く、避難してきた孫まで夫の味方になる。
⑤ 30 代男性
地震後、妻が育児ノイローゼで円形脱毛症になって困っている。

筆者らのホットラインの相談記録に基づいて、被災者の主訴の背景にある人間関係の葛藤という観点から、その内容を分類したのが表Ⅶ-1(8)-1 である。これを見ると、震災を契機として何らかの対人的な軋轢を訴えた人は、184 件中 69 件（38％）にのぼり、このうちの 43％ までが夫婦間の葛藤であった。また、通話時間が長引くほど、多くの人が同胞・親族間の葛藤を訴えていたのが、特徴として挙げられる。

表Ⅶ-1(8)-1 電話相談の主訴の背景にある人間関係の葛藤（1995 年 2 月 21 日～5 月 31 日）

夫婦間の葛藤	30	(43%)
親子間の葛藤	26	(38%)
同胞間の葛藤	9	(13%)
親戚間の葛藤	4	(6%)
合計	69	(100%)

3）被災者支援の実際

a　ニーズの査定

ここでは、**災害後の援助技法**の諸相について、Austin（1992　石丸訳 1996）および Gibbs（1989）を参照しながら記載しておきたい。

① 当該のコミュニティを襲う可能性のある自然災害（地震・台風・火災・洪水など）、および人為災害（航空機の墜落・交通事故・化学物質の流出など）をリストアップしておく。
② 信頼できる機関と事前協議して、それぞれの災害によって生じそうな心身両面のニーズを明確にしておく。
③ 大災害には広い範囲からの危機介入が必要で、心のケアの専門家ばかりではなく、地方自治体・病院・教育機関・警察・自衛隊・消防署・救援隊・赤十字・NPOやボランティア団体などと、緊密な連携が必須である。このためには、事前のネットワークの構築が必要である。
④ 被災者支援には、個人的ニーズ・集団的ニーズ・被災社会全体のニーズなど、多面的なニーズに応じた危機介入が必要である。
⑤ 個人的レベルの介入には、避難所での緊急カウンセリング・隣人同士による被災家屋や道路などの後片づけや修理作業などが挙げられる。
⑥ 集団レベルの介入には、復興作業に従事する人々へのストレス・マネジメントの講習会や、被災児童へのデイケア・サービスなどがある。
⑦ コミュニティ・レベルの介入には、行政当局による被災地全体の水道・ガス・電気などライフラインの復旧・救援物資の配送・避難所の確保と仮設住宅の緊急設置・被災家屋の撤去と後片づけなどが挙げられる（Austin, 1992）。

b 電話相談の留意点

次に、「被災者への**心の相談ホットライン**（counseling hot line）」の開設から終結までを見届けた一人として、アットランダムではあるが、被害者に伴う危機介入としての電話相談の留意点について、筆者の所感（杉村，2004）を以下にまとめておく。
① 広域災害の場合、支援に関わる援助者自身が被災していることが多いので、まず自助を図る。
② 被災者支援には、短期・中期・長期のケアが考えられるが、被災現場のニーズと援助者の被災状況を早期に把握して、各支援段階に応じたシフトを組む。
③ 電話相談には、ライフラインが復活した段階で、余震に耐え得る建物の一室と電話回線が必要である。それまでは、フリーダイアルを申請した携帯電話の使用も考慮に入れる。

④ 災害発生後の約1ヶ月は電話相談が殺到するが、その後、漸減していくので、TV・ラジオ・新聞・インターネットなどのマスメディアを介して広報を行う。

⑤ 被災者支援の電話相談は、単回性・短時間・匿名性が基本であるが、復興後の面接相談への移行もありうるので、それも視野に入れて対応する。

⑥ メディアに広報した以上、電話相談には社会的責任が生じてくる。いつ電話しても留守という状態にならないように、担当者は自己責任を自覚する。

⑦ 電話相談に関するメディア対策は、発信情報をできるだけ一本化し、被災者が不正確なプロパガンダに惑わされることがないように配慮する。

⑧ 一人の担当者が、連日電話相談を担当するのは、相当の負担がかかるため、担当者のシフトを組むコーディネーターが必要とされる。

⑨ 被災者の状況は、ASD（急性ストレス障害）・PTSR（外傷後ストレス反応）・PTSD（外傷後ストレス障害）など多様であるので、発信者の病理水準をある程度見立てられる、心理臨床的技能が求められる（杉村，1998）。

⑩ 発信者の中には、精神疾患の既往があって、入院・通院中の人もいる。状況に応じて、紹介できる医療機関・相談機関のリストを常備しておく。

⑪ 発信者の相談内容は、身体的問題・精神的問題・家族的問題・仮設住宅への入居の可否の問題・倒壊家屋撤去など復興に関する問題と、多岐にわたる。発信者のニーズに応じた紹介先リストを常備しておく。

⑫ 1回きりの相談ではなく、何度も発信してくることもあるので、曜日などの関係で担当者が変わる場合は、相談記録用紙や電話で引き継ぎをしておく。

⑬ できれば1日の電話相談を複数の相談員が交代で担当し、終了後はお互いの相談内容について報告し合い、体験を共有しデブリーフィングを実施する。

⑭ 相談内容について、定期的にカンファレンスを実施し、経験の深いスーパーバイザーから助言を受ける。

⑮ 援助者といえども、全て被災者支援の電話相談の経験があるわけではない。したがって、電話相談に関する理論や実施法について、ロールプレイなどを通じて、事前研修を実施しておく。

⑯ 相談員は、倫理綱領を遵守し、諸事、発信者の福祉を損なうことのないようにする。

⑰　中・長期的に援助活動に従事する援助者は、燃え尽き症候群にならないように自己管理をする。

⑱　短期間のボランティア的支援から、本格的に中・長期にわたる支援活動に移行するときは、相当の経費を要する。関係団体や一般企業からの義援金を要請し、財政的な破綻をきたすことのないようにする。

以上、被災者援助の実態について触れてきたが、われわれ被災地の援助者が、阪神・淡路大震災とそれ以降に実施してきた被災者への心のケアは、次のように多彩である。すなわち、ホットラインでの電話相談・直接面談・被災地巡回相談・ボランティアの教育研修・小中高校および公民館などでの被災に関する啓発的講演・ふれあい広場などの企画／運営・自助グループの育成・グループホームの運営指導・被災地域へのEARTH（震災・学校支援チーム）会員の派遣などであった。これらの諸活動から得た教訓は、従来の密室における「座して待つカウンセラー」から、プログレッシブに「活動するカウンセラー」というパラダイム・シフトであった。すなわち、インドアからアウトリーチへのコンセプト・チェンジを行うことである。また、山本（2001）も、コミュニティ心理学における、地域援助の援助者の黒子性について、「いのちの電話のような電話相談活動の場合でも、電話相談活動の組織づくりもその運営も地域社会の人々が中心であり、臨床心理士は専門的技術援助を提供するだけです。地震の被災者への心のケアでも、（……）あくまでも被援助者が主役であり、自らの責任で生き自分をコントロールし支え生きているのです。専門家は影からそっと見守り、必要なとき、援助の手を差しのべるだけですが、実は重要な働きをしているのです（p. 249)」と言及しているが、きわめて含蓄のある指摘と言えるであろう。

引用文献

Austin, L. S. 1992 *Responding to Disaster: A guide for mental health professionals*. American Psychiatric Press.（石丸正（訳）　1996　災害と心の救援, 66-74. 岩崎学術出版社.）

Gibbs, M. S. 1989 Factors in the victim that mediate between disaster and Psychopathology: A review. *Journal of Traumatic Stress*, **2**(4), 489-514.

杉村省吾　1998　心的外傷後ストレス障害（PTSD）. 大塚義孝（編）心の病理学, 36-50. 至文堂.

杉村省吾　2000　災害時ケア――阪神大震災をめぐって. 氏原寛・成田善弘（編）臨床心理学3　コミュニティ心理学とコンサルテーション・リエゾン, 216-232. 培風館.

杉村省吾　2004　電話相談の実際——被災者支援と危機介入．臨床心理学，**4(1)**，105-111.
山本和郎　2001　臨床心理学的地域援助とはなにか——その定義・理念・独自性・方法について．臨床心理学的地域援助の展開——コミュニティ心理学の実践と今日的課題，244-256．培風館．

参考文献

Kilpatric, D. G., Best, C. L., & Veronen, L. J. 1985 Mental health correlates of criminal victimization: A random community survey. *Journal of Consulting Clinical Psychology*, **53**, 866-873.
杉村省吾　1996　阪神淡路大震災におけるメンタルケア——兵庫県臨床心理士会こころの相談　ホットラインを中心に．心理臨床，**9(1)**，40-46.

1 家庭・地域社会領域での実践
[9] ボランティア活動とコミュニティ感覚

平川忠敏

1) 市民ボランティアの登場の背景

　コミュニティ心理学では、病気にかからないようにポピュレーションに働きかけることが、ストラテジーの一つである。病気の人は少数であるため、少ない専門家でも十分に対応できるが、ポピュレーションへの対応は全ての人が対象になるので、マンパワーの不足をもたらす。たとえば、これからの高齢社会を乗り切っていくには、いくら施設を造っても追いつかないし、いくら専門家を養成しても間に合わない。こういう状況下では、専門家と非専門家である市民ボランティアが、あるいは行政と市民ボランティアが、公私協働してコミュニティの問題に対応していく必要がある。また、一般市民のほうが、専門家にないよさをもっている場合も多い。つまり、お互いのよさや強みを生かしながら、専門家と市民ボランティアとが連携・協働していこうというわけである。ここに、ボランティアが政策上において登場してくる必然があると考える。**ボランティア**（volunteer）とは、「自発性、利他性、連帯性、無償性」をもち、「自発的に、他人のため社会のために、無償で奉仕する人」のことであるが、市民ボランティア登場の背景をまとめると次の通りになる。

① 専門家の不足
　　患者からポピュレーションへ、治療から予防へと重点が変わると全員が対象になる。また、高齢社会では高齢者全員が対象になり、専門家の不足を招く。
② 人材開発
　　将来の専門的な職業に向けての進路選択や実習の場といった、人材開発の側

面がある。
③　非専門家のもつ特別な資質
　非専門家であるボランティアは、専門家にない新鮮なものの見方、柔軟な態度、熱意にあふれた一生懸命な関わり、相手との間に距離を置かないスタンスなどの利点をもっている。したがって、たとえ専門家が足りていても、ボランティアに協力してもらうことは大事である。
④　ボランティアの人格や資質の向上
　ボランティアとしても、何らかの活動に関与をすることは、ボランティア自身の資質の向上につながる。また、援助する人が一番援助されるといわれているように、ボランティアをすることでボランティア自身が成長していく。そして、そのことが地域全体の底上げにつながる。

2）ボランティアの活動タイプ

　右田（1986）は、ボランティアの活動タイプを次のようにまとめている。
①　先駆的・開拓的役割をするタイプ
②　補充的役割をするタイプ
③　連帯・参加を進める役割をするタイプ
④　監視者としての役割をするタイプ
⑤　プレッシャー・グループとしての役割をするタイプ

　これらのタイプのうち、①は、どちらかというと硬直化して対応の遅い行政に対し、先取りして新しい試みを取り入れていくタイプである。②は、よく見受けられるもので、行政の手の届かない谷間を埋めていこうとするタイプである。③は、行政とボランティアの間で批判や協働のバランスがうまく取れれば、一つの理想的タイプと考えられる。④は、行政の活動が適切に行われているかを監視するタイプで、たとえばオンブズマンの活動などのタイプである。⑤は、④に近いところがあるが、権力をもった行政が暴走しないように、行政に圧力をかけていくタイプのことである。予算を伴わないと活動ができない行政に比べて、予算がなくても実践できるところにボランティア活動の神髄があり、そういう点から、①の先駆的役割が最も推奨されるタイプのボランティアではないかと思われる。
　ところで、ボランティア活動を行政と無関係にやっていては、地域全体はなかなか変わらないことになる。他方、官製のボランティアや下請け専門のボランティアでは、真の自立は生まれない。いろいろなところから、活動の要請がかかる

のを待っているだけのボランティアでは、準備されたプログラムを無批判・無抵抗に受け入れて、当事者サイドに立つことができない危険性ももっている。世の中の矛盾や歪みを見つめ、それを修正するために行う活動、あるいは理想的な姿を求めて行う活動を「フロンティア型ボランティア」と呼んでもよいだろう。はじめは、他人に誘われて「ちょっとだけボランティア」のつもりが、活動を通していろいろな問題点がよく見えてきて、最後は「やむにやまれずボランティア」へと変わっていく人に時々出会うが、このような意識の変化が、ボランティア活動を定着させる重要な要因の一つであろう。この過程を、Kieffer（1984）は、なんとなく参加し、次第に意識が高まり、やがて協働しあいコミットメントしていく、とまとめている。

3) ボランティアの役割と貢献

専門的な知識や技術のほうが、ボランティアより必ずしも効果的であるというわけではない。両者がバランスよく**協働**（collaboration）するとき、大きな効果が生まれる。ボランティアが示す効果的な側面は、①専門家の援助 ②入院患者の話し相手になるなど、専門的な機能に付随する役割 ③特定の患者に心理療法を行うなど、部分的には専門的機能を担う役割、の三つが挙げられる。また、専門家が診断・面接・治療で大きな効果を上げるのに対して、ボランティアは個人指導・友達関係の提供・お世話的援助・グループ活動的治療で、大きな貢献をしていると筆者は考える（平川, 1987）。

4) コミュニティ感覚の向上

市民との連携がうまくいくことによって、市民がますます**コミュニティ感覚**（sense of community）を高めていくさまを、Dalton, Elias, & Wandersman（2001）は、市民ボランティアがコミュニティの問題に参加することにより、コミュニティも個人もエンパワメントされていき、そのことがさらにお互いを刺激し合い、コミュニティ感覚を高めていくという式を提供している（図Ⅶ-1(9)-1）。

たとえば、「ダムを一つ造るのに自分たちの村が消える」という問題に直面した人たちは、コミュニティ感覚が高い人ほど、また村への所属感が強い人ほど、反対運動に参加してくる。結果的に反対運動が成功すると、そのコミュニティも個人も、全体としてエンパワメントされる。その結果、ますますコミュニティ感

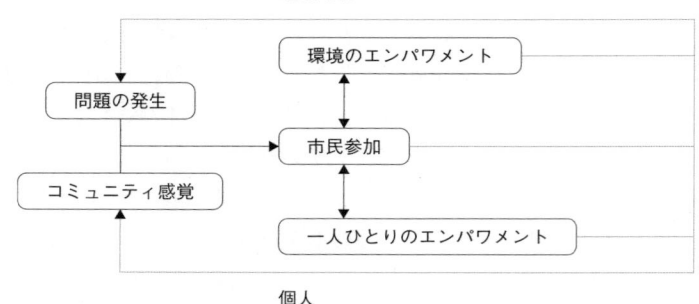

```
           地域環境
   ┌─────────────────────────────┐
   │         ┌─環境のエンパワメント─┐  │
   │ ┌問題の発生┐ │        ↕        │  │
   │ │       ├→│   市民参加      │  │
   │ └コミュニティ感覚┘ │        ↕        │  │
   │         └─一人ひとりのエンパワメント─┘  │
   └─────────────────────────────┘
             個人
```

図Ⅶ-1(9)-1　市民参加とエンパワメントの過程（Dalton, Elias, & Wandersman, 2001, p. 352）

覚は高まるといったことになる。つまり、市民同士が連携することで、市民もコミュニティも**エンパワメント**されるのである。さらに、コミュニティと個人のエンパワメントの中間に、**コ・エンパワメント**（co-empowerment）という概念を**Dalton, Elias, & Wandersman（2001）**は提案している。これは、同じ下位グループの者同士が影響を与え合い、お互いに意思決定しながら、皆でエンパワメントされていくことを示している。共に危機を感じ、共に運動をしていくとき、結果として共にエンパワメントされる、というのがコ・エンパワメントの考え方である。

　現在は、行政もはじめから市民ボランティアを当てにした政策を立案したりするが、賃金のいらないマンパワーといった捉え方でなく、共に成長していく存在として捉えると、協働体制を組みやすくなる。行政も助かり、参加する市民も多くの恩恵を受けることになる。市民との連携で、当該市民やコミュニティがエンパワメントしていくさまを、**Dalton, Elias, & Wandersman（2001）**は次のようにまとめている。

① 市民との連携で市民が積極的に参加してくるのは、コミュニティの意思決定に加われるときである。
② 市民参加により、大きな力を獲得しそれをコントロールできるときに、エンパワメントが高まる。
③ 自発的でボトムアップ的な市民参加のとき、エンパワメントは生じやすい。
④ コミュニティが脅かされると、市民参加の意識が高まる。
⑤ 個人的なエンパワメントが高まるのは、問題意識をもって参加し、その結

果参加したことが、確かに意味があったと思えるときである。

引用文献

Dalton, J. H., Elias, M. J., & Wandersman, A. 2001 *Community Psychology: Linking individual and communities*. Wadsworth.

平川忠敏　1987　コミュニティ心理学と自閉児治療教育10——ボランティアを考える．鹿児島大学文科報告，**23**，39-48．

Kieffer, C. 1984 Citizen empowerment: A developmental perspective. In Rappaport. J., Swift, C., & Hess, R.（eds.）*Studies in Empowerment: Steps toward understanding and Action*. Haworth.

右田紀久恵　1986　コミュニティ行政とボランティア活動．右田紀久恵・岡本栄一（編）地域福祉講座4　ボランティア活動の実践，2-23．中央法規出版．

2

教育領域での実践
[1] いじめ対策

鳴澤 實

　小学校中学年頃の「いじめ」が原因で、人間関係のトラブルを何度も繰り返し、後にストーカー行為をするようになった青年がいた。彼は、級友たちだけでなく、担任にも一緒になっていじめられたというが、30歳代半ばになったときには、すでに解離性障害を示すこともあり、根底に深い人間不信の病理を抱えていた。いじめは、深刻なものほど、しかも人生の早期のものほど、後々の人生に酷い影を落とす。学校は教職員と児童・生徒で構成するコミュニティで、児童・生徒の教科学習だけでなく、心理的な成長の促進も目的としている。それだけに、教職員や地域住民は児童・生徒の学習や成長を阻害する要因を早急に改善除去して、常に快適な学習・成長環境を提供できるようにしなくてはならない。

1) いじめの実態

　いじめは、大人にわからないようになされるものだけに、その実態は把握しにくい。文部科学省は、**いじめ**について、「①自分より弱いものについて一方的に、②身体的・心理的な攻撃を継続的に加え、③相手が深刻な苦痛を感じているもの。なお、起こった場所は学校の内外を問わない」と定義して、毎年の学校基本調査時に、件数を把握しようとしている。

　文部科学省の2005年度の公立学校基本調査では、いじめ発生件数が20,143件（小学校5,087件、中学校12,794件、高校2,191件、特殊教育諸学校71件）と、2年連続で減少したことを示した。いじめが発生した学校数7,378は、全学校数に占める割合が19.4％（小学校11.3％、中学校34.6％、高校30.0％、特殊

教育0％）である。いじめの発生件数を学年別でみると、小学校では学年が進行するにつれて増加し、中学1年が5,967件と最も多く、次に中学2年の4,751件、中学3年の2,076件と、中学生だけで全発生件数の64.4％を占めている。また、その57.8％は男子である。いじめ問題で転校した児童生徒は、小学校で125人、中学校で253人である。

第二次ベビーブームが押し寄せたのが、小学校では1981（昭和56）年、中学校では1986（昭和61）年、高等学校では1989（平成元）年で、それ以降は児童生徒数が急減していることを考えると、いじめ件数も減少してよいはずであるが、現実は逆である。いじめの陰湿化で把握し難いことと、学校によっては教育のあり方を問われかねないこともあって、実数を正確に把握するには困難が伴うものと思われ、前記の数字は、氷山の一角に過ぎないと思われる。

2）いじめの過程

中井（1997）は、いじめは子ども社会にある権力感の充足であり、標的化、孤立化、無力化、透明化といえる一定の過程を経る、と述べている。**「いじめの過程」**を要約して紹介する。

いじめは、まず「標的化」から始まる。些細な身体的な特徴や癖、いわれのない穢れ、美醜、緩慢な動作、まじめ、おとなしい、気が弱い等々を指摘して、いじめられる者がいかにいじめられるに値するかをPRする。軽侮するものを作り出すことで、権力への飢餓感を軽くする。助けようとした子がいたら「次はお前だぞ」と脅せば、見て見ぬ振りをするしかなくなる。PRが進むと、被害者自身も、いじめられても仕方ない人間だと思い込むようになる。周囲に絶えず気を配っている一種の警戒的超覚醒状態に陥る。持続的な緊張感から、自律神経系や内分泌系が変わり、生理的反応も起こり、いじめられていることを悟られまいと自ら人から遠ざかり、ゆとりを失う。孤立無援を実感させるのが「孤立化」である。

次の段階は、反撃できないように微かな兆候も過剰暴力で罰し、相手を「無力化」する。「大人に話すことは卑怯で、醜いことだ」という観念を植えつけ、被害者が大人に訴えることを阻止する。ただ貝になるだけである。暴力の最もひどい時期である。

いじめは「透明化」すると、周囲にみえなくなる。被害者は孤立無援と無力、自己嫌悪で、自分の誇りさえ失っていく。意識が狭まり、自分が別世界の人のよ

うに思えてくる。終始、被害者の全感情が、加害者の挙動や微妙な表情に依存し、感情的にも隷属していく。被害者は、「被害者」という拠り所も失い、大人の前で遊んでみせたり、仲良しを誇示することもある。笑顔の奥に隠された絶望感を微かに感知した大人に、いじめの有無を尋ねられても、被害者は強く否定するだけでなく、怒り出すこともある。最後のイニシアティブを失うまいとしているのである。この段階で被害者にとってつらいことは、「金銭的な搾取」による「無理難題」である。被害者は、まず小遣いを、次に貯金をはたき、最後は家から盗み出すか万引きしかない。これは、被害者にとっては大変な自尊心の喪失であり、家族への裏切りであり、犯罪でもある。しかし、被害者をもっと打ちのめすのは、社会的生命をかけて用意した金銭を、加害者がまるで無価値なもののように無造作に短時間で浪費し、捨て去ることである。被害者の命がけの行為の無価値化であり、「出口なし」感を与える。

　いじめられっ子は、時には家で暴君となることもあるが、最後の誇りで、家族の前では「いい子」であり続けようとする場合が多い。その誇りが失われそうになったときに行われるのが自殺である。「出口なし」感からの唯一の「外」への通路が自殺幻想で、自殺による解放幻想は、すでに「無力化」の段階から育まれている。多くの子どもが、果たせない「無理難題」を契機に自殺に踏み切っていると、中井（1997）は警鐘を発している。

　長々といじめの過程を説明したのは、親や教師、あるいはいじめ問題に取り組むコミュニティ心理学の実践者に、いじめの深刻さと過程を理解し、これを見抜く観点と、過程ごとの対策についての手掛かりを示唆したかったからである。いじめは、権力欲ばかりが原因ではなく、幼児期に健康な自己愛を形成できなかった「傷つきやすい自己愛」（堀田，2004）が、代償的に万能感を映し出してくれるいじめ被害者を希求しての「自己愛的憤怒（コフート）」（中西，1991）や、基本的信頼感を得られないまま成長してきた「肥大化した自我」（滝，1996）が、目標を実現できない現実に直面した時の、内的な葛藤や欲求不満の投影であることもある。いじめの実証的研究には、加害者や被害者などの個人的特性や、家庭や学校でのストレス状況、教師のリーダーシップ、学級の雰囲気などとの関係、など複雑に絡み合った要因を、単純な要素に還元しようとしているものが多く、対策に活かせるような本格的な研究はこれからである。

3) いじめ対策

　子どもの言動や服装、態度などからいじめに気づきやすいのは、隣人や親や教師である。いじめの多くが学校、それも学級内の友人間で生起するため、いじめ対策も主として親や教師に向けてのものになる。基本的には、家庭も学級も学校も地域社会も、人権を尊重した**「思いやりのある共同体」**（中野，2003）を目指すことになる。いじめ対策の要点を以下に挙げる。

① 権力や暴力で育てられた子どもは、成長とともに、徐々にその学習体験を活かすようになる。家庭や学級が権力的なために常にストレスを感じている子どもほど、評価や差別や権力に過敏である。いじめの多くは、大人の何気ない言動から学習したものであり、親や教師が、まず己の日頃の言動を省みることが必要となる。ストレスの少ない状況となるよう努め、家庭や学級が民主的で自由で、何でも話せ、お互いを尊重し許容し合い、個性を発揮できるような雰囲気、つまり、相手や自分の人権を尊重した雰囲気であるならば、弱者をいじめるような事態は起こらない。学級の雰囲気はいじめに直に関係しており（森田・清水，1994；滝，1996）、加害者は社会的認知能力に優れ、集団をコントロールする能力に優れている（堀田，2004）だけに、教師の能力と、教師が取る役割は大きい意味をもつ。親も子どもを見守り、関わり合っていくことが求められる。

② いじめは差別化であり、「差異」を認めることと「差別」することとの違いを、児童生徒に教え認識させることが必要となる。差別には権力欲が潜んでいる。集団の規範や凝集性を高め、保持しようとする集団では、とかく斉一化への圧力が強まりがちであり、そこには少数者を差別し攻撃する危険性が常にある。民主主義に名を借りた多数者の暴走に、教師は留意すべきである。多数決で罰当番をさせる学級などは、その最たる例である。

③ 「いじめ」と「からかい、ふざけ」と「犯罪」とを、児童生徒や親教師がしっかりと識別できるようになることが必要である（鈴木，2000）。「いじめ」と「冗談、からかい、ふざけ、戯れなど」との違いは、行為が一時的で、相互性があるか否かである。いつも特定の相手で、一方的な関係で行為の強制があって、排斥的になれば、それは「いじめ」である。それがさらに度を超して暴力を振るったり、身の安全を脅かしたり、金品を強要したりするようになると「犯罪」である。犯罪はたとえ教育の場であっても、司法に委ねられるべきである。

④　いじめの多くは、同級生同士で行われている（鈴木, 1995）ことから、学級経営の問題が強く関わっている。森田・清水（1994）は、学級内のいじめは加害者と被害者だけでなく、周りでこれを面白がってみている観衆（いじめの積極的是認者）と、見て見ぬ振りをする傍観者という、4層構造から成り立っているといい、古市・余公・前田（1989）は、これに被害・加害者（かつての被害者が加害者に、かつての加害者が被害者に反転した者）、仲裁者という群を設け、さらに、加害者を中心的加害者、追従の加害者に、かつては止めに入ったことがある傍観者とそうでない傍観者とに2分して分析を行い、これら7群を社会的規範尊重―軽視、自己表現積極的―消極的の2軸の平面に位置づけられるとし、教師が、児童生徒にいじめは許されない行為であると認識させることと、社会の規範を尊重する態度を養うことが必要であると主張している。いけないことはいけないと主張できる、自己表現能力を高めることも大切である。教師は、子ども相互に人権を重んじ尊敬し合い、頼り合えるような人間関係を醸成するように努めるとともに、子ども相互の人間関係や力関係、特に人権に敏感でなくてはならない（日本弁護士連合会, 1995）。

⑤　松尾（2002）はいじめ防止プログラムをいくつか紹介しているが、筆者の体験では、いじめの具体的な解決法の一つは、ロールプレイないしは**サイコドラマ**である。いじめの被害者、加害者、傍観者、観客などを集めて、教師が実際の場を具体的に関係者から聴取して、その場で傍観者や観客を使って再演させる。次に、役割を変えて再度演じさせる。最後に、被害者、加害者の立場を逆転して演じさせる。演出した後にそれぞれの感想を言い合い、話し合うようにする。教師や親による説教などよりもずっと効果的である。

⑥　いじめの被害者・加害者と、親や教師など関係者が集まって、親身に善後策を考え実行することも必要である。被害者、加害者双方とも、心の問題をもっているだけに、継続的なカウンセリングも必要であろう。「いつでも誰でもいける」教育相談室という充実した**学内資源**を、学校がいつも備えているようにすることが、学校にとっての目標の一つとなる。

4）いじめ対策の推進

前述したような対策の要点を、いかにして実施に結びつけていくか。教師と親で問題を分析し、可能な対策について共有を図るワークショップを反復しても

ち,外部専門家をコンサルタントとして活用する学校・教師集団による,学校コミュニティにおける**コミュニティ・ワーク**の実践という視点が,必要であるように思われる。このような実践の展開には,コミュニティ・ワーカーの養成という,日本におけるコミュニティ心理学の発展に関わる課題が,一体として存在しているともいうことができる。

最後に,教育行政や教師の精神保健(中島,2003)とも関連してくるが,教師が今よりもインフォーマルな形で児童・生徒と一緒にいられるような時間的・精神的なゆとりをもたせられるようにすることが,いじめ対策や不登校対策,校内暴力対策以前の問題として重要であることを指摘しておきたい。

引用文献

古市裕一・余公俊晴・前田典子 1989 いじめにかかわる子どもたちの心理的特徴.岡山大学教育学部研究集録,**81**,121-128.

堀田香織 2004 いじめを生む個人内のメカニズム.坂西友秀・岡本祐子(編) いじめ・いじめられる青少年の心,48-57.北大路書房.

松尾直博 2002 学校における暴力・いじめ防止プログラムの動向――学校・学級単位での取り組み.教育心理学研究,**50**,487-499.

森田洋司・清水賢二 1994 いじめ――教室の病(新訂版).金子書房.

中井久夫 1997 アリアドネからの糸.みすず書房.

中島一憲 2003 先生が壊れていく――精神科医のみた教育危機.弘文堂.

中西信男 1991 コフートの心理療法.ナカニシヤ出版.

中野良顕 2003 アメリカの校内暴力と先手型生徒指導.中野良顕(編)子どもをとりまく問題と教育8 校内暴力,203-235.開隆堂出版.

日本弁護士連合会 1995 いじめ問題ハンドブック――学校に子どもの人権を.こうち書房.

鈴木康平 1995 学校におけるいじめ.教育心理学年報,**34**,132-142.

鈴木陽子 2000 教師主体、子ども本位の指導に必要なもの.月刊学校教育相談,**10**,26-29.

滝充 1996 「いじめ」を育てる学級特性――学校がつくる子どものストレス.明治図書.

2

教育領域での実践
[2] 校内暴力対策

鳴澤 實

　文部科学省では、1997年度から、公立学校の児童生徒が起こした暴力行為を校内と校外に分けて調査しているが、そのうち小・中学校の9割、高校の8割は校内暴力である。2005年度は、小学校2,018件、中学校23,115件、高校5,150件である。特に小学校では前年度比6.8％増加している。校内暴力を、対教師暴力、生徒間暴力、学校の施設設備などの器物破壊に分けると、小学校・中学校・高校のいずれも生徒間暴力（2005年度で、小学校951件、中学校11,135件、高校2,981件）が最も多く、次に器物破壊（小学校582件、中学校7,948件、高校1,548件）、対教師暴力（小学校464件、中学校3,937件、高校590件）と続いている。加害児童生徒数は2005年度37,186人で、学年別では中学3年生が11,197人と最も多く、全体の30.1％を占めている。加害児童生徒は9割が男子である。対教師暴力と器物破壊は、教師や学校に向けての暴力行為と考えられるが、小学校1,046件、中学校11,885件、高校2,038件で、中学校が極めて多い。なお、調査対象となっている公立学校数は、小学校22,856校、中学校10,238校、高校4,082校である。

1）最近の児童生徒の心性

　少子化で、家庭の中でのきょうだい葛藤や競争がなく、しかも家庭の中での使役もなくなり、よい子にしていさえすれば、そしてある程度の成績さえとっていれば、子どもたちはある程度欲求を叶えてもらえる。親に甘えたりぐずったりする必要もない、というより、甘えたくとも甘えられない雰囲気で育ってきてい

る。そのため、小学校で手をかけてもらえそうな教師を見つけると、われもわれもと先を争って、注目され、手を煩わせたがる。戸外で体を動かすよりも、家にいてファミコンやテレビゲームにふけっていても、さして文句も言われない。夜更かししすぎて、朝食も取らずに慌てて登校して、遅刻するか、学校で居眠りしている。昔の子どもと比べて、仲間同士で戸外で遊んでいる時間が極端に少なくなった。それだけ対人関係の経験・訓練がされていないことになる。**ストレス耐性**ができないため、思わぬことで傷つきやすく、人と関われないことにもなる。一言でいえば、人が人に育てられるのではなく、機械に育てられてきているともいえる。人と人ではなく、自分と機械だから、常に自分中心ということになる。妥協とか譲歩の経験がないか、あっても少ない。相手の気持ちを理解したり適切な自己表現をしたりする、コミュニケーション・スキルの体験不足なのだから、学級の中でぶつかり合うのは当然である。小学生の暴力行為の多くは、意思表示の仕方がうまくできないコミュニケーション不全からきているとみられる。

2) 教師の現状と問題

a　ゆとりのない教師たち

目まぐるしく教育方法が変わり、教師自身がその学習や適応に忙しく、余裕のない状況に陥っている。特に、「ゆとりある教育」実践の頃からゆとりがなくなり、しかも精神的な疾患も目立ってきた（中島，2003）。時間的余裕がないため、腰を据えて児童生徒の話に耳を傾けることをせず、短時間に児童生徒の諸問題を解決しようとして、児童生徒にかえって欲求不満を募らせる結果になっている。家で親に甘えられない分、競って教師に甘えようとする傾向が小学校では出ている。このように、甘えを満たしながらしつけ指導をしなくてはならないため、低学年の教師は対応に四苦八苦している。

b　子どもと遊べない教師

小学校の校長からは、子どもと遊べない若い教師が多くなったという嘆きがよく聞かれる。子どもと一緒に行動できることは、教師にとって最も基本的なことといえる。さらにいえば、教師は教えるだけでなく、教える相手の子どもから学ぶことが必要であるが、この「学ぶこと」ができなくなっているように思われる。親が、自分の子どもから学びながら相互に成長し合っていくように、人と関わる人は、相手から学びながら、自分も成長していくものである。高学歴社会の進行につれて、児童生徒をよく観察し、かつ、彼らの言うことに耳を傾け考え

c 情緒的な問題を知的に処理しようとする教師

学校が知的学習に重点があるだけに、子どもの情緒的な問題も教師はとかく知的な側面から解釈・解決しようとする傾向がみられる。情緒的な問題が解決していないと知的学習効率が悪いことが、教師には意外に認識されていない。問題行動や不登校や、心身症などの状態は「心に問題を抱えているよ、何とか支援してよ」という SOS のサインである。症状だけを抑制しようとする方針は意味がないだけでなく、ますます悪化させてこじらせるだけである。このようなとき、多くの児童生徒は学業不振状態である。情緒的な問題、心の問題を解決できるように支援して解決できれば、自ずと学習に向かえるようになる。情緒的な問題の解決は、意欲向上にも直結する。

3) 対策

a マクロシステム・レベルでの取り組み

中野（2003）によると、アメリカでは、校内暴力が1994年頃から確実に減少しているが、それは、国家教育アジェンダ（行動目標）を掲げて、教育改革を目指してきたからであるという。目標は、「高校中退を減らし、卒業率90%以上を確保」や「ドラッグ・暴力・銃・酒から自由な、安全で規律正しい学習助成的な学校環境づくり」などの7項目である。この目標実現に向けて当初、「ゼロ・トレランス」政策を掲げ、校内での反社会的行動に対して、停学と除籍という厳罰姿勢で臨んだが、結果は、非行の加速化や中途退学率の上昇や、差別化を生んだことから、次に登場したのが「**積極的訓育方略**」である。問題を起こした生徒への後追い型指導ではなく、全ての生徒を対象とする、先手型の一次予防プログラムであり、**学校全体のシステム改善**を必要とするものである。「家庭と学校の連携網」「PATHS カリキュラム」などいくつかのプログラムがある。新しいシステムでは、望ましくない行動の抑制から望ましい行動の促進へと焦点が移動する。たとえば、「PATHS カリキュラム」の成分には、望ましい行動のモデリングや、正の強化とソーシャルサポートなどの促進による望ましい人間関係の育成、専門家を動員した児童とその家庭の支援などがある。小学校のカリキュラムでも「新しい考え方を育てるプログラム」が導入されて、授業内容も細かに決められている。中学校・高校でも、計画的に生徒の衝動的・攻撃的行動を減らし、社会的能力を向上させようとしている。日本でも、不登校やいじめ、校内暴力、

学級崩壊などの教育病理を改善するためには、スクール・カウンセラー制度以外の思い切った国策が望まれる。

b　メゾシステムおよびエクソシステム・レベルでの取り組み

大阪府警察が2003年度に校内暴力で検挙した22件38人の原因動機別をみると、63.6％が教師の指導への反発であり、残り36.4％が生徒間の勢力誇示であった。器物破壊もほとんど教師に向けてとみてよい。思春期は価値観を再構成する時期で、しかも、適切に言語化する能力がまだないだけに、行動化して、権力者に体当たりしやすい（鳴澤，2001）。この時期に最も過敏なのは、公平に扱われ尊重されることである。親や教師は、大なり小なり権力者であることを自覚してかからないと、失敗し反感を招きやすい。多忙なあまり、つい先入観や偏見の目で生徒をみてしまいやすく、児童生徒からすれば「差別」や「人権無視」にとられかねないことが起きやすい。児童生徒の立場に立って、気持ちに沿い、行動のより深い意味を理解しようと努めて、公平な判断と適切な指導を行うことが望まれる。日本政府が1994年4月に批准した、国連の「児童の権利に関する条約」には、子どもの意見表明権や人権尊重が強く訴えられている。関係者が内容を十分理解して、実践していくことが望まれる。

人間関係に慣れていない児童生徒が多いだけに、その練習・訓練の場を設定することも有益である。筆者は荒れている中学校で、生徒たちが学級単位で保育園・幼稚園に出向いて園児と過ごす、家庭科の実習体験をしてもらったことがある。その結果、園児を仲介にして、相互に理解し合える学級になっていった。ボランティア活動なども有効である。

地域の人に協力してもらうことも、時に必要である。これも筆者の経験であるが、問題行動を起こす生徒たちが将棋が好きなことに目を付け、囲碁将棋部を作ったところ、人数が多く、地域の高齢者たちに手伝ってもらったことがある。校外でも「お爺さんたち」が、顔見知りになった生徒たちに声をかけるようになって好結果を生んだ。地域の人たちに、校内で生徒の行動を見張らせるような協力体制は、有効でないだけでなく、逆効果となる。締めつけるのではなく、地域の人との絆によって発散させながら良い方向に導いていくという方針がとられる必要がある。

c　マイクロシステム・レベルでの取り組み

教師には、民主的な雰囲気、つまり、生徒各人がお互いに尊重し合えて何でも心おきなく言い合えるような雰囲気を、学級内に醸し出すように常に心がけてい

くこと、疎外された人を出さないこと、ストレス耐性の低い生徒や過敏な生徒が傷ついても、学級内の人間関係や雰囲気で癒されると同時に、種々の経験を通して免疫体制も高められるような学級作りを目指すことが望まれる（森田・清水，1994）。

　教育相談（カウンセリング）室のカウンセラーや、兼任相談員を活用することもよい。校内暴力の大半は、教師や教師の指導体制への不満から出ている。生徒の気持ちや不満を、とことん聞いてくれるカウンセラーなり教師がいることは重要である。ここでは「でも……しかし」は禁句となる。こころの欲求不満を吸収することが、彼らの学習意欲を引き出すことにもなる。

　一人の生徒に教師が2人一組になって指導に当たるような工夫もよい。生徒指導上、問題の生徒が多くなると、とかく「同一歩調で指導を」となりやすいが、教師の個性を無視した「……すべき」の一斉指導は、かけ声だけに終わる（教師の個性も生かせないようでは、児童生徒の個性は生かせない、ともいえる）。懲罰だけでは反発を強めるだけであるから、ある生徒に一人の教師が父親的な役割を演じたときには、もう一方の教師は母親的な役割でフォローをするという2人一組の指導体制を作る。少しでもわかってくれる教師がいるということで気持ちが和らぎ、反発が薄らぐものである。叱った後のフォローを行い、児童生徒の「今の気持ち」を理解してやる、という関わりの方針が必要とされる。

　恐喝や目にあまる暴力行為や、酷い器物破壊など、明らかな犯罪行為に対しては、厳格に対処すべきである。ときには司法の手に委ねせざるを得ない。その場合、その後のフォローが鍵となる。「そうせざるを得なかった気持ち」を理解してあげることは、さらなる暴力を予防するだけでなく、彼らの更生にもつながる。つまり、処罰はカウンセリングとセットで行われる必要がある。

引用文献

森田洋司・清水賢二　1994　いじめ——教室の病（新訂版）．金子書房．
中島一憲　2003　先生が壊れていく——一精神科医のみた教育危機．弘文堂．
中野良顕　2003　アメリカの校内暴力と先手型生徒指導．中野良顕（編）　2003　校内暴力．203-235．開隆堂出版．
鳴澤　實　2001　発達の危機とカウンセリング——先生のためのやさしい発達論とかかわり論．ほんの森出版．

教育領域での実践
[3] ひきこもり対策

吉武清實

1)「ひきこもり」の社会問題化のプロセス

a どのように社会問題化したか:申し立て活動

「**ひきこもり**」が社会問題化しはじめるのは、1990年代の初頭のことである。社会への「申し立て」活動は、不登校問題への支援に関わる人々の中から、不登校問題との必然的つながりをもってなされ(富田, 1992)、新聞・テレビのメディアによってもキャンペーンが行われた。しかし、この問題が社会問題として広く認識されるに至るのは、2000年頃からのことである。1999年の京都での小学生殺害事件、2000年の佐賀でのバスハイジャック事件、柏崎市での少女監禁事件は日本社会に衝撃を与えたが、これらの事件の容疑者がいずれもひきこもり状態にあったことから、「ひきこもり」が悪名高い存在、すなわちスティグマにもなりかねないかたちで広く社会問題化することとなった(斎藤ら, 2005)。

b どのように定義されたか:レトリック活動

1990年代後半からの社会への申し立て活動のプロセスで重要な役割を果たしたのは、精神科医の斎藤環であった。斎藤は自らの臨床事例から、医療の対象外とされてきた、統合失調症などの精神障害が背景にないひきこもりを「社会的ひきこもり」と呼び、支援対策が必要であることを訴えてきた(斎藤, 1998; 2002)。

斎藤(1998)は、ひきこもりを疾患ではなく状態像であると規定し、「二十代後半までに問題化し、六ヶ月以上、自宅にひきこもって社会参加をしない状態が持続しており、ほかの精神障害がその第一の原因とは考えにくいもの(p.25)」

と定義した。このように、ひきこもり問題は、この問題に先行して「病気ではない状態像」として社会問題化されていた「不登校問題」と、パラレルな仕方で提示されたということができる。

　こうして、ひきこもりは精神疾患ではない一つの状態像として規定されるが、実際には、ひきこもり状態の経過の中で、被害関係念慮、強迫症状、対人恐怖などの症状が生じる例が少なくなく、家庭内暴力を呈する者も見られる。ひきこもりの長期化は強迫傾向を増悪させる（斎藤ら，2005）。一般にひきこもり事例の健康度は高く（斎藤，2005）、身近な援助もしくはケースワークのみで状況を改善することができる場合もあり、「仲間の獲得」にまで至れば、あとは当事者の自助努力で何とかなってしまう例も見られる。

　ひきこもり事例は成長支援の対象であるが、支援にはNPOなどの民間団体、保健所・精神保健福祉センター、医療機関、ヤングジョブスポットあるいはジョブカフェなどの就労支援機関、セルフヘルプ・グループなどの総合力による支援が必要とされる。

c　キャンペーン活動

　ひきこもりの問題は、各地の不登校・ひきこもりの家族や支援活動グループによって、一部の精神科医やカウンセラーによって、また一部自治体の精神保健福祉担当者によって、不登校問題の延長上に問題化されていった。2000年頃から、ひきこもりの問題がメディアで大規模にキャンペーンされるようになり、国・自治体の行動も活発化しはじめた。

① 　NHK「ひきこもりサポートキャンペーン」プロジェクト

　　メディアによる報道や取り組みは、ひきこもり問題の日本社会への浸透に寄与した。なかでも、2002〜2003年のNHKの「ひきこもりサポートキャンペーン」は、社会問題として構築されるに当たりきわめて大きな役割を果たした。インターネットを通してひきこもりに悩んでいる人の声を直接聞き、一つひとつの相談に答えようと試みた（NHK「ひきこもりサポートキャンペーン」プロジェクト編，2004）もので、日本社会によるひきこもりの実像理解と支援のありかたの模索に一石を投じたということができる。

② 　厚生労働省「地域精神保健活動における介入のあり方に関する研究班」

　　厚生労働省は2001年に「10代・20代を中心とした『ひきこもり』をめぐる地域精神保健活動のガイドライン（暫定版）」、2003年には最終版を発表した。2001年当時、急速に社会認知が増大したひきこもりに対する公的認

知はいまだ公式なものではなく、各機関で各々が手探りで支援に着手しはじめたばかりであった（伊藤・吉田，2005）。ガイドラインでは、ひきこもりが精神的健康の問題としてとらえられ、その援助活動は精神保健福祉の領域に属することが明言されたが、これは画期的なことであった。ガイドラインは、精神保健機関にひきこもりの対応について自覚を促し、また保健所・精神保健福祉センターが支援を果たすべき機関であることが、メディアを通じて当事者や関係者に知らされ、相談を促すこととなったのであるが、その後、ひきこもり対策が本質的にはらむ困難性のゆえに、精神保健の関係者が民間の活動と協働して積極的に支援対策を実施している自治体と、そうでない自治体との格差は拡大しつつある。

③　ニート問題の登場：ドメイン拡張

2004年になって、若年無業者の問題がひきこもりの問題を含むかたちで、**ニート問題**（玄田・曲沼，2004）として取りざたされるようになった。**ニート**（NEET）とは、Not in Education, Employment, or Training の頭文字をとった用語で、働いていい年齢でありながら学生でもなく無職であり、就職活動をするには至っていない若者を指す概念である。ニート問題の登場によって、ひきこもり問題は、精神保健領域での支援の重要性の問題であるという側面に、就労支援領域の問題という側面も加えられることとなり、一種の「ドメイン拡張」とも呼びうる展開が生じた。ひきこもりの若者の集合とニートの若者の集合は、大きく重なり合っている。このドメイン拡張により、結果として、その後のひきこもりの若者への対策はふくらみをもつことになった。

2) ひきこもり対策

a　ひきこもり支援の基本姿勢

ひきこもり支援は、コミュニティ心理学的に表現すれば、ひきこもる若者と日本社会との適合性（person-environment fit）を高めることを目標としてなされる必要があるものであり、その意味で、本質的に若者の成長支援という特性と、日本社会の成長促進という特性の両面を併せもつものとなるだろう。

ひきこもり者個々の問題の解決の第一歩は、「どこかにつながる」ようにすることである（伊藤・吉田，2005）。ところで、不登校の児童・生徒・学生のそれぞれについては、家族のほかにも、小学校・中学校・高等学校、あるいは高等教

育機関（大学など）がその対応に一定の責任を負っており、不登校の事実を把握して対応することを求められている。しかるに、卒業後の若者については、医療・福祉サービスの対象外であることから、いかなる機関によってもひきこもりの事実の把握はなされることがなく、ひとり家族のみが、長期化する子どものひきこもりに苦悩するというのが実情であった。また、30〜40歳代へと長期化する例が多く、そこから、「どこかにつながって」動き始めたその先の進学や職業への進路に、希望が生じにくいということも実情である。このように「どこかにつながる」よう見守る主体が家族だけに限られてしまう点において、また、未来への希望の抱きにくさにおいても、ひきこもり問題は不登校問題以上の困難を抱えており、ここに総合的な支援対策が必要とされている所以がある。

　ひきこもり支援活動をその対象で分ければ、家族への相談と支援、ひきこもり者本人への相談と支援、支援活動にあたる個人あるいはグループ・機関とそのスタッフへの相談と支援の3様がある。

　支援活動の内容でいえば、医療による援助、心理カウンセリングによる援助、居場所・仲間づきあいによる援助、就労支援機関による援助、福祉による援助に分類できる。家族・本人・援助者三者に対し多様な援助を適宜適切に提供するためには、コーディネートやケース・マネジメントをする人・機関が必要である。

　b　相談・支援の流れ：ひきこもり支援の困難性

　ひきこもりの当事者が自ら相談に訪れることは稀であり、相談機関や支援機関につながらないまま、長期のひきこもり状態に至る例が多い。したがって、相談・支援は、ほとんどの場合、家族面接・支援が対応の第一となり、その上で、ひきこもり者自身の面接、デイケア・サービスや居場所となる支援機関の利用へとつなぐことを志向することとなる。こうした心理的支援ののちに、就労支援の段階が検討されることになる。

　家族面接を続ける半年から3年ほどの経過の中で、ひきこもり者自身が動き出して面接につながることもあるが、一向につながらないままに5年、10年を経過することも少なくない。そこで、支援者が家庭訪問して、外へ連れ出す働きかけも試みられている。訪問が有効な場合があることは確かであるものの、「訪問者に期待をもたせる以上、始めたら結果を出すまでやめないという覚悟をもってすべきであり、安易な実施は危険である」という戒め（斎藤ら，2005）は家族・支援者に共有されるべきことである。

　家族支援には主として次の内容が含まれる。一つは面接による援助である。家

族を心理的に支え、子どもとのコミュニケーションのとり方などを検討する。今一つは同じ悩みをもつ家族あるいは当事者のセルフヘルプ・グループへのつなぎ、あるいはグループづくりである。

　c　ひきこもり支援の社会資源

　利用できる公的資源としては、精神保健福祉センター、保健所、18歳未満の場合には児童相談所など。民間の資源としては、不登校・ひきこもり・対人恐怖などの思春期・青年期事例を扱い、両親だけの相談も取り扱う医療機関、ひきこもり・不登校の支援活動を行う民間非営利団体NPO（あるいはNPO任意団体）、親の会、セルフヘルプ・グループ、それらの団体による「フリースペース」などの居場所。大学在学中のひきこもりの場合には大学の学生相談室、あるいはカウンセリング・センターなどがある。

　ひきこもりに限定しない若者一般への支援活動を行う官・民の資源も、ひきこもり問題の周辺として、活用可能性を有する資源である。たとえば、ひきこもりの若者も含んで活動している一部の青少年活動センターや若者が若者を支援するNPO（久田，2005）などがある。

　d　官・民協働によるひきこもり支援活動

　2005年現在も、ひきこもりの支援は全体的に見ればはなはだ不十分である。地域に散在するさまざまな資源を活用しながら、支援を実施するコーディネーターとしての役割を公的機関が期待されている（伊藤・吉田，2005）が、ひきこもり事例が「どこかにつながる」ようにするしかけは、現在までのところ、整えられているとはいいがたい。支援の責任の所在はいまだ確定されていないし、居場所機能・仲間づきあい機能・社会体験援助機能を有するNPOなどの民間資源はまばらであり、現にそのような活動を行っている非営利団体は、いずれも資金と人材の両面で困難に直面している。

　一部の地域に先進的取り組みがある。たとえば、自治体と協働しながら、ひきこもりの若者と定年世代の交流を、国内のみならず海外の地域への広がりの中で進めているNPO（二神，2005）の活動展開などである。官・民が連携・協働して支援事業を具体化している事例を見ると、保健師や、NPOのリーダーがキーパーソンとなっている例（久田，2005）が見受けられる。

　e　ひきこもり対策の課題

　①　ひきこもりへの施策

　　非営利団体へ民間ファンドが入る仕組みの発達が遅れている日本社会の現状

で、地域のキーパーソンが官・民協働して支援事業を展開するには、国による施策と予算措置は必須である。ニート問題の認知と対策の拡大により、2005年、「若者人間力強化プロジェクト」という大規模な予算編成がなされた。善意のボランティアも、事業資金を欠いたままでは継続するものではない。ひきこもり支援においては予算が十分裏づけられておらず、ひきこもり支援に取り組むNPOなどの民間資源は、「ひきこもり支援」を継続的に行うことは難しい。支援活動を、精神障害者の地域生活支援が準用されるべき問題として進めていくのか、それとも、あらゆる若者を含むニート問題、あるいは「若者自立支援」問題へのドメインの拡張に沿って進めていくのか。後者の流れを採るとしても、ニートあるいはひきこもりの若者へのメンタルヘルス支援の問題が生じることは必須である。また、人材と資金の裏づけがないとき、支援者のバーンアウト（燃え尽き）が深刻な問題となる。

② 協働の実現

日本社会の公的組織では、縦割り行政が人と資金とスピードにおいて無駄と非効率を生んでいる。縦割りの組織をどう横にし、疎通性を高めて、協働の実をあげられるようにするか、避けて通れない課題である。

③ やり直し可能社会

ひきこもりとニートの問題は、日本社会に**採用慣行の見直し**を迫る。現状では、子どもたちの初期の学校への適応の失敗は、あとあとまで個人のキャリア展開の障壁となっている。現代の若者たちの困難な状況を生んでいる一つの原因は、この新規学卒者に偏りすぎた就職・採用慣行の仕組みである（小杉編，2005）。ひきこもる人々が20～40代のどこかで動き出そうとするときに、そこに社会的学びや訓練や就職への機会が開かれ、その努力が報われもするという、やり直しへの希望がある状況（**やり直し可能社会**）を作り出す必要がある。

④ 「働く意味」の見直し

ひきこもりあるいはニート問題に関わる人の中から、働く意味あるいは働き方についての見直しも提起されている（玄田，2005；二神，2005）。働く意味をどう考えるかで、支援のあり様が変わってくる。その意味で、答えがすぐに定まるものではないにしても、議論すべきことであろう。

引用文献

二神能基　2005　希望のニート．東洋経済新聞社．
玄田有史　2005　働く過剰．日本の＜現代＞，**12**．日本放送出版協会．
玄田有史・曲沼美恵　2004　ニート――フリーターでもなく失業者でもなく．幻冬舎．
久田邦明　2005　ひきこもりの居場所づくり．村尾泰弘（編）ひきこもる若者たち．現代のエスプリ，別冊，215-226．
伊藤順一郎・吉田光爾　2005　ひきこもりガイドラインの反響と意義．こころの科学，**123**，17-24．
小杉礼子（編）　2005　フリーターとニート．勁草書房．
NHK「ひきこもりサポートキャンペーン」プロジェクト（編）　2004　hikikomori@NHK ひきこもり．日本放送出版協会．
斎藤　環　1998　社会的ひきこもり――終わらない思春期．PHP研究所．
斎藤　環　2002　「ひきこもり」救出マニュアル．PHP研究所．
斎藤　環　2005　ひきこもりの個人精神療法．こころの科学，**123**，100-108．
斎藤　環・福本　修・永井　撤・村尾泰弘　2005　座談会／ひきこもりの現在．村尾泰弘（編）ひきこもる若者たち．現代のエスプリ，別冊，15-43．
富田冨士也　1992　ひきこもりからの旅立ち．ハート出版．

教育領域での実践
[4] 学生相談対策

鳴澤 實

1) 学生相談小史

　学生相談は——というより大学教育へのカウンセリングの導入は、といったほうが正確なのかもしれないが——第二次世界大戦後の1951年に、アメリカ教育審議会に「アメリカの **SPS**（Student Personnel Services）を日本の大学に紹介するための委員会（委員長 Williamson, E. G.）」が作られ、ロイド（Lloid, W. P.）を主任とする6人の専門家が来日して、東京大学、京都大学、九州大学で厚生補導研究会（SPS 特別研修会）を開き、国公私立大学の教職員に SPS の必要性を力説したことから始まる。

　SPS は、学生の個性に即した全人的発達を促すもので、カウンセリングや課外活動の重要性が強調された。1953年には東京大学と山口大学に学生相談所が設立され、以降徐々に、国公私立大学で学生相談室（所）が設置された。伊東（1993）と都留（1996）によると、この SPS 特別研修会は、1955年、61年にも行われ、55年の東京大学での参加者を中心に「学生相談研究会」が頻繁に開催され、澤田慶輔（編）『相談心理学』（1957）を出版後、59年から機関誌『学生相談』を刊行していた。この会が、東京大学駒場キャンパスの初代学生相談所長で、日本学生相談学会の理事長ともなった中村弘道の「鉄の意志力」（澤田, 1989）で、後の1973年に「日本学生相談研究会」に、さらに87年には**日本学生相談学会**」にまで発展した。日本学生相談学会の会員数は、2007年1月現在で個人会員918人、機関会員216校である。関西では1959年に大学単位加入の「近畿学生相談研究会」（KSCA）が結成されている。このほかに、国立大

学の教員で1968年から始まっている「全国学生相談研究会議」がある。国立大学には、1964年から保健管理センターが次々に設立され、学生相談室（所）は旧帝大を除いてこれに包含された。私立大学もこれに準じたところが多い。

　近年、学生相談は、ことに2000年6月の文部省による報告書「大学における学生生活の充実方策について」（文部省，2000）を一つの契機として、全国の大学で学生相談室の設置と、カウンセラー配備について充実化の方向にあり、研修会についても、日本学生相談学会主催の「全国学生相談研修会」（3日間：一般教職員への研修とカウンセラーのレベルアップを目的とする）と、「学生相談セミナー」（夏はカウンセラーのレベルアップを目標にした1泊2日間の研修、春期休業中は時の話題をテーマにした2日間の研修）、KSCAの1泊2日間の研修、地方ブロックごとの研修または事例検討会、国立大学系を中心にした「全国大学保健管理研究集会」と「全国メンタルヘルス研究協議会」などが、継続実施されるようになっている。

2) 大学コミュニティにおけるカウンセラーの働き

　学生相談は、SPSの理念に基づいて、学生がその能力を個性豊かに、十全に発揮できるような教育環境を提供するための一環として実施されるものであり、その目的は、学生が大学生活を送るうえで支障となる悩みや苦しみ、トラブルなどを早期に解決・援助することである。したがって、大学のカウンセラーの役割には、大学を1コミュニティと考えて、そのコミュニティの構成員である教職員と学生が、大学教育の目標の重要な一部である「学生の心理的成長」を促進できるように、構成員との連携・協働をオーガナイズしていくことも含まれる。もちろん、教職員も学友も、それぞれの役割をこなす行為を通して心の健康の促進増進がなされるようにしていくことが望まれるが、それが阻害されていることがある。病んでいる家族では、家族内の心の弱い人が発症するように、また、荒れる中学校では、教師自身がよかれと思ってしていることが、逆に生徒の荒れを引き出し、「問題児」を作っているように、相談事例を数多くこなす中で、大学という教育の場でも、その大学独特の「病理めいたもの」が見えてくる。その場合、カウンセラーにとっては、病理めいたものの軽減のために、教職員が、時には学生が、より成長促進的な行為者に変容していけるように、黒子的存在として、いかなる役割をとりうるかが課題となる。**大学コミュニティに働きかけるカウンセラー**の創意工夫には次のようなものがある。

a 相談機関の周知度と利用率を高めるための学生へのPR

入学時のガイダンスやオリエンテーションに、カウンセラーが立ち会うこと。少し時間をもらって自己紹介を兼ねて宣伝すること。学生は学生なりに、直感的に信頼（誠実さと口の堅さなど）の値踏みをしたいという心理を有している。実際には、軽微な内容で来室して、面談することで確かめる。カウンセラーはこれを気軽に処理しないで、じっくり対応することが必要となる。この繰り返しで、学生がよい体験をしていけば、口コミで学生に広まることになる。学生向きの講習（学生が多く求めているもの、たとえば、下宿生が多いのであれば栄養の講習とか手軽な料理教室など）や、自己理解のためのワークショップや人間関係のためのエンカウンター・グループも、相談機関へのアクセサビリティと信頼度を高めるために有用である。教員身分のカウンセラーであるならば、「キャンパスライフとメンタルヘルス」などの講義科目を1コマ担当することも、予防教育と宣伝を兼ねられる。カウンセラーは、授業を通して自らの人柄も学生に示すことになる。授業中の学生とのカウンセリング的なやりとりや、学生の心を受け止めた暖かなフィードバックなどの、きめ細かな関わりを行うことが重要な鍵となる。

小柳（1999）は、不登校学生の追跡調査で、来談学生は除籍・退学者が少ないことを報告しているが、学生が学生相談室を実際に利用しようとしまいと、大学にはあのカウンセラーがいてくれるから、何か困ったとき行けるので思い切り頑張れた、相談には行かなかったが、相談室にいつでも行けるということが心の支えであった、という卒業生の証言は、しばしば耳にすることである。

b 大学教員や上層部の教職員に、学生相談を正しく理解してもらうためのPR

学生相談の何たるかについての教員の理解は、一般に深いものではない。悩みやトラブルなどの心の問題が、学習効率に直結していることを認識している教員は、一般的にいって多くはない。自験例では、プライバシーの問題があるので上層部には話せないということで、学生の相談内容を関係者に理解してもらうために編集されたのが『こころの発達援助』（鳴澤編，1998）である。どの学生相談室にもありそうな60事例が掲載されている。同様に、理解促進に役立つものに、小林・高石・杉原編（2000）、鶴田編（2001）がある。こうした書物をPRに活用することである。学生相談活動内容については、鳴澤編（1986）に列挙され、具体例が掲載されている。学生相談室に来談せずに済むような予防活動となると、学生の資質や悩みや大学で困ったことや要望などを調査研究する活動や、そ

の対応策の上申なども必要になる。カウンセラーはこまめに上層部と会って、協力者になってもらい、必要な人員と予算を獲得できるよう努力する。

　c　一般教員や父母などへの、学生相談の日常的な啓蒙活動を常に続けること

　最近の大学では、研究業績はあるが学生対応には悩むという教員が少なくないので、マニュアル的な小冊子、たとえば『気になる学生にであったら』（中央大学学生相談ハンドブック編集委員会編，2000）や、『学生への対応に必要な心理的配慮』（追手門学院大学学生相談室，2003）の類を教職員に配布しておく働きかけも全国で見受けられるようになってきている。具体的な事例で来室した教職員から学生を引き受けることも必要なときがあるが、学生を直接引き受けないで、その教員が適切に指導していくことができるようにするコンサルテーションは非常に重要である。コンサルテーションをうまく行うことができれば、教員も指導の幅を広げることができ、自信を得ることになり、カウンセラー側も信用を得て良い宣伝になるという効果も得られることになる。

3) 日本における学生相談体制の整備へ向けての課題

　大島ら（2004）の調査では、学生相談室設置大学でのカウンセラーの人数は、2000年度調査では在籍学生数1万人あたり3.0人だったのが、4.1人に上昇している。ただし、国立大学を除いては、相当数を非常勤が占めている。近年、学生たちはモノと情報のジャングルに放り込まれて選択に苦しんでいる（小柳，1999）。外国においても同様であることが指摘されている（田中，2003；太田，2004）が、心理的な問題が深刻化して、対応困難な事例が増加しつつある（大島ら，2004）。カウンセラーの専任化や増員など、学生相談室の一層の充実化が望まれる。吉武（2005）は、カウンセラーと受付担当者の配置数や常勤スタッフの構成はどうあるべきかなど、スタッフ構成について検討することが日本の大学の学生相談サービスの今日的課題である、と述べている。鳴澤（1986）の経験では、在籍学生数1,500人に最低1人の専任カウンセラーの確保が望まれる。学生相談室の学生の評価が高くなると、来談学生に対応できなくなる。**カウンセラーの増員問題**はあらゆる大学で起こることである。カウンセラーには、関係者との関係構築の常日頃の努力が必要とされる。

　また、学生相談室設置大学は年々増加しつつあるとはいえ、私立大学では未だに設置されていない大学もある（大島ら，2004）。教育機関であるからこそ、早急に設置することが望まれる。

保健管理センター内にある学生相談室は別組織にするか、または、カウンセリング・センターにして独立することも、取り組まれ始めている課題である。学生相談が保健管理センターに取り込まれたことによって、学生相談は心の病の重い学生が行くところ、というイメージをもたせているという資料もある（鳴澤編, 1986）。学生相談本来の姿である、心の悩みの軽いうちに来談できる相談室にするために、保健管理センター外に出て、独立すること、「医療モデル」「クリニックモデル」から「**教育モデル**」「**成長モデル**」に形式的・実質的にも変容することが強く望まれる。

職能集団の課題としては、国立大学が法人化された現在、重複会員が多い日本学生相談学会と全国学生相談研究会議が合体して、大学カウンセラーの大きな支援サポート団体になることも、検討されてよいことである。日本学生相談学会では、大学カウンセラーの認定制度を作り相応の経験と能力のあるカウンセラーを大学カウンセラーとして認定しているが、近々にスーパービジョン制度を作り、認定した大学カウンセラーのレベルアップとサポート体制を制度化しようとしている。それだけに、両団体の統合が望まれる。研修の制度については、中央研修だけでなく、地方のブロック別研修も可能なようにするなど、研修会場を多くする方向で制度設計していくことが、全国の大学および高等教育機関の、学生相談体制の整備には欠かせないと考えられる。

引用文献
中央大学学生相談ハンドブック編集委員会（編）　2000　気になる学生にであったら――教職員の学生相談のハンドブック．中央大学学生部学生相談室．
伊東　博　1993　学生相談の黎明期と私．学生相談研究, **14**, 31-34.
小林哲郎・高石恭子・杉原保史（編）　2000　大学生がカウンセリングを求めるとき――こころのキャンパスガイド．ミネルヴァ書房．
文部省・大学における学生生活の充実に関する調査研究協力者会議　2000　大学における学生生活の充実方策について――学生の立場に立った大学づくりを目指して．文部省高等教育局学生課．
鳴澤　實（編）　1986　学生・生徒相談入門――学校カウンセラーの手引きとその実際．川島書店．
鳴澤　實（編）　1998　こころの発達援助――学生相談の事例より．ほんの森出版．
大島啓利・林　昭仁・三川孝子・峰松　修・塚田展子　2004　2003年度学生相談機関に関する調査報告．学生相談研究, **24**, 269-304.
太田裕一　2004　ニューヨークの学生相談――学生発達支援、危機介入などの視点から．学生相談研究, **25**, 162-172.
追手門学院大学学生相談室　2003　学生への対応に必要な心理的配慮――教職員のた

めのガイドブック．同．
小柳晴生　1999　学生相談の「経験知」——大学における心理臨床．垣内出版．
澤田慶輔（編）　1957　相談心理学．朝倉書店．
澤田慶輔　1989　中村弘道先生を悼む．学生相談研究, **10**, 1-2.
田中健夫　2003　イギリスの学生相談の動向——1999〜2002の文献レビュー．学生相談研究, **24**, 181-194.
都留春夫　1996　特別寄稿　初心．学生相談研究, **17**, 163-168.
鶴田和美（編）　2001　学生のための心理相談．培風館．
吉武清實　2005　改革期の大学教育における学生相談——コミュニティ・アプローチモデル．教育心理学年報, **44**, 138-146.

教育領域での実践
[5] 大学カウンセラーによるコミュニティ・アプローチ

吉武清實

1）大学コミュニティの課題への学生相談サイドからのアプローチ

　学生相談の役割の中心は、来談学生へのカウンセリングによる成長発達支援であるが、もう一つの重要な役割をとることができる。大学にとって、学生相談は、学生の変化と大学が抱える問題・ニーズをキャッチするセンサーとしての機能（吉武，2005）をもつ。それは学生相談のカウンセラーが、キャッチした問題を改善へ向けていく**"変化への推進役"**ともなりうることを意味している。すなわち、大学カウンセラーはキャンパス・ワークによって問題を学内構成員と共有し、共通認識づくりをしていくという重要な責務を担うことのできる位置にいるのである。

　カウンセラーは、キャッチされた問題を、広報活動によって大学コミュニティの必要な構成員に共有してもらって対策が講じられるようにしたり、学部・大学院の上層部あるいは大学全体の上層部に提案したり、対応の活動を担当の教職員と協働で実施したり、広く教職員に、教職員研修の場や教職員研究協議会の場で問題と対策の知識の共有を図って、予防的活動を推進することができる。他方、学生に対しても、講演会やグループ活動、授業などで直接働きかけるようにして、問題の予防的活動にあたる役割をとることができる。

　このように、役割を面接室に限定せず、学内との実効ある連携・協働を模索する「より大きなシステム」にも働きかける学生相談活動が、近年全国の大学で模索され始めている。

2)「より大きなシステム」への働きかけ

　学生相談組織は、来談者（主として学生）への働きかけ（カウンセリング）、学生への対応に悩む教職員・家族へのコンサルテーション、というマイクロシステム・レベルへの働きかけを超えて、学部・大学院、布置研究所あるいは、大学執行部などへの働きかけという**「より大きなシステム」への働きかけ**や、さらに、大学カウンセラーの職能集団の発展、全国の大学の学生相談体制・組織の動向や国・自治体の政策、あるいは、日本社会の時代精神というマクロシステム・レベルへの働きかけを行うことができる。

　今日、インテークや個別カウンセリング、教職員・家族・友人へのコンサルテーション、相談ケースの検討会（よりよい援助のために行うスタッフの会合）、危機対応・危機介入（自殺企図や事件性のある緊急相談などへの対応）、リファー（精神科医あるいはキャリア支援担当者、学内の学部・大学院の各部局と連携・協働する）、居場所の提供・管理（相談室や保健室を居場所として利用する学生への援助）、相談スタッフの育成・専門家としての研鑽（研修会や日本学生相談学会などの学会への参加）、スーパービジョン（対応困難な相談例などについて、経験豊富で力量にすぐれたカウンセラーからの助言を得る）といった活動のほかに、学生相談組織が行い始めている「より大きなシステム」への働きかけには、次の諸項目が挙げられる。

① 学内の学部・大学院等の各部局で学生への相談窓口を担当している教職員へコンサルテーション（助言）を行う。
② 学生向けに予防的心理教育プログラムあるいは予防教育の授業を行う。
③ ピア・サポーター養成とそのコーディネートあるいはマネジメントを行う。
④ 自らの組織の体制と働きについて目標・計画を立案・実行し、評価を受ける。
⑤ 自分の大学の学生や教職員が抱えるニーズについて調査する、学生相談に関する研究を行う。
⑥ 教職員への予防的活動に貢献する。
⑦ 学内委員会（学生生活や男女共同等に関する教職員で構成される委員会）に参加する。
⑧ 学生支援・相談体制に関して大学上層部に提案あるいは提言を行う。場合によっては大学として取り組むべきことについて企画立案を行う。

総じて、ピア・サポートの活性化、**連携・協働の実現**、**予防的取り組み**、大学全体の目標・計画へのコミットメント、といったコミュニティ・アプローチが志向され、模索されている段階にあるということができる。

3) コミュニティ・アプローチによる活動の実際

a　ピア・サポート事業

2000年頃より、大学カウンセラーによるピア・サポートへの取り組みが見られ始めている。工学部、理学部学生に対して、大学院生あるいは先輩学部生が補習ピア・サポーターとして援助する仕組み（山中・吉武・池田，2003）や、広く学生生活上の相談に対して一定の訓練を受けた学生が、ピア・サポーターとして従事するピア・サポート事業（内野ら，2002）などがあり、全国の大学に広がりを見せている。

b　学内の他職種との協働

協働の実は、①問題意識と対応のための知見を共有し　②相互の役割と働きの意義を知り　③その役割を相互に尊重し　④相互乗り入れ領域については共同学習してともに高まっていき　⑤共同で企画し　⑥協働の相手方の企画には相互協力する　⑦相手の固有の専門性に干渉せず、相手方と活躍をたすけあう（補完しあう）、ことで、上がるものである。

吉武・池田（2005）は、進路・就職に関する支援と教育の充実化を図っていく必要があるという、学生相談の中から見えてきた自らの大学の課題に、学生相談組織として「変化への推進役」をとるべく、学生支援専門員と協働しての出張キャリア・カウンセリングを試行している。この協働は、近い将来に、「何でも相談窓口」や、キャリア支援窓口あるいはキャリア・センターが設置されるであろうときに備えて、カウンセラーと職員が問題と対応策、窓口や支援体制のあり方などについての知識を共有するよい機会として捉えられ、実践に移されたものであった。大学カウンセラーと学内の他職種との協働のためには、一貫してよりよき協働を求めるという姿勢をもって、カウンセラーの働きの実質と総体を、他職種の人々に共有してもらうことができるように描きだす作業が必要となるが、これには齋藤・道又（2003）の先駆的な仕事がある。

c　予防的取り組み：予防教育

今日、学生相談においては、不登校・ひきこもり、進路決定あるいは社会生活への踏み出しを回避しようとする心理（不安・恐怖）、対人関係の悩みやトラブ

ル(事件性のある相談を含む)、抑うつ、大学院生とりわけ博士課程学生の進路に関わる深い苦悩(大学院生危機)、理系の「男性社会」として作り上げられてきた研究生活スタイル・研究室文化と女子学生との相互適応や、あるいはまた、社会人学生や留学生との相互適応の問題、高機能広汎性発達障害など特別なケアを要する学生の支援の問題、などが主要テーマとなっている。

学生相談機関は、来談する数パーセントの学生のためのものか、それとも全学生のためのものかと問われれば、答えは、全学生のためのもの、である。来談学生が抱えるもろもろの問題は、来談していない学生の中にも抱えている者がおり、あるいは、今後の学生生活でいつ抱えることになるかもしれない問題であるからである。カウンセラーは、来談学生の問題について、学生全体に働きかけて問題の発生を減少させる、あるいは発生する問題が重度化しないようにするなどの、予防的活動を試行することができる位置にいる。

学生期の心理的適応の問題をテーマとする実質的な予防教育は、かねてより少人数を対象とした心理教育的プログラムが、心理系教員や学生相談カウンセラーによってなされてきた。これを全学部の学生対象の授業として実施したものとして、たとえば、峰松・福盛・本山(2002)の「心理健康学」(学生の雑談や懇親会への苦手意識解消を狙いとして含みもっていた、コミュニケーション・スキルをテーマとする少人数教育でワークショップ型の授業)がある。

目標の喪失、消費者被害、ハラスメント、キャリア設計など、学生生活期の心理的危機全般を取り扱う予防教育も試みられ始めている(池田ら,2004)。こちらは、「学生生活概論——学生が出あう大学生活の危機と予防」と銘打たれた、全学部学生対象・1年次後半の科目で、学生相談組織全スタッフが担当している。

d 予防的取り組み:教職員への予防的働きかけ

相談の中から、大学カウンセラーは、ハラスメント予防のために留意すべきことについて、また特別な対応を必要とする学生への対応、およびカウンセラーとの連携・協働のあり方について、各学部・大学院教員に共有してもらう必要性を感じることが生じてくる。コミュニティ・アプローチをとるカウンセラーは、今日では、積極的に各部局の教職員研修の講義を担ったり、研修会を企画したりするようになっている。

学生相談機関は、時に面接室を踏み出して、センサーで認知した内容を大学コミュニティ全体に共有してもらい、学内委員会への参加や大学執行部への提案・

提言などにより、必要な対応策や改善策が検討され講じられるように働きかける、また、自ら実施可能なことについては"共有・協働による改善"の行動をとる——という予防的活動の役割をとることができるが、激しい変動期にある今日、この役割は重要度を増している。

4）職能集団コミュニティの発展と全国の大学の学生相談体制の整備への関与

日本の大学の学生相談体制は、全体として見れば未整備な段階にある。コミュニティ・アプローチを重視する大学カウンセラーたちは、日本学生相談学会や全国学生相談研究会議などの職能団体コミュニティのネットワークを通じて相談体制整備に関わる諸問題へ積極的に関与し始めている。なかでも、取り組むべき焦眉の課題は、常勤カウンセラーの配置が進まないという問題である。イギリスにおいてはAUCC（Association for University and College Counselling）が、大学向けに「カウンセリングサービスに対するガイドライン」を策定している。吉武（2005）は、AUCCのガイドラインに匹敵する**日本版カウンセリングセンターガイドライン**の策定が必要であるとし、その中の「スタッフ構成」の項目の中には、「面接・援助活動時間を週当たり20時間に制限し、少なくとも3,000人に1人以上の常勤カウンセラー配置が望ましい」というAUCCと同様の規準を、日本においても明記することが妥当である、と述べている。相談内容の複雑化・多様化と予防的活動の重要性を考えるとき、実際には、米国の整備された大学並みに、常勤換算で1,000～1,500人に1人の配置が目指される必要がある。日本の学生相談における職能集団コミュニティの発展のためには学生相談従事者どうしの助け合いやバーンアウト防止と人材養成の仕組みづくりも、取り組みが必要な実践的研究課題である（吉武，2005）。

引用文献

池田忠義・吉武清實・山中　亮・佐藤静香・仁平義明　2004　東北大学における学生支援としての予防教育．東北大学大学教育研究センター，**11**，45-54．

峰松　修・福盛英明・本山智敬　2002　大学生のQOSL（Quality of Student Life）の現状と支援に関する研究2　ワークショップ型（体験実習形式）の講義「心理健康学」の試み．日本学生相談学会第20回大会プログラム発表論文集，80-81．

齋藤憲司・道又紀子　2003　教職員が関与する相談事例への構えと対処．学生相談研究，**24**(1)，12-20．

内野禎ний・児玉憲一・大下晶子・児玉厚子・磯部典子　2002　広島大学ピア・サポートルームに関する心理学的研究4　Process-Based Evaluationによる一考察．*Cam-*

pus Health, **38**, 510-513.
山中　亮・吉武清實・池田忠義　2003　TAによる修学ピア・サポート――カウンセラーと工学部・工学研究科協働による修学支援の取り組み．東北大学学生相談所紀要，**29**，1-7．
吉武清實　2005　改革期の大学教育における学生相談――コミュニティ・アプローチモデル．教育心理学年報，**44**，138-146．
吉武清實・池田忠義　2005　東北大学におけるキャリア・カウンセリングの実践．東北大学学生相談所紀要，**31**，19-22．

産業領域での実践
[1] 職場のメンタルヘルス

北島茂樹・深尾 誠

　厚生労働省は5年毎に労働者健康状況調査を行い、その結果を公表している。「普段の仕事で体が疲れる」と回答した人は2002年において72.2％で過去最高を更新し、中でも「とても疲れる」と回答した人は前回比2.3％増の14.1％となった。「仕事で強い不安、悩み、ストレスがある」と回答する人は、1982年の同調査では50.6％であったが、その後増加を続け2002年は61.5％（1997年は62.8％）と高止まりの状態となっている（「サラリーマンは疲れてる！『仕事で体疲れる』7割——厚生労働省調査」『日本経済新聞』2003.8.26.朝刊）。

　こうした状況下で、国（厚生労働省）は1988年に「事業場における労働者の健康保持増進のための指針」、いわゆるTHP（Total Health Promotion Plan）を掲げ、労働者の心とからだの健康づくり体制を後押ししてきた。また、2000年には「事業場における労働者の心の健康づくりのための指針」を策定することで、職場メンタルヘルス改善の考え方や方策の周知を図ってきた。国の施策・指導とは別に、「EAP」という外注型の支援や、「ヘルシー・カンパニー」といった包括構想の実現を積極的に目指す事業場も増えてきている。

　これらの取り組みに共通することは、①事業場内外のメンタルヘルス支援資源の有効活用　②職場に発生するメンタルヘルス不全者の予防　③身体・精神両面における健康の確保を含めた組織としてのエンパワメント、といった点であり、コミュニティ心理学の目標や考えと方向は基本的に同じである。

1）心の健康づくりのための四つのケア

厚生労働省が職場のメンタルヘルス対策として、2000年8月に策定した「事業場における労働者の心の健康づくりのための指針」〈http://www2.mhlw.go.jp/kisya/kijun/20000809_02_k/20000809_02_k.html〉の中で示された**四つのケア**は、職場のメンタルヘルス・ケアを推進する上で有効である。

a　セルフ・ケア

労働者自らがメンタルヘルスの重要性を認識し、ストレスやメンタルヘルスについての理解を深め、それらの低減や向上に努めることができるようになることが大切である。会社側はそのための教育研修機会を設けたりして、情報提供や支援に努めねばならない。知識理解が深まれば、精神的不調の兆候に気づく確率も高まるであろうし、その対処についても、自分だけで抱え込まず、専門スタッフの協力を得ることの重要性にも気づくであろう。

b　ラインによるケア

労働者と日常的に接する管理監督者が、メンタルヘルス向上に貢献する職場環境などの評価・改善を行い、労働者に対する相談対応を行う。これらが円滑に行われるよう、ラインに対する教育研修や情報提供の機会を設ける。集中力欠如など労働者の精神的不調の兆候に気づくのは、ラインの管理監督者であることが多く、その際の対応の仕方や考慮すべきことなどについて、予め学習しておく必要がある。

c　事業場内産業保健スタッフ等によるケア

事業場内の健康管理担当者（産業医、衛生管理者、保健師、心の健康づくり専門スタッフ、人事労務管理スタッフ）が、事業場のメンタルヘルス対策とその推進を担い、労働者および管理監督者を支援する。問題に適切に対処するために事業場内のネットワーク（例：現場―人事労務部門―健康管理センター）、さらには、コミュニケーション・ルートをしっかり築いておくことが大切である。

d　事業場外資源によるケア

事業場外資源には、地域の開業医、地域産業保健センター、都道府県産業保健推進センター、中央労働災害防止協会、労災病院勤労者メンタルヘルスセンター、EAP事業者などがある。これら諸資源との連携・ネットワークを日頃から形成しておくことが大切である。

　いずれにしても、メンタルヘルス・ケアを効果的に進めるためには、労働者、ラインスタッフ、事業場内外の利用可能なメンタルヘルス専門スタッフ、これら

の人たちの間の密接な連携が求められる。特に、産業医・保健師・人事労務管理スタッフなどの事業場内スタッフは、連携役としても、事業場内の教育（例：「自分でできるストレス・マネジメント」「よくできる管理者のためのうつ病講座」「管理者のためのメンタルヘルス入門講座」）の推進者としても、果たすべき役割は大きく、コミュニティ心理学的素養を身に付けておくことが必要である。

2）EAP について

労働者が利用できる有力なメンタルヘルス・サービスに **EAP**（Employee Assistance Program：**従業員支援プログラム**）がある。EAP は、事業場内で自前の産業保健スタッフをもつことが少ない米国で発展してきたものであり、「仕事上の業績に影響を与える社員の個人的問題（健康、結婚、家族、経済的、アルコール、ドラッグ、法的、感情的、ストレスなど）を見つけ、解決する」ための各種の援助、および「職場組織が生産性に関連する問題を提議する」ための援助を行うと定義され、その範囲は、健康管理そのものからそれに影響する経営管理的要素にまでいたる。具体的な支援内容は以下の七つに整理できる（国際 EAP 学会（EAPA）による EAP の定義 2003 年版〈http://www.eapassn.org/public/articles/EAPA_STANDARDS_web0303.pdf〉）。

① 問題を抱える社員への対応、職場環境の向上、社員の業績向上について、企業リーダー（管理職、監督者、組合役員等）に対するコンサルテーション、研修、援助を行う。さらに、社員およびその家族への EAP サービスに関する啓蒙活動を行う。

② 勤務成績に影響を与えうる個人的問題を抱える社員に対して、秘密厳守で迅速な問題発見／評価サービスを提供する。

③ 勤務成績に影響する問題の解決のために、当該社員に、建設的直面化、動機づけ、短期介入などの手法を適用する。

④ 当該社員の医学的診断、治療、援助のために専門機関を紹介し、その経過を観察しフォローしていく。

⑤ 治療などのサービス・プロバイダーとの効果的な関係の構築維持、及びプロバイダーとの契約管理について、企業にコンサルテーションを行う。

⑥ 医学的及び行動的問題（アルコール依存、薬物乱用、精神障害、情緒障害など）をカバーする健康保険・福利厚生などの資源を社員が利用するよう促したり、利用しやすくするためのコンサルテーションを企業に行う。

⑦　企業や個人の業績への EAP の効果を確認する。

　EAP には、企業内に EAP スタッフを配置して問題に取り組む**内部 EAP** と企業外の EAP 事業者に契約委託する**外部 EAP** がある。内部 EAP には、複数の企業が共同出資して一つの EAP オフィスを社員のためにつくるといった「コンソーシアム EAP」と呼ばれるものもある。内部 EAP よりも外部 EAP を採用する企業が増えているが、その理由としては、外部 EAP のほうが一般的に安価でサービスの質も高いこと、外部 EAP ならば自分の問題を会社側に知られることなく気軽に相談できる点などが指摘されている（松本，2001）。外部 EAP に委託することにより、利用率が飛躍的に増加したという例もある。さらに、外部 EAP の費用については、労働者支援活動の一環として組合が会社とともに負担するところもある（「EAP はメンタルヘルスの特効薬か？」『週刊東洋経済』2002.7.27.）。

　EAP の利用方法としては、相談したい本人が任意で利用するセルフ・リファーと、上司などが部下などに利用を勧めるマネジメント・リファーがある。マネジメント・リファーの場合は、メンタルな問題が主であったとしても、業務上の問題を表面に出してリファーすることが望ましいことが多い。

　外部 EAP を利用する場合に注意しなければならないのは、サービスの質にばらつきがあり、それをよく見極める必要があるということである。外部 EAP の場合、質や利用率の低さという問題があれば、比較的簡単に別の EAP 事業者に代えることができるというメリットもある（「心の健康、社外から支援」『朝日新聞』2004.7.31. 朝刊）。外部 EAP 事業者の企業へのサービス内容の具体例として、「対面カウンセリング」「オンラインカウンセリング」「電話カウンセリング」「個人のストレスチェック」「組織ストレス診断」「メンタルヘルス教育・研修（セルフケア・ストレス・マネジメント研修、ラインケア研修など）」「復職支援プログラム」「コンサルテーション」「産業医紹介」「海外駐在員向けメンタルサポート・サービス」などがある（〈http://www.peacemind.co.jp/service/eap.html〉2007 年 1 月現在）。

3）ヘルシー・カンパニー

　ヘルシー・カンパニー（healthy company）という構想は、従来分断されがちであった、経営管理と健康管理を統合的にとらえようとするものである。①従業員自身の健康に対する従業員のライフスタイルの影響　②従業員の健康に対する

労働環境の影響　③組織の収益性に対する従業員の健康度の影響　④従業員の健康と組織の利益に対する家族・同僚・余暇，といったより大きな環境の影響などの要素を重視し，これらを把握・改善することによって，個人の健康と企業の収益性を最大限追求していこうとする（Rosen, 1991）。

そのためには，関係する人々，関係する部門・組織間の協力的な連携，ネットワークの構築が不可欠である。しかし，これまで経営管理と健康管理の二つは，同一組織体の中にあっても，必要とされる専門的知識・技術が隔たっており，その協働は必ずしも容易ではなかった。この点に関して，主に産業医の立場からこの構想の実現に関心をもつ CHC（Consulting Team for Healthy Company）のグループは，①企業と産業医との共通言語づくり　②産業保健マーケティングにおけるチーム運営　③マネジメントシステムによる産業保健活動の活性化　④産業保健活動における顧客満足の実践，を提案している（CHC 編，2001）。

ヘルシー・カンパニー構想の最大の利点は，その考え自体が労働者と経営者の双方にとって受け入れやすいということにある。厳しい状況下にあり，求心力を欠きがちな日本の企業組織において，「職場づくり・組織づくり」の機軸としても有望である。

引用文献

CHC（編）　2001　ヘルシー・カンパニーの実現――21 世紀の企業の健康に携わる方々へ．バイオコミュニケーションズ．

松本桂樹　2001　外部 EAP 機関による従業員援助プログラム．宮田敬一（編）産業臨床におけるブリーフセラピー．131-141．金剛出版．

Rosen, R. H. 1991 *The Healthy Company: Eight strategies to develop people, productivity, and profits*. Tarcher/Putnum.

産業領域での実践
[2] 勤労者の「うつ病」対策

深尾 誠・北島茂樹

　社会経済生産性本部メンタル・ヘルス研究所が上場企業 268 社のアンケート結果を集計した『産業人メンタルヘルス白書』(2004) によると、「最近 3 年間で心の病をもつ社員が増えた」とする企業は 58%、「心の病」で 1 ヶ月以上休んでいる社員がいるのは、従業員 3,000 人以上の企業では 95% に達した。最も多い疾患は「うつ病」で、「心身症」「神経症」と続いている。報告書では、社員のプライバシーに配慮しながら、産業保健スタッフや職場の管理者が連携をとって、職場環境や作業方法など社員のストレス要因を把握する、そして、産業医の問診や面談を通じて社員個人のストレスの状況をつかむ、などの職場対策を講じるよう提言している。

1) 過重労働

　"KAROSI" が国際用語となったように、**過重労働**(過重業務) は、脳血管疾患・虚血性心疾患やうつ病など、勤労者の身体と精神の両面に健康障害をもたらす。労災認定基準によれば、業務の過重性は、労働時間、勤務形態、環境、精神的緊張によって評価されるが、とりわけ、発症前 1 ヶ月間に 100 時間超の時間外労働、または、発症前 1 ヶ月ないし 6 ヶ月間にわたって月平均 80 時間超の時間外労働は、発症リスクを急激に高くすると指摘されている (厚生労働省労働基準局「過重労働による健康障害防止のための総合対策について」2002 年 2 月)。
　2004 年春に発足した厚生労働省の「過重労働・メンタルヘルス対策の在り方に係る検討会」第 1 回資料 (〈http://www.mhlw.go.jp/shingi/2004/04/s0428-13.

html〉2004 年 4 月現在）では、その具体策を次のようにまとめている。
① 長時間残業を行った労働者に対する医師による面接指導を企業に義務づける。
② 労働者が深刻な状況に陥った場合、専門家による指導・介入が可能となる仕組みづくり。
③ 事業所内外での相談体制の整備。
④ 管理監督者への教育。

　ある自動車メーカーの労働組合では、労使交渉において過重労働を避けるための「負荷適正化」と「メンタルヘルス・ケアの充実」を求めている。その内容は、組合員1人当たりの所定外労働時間を、2005 年度に年間 360 時間以内に抑えること、心身の健康を保つことができる職場づくりに向けて労使共同の委員会設置も求める、というものである。会社も「方向性では一致している」と応じ、6 月末までに労使の専門委員会を設置し、10 月末までに労働時間短縮に向けた実行プランを策定するという。また、メンタルヘルス・ケアについても労使で対策を検討し、年内に意識改革や復職支援などの体制整備に乗り出すとのことである（「中部企業、『賃金』から『健康』へ」『日本経済新聞』2004. 3. 26. 朝刊（中部））。

　勤労者の業務量や業務時間については、会社の状況や施策と密接に関係する。客観的な数値データをベースにした真摯な労使対話による対処が欠かせない。

2) 復職支援

　厚生労働省労働安全衛生研究班の全国調査によると、うつ病など心の病で 1 ヶ月以上休む労働者の比率は 0.5％ 前後にのぼり、中小企業ほど多いという。この調査では、「復職の適否判定が難しい」「家族と連携しにくい」などの回答も目立ち、さらに、復職を円滑にするための「試し出社」を制度化している企業は 4 分の 1 にとどまり、復職の支援もばらつきが多かったという。同研究班では「試し出社などでソフトランディングできる復職制度を確立すべきだ」と提言している。試し出社とは、休職者が復職する際、最初から無理をせずに、徐々に仕事に慣れていく勤務形態で、リハビリ出社、慣らし出社ともいう。心の病では特に必要で、**復職支援**に欠かせない（「製造業労働者　心の病で 0.5％ 休職」『中国新聞』2004. 7. 4. 朝刊）。

　リハビリ出勤の一つの試みとして、ある電気会社では、リハビリ出勤を 9～12

時、9～15 時、9～17 時半の 3 段階に分けている。そして、主治医が「復職 OK」の診断書を出し、産業医も「復職 OK」と判断した場合に限り、リハビリ出勤を始める。主治医の診断は甘いことがあり、産業医としては復職は無理と判断せざるを得ないケースがあるためである。さらに、ここでは、産業医を含めた頻繁な面接があるのが特徴である。リハビリに入る前には、本人、上司、労務担当者と 4 者面談をし、3～6 週間のリハビリ出勤の期間中と復職直後は 1 週間ごとに面接する。面談の結果、無理があるような場合は、前のステップに戻すこともあり得るという。その結果、復職後、再びうつ病を再発して休職する社員は 1～2 割に抑えられているという（「うつ病患者の復職を支援 『心の風邪』、再発防止へ本格化」『朝日新聞』2002. 8. 22. 朝刊）。

　その他、うつ病などで休職した人たちの職場復帰を支援するさまざまな取り組みの一つに「リワーク・プログラム」がある。**リワーク・プログラム**とは、日本障害者雇用促進協会（現独立行政法人高齢・障害者雇用支援機構）の地域障害者職業センターが 2002 年より、在職精神障害者のために試行的に実施している職場復帰支援プログラムである。このプログラムは会社と休職者の橋渡し役を担うものであり、標準的な支援期間は 12～16 週間。本人には、復職後の職務に応じた職業訓練や対人技能の習得支援、ストレスや疲労への対処法などの講習を、会社側には、職場の受け入れ態勢への助言などを行う（〈http://www.jeed.or.jp/disability/person/download/rework_pamphlet.pdf〉2006 年 10 月現在）。

　精神科医や保健師、精神保健福祉士らによる「MDA-JAPAN（うつ・気分障害協会）」が、2002 年 9 月に東京都内で始めた「**Back to Work プログラム**」というものもある。治療のため休職中で復職への意欲があるサラリーマン、OL やその家族を有料で支援するもので、毎週土曜日、10 週間にわたって行われる。精神科医や産業カウンセラーなどによる病気や薬の知識、自己管理の方法などについての講習や、職場での対人関係の対処法について受講者同士で話し合ったりする。通常の病院では復職を目指す仲間を見つけることは大変だが、同じ問題を抱えるこのグループで定期的に仲間と会い話し合うことが、自信の回復につながったという感想も寄せられている（「うつ病から復職　会社・家族が支援　官民で新たな取り組み」『東京読売新聞』2003. 5. 23. 夕刊）。

3）早期発見・早期治療

　うつ病において、二次予防としての早期発見・早期治療を心がけることは重要

ではあるが、一方で慎重な配慮も必要である。最も望ましいのは、本人自らが自発的にメンタルヘルスの援助を求めてくることである。そのために、メンタルヘルス上の問題が生じる可能性の高い人や問題を有する人が気軽に利用できる、あるいは利用したいと思える施設・サービスを、いかに提供していくかを考えなければならない。

気軽に相談に行ける雰囲気づくりの例として、長野県にある企業の相談室では、クラシック音楽を流し、大きな窓から諏訪の山々を望める配慮をしているという。この相談室を訪れる人の感想として「何かで迷った時に、先輩に相談する感じ」という。また、ある自動車部品メーカーでは「**リスナー制**」というシステムを導入し、気軽に相談できる雰囲気づくりに成功している。上司が研修でカウンセリング・マインドを身に付けて、部下の悩みを積極的に聴いたり、工場部門の作業者50人に1人の割合でリスナーを育て、リスナー同士の情報交換もするというシステムである。リスナーの1人は、「日常会話的なところから、部下が話しかけやすい雰囲気をつくるようにしている」という(「メンタルヘルス　気軽に相談、治療を受けよう」『毎日新聞』2004.9.2.朝刊)。

その他、うつなど、ストレスが関与した心身の不調を訴える患者層の増大に対応するため、診療科目に「ストレス外来」を設ける医療施設が増えている(「『心療内科』『ストレス外来』県内医療施設で増加」『高知新聞』2004.2.23.夕刊)。病院に受診する際、このような診療科目があることは、うつ病などの早期発見、早期治療にも貢献することと思われる。このストレス外来には、ストレスケア・センターを設けて、復職支援、および復職希望者同士が語り合う機会を提供しているところもある。

4) 海外赴任とうつ病

企業の海外進出に伴い、海外赴任を経験する人がますます増えており、言葉や文化・習慣の違い、あるいは海外派遣者に対する企業の要求水準が高くなることなどから、不適応やうつ状態になって帰国する人も多い。この問題への対策も重要な問題の一つである。さらに、本人だけで赴任する場合の、日本に残る家族の問題もある。

問題が生じたときにどこに相談したらよいのか。身近に相談する人がいればその人に相談するであろうし、所属企業の担当者・担当部署に相談することも奨励される。しかしながら、身近に相談する人がいない、所属企業に相談することは

さまざまな理由からためらわれる、というケースも少なくない。そして、問題をより深刻なものにしてしまう。その意味では、気軽に相談できる第三者的相談機関が利用可能であることが望ましい。言語の問題があるから、日本語による相談が可能なかたちが欠かせない。「エステに行くつもりでカウンセリングも受けてほしい」を標榜するメンタルヘルス事業者が、2004年7月に海外在住日本人のためのメンタルサポート拠点を開設した（「ピースマインド　海外在住の日本人の悩み解消」『日経流通新聞』2004.8.5.）。このようなメンタルサポート拠点が世界各地に開設されることは、海外赴任者を含む海外に暮らす日本人（2003年10月時点で約91万人という）にとっても心強い。

　EAP事業者が、契約企業の海外拠点を対象にした巡回カウンセリング・サービスを提供するケースもある。海外赴任者が日本人カウンセラーを見つけ出すことは至難なため、海外巡回カウンセリングに対する需要があるとみている（「EAPのヒューマン・フロンティア、海外巡回カウンセリング、駐在員や家族を対象に」『日経産業新聞』2002.12.18.）。

　海外赴任者の妻が現地でよりよく適応するために、自助グループをつくったという事例もある。英国の日本人向け育児支援グループ「なかよし会」というもので、駐在員の妻の多くが子育て期なのに、彼女たちを支える組織が全くないのに驚き、1990年に日本人や英国人の女性たちと設立したという。この活動は、設立者の帰国後14年経過した現在も続いている。長続きの理由として、駐在員の母子だけでなく、国際結婚をして現地に住む日本人母子も多く参加していることが挙げられている（「ファミリー　海外駐在員の妻、孤独な育児、仲間欠かせず」『日本経済新聞』2004.3.6.夕刊）。メンタルヘルス・ケアに関して、必要な資源がないならば自分たちでつくるといった創発的な視点は、コミュニティ自体をエンパワメントすることにもなる。

引用文献
社会経済生産性本部メンタル・ヘルス研究所（編）　2004　産業人メンタルヘルス白書（2004年版）.

産業領域での実践
[3] リストラ失業対策

深尾 誠

　構造的な経済不況によるリストラクチャリング（事業の再構築）、工場の海外展開による雇用の空洞化、IT（情報技術）の進展による省力化などにより、雇用調整の対象となり失業する人々が依然として跡を絶たない。

1）失業が心身に及ぼす影響と必要なサポート

　失業が失業者の心身に及ぼす影響については、不安、抑うつ、緊張、不眠、自尊心の低下、集中困難、アルコール摂取量増加、さまざまな身体愁訴、自殺などとの関連が多くの研究で示されている（坂爪, 2000 ; 高橋・久田, 2002）。

　特に、リストラ解雇の対象になったときの精神状態としては、「なんで自分が」「納得がいかない」「突然放り出された」というショック・混乱・不安状態に陥り、この事態にうまく対処できないと「抑うつ状態」になってしまう。リストラ解雇の対象になっていなくても、その予測をするだけでも精神的にマイナスの影響があることも示されている（久田・高橋, 2003）。

　同じ失業者でも、前記のような諸影響には個人差がみられるが、その原因として、失業者の経済力、前職への愛着と人生における意味、ソーシャルサポートの程度が指摘されている。経済力が相対的に高いほど、前職への愛着・執着が強いほど、家族や友人からなどのソーシャルサポートが少ないほど、精神健康面で不良であることが示されている。労働組合の中に彼ら・彼女らの「居場所」を確保すること、そこで同様の悩みを有する人たちとの交流の場を設けることなどは、リストラ失業者へのソーシャルサポートの例であるが、これに限らず、セルフへ

ループ・グループ的集団やその他の**ソーシャルサポート資源**の拡張を図る必要がある（高橋・久田，2002；久田・高橋，2003）。

2）リストラ退職勧奨の対象になったとき

失業時の心身へのダメージの大きさはかなりのものであるから、失業しないで済むように、リストラ退職勧奨時の対応を考えておくことは必要である。この対応については、東京管理職ユニオンのホームページ（〈http://www.mu-tokyo.ne.jp/index.html〉2007年1月現在）、管理職ユニオン・関西公認ホームページの「糸瓜の蔓」（〈http://members.mu-kansai.or.jp/luffa/luffa/correspondence/index.html〉2007年4月現在）などに詳しく紹介されている。

退職勧奨時に本人が辞める気がない場合は、退職届を絶対書いてはいけないし、冷静に会社の言い分を聞く（退職勧奨、解雇通告、配転、出向、転籍のいずれなのか）ことなどが大切である。**解雇**ならば、普通解雇（勤怠不良や業務拒否などで本人の原因による）か、整理解雇（重大な経営危機による人員整理）か、懲戒解雇（就業規則の懲戒規定に合致し、社会通念上の妥当性が必要）か、のいずれかを確認し、その条件を満たしているかをチェックする。

個人では企業に対抗することが困難な場合が多いので、労働組合あるいは管理職ユニオンなどの組合員になり、その力を借りることも必要である。会社に管理職ユニオンの組合員になったことを通知し、団体交渉を申し込み、話し合いでの解決を目指す。会社は労働組合からの団体交渉の申し入れを拒否することはできない。

行政の労働問題相談室に間に入ってもらい、会社と交渉するのも一つの手段である。地方自治体には、地域内で**労働紛争の調停・あっせん**をする「市民相談室」や「労働相談室」という制度があり、労働委員が相談にのってくれる。あっせんは、都道府県労働局総務部企画室、総合労働相談コーナーにある申請用紙を使用して申請する（愛媛労働局の例〈http://e-roudou.go.jp/shokai/kikaku/20202/2020203/〉2007年1月現在）。

3）再就職支援サービス

退職することが決定してしまったならば、雇用保険被保険者証と雇用保険被保険者離職証明書を会社からもらって、最寄りのハローワーク（職安）に持参して失業保険の手続きをとることになる。そして、再就職活動の開始である。再就職

活動のための情報資源として、次のようなものがある（リストラ天国〈http://www.geocities.co.jp/WallStreet-Stock/2442/〉2007年1月現在）。

① 職業安定所の求人情報
就職にあたってのさまざまな相談も受け付けている。最近では求人自己検索パソコンを設置しているところも増え、求人情報検索が容易になってきている。

② 知人・友人・親戚・元上司や元同僚からの情報、または勤務していた時の親しい取引先からの情報
退職が決まった時点でまず利用すべき情報源である。

③ 有料職業紹介所の情報
有料とあるが求職者は無料で、人材派遣会社や再就職支援企業が兼ねていることが多い。インターネット上で仮登録などもできる。

④ 雑誌・新聞・チラシの求人広告
広告媒体によって特徴があるので、自分が求める職種はどの媒体に多いかをチェックすることが必要となる。

⑤ 人材派遣会社の情報
人材派遣会社に関する情報はインターネット上で数多く公開されている。それらの中から自分が求める情報を提供してくれそうな会社を選別し、求職活動に利用する。

⑥ インターネット上の求人情報
インターネット上には求人情報が無数にある。絞り込みが大変であるが、職業安定所などからの助言などを受けるとよいであろう。

その他、多様な**再就職支援サービス**が広がり始めている。

労働組合の電機連合では、「雇用支援センター」を2005年4月に設立して、組合員が失業しないで次の職場に移ることができるように支援しようとしている（「再就職支援組織、電機連合が設立」『日本経済新聞』2004.7.6.夕刊）。

また、自治体では、2004年3月から地方自治体の職業紹介が解禁されたため、職業紹介サービスを開始するところが増えている。たとえば、宮崎県や長崎県はすでに紹介サービスを開始しており、北九州市は若年層対象の紹介窓口を開設し、地域の事情に応じたきめ細かい支援を目指している（「九州の自治体、職業紹介サービス相次ぐ」『日本経済新聞』2004.8.7.朝刊）。

行政が民間業者に就職支援事業を委託する動きもある。たとえば、人材派遣業

を主とするピープルスタッフという民間会社に、厚生労働省は長期失業者の就職支援事業を委託した。民間の再就職支援のノウハウを活用し、職業紹介サービスを提供するというのがその趣旨である（「ピープルスタッフ、就職支援事業を厚労省から受託」『日経産業新聞』2004.7.6.）。

4）再就職支援（アウトプレースメント）会社

再就職支援会社の利用もある。再就職支援会社とは、企業の都合でやめてもらうことになった社員の再就職支援を、企業から委託される会社のことである。サービス内容は、カウンセリングを中心に、履歴書の書き方や面接方法に関するアドバイスや、求人情報の提供などである。場合によっては、人員削減の段階から委託企業と関わり、円満なリストラのための助言を企業とリストラ解雇対象者の双方に行うこともある。

再就職支援会社ではソーシャルサポートも重視しており、これらのサービスは、次のように分類することができる。

① 物理的スペースの提供

居場所の確保という課題への直接的サポート。

② カウンセリング

情報提供を中心としたサポートや、励ましなどの情緒的サポート。

③ 他の利用者との交流

体験に基づく再就職支援活動情報の交換および互いの類似の境遇についての情報交換を通じての情緒的サポート。

こうした再就職支援会社を利用しているのは、主に大企業であり、企業としての社会的姿勢を示すためや、組合との折衝の結果や、残る従業員のモチベーションの維持などのため、というのがその主な利用理由である（坂爪, 2000）。

再就職支援会社の一つであるテンプスタッフによると、大企業でも再就職支援制度を採用しているのは6割程度で、中小企業では未導入が大半を占めるという。そこで、受注先を企業に限定せず、料金を1回50分8,000円程度で「何でも仕事相談」に応じるなどのかたちで、個人にも広げようという動きもある（「多様化するキャリアビジネス」『日経産業新聞』2003.1.17.）。

全体としては、再就職支援会社の市場規模は着実に増加しており、再就職支援会社100社で構成する日本人材紹介事業協会の再就職支援協議会は、再就職支援の市場規模が、2002年度は01年度に比べ45.5％増の320億円、2003年度

は前年度比 31.3％ 増の 420 億円に拡大したとの調査結果を報告している。2003年度の増加の理由には、早期退職優遇制度による小規模の人員整理でも、企業が対象者に再就職支援サービスの利用を認める例が増えたことが考えられるという（「再就職支援市場 31％ 増、今年度見通し 420 億円」『日本経済新聞』2003 年 12 月 22 日朝刊）。

リストラ失業者のためのソーシャルサポート資源はますます多種多様になり、利用者にとっては、不十分ながらも望ましい状況が形成されつつある。ソーシャルサポートの最も身近な資源は家族であるが、ケースによっては負担になる場合もあり、家族がサポート役になれるように、家族に対するカウンセリングの重要性も認識されてきている。日本ドレーク・ビーム・モリンという再就職支援会社では、休職者とその家族のメンタルヘルスのための「健康サポートセンター」を設置し、電話やインターネットでの相談を始めている（前掲記事）。

引用文献

久田　満・高橋美保　2003　リストラが失業者および現役従業員の精神健康に及ぼす影響．日本労働研究雑誌, **516**, 78-86.

坂爪洋美　2000　非自発的失業者の再就職プロセスにおける課題とその支援．コミュニティ心理学研究, **4(1)**, 45-62.

高橋美保・久田　満　2002　リストラ失業が失業者の精神健康に及ぼす影響．コミュニティ心理学研究, **5(2)**, 85-99.

産業領域での実践
[4] キャリア支援

北島茂樹

　終身雇用と年功序列を核とする日本型の人事制度は、構造的な経済不況下では組織の機動的展開の足かせとなっている。社内公募制や成果主義など新たな人事システムが動き始め、社員に求められる能力と就業態度も変化しつつある。「ヘマでもしない限り、本人が望まない限り、会社がつぶれない限り」において、ほぼ一つの会社で職業人生を全うするのが当たり前というサラリーマンの就業意識は、修正を迫られ、会社依存型でない、自律型のキャリアの選択と形成が望まれるようになっている。

1) 新しい人事システムとキャリア観

　日本経営者団体連盟（1995）は、従来の日本型雇用システムに代わるものとして、①長期蓄積能力活用型グループ（期間に定めのない雇用契約）　②高度専門能力活用型グループ（有期雇用契約）　③雇用柔軟型グループ（パート・派遣社員等の短期雇用契約）、の三つの雇用形態からなる「弾力的な人事システム」（いわゆる雇用ポートフォリオ論）を提案した。これに対し、労働組合は労働者の生活防衛の視点から批判し、日本労働組合総連合会はワーク・シェアリングなどを通じた全員就業社会の実現を逆提案した。しかし今日では、新規の正規社員採用が減少し、パート社員・派遣社員・請負従業者といった非正規従業員活用の比率が増している。即戦力となる人材の中途採用が増え、有期契約の雇用も変則的なものではなくなりつつある。**雇用の多様化・流動化**の時代に入ったといえる。

給与面でも、成果にリンクした年俸、将来は年功部分給与の廃止などが目論まれ、他方では、将来受け取るはずの年金は、支給開始年齢が遅くなった上に、額の削減が予定されるなどで、サラリーマンの人生設計も不安定かつ見通しが立ち難くなっている。

　日本の労働者は、自分のことは自分で守り、不透明な時代を生き抜く「キャリア観」と、「キャリア・コンピテンシー（career competency）」を早急に準備していく必要がある。

　Super（1980）が、キャリアの概念を、職業的な連鎖の視点を超えて、個人が生涯で関与する種々の役割（家族や親戚の一員、親と子、配偶者、学生、職業人、地域住民、市民、国民など）の全体的な組み合わせや連鎖としてみることの必要性を唱え、また、Shein（1978　二村・三善訳　1991）が、①生物的・社会的ライフ　②仕事／組織　③新しい家族、といった三つのサイクルの相互作用としてキャリアの生成と獲得を論じたように、時間軸と空間軸を広げ、かつ自己の意思決定や学習の過程を含む**キャリア発達**（career development）の観点は、今後一段と有益性を増すと思われる。

2）中高年者へのキャリア支援

　新しいキャリア観を身に付けることが難しく、また、雇用調整の対象になりやすいのは中高年の世代であり、スムーズなキャリア支援が図られねばならない。

　重苦しい気持ちになりがちな再就職活動を、元気のでるものとするために、ハローワークなどは、他の就業支援機関との連携による「キャリア交流プラザ」という支援を展開している。3ヶ月の短期会員制で、プログラムとしては次のような構成が多い。

①　就業支援セミナー（10日間）

　これからの時代についての講義、キャリア・シートへの書き込み指導を通しての自己発見と自己アピールの仕方の学び、必要能力としてのパソコン操作の実習など。

②　グループ・ミーティング（週1度、2時間程度）

　5〜6名を1グループとして、情報交換等のセルフヘルプ・グループ的な動きをする。

③　個別相談（随時）

　自己決定を鈍らせているもの、将来の年金計算などの個別相談にスタッフが

応じる。

東京キャリア交流プラザ（〈http://www.risutora.net/archives/2005/09/post_55.php〉2007年4月現在）では、中高年ホワイトカラー、中高年齢者、壮年技術者といった三つのコースを開設しており、前二者は45歳以上で、壮年技術者コースは30〜45歳の人が対象である。「無料でこれだけ有意義なことを教えて頂けようとは夢にも思わなかった。一つひとつハードルをクリアしていく手順の重要性、その道の専門家から教わったことに裏打ちされる自信、励まし合える仲間の存在など、全てが再就職の土台となったと思う」という参加者の声に示されるように、プログラムを肯定的に評価する人は多い。

日本人の平均寿命は延び、人生80年時代を迎えることとなった。したがって、中高年者へのキャリア支援を行う場合、単なる再就職支援のみならず、退職後を見通した支援も大切である。某社では、毎年48歳で管理職にある者を対象に、次のような内容の「キャリア・デザイン・プログラム」（「団塊世代の定年準備」『AERA』2003. 2. 17.）を実施している。

① 事前準備
- 自分史——横長に仕立てられた年表が年毎に区切られ、会社生活と家族生活について書き込みを通して振り返る（毎年の満足度も記入するようになっている）。
- キャリア・トレジャー・シート——仕事経験を通して得られた宝物を書く。

② ワークショップ
6人を1グループとして、2日間で次のセッションを行う。
- 仕事の自慢話大会
- 経済情勢や私生活の現状認識
- 私生活を含めた課題発見
- 会社にこだわらない目標と道筋の設定

サラリーマンとしての「来し方、行く末」を振り返る機会として、参加者の受け止めは好評であるという。

また、ある会社では、30歳代前半の社員への3日間の集中研修の中で、夜間は個別相談の時間を設け、キャリア・カウンセラーが相談に応じている。

これらに対して、これまで培ってきた経験と能力、あるいは自分が大切にしている価値をリタイア後に生かし実現するために、個人として、またグループとし

て、退職前後から自発的な動きをつくっている人たちも増えている。技術職の退職者たちが、地域の高齢者家庭の力仕事や大工仕事を経費だけで請け負うDIY、背広を脱いでの地域子育て支援、地域の中小企業へ技術支援を行う退職者ベンチャー、などがその例である。

3) 若者へのキャリア支援

若者（15〜24歳）の完全失業率は12％近くで、毎月2桁を記録している。加えて、フリーター417万人、ニート52万人という数値は、本人たちの人生設計という点のみならず、日本社会の将来的大問題であり、若者世代へのキャリア支援も急務である。

ハローワークでは「ヤング・ハローワーク」を開設し、若者向けの就職あっせん事業に力を注いできた。ワンストップ型の「ジョブ・カフェ」が各県に設けられ始めている。熊本県の例（〈http://jobcafe-kumamoto.com/〉2007年4月現在）では、県雇用環境整備協会など三つの機関が協力して運営にあたり、次のようなサービスを、平日の午前8時半から午後6時の間に実施している。

① 情報提供・自己診断
　パソコン・インターネット、書籍・雑誌・パンフレット、適性・適職診断プログラム。
② カウンセリング
　キャリア形成に関する相談、職業訓練の案内、能力開発のための情報提供。
③ セミナー
　学校への出前就職関連セミナー、小グループの職業セミナーなど。
④ 職業紹介
　ヤング・ハローワークによる紹介・企業情報の提供・就職に関する相談。

オープンスペースでコーヒーが自由に飲め、2004年7月のオープンから2007年1月までに延べ40,000人を超える来所者があったという。18〜30歳位の者が利用している。

文部科学省では、小中高生の段階から職業観や勤労観を身に付ける「**キャリア教育**」を2004年から始めている。①労働者の権利と義務など社会で働くために必要な知識の教育　②高校で企業の人事担当者を招き、情報提供や助言・指導などをしてもらう　③中高生に企業などで労働を見学・体験させ、適性を考えてもらう（体験学習）、などがその骨子である。小学校の場合は、地域で働く人たち

（大工、農家、保育士、看護師、医者、店主たち）を招いて、「総合学習の時間」を有効に展開しているところもある。大学においては、厳しい求人状況下、キャリアガイダンス・就職相談は充実をみせているが、中でも「**インターンシップ制度**」は期待されている。**インターンシップ制度**とは、大学生（通常は3年生）が夏休み期間などを利用して、受け入れ先の企業で日常業務を1～2週間体験するものであり、半数近くの大学が授業科目に位置付けている。

　地域における、若者へのキャリア支援の自発的な取り組み事例も増えつつある。NPO法人「ニュースタート事務局（千葉県）」は、1993年からニートや引きこもりの若者が社会に出るための支援活動を展開している。①寮生活を通して人と関わる経験を積む「若衆宿」の運営　②ひきこもる若者を訪問しサポートする「レンタルお兄さん・お姉さん」の派遣　③喫茶店・レストラン・IT事業部門等の仕事経験、など活動は多岐にわたり、これまでに700人以上の再出発を支援しているという（「ニート、引きこもりの若者自立を支援」『毎日新聞』2005.11.17.朝刊）。

　福岡県の水巻町では、教育委員会が設置する児童少年相談センター（スタッフ3名）が、地域の不登校・引きこもりなどの若者のケア・支援にあたっているが、その職員の進言により、「勤労体験支援事業」（福岡県水巻町『勤労体験事業実施概要』2001年4月）を始めた。センター来所をしている者で、中学校を卒業後進学も就職もしていない者を対象にして、緑化事業・飲食店など地域の協力事業者（6事業者）にインターン就業の受け入れをあっせんして、一定の派遣期間（3ヶ月）の日当（2,000円／日）を町が助成している。結果として、仕事をして給与を手にする喜びや、これからの方向性の糸口を見出した若者が、自立行動を示し始めているという。これは、通常行っている相談活動の場合よりも、はるかに高い比率であるとのことである（北島，2007）。

4）キャリア・コンサルティング

　キャリアの自律ないし形成への支援の取り組みが大切であるとすれば、有効な技法を開発することと併せて、支援を行う人材の育成と配置を考えていかねばならない。国（厚生労働省）は2001年5月、「第7次職業能力開発基本計画」のなかで、雇用の多様化・流動化に対応するため、「労働市場のインフラ整備」として五つの計画を策定した。その中で、支援のための拠点づくりや人材育成を提言している。現在、後者については「**キャリア・コンサルタント**」という呼称を

付与して、いくつかの団体がその育成と認定にあたっている。日本産業カウンセラー協会編（2003）によれば、キャリア・コンサルタントは、「個人と社会の橋渡し役」であり、グループ・カウンセリングを含むカウンセリング・スキルをはじめ、社会の動向・変化に対する感受性、キャリアやメンタルヘルスに関する理論、職業情報へのアクセス能力、支援のためのネットワークの形成、アセスメント能力などを身に付ける必要がある。

引用文献

北島茂樹　2007　人と環境の適合——生態学的アプローチ．植村勝彦（編）コミュニティ心理学入門，25-48．ナカニシヤ出版．

日本経営者団体連盟　1995　新時代の「日本的経営」——挑戦すべき方向とその具体策．同．

日本産業カウンセラー協会（編）　2003　キャリア・コンサルタント．同．

Shein, E. H. 1978 *Career Dynamics*. Addison-Weslely Publishing Company.（二村敏子・三善勝代（訳）　1991　キャリア・ダイナミクス．白桃書房．）

Super, D. E. 1980 A life-span, life space approach to career development. *Journal of Vocational Behavior*, **16(30)**, 282-298.

産業領域での実践
[5] 職場の事故防止と安全衛生

北島茂樹

1) 職場事故とヒューマンファクター

人間が行う活動である以上、「職場事故」は生起しうる。事故の原因には、物的ファクターとヒューマンファクター、そして両者の複合によるものがある。臼井（1994）は、**ヒューマンファクター**の種類とその連関について、図Ⅶ-3(5)-1のように整理している。

2005年4月25日のJR西日本福知山線列車事故は、107名の死者と549名の重軽傷者を出す悲惨な事故となった。運転手が手前駅でのオーバーランによる時間の遅れを取り戻そうと焦った結果、制限速度を大きく超える速度でカーブに入り、列車脱線を招いたことが直接の原因であった。その後、乗客利便性、ひいては営業利益の確保と深く結びついている秒単位の過密ダイヤ、日勤教育と呼ばれる再教育の場の実態といった、乗務員たちに強いプレッシャー・焦りをもたらすような構造的要因も、少なからず指摘されている。時間の遅れを取り戻すための上手な制限速度超過運転のテクニックも、運転手間で広まっていたとのことであった。さらには、事故当日に見られた、従業員間の危機対応意識の希薄さ、経営幹部の責任逃れ体質、保安監査における改善命令・勧告の多さ、これらに現れているような安全管理体制の杜撰さなど、組織風土要因を指弾する向きもある。

トラックドライバーにおける居眠りや、スピードオーバーによる運転が原因での高速道などでの重大事故も、近年増加している。これも、会社側が強いる過密スケジュールでの運転（過重労働を含む）、といった組織要因が背景理由にあることが少なくなく、ドライバーの疲労や焦りを生む結果となっている。

VII章——コミュニティ心理学の実践的展開

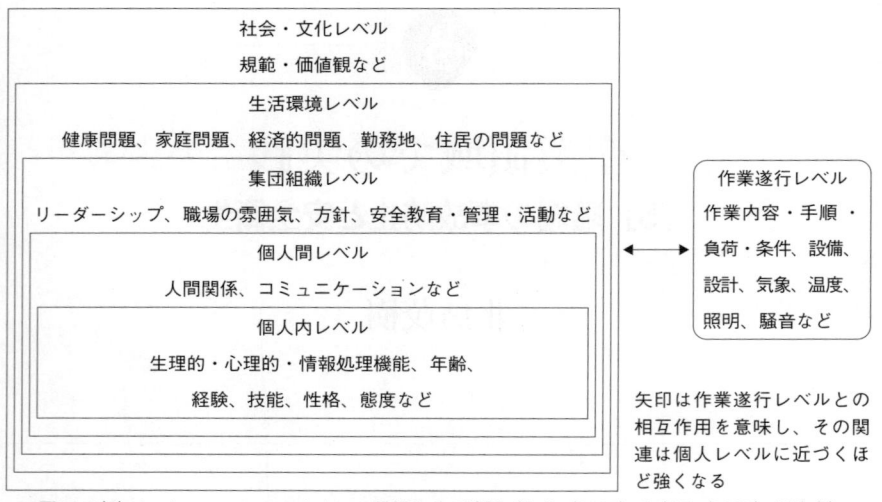

```
┌─────────────────────────────────────┐
│  社会・文化レベル                    │
│  規範・価値観など                    │
│  ┌───────────────────────────────┐  │
│  │ 生活環境レベル                 │  │
│  │ 健康問題、家庭問題、経済的問題、勤務地、住居の問題など │
│  │ ┌─────────────────────────┐   │  │
│  │ │ 集団組織レベル            │   │  │
│  │ │ リーダーシップ、職場の雰囲気、方針、安全教育・管理・活動など │
│  │ │ ┌─────────────────────┐ │   │  │
│  │ │ │ 個人間レベル          │ │   │  │
│  │ │ │ 人間関係、コミュニケーションなど │
│  │ │ │ ┌─────────────────┐ │ │   │  │
│  │ │ │ │ 個人内レベル      │ │ │   │  │
│  │ │ │ │ 生理的・心理的・情報処理機能、年齢、│
│  │ │ │ │ 経験、技能、性格、態度など │
│  │ │ │ └─────────────────┘ │ │   │  │
│  │ │ └─────────────────────┘ │   │  │
│  │ └─────────────────────────┘   │  │
│  └───────────────────────────────┘  │
└─────────────────────────────────────┘
```

作業遂行レベル
作業内容・手順・負荷・条件、設備、設計、気象、温度、照明、騒音など

矢印は作業遂行レベルとの相互作用を意味し、その関連は個人レベルに近づくほど強くなる

図VII-3(5)-1　ヒューマンファクターの種類とその連関（臼井（1994）を森田（1997）が改変）

職場における事故防止は、現場勤務者の、安全についての意識や行動にのみ原因を求めたり、対策の焦点をあてるだけでは不十分である。図VII-3(5)-1に示したような、各レベルに向けたアプローチの視点は欠かすことができない。

2) 小集団活動を通しての取り組み

過去、事故防止や安全対策に多大の成果をあげてきたものとして、**小集団自主管理活動**による取り組みがよく知られている。日本の産業領域においてこうした活動を熱心に唱導したグループの一つに、三隅二不二を指導者とする九州大学教育学部集団力学講座、ならびに集団力学研究所のスタッフたちがいる。ここでは、西日本鉄道バス部門と三菱重工業長崎造船所の事例を取り上げる。

西日本鉄道バス部門での事例は、輸送のキーマンである乗務員とバス整備員による、事故防止に向けた自主管理活動を軸としたものであり、「完全整備・完全輸送運動」として従業員にも親しまれてきた。取り組みが開始された1962年の同社バス運転士の有責事故は、1952年のそれを100とすれば、519と憂うべき状態にあった。当時は、バス輸送の需要が急速に拡大していった時代であり、そのことは、走行キロや車両台数の伸び、年700名もの従業員の新規採用にも現れていた。同社は、有責事故の原因究明を急ぎ、車両の整備不良と運転士起因のものを突き止めたが、問題はその防止対策であった。安全意識や安全行動の徹底

3──産業領域での実践

には、「人の問題」「心の問題」が横たわっており、叱責や処罰を含む権力型・命令型の管理では克服できない問題が含まれていた（大屋，1987）。

同社は、前述の三隅の指導を得て幹部研修会を開き、「(現場での)インスタント会議を頻繁に開こう」「職場の主任以下整備士の研究会を月1回開こう」「業務常会の運営方式に集団決定法を採り入れよう」といったことを取り決め、これらの推進活動に「完全整備運動」という名称を冠し、1967年から整備職場での展開を図った。また、これらの運動を成功裡に導く鍵は、現場第一線の作業者の活動と同時に、管理・監督者や事務局スタッフの支援行動にあるという考えの下に、運営委員会や推進委員会を設け、組織挙げてのバックアップを行った。

1969年からは、輸送部門へこの方式の拡大を図っている。フリー討議と自己決定を含む「事故多発者研修」、また某営業地区における管理・監督者行動と事故発生率の実態調査をステップとして、小集団でのミーティング（一部に目標管理を含む）と管理・監督者研修を核とする「完全輸送運動」を、2年間ほどかけ全営業所でスタートさせている。1968年時点で指数136と低減していた有責事故件数は、73年以降は、走行距離の伸びにもかかわらず、指数50を下回るという大きな成果となって現れた（大屋，1987）。

三菱重工業長崎造船所の事例は、日本のコミュニティ心理学関係のシンポジウムや出版物でもたびたび紹介されている。職場の事故防止・安全活動に従業員が全員参画するという点では、西日本鉄道バス部門の事例と同様の方法であるが、第三者機関（集団力学研究所）のスタッフが長期間にわたり同造船所に入り込み、黒子役として動いた事例でもある（高，1979）。

造船は、当時において、オートメーション化が難しい労働集約型の職場であった。作業に伴う災害の防止について、同社は従来から努力を傾注してきたが、それでも1969年時点の災害件数は、年間176件という高い数値であった。この問題に危機意識を抱いていた当時の船殻工作部長は、三隅が紹介したマズロー（Maslow, A. H.）の欲求階層説に触発され、人間中心の組織づくりへの転換を模索しつつあった。しかし、相手は従業員1万人を超える大規模組織体であり、容易なことではなかった。

同造船所は、集団力学研究所副所長・高禎助氏をプロジェクトチームのスタッフとして現場に受け入れることによって、グループ・ミーティングを核とする作業者中心の職場（組織）変革を着実に広めていった（艤装工作部→船殻工作部→香焼工作部）。この間、高は幹部や管理監督者、一般従業員と触れ合いながら、

計画・立案、研修、各種相談、その他の支援を4年3ヶ月にわたって継続した。結果として、この歩みの5年の間に、年間災害件数は176件から64件へと減少し、さらに従業員たちのワーク・モチベーションも改善した（高，1979；岩井，1987）。

　この事例は、①各種の行動科学的調査（従業員モラールや管理監督者リーダーシップ行動の査定・分析）を基礎にフィードバックを加えながらの実践であったこと、つまりは「**アクション・リサーチ**」であったこと　②参加的観察あるいは教育研修をはじめ、各種の支援・調整役としての外部からの「チェンジ・エージェント」の介在があったこと、にその特徴を見出しうる。組織へ直接参入して介入を行うコミュニティ心理学者が学んでおきたい事例である。

　今日、建設現場などで採用され続けている「KYT（危険予知訓練）」や、看護組織で実施されている「ヒヤリ・ハット活動」も、その本質はミーティング（従業員参加）を中心とする小集団活動である。小集団活動は、組織にとっては確かにコストを要するが、①現場従業員自身の気づきやアイデアを生かしうること　②それゆえ、仕事に面白味や自発性・積極性が出てくること　③「コンセンサス」によって職場規範の改善が図られること、に職場変革の原動力を見出しうる。

3）安全教育、労働安全衛生マネジメント

　マレル（Murrell, S. A.）流にいえば、小集団活動がレベル4の社会システム介入ならば、**職場の安全教育**は、レベル3のポピュレーション介入にあたる。安全教育は、仕事由来または関連の危険因子に対する、場合によっては突発的な事故に対する、日頃からの知識・認識・注意喚起、あるいは予防や対処能力を身につける啓発的効果を狙いとする。

　勤労者への安全教育については法律で定められたものがあり、①雇い入れ時　②作業内容を変更した時　③一定の危険または有害な業務に就かせる時　④特定の業務において新たに職長となった者　⑤安全管理者等への能力向上目的　⑥危険有害業務に現に従事している者、がそれにあたる。1984年には、これに4項目（免許取得者・技能講習修了者、生産技術管理者・設計者など、定期自主検査者など、教育担当者）が追加されている。

　安全教育は効果をもちうるのか。このことについて三戸らは、勤労者の事故・災害について、性差および年齢階層別比較（三戸・清水・広沢，1994）、安全行

動者と不安全行動者の間の安全教育の記憶痕跡比較（三戸，1990）、安全運動キャンペーンの効果（三戸・清水，1993）など調査分析を行い、安全教育のもつ一定の効果を報告している。事故防止や安全の達成は、顧客にとっても勤労者自身にとっても、かつ組織にとっても大切な課題であり、心理学・行動科学のノウハウを生かしたタイムリーな安全教育に、コミュニティ心理学者はこれからも力を注がなければならない。

職場の安全衛生については、労働安全衛生法をはじめ、関連法規に定められるものも少なくないが、**労働衛生マネジメント（OHSAS18001**）の認証取得による自発的な取り組みも推奨されている。企業の最高経営層によって承認された労働安全衛生方針があり、安全衛生の目標およびパフォーマンスを改善することの約束があり、それを実行し点検（監査）する継続的なマネジメントの仕組みづくりが要求される、というものである。

職場の事故防止や安全衛生の現況についていえば、手づくりの取り組みからマネジメントとしての取り組みに変化しつつあるようである。

引用文献

岩井和男　1987　三菱重工業（株）長崎造船所における経営参画システムの導入と展開．三隅二不二（監修）組織と人間の発達，177-203．三隅二不二教授退官記念事業会．

高　禎助　1979　組織変革におけるコミュニティ・アプローチ．安藤延男（編）コミュニティ心理学への道，230-244．新曜社．

三戸秀樹　1990　安全教育の記憶痕跡について．交通科学，**19**，74-75．

三戸秀樹・清水忠彦　1993　安全キャンペーン効果について．日本公衆衛生雑誌，**40(10)**，402．

三戸秀樹・清水忠彦・広沢巌夫　1994　女性の自動車事故——類型と年齢階級別死亡からの検討．交通科学，**23**，77-78．

森田敬信　1997　職場の安全とヒューマンファクター．NIP研究会（編）21世紀の産業心理学，92-105．福村出版．

大屋麗之助　1987　西日本鉄道（株）における完全整備・完全輸送運動——集団決定法の産業現場への展開．三隅二不二（監修）組織と人間の発達，148-176．三隅二不二教授退官記念事業会．

臼井伸之介　1994　スリップエラーおよびミステイクエラーの発生要因に関する研究．産業安全研究所研究報告，**RIIS-RR-93**，77-78．

産業領域での実践
[6] 組織変革への支援

渡辺直登

　産業領域を研究・活動の場とするコミュニティ心理学の研究者や実践家は、フィールドとしている企業から「組織変革」のための支援を依頼されることがよくある。その依頼のほとんどすべては、企業がより十全に環境に適応することを促すために、外部の専門家として診断・介入・評価を行う支援である。

1) 環境変化への適応を支援する

　企業は刻々と変化する環境変化に適応しながら、その主要な目的である長期存続と利潤を追求する社会システムである。この社会システムは、二つの環境に自らを適応させながら存続している。すなわち、内的環境と外的環境である。**内的環境**は、このシステムを効率よく動かすための条件やプロセスに関連している。従業員や管理職の年齢構成、能力・態度・行動などの人的資源や職務の特徴、などがその例である。一方、**外的環境**は、このシステムを取り巻く社会的・経済的・技術的・法―制度的などの環境がこれに当たる。これら二つの環境は、実は完全に独立しているわけではなく、相互に密接に関連している。たとえば、少子高齢化という社会環境の下では、企業の若者の採用は厳しくなり従業員の高齢化が進む、などがその例として挙げられる。

　内的であれ外的であれ、環境変化に適応できなかった企業の存続と繁栄は厳しいものとなる。外的環境の変化である経済活動のグローバル化に乗り遅れた企業、内的環境の変化であるフラット組織化に失敗した企業、などが市場での競争優位を保てず、脱落していった例は枚挙に暇がない。企業そのものが消滅の危機

に瀕しては、そこで働く従業員の「労働生活の質（QWL）」は保障できないばかりか、解雇・失業という大きなストレスを生むことになる。コミュニティ心理学の研究者や実践家は、企業組織が環境に適応するための支援を通して、そこで働く人々の幸福と安寧を維持し、向上させる使命を担っている。

2）変革の種類と方法

コミュニティ心理学の研究者や実践家が企業から受ける依頼を、カテゴリーに分けるとすると、組織変革に関するもの、タスク・技術の変革に関するもの、個人の変革に関するもの、の3種類に分けることができる（Robbins, 1997　高木監訳　1997）。

第一の、組織の変革を目指すものとしては、①組織構造の再構築　②組織文化の変革　③評価・報酬制度の変革、などがその代表例として挙げられる。このレベルの変革は、組織全体の構造改革を目指すため、規模の大きいトップダウン型となることが多い。コミュニティ心理学の研究者や実践家は、企業のトップ層と組んで、組織全体を診断し、変革のための処方箋（変革案）を書き、実際にそれを実行し、そして最後に介入効果を評価する。

第二の、タスク・技術の変革に関するものとしては、①職務再設計　②職務拡大　③職務充実　④労働生活の質向上プログラム、などがある。この水準の変革は、その変革の焦点が、組織レベルではなく職務レベルにあることに特徴がある。その目的も、企業の利潤の追求というよりも、企業で働く従業員の働きがいや安寧の向上を目指す傾向が強い。このレベルの変革では、コミュニティ心理学の研究者や実践家は、現場の管理職と協力して、日常的で具体的なレベルから、仕事や職務の変革を目指すことになる。

第三の、個人の変革に関するものとしては、①サーベイ・フィードバック　②コーチング　③感受性訓練　④プロセス・コンサルテーション　⑤チーム・ビルディング、などがある。この水準の変革の焦点は、従業員個人のモチベーション、職務遂行能力、意思決定能力、リーダーシップなどの向上を目指すことにある。個人の能力・態度・行動を変革し、組織の環境対応ポテンシャルを上げようとするのが、そのねらいにある。

3）変革のプロセス

こうした変革が成功をおさめるには、十分に計画されたプログラムの下でステ

ップを踏んで実行される必要がある。場当たり的な変革の試みは、組織や職場、そして従業員にむしろ混乱を招きかねない。**変革のステップ**とは、①組織が抱える問題を発見する　②組織上の問題を解決するための計画を立てる　③組織変革の実行をサポートする　④変革がもたらした結果の評価を行う　⑤変革を通じて一般的な科学的知見を同定する、の五つである。このプロセスは、多くのアクション・リサーチで行われているものと軌を一にする（渡辺，2000）。

　しかし、こうしたプロセスが、つつがなく進行することはむしろ稀である。多くの場合、変革を試みると多くの抵抗が起こってくる。それらの抵抗は個人レベルで行われる場合もあるし、職場ぐるみ、組織ぐるみでなされるときもある。また、文書や行動で示される明白な抵抗である場合もあるし、怠業やうわさの伝播などの暗黙の抵抗である場合もある。

　抵抗の原因としては主に、①既得権益を維持したいという欲求　②提供される情報の不足と不正確な伝わり方　③変革のやり方への不満と不信、が考えられる。すなわち、変革の結果、不平等な分配が行われるのではないか、変革する側がすべての情報を開示していないのではないか、変革には賛成だが手続きが不公正である、といった不安と疑念が、変革に対する抵抗を生み出すのである。

　抵抗を克服するためには、①変革の当事者や当該職場の人を変革のエージェントとして巻き込む　②変革の論理を十分に説明する機会を設ける　③変革の結果得られる利益を当事者に明示する、などの手段が考えられる。

4）研究者・実践家の立場

　変革支援の依頼を受けた研究者や実践家は、コミュニティ心理学とその関連諸領域（産業・組織心理学、組織論など）の知見を活用して、依頼主の要望に応えることになる。企業が外部の人に変革の支援を求めるのは、企業内部に専門的な知識をもつ人材がいないか、いたとしても「身内が身内の変革を行う」ことが、あらぬ抵抗を生み出すことを危惧するからである。

　そこで大切なのが、依頼を受けた研究者や実践家のとるべき立場である。一般に、コミュニティ心理学の研究者・実践家と、依頼主である企業あるいは企業の担当者との関係は、「対等の関係」であることが望ましいとされる。また、研究者・実践家は、あくまでも組織の外部者であるという立場を貫き、企業組織を取り巻くさまざまなステークホルダー（利害関係者）から「中立」であることも必要である。さらに、研究者や実践家は、専門的な知識や変革実行のためのノウハ

ウは提供するが、実際に「実行するのは企業内部の当事者」であることも求められる。

「対等の関係」というのは、コミュニティ心理学の専門家は、決して企業の御用調達係になってはいけないということである。見識と矜持を保ち、専門家として企業と対等に渡り合うことが求められる。企業によっては、適正を欠いた報酬を提示することによって外部専門家の威光を借りたり、配下におさめ懐柔したりしようとする場合もあるが、このような誘惑に乗ってはならない。

「中立」というのは、変革を支援する企業に関係するすべてのステークホルダー（利害関係者）から、等距離にいるという意味である。変革を支援する企業には、変革によって短期的に利益を得る人や集団と、不利益を被る人や集団が必ずいる。変革は長期的には、すべてのステークホルダーにとって利益となるものでなければならないが、短期的な利益を求める賛成派・反対派の抗争に、外部専門家が巻き込まれてはならない。ただし、これは言うに易く行うに難いことではある。

「実行は内部の当事者」は、変革を真に実効のあるものするには、変革に主体的に自分たちが関わったという経験が重要であることを示唆している。外部の専門家に「させられた」という経験が強いと、たとえ変革が一時的に成功したとしても、その効果が長続きしない。企業内部の当事者が、外部専門家の知恵やノウハウは借りながらも、実際の変革は自分たちで成し遂げたという成功経験をもつことが、さらなる変革を自分たちで成し遂げてゆく力となる。

5）何のための変革か

組織変革は組織の環境適応のために行われると前述したが、実はこの記述は重要な価値判断を避けている。変革を支援するコミュニティ心理学の専門家は、自らが行っている支援行為が、真に人類社会にとって価値のあるものであるか否かの判断を、自らに課さなければならない。変革には正の側面と、負の側面が必ず存在する。変革による効率化と利潤の追求が過度な企業間競争を生み出したり、雇用慣行の変革の名の下にリストラが行われ、多くの従業員が解雇されるということも起こっている。

変革の適否の判断を行うとき、組織開発の研究と実践の歴史を振り返るのが有用であろう。**組織開発**（Organizational Development: **OD**）とは、心理学や社会学の知見をベースにした、システマティックな組織変革を意図した研究と実践

を指す。組織開発の目的は、組織の効率を向上させることと、そこで働く人々の幸福と安寧の両方を満たすことにある。組織開発の歴史をひも解くと、この二つ価値のせめぎ合いの下で、研究と実践が行われてきたことが見て取れる（Beer, Eisenstat, & Biggadike, 1995）。

　たとえば、組織開発でよく用いられる感受性訓練や集団訓練などには、個人を変えることによって組織の効率を向上させようとする、経営者の意図が見え隠れする。一方、個人とテクノロジーとの調和を目指したソシオテクニカル・アプローチは、行き過ぎた作業の分業や、オートメーション化に警鐘を鳴らそうとした。最近では、聖域とされた雇用の領域にまで変革が及び、リストラや成果主義人事が、日常的に行われるに至っている。組織変革を支援するコミュニティ心理学の専門家は、個人の安寧と企業の効率の双方の価値を常に比較し、この二つをいかに調和させるかを考えて行動しなければならない。

引用文献

Beer, M., Eisenstat, R. A., & Biggadike, R. E. 1995 Strategic change: A new dimension of human resource management. In Ferris, G. R., Sherman, R. D., & Barnum, D. T.（eds.）*Handbook of Human Resource Management*. Blackwell.

Robbins, S. P. 1997 *Essentials of Organizational Behavior*,（5th ed.）. Prentice-Hall.（高木晴夫（監訳）　1997　組織行動のマネジメント．ダイヤモンド社．）

渡辺直登　2000　アクションリサーチ．下山晴彦（編）臨床心理学研究の技法，111-118．福村出版．

4 医療・保健・福祉領域での実践
[1] 病院・病棟での組織的取り組み

北島茂樹

ここでは、精神科病院と小児科病院・病棟での組織的取り組みを紹介する。

1) 治療共同体

治療共同体（therapeutic community）は、ジョーンズ（Jones, M.）の英国での実践を踏まえて、メイン（Main, T. F.）が提唱したものであり、「病院内の縦割り管理や権威的な階層制度よりも、職員だけでなく、患者自身も病院内のさまざまな事柄の決定に関与する体制の方が、患者の適応能力の開発に役立ち、治療的である」という考えの下に、患者集会、患者─職員集会、職員集会を頻回にかつ定期的にもつことにより、組織体としての病院の自治を推進し、このことにより患者の主体性と自律性を促進させ、結果として、患者のみならず病院職員のウェルネスが改善し、また患者のスムーズな社会復帰が期待される、というものである（Clark, 1974　秋元・北垣訳　1982）。

これらの実践は、精神科や外科・整形外科リハビリテーション関係の病院でなされていることが多い。ジョーンズが示しているこうした病院改善のための原則は、次の四つである。すなわち、①責任を分担する　②病棟管理、治療の決定の権限を分散する　③共通の関心を共有する　④病院外の行動規範によってチェックする、の4原則である。

日本において治療共同体を実践している事例として、野添病院の取り組みがある。メニンガー・クリニックで実践されていたモデルを、同病院の堀川院長が日本の精神医療や文化状況に合わせて改良したものとされる。同病院は、定床150

床の入院病棟（急性期・中期・長期の3病棟）をもつ単科精神病院であるが、朝はスタッフ・ミーティングから始まり、院内の多目的ホールに院長をはじめ各部内のスタッフが集まり、病院全体の事柄について申し送りを行う。外来、デイケア、援護寮といった関連施設からのスタッフも参加し、報告を行う。当然、その場での意思決定や指示なども含まれる。これによって、病院スタッフは患者の様子や病院内で起こっている問題、治療や処置の方針を共有することができるし、理解や方針が周知徹底されることで、適切かつ整合性のとれた対応ができるようになる。また、それらの延長線上にある細かい気づきや対応も準備することが容易になる（堀川，1999）。

　患者との間のミーティングは、同じ多目的ホールで開催される「**社会復帰フォーラム**」の場面にその典型を見ることができる。院長と、すでにアパート暮らしを始めているOB患者数人がテーブルにつき、それを囲むかたちで入院患者や病院スタッフが椅子に座る。たとえば、援護寮への入寮が決まっている入院患者からの生活費に関する質問がある場合、OB患者が自分の体験を答えたり、また関係職員からの説明があったりする。援護寮の生活や建物に関することも全員で検討する（仲地，1999）。

　一方、病院内では患者も役割を分担する。たとえば、新しい入院患者が入ってくると、先輩患者は施設を案内して回ったり、他の患者やその特徴を紹介したりする。また、さまざまな治療プログラムが準備されているが、その計画づくりと運営に、患者やOB患者、さらには家族も加わる（仲地，1999）。

　野添病院の取り組みは1994年に始まる。それ以前の同病院における退院患者の平均在院日数は2,156日（全国平均の約5倍）であったのが、2001年8月時点での平均在院日数は143日（急性期治療病棟を含む）と、激減する成果をあげている。この中には、ダイレクトな社会復帰者だけでなく、中間施設（援護寮）への入寮者も含まれる（松枝，2003）。

　精神科の長期入院患者の社会復帰へのニーズは高いにもかかわらず、実際には低い数値に留まっており、これを困難にする数多くの要因が窺われる。同病院の取り組みについて、半構成的面接法による看護師への調査研究を行った松枝（2003）は、長期入院患者の社会復帰への援助が成功する要因として、①トップを先頭に皆で患者中心に連携し社会復帰を推進する　②看護師が変わる　③看護師が力動的な理解を基に内省する　④患者が力を発揮する　⑤家族が変わる　⑥住民が変わる　⑦直接的に社会復帰を促す場や仕組みがある　⑧間接的に社会復

帰を促す場や仕組みがある　⑨チームやその成員の成長を促す場や仕組みがある　⑩患者の健康な面を引き出し皆で支える　⑪家族を癒す　⑫退院の方向を一緒に探す、を見出している。なかでも、患者と日常的に接する看護師の行動・態度のありようは「患者が力を発揮する」ことと関係が深いと分析している。

　患者が現す症状は、単に患者個人のものではなく、周囲のスタッフや他の患者または家族やその他の環境とのダイナミックな相互作用を通して発現してくるものであり、共同体としての病院において、スタッフ間、スタッフ―患者（家族）間、患者間といった関係のありよう、さらには役割・責任のありようなどの変革を目指す治療共同体の取り組みは、患者のウェルネス改善や社会復帰の促進という成果面を含め、コミュニティ心理学のアプローチを体現している。

2）チャイルド・ライフ・プログラム

　慢性疾患をもち長期の入院を余儀なくされるケースで、病院組織自体のありようの改善が医療とケアの質を高めそうなものとして、小児科の病院や病棟があげられる。

　アメリカで1950年代に生まれた医療の公的資格「**チャイルド・ライフ・スペシャリスト**」は、医療のなかで子どもの発達や心理に留意した関わりをもつ専門職であり、医療の一環としての「遊び」の援助や治療を受ける子どもの恐怖心を取り除くなどの心理的サポート、親の相談相手として家族の不安や悩みを和らげる役目を果たしている。

　この人たちは、白衣ではなく普段着を着ており、色とりどりのおもちゃや絵本をもって歩いており、院内の雰囲気を明るいものとしている。子どもへの直接的なケアや、さまざまなプログラムの企画・実施を行う。また、病院を構成するスタッフ（医師・看護師・薬剤師・放射線技師から受付の事務・清掃係のスタッフまで）に、「子ども中心の思想」を伝える役割も果たす（藤井，2000）。

　チャイルド・ライフ・プログラムの内容としては次のようなものがある（藤井，2000；Thompson & Stanford, 1981　小松監修・野村監訳・堀訳　2000）。
①　子ども、青年のストレスや不安を最小限に抑える
　・地域のなかで子どもに病院をよく知ってもらうプログラム
　・入院前の指導見学
　・子ども、青年そして両親にとって役立つ情報
　・入院時に子どもが新しい環境に慣れること

・子どもを支援してくれる人がいて、手続きや日常の生活にどのようなものがあり、どのような順序で行われ、なぜそのようなことをするのか、をわかりやすく説明してくれること
・年齢集団にふさわしく、受け入れられる物理的環境
② 重要な生活経験を提供する
・料理、屋外での遊び、グループでの食事など、家庭的な活動を提供する
・教育資格をもったスタッフや教室設備をそろえて、病院内で学校の授業を積極的に進める
・地域のなかで、子どものための活動に関わって、チャイルドライフ・プログラムの意義や、それに対する小児患者のニーズを説明したいと望んでいるグループを選定する
③ 自尊心や十分な独立心をもち続ける機会を提供する
・子どもを一人の人間として認める
・患者の発達水準に合わせて、彼らも決定に加わることを推奨する
・自分と他者に対する責任を育てる
・能力の損失を最小限に留めながら、独立心を最大限に高め、機能回復や社会復帰を進めるための機関や設備を利用できるようにする
・さまざまな経験に対して創造的に取り組み、それをやり遂げる機会を提供することで、できるという気持ちを高める

また、チャイルドライフ・スペシャリストは病児だけでなく、その「きょうだい」にも目を向ける。きょうだいの子どもが蚊帳の外に追いやられないように、寂しい思いをすることがないようにサポートの努力をする。

「病気だから我慢しなければならないのでなく、病気という大きなものと闘う子どもたちにこそ、せめて良い環境を用意する」(藤井, 2000) という積極的な発想を、日本の小児病院や小児科病棟はもっと学び、実現していく必要がある。

こうした医療を実現するためには、病院スタッフや家族といった内部資源だけでは限界があるという視点も重要である。友だちとの交流や外出、外泊などの日常を取り戻すためには、ソーシャルサポートの各種ネットワーク構築は欠かすことができない。**病児やその家族へのソーシャルサポート**には、①情緒的 ②手段的 ③情報的 ④評価的、といった側面がありうる (矢永編・成田監修, 2001)。手段的サポートは、仕事を手伝ったり、お金や物を貸したりすることで、援助を必要としている人に直接手を貸すことであり、具体的にはきょうだい

の世話、家事の手伝い、日常の買い物、病児の遊び相手や学習の相手をすることなどがある。評価的サポートとは、病児や家族への対応、病気や治療に対する受け止めや考えに対する承認など、個人の行為に適切な評価を与えることである。

引用文献

Clark, D. H. 1974 *Social Therapy in Psychiatry*, (2nd ed.). Penguin Books.（秋元波留夫・北垣日出子（訳） 1982 精神医学と社会療法（第1版）．医学書院.）

藤井あけみ 2000 チャイルド・ライフの世界．親教出版社．

堀川公平 1999 民間精神病院の挑戦——精神病院の社会復帰を目指した野添病院の4年間、響きあう街で．やどかり出版．

松枝美智子 2003 精神科超長期入院患者の社会復帰への援助が成功する要因——日本版治療共同体における看護師の変化．日本精神保健看護学会誌，**12(1)**，45-57.

仲地琉明 1999 すべての患者、スタッフを資源とする社会復帰フォーラムの実践（日本版「治療共同体」を導入して）．精神科看護，**26(8)**，15-19.

Thompson, R. H. & Stanford, G. 1981 *Child Life in Hospitals: Theory and practice*. Charles C. Thomas, Publishers.（小松 登（監修）・野村みどり（監訳）・堀 正（訳） 2000 病院におけるチャイルドライフ——子どもの心を支える"遊び"プログラム．中央法規出版.）

矢永由里子（編）・成田義弘（監修） 2001 医療のなかの心理臨床——こころのケアとチーム医療．新曜社．

医療・保健・福祉領域での実践
[2] 発達障害児の支援活動

平川忠敏

1) 発達障害児の定義

2004年12月に制定された**発達障害者支援法**によると、発達障害とは「自閉症、アスペルガー症候群、その他の広汎性発達障害、学習障害、注意欠陥多動性障害、その他のこれに類する脳機能の障害でその症状が通常低年齢において発現するもの」で、「発達障害を有するために日常生活または社会生活に制限を受けている者を発達障害者といい、その中の18歳未満のものを発達障害児」と定義している。必ずしも知的障害を伴うわけではない。また、脳機能の障害とはいうものの、それがまだ完全に証明されているわけではない。いわば、気づきにくい障害であり、そのために発見が遅れ、周りからの援助を得にくい障害といえる。

発達障害者支援法では、障害児・者の自立と社会参加、本人および保護者の意思の尊重、また、障害を理由に差別を受け、権利を侵害されてはならないこともうたっている。この法が対象としているのは、主に自閉症とその近縁領域で、脳機能の障害をもち、低年齢で発現する子どもたちである。

2) 発達障害者支援法の考えはコミュニティ心理学の考えである

発達障害は、見えにくい障害、気づきにくい障害であるために、援助を得ることが難しく、時には「親のしつけ方が悪い」といった誤解を与えやすかった。発達障害者支援法が制定されたことで正確な理解が深まり、適切な対処の仕方が広まっていくことが期待される。また、早期支援の有効性が証明され、やがては社会的に自立し、地域での生活を充実したものにして、発達障害児・者の人権も擁

護されていくことが期待される。こういった点から見ても、この発達障害者支援法の成立は意義があるといえる。また、身体障害者福祉法、知的障害者福祉法、精神障害者福祉法と比べ、発達障害者支援法は、医療、教育、就労との連携がうたわれて、総合的な点にも特徴がある。

後で述べる具体的な取り組みを見ると分かるように、発達障害者支援法は、これまで長い間にわたって実践されてきたコミュニティ心理学的臨床と同じ考え方である。たとえば、伝統的な心理臨床が個人の内界中心主義であるのに対して、コミュニティ心理学的臨床は、個人はもとより、その個人を取り巻く集団、組織、社会制度といった上位システムへの志向性を持っている。したがって、治療から予防や教育への発想の転換がなされる。また、専門家中心の「おかかえ主義」から、各機関や非専門家も含んだ「地域中心主義」へと変わる。病院や施設など単一のユニットでなく、相手の生活の根拠地で多方面にわたって援助する。単一のサービスから多面的総合的なサービスへと変化する。無料の24時間年中無休の電話相談など、利用しやすいものを提供する。利用者のニーズに合わせようとし、無いものは新たに作っていく。利用者の生活の根拠地で援助していくので、その方法は自然観察的、生態学的アプローチをとりながら理論を形成していく参加型理論構成者の立場が求められる、などである（山本，1995）。こういったコミュニティ心理学的発想と発達障害者支援法の基本的考え方は類似している。今回の発達障害者支援法の成立によって、これまでのコミュニティ心理学的臨床の方法論が、法的なバックアップのもとで行われるようになってきたと考えてよい。

3) 具体的支援

発達障害者支援法の第14条では、**発達障害者支援センター**を各県に作り、相談員1名、療育支援員2名、就労支援員1名を置き、次のような業務を行うように定めている。

①早期発見、早期支援ができるように、本人およびその家族に対し専門的に相談に応じ助言を行うこと　②発達障害児への専門的な発達支援および就労の支援を行うこと　③医療、保健、福祉、教育などに関する業務を行う関係機関および民間団体ならびにこれに従事する者に対し、発達障害についての情報提供および研修を行うこと　④発達障害に関して、医療などの業務を行う関係機関および民間団体との連絡調整を行うこと　⑤前各号に関する業務に付帯する業務。

これらをまとめると、早期発見、早期からの専門的支援、就労支援、情報提供、連絡調整ということになる。これらの業務の果たすべき役割は、まさにコミュニティ心理学的臨床の典型例である。発達障害者支援センターとはつまり、早期発見、早期支援を実行し、抱え込むのでなく、コンサルテーションを中心に社会資源をコーディネートして、地域の中で共に生きていくための、地域に根ざしたセンターといえる。

　ある発達障害者支援センターの具体的な取り組みは、次の通りである。まず電話やファックスで連絡をとると、利用申込用紙と相談者記入シートが家庭に送られてくる。それらをセンターへ郵送した後、相談日が決定する。そして、次のような支援が行われる。

① 電話相談、来所相談による相談支援
　　地域の関係施設や関係機関への照会、自閉症の特性の説明、本人を取り巻く環境についての悩みや心配事に関する相談を受ける。

② 評価
　　行動観察や心理検査により、総合的に発達評価を行う。

③ 療育支援
　　評価をもとに個人の発達水準に応じた個別指導を、1回60分、最大5回まで行う。

④ 巡回相談
　　在学中の人や施設を利用している人のために、相談員が学校や施設を訪問して、支援のあり方についてのアドバイスを行う。

⑤ 就労支援
　　本人との面接相談で、社会参加の意向や方向を確認して、就労可能な人は、就労支援機関との連携のもと、就職に向けての各種援助を行う。職場に適応できない人がいた場合、関係機関と本人との関係の調整を行う。

⑥ 普及・啓発活動
　　研修や講演会などを行い、地域の人々に自閉症など特有な発達障害についての理解を深めてもらい、専門家を養成する。

4）特別支援教育

　発達障害者支援法は厚生労働省の管轄であるが、文部科学省でも発達障害児に対する特別支援教育の動きが活発化している。**特別支援教育**とは、「従来の特殊

教育の対象の障害だけでなく、学習障害（LD）、注意欠陥／多動性障害（ADHD）、高機能自閉症を含めて障害のある児童生徒の自立や社会参加に向けて、その一人一人の教育的ニーズを把握して、その持てる力を高め、生活や学習上の困難を改善または克服するために、適切な教育や指導を通じて必要な支援を行い、教育体制の転換をも求めるもの」である。

2002（平成14）年度に文部科学省は担任にアンケート調査を行い、その結果、普通学級の子どもの約6.3％が学習面や行動面で著しい困難を示していると報告している。これを受けて、2003（平成15）年度から特別支援教育推進体制がとられるようになった。そこでは、①個別支援計画を策定し多様なニーズに適切に対応する　②校内や関係機関との間を調整するキーパーソンとして、特別支援教育コーディネーターを指名する　③広域特別支援連携協議会を設置し、質の高い教育的支援を支えるネットワークを作る、の3点が挙げられている。この特別支援教育推進体制は、教育、福祉、医療、労働を一体として、乳幼児期から学校卒業まで、障害のある子どもやその保護者などに対する相談および支援を行う体制の基盤になると考えられている。

たとえば、ある障害児が利用している水泳教室やピアノ教室の先生、言葉の教室や病院の感覚統合の先生、習字やお茶の先生、教育委員会の指導主事、児童相談所の職員などが学校に集まり、その自閉症の子どものことについて話し合う試みなどが、現在のところ行われている。

このような試みは、これまでに行われた各地の自閉症児への取り組みの中に見ることができる（井上，1979；平川，1979；平川，1984；平川，1995；山本・越田，1984　など）。つまり地域の社会資源を総動員して発達障害児を支援していこう、健康な人が発達障害児との接し方を学ぼう、障害児を医学モデルの枠の中で捉え治療の対象者として見るのでなく、共に生きていく仲間と見よう、といった発想に基づくアプローチである。

こうして見てくると、前にも述べたように、発達障害者支援法の考え方や特別支援教育による発達障害児・者への具体的支援方法は、これまでコミュニティ心理学的アプローチとして取り組んできたことが、発達障害者支援法の成立によって、法的にも支持されてきたといえる。

引用文献
平川忠敏　1979　自閉症児とその家族・学校への地域精神衛生的アプローチ．安藤延

男（編）コミュニティ心理学への道，93-107，新曜社．
平川忠敏　1984　自閉児集団療育「日曜学級」のコミュニティ心理学的考察．山本和郎（編）コミュニティ心理学の実際，113-127，新曜社．
平川忠敏　1995　地域における障害児・者の療育活動．山本和郎・原　裕視・箕口雅博・久田　満（編著）臨床・コミュニティ心理学，184-185，ミネルヴァ書房．
井上哲夫　1979　大学病院を出た土曜学級の歩みから．安藤延男（編）コミュニティ心理学への道，72-89，新曜社．
山本和郎　1995　コミュニティ心理学の発想をもった心理臨床家の基本姿勢．山本和郎・原　裕視・箕口雅博・久田　満（編著）臨床・コミュニティ心理学，32-33，ミネルヴァ書房．
山本和郎・越田笑子　1984　自閉傾向児に対する地域援助活動――コミュニティ心理学の立場からの展開．山本和郎（編）コミュニティ心理学の実際，128-149，新曜社．

医療・保健・福祉領域での実践
[3] HIV感染症患者への支援

今村葉子

　ヒト免疫不全ウイルス（Human Immunodeficiency Virus：HIV）の感染、すなわち**HIV感染症**は、きわめて社会的な病気である。1995年以来の飛躍的な薬の進歩により、死に至る病気ではなくなった現在でも、告知されてからの帰り道に彼らが思うのは、病気の治療よりも、「誰かに知られるのではないか」「家族やパートナーにどのように告げるのか」「会社や学校ではどうなるのか」という不安である。

　がんなどの告知とは異なり、近親者が治療に協力的になることは難しい。医師からの告知を受けた直後から、このような問題を理解し整理していくことが要求される。HIVは本人告知が原則であるが、家族や近親者のどの範囲まで、社会的にはどこまで、このことを共有できるのかについての問題が生じる。通常の生活では感染はしないという説明があっても、地域性や会社によっては問題視される場合があり、さらに人間関係もこれまでと同じように維持することは難しいであろう。性的嗜好の問題も関与してくると、さらに問題は複雑になる。

　先進諸国の中で、HIV感染者がいまだに右肩上がりで増加しているのは、日本だけである。その早急な対応策として感染者をいち早く特定することが挙げられるが、国全体としての危機感が薄く、一部の都市部を除いてなかなか対策が進んでいないのが現状である。

　先に述べたように、もはや死に至る病ではなくなったことも要因となり、すでに後天性免疫不全症候群（Acquired Immunodeficiency Syndrome：AIDS）、すなわち**エイズ**が発症してからの告知も増加している。主要都市では、短時間で無

料判定するシステムが定着しつつあり、告知に伴うその後のサポート体制づくりが緊急の課題となっている。

1）HIV カウンセリング

　HIV カウンセリングは、基本的には従来のカウンセリングと大きく異なることはない。しかし、いくつかの要点は押さえておかなければならない。

　まず、告知から病気の理解に至るまでの複雑さである。症状に出ないままの告知であり、ドクター・ショッピングするケースも多い。また、どこでいつ感染したのかに始まる不信感や、誰かに感染させたのではないかという罪悪感、今この瞬間に感染させるのではないかという妄想に似た恐怖感に至るまで、さまざまな感情が生じてくる。

　さらに、病気そのものの理解も複雑である。ウイルス値と免疫値によりその病状の程度が説明されるが、一度聞いただけで理解できるものではない。

　エイズに至るウイルスが増えてきたり、それに対抗する免疫の力が落ちてきたりするとエイズとして発症することが伝えられる。ウイルス量は上がると危険、免疫の数値は下がると危険、ということである。

　加えて、薬との関係の理解も複雑である。薬の改良により、毎年飲みやすい薬が開発されてきてはいるが、完全な服用は容易でない。HIV の感染だけでは症状はまだ出ていない。それにもかかわらず、薬を服用する時期については、定期的に数値を測り、決定される。そして服用が始まると、一生の服用が必要になる。さらに、服用率が 90％ を下がると、ウイルスが増えて効果がなくなるという説明を受けることになる。「薬を止めたときは自分自身をあきらめたときです」と自分で自分を励ましていこうとする感染者がいる一方、「あまりに複雑でどうでもよくなってしまう」と半ば虚無的に話す感染者もいる。服用に神経質になったり強迫的になったり、あるいは逆にあきらめてしまう患者を責めることはできない。彼らへの過不足のない社会的サポートがあれば、もっとうまくこの病気と付き合っていけると考えられるからである。さらに、長期に服用することで、頰やでん部の筋肉が落ちて、部分的ではあるが変形するという副作用が伴うことも実証されてきている。

　日本での HIV 感染者の増加率をバイセクシャルかホモセクシュアルかでみると、後者のほうが高くなっている。ホモセクシュアルの場合、それまでの経緯からも、社会的に受け入れられていないという差別・疎外感を持ち合わせている患

者が多い。その上にまた、過度の精神的負担がかかることになる。ある感染者は「ゲイであることが会社にばれたら差別を受けるのに、さらにこういうことになって……」と言う。筆者には、彼らがゆるやかではあるが、確実に社会から隔絶されていく不安を感じていると理解できる。

このような複雑な問題を抱えている病気であるために、カウンセラー自身も日進月歩しているHIVやその治療法についての研鑽を深める必要がある。HIVに関する研修に毎年参加していても、医学的な分野や社会的な支援の分野にかかわらず、1年前の資料は役に立たない場合が多い。しかし、継続的に参加することで新しい情報が理解しやすくなり、医師の説明も年々わかりやすくなってきていると実感する。

筆者は、神経難病患者の遺伝相談での経験を含めて、医学と心理学との折衷的な役割を実践してきている。患者は、告知をした医師の説明だけでは十分に理解できない。かといって、医師に逐一こまごまと聞くこともできない。自分でもどこまで理解できているかわからないまま、表面的な説明を聞いただけで帰宅してしまう。帰宅して、孤独の中で堂々巡りしているうちに、不安をつのらせてしまうのである。

筆者は、難病患者とのカウンセリングを多く経験しているが、HIV感染がイコール致死の病ではなくなった今、感染者が難病患者の特徴を多くもち合わせていることを実感している。具体的には、「ひきこもり」とはいえないが、なかなか積極的に外に出られない、何をするのも億劫で、うつではないが学業や仕事への関心・関与が薄れてしまっている、自分の体への違和感ややりきれなさが終始つきまとって離れないと嘆く、などの傾向である。

2) 新しいチームワークの構築

新しいチームワークのあり方を構築することも重要である。筆者は、ホスピスでのチーム医療の考え方と方向性は同じであると考えている。その時々の患者の状況で、キーパーソンは変化していく。告知は医師の仕事であっても、患者がその告知をどのように受け取ったかについては看護師が支え、服薬指導には薬剤師と看護師が立ち会う。服薬に関する葛藤や抵抗については臨床心理士、そして生活の基盤となる金銭面の保証や居住地などについてはMSW（医療ソーシャルワーカー）と、さまざまな職種が関わりをもっている。それぞれの職種が自分の役割をわきまえることと、重複して治療に取り組むことの両方が求められている。

3) 教育

　教育については大きく二つに分けられると考える。一つは出産に関する教育である。HIV に感染していても、現代の高度医療に支えられれば健康な子どもの出産は可能である。出産や授乳時期への特別な配慮は必要であるが、過度の不安を与えないようにしていくことが重要である。ここでも緊密なチーム医療が求められ、現在では多くの母親が感染していない子どもを授かっている。

　もう一つは**性教育**である。性教育については、いつ、どこで、どのように、教育の場の中に定着させたらよいのか、試行錯誤中である。筆者は、スクール・カウンセラーとして、問題行動をもつ多くの少年少女と関わりがあるが、そこで気づいたのは、彼らの性行動に役立つ「生きた性教育」はほとんどなされていないということである。彼らの多くは、基礎的な知識すら身に付けていない。排卵と受精の関係について理解していないばかりではなく、避妊や堕胎という言葉すら知らない。彼らの間では、性感染症の「ピンポン感染」が蔓延している。妊娠、堕胎を繰り返す少女も跡を絶たないし、何らかの性感染症があるケースが多い。そして、性感染症に罹患していると HIV 感染の確率も上がる。これらのことをふまえて、教育への浸透を図らなければならない。

　地方での HIV 研修に参加した時のことである。この研修の看板を見たある女性が受付の看護師に「HIV の患者さんて、実際にいるんですか？」と質問した。その看護師はさらりと、「はい、いらっしゃいますよ。今では珍しい病気ではありませんよ」と答えていた。このように私たちは、「感染者が通常の社会生活を送れること」を折に触れて伝えていかなければならないと思う。

　HIV カウンセリングでは、あらゆる経験を駆使し、医療の進歩への関心をもち、継続して学習し、プライバシー保護への配慮を怠ってはならないと考えている。近い将来この病気が根絶されることを願うが、せめて社会の人々がこの病気との付き合い方を学び、隠さなくてもよいようになることを望んでいる。

参考文献

児玉憲一　2000　HIV/AIDS カウンセリング．岡田康伸・鑪幹八郎・鶴光代（編）臨床心理学体系 18　心理療法の展開，618-627．金子書房．

児玉憲一　2001　HIV カウンセリング．山本和郎（編）臨床心理学的地域援助の展開——コミュニティ心理学の実践と今日的課題，20-35．培風館．

塚本弥生　2005　総合相談室における HIV/AIDS 患者の社会生活支援——経過と現況．広島市立広島市民病院医学雑誌，**21**(**1**)，49-52．

医療・保健・福祉領域での実践
[4] 緩和ケア

平川忠敏

1) 緩和ケアとは

日本では1年間に約100万人が亡くなっている。そのうちの3人に1人は悪性新生物（がん）が死因であり、がんはもはや国民病となってきている。また、高齢者が激増していて、いつの世もそうなのではあるが、現代は特に死と常に向かい合って生きている時代といえるかもしれない。がん患者の治療について、これまではターミナルケアという言葉が使われていた。しかし、患者やその家族は必ずしもターミナルとは思っていないし、思いたくもないかもしれない。このようなことから、ターミナルケア、すなわち終末期医療という言葉に代わって、患者やその家族の苦痛に共感し、その一端を少しでも軽減したいという願いから、緩和ケアという言葉が使われるようになってきた。

WHOの定義によると、**緩和ケア**とは「治ることを目指した治療が有効でなくなった患者に対する積極的な**全人的ケア**である。痛みやその他の症状のコントロール、精神的、社会的、そしてスピリチュアルな問題の解決が重要な課題となる。緩和ケアの目標は、患者とその家族にとってできる限り可能な最高の**生活の質**（Quality of Life: QOL）を実現することである。末期だけでなくて、病気の早い時期の患者に対しても治療と同時に適用すべき点がある」というものである。

痛みには、身体的な痛み、精神的な痛み、社会的な痛み、宗教的な痛みなど、いろいろな種類がある。薬物療法の進歩で身体的な痛みはコントロールできるようになってきたが、それ以外の痛みが残ってしまう。WHOは、健康の定義のな

かに、これまでの身体的・精神的・社会的に安寧であることに加えて、スピリチュアルにも安寧であることを追加したが、このように、スピリチュアルな痛みも含めた全人的なケアを目指そうとするところに緩和ケアの特徴がある。

　緩和ケアの基本的な考え方としては次の通りであり、これらを実現するにはチーム医療が重要になってくる。

① 人が生きることを尊重し、誰にも例外なく訪れる「死への過程」に敬意を払う。
② 死を早めることも死を遅らせることもしない。
③ 痛みやその他の不快な身体症状を緩和する。
④ 精神的、社会的な援助を行い、患者に死が訪れるまで、生きていることに意味を見いだせるようなケアを行う。
⑤ 家族が困難を抱えて、それに対処しようとするとき、患者の療養中から死別した後まで家族を支える。

2) チーム医療

　現在の医療はチーム医療である。もはや一人の医療関係者の献身的な努力で遂行されるものではない。現在は、外科、内科、麻酔科、放射線科、消化器科、精神神経科などの、診療科をクロスオーバーする**チーム医療**が一般的に行われている。さらに、がんを患いさまざまな痛みに襲われている患者とその家族に対しては、このような各診療科にまたがるチーム医療だけでなく、看護師や医療ソーシャルワーカーなどのコメディカルスタッフとの連携も必要になってくる。患者や家族との関わりは、医者よりもコメディカルスタッフのほうが多いからである。また、宗教的カウンセラー（パストラルカウンセラー）を含めた多種多様な職種の人とチームを作ることが望まれる。たとえば、ある地域の緩和ケア・ネットワークのメンバーは、患者とその家族のほかに、医師、看護師、社会福祉士、宗教家、倫理学者、心理カウンセラーなどの職種からなっている（三木ら，2005）。

　インフォームド・コンセントの広がりとともに、患者に病状について真実を伝えることが一般的になってきつつあるが、がん告知が行われる際にも、医療関係者から患者や家族に、一方的に「病名・治療法・予後」が伝えられ、決断を迫り、このことを告知であると誤解している場合がまだ多い。患者や家族にとって有意義な告知を目指すためにも、医療者側と患者や家族側とが、共に考えて共に意思決定をできるように配慮すべきである。このような告知にするためにも、多

表Ⅶ-4(4)-1　従来の治療的立場と緩和ケアの立場（平川，1995）

キュア	→	ケア・教育
病気・患者	→	病院・家族システム・コミュニティ
身体	→	心・身体
病気の治療	→	心の成長発達・生き様の構造
医師中心主義	→	チームワーク（医療スタッフ・カウンセラー・宗教家など）
単一のサービス	→	多面的・総合的なサービス
セラピスト	→	オーガナイザー

種多様な職種の者が連携したチーム医療に取り組むべきなのである。

3）コミュニティ心理学的センスの持ち主

　チーム医療で当たらなければならないこと、がんにならないように予防や健康管理・健康増進を図ること、がんを通して国民全体が生と死を考えよりよい生き方を探すことなど、このような全方位の作戦を展開することが望まれる緩和ケアにおいては、コミュニティ心理学的センスの持ち主が必要である。すなわち、Murrell（1973　安藤監訳　1977）の介入のレベルを参考に、患者個人からポピュレーション、社会システムまでの介入を実践していくことが望まれる。緩和ケアにおいては、悪いところを見つけてそこを治すといった医学モデルを脱して、表Ⅶ-4(4)-1のようなコミュニティ心理学的発想をしなければならない（平川，1995）。

　コミュニティ心理学的センスを持つ医師は、患者や家族に向き合うだけでなく、地域全体のレベルアップを目指す企画も実施するだろう。たとえば、鎮痛剤としての麻薬の使い方を同じ地域の医療関係者に指導したり、チームの一員に宗教家も加わってもらったり、その他の利用可能な地域の人々や社会システムを動かせるだけの、広い交流と知識を持っていなくてはならない。チームのリーダーあるいはコーディネーターは、コミュニティ心理学的センスを持つ人であれば、必ずしも医師である必要はなくて、看護師でも社会福祉士でも職種を問わない。

4）患者とその家族への関わりとスピリチュアル・ヘルパー

　緩和ケアにおいては、残された年月はあと何ヶ月と告知された患者とその家族に対して、カウンセリング的対応をして、悲しみの作業を十分にしてもらうことになる。人の誕生のときに援助する助産師という仕事は古くからあったが、これからは死に行く人のそばに寄り添うことがカウンセラーの仕事に加わってくる。

この仕事に携わる人を「**スピリチュアル・ヘルパー**（spiritual helper）」と呼ぶとよいのではないかと思う。難病患者、高齢者、がん患者など、人生における急激なカウントダウンが始まった人に寄り添い、実存的な不安に付き合うのである。これからのカウンセリングの重要な1領域になってくると思われる。筆者は、牧師も神父もシスターも僧侶も登録できる、カウンセリング・センターの設置を考えている。患者やその家族の要望に応じて、あるいは病院からの要請に応じて、一番ふさわしいカウンセラーを派遣するといったことがやがて始まるかもしれない。死ぬまでいかに生きぬくか、ということが問われているわけで、亡くなってからではなく、存命中に門徒や信者の家庭や病院を訪問している宗教関係者は多い。

5) ポピュレーションへの介入

がんにかからないように生活習慣を正すといった、予防や健康増進の立場で活動することも緩和ケアの活動の中に入ってくる。あるいは、**ホスピス運動**や**ビハーラ運動**（仏教ホスピス）を社会に定着させて、がんで死ぬことを通して、よりよく生きていくための運動を展開することもできるであろう。学校現場においても、いのちの尊さを伝える教育が行われているが、こういった個人から社会システムまで関与していくには、コミュニティ心理学的センスの持ち主であることが必要である。

引用文献

平川忠敏　1995　ターミナルケアとコミュニティ心理学的心理臨床．山本和郎・原裕視・箕口雅博・久田　満（編）臨床・コミュニティ心理学，182-183．ミネルヴァ書房．

三木徹生ほか　2005　がんの病状説明（バッドニュースの伝え方・いわゆる告知）についてのアンケート結果．緩和医療学，**7(4)**, 11-21.

Murrell, S. A. 1973 *Community Psychology and Social Systems : A conceptual framework and intervention guide*. Human Science Press.（安藤延男（監訳）　1977　コミュニティ心理学——社会システムへの介入と変革．新曜社．）

医療・保健・福祉領域での実践
[5] 喫煙・アルコール問題

笹尾敏明

1）日本における喫煙問題

　喫煙は、がんや虚血性心疾患、流産や早産などの危険要因であり、非喫煙者においても受動喫煙により、同様の疾患の危険性が高まることが知られている。世界的には「WHO たばこ規制枠組み条約」に 168 ヶ国および欧州共同体が加盟するなど、たばこ規制の動きが進んでいるが、日本でも 2003 年 5 月より「**健康増進法**」が施行され、ようやく学校や職場など公共の場における禁煙・分煙への動きが本格化した。しかしながら、日本の喫煙率は先進国の中では依然として高く、2003 年に行われた厚生労働省「国民健康・栄養調査」において、男性 46.8％、女性 11.3％ が習慣的な喫煙者であった。日本の女性の喫煙率は、近年上昇傾向にあり、特に 20 代女性の喫煙率は、ここ 10 年間で 11.7％ から 19.2％ に上昇している（厚生労働省，2005a, 2005b）。

　日本における未成年者の喫煙率をみると、中学以降、年齢が上昇するとともに急激に増加する傾向にある。川畑ら（1991）が行った青少年の喫煙に関する全国調査によれば、この 1 ヶ月間にたばこを吸ったことのある者（月喫煙者）の割合は、男子で小学 1 年生から中学 1 年生までは学年間に有意な差はなかったが（4〜11％）、それ以降は急増し、高校 3 年生では 37％ に達した。女子も中学 3 年生で 3％ だったが、それ以降増加し、高校 3 年生で 15％ までに上昇していた。これとほぼ同様の結果が、2000 年の「未成年者の喫煙および飲酒行動に関する全国調査」においても得られている。

　未成年者の喫煙は、健康への悪影響とともに、他の薬物使用との関連が示唆さ

れており(鈴木ら,2003)、今後、その喫煙率の減少に向けて、効果的な介入プログラムを実施していかなければならない。

2) 喫煙問題へのコミュニティ心理学的アプローチ

　喫煙行動を複数の社会生態学的なレベルから理解することは、包括的かつ効果的な介入プログラムの開発・実施に必要不可欠である。青少年の喫煙行動に影響を及ぼす要因については、欧米において研究が重ねられ、自己効力感(Stacy et al., 1992)などの個人的要因、家族や友人といった重要な他者の喫煙行動や態度(Chassin et al., 1996)などのミクロレベルの要因、広告・マスメディアの影響(Jason, 1998)などのマクロレベルの要因が示唆されている。日本の研究においても、自尊心(川畑ら,2001)や家族・友人の喫煙行動・態度(川畑ら,1991;西岡ら,1993)との間に関連が見出されている。

　青少年の喫煙予防に関する研究はアメリカが先進国であり、学校を基盤とした多くのプログラムが実施されている。その中の代表的な予防プログラムの一つに、小中学生を対象とした**ライフ・スキル訓練**(Life Skills Training : LST)が挙げられる。これは、青少年の喫煙開始を早めるとされている、友人や家族の喫煙行動や直接的な誘い、あるいはマスメディアによる宣伝などの「社会的影響力」に対して、その誘惑に抵抗するために必要なスキルの獲得を目的とした介入である(Botvin, 1998; Botvin et al., 2003)。ライフ・スキルとは、問題解決や意思決定のスキル、不安への対処スキルなどが含まれ、さらに、メディアなどの社会的圧力に打ち勝つための抵抗スキルも含まれている。インストラクターは、教師や年上のピア・リーダー、もしくは学外の医療従事者などである。子どもたちは、インストラクターやビデオによる説明とデモンストレーションによってスキルを学び、それをロールプレイングによって練習する。このプログラムに参加することによって、喫煙率が低下し、喫煙に関する知識が増え、薬物使用に対してもより否定的な態度が形成される。

　LSTプログラムは、日本でもその導入に向けての日米共同研究が始まり(川畑ら,1991)、現在では、中学校や高校の喫煙を含む薬物使用予防教育に取り入れられているが、プログラムの評価に関してはまだ十分に検討されていない。

　アメリカでは、このような社会的圧力への抵抗スキルの獲得を目的とした学校基盤のプログラムが数多く実施されており、思春期の喫煙に対する予防的介入の主流となっている。また、思春期の子どものいる家庭に電話などで介入する家族

基盤のプログラム、さらにテレビやラジオなどのメディアを利用した喫煙予防介入を学校基盤の介入と併用するものもあり、単独の方略よりも喫煙行動を減少させる効果が高いことが報告されている（Flynn et al., 1994）。

3）アルコールに関する問題の現状

アルコールに関する問題は、未成年者の飲酒、アルコール依存症、そして主に大学生における一気飲みや多量飲酒に代表される**問題飲酒行動**の三つに大別することができる。

未成年者の飲酒は年齢が上がるにつれて一般化することが、いくつかの調査結果より明らかになっている。たとえば、先に紹介した「未成年者の喫煙および飲酒行動に関する全国調査」（2000）によると、中学1年生で月に1回以上飲酒する男子は13.7％、女子は12.0％であったが、高校3年生になると男子が49.9％、女子が38.3％に増加していた。加えて、飲酒する高校3年生男子の9.1％、女子の3.5％が「つぶれるまで飲む」と答えた。酒の入手先をみると、コンビニエンスストアやスーパーマーケットなどの小売店に加え、家にある酒を飲んでいる者が半数近くおり、飲酒経験者の約3割が居酒屋などの飲食店で飲酒していた。

成人における飲酒の問題としては、アルコール依存症と、その予備軍とされる大量飲酒者の問題がある。日本におけるアルコール依存症者数は、医療機関で治療を受けている者だけで17,000千人程度である（厚生労働省，2005a）。しかし、1日に純アルコール量として150 ml（日本酒にして約5合半）を摂取している「**大量飲酒者**」は全国に約236万人いると推定されており（精神保健福祉研究会監修，2004）、健康のみならず、生産性の低下など職場への悪影響が懸念される。

このような状況において、特に未成年から成人の移行期にあたる大学生の飲酒行動は、その後の飲酒習慣の形成に重大な影響を及ぼすと考えられる（福田，1994）ことから、注目すべき対象である。しかしながら、大学生における大量飲酒や一気飲みを含む問題飲酒に関する全国規模の調査はほとんど行われておらず、その実態は明らかになっていない。その中で、梅園ら（1995）は、大学入学を境に飲酒量が男女ともに増加し、一気飲みの経験者の割合も有意に増加することを報告している。大量飲酒の研究も多くはないが、約2割程度の大学生が大量飲酒者であると推定される（福田，1994）。

以上のように、日本ではアルコールに関連した問題を抱えた成人が多いことが

示唆される一方、未成年のうちから飲酒が一般化している傾向がみられる。低年齢からの飲酒は、早期のアルコール依存症のリスクを高めることが知られており（鈴木・武田・村上, 2003）、一気飲みなどの短時間の過剰なアルコール摂取は、致死性の急性アルコール中毒を起こしかねず、喫煙同様、それぞれの年齢層に合わせた効果的な介入プログラムを開発し、実施していくことが必要である。

4）飲酒問題へのコミュニティ心理学的アプローチ

日本では、未成年あるいは大学生の飲酒に関する問題行動に対して、予防的介入を実施し評価した研究はほとんどなく、ここではアメリカでの大学生における問題飲酒行動の予防的介入プログラムを紹介する。

大学生の問題飲酒行動に対して、これまでは、適切な飲酒についての知識の提供と注意の喚起という戦略がとられてきた。しかし、そのアプローチの信頼性や効果を裏付ける研究がほとんど行われていないことが指摘され、**生態学的視座**に根ざした、より包括的な予防的介入プログラムの開発・実施が求められるようになった（Sasao & Niiya, 2000; Vicary & Karshin, 2002）。これを受けて、「アルコールと他の薬物使用予防のための高等教育センター」は、**環境調整アプローチ**（Environmental management approach）という4つのコンポーネントから成るアプローチを提唱している（DeJong *et al.*, 1998）。

第1のコンポーネント「環境的戦略」には、学習課題や課外活動／レクリエーションの選択肢の提供、アルコール飲料の宣伝や入手の制限、新しいプログラムや施策の立案などが含まれる。第2の「教育的戦略」には、アルコール問題への注意の喚起、情報提供、リーダーシップ訓練などが含まれ、学生のみならず、スタッフや教員の参加も重視されている。第3は「早期介入的戦略」であり、カウンセリングやサポート・グループの提供を含んでいる。ここでは、学生自身や教員が必要なサービスの紹介に重要な役割を果たす。そして、第4の「施行的戦略」は、懲戒手順、IDチェック、法に則った対処などから成っている。

現在、アメリカの多くの大学では、問題飲酒行動の予防のために、これらの複数の戦略を用いて包括的なプログラムを作成し実施している。たとえば、北イリノイ大学では、学生の飲酒量に関する知覚を変化させることを目的として学内新聞や広告を用いたキャンペーンが実施された。その結果、従来の知識普及型の予防的戦略の有意な効果はみられなかったが、メディア・キャンペーンによって学生の飲酒量に関する規範が変化するとともに、問題飲酒行動をとった学生の割合

が低下した（Haines & Spear, 1996）。

　このような大学ごとの取り組みに加え、キャンパスとコミュニティとの共同・協働プロジェクトも展開され始めている。これは、キャンパスとともに地域の環境を調整していくことで予防的効果を高めていこうとする試みである。ペンシルバニア州立大学では、地元のアルコール飲料管理委員会と連携をとり、キャンパスおよび周辺地域における大学生の問題飲酒行動やその他の飲酒関連の問題行動の発生率の減少を目的とした、介入プログラムを開発している（Vicary & Karshin, 2002）。たとえば、共同の基金による地元でのフットボールの開催期間中におけるノンアルコールのパーティ、あるいはキャンパスにおけるノンアルコールの催し物などの提供である。このプログラムの実施によって、これまでに州内の9つのキャンパスのうち8つで、週ごとのアルコール飲料の摂取量が減少するという成果を得ている。さらに、市内の複数の大学が協働し、大規模な薬物・暴力の予防に取り組むケースも出現した。ボストン市内の24の大学やインディアナ市内の20の大学がこのような協働を実現し、問題飲酒行動の予防的介入プログラムを開発している（Vicary & Karshin, 2002）。

　このような大学生における問題飲酒行動の予防の試みは、一つの大学内の問題という枠を超えて、地域全体の健康や安寧（well-being）の向上を目指しているという点で、学ぶべきものは非常に大きい。また、アメリカでは、青少年の健康増進に関心をもつ民間あるいは国の研究資金によって、地域と大学との協働を促進するプログラムが実行されるなど、協働のための基盤整備がなされている点も特筆すべきであろう。さらに、従来の知識普及型のみの戦略を超え、より包括的な介入プログラムが開発・実施され、その評価研究が重ねられていることも、今後の日本における飲酒問題への予防的介入の方向性を決定していく際に重要な示唆を与えてくれると思われる。

引用文献

Botvin, G. J. 1998 Preventing adolescent drug abuse through Life Skills Training: Theory, methods, and effectiveness. In Crane, J. (ed.) *Social Programs that Work*. Russell Sage Foundation.

Botvin, G. J., Griffin, K. W., Paul, E., & Macaulay, A. P. 2003 Preventing tobacco and alcohol use among elementary school students through life skills training. *Journal of Child & Adolescent Substance Abuse*, **12**(**4**), 1-17.

Chassin, L., Presson, C. C., Sherman, S. J., Montello, D., & McGrew, J. 1996 Changes in peer and parent influence during adolescence: Longitudinal versus cross-sectional perspectives on smoking initiation. *Developmental Psychology*, **22**, 327-334.

DeJong, W., Vince-Whitman, C., Colthurst, T., Cretella, M., Gibreath, M., Rosati, M., & Zweig, K. 1998 *Environmental Management: A comprehensive strategy for reducing alcohol and other drug use on college campuses*. U. S. Department of Education, Higher Education Center for Alcohol and Other Drug Prevention.

Flynn, B. S., Worden, J. K., Secker-Walker, R. H., Pirie, P. L., Badger, G. J., Carpenter, J. H., & Geller, B. M., 1994 Mass media and school interventions for cigarette smoking prevention: Effects 2 years after completion. *American Journal of Public Health*, **84**, 1148-1150.

福田照夫　1994　大量飲酒大学生と一般大学生との飲酒状況の比較．アルコール研究と薬物依存，**29**，195-203．

Haines, M. & Spear, S. F. 1996 Changing the perception of the norm: A strategy to decrease binge drinking among college students. *Journal of American College Health*, **45**, 134-140.

Jason, L. A. 1998 Tobacco, drug, and HIV prevention media interventions. *American Journal of Community Psychology*, **26**, 151-188.

川畑徹朗ほか　1991　青少年の喫煙・飲酒行動――Japan Know Your Body Studyの結果より．日本公衆衛生雑誌，**12**，885-898．

川畑徹朗・西岡伸紀・春木　敏・島井哲志・近森けいこ　2001　思春期のセルフエスティーム，ストレス対処スキルの発達と喫煙行動との関係．学校保健研究，**43**，399-411．

厚生労働省　2005a　傷病別年次推移，平成14年患者調査（傷病分類編）．厚生統計協会．

厚生労働省　2005b　平成15年国民健康・栄養調査結果の概要について．（〈http://www.mhlw.go.jp/houdou/2005/04/h0421-1.html〉2005年7月11日検索）

「未成年者の喫煙および飲酒行動に関する全国調査」研究班　2000　未成年者の喫煙および飲酒行動に関する全国調査　健康日本21．（〈http://www.kenkounippon21.gr.jp/kenkounippon21/database/1/5miseinenkitsuen/pdf/5_1.pdf〉2005．7．11．検索）

西岡伸紀ほか　1993　青少年の喫煙行動関連要因の検討――日本青少年喫煙調査（JASS）の結果より．学校保健研究，**35**，67-78．

Sasao, T. & Niiya, Y. 2000 Preventing alcohol abuse among Japanese college students: Stalking a cultural paradox. *Educational Studies*, **42**, 81-99.

精神保健福祉研究会（監修）　2004　我が国の精神保健福祉．太陽美術．

Stacy, A. W., Sussman, S., Burton, D., & Flay, B. R. 1992 Moderators of peer social influence in adolescent smoking. *Personality & Social Psychology Bulletin*, **18**, 163-165.

鈴木健二・武田　綾・村上　優・杠岳文・比江島誠人・吉森智香子・藤林武史　2003　薬物依存・中毒者の予防，医療及びアフターケアのモデル化に関する研究．厚生労働科学研究費補助金による14年度研究報告書，177-189．

梅園朋也ほか　1995　大学入学前後の飲酒様態の変化に関する調査研究．アルコール研究と薬物依存，**30**，435-446．

Vicary, J. R. & Karshin, C. M. 2002 College alcohol abuse: A review of the problems, issues, and prevention approaches. *Journal of Primary Prevention*, **22**, 299-331.

犯罪防止・刑事司法領域での実践
[1] 防犯まちづくり

小林寿一

近年、日本では、地域の治安の悪化に危惧を抱く地域住民によって、多くの防犯ボランティア団体が結成され、警察や自治体と連携して、犯罪が少なく、安心して暮らせるまちづくりが推進されるようになってきている（詳細は、山本，2005 を参照）。こうした防犯まちづくりについて、住民参加を促進させるプロセスとその効果を検討したい。

1) 住民参加を活性化するプロセス

警察庁の調査によれば、5 人以上の住民が月 1 回以上の活動を行っている防犯ボランティア団体は、2006 年 12 月末で 31,931 団体であり、それらのメンバーは総数で約 198 万人にのぼっている（警察庁生活安全企画課，2007）。こうした団体が行う活動の内容を挙げると、最も多いのが防犯パトロールで、8 割強の団体が実施しており、ついで通学時などの子どもの保護・誘導を 7 割強の団体が実施しており、危険箇所の点検、防犯広報、環境浄化をあわせると、一つの団体が複数の防犯活動を実施することが一般的である。

このような住民主体の防犯活動の実施状況については、地域差が大きく、こうした活動が低調な地域では、防犯まちづくりに対する**住民参加**を促進させることが肝要である。小林（2002）は、欧米のコミュニティ心理学においてなされている「地域活動に対する市民参加」の研究成果に基づいて、防犯まちづくりに対する住民参加の**説明モデル**を提示している。この説明モデルでは、「活動集団の組織特性」「地域に対する統制感」「参加者の活動への取り組み」を主要な構成要

素とし、「活動集団の組織特性」→「地域に対する統制感」→「参加者の活動への取り組み」という連鎖的な関連を想定している。以下、簡単にその内容を説明したい。

　まず、住民参加を促進する「活動集団の組織特性」の内容は、「民主的／効率的運営」「警察の働きかけ」「他機関の協力・援助」に大別される。「民主的／効率的運営」とは、地域の防犯活動が民主的かつ効率的に運営されることを意味しており、地域防犯活動の活性化に働く、最も重要な組織的要因である。「民主的／効率的運営」の内容としては、以下の二つの特徴が含まれる。一つ目は、「**参加民主主義的なリーダーシップ**（participatory democratic leadership）」であり、活動参加者すべてに対して、重要な決定事項に関わる意見を表明する機会と、各々の適性を反映し、個人の技能の発達に寄与する役割を遂行する機会が与えられることを意味する。二つ目の特徴としては、目標とする成果を生むように効率的に活動が運営されることが挙げられ、具体的には、活動の計画がきちんと立てられ、警察などの公的機関や他の民間団体などと連絡・調整が緊密に行われることを意味する。一方、「警察の働きかけ」は、警察が住民の活動を支援するために必要な情報提供、すなわち、地域の正確な犯罪発生状況や犯罪防止のノウハウの提供などを適切に行うことを意味するが、この場合も、警察が住民サイドの要望や主体性を十分に尊重して、防犯まちづくりに関わることが重要である。また「他機関の協力・援助」は、警察以外の機関、すなわち、自治体や学校やNPO（たとえば、ガーディアン・エンジェルス）などがよく支援してくれること、換言すれば、地域における多くの社会資源が動員されることを意味する。

　次に、住民参加を促進する「地域に対する統制感」の内容は、主に「地域に対する**自己効力感**」と「地域の問題解決能力への信頼」に大別される。「地域に対する自己効力感」とは「自分が住んでいる地域の状況に、主体的に影響を及ぼすことができるという感覚」を意味しており、「地域に対する自己効力感」を高めることが、住民個々人の**エンパワメント**であると考えられる。さらに、「地域に対する自己効力感」の内容には、自分の行うことが地域の状況を変えうるという状況認識に加えて、具体的に誰に働きかければ状況が変わるのか、といったノウハウの理解も含まれる。一方、「地域の問題解決能力への信頼」とは、「自分が住んでいる地域において、住民同士が協力して問題を解決できると考えること」を意味する。おおむね、「地域の問題解決能力への信頼」の高いことが「地域に対する自己効力感」をもつことの必要条件であると考えられるが、「地域の問題解

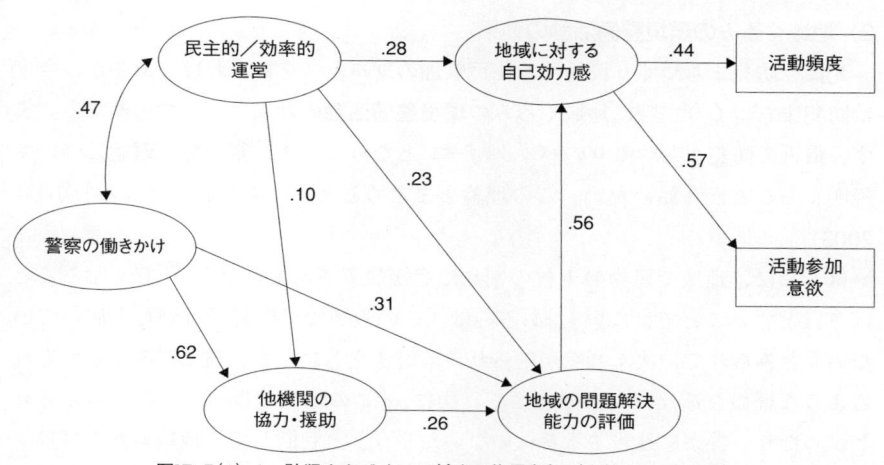

図Ⅶ-5(1)-1　防犯まちづくりに対する住民参加（小林，2002 より）

決能力への信頼」の高いことは、必ずしも特定個人の「地域に対する自己効力感」が高いことを意味しない。最終的に、活動参加者個々人の「地域に対する自己効力感」を高めることが、防犯まちづくりに対する積極的な住民参加を維持するために重要であると想定している。こうした連鎖的プロセスの最終的な結果として、「参加者の活動への取り組み」、すなわち、参加者の活動頻度や活動参加意欲が高くなると考えられる。

以上が説明モデルの概略であるが、この説明モデルの妥当性を検証する研究は、小林（2002）によって実施されており、図Ⅶ-5(1)-1 のような結果が得られている。この研究の調査方法を簡単に述べると、日本全国にある警察署の約3分の1に当たる 436 署を選定し、各警察署の管内で地域防犯活動に参加している住民を対象に質問紙調査を実施した（分析対象者の総数は 4,751 名で、調査実施期間は 1996 年 12 月〜97 年 1 月）。分析方法としては、説明モデルの各要素に関わる質問項目の回答を各地域単位で集計し、地域単位の平均値を用いて構造方程式モデリング（潜在変数を用いたパス解析）を行った。図Ⅶ-5(1)-1 の分析結果（図中の数字は標準化パス係数の値）は、おおむね説明モデルを支持する内容となっている。すなわち、防犯まちづくりに対する地域住民の主体的な参加を促進するためには、各住民参加者が活動を通して、地域に対する自己効力感を高めることができるような活動運営を行うことが必要であり、活動参加者個々人のエンパワメントを重視することが強く求められていると考えられる。

2) 地域ぐるみの環境整備活動の効果

　先に、防犯まちづくりに対する住民参加のプロセスをみたわけであるが、今度は防犯まちづくり、特に地域ぐるみの**環境整備活動**の効果について考察する。まず、最近の防犯まちづくりのバックボーンとなっている**「割れ窓」理論**について説明することから始めたい。この理論をまとめると、次のとおりとなる（小林, 2003）。

　はじめに、地域で建物の1枚の割れた窓が放置されていると、「窓を割ることはさほど悪いことではない」、あるいは「この地域では監視の目が行き届いていない」とみられて、次々と窓が割られ、落書きをされたり、道にごみが捨てられるような軽微な違反行為が増加する。次に、「この地域では犯罪が起こっても見とがめたり、警察に通報する者はいないだろう」と判断して、地域外からプロフェショナルな犯罪者が来て、侵入盗や路上強盗などの、より悪質な犯罪が発生するようになる。このような治安悪化のプロセスは、小さな違反行為を見逃すことが、より悪質な犯罪の発生を招くことを意味している。さらに、この治安悪化のプロセスは、地域のまとまり、すなわち地域住民が一致協力して地域の問題を解決しようとする能力を弱体化させていく、悪循環のプロセスを含んでいる。つまり、直近の地域でバンダリズム（公共物の破壊）やごみの散乱などの軽微な秩序違反行為が目につくようになると、住民は、「この地域では問題が起こっても解決されない」と絶望感を抱き、他の住民との交流や地域活動への参加を控えるようになる。その結果として、地域住民の連帯による問題解決能力は低下し、地域の治安はより一層悪化することになる。

　以上が、「割れ窓」理論の概要であるが、この理論から、そもそも1枚の「割れ窓」もない、（すなわち小さな違反行為でも行いにくい）地域環境をつくることが、重要な防犯対策であることが導き出される。その方法として、地域住民が警察や自治体などと協働して実施している、防犯まちづくりとしての環境整備活動を一層推進することが挙げられる。具体的には、地域住民と公的機関が協働して、街灯を明るいものにしたり、公園や道路脇の植栽を見通しの良いように剪定したりして、視線が通りやすいようにすることで、違反行為を行う機会を減少させることができ、防犯上有効であると考えられる。さらに、居住環境の整備された地域では、監視の目は重大な犯罪だけでなく、道にごみを捨てたりするような軽微な違反行為に対しても行き届くこととなり、また、居住環境の整備された地域は見た目にもきれいであるために、そうした美観を損ねるような行為を行うこ

5──犯罪防止・刑事司法領域での実践

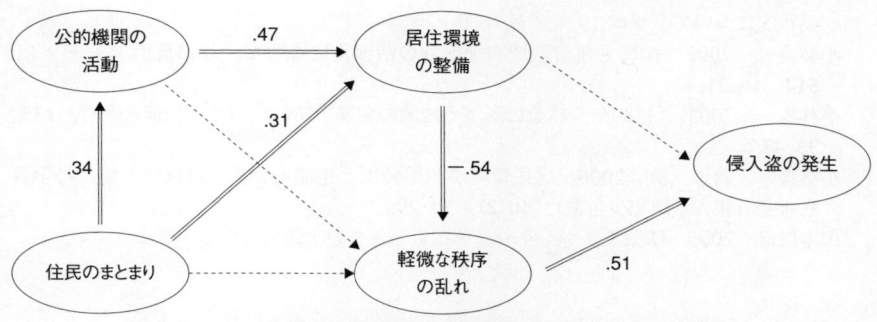

図Ⅶ-5(1)-2　地域ぐるみの環境整備活動の効果（小林・鈴木，2000 より）

とに、大きな心理的な抵抗がかかると考えられる。こうした手法は、「環境設計による犯罪予防」や「状況的犯罪予防」とも呼ばれるもので、より一層推進すべきである。

　さて、こうした地域ぐるみの環境整備活動の実効性であるが、関連する実証研究が小林・鈴木（2000）によって実施されており、その主要な結果を紹介したい。この研究の調査方法を簡単に述べると、警視庁管内の東京 23 区内から 1 警察署を選定し、その主要な管轄地域である 78 町丁目に居住する住民 780 名（各町丁目から 10 名ずつのクォータサンプル）を対象に質問紙調査を実施した（調査実施期間は 1999 年 2〜3 月）。分析方法としては、各町丁目ごとに回答の平均値を算出し、警察の犯罪統計データを加えて、構造方程式モデリング（潜在変数を用いたパス解析）を行った。結果は図Ⅶ-5(1)-2 のとおりで、図中の数字は標準化パス係数の値である。結果を総括すると、住民のまとまり（価値観の一致や相互扶助）が高い地域（町丁目）ほど、警察や自治体といった公的機関の活動の促進を伴いながら、街の明るさや見通しの確保といった居住環境の整備がなされ、そのために、バンダリズムやごみの散乱、自転車の乗り捨てといった軽微な秩序違反が少なく、さらに、侵入盗の発生（自己報告と認知件数の両方を指標とした人口千人当たりの発生率）が少ないという連鎖的な関連が示された。したがって、地域ぐるみの環境整備活動の実効性が示唆されており、防犯対策として環境整備活動がより一層推進されることに期待したい。

引用文献
　警察庁生活安全企画課　2007　自主防犯活動を行う地域住民・ボランティア団体の活

動状況について（平成 19 年 3 月 15 日）.
小林寿一　2002　住民主体の地域安全活動の活性化について．月刊自治フォーラム，**514**，16-21.
小林寿一　2003　「割れ窓」理論に基づく地域の犯罪予防について．犯罪と非行，**135**，33-47.
小林寿一・鈴木　護　2000　居住環境が犯罪発生と犯罪不安感に及ぼす影響．科学警察研究所報告（防犯少年編），**40(2)**，20-29.
山本俊哉　2005　防犯まちづくり――子ども・住まい・地域を守る．ぎょうせい．

犯罪防止・刑事司法領域での実践
[2] 少年非行の防止

小林寿一

　昨今の深刻化する少年非行の状況を受けて、従来以上に、地域コミュニティを基盤とする非行防止活動の推進が期待されている。そこで、地域コミュニティを基盤とする非行防止活動のうち、住民参加による非行防止活動と、公的機関の連携による非行防止活動の両方について、現状と今後の展望をみることにしたい。

1）住民参加による非行防止活動

　住民参加を伴う地域の非行防止活動は、その内容で、内的非行抑制因子を育むための活動と、青少年が非行を行う機会を除去する活動に大別される。内的非行抑制因子を育むための活動とは、スポーツ活動、自然体験活動や社会奉仕活動などで、青少年やその保護者が参加することによって、規範意識、遵法意識、忍耐力、自尊心、他者との愛着、といった内的抑制因子を青少年の心の中に育むこと、つまり、適切な社会化を通して少年非行の防止を目指すことを意味しており、**青少年の社会参加活動**あるいは居場所づくりと呼ばれている。もう一方の、青少年が非行を行う機会を除去する活動とは、繁華街でピンクビラを取り除いたり、成人向け雑誌の自動販売機を撤去したりする**環境浄化活動**や、繁華街での街頭補導活動やパトロールを行うことを意味しており、地域の成人のボランティアが活動の主体であり、未成年者は主体ではなく、場合によっては活動の客体となるのである。

　以上のような非行防止活動の企画、ならびに運営の方法であるが、日本では長らく、公的機関と地域住民が協働して取り組むべきものとして実施されてきた。

関係する公的機関として、警察、学校、自治体、保護観察所など多くの機関が関わり、各公的機関が、中核的な住民ボランティアとして、町内会・自治会役員、少年補導員などの少年警察ボランティア、PTA役員、青少年育成協議会役員、保護司、BBS会員（兄や姉の立場に立って非行防止活動を行う青年ボランティア）などを委嘱し、公的機関と住民ボランティアが連携して、各地域の実情に応じた非行防止活動を企画し、運営してきた。こうした非行防止活動に対する、住民参加を促進させるプロセスについては、本節1項「防犯まちづくり」の説明モデルが妥当性をもつことが実証されており、さらに、地域の非行防止活動が効果を生むためには、民主的かつ効率的な活動運営が、ごく一部の住民ボランティアの活動を活性化するだけでは不十分であり、地域に居住する一般住民の多くを巻き込む必要性が明らかになっている（小林, 2002）。

さらに、住民参加を伴う非行防止活動のうち、どのような内容の活動が非行防止のうえで効果的であるのかについても若干の実証的な検討（小林, 2003）が行われている。この研究では、日本全国の各都道府県から、公立中学校の校区を単位として、住民の連帯意識の高い、あるいは低いと考えられる地域を一つずつ選定し、それぞれ公立中学校の3クラス分の生徒とその保護者を対象に、質問紙調査を実施した（実施期間は2000年1～3月）。不備を除いて、92地域の中学生10,110名（男子5,014名、女子5,096名）と保護者9,180名の回答を分析した。分析方法としては、地域単位で各非行防止活動の態様ごとに参加者率を算出し、過去1年間の不良行為の経験頻度（飲酒、喫煙、金品持ち出し、深夜徘徊などの回数の平均値）や万引きの経験者率との間で相関係数を算出した。

分析結果は表Ⅶ-5(2)-1のとおりである。男女併せてみると、各種社会参加活動に対する中学生の参加者率については、不良行為と万引きのいずれとも有意な相関がみられない（すなわち、非行防止効果がほとんどないと考えられる）活動は一つもないが、最も一貫して非行と負の相関がみられるのは、「公園の掃除や、花を植えるなど地域をきれいにする活動」であった。さらに、保護者の参加者率についても、最も一貫して非行と負の相関がみられるのは、「清掃活動、慰問などの社会奉仕活動」であった。総括すると、中学生と保護者のいずれについても、環境美化活動に対する参加者率の高い地域ほど、一貫して、男女中学生の不良行為と万引きが少ないことが明らかとなった。さらに、中学生が社会参加活動で人と協力して物事を達成することと、親子が一緒に参加することについても、経験者率が非行と一貫した負の相関を示し、これらの経験者率が高い地域ほど、

表Ⅶ-5(2)-1　社会参加活動に対する中学生の参加者率（N＝92）（小林，2003より）

		平均 % （標準偏差）	範囲 %	不良行為 との相関	万引 との相関
お祭りや盆踊りなどの行事	男	87(7)	67〜100	−.144	−.161
	女	87(8)	57〜100	−.119	−.225*
柔道・剣道・野球・サッカーなどのスポーツ活動	男	65(11)	38〜86	.010	.005
	女	43(13)	16〜75	−.261**	−.239*
公園の掃除や、花を植えるなど地域をきれいにする活動	男	56(13)	17〜80	−.167	−.294**
	女	58(16)	26〜94	−.271**	−.238*
ハイキング、田植え、芋掘りなど、自然に親しむ活動	男	50(12)	23〜80	.005	−.089
	女	48(12)	20〜78	−.188*	−.319**
竹馬・たこ・わら細工などを自分で作る活動	男	29(11)	7〜61	.007	−.004
	女	29(10)	13〜57	−.271**	−.294**
お年寄りの家庭や施設でのボランティア活動	男	23(12)	2〜59	−.031	−.240*
	女	31(14)	5〜68	−.156	−.141

注）相関係数の有意水準は次のとおり：*P＜.05，**P＜.01

男女中学生の万引きと女子中学生の不良行為が少ないことが明らかとなった。

　したがって、**環境美化活動**において、最も明示的に非行抑止的な関連が示されたことは有益な知見であり、本節1項において示したように、公共施設に対する落書きの除去や清掃活動が、地域内で侵入盗の発生を抑止する効果をもち得ることも考慮すると、今後、青少年とその保護者の参加を伴う地域の環境美化活動を、積極的に推進するべきであろう。また、中学生が社会参加活動において、人と協力して物事を達成することで、協調的な対人関係能力を取得することが重要であり、そのような要素を活動内容に多く盛り込むように配慮すべきであると考えられる。なお、環境美化活動は、他の社会参加活動と比べて、活動の成果（たとえば、公園がきれいになったこと）が見た目に明らかであり、達成感を感じやすく、周りから感謝されることも多いために、非行抑止的な効果が生じやすいのではないかと思われる。さらに、青少年が落書き消しなどに取り組むことで、自分自身がバンダリズム（公共物の破壊）を行って他人に迷惑をかけることに対して心理的な抵抗を高め、非行を思いとどまることも考えられる。

　以上の結論は、おおむね非行傾向の発達していない、一般の中学生から得られた結果であり、少年非行の未然防止のために行われる社会参加活動に該当するこ

とであるが、同様の社会参加活動は、家庭裁判所の試験観察や保護観察所の保護観察を受けている少年を対象として、その立ち直りを支援するためにも実施されている。非行少年の更生に効果的な、社会参加活動の具体的な態様を明らかにすることは、今後の重要な検討課題である。

2）機関連携による非行防止活動

次に、公的機関の連携による非行防止活動として、近年、日本の多くの地域で実施されるようになった、少年サポート・チームについて述べることにしたい。

少年サポート・チームとは、少年の問題行動が多様化・深刻化している現状において、個々の少年の問題状況に応じた的確な対応を行うため、児童や青少年を扱う公的機関の担当者から構成されるチームを編成し、適切な役割分担の下に、連携して対応する取り組みである（龍島・梶，2002；警察庁少年課，2004）。少年サポート・チームは、1996年に北海道警察によってその活動が開始されてから、全国的に取り組みが広がっており、2005年中には全国で1,059チームが活動している。近年の傾向としては、2002年に文部科学省が各都道府県教育委員会に対して、「サポートチーム等地域支援システムづくり推進事業」を示したことを受けて、教育委員会や学校が事務局として、主導的な役割を果たすケースが多くなっている。こうした少年サポート・チームの事例として、警視庁が関わった次のような事例が紹介されている。

「怠学、喫煙等の不良行為を繰り返し、教諭の指導にも反抗的な態度をとっていた中学生らの立直りを図るため、警察、中学校、教育委員会、児童相談所等の職員から成る少年サポート・チームを編成し、警察による継続補導、中学校による学習支援、児童相談所による保護者への指導を実施するとともに、共同で中学生らに地域の清掃活動を行う機会を提供した。その結果、中学生らは、次第に登校するようになり、教諭の指導にも従うようになった」（警察庁，2004『平成16年版警察白書』p. 113）。

こうした少年サポート・チームの活動においては、チームの編成を呼びかけた機関の担当者が連絡調整役（コーディネーター）を務めるわけであるが、この連絡調整役が適切なリーダーシップを発揮することで、情報・問題意識の集約・共有化が図られ、複数の機関が同時に補完的かつ効果的な働きかけを行うことができると考えられている。

なお、少年サポート・チームにおいて、関係機関自らが保有する当該少年に関

する個人情報を他の機関と共有・利用することは、少年の健全育成という公共性の高い事務を遂行するという点に照らして、少年本人およびその家族などの権利・利益を不当に侵害しないことを前提に、個人情報保護法に規定される、目的外利用・提供の原則禁止の例外として認められると解されている（内閣府, 2004）。したがって、サポート・チームにおいて共有・利用される個人情報は、サポート・チームのメンバーが共通認識を図るうえで、必要最小限の範囲となるように配慮しなければならない。一般的に、少年サポート・チームを編成するに当たって、少年の保護者の同意を得ており、少年サポート・チームの編成メンバーを、守秘義務のある公的機関の職員に限定するか、サポート・チームにおける個人情報の取り扱いについて、明確な規約などが整備されるようになってきている。

少年サポート・チームの効果的な運用のあり方については、今後の実践事例の蓄積とともにそのノウハウが整理され、有効に活用されることが期待される。

引用文献
警察庁　2004　平成16年版警察白書．ぎょうせい．
警察庁少年課　2004　関係機関と連携した少年非行防止対策の在り方と先進事例（要旨）（上）．警察学論集, **57(10)**, 198-224.
小林寿一　2002　地域の非行防止活動の活性化について――地域レベルのプロセスと効果の検討．犯罪社会学研究, **27**, 74-86.
小林寿一　2003　我が国の地域社会における非行統制機能について．犯罪社会学研究, **28**, 39-54.
内閣府　2004　関係機関等の連携による少年サポート体制の構築について．少年非行対策課長会議申合せ．平成16年9月10日．
龍島秀広・梶　裕二　2002　非行における臨床心理的地域援助――関係機関の連携方策について．臨床心理学, **2(2)**, 223-231.

犯罪防止・刑事司法領域での実践
[3] 犯罪者の更生

小林寿一

　非行少年の更生や立ち直り支援については、本節2項「少年非行の防止」のところで若干述べたので、成人の犯罪者の更生について、現状と今後の展望をみることにしたい。

　日本では従来から、成人の犯罪者を地域社会の中で更生させる取り組み、すなわち、犯罪者の更生保護を、法務省の保護観察所が担当しているが、この取り組みは主に、保護観察所の職員である保護観察官（全国で700名未満）と、民間ボランティアである保護司の協働作業として行われている（法務省法務総合研究所, 2006）。保護観察官の職務の大部分は間接的なケース・マネジメントであり、直接的に更生保護の対象者と接するのは、保護司の役割である。全国で約5万人の保護司は、自宅に対象者を招き入れて面接を行い、家庭訪問によって家庭環境の調整を行い、就職先を紹介するなどの働きかけを行っている。さらに、更生保護を支える民間施設として、刑務所を出所した者などに宿泊場所を提供し、職業指導や生活指導などの働きかけを行う更生保護施設（全国で101施設）があり、民間協力者として、対象者の事情を理解した上で雇用する協力雇用主（全国で約5,700名）などが活動している。

　更生保護に関わる民間ボランティアの活動を活性化するプロセスは、先に本節1項「防犯まちづくり」のところで示した説明モデルがおおむね当てはまると考えられ、ボランティア個々人の**エンパワメント**、すなわち、自己効力感を高めるような活動運営が求められていると考えられる。保護観察所が民間と連携して行う更生保護の制度は、日本では、明治時代以降、長い歴史を経て発展してきたも

のであるが、コミュニティ心理学の視点から実践を検討する試みは、これまで皆無であった。今後、コミュニティ心理学の枠組みに依拠して、更生保護の実践が新たに展開されることに期待したい。

　次に、成人犯罪者の更生保護に関連して、より新規で今後発展が期待される実践の一つとして、民間団体による**薬物乱用者**の立ち直り支援が挙げられる。犯罪者の中で非常に再犯率の高い類型として、覚せい剤などの薬物乱用者が挙げられ、覚せい剤事犯者の再犯率は5割程度と極めて高くなっている。ところが、日本の刑事裁判の現状では、初犯者で薬物の所持・取引量が少量である場合は、執行猶予の判決が下されるだけで、薬物使用の再犯防止に向けた処遇は、公的な刑事司法制度の中ではほとんど行われていない。そのため、一般社会に戻って薬物乱用を再発させる者が少なくなく、こうした現状に対処するために、若干の民間団体が活動している。

　ここで紹介するのは、アパリという団体が行っている、薬物乱用者に対する回復支援プログラムである（詳細は、尾田，2004を参照）。**アパリ**の正式名称は、「特定非営利活動法人アジア太平洋地域アディクション研究所」であり、主たる事務所は東京都台東区にあり、研修施設は群馬県藤岡市にある。この団体は、刑事司法手続の各段階で、薬物自己使用事犯者に対して支援を行っているが、特に注目に値するのは、保釈中の刑事被告人に対する薬物研修プログラムである。

　この、保釈中の薬物事犯者に対する研修プログラムは、被告人とのコンタクトによって始まる。勾留中の被告人、あるいはその家族や弁護士から打診があれば、パンフレットやビデオを送付してプログラムの案内を行い、プログラム受講の申し込みがあれば、スタッフが面会に出向いて、プログラム受講の意思確認を行っている。被告人の受講意思が確認されれば、被告人の弁護士が保釈の申請を行うが、その際に、制限住居を群馬県藤岡市の研修施設としている。そして、被告人の保釈申請が認められれば、**脱薬物プログラム**の専門スタッフが面接を行い、本人や家族の希望を考慮して、事案に応じた入寮期間や研修プログラムが検討される。

　その上で、被告人は研修施設に入寮し、研修プログラムが開始される。研修プログラムの中心は、日曜日を除いて毎日行われるミーティング（治療集会）である。1日3回行われるミーティングに他の薬物依存者と共に参加し、お互いの体験を話し合いながら、自分自身を見つめ直したり、薬物依存とその克服方法に関する知識を修得して、更生への意識を高めていく。研修施設のスタッフには、か

つて薬物依存に陥り、克服した人が複数含まれており、自らの体験を基に、研修受講者の立ち直りを支援している。ミーティングのほかに、受講者は食事作り、清掃作業やスポーツ活動、ボランティア活動に参加することで規則正しい日常生活を送ることが求められる。受講者のプログラム受講状況は、報告書にまとめて裁判所に提出されるが、良好な受講状況が有利な情状として、最終的な判決に考慮されることもあるようである。なお、アパリは、判決を受けた後も、受講者に対してセルフヘルプ・グループや関連施設を紹介したり、個別相談や家族支援を行うなど、アフターサポートを実施している。

以上のプログラムの特色を挙げると、保釈中の薬物事犯者に働きかけを行うことで早期の治療的介入を行う点と、薬物乱用者の支援に理解をもつ弁護士、カウンセラーや薬物乱用を克服したスタッフが、連携して働きかける治療的共同体を形成している点が、挙げられる。アパリのプログラムの効果について、詳細な検討は今後の課題であるが、アパリがモデルとするアメリカのドラッグ・コートについては、多くの活動実績があり、その治療効果がおおむね実証されている。そこで、参考のために、アメリカのドラッグ・コートの状況を紹介したい。

ドラッグ・コートは、薬物事犯者を、通常の処罰重視の刑事司法手続ではなく、薬物依存の治療を重視する手続にのせて処遇するもので、1989年にフロリダ州デード郡で設けられたものを嚆矢とする（詳細は、平野, 1998を参照）。一般的に、ドラッグ・コートでは、担当裁判官が、被告人の薬物依存に対する治療の経過を、1～2年間集中的にモニターし、良好な成績で終了した被告人に控訴棄却の決定を行い、被告人の立ち直りを支援している。こうしたドラッグ・コートを支える法原理として、**治療的法学**（therapeutic jurisprudence）が発展し、裁判官や弁護士などの司法関係者の支持を集めるに至っている。

治療的法学の特徴としては、その学際性が挙げられ、心理学を代表とする行動科学との緊密な連携を行い、行動科学の知見を積極的に活用して、法の治療的な機能を高めることを志向している。具体的には、犯罪者の矯正プログラムで認知行動療法が最も効果的であるという心理学の知見を援用して、その手法、すなわち、認知的再体制化（cognitive restructuring）、行動契約（behavioral contracting）や、社会的スキルの発達を促進させる手法などを、裁判官や刑事弁護人が裁判段階で用いることによって、刑事被告人の改善（再犯防止）に効果をあげることができるのではないかと論じられている。さらに、手続的公正（procedural justice）に関わる社会心理学の知見を応用し、裁判官や刑事弁護人が刑事被告人

の意見に耳を傾け、敬意をもって刑事被告人の長所に重点をおいた対応をすることで、遵守事項に対する刑事被告人の遵守意識を促進できるのではないか、と論じられている。そのうえで、法曹によるこれらの治療的な対応が、犯罪者の矯正に有効であるという研究仮説を、心理学者などの行動科学者が実証的に検討することを求めているのである。このような、法学者と行動科学者との協働作業によって、実証に裏打ちされた、有効な立法や法の運用を推進し、法の治療的機能を高めていくことが可能になると期待されている。

さらに、治療的法学の特徴として、その応用的な特徴を挙げると、先の学際性とも通じるが、司法がその治療的な機能を十分に果たすために、司法は行政や地域と連携する必要性を示唆している。すなわち、対象者の心理的な福利を増進させるサービスを提供するために、司法機関は、行政機関や民間団体等と十分な連携を図る必要があり、そうした連携において主導的な役割を果たすことが期待されるのである。これは、従来の超然とした仲裁者としての役割から脱却し、司法関係者や司法機関が、主体的にケース・マネージャーとして福祉的役割を担うことを意味している（小林，2004）。

したがって、治療的法学に基づくドラッグ・コートでは、事案の法的処理と治療的サービスの提供を統合すること、対象者の行動を細かくモニターし、問題があれば迅速に対応すること、異なる分野の専門家（法曹とカウンセラーやソーシャルワーカーなど）が協働して取り組むこと、地域の公的機関や民間団体と連携して取り組むこと、が実践されているわけである。このようなドラッグ・コートは、司法関係者によるコミュニティ心理学の実践として理解することが可能であり、このような実践が、日本でも必要であると主張する精神医療の専門家も出てきている（小沼，2004）。今後、日本で薬物事犯者などの更生を進めるために、裁判所や保護観察所などの刑事司法機関や弁護士は、アパリなどの民間団体や精神保健関係者と、積極的に連携することを考慮すべきであろう。

引用文献

平野哲郎　1998　ドラッグ・コート——アメリカ合衆国にけるリハビリテーション・ジャスティス（社会復帰的司法）の試み．判例時報，**1674**，27-39．

法務省法務総合研究所　2006　平成18年版犯罪白書，第2編第5章．

小林寿一　2004　治療的法学（therapeutic jurisprudence）の発展と刑事司法への応用．犯罪社会学研究，**29**，128-132．

小沼杏坪　2004　薬物乱用者・依存者に対する治療的対応——特に尿中薬物検査をめ

ぐって．罪と罰，**41**(3)，6-19．

尾田真言　2004　アパリ、ダルクが提供可能な薬物自己使用事犯者に対する薬物依存症回復プログラム――米国のドラッグ・コート制度を参考にして．犯罪と非行，**141**，145-176．

犯罪防止・刑事司法領域での実践
[4] 犯罪被害者の支援

小林寿一

　犯罪被害者に対する社会的な支援は、日本において発展途上の分野であるが、「犯罪被害者等基本法」の制定ならびに「犯罪被害者等基本計画」の閣議決定を受けて、今後急速に発展することが期待されている。わが国の犯罪被害者支援では、コミュニティ心理学の概念や手法を明確に意識した実践はほとんどみられないが、今後の発展可能性をもつものとして、民間団体を中心とする被害者支援と**修復的司法**の実践について、現状と展望を検討したい。なお、犯罪被害者のうち、ドメスティックバイオレンス（DV）の被害者や児童虐待の被害児童に対する支援は、本章1節3項で扱っており、ここでは触れないことにする。

1）民間による被害者支援

　近年、日本の各地で、犯罪被害者を対象として、精神的被害の回復のためのカウンセリングなどを行う犯罪被害者支援団体が設立され、精神科医やカウンセラーや弁護士といった専門家と、ボランティアによって活動が運営されている。こうした民間団体の全国組織である「**全国被害者支援ネットワーク**」には、2006年9月現在、42団体が加盟している。これらの支援団体は、警察などの関係機関と連携を図りながら、被害者支援に関する広報啓発、病院や裁判所などへの付添い、ボランティア相談員の養成および研修、被害者の電話・面接相談、被害者のセルフヘルプ・グループ（遺族の会など）への支援などの活動を行っている。

　従来、こうした支援団体が社会的に十分認知されていないために、被害者が支援を求めることに躊躇する傾向がみられたことから、犯罪被害などの早期軽減に

資する事業を適切かつ確実に行うことができると認められるNPOを、都道府県公安委員会が「犯罪被害者等早期援助団体」に指定している（内閣府，2006『平成18年版犯罪被害者白書』pp. 112-113）。さらに、指定団体が被害者に能動的に働きかけられるように、警察が指定団体に対して、被害者等の同意を得て、被害者の氏名、住所、犯罪被害の概要を提供できる制度が運用されるに至っている。こうした指定団体は、2006年9月現在、全国で9団体あるが、このような制度によって、官民協働による犯罪被害者支援が推進されることが期待されている。

　こうした**犯罪被害者支援**、特に初期の支援サービスの基本として、山上（2000）は以下のものを挙げている。まず、援助者の基本姿勢として、被害者の主体性と自律性を尊重することが重要であり、援助者は、自らが立ち直っていくことを必要な範囲内で援助する姿勢を基本とする。この基本姿勢は、被害者は本来正常な人間であり、適切な環境があれば自力で回復できる人たちである、との前提に立っている。二つ目として、傾聴とベンチレーション（言葉で表出すること）が重要であり、これらによって被害者が事件を事実として受け止め、克服することを可能にする。つまり、援助者が被害者の話を傾聴し、被害者がつらい体験を言葉にして表出できることが、被害からの回復に有効であると考えられる。三つ目として、援助者は、被害に遭って動揺し、不安をもっている被害者に、トラウマによるストレス反応と、その回復のプロセスについて説明することも重要であり、そうすることで、被害者が余分な不安を抱くことを防ぐことができる。四つ目として、性犯罪の被害者などには、被害を未然に防げなかったことを理由に自分を厳しく責める人が少なくないが、責任は加害者にあることを伝え、罪責感を減じるようにサポートすることが重要である。五つ目として、被害者は孤立し、引きこもりがちになるので、周囲から援助を得られやすくなるよう、通常の生活に戻れるように適切な助言をすることが必要である。そのための方策として、被害者のセルフヘルプ・グループを紹介することも重要である。

　以上のような支援の基本は、活動に関わる精神科医やカウンセラーなどの専門職だけでなく、ボランティアにも求められるわけであり、そのためのトレーニングが非常に重要である。さらに、被害者支援に関わるボランティアについても、専門職と同様に守秘義務が課せられることに留意しなければならない（多田，2000）。そのために、多くの被害者支援団体では、倫理規定や行動綱領を定めており、その中で、支援サービスの記録類を秘密扱いとし、部外者の目に触れない

ようにしている。さらに、組織内でも、支援活動の確認やトレーニングのために、被害者の個人情報を話し合うことはあるが、その場合も、目的に不必要な情報はできる限り削除するようにすべきである。また、ボランティアなどの援助者が、**代理受傷**（被害者の被害体験を聴くことが援助者にとってトラウマとなり、PTSDなどの症状を呈すること）、逆転移、バーンアウトや共感性疲労に陥らないように、被害者支援団体では、援助者をサポートする体制をとることも重要である（長井，2004）。すなわち、ボランティアを含むスタッフ、特に過去に何らかのトラウマを体験している人やサバイバー（被害に耐えて生き残った者）が、継続訓練や定期的なサポートやスーパーヴィジョンを受けられるようにすることが必要である。援助者を支援できない組織は被害者も支援できないことを支援団体運営者は銘記すべきである。

2) 修復的司法の実践

　最後に、犯罪の被害者と加害者を対面させて、被害者の回復と加害者の更生の両方を支援する手法として、近年注目を受けている**修復的司法**（restorative justice）について述べることにしたい。修復的司法は、被害者が事件で受けた精神的ショックや加害者に対する心情を打ち明けることで、被害者の心の傷を和らげると同時に、加害者に事件を起こした動機や謝罪の言葉を述べさせて、自らの責任を自覚させることで、更生を促進させようとするもので、特に少年犯罪で適用されることが期待されている。こうした修復的司法は、日本で、警察、家庭裁判所、保護観察所といった公的機関が導入することを検討しているが、民間団体によって先行的に実践が開始されている。民間団体による修復的司法の実践では、弁護士が活動運営の中心的メンバーとして関わっており、カウンセラーなどの心理専門職や市民ボランティアと連携・協力しながら、対人援助的な役割を果たしている（このような弁護士の活動は、先に本節3項「犯罪者の更生」で紹介した**治療的法学**に基づく実践として理解することが可能である）。民間の先駆け的な活動として、千葉県の「**被害者加害者対話の会**運営センター」の実践が挙げられる。その概要を紹介する。

　この団体は、少年事件（少年が加害者である事件）について修復的司法の実践を推進するNPOであり、2001年6月に約130人の会員を得て設立された（山田，2005）。この団体は、もともと緩やかな連携をもっていた3団体、「千葉少年友の会」（調停委員・元調停委員の組織）、「千葉ファミリーカウンセリングル

ーム」(元家庭裁判所調査官の組織)、「千葉県弁護士会」を母体としている。2002年には、活動に参加する市民ボランティアの学習会を開催し、70名の多彩な経歴をもつボランティアの登録を得ている。

　この団体が行う、被害者と加害者の対話の進め方であるが、まず申し込みは、被害者、加害者、おのおのの家族、代理人弁護士からなされ、加害者が非行事実を認めていることが要件である。対話に向けた準備として、団体の進行役(ファシリテーター)は、被害者、加害者やその家族などと面談し、対話の目的・意義を十分に説明し、両当事者に参加する意思があるか、相手の人格を尊重して対話ができるか、などを確認する。対話の参加者としては、両当事者の希望により、家族や支援者や地域の人(教師、保護司、友人など)も参加でき、対話は当事者の都合のよい日時に、双方にとって公平で安心できる場所(弁護士会館や公民館など)で行われる。対話は非公開、秘密保持を基本として、次の4段階で進行される。まず、第一段階では、自己紹介の後、各参加者が当該事件に関わる自分の体験、事件によって受けた影響を話す。第二段階では、被害者が疑問や不安に思っていたこと(たとえば、どうして自分が襲われたのか)を加害者に尋ねる。第三段階では、被害の回復や加害者の更生に何ができるか、加害者に実行可能で柔軟な償いの方法が話し合われる。第四段階では、話し合いが合意に達した場合、進行役は合意文書をまとめ、参加者が署名する。

　対話の後で、合意文書の約束事が守られたかどうかが確認され、必要に応じてフォローアップの対話の会が開かれる場合もある。ちなみに、この団体は、発足から2005年8月までの4年間で34件の事案(恐喝事件や傷害致死事件を含む)について対話の申し込みを受理している。

　以上が、千葉県の「被害者加害者対話の会運営センター」が実践する被害者と加害者の対話であるが、同様の取り組みは、2004年に大阪で開設されたNPO法人「被害者加害者対話支援センター」においても実践されるようになっている(藤岡, 2005)。

　こうした民間団体が行う被害者と加害者の対話では、トレーニングを受けたボランティアが進行役を務めており、進行役には、先述した被害者支援の援助者一般に求められる基本姿勢に加えて、被害者と加害者の両サイドにとって公平な手続を進める調整能力が強く求められる。共感能力と調整能力の両方を備えた市民ボランティアを育成するために、研修を充実させて行くことが今後の課題である。さらに、修復的司法の実践については、加害者の更生に被害者が利用される

方向で制度化されることや、被害者が**二次被害**（犯罪被害の後に周囲の対応で傷つくこと）に遭うことを懸念する向きもある。こうした懸念を払拭するためには、被害者の回復に寄与するように、個々の被害者の意思やニーズが十分に反映される実践にしていくことも重要な課題である。

引用文献

藤岡淳子　2005　被害者加害者対話（VOM）とは．藤岡淳子（編）被害者と加害者の対話による回復を求めて．25-43．誠信書房．
長井　進　2004　犯罪被害者の心理と支援．ナカニシヤ出版．
内閣府　2006　平成18年版犯罪被害者白書．佐伯印刷．
多田　治　2000　支援活動に必要な知識・技能．大谷　実・山上　皓（編）犯罪被害者に対する民間支援，65-98．東京法令出版．
山田由紀子　2005　VOMの日本における現状と今後の実践について．藤岡淳子（編）被害者と加害者の対話による回復を求めて，199-217．誠信書房．
山上　皓　2000　犯罪被害者の心理と民間支援の意味．大谷　実・山上　皓（編）犯罪被害者に対する民間支援，15-27．東京法令出版．

都市問題
[1] 近隣騒音問題

高橋 直

　われわれは、近隣の人々と**生活音**を共有しながら生活してきた。たとえば、昔は隣家の風鈴の音は夏の風物詩だったし、豆腐売りのラッパの音も下町情緒をかもし出す「**共有音**」だった。この「共有音」が「近隣騒音」となり、殺人事件さえも引き起こしてしまったのは、1974（昭和49）年神奈川県平塚市の県営団地での出来事である。いわゆるピアノ殺人事件と呼ばれる事件であった。この項では、このような近隣騒音の特徴や、この問題が深刻化した背景についての研究、近隣騒音の心理・社会的構造を明らかにした研究などを紹介する。

1) 近隣騒音問題の実態

　近隣騒音とは、山本（1985）によれば、隣近所から聞こえてくる騒音のことであり、他人の家から発生する音でうるさいと感じるもの、邪魔だと思うものはすべて近隣騒音である。近隣騒音の特徴は、①家の中で発生するあらゆる種類の音が騒音となりうるというように、音の種類が非常に多岐にわたっていること　②発生する場所や時間が不特定な場合が多いこと　③騒音レベルが低くても問題となる可能性をもっていること　④被害範囲が狭いこと、を挙げることができる（難波・桑野・中村他，1978；山本，1982）。
　近隣騒音が深刻化した原因としては、①家庭生活の中にかなり大きな音を出す器具が普及したこと　②都市の過密化による居住条件の悪化　③都市の過密化の一方で、地域社会での近隣関係が疎遠化し、人々の交流が希薄化してしまったこと　④プライバシーを大切にする市民意識の向上、を挙げることができる（難

波・桑野・中村他，1978；山本，1982)。

　近隣騒音が問題となっていることは、複数の近隣騒音の実態調査からも明らかである。そこで、筆者は日本における近隣騒音の実態を概観したい。全国の環境モニターに対して行われた実態調査をまとめた環境庁の調査報告書（環境庁長官官房総務課環境調査官，1979)、同じく東京都内の 1,600 世帯に対して行われた意識調査をまとめた環境庁の報告書（環境庁大気保全局特殊公害課，1981)、北海道から九州に至る全国 24 都道府県在住の男女 790 名を対象にした難波ら(1978) の調査によれば、①国民の約半数が近隣騒音による被害感をもっており、その割合は人口の少ない地域より多い地域が、また独立住宅より集合住宅のほうが高い　②悩まされる音の種類としては、「近隣所有の自動車の音（エンジンの音やドアの開閉音)」「チリ紙交換等スピーカーの音」「ペットの鳴き声」などが上位に挙げられているが、「その他の音」もかなり多く、音の種類が多岐にわたっている　③被害を被っても「相手に直接苦情を申し入れる」等直接的な行動に出ることはまれで、大半が「近所のことであるので何もせず」「がまんしたり」「気にしないように」しているため、近所から直接文句を言われることもほとんどない　④加害者の立場として、日ごろ自分の家で発生させている音が、近所の迷惑になっていないかと気にしている人はかなりの率（40〜75％）にのぼるが、「なんとかしなければ」と思っている率は低い　⑤自分の出している音がうるさいと近所からクレームをつけられると、約 3 分の 1 の人が素直にあやまらず、拒否したり逆に反発したりする傾向にあり、近隣騒音の問題は感情的にこじれやすい、などがわかった。

2) 近隣騒音の心理・社会的構造

　近隣騒音研究では、その被害感の中核となる人間の反応である**アノイアンス**（annoyance：邪魔感）に焦点を当てて、音源条件というより、むしろ聞く側の主観的諸条件との関連について検討する必要がある。このアノイアンスとは、騒音の物理量に基礎をおく騒音評価からの予測が最も困難なものである。しかも、アノイアンスは個人差が大きく、音のもつ物理的性質に関連しない条件、すなわち、心理・社会的要因が大きく関わっているものである。そのため、近隣騒音研究では、社会調査など社会心理学的方法が有力な手段となると考えられる（難波，1979)。

　このような近隣騒音問題に対する対策を考えていくために、近隣騒音の心理・

社会的構造を明らかにし、近隣騒音の「被害感」に影響を及ぼしている要因を解明した研究（山本・山内・久田，1982；山内・久田・山本，1983）を詳しく見ていきたい。

　a　調査概要

　1981年9月下旬に、東京都目黒区の公立小学校を中心として、比較的対照的な二つの地区に住む、主婦またはそれに代わる女性602名を対象として、訪問による個別面接調査を行った。有効データ数は418、対象者の平均年齢は46.3歳であった。この調査では得られた調査結果を、二つの地区別に集計している（A地区：マンションなどの集合住宅が多く、新住民の多い地区で学校騒音が問題となっている。B地区：下町的雰囲気の密集した地区で土着の人が多く、学校騒音の問題はない）。

　b　調査結果

　① 地域特性と近隣から聞こえてくる音に対する反応

　マンションなどの集合住宅が多い整然としたA地区と、木造の独立住宅が密集しているB地区において、近隣から聞こえてくる音として挙げられた「話し声」に対して、感じられたアノイアンスが、A地区では48.7％、親しみを感じる率が5.3％で、B地区のアノイアンス19.3％および親しみを感じる率17.3％との間で大きな差が見られる。

　また、学校の音に関して、A地区のほうがアノイアンスが高く（25.1％対19.6％）、親しみを感じる率は低い（14.0％対17.4％）。A地区はB地区に比べて、学校に愛着を感じる率が低く（56.5％対68.8％）、両地区における住民と学校との関係の違いが、学校の音に対する反応の差異に関連していると思われる。

　この差異は、近隣との交流を好まず、地域参加にも消極的なA地区と、逆に、人付き合いが好きで、地域の活動にも積極的に参加していこうとするB地区との、人間関係上の特徴的な違いを反映したものと思われる。他人との交流を好み積極的に隣人と関わる人々にとっては、普段から付き合いのある隣人の話し声は、邪魔な音というより、むしろ隣人の暮らし振りを感じさせる親しみのある音として、聞こえてくるのではないかと考えられる。

　以上のように、人付き合いから見た地域の特性が、近隣騒音のアノイアンスに影響を及ぼしていることが明らかになった。近隣騒音の問題は、地域の物理的環境もさることながら、地域内の人間関係といった心理・社会的要因に深く関わっていると考えられる。

② 自分の家から外に漏れていると思われる音について

自分の家から外に漏れていると思われる音について、その種類と数、漏れ率、気になる率、および具体的配慮率を調査した結果、漏れ率の高い音は、テレビ・ラジオ（76.3％）、洗濯機（66.5％）、話し声（65.3％）、掃除機（62.7％）と続くが、気になる率を見ると、楽器（60.1％）、子どもの声（58.7％）、自家用車（50.0％）、ステレオ（49.3％）の順で高く、よく外に漏れる音がすなわち気になる音ではない、ということがわかった。

具体的配慮率から見て、比較的配慮がされている音としては、楽器（45.5％）、ステレオ（35.3％）、店または仕事場の音（25.0％）、自家用車（23.4％）などが挙げられるが、気になる率が高いものは配慮率も高い傾向にある。

気になる率と配慮率との関係を音の種類によって見てみると、楽器やステレオ、テレビ・ラジオの音は、気になり配慮もしているが、子どもの声や自家用車、クーラーは、気になっていても配慮していない音であることがわかる。

③ 騒音を出す側とそれを聞く側とのズレ

近隣から聞こえてくる音が邪魔に感じる率と、自分の家から外に漏れていると思われる音の気になる率との関係を調べると、「子どもの話し声」や「楽器」については、出している側が気になるほど聞く側は邪魔と感じていないが、「マージャン」や「集中冷暖房機」については、聞く側がかなり邪魔だと感じているのに、出している側はそれほど気になっていないことがわかる。

この調査では、調査地区内の隣接しあう家々を調べた結果、ある家で邪魔だと感じられた音が、その音を出している家ではどのくらい気になっているかを145の音でチェックした。その結果、聞いている側が邪魔だと感じる音に対して、出している側の半数以上が、全く気にならないか、音が漏れていると思っていない。しかもこのズレは、邪魔感が強いほど大きく、たとえば、聞いている側が非常に邪魔だと感じている音に関してみると、その音を出している側の59.1％が外に漏れていることに気づいていない。かなり気になっているのは、わずか9.1％である。

④ 音源との関係とアノイアンス

聞く側の邪魔の程度と音源に対する好感度との関係を見ると、知っている程度が増すほど、つまり付き合いが深まるほど、また好感度が増すほど、アノイアンスは減少することがわかった。このことは、近所との交流が少なく、隣人に対して好感をもっていなければ、隣近所の生活音は邪魔なものと感じられやすくなる

ことを示しており、コミュニティの崩壊が、近隣騒音問題の深刻化に大きく関わっていることを示唆していると考えられる。

⑤ 近隣騒音に悩む人と悩まない人の生活音に対する姿勢の相違

近隣騒音に悩んだことのある群と、悩んだことのない群に分けて比較すると、悩んだことのある群はない群に比べて、世帯主の学歴が高く、木造一戸建て独立住宅に住む人が多く、外の景色は悪いと評価し、家の中は静かなほうを好み、より不健康（心身の自覚症状が多い）であることがわかった。

近隣から聞こえてくる生活音に対するアノイアンスの程度を比較すると、悩んだことのある群は、ない群よりも邪魔だと感じる率が高くなっている。邪魔だと感じる音に対する対処の仕方を見ると、悩んだことのある群は「がまんする」傾向（54.2％）があり、悩んだことのない群は「気にしないようにする」傾向（52.7％）がある。さらに、悩んだことのある群はない群に比べて、自分の家から外に漏れていると思っている音に対して、より気になり、配慮する傾向が強いことがわかった。

つまり、近隣騒音に悩んだことのある群は、聞こえてくる隣近所の生活音を邪魔だと感じやすく、それに対してがまんしており、その一方で、自分の家から出る音には気をつかっているといえる。この人たちは、心身の自覚症状が多く、静かに暮らすことを好む傾向があることがわかった。これに対して、悩んだことのない群は、聞こえてくる生活音はあまり邪魔だと感じず、気にしないようにしていて、自分の出す音にもそれほど気をつかわず、にぎやかなほうが好きで、比較的健康な人たちといえる。

近隣騒音問題への対応策を考える際には、音源条件というより、むしろ聞く側の主観的諸条件との関連について考慮することが重要であることが、これらの研究からも示唆されているといえよう。

引用文献

環境庁大気保全局特殊公害課　1981　生活騒音住民意識調査報告書．

環境庁長官官房総務課環境調査官　1979　近隣騒音の実態について——昭和53年度環境モニター・アンケート（後に，環境庁大気保全局特殊公害課編　1982　近隣騒音を考える）．

難波精一郎　1979　騒音の影響の心理学的評価について．心理学評論，**22**(2)，182-199．

難波精一郎・桑野園子・中村敏枝・加藤　徹　1978　近隣騒音問題に関するアンケート調査．日本音響学会誌，**34**(10)，592-599．

山本和郎　1982　近隣騒音の心理社会的構造．公衆衛生，**46**(7)，470-474．
山本和郎　1985　生活環境ストレスとその影響——システム論的モデルの提案．山本和郎（編）講座生活ストレスを考える2　生活環境とストレス，9-24．垣内出版．
山本和郎・山内宏太郎・久田　満　1982　生活音と地域社会——近隣騒音の心理社会的構造．昭和56年度東京都衛生局公害保健課委託研究報告書．
山内宏太郎・久田　満・山本和郎　1983　近隣騒音の心理社会的構造に関する研究．総合都市研究，**18**，65-87

都市問題
[2] 高層集合住宅問題

高橋 直

　霞ヶ関ビル完成から約20年を経た1984年11月、大阪市で日本で初めて100メートルを超える住宅が着工された。日本の住宅において本格的な超高層建物が出現した年である。それから約20年後の東京都における**超高層集合住宅**の数は、驚きに値するものである。これらの超高層集合住宅は、その優れた物理的・経済的側面から、都心部の住機能回復のための解決策の一つとなっている。しかし、これらの超高層集合住宅に対して、高層階に居住することへの漠然とした不安感やストレス、災害時の避難の問題、といった人間的側面における問題があることも事実である。そこでここでは、住環境ストレスをはじめとした高層集合住宅の**心理的問題点**と、高層集合住宅が及ぼす**子育てへの影響**という二つの側面から、この問題に焦点を当てた研究を紹介したい。

1）高層集合住宅の心理的問題点
　三村（1980）によれば、戦後の住宅基準策定の過程を辿ると、1946年に発表された「復興住宅建設基準」を皮切りに、「住宅の最低基準に関する研究会」がまとめた住居環境五大原則（第一条件：災害に対して安全であること、第二条件：生物学的欲求の満足できること、第三条件：生活的な要求が満足されること、第四条件：疾病の発生および感染の危険のないこと、第五条件：住宅経済が満足されること）、建設省総合技術開発プロジェクトがまとめた居住者のための「住宅性能評価システムの開発」を目的としたプロジェクト研究、などが挙げられる。

これらの、建設省で示した住宅環境基準は、①居住性に関する評価（温暖空気環境、音環境、照明視環境、平面の機能性）②安全性に関する評価（構造安全性、防火安全性、日常安全性）③耐久性に関する評価（耐久性、防水性）④経済性に関する評価、についての基準であり、建築構造や材料などのハードな面についての基準であった。しかし住環境の快適性を考える場合には、ユーザー、すなわち住んでいる人の立場で評価する基準が必要である（山本，1986）。そこで山本（1986）は、渡辺・山内（1982）の報告をもとに、住環境トラブル・イベント項目表を作成した（表Ⅶ-6(2)-1参照）。ここではその住環境トラブル・イベントを作成した研究を概観したい。

　a　調査概要

　高層集合住宅に住む主婦と戸建住宅に住む主婦に住環境ストレスと精神健康に関する調査を行った。高層集合住宅群は広島基町高層アパート（20階建、319名）、東神奈川駅前スカイハイツ・トーカイ（25階建、92名）、板橋サンシティD棟（23階建、99名）の合計510名の主婦による回答結果である。戸建住宅群は兵庫県西宮市の一戸建てに住む201名の主婦の回答である。

　b　調査結果

　住戸内の空間印象評価について見ると、図Ⅶ-6(2)-1に示されるように、高層集合住宅の住人は戸建住宅の住人に比べて、自分たちの住戸内空間印象がよくなく、単調で拘束され、殺風景で人工的で重苦しく圧迫され、自然との接触が乏しく、人間との接触も乏しいと感じていることがわかった（渡辺，1985）。このような印象は、高層集合住宅特有の特性である、地面からの疎遠性、積層性、気密性、周辺からの隔絶性からきていると考えられる。

　また、高層集合住宅の住人は、「大きな地震が来たとき不安である」「非常時の避難に不安がある」「ベランダがない、またはスペースが狭い」「エレベーターがよく故障する」といった項目に代表される、高層ゆえに生じる心理的不安や不満を抱いている。それ以外にも、「増築の余地がない」「玄関を開けると部屋の中がまる見えである」「玄関が狭く下駄箱や傘立てを置くのに不便」「隣の家の音や振動が伝わってくる」「浴槽および洗い場が狭い」「家の部屋数が少ないので客をよんだり泊めたりすると苦労する」という、集合住宅独特の悩みももっていることがわかった。

VII章──コミュニティ心理学の実践的展開

表VII-6(2)-1　住環境トラブル・イベント項目 （渡辺・山内, 1982）

住環境トラブル・イベント	高層集合住宅 反応率（順位）	戸建住宅 反応率（順位）
1. 家の敷地の地盤がゆるく土砂くずれの心配がある。	3.1 (98)	2.5 (97)
2. 近くに騒音のはげしい工場・道路・航空路がある。	54.1 (19)	29.9 (6)
3. 近くにごみ処理、養豚養鶏施設、工場があって悪臭がする。	4.7 (96)	1.5 (98)
4. 近くから砂ほこり、煤煙など汚れた空気が家の中に入ってくる。	24.5 (58)	7.0 (83)
5. 近くに緑がなく、自然に接する機会が少ない。	32.5 (43)	6.0 (86)
6. 住居や庭に陽の光が十分入ってこない。	23.1 (61)	15.4 (44)
7. 近所の窓や道路から、家の中がのぞきこまれる。	19.8 (67)	19.4 (26)
8. 部屋やベランダから見はらしがよくない。	17.5 (73)	19.9 (23)
9. 毎日の買物をする商店街が遠かったり、近くにあっても店舗数が少ない。	13.5 (81)	28.4 (9)
10. 幼稚園、保育園、小学校が遠かったり、設備や指導内容に不満がある。	4.1 (97)	14.9 (47)
11. 通勤やデパートに買物に行ったりするための交通機関が不便。	11.2 (86)	13.4 (53)
12. 隣近所の人々の付き合いや自治会などの関係で不快なことがあった。	28.0 (52)	16.4 (41)
13. 住んでいる所の周辺が、ごみごみしていたり、風紀が悪かったり、または、あまりにも人工的で印象が悪い。	42.9 (29)	7.5 (81)
14. 家族の者が病気になったとき安心してかかれる医院や病院が近くにない。	18.2 (72)	11.9 (60)
15. 郵便局、役所などの公共施設が遠い。	23.3 (60)	22.9 (17)
16. メーター、郵便受などの位置が適切でなく雨にぬれたり子どもにいたずらされたりする。	16.5 (75)	5.0 (90)
17. ごみバケツや灯油などの燃料の適当な置場所に困っている。	36.9 (40)	11.9 (60)
18. 洗濯物を干す場所が狭かったり、洗濯場から遠い。	42.7 (30)	5.5 (88)
19. 駐車場が自分の家にない。あるいは、近所にない。	39.0 (36)	9.5 (68)
20. 自転車、乳母車の置く場所がない。または狭い。	40.2 (33)	14.9 (47)
21. 近くに小さな子どもを安心して遊ばせられる遊び場や公園がない。	18.4 (71)	20.4 (22)
22. 庭がない。	89.4 (1)	13.4 (53)
23. ベランダがない。またはスペースが狭い。	58.0 (16)	15.9 (43)
24. 増築の余地がない。	84.9 (3)	22.4 (19)
25. 隣の家との間隔が近すぎる。	59.0 (15)	29.4 (7)
26. 水はけが悪く雨が降ると気になる。	7.8 (92)	9.5 (68)
27. 公道に面していないので何かと不便である。	8.0 (91)	4.5 (92)
28. 玄関を開けると部屋の中がまる見えになってしまう。	62.7 (12)	6.5 (85)
29. 玄関が狭く下駄箱や傘立を置くのに不便。	62.0 (14)	12.4 (59)
30. 浴室や便所に行くのに居間や寝室などを通らなくてはいけない。	22.2 (63)	8.0 (77)
31. 家の外または中の階段がすべりやすかったり、狭かったり、急勾配だったり、暗かったりで気をつかう。	21.6 (64)	9.5 (68)
32. 台所の流しや調理台が使いにくい。またはよく故障する。	28.0 (52)	16.9 (39)
33. 食器や調理器具を入れる棚が狭い。または食料貯蔵スペースが狭い。	53.5 (20)	28.9 (8)
34. 台所の換気扇がない。または、あっても調子が悪い。	15.1 (80)	6.0 (86)
35. 台所が狭く使いにくい。または、新しい冷蔵庫や食器棚を入れようとしても入らない。	55.7 (18)	18.4 (30)
36. 台所と食堂や食事をする場所とが離れている。	10.8 (87)	5.0 (90)
37. 台所の内装や床が耐水性でないので掃除が大変である。	16.1 (78)	8.0 (77)
38. 台所の手もとが暗くて調理がしにくい。	16.5 (75)	3.5 (93)
39. 家族全員がくつろぐには居間の広さが十分でない。	53.3 (22)	18.4 (30)
40. 暖房または冷房が完備していない。	50.2 (25)	18.9 (28)
41. コンセントやガス栓の数、位置が適切でない。	27.1 (56)	14.9 (47)
42. 照明が適切でない。	12.2 (84)	7.0 (83)
43. テレビ、ステレオあるいはピアノがあるが、音が隣に迷惑になるのではないかと気になる。	56.1 (17)	17.4 (36)
44. 通風がよくない。	21.2 (65)	5.5 (88)
45. 家の部屋数が少ないので客をよんだり泊めたりすると苦労する。	72.5 (4)	32.8 (5)
46. 壁面が少なかったり部屋が狭くて家具がうまくおさまらない。	62.2 (13)	26.4 (11)
47. 家族の構成と部屋の割りあてがうまくいかない。	45.1 (27)	22.4 (19)
48. 間取りが使いにくく各部屋を十分適切に用いていない。	40.0 (34)	24.4 (14)
49. 寝室で夜寝ていると外部から音や振動が伝わってきて気になる。	52.2 (24)	11.9 (60)

表Ⅶ-6(2)-1（つづき）

住環境トラブル・イベント	高層集合住宅 反応率(順位)	戸建住宅 反応率(順位)
50. 寝室から便所や浴室が遠い。	2.7（99）	18.4（30）
51. 寝室のプライバシーが十分確保されていない。	39.4（35）	15.4（44）
52. 子どもの寝室や遊び場が監視のゆきとどくような位置にない。	16.5（75）	10.4（65）
53. 子どもの勉強部屋や遊びのためのスペースが確保できない。	42.4（32）	10.4（65）
54. 子どもの成長に応じて子ども部屋をうまくあてがうことができない。	45.7（26）	26.4（11）
55. ベランダ、バルコニーや窓から子どもが落ちるのではないかと心配である。	34.5（41）	8.0（77）
56. お年寄りまたは病人の部屋のとり方で困っている。	20.0（66）	3.5（93）
57. 押入れが少ない。または、使いにくい。	66.7（8）	33.3（4）
58. 使わない家具や季節によって使わないものを入れておく場所がない。または、狭い。	71.8（5）	38.3（2）
59. 押入れや納戸の通風がよくなく、結露したり、カビがはえたりする。	32.0（45）	16.9（39）
60. 開口部が小さかったり、道路が狭くて荷物の出し入れに苦労する。	43.5（28）	8.5（75）
61. 窓が少ない。	19.8（67）	3.0（95）
62. 浴槽、および洗い場が狭い。	63.9（10）	16.4（41）
63. 風呂の換気が悪い。	37.1（38）	11.4（64）
64. シャワーあるいは上り湯がない。	28.6（50）	21.9（21）
65. 洗面専用の流しがない。	9.0（88）	1.5（98）
66. 脱衣する場所がない。あるいは、不適当である。	63.3（11）	18.9（28）
67. 洗濯機を置く適当な場所と作業に十分な広さがない。	53.3（22）	15.4（44）
68. 汚れものや洗剤を収納するスペースがない。	53.5（20）	14.4（51）
69. 洗面所、洗濯場、便所などの床の耐水防水が完全でない。	30.0（48）	10.4（65）
70. 室内に物干しができる場所がない。	70.6（7）	35.8（3）
71. 家事をするきまった場所がなくやりにくい。	29.2（49）	19.9（23）
72. 便所の位置や広さに問題がある。	27.6（54）	17.9（33）
73. 便所の便器が使いにくい。	5.7（94）	9.0（73）
74. 便所の排水音がうるさい。	31.4（46）	9.0（73）
75. 水洗便所の洗浄タンクがよくこわれる。	8.2（90）	95（16）
76. 台所、洗面所、風呂など水道の出が悪かったり、水圧が低かったりする。	9.0（88）	8.5（75）
77. 水道の水が薬品くさい。あるいは、給水管が古くなりサビがでたりする。	12.2（84）	8.0（77）
78. 台所や洗面所に給湯設備がない。	26.9（57）	12.9（57）
79. 風呂、洗面所、便所などの排水管がつまったり、排水口から汚水が逆流したり、臭気がしたりする。	19.8（67）	12.9（57）
80. 暖房設備をつけても、真冬はよくあたたまらない。	13.3（82）	17.9（33）
81. 暖房をすると乾燥してしょうがない。	30.2（47）	19.4（26）
82. 暖房器具は幼児やお年寄りにとって安全とはいえない。	38.0（37）	17.4（36）
83. クーラーの音が気になる。	12.4（83）	9.5（68）
84. 湯わかし器や風呂ガマなどガス器具の安全が気がかりなところがある。	16.7（74）	7.5（81）
85. 家の戸じまりがきちんとできないところがある。	5.9（93）	13.4（53）
86. 雨もりするところがある。	2.4（100）	13.4（53）
87. 夏、屋根や壁の断熱が悪いせいか夜まで家の中が暑い。	22.7（62）	17.9（33）
88. 壁にひびわれができている。	5.3（95）	23.4（15）
89. 部屋の戸や窓のたてつけが悪い。	19.8（67）	24.9（13）
90. 維持費や管理費が高い。	32.4（44）	22.9（17）
91. 家賃が高い。あるいは、購入の際の費用の返済が大変である。	24.3（59）	19.9（23）
92. 隣の家（上下両隣）の音や振動が伝わってくる。	65.7（9）	14.4（51）
93. 住居がいたんだときの補修がうまくいかない。	28.4（51）	14.9（47）
94. 共有部分の清掃管理が十分でない。	27.6（54）	3.0（95）
95. 無用心で防犯体制がよくない。	32.7（42）	11.9（60）
96. 老朽化して建てなおさなくてはならないときのことを考える。	15.3（79）	23.4（15）
97. 非常時の避難に不安がある。	71.2（6）	17.4（36）
98. エレベーターがよく故障する。	42.7（30）	0.5（100）
99. 消化設備が不完全である。	37.1（38）	28.4（9）
100. 大きな地震が来たとき不安である。	86.1（2）	51.7（1）

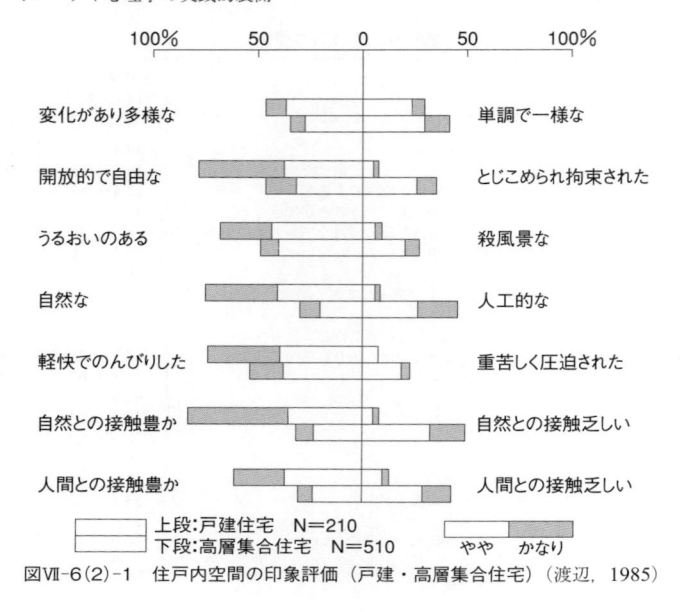

VII 章——コミュニティ心理学の実践的展開

図VII-6(2)-1 住戸内空間の印象評価（戸建・高層集合住宅）（渡辺, 1985）

2）高層集合住宅と 3 歳児の母子分離の問題

　従来の都心にある超高層集合住宅は、子どものいない DINKS か子どもが青年期以上になった家族や、鍵一つで戸締りができる利便性を好む老夫婦が主な購買層であった。しかし、最近の過剰供給傾向により、購買層を幼い子どものいる家族に拡大しようとする傾向が見られる。幼い子どもが生活する空間として、高層集合住宅はどのような環境であろうか。ここでは、山本・渡辺（1985）の調査研究を概観し、高層集合住宅が子どもに与える影響について見ていきたい。

　a　調査概要

　東京都郊外の団地の多い地区にある保健所の、3 歳児健診時に行われる歯科検診の場所で、**母子分離度**を見る行動観察が行われた。3 歳児健診は毎月 1 回行われ、その月に 3 歳になる幼児とその母親が集まっている。調査に当たっては、①母子分離度を査定するのに、母親の主観的報告のアンケートではなく、行動観察場面を用いた観察法によって査定し　②子どもの年齢は 3 歳児に限定し　③家庭環境は父母と子どもという形態の核家族に限定し、一人っ子から 3 人きょうだいまでと限定した。また、④母子分離度に及ぼす要因は従来の発達心理学では子どもの発達年齢、きょうだい順位の要因が大きいことがわかっているので、

そのような要因に比して住環境、特に居住階の要因がどの程度影響を及ぼしているかを分析し　⑤子どもの性別を考慮する、ものとした。

母子分離度を見る行動観察法としては、歯科検診の診察室を入ったすぐ入り口のそばに椅子を置き、母親にそこに座ってもらい、子どもだけを歯科医師のところに検診に行かせるように指示した。椅子と歯科医師の距離は3.3メートルであった。観察者は歯科医師の背後にいて、母と子の行動を記録する。

観察記録は、子どもの行動については、①子どもが一人で診察に行けた　②不安気に母親の顔を見ながら、結局一人で行けた　③途中まで行って、あとずさりしたりUターンしてしまい、そのまま母親のもとから離れなかった　④初めから母親から離れようとしなかった、に分けて記録した。母親の行動については、①指示どおり椅子に座って、子どもの行動を見守った　②子どもが一人で行けないのを見たうえで、指示に反して椅子から離れ、子どもを医師のところに連れて行った　③指示を無視して、初めから子どもを医師のところに連れて行ってしまった、に分けて記録した。こうした記録をもとに、母子の総合分離度を判定した。子どもの行動①と、母親の行動①の組み合わせを「問題なし」とし、その他の組み合わせは「問題あり」と判定した。

精神発達度は、3歳児健診用に保健所が用いているものを利用した。運動発達、描画操作、数概念、言語の発達、身のまわりのこと、困る性質・癖についての内容が入っている。42点満点で20点以上を健常児とし、それ未満の子どもは対象外とした。

さらに、母親にアンケートで居住形態、集合住宅の場合は居住階、住居の広さ、居住年数、家族構成、きょうだい数と順位を問うている。

b　調査結果

観察データ451組の中から、独立住宅または集合住宅に住み、居住年数6ヶ月以上、父母健在の核家族で、子どもが正常な精神発達内にある222ケース（男児129名、女児93名）を分析対象とした。

分析の結果、男児の場合、20坪未満の住居や集合住宅4階以上の住居では、母子分離に問題がある場合が多いということがわかった。女児の場合も、男児ほどは顕著ではないが、同様の傾向が見られた。

男児の場合、きょうだい順位や精神発達の影響も大きいが、居住形態と居住階の影響が、他の要因よりも大きく出る傾向にあることがわかった。女児の場合は、居住形態と居住階よりも、きょうだい順位による影響が大きいことがわかっ

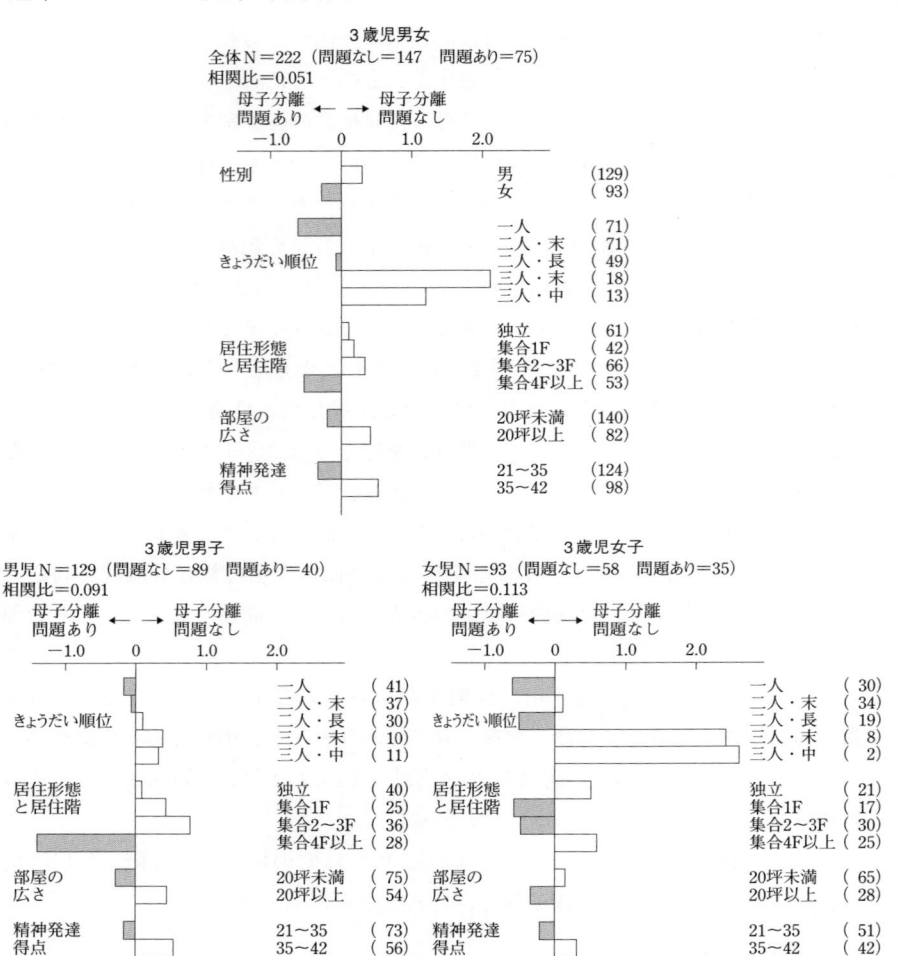

3歳児男女
全体N＝222（問題なし＝147　問題あり＝75）
相関比＝0.051

要因	カテゴリ	N
性別	男	(129)
	女	(93)
きょうだい順位	一人	(71)
	二人・末	(71)
	二人・長	(49)
	三人・末	(18)
	三人・中	(13)
居住形態と居住階	独立	(61)
	集合1F	(42)
	集合2〜3F	(66)
	集合4F以上	(53)
部屋の広さ	20坪未満	(140)
	20坪以上	(82)
精神発達得点	21〜35	(124)
	35〜42	(98)

3歳児男子
男児N＝129（問題なし＝89　問題あり＝40）
相関比＝0.091

3歳児女子
女児N＝93（問題なし＝58　問題あり＝35）
相関比＝0.113

図Ⅶ-6(2)-2　母子分離に対する各要因の寄与（山本・渡辺，1985）

た（図Ⅶ-6(2)-2参照）。高層集合住宅の心理的問題点と子育てへの影響は今後とも注目すべき課題であると考えられる。

引用文献
三村由夫　1980　住宅性能の定量化とその評価方法．建築雑誌，4月号．
渡辺圭子　1985　住環境と精神健康．山本和郎（編）生活環境とストレス．垣内出版．

渡辺圭子・山内宏太郎　1982　住形態による住環境ストレスの違い——住環境ストレスと精神健康に関する調査9．日本建築学会関東支部研究会報告集，117-120．
山本和郎　1986　コミュニティ心理学——地域臨床の理論と実践．東京大学出版会．
山本和郎　1989　コミュニティとストレス——地域生活環境システムの影響．社会心理学研究，**4(2)**，68-77．
山本和郎・渡辺圭子　1985　核家族の三歳児とその母親の母子分離度におよぼす住環境の影響．日本建築学会大会学術講演梗概集（環境工学），4343．

都市問題
[3] ごみ問題

高橋 直

　瀬戸内海に浮かぶ豊島で、50万トンを超える産業廃棄物が不法投棄、産業廃棄物処理業者ニッソーによるフィリピンへの産業廃棄物の違法輸出、埼玉県所沢市や大阪府能勢町における産業廃棄物の焼却に伴う高濃度ダイオキシン汚染の顕在化など、都市問題を考えるうえで、ごみ問題は非常に現代的で緊急を要する問題である。

　これらの**ごみ問題**は、**文化に拘束される問題**である。ごみ問題とはそれ自体は非常に個人的な事柄である。たとえば、ある人にとってのごみは、他の人にとって必ずしもごみとは限らず、貴重品になることもある。「何がごみであり、何がごみでないか」は、個人によって異なっている。

　しかし、ごみの定義の相違は、全て個人の差に還元されるのかというと、必ずしもそうではない。一定のまとまりをもつ文化による共通性はあると考えられる。たとえば、現代の日本では、空缶はリサイクルの対象としては大切であるが、それ以上の意味はない。しかし開発途上国においては、中に入れた小型パラフィンと灯心がエネルギーに換えられるトランジスタラジオになることもある（Papanek, 1971　阿部訳　1974）。ごみ問題やごみ捨て行動を取り上げる際、このような文化に拘束される側面を欠落させてはならない。ここでは、ごみ問題に対して主に用いられる、規制的手法と経済的手法について概観した後、**心理的手法**を用いた対応策について述べたい。

6—都市問題

表Ⅶ-6(3)-1　第1期の代表的な対応策の分類（高橋, 2000）

歴史にみる主な対応策
1. 従わなければ、「（四位五位の官人は）名を録して天皇に奏聞する」という罰則を与えて脅かす（平安期）。
2. 従わなければ、「（諸家司・内外主典已上）式兵両省に移して考課の等第を降ろすと共に季禄の支給を停止する」（平安期）。
3. 従わなければ「（四等官以外や六位以下は）ムチ打ち50回の刑に処す」と脅かす（平安期）。
4. 監視を怠った町役人は季禄の支給を停止される（平安期）。
5. 従わなければ、罰金を払わせる（平安期）。
6. 従わなければ、町役人（保奉行等）の責任で取り締まる（鎌倉期）。
7. 従わなければ、違反者を捕まえて拘束する（鎌倉期・江戸期）。
8. 従わなければ、違反事項が出来ないうちに実力行使に出る（「溝を小屋で覆ってはいけないのに違反している場合は7日の猶予の後壊す」「自家用の船でごみを捨てに行く人の船は取り上げる」）（鎌倉期・江戸期）。
9. 従わなければ、違反の実行者のみではなく、依頼人も処罰する（江戸期）。
10. 従わなければ、ごみ取請負権利を特定の業者に与える（江戸期）。
11. 従えば、新田開発の権利を与える。その代わりにごみ取り料を値下げし、御堀の上総浚を行なえ。約束を守らなければ権利を剥奪する（江戸期）。
12. 従えば、江戸市中のごみ取りの権利を独占的に与える。その代わり御堀の浮き芥を掃除し、芥取り船も自分で用意せよ。約束を守らなければ権利を剥奪する（江戸期）。

表Ⅶ-6(3)-2　第1期の代表的な対応策（高橋, 2000）

対象者	対応策の種類	直接的な刑罰（比較的重い）	間接的な刑罰（比較的軽い）	その他
	手法名	規制的手法	規制的手法	経済的手法
実行者のみが対象		3　6 7　8	1　2 5	
実行者と依頼者が対象		9	4　10	
特定の事業者が対象				11　12

数字は、表Ⅶ-6(3)-1に記された12項目に対応する。たとえば「3」は「従わなければムチ打ち50の刑に処する」を意味している。

1) 規制的手法と経済的手法について

　従来から住民のごみ捨て行動への対応策には、表Ⅶ-6(3)-1・表Ⅶ-6(3)-2に示すように、規制的手法と経済的手法による対応策の2種類がある（高橋, 2000）。しかし、この2種類の技法が最良の対応策かというと、必ずしもそうとはいえない点がある。そこでここでは、おのおのの対応策の限界について論じた

い。

　まず、**規制的手法**に見られる問題点を概観したい。ごみに関する規制的手法を究極まで追求した法律の一つとして、平安時代（嵯峨朝）に公布された、街路清掃に関する法令を挙げることができる（北村，1995）。その内容は、（街路清掃を怠ったら）①四位五位の官人は名を天皇に奏聞する　②諸家司等は考課の等第を降ろすとともに季禄の支給を停止する　③四等官以外や六位以下の人はムチ打ち 50 回、というものであった。この法律に、顕著な効果が見られないと、「監視や処分を怠った役人には違反者と同様な罰を与える」という法律を制定し、それでもだめだと「官人の非違糾弾を本務とする役人が違反者を直接式部・兵部に移送すること」を決定し、諸司の官人や五位以上に対する強制力を大幅に強化した。まさにこれ以上厳しい法令は考えにくいものであった。それでも、「有勢の家」はやはり催促に従わず、無主の地は対応しようがなかったそうである。そのため、現場における法律の実行者（たとえば坊令など）は、上位の取り締まり役（たとえば弾正台）に責め立てられるので、その辞退者が跡を絶たなかったそうである。

　このように、日本においても、行政が住民に特定のごみの捨て方を、罰則などを用いて直接要求した例があった。しかし、その効果は、残念ながらあまり顕著に見られなかったようである。

　次に、経済的手法の問題点を概観したい。**経済的手法**とは、ごみ袋有料化をはじめとしたごみ手数料有料化政策のことで、現在では、規制的手法よりも注目を浴びている手法である。

　この技法の第一の問題点として、人々は一定の介入を続けて受けていると、その介入効果が漸減してしまうという特徴があるという点を挙げたい。この問題は、経済的手法を用いている地方公共団体や、生活協同組合などでもよく知られていることである。この原因は、連続強化スケジュールで、一次性強化による行動変容を行っているので、強化子に対する飽和が生じたためと考えられる。この介入効果の鈍化を放置しておくと、地方公共団体や生協といった団体自体においても、経済的手法を用いることに関して強化を受けることができないので、経済的手法を用いる動機づけが低下する恐れがある。

　第二の問題点として、経済的手法を用いると、個人の不適切なごみ捨て行動が増加する恐れがあり、その不適切に捨てられたごみも回収せざるを得ないという点を挙げることができる。現在でも、公園や駅のごみ箱に、通勤途中の人が家庭

のごみを捨てることが問題になっている。また、広い道路や大きな公園脇には、粗大ごみや廃棄目的の車が放置されていることもよく見られることである。しかし、それらの不当に捨てられたごみ類は、ルール違反であっても結局は回収せざるを得ない。特に、道路沿いに捨てられた粗大ごみや廃棄目的の自動車の場合、道路を狭くして、渋滞や交通事故の原因となってしまう。道路に捨てられた冷蔵庫をよけようと車道に出た大学生が、トラックにはねられ死亡するという事故も起こっている。

　不法投棄されたごみ類が最終的には回収されるのであれば、不法投棄した人はそのことで利益を得る。そして、料金を払い適切にごみを捨てる人は、不利益を被るという社会的ジレンマ状況に陥ってしまう。この状況が顕著になれば、多くの人はフリーライダーとして短期的個人的利益を得る一方で、適切なごみ捨て行動をしている人には、より多くの負担がかかるという状況になることは十分予測できる。

　そこでここでは、特に個人に対してこれからますます用いられると考えられる、経済的手法について、この問題点を解消するための一つの心理的手法として、応用行動分析の方法論を組み込んだ心理的手法である対応策を提案したい。

2) 心理的手法を用いた対応策の提案

　ごみ問題を、応用行動分析的な手法を用いて解決しようとした最も初期の試みとしては、「適切に捨てるという行動は、強化子が直接提示されれば（つまり経済的手法を用いれば）増加する」ということを明らかにした Burgess, Clark, & Hendee（1971）を挙げることができる。その後、トークン・エコノミー（行動療法の中のオペラント条件づけ療法の一種。望ましい行動を示した患者に対し、正の強化子である代用貨幣のトークンを与えることで、その行動の強化・増大を図る方法）をはじめとした強化理論に基づいた研究が、盛んに行われるようになった。このことは、現実の政策の中で用いられる経済的手法の意義を裏打ちしているとも考えられる。

　応用行動分析的アプローチの中では、トークン・エコノミーが注目されやすいが、このアプローチのほかにもさまざまな技法がある。たとえば、ソーシャルスキル・トレーニングに代表される、望ましい特定の行動を強化するための教育訓練プログラムや、家庭での節電行動を促進するためにフィードバックなどを用いた「教育・訓練に関する技法」がある。また刺激性制御法（環境刺激によりオペ

ラント反応の頻度に影響を与える過程やその操作方法のこと）を用いた研究も数多く存在する。

　以上のような応用行動分析的な手法を用いれば、経済的手法のみを用いることによって生じる問題点を解決できると考えられる。たとえば、介入効果の鈍化の問題に関しては、鈍化が生じないように月単位や年単位でプログラムを変更することが理想ではあるが、住民の転入や転出があったり、一度決定した政策を頻繁に変更することは現実的ではないという理由から、この方法をとることは困難である。そこで、有料化という経済的手法を用いると同時に、減量行動の原因帰属を、減量規範や態度に帰属させるための教育プログラムやフィードバックを行えば、介入効果の鈍化は防ぐことができると考えられる（高橋，1996, 1998, 2003）。

　また個人のごみ捨て行動に関するフリーライダーの問題に対しては、適切なごみ捨て行動を促進し、不適切なごみ捨て行動を抑制する物理的環境の整備を進める一方で、教育訓練プログラムやフィードバックを用いて、適切なごみ捨て行動の動機づけを強化することができると考えられる（高橋，1998）。

　もちろん、経済的手法に限界があるのと同様に、応用行動分析的アプローチにも限界がある。それは、応用行動分析の正確さと客観性は、介入が1回に1度、一つの行動次元に適用されることに依存しているということである（Willems, 1977）。このことは、日常場面で応用行動分析的アプローチを行う場合、大きな弱点となることが考えられる。しかしこの弱点は、複数の反応に焦点をしぼり、一定期間十分な回数の測定を繰り返し、ベースラインを確定した上で、時間差で複数の介入を導入しその効果を確かめる、多層ベースラインデザインや、条件交換デザインを用いることで克服できる。

　このようなデザインを用いれば、応用行動分析的アプローチを用いても、「日常生活場面における問題（たとえば、ごみ問題）は、複合的な側面をもっている」という点を考慮した上で、一つの問題に対して複数の方向から異なるアプローチを行うことができる。もちろん、その際、一つの問題が内包する複数の側面全てを取り上げることは不可能であるので、その問題の特徴を、歴史的な観点も含めて広く検討した上でいくつかの方向性を選び、効果的と考えられる介入バッテリーを組むことが必要である。

　このように、個人のごみ捨て行動を改善しようとする場合には、単に経済的な手法を用いるのではなく、トークン・エコノミーや教育訓練、フィードバックに

代表される「適切な動機づけを行う環境の整備」と、適切なごみ捨て行動を行いやすい「物理的な環境の整備」など、心理的手法による対応策を網羅的に用いることが必要であると考えられる。

引用文献

Burgess, R. L., Clark, R. N., & Hendee, J. C. 1971 An experimental analysis of antilitter procedures. *Journal of Applied Behavior Analysis*, **4**, 71-75.

北村優季 1995 平安京――その歴史と構造（古代史研究選書）．吉川弘文館．

Papanek, V. J. 1971 *Design for the real world: Human ecology and social change*. Pautheon Books.（阿部公正（訳） 1974 生きのびるためのデザイン．晶文社．）

高橋 直 1996 ある商店街におけるごみ捨て行動への介入の試み．心理学研究, **67**, 94-101.

高橋 直 1998 ごみ捨て行動のパターンとその対応策に関する研究――心理学系手法を用いた介入計画案にむけて．慶應義塾大学大学院社会学研究科博士学位論文（未公刊）．

高橋 直 2000 個人のごみ捨て行動への応用行動分析的介入策の提案――歴史的視点にもとづいた議論より．コミュニティ心理学研究, **3(2)**, 91-101.

高橋 直 2003 ごみ捨て行動のパターンとその対応策――心理的手法の提案．協同出版．

Willems, E. P. 1977 Steps toward an ecobehavioral technology. *Journal of Applied Behavior Analysis*, **7**, 151-165.

都市問題
[4] ホームレス問題

笹尾敏明

1) 日本におけるホームレスの定義と現状

ホームレス*は、厚生労働省（2002）によって「都市公園、河川、道路、駅舎、その他の施設を故なく起居の場所とし、日常生活を営んでいる者」と定義されている。厚生労働省は、2002年に策定されたホームレスの自立の支援などに関する特別措置法を受けて、ホームレスの実態に関する全国調査を実施した（厚生労働省，2003a）。それによると、全国のホームレスの数は25,296人と報告されている。ホームレスは特に都心部に集中しており、中でも大阪府（7,757人）、東京都（6,361人）、愛知県（2,121人）が深刻な地域である。この調査では、人数把握のほかに、ホームレスが生活している場所、年齢の状況、路上での生活状況、仕事と収入の状況、路上生活の直前の仕事、路上生活に至った理由、健康状態、福祉施設等の利用状況、自立に向けた今後の希望、生活歴などが調査されている。結果として、ホームレスの多くが、日本国憲法第25条に定められている「健康で文化的な最低限度の生活」さえも脅かされるような日常を余儀なくされており、かつ、今後もホームレス人口は増加することが予想されていることから、緊急の対策が望まれている。

2) 日本におけるホームレス問題への取り組み

a 国レベル

国レベルとしては、**ホームレスの自立の支援等に関する特別措置法**の制定（厚生労働省，2002）、それを受けて実施されたホームレスの実態に関する全国調査

(厚生労働省, 2003a)、さらに全国調査を踏まえて策定されたホームレスの自立の支援等に関する基本方針（厚生労働省, 2003b——以下、基本方針）が挙げられる。基本方針では、ホームレス問題を生起させている要因として、個人的要因より社会的要因に焦点を当て、ホームレス自身の社会復帰の機会、安定した起居場所の確保、健康対策などに関して言及するとともに、問題解決に向けたさまざまな関係機関・団体との協働体制の構築を呼びかけている。

b 地方自治体レベル

特にホームレスの数が多いとされている地域では、自治体レベルでの幅広い取り組みが実践されている。たとえば、川崎市は全国で4番目に多くのホームレスを抱えている地域である（厚生労働省, 2003a）が、住民参加による問題解決への取り組みが行われている（「地域住民との関係からホームレス支援を考える」『月刊福祉』2003年11月号）。具体的には、2002年に「川崎市野宿者自立支援対策市民協議会」を設け、地域、性別、所属組織など、さまざまな背景をもつ市民が、ホームレスを地域問題ととらえ、解決に向けて協働して取り組む体制を構築している。また、ホームレスの多くは公共施設を起居の場所として日常生活を送っているために、地域社会とのあつれきが生じていることが指摘されている（厚生労働省, 2003b）ことから、東京都荒川区では、都内23区で初めてとなる自治体独自の生活困窮者に対する宿泊施設に関する指針を定めた（『月間福祉』2003年11月号）。これによって、施設近隣の住民との紛争防止や、地域の良好な生活環境の形成に向けた取り組みを続けている。

c 民間レベル

民間レベルでは、ホームレス支援に向けて、多くの市民団体が活動を行っている。その内容は、ホームレスの居住区域（公園、河川敷など）に出向いて食事を提供する炊き出しや、ホームレスの社会的自立に向けた何らかの資格取得の支援などさまざまである。中でも、民間レベルでの取り組みとして注目されているのが、**ビッグイシュー日本**による取り組みである（ビッグイシュー日本, 2004）。『ビッグイシュー』は、1991年にイギリスで創刊号が刊行された。その特徴は、ホームレスに対する救済や慈善でもなく、しかも、これまで見られた公益サービス部門に依拠した単純労働の吸収でもなく、ホームレスの人自らが、販売して収益をあげる雑誌の刊行という点である。同誌は、ホームレスの状態に置かれている人のみが販売員となれる。1冊200円で販売されるうちの110円が、販売者の収入になる。販売者は、最初は10冊を無料で受け取り、その売り上げを元に

次回以降の「仕入れ」を行うという仕組みになっている。このシステムにより、ホームレスの人たちにとって働く機会をつくり、社会全体の問題の解決に向けて取り組む「**社会的起業（ソーシャルエンタプライズ）**」を目指すことが、同誌の目標となっている。2007年現在、約130人のホームレスが販売員として登録している。

3) 日本におけるホームレス問題への実践研究

　ホームレス問題の抱える複雑性や多様性から、ホームレス問題に関連する研究はほとんど見られないのが現状である。数少ない研究の中から、いくつかの研究を例に挙げる。岡本（2002a; 2002b）、小玉（2002）は、日本よりも早くホームレス問題に取り組んできたイギリスのホームレスに関するさまざまな側面を比較検討している。岡本（2002a）は、日本の「ホームレス問題」の本質と対処を探るため、社会保障制度の発達したイギリスと未発達な日本を主要な文献を利用して比較している。具体的には、両国におけるホームレスの概要を紹介した後に、特徴（年齢・性別・野宿期間など）、両国におけるホームレス政策の歴史とその概要、それらの比較を行っている。岡本（2002a）は、両国のホームレスに関する違いの中で、イギリスの野宿者は、若年、未就労で多様な問題を抱えて住居を失っているが、日本の野宿者は、中高年、半就労で、安定した就労の機会の喪失とともに居所を失っていると指摘している。したがって、日本の野宿者発生機構は、就労できないことによって発生する社会制度の欠陥であると述べている。結果的に、効果的なホームレス制度を構築する際には、その背景にある人口構造、住宅、労働、社会保障、文化などを考慮する必要性を主張している。続いて、岡本（2002b）では、ホームレス問題の背景に関わるさまざまな要因について、日英の比較をしながら考察している。要因として、住宅問題、労働および社会保障政策、文化および教育問題、人口構造と就労の変化を挙げている。結びとして、日本のホームレス問題改善に向けたいくつかの提言を示している。第一に、居住の提供、第二に、職業訓練、生活技術や介助などの支援の提供、第三に、職業訓練に対する地域企業の支援、協力の必要性である。小玉（2002）も、岡本（2002a; 2002b）と同様に、ホームレス対策をめぐる日本とイギリスの比較を行っている。

　次に、日本におけるホームレス問題に特化した研究をいくつか紹介する。谷口・水谷（2003）は、これまでのホームレス問題に関する行政によるさまざま

な取り組みには、地域住民の視点が欠如してきたこと、しかしながら、効果的な取り組みを実施していくうえで、彼らの意思を反映させることが重要であることを指摘している。そこで、ホームレス数が多い地域の一つである名古屋市において、質問紙郵送法によって、地域住民のホームレスに対する意識調査を実施している。分析内容としては、ホームレスとの接触頻度、ホームレスのイメージ、ホームレスの人々に対する認識、ホームレス支援に対する考え方、などに焦点を当てている。まとめとして、地域住民が、ホームレスに対して予想以上にネガティブな感情をもっており、不況やリストラという社会的背景に理解を示しながらも、ホームレス個人の努力不足を指摘しているという結果が示された。さらに、地域住民は、ホームレスは、信頼できず、用心が必要で、自分のことだけを考える存在であると見ている。また、水谷・谷口（2004）は、谷口・水谷（2003）と同様に名古屋市において、ホームレスがどのような体験や思いを抱いて現在に至っているのか、現在の生活に至るまでの生活過程と生活の場としての地域に焦点を当て、中高年男性ホームレスを対象に、非指示的面接調査を行っている。調査内容としては、現在の生活や仕事に対する思い、過去の生活、そこで野宿を始めた理由、将来に対する思い、政策や支援などである。調査を通して、水谷らはホームレスを、公園・河川敷といった公共空間で日常生活を送る人々と、その状態に着目した呼称にとどめることに疑問を呈している。そして、社会的に孤立した状態の人、家の中で営まれるべき日常生活を喪失している人などを含め、とらえることが必要であることを主張している。その理由として、簡易施設に宿泊していた人々や病院に入院していた人々が、再び野宿生活を繰り返さざるをえない状況は、ただ単に彼らの置かれている現状からではなく、まさに社会がつくり出している現象であると、とらえる必要があるためである。

4）海外におけるホームレス問題への取り組み

ここでは、特に海外におけるホームレスに関する先行研究に焦点を当てる。ホームレス問題を解決していくには、地域住民の理解と協力が不可欠であることは明らかであり、それを踏まえて地域住民のホームレスに対する援助意思に関する研究が行われている（Hocking & Lawrence, 2000; Link *et al.*, 1995; Morgan, Goddard, & Givens, 1997; Toro & MacDonell, 1992）。これらの研究により、女性、リベラルな政治志向性、若者はホームレス関連の増税をより是認する傾向にあること（Toro & MacDonell, 1992）や、共感性の高さ、信仰心の深さ、過

去の援助行動の経験が、援助行動への意思を高めるという結果が指摘されている（Morgan *et al.*, 1997）。

5）まとめ

　ホームレス問題は、その原因と対策双方の側面において、社会的・生態学的視点が不可欠である。すなわち、ホームレス問題はその当事者の問題のみに原因を帰属するべきではなく、そのような状況・環境を生み出している社会の問題として位置づける必要がある。また、ホームレスは、地域住民の生活と密接な関わりをもつ公共施設を生活の場としていることからも、ホームレス問題に取り組むうえで、彼らを取り巻く地域住民の存在を忘れてはならない。今後、ホームレス問題の根本的な解決に向けて、コミュニティ心理学的側面からのアプローチが有効と考えられる。第一に、関係機関の個々の枠組みを超えた協働体制の構築である。周知のように、ホームレス問題はさまざまな要因によって引き起こされる問題である。したがって、問題解決に際しては、個々の機関が別個に対策を講じるのみではなく、お互いの専門性を出し合いながら、協働的にアプローチしていくことが必要であろう。第二に、一般市民も巻き込んだ、市民参加によるアプローチである。多くの市民団体がホームレス問題に取り組んでいるものの、その構成員は、そもそもホームレス問題に関心があり、意識の高い一部の市民に限られている。しかしながら、ホームレス問題は社会全体の問題であり、より多くの一般市民が取り組みに参加することが、問題解決の重要な鍵となるであろう。この点を実現するには、海外における先行研究に見られるような、住民のホームレス援助への意思に与える影響因を、日本においても丹念に研究していくことが必要であろう。なお、国際基督教大学では、トロ（Toro, P.）を中心に、国際共同プロジェクト（ICU-WSU International Homelessness Project）による、ホームレス全国電話調査を一般市民を対象に実施している（Sasao, 2005）。これまでの日本におけるホームレス調査は、特にホームレス数が深刻な地域に限定されている中で、全国地域の住民を対象とした調査は日本国内では先駆的試みである（Sato *et al.* 2005）。厚生労働省（2002, 2003a, 2003b）によって、日本のあらゆる地域にホームレスの存在が確認されているため、日本社会におけるホームレス問題を解決するためには、地域を限定することなく、全国民を視野に入れた研究が重要な示唆を与えるであろう。最後に、現在行われているさまざまな取り組みを実証的に評価し、より効果的な施策やプログラムの構築を行っていることである。

以上のように、ホームレス問題の解決に際しては、コミュニティ心理学的アプローチが重要な貢献を果たしていくであろう。

＊ 「ホームレス」という言葉には、差別的な意味合いが込められているという見方もあり、「野宿者」「路上生活者」といった用語と置き換えられることもあるが、本項では入手した文献の多くで「ホームレス」が用いられていることを受け、「ホームレス」に統一して用いることとする。

引用文献

ビッグイシュー日本（大阪府）　2004　社会文化の変革を、ビジネスの手法でめざす——ホームレス支援の雑誌、『ビッグイシュー日本版』の取り組み．月刊福祉，**87**(2)，76-79．

Hocking, J. E. & Lawrence, S. G. 2000 Changing attitudes toward the homeless: The effects of prosocial communication with the homeless. *Journal of Social Distress and the Homeless*, **9**(2), 91-110.

小玉　徹　2002　ホームレス対策をめぐる日本とイギリスの比較（Ⅰ）．季刊経済研究，**24**(4)，43-56．

厚生労働省　2002　ホームレスの自立の支援等に関する特別措置法．〈http://www.ron.gr.jp/law/law/homeless.htm〉2005年7月15日検索）

厚生労働省　2003a　ホームレスの実態に関する全国調査報告書の概要．〈http://www.mhlw.go.jp/houdou/2003/03/h0326-5.html〉2005年7月15日検索）

厚生労働省　2003b　ホームレスの自立の支援等に関する基本方針．〈http://www.mhlw.go.jp/shingi/2003/12/s1216-5v.html〉2005年7月15日検索）

Link, G. B. *et al.* 1995 Public knowledge, attitudes, and beliefs about homeless people: Evidence for compassion fatigue? *American Journal of Community Psychology*, **23**(4), 533-555.

水谷聖子・谷口　茂　2004　中高年男性ホームレスがそこで野宿する意味——当事者に対する聞き取り調査とその分析．愛知淑徳大学現代社会学部論集，**9**，149-161．

Morgan, M. M., Goddard, H. W., & Givens, S. N. 1997 Factors that influence willingness to help the homeless. *Journal of Social Distress and the Homeless*, **6**(1), 45-56.

岡本祥浩　2002a　日英ホームレス比較研究（前編）．中京商学論叢，**48**(2)，35-68．

岡本祥浩　2002b　日英ホームレス比較研究（後編）．中京商学論叢，**49**(1)，33-59．

Sasao, T. 2005 *ICU-WSU International Homelessness Project: An overview and procedure manual* (Technical Report #2005-01). ICU Community Research & Action Group (CRAG).

Sato, S., Ikeda, M., Ouchi, J., Tamai, K., & Toro, P. 2005 Public attitudes toward homelessness and public policy issues in Japan. Paper presented at the 10th *Biennial Conference of the Society for Community Research & Action*, Urbana-Champaign, Illinois.

谷口　茂・水谷聖子　2003　地域住民のホームレス意識に関する調査——名古屋市の

場合. 愛知淑徳大学現代社会学部論集, **8**, 101-115.

Toro, P. & MacDonell, D. M. 1992 Beliefs, attitudes, and knowledge about homelessness: A survey of the general public. *American Journal of Community Psychology*, **20(1)**, 53-80.

異文化間問題
[1] 中国帰国者の日本への適応過程と支援のあり方

箕口雅博

　本項では、**中国帰国者**を対象とした**アクション・リサーチ**（援助しながらの研究）を通して、多文化社会におけるコミュニティ心理学的アプローチの実践的展開とその課題について検討する。

1）問題と背景

　いわゆる中国帰国者と呼ばれる人々（日本に永住帰国を果たした中国残留孤児・婦人とその家族）は、特異な生活史的背景をもつ「定住者」であり、「定住者」の中ではむしろ代表的な位置を占める存在である。1972年の日中国交回復以降、彼らは家族を伴って続々と祖国への帰国を果たし、日本社会での定着・自立を図っている。ちなみに、2005年10月末現在の帰国者総数は、国費によるものだけで6,300世帯、20,164名にのぼる（厚生労働省社会・援護局中国帰国孤児等対策室, 2005）。

　これら、異文化環境に移り住み、そこでの定住を図ろうとしている人々にとっては、物質的・教育的援助のみならず、多面的かつ長期的な心理的援助が必要とされている（江畑, 1987）。図Ⅶ-7(1)-1には、中国帰国者に対する公的な支援システムの流れが示してある（厚生労働省, 2005）。たしかに、公的な支援をほとんど受けられない外国人花嫁や日系人労働者に比べ、帰国者の場合は、生活面や教育面での公的支援体制は、比較的整っている。しかしながら、「中国帰国者支援に関する検討会報告書」（厚生労働省社会・援護局中国帰国孤児等対策室, 2000）にも指摘されているように、彼らに対する行政的支援は、地域コミュニ

VII章──コミュニティ心理学の実践的展開

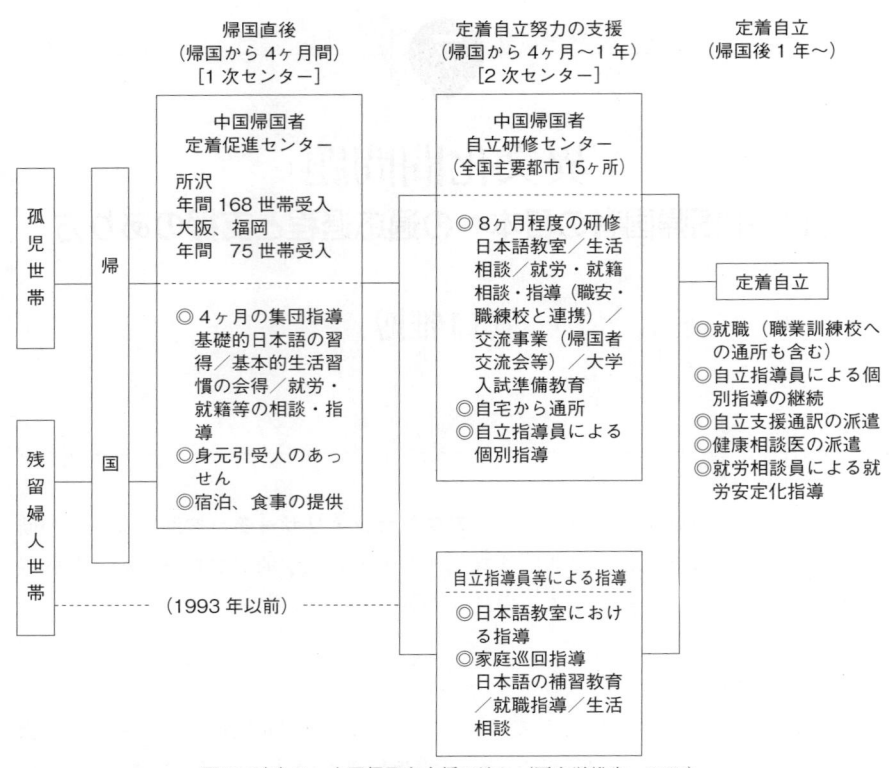

```
           帰国直後              定着自立努力の支援         定着自立
        （帰国から4ヶ月間）       （帰国から4ヶ月～1年）     （帰国後1年～）
         ［1次センター］           ［2次センター］
```

		中国帰国者 定着促進センター	中国帰国者 自立研修センター （全国主要都市15ヶ所）	
孤児世帯	帰国	所沢 年間168世帯受入 大阪、福岡 年間 75世帯受入	◎8ヶ月程度の研修 日本語教室／生活相談／就労・就籍相談・指導（職安・職練校と連携）／交流事業（帰国者交流会等）／大学入試準備教育 ◎自宅から通所 ◎自立指導員による個別指導	定着自立 ◎就職（職業訓練校への通所も含む） ◎自立指導員による個別指導の継続 ◎自立支援通訳の派遣 ◎健康相談医の派遣 ◎就労相談員による就労安定化指導
残留婦人世帯		◎4ヶ月の集団指導 基礎的日本語の習得／基本的生活習慣の会得／就労・就籍等の相談・指導 ◎身元引受人のあっせん ◎宿泊、食事の提供		
		(1993年以前)	自立指導員等による指導 ◎日本語教室における指導 ◎家庭巡回指導 日本語の補習教育／就職指導／生活相談	

図VII-7(1)-1　中国帰国者支援の流れ（厚生労働省，2005）

ティに定住するまでの「帰国」当初の時期に偏っており、帰国者がコミュニティの中で真に定着・自立していくための長期的・継続的な支援体制には至っていない。また、彼らに対する心理・精神保健面での援助体制は、人的にもシステム的にもいまだに不十分であるといわざるを得ない。実際、彼らが各地域での定着・自立を図る際に、多様な次元の困難に遭遇し、受け入れ側とのさまざまなトラブルや適応障害事例が頻発してきた。しかも、こうした困難は、彼ら帰国者の側だけでなく、彼らを受け入れる側の人々（親きょうだい、身元引受人、役所の担当者、定着センター職員、帰国者の自立指導員、日本語講師、ボランティア、職場や学校、近隣の人たちなど）にとっても、同じく深刻な問題となっている。

2）中国帰国者の適応過程と援助体制に関するコミュニティ心理学的実践の取り組み

以上のような背景と問題解決ニーズのもとに、筆者らは、中国帰国者に対する国の受け入れ機関の委託研究によって、包括的かつプロスペクティブ（前向き）な追跡調査を行ってきた（江畑・曽・箕口, 1996）。すなわち、1988年度より、中国帰国者の適応・定着過程と、その過程で生じる不適応現象、およびそれらに関与していると思われる諸要因を追究するとともに、適応障害の減少と予防に必要な援助様式、および援助組織を明らかにすることを目的とした研究である。

この研究の方法論上の特徴は、①アクション・リサーチの一種であり、被調査者への援助的還元が同時並行して行われる点　②中国帰国者定着促進センター（1984年設立、埼玉県所沢市、図Ⅶ-7(1)-1参照）を研究のキーステーションとして、同センターにおける援助活動の一環として行っている点である（箕口ら, 1991）。すなわち、研究計画の段階から、コミュニティ心理学に基づくアプローチを視野に入れていたのである。

以下では、この研究を通して、中国帰国者に対するコミュニティ心理学的アプローチが、どのように展開されたかについて述べる。

a　中国帰国者定着促進センターにおける精神保健コンサルテーション活動

中国帰国者定着促進センター（以下、センター）の支援は、日本語指導と生活指導の二本立てで始まったが、入所者数も増大し、定着地のあっせんも行うようになると、さまざまなトラブルが急増し、クラス運営や定着指導に支障をきたすようになった。また、心理・精神保健的援助を必要とする入所者も多く見られるようになった。しかし、これらの問題に対しては、センター職員だけでは十分に対処しきれない場合が多くなり、専門家の協力という要求をもっていた。そして、このような背景の中で、筆者らに「入所者の心理・精神保健的問題への対応について相談にのってほしい」という依頼があり、1987年10月から、**精神保健コンサルテーション**（mental health consultation）を中心とした精神保健サービス・プログラムが、導入されることになった（箕口ら, 1994）。

コンサルテーションの概要は次の通りである。①コンサルテーション・チームは、精神科医、臨床心理士からなり、毎回のコンサルテーションは、この中から臨床心理士1名と精神科医1名が交代で実施した。一方、センター側の窓口として、教務担当講師および保健師がその役割を担当した。②コンサルテーションは、センターの要請を受け、コンサルタントが定期的（月1〜2回程度）にセンターを訪問し、そこで実施する形態をとった。③コンサルテーションのタイプと

しては、"コンサルティ中心のケース・コンサルテーション"を原則とした。すなわち、当面問題になっているケース（入所者）について、コンサルティ（職員）と話し合う方式である。その際の話し合いは、あくまでも課題中心であり、早急に専門的解釈を与えたり、ケースをこちらで引き受ける姿勢はとらなかった。原則として依頼されたケースについて、コンサルテーションを行い、その場合コンサルティに焦点を当てた話し合いを中心課題とした。④センター内で開催される運営会議や研修会に招かれることもあった。そこは、コンサルタントとしての力量を試される場でもあるが、コンサルタントの顔と役割を知ってもらうよい機会にもなった。さらに、われわれの行っている追跡調査の結果もそのつどフィードバックし、センターにおける処遇方針や個別対応の参考資料として利用してもらった。⑤コンサルテーションの依頼内容は多岐におよぶが、「教育指導上の問題」および「心理・精神医学的問題」が相対的に多くを占めていた。

次に、4年間のコンサルテーションについて、依頼者・依頼内容・コンサルタント―コンサルティ関係の特徴とその推移を検討した。その結果、コンサルテーションの受容過程は、大きく三つの特徴的な時期を辿ることが明らかになった。すなわち、コンサルテーション導入当初で、依頼件数も多く、依頼内容も多岐におよぶ「導入・試行期」、コンサルティ間に競合的な関係が見られ、コンサルテーションに対するさまざまな懐疑や意見が出される「葛藤期」、このような過程を経て、コンサルテーションの目的や利用の仕方が認識される「受容期」である。したがって、コンサルタントは、コンサルテーションが受容され、発展していく過程で、「葛藤期」の存在を意識し、それに冷静に対処することが重要であると示唆された（箕口，2000）。

なお、「受容期」以後もコンサルテーションは継続されているが、依頼の頻度と内容はきわめて限定されてくる。このことは、コンサルテーションがその役割を果たし、入所者に対するセンター側の心理・精神保健的対処能力が向上したことを示していると考えられる。

b 帰国者を援助する人々に対する啓発・教育活動

コミュニティのキー・パーソンに対する啓発・教育活動に取り組むことは、コミュニティ・アプローチをとる実践家の重要な役割の一つである。中国帰国者の支援機関・団体の要請を受け、帰国者を受け入れ援助する側の人々（自立指導員、日本語講師、学校教師、ボランティア、福祉事務所ワーカー、行政担当者など）を対象に、帰国者の心理・精神保健的援助のあり方についての講演を行うと

ともに、不適応事例への対応や、支援ネットワークづくりに関するコンサルテーション・サービスを実施してきた。これらの活動は、帰国者に対する直接的な心理援助ではないが、心理の専門家と帰国者支援に携わる人々の間の支援ネットワークを形成する絶好の機会になった。すなわち、啓発・教育活動を通して、帰国者の抱えている現実的かつ危急の問題を共有できると同時に、共に問題解決をしていくという連携と**協働**（collabolation）の姿勢が強化され、そのことが帰国者の心理的援助の促進につながるからである。

c 危機介入

危機介入（山本, 2000）は、独自の理論と目的をもった心理的援助方法の一つであり、コミュニティ心理学的アプローチを進めていくうえで、欠くことのできないものである。

前述したように、コンサルテーション活動や啓発・教育活動を通して、心理の専門家としての存在が認知されてくると、さまざまな危機的状況にあるケースへの介入が求められる。たとえば、「日本語学習」「定着地のあっせん」「就労・就学」「家庭内の葛藤」「定着地でのトラブル」などに起因する危機である。これら危機ケースへの介入に当たっては、危機状況に陥った人の心のバランスを、できるだけ早くもとの状態に回復させるべく、問題発生状況を理解したうえで、即時的・即応的な介入が必要となる。そのため、危機状態にある人をとりまくサポート資源が最大限に活用できるように調整し、働きかけていく役割が専門家に求められる。特に、「自殺（企図）」「精神障害の顕在化」といった深刻な危機状況に対しては、直接的・即時的な介入が困難な場合が多い。そうしたときに重要なのは、普段からのサポート資源の開拓と支援ネットワークづくりである。精神科救急の受け入れ体制づくり、精神科医療機関との連携、必要なサポート資源の紹介や情報提供は、心理の専門家がなすべき大切な仕事である。

このように、危機に対する適切な働きかけは、直接的な援助をもたらすだけでなく、サポート資源の開拓と**支援ネットワーク**の強化につながる。これはコミュニティ・アプローチの要の一つである。

d 支援ネットワークづくり

コミュニティ・アプローチの究極の目標は、コミュニティの問題がコミュニティ自体のネットワークを通して解決されることにある。前述したように、コンサルテーション、啓発・教育活動、危機介入といったアプローチは、こうした支援ネットワーク形成の一翼を担うものにすぎない。

筆者らが研究のキー・ステーションとしたセンターでは、帰国者支援に携わる人々にニューズレター『同声・同気』を定期発行するとともに、インターネット上で、帰国者支援のホームページ（http://www.kikokusha-center.or.jp/）およびメーリングリストを開設し、情報ネットワークを通した支援システムの構築を進めている。また、文化庁では、帰国者の日本語教育を支援する立場から、Q&A形式の啓発書を作成・配布し、協議会・研究会議を定期的に開催している。このように、帰国者の支援ネットワークは量的・質的にも確実に広がっている。

e　研究データに基づく介入

　研究データに基づく介入（data-based intervention）は、コミュニティ心理学の中核をなす学問的態度である（山本，1986）。すなわち、「コミュニティの心理社会的問題に対し、傍観者でいることなく、その問題解決に飛び込んで共に関わるコミットメントの姿勢」がここに集約されているからである。しかし、研究成果を、どこに、どのような形でフィードバックするかなど、実際には難しい問題もある。前述したように、研究のキー・ステーションであるセンターには、そのつど研究成果をフィードバックし、センター全体の処遇方針や個別対応の参考資料として、即応的に役立ててもらうことができた。一方、研究委託者（厚生労働省）に提出する報告書（江畑・箕口，1990）だけでは、研究成果や提言の内容が、その後の施策にどのように反映されるのかが曖昧に終わる場合が多い。ただし、提言の中で強く主張した点（思春期・青年期にある二世と親が同室に寝泊まりする状況の改善）は、センター入所者の居住形態の改善案にもりこまれ、即応的な対応が見られた例もある。

　今後も、「適応上の諸問題を実践的に解決することを含むアクション・リサーチ」の提言が、より具体的な形で施策に反映されるように、さまざまな支援ネットワークを通して働きかけていく必要がある。コミュニティ心理学の視点に立つ研究者は、研究の中立性を保ちつつも、問題解決に強くコミットしていく姿勢が常に問われるのである。

3）考察と今後の課題

　多文化社会におけるコミュニティ心理学的アプローチの試みの一つとして、中国帰国者の場合を検討した。すでに述べたように、帰国者に対する支援体制は、いくつかの課題は残されているものの、帰国者に対する日本語学習支援者の相互支援ネットワークを中核としつつ、コミュニティ支援の方向で動いている。とり

わけ、インターネットを介した情報交換・相互支援の広がりにはめざましいものがあり、中国帰国者定着促進センターを発信基地とする帰国者支援ネットワークは、他の定住外国人支援ネットワークと連携しながら、一つの"ネットワーク・コミュニティ"を形成しつつある。そのなかで筆者らが果たしてきたのは、支援ネットワークづくりの触媒的役割であると位置づけることができる。

　今後の課題としては、帰国者のボランティア・ネットワークとの連携をさらに広げていくだけでなく、帰国者自らによるセルフヘルプ・グループへの支援活動も強化していく必要がある。

引用文献

江畑敬介　1987　中国帰国者のこころの問題. こころの科学, **14**, 2-6.
江畑敬介・箕口雅博　1990　厚生労働省中国帰国者適応状況検討会事例研究班報告書.
江畑敬介・曽　文星・箕口雅博（編）1996　移住と適応——中国帰国者の適応過程と援助体制に関する研究. 日本評論社.
厚生労働省　2005　帰国から定着までのフローチャート. 厚生労働省資料.
厚生労働省社会・援護局中国孤児等対策室　2000　中国帰国者支援に関する検討会報告書. 厚生労働省資料.
厚生労働省社会・援護局中国孤児等対策室　2005　孤児関係統計一覧. 厚生労働省資料.
箕口雅博　1998　中国帰国者へのコミュニティ心理学的接近. 井上孝代（編）多文化時代のカウンセリング, 現代のエスプリ, **377**, 165-178.
箕口雅博　2000　精神保健コンサルテーションの受容過程に関する研究——中国帰国者定着促進センターにおける経験から. 立教大学コミュニティ福祉学部紀要, **2**, 85-99.
箕口雅博・江畑敬介・斎藤正彦・梅田康子　1994　中国帰国孤児定着促進センターにおける精神衛生コンサルテーション・サービス活動——その実際と意義. 中国帰国者定着促進センター紀要, **2**, 49-275.
箕口雅博・江畑敬介・曽　文星・山田　寛・益子　茂・増井寛治・斎藤正彦・梅津　寛・原田誠一・原　裕視・丹羽郁夫・江川　緑・浦田優子　1991　中国帰国者の適応過程に関するプロスペクティブ・スタディ（第1報）——研究の概要と方法論的研究. 社会精神医学, **15(1)**, 41-50.
山本和郎　1986　コミュニティ心理学——地域臨床の理論と実践. 東京大学出版会.
山本和郎　2000　危機介入とコンサルテーション. ミネルヴァ書房.

異文化間問題
[2] 外国人留学生の異文化適応

加賀美常美代

　日本では、1983年以来「**留学生受入10万人計画**」のもとで、高等教育機関では**留学生**の受け入れ拡大が施策として促進されてきた。国際社会の中で、日本も先進国および経済大国に相応しい役割を果たす必要があると考え、途上国の人材育成や知的国際貢献を目指して、この施策を基本方針として打ち出した。その結果、2005年度の留学生数は12万1,812人に達し、文部科学省は、21世紀初頭の10万人受け入れの目標を達成したという見解を示している。しかし、量的な目標達成は遂げられたものの、日本における留学生問題の本質的な部分が解決されたわけではなく、質的側面においても課題が多い。

1）相談事例から見た在日留学生の抱える問題

　留学生の抱える問題は、その相談内容から捉えることができる。松原・石隈（1993）は、大学のカウンセラーを対象に、留学生への相談活動の実態と事例を調査し、相談内容の特徴として、言語の問題、経済問題が心理的問題より多いことを指摘した。田中（1993）は、大学留学生センターの3年間にわたる相談内容を、第一種相談と第二種相談に分類し、前者を**異文化間カウンセリング**、心理相談、健康相談、話し相手、進路相談とし、後者を語学、学業、問い合わせ、要望などの周辺的相談に分類している。同様に、加賀美（1998）は、留学生宿舎の相談室における相談内容を分類したところ、経済的問題、住居問題、日本語学習、研究関連、進路相談、在留関連、情報提供、健康心理、対人関係、トラブル相談とそれらへの対処などとなった。

一方、アメリカのLeong & Chou（1996）は、43万8,000人の在米留学生の問題を、**カルチャー・ショック**、言語問題、孤立、外国暮らしによる孤独など、全般的な適応問題とみなしており、推定ではその2割に心理的な問題があるという。Thomas & Althen（1989）は、留学生の主要な問題として、カルチャー・ショック、教育システムの斬新さから生じる学問的困難性、学生間の政治的・宗教的・社会的コンフリクト、母国の発展の影響、異文化間の異性関係、社会的孤立、抑うつ状態、パラノイア、経済的問題、入国管理局による恐れや不安、アメリカ人とのストレスフルな対人関係、新しく発見した自由の問題、期待はずれ、自国での親戚や友人の死の問題、卒業後の進路、帰国後の不安などを挙げている。

また、Furnham & Bochner（1986）は、留学生は自国の学生より付加的な**ストレス**があり、留学生の問題を外国に居住する人の普遍的な問題、青年期の問題、学問的なストレス、留学生が自国の代表として感じる役割上のストレス、の4類型に分けている。以上のことから、日本でもアメリカでも、受け入れ社会の文化的な背景は異なるものの、留学生の問題は概して、青年期の発達課題、大学生としてキャンパスで生活する上での問題など、ネイティブな学生と共通する点も多い。

2）留学生の精神衛生に影響を及ぼす要因とは

留学生の精神衛生に影響を及ぼす要因とは、どのようなものであろうか。野田（1995）は、カナダの移住者を対象にした報告の中で、精神衛生上の危険因子を以下のとおり、7要因挙げており、このことは留学生の精神衛生においても適用可能であるので、以下にこの要因に沿って検討してみる。

① 留学に伴う社会的・経済的地位の低下

留学生の中には母国で高学歴、専門職歴をもつ人もいるので、学生という立場、経済的に困難な状況が受け入れられない場合がある。特にアジア出身の私費留学生が全体の9割以上を占めるために、経済的困難の影響は大きい。

② 留学した国の言葉が十分話せないこと

日本語での意思疎通ができないことにより、生活面、学習面、研究面における支障、自尊心や学習意欲の低下、学位取得への不安などを招く。

③ 家族離散／家族からの別離

母国での最も身近な支援者（家族や友人）との日常的な関係が絶たれてしま

い、拠り所が失われてしまう例もある。
④　受け入れ国・人の友好的態度の欠如
　　住宅探しやアルバイト先で被差別感、期待していた日本人学生との友人関係の形成がうまくいかないなどである。
⑤　同じ文化圏の人々に接触できないこと
　　同じ言語、同じ文化圏の学生との交流ができない場合もあり、精神的に安定感が得られないこともある。
⑥　留学に先立つ心的外傷体験／持続したストレス
　　留学前に、戦争や災害などの環境的な要因で重要な人々を喪失した体験、継続したストレスや不安があった場合である。
⑦　ライフ・サイクル上の問題（思春期・青年期等）
　　思春期、青年期の学生は、発達課題や精神的に不安定になりやすい要素が多い。
　このように、文化移動に伴うさまざまなメンタルヘルスに関する危険因子が、複合的に関わってくることを考慮しなければならない。

3）カルチャー・ショック

　異文化接触では、その人が生まれ育った場所や生きてきた過程が異なり、存在意義を否定されることさえあるため、個人の内面の揺れを招く。カルチャー・ショックは、新しい文化に接触した当初に生じる感情的・認知的な衝撃であり、身体症状や累積的に起こる潜在的・慢性的な症状である（星野編, 1980）。カルチャー・ショックの概念は、Oberg（1960）が最初に提起し、「社会的な関わり合いに関する、すべての慣れ親しんだサインやシンボルを失うことによって、突然生じる不安」と定義した。それゆえ、異文化接触により、慣れ親しんだある種の意味を表すシンボルが通用せず、他方、新しい文化のシンボルの意味がよくわからないときに生じる戸惑い・不安・動揺を表す。
　カルチャー・ショックの生じる要因については、異文化接触によるのか、または個人差によるのかという論点があるが、近藤（1981）は、個人が異文化で生活するときに現れるという意味では文化的現象であるが、表れ方が個人によって異なるという意味では個人的現象であると捉えている。しかし、カルチャー・ショックはあくまでも、個人を媒介にして顕在化する現象であり、それゆえ、その人の年齢・学歴・職業経験・現地語能力・外国生活体験の有無・性格によって現

れ方が異なってくる。また、秋山（1998）は、カルチャー・ショックは、比較的短期間の滞在であって、4、5年以上の滞在の場合は、文化的同一性や個人的葛藤が背後にあることを指摘している。

4）異文化適応の理論とプロセス

異文化適応について、Brislin（1981）は、個人が満足していること、現地の人々から受け入れられていると知覚すること、強度のストレスがなく日常生活が機能していること、の三つの条件があるという。また、異文化適応を考えるときに、時間的・段階的変化と類型化の視点があるという（上原，1992）。前者は、時間の経過により異文化適応のプロセスが異なり、いくつかの段階を経て適応にいたるという理論的仮説で、後者は、自文化に対する態度と相手文化に対する態度の軸から、異文化適応の態度を類型化する理論的仮説である。

時間的・段階的変化に関する異文化適応研究の代表的なものに、**U カーブ仮説**（Lysgaard, 1955）、**W カーブ仮説**（Gullahorn & Gullahorn, 1963）などの先駆的研究がある。U カーブ仮説は、Lysggard（1955）が、滞米中のフルブライト奨学生であるノルウェー人留学生の経験を調査した結果、これを提唱したものであり、彼らの異文化適応過程は、ハネムーン（新しい環境に入り意気揚々と熱意を感じる）、葛藤（移行前の環境の喪失感と新しい環境への否定的感情）、回復（新しい環境に慣れ落ち着き、帰属意識が芽生える）、二文化並立期（二つの文化に帰属感をもち柔軟に適応できる）の四つの時期があると述べている。また、Gullahorn & Gullahorn（1963）は、異文化滞在中と帰国後に二つの心理的な低調期があるという W カーブ仮説を提唱した。しかし、その後の研究で、Furnham & Bochner（1986）は、U カーブ仮説、W カーブ仮説について、過度の一般化に基づくものとしていることや、定義があいまいであること、横断的調査が多く縦断的なデータに基づいていないことを指摘し、いずれも不十分であると批判している。

異文化適応の類型には、Berry（1997）の異文化受容態度の類型モデルがある（表Ⅶ-7(2)-1）。彼は、異文化適応を調節のプロセスとみなし、二つの文化的集団が接触した結果生じた変化を表すものとして、文化適応モデルを提起した。このモデルは、自文化への態度を重視するかしないか、ホスト文化への態度を重視するかしないかの組み合わせから、適応の類型を四つに分けている。「**統合**」は、文化移動した人たちが自文化を重視しつつ、ホスト文化にも好意的な態度をもつ

表Ⅶ-7(2)-1　異文化受容態度の類型モデル（Berry, 1997）

相手集団との関係の維持 \ 自文化の特徴と文化的アイデンティティの維持	重視する	重視しない
重視する	統合（integration）	同化（assimilation）
重視しない	分離（separation）	周辺化（marginalization）

タイプであり、「**同化**」は、ホスト文化に対しては好意的な態度をもつが、自文化をあまり重視しない態度をもつタイプである。「**分離**」は、自文化を重視する態度をもつが、ホスト文化に対しては否定的な態度をもつタイプで、「**周辺化**」は、自文化・ホスト文化の両方に否定的な態度をもつタイプである。Berryは、これらの態度が異文化接触過程において、ストレスや行動に影響を与える重要な要因であることを示している。

5) 日本における留学生の適応研究

　日本における留学生の適応研究について述べると、山本（1986）は、Baker & Siryk（1986）の新入生適応尺度をもとに、学習、対人関係、情緒の側面について留学生の適応を測定した。さらに、上原（1992）は、この山本（1986）の尺度を改良し、学習・研究、心身健康、対人関係、文化、住居環境・経済領域の適応尺度を開発した。これらは、その後の適応研究に踏襲されている（周, 1995）。Tanaka et al.（1994）は、因子分析によって抽出した適応因子を用いて、滞在期間が3年以上の留学生は、1年未満、2～3年の留学生より適応得点が高いことを見出した。井上・伊藤（1995）は、日本語教育機関の留学生を対象に、異文化適応と精神的健康との関連を調査した結果、1年後の健康度が最も低いことを示した。佐々木・水野（2000）は、外国人研修生45名を対象に、学習、日本文化、住居・経済の3領域で、6ヶ月間の適応過程を検討した結果、領域ごとに適応過程が異なるとともに、Uカーブとは限らないことを示した。

　また、留学生のソーシャルサポートと適応についても、一定の関連が認められている（田中, 2000）。適応に有効なサポートは、ホスト社会の人々との接触であるとし、高井（1994）は、日本人と多くの関係をもつ留学生は、日本人をより理解し、好意的に認知する傾向を見出した。水野・石隈（2001）は、学習・研究、対人関係、住居・経済、心身健康の適応領域に分け、サポートの種類と検

討した結果、学習研究領域、対人領域、住居・経済領域においては、援助者の効果があったが、心理健康領域においては援助者との関連が見られないことを示した。一方、加賀美・箕口（1997）は、留学生宿舎にコミュニティ・アプローチを基軸とした実践活動を導入し、チューター制度導入前後の3年間の相談内容を比較（加賀美, 1998）した結果、「経済問題」「住居問題」が減少し、「健康心理」「対人関係」「トラブル相談とその対処」が増加したことを示した。このことは、コミュニティ・アプローチの実践活動がカウンセラーの認知度を高め、心理的抵抗がなく相談室が利用され、留学生の異文化ストレスの解消に少なからず貢献していると考えられる。

以上のように、留学生の異文化適応に関しては、これまで、個別相談事例の分析や適応尺度を用いた調査研究を主体とした横断的研究が多く実施されてきた。さらに、個と環境の適合性を目指すコミュニティ援助の視点からは、どのような特性をもつ個人が、どのような文化接触状況において、どのような環境との力動的な作用が生じるか、時系列的な事例研究や実践研究をもとに質的分析を行うなど、コミュニティ心理学的アプローチによる多様な研究方法論の試みも必要であろう。

引用文献

秋山　剛　1998　異文化間メンタルヘルスの現在．秋山　剛（編）異文化とメンタルヘルス．こころの科学，**77**，14-22．

Baker, R. & Siryk, B. 1986 Exploratory Intervention with Scale Measuring Adjustment to College. *Journal of Counseling Psychology*, **33**(**1**), 31-38.

Berry, J. W. 1997 Immigration, acculturation and adaptation. *Applied Psychology: An International Review*, **46**, 5-68.

Brislin, R. W. 1981 *Cross-Cultural Encounters: Face-to-Face Interaction*, 72-108. Pergamon Press.

Furnham, A. & Bochner, S. 1986 *Culture Shock: Psychological Reactions to Unfamiliar Environment*. Methuen.

Gullahorn, J. T. & Gullahorn, J. E. 1963 An extension of the U-curve hypothesis. *Journal of Social Issues*, **19**, 33-47.

星野　命（編）　1980　カルチャー＝ショック．現代のエスプリ，**161**，5-30．

井上孝代・伊藤武彦　1995　来日1年目の留学生の異文化適応と健康――質問紙調査と異文化間カウンセリングの事例から．異文化間教育，**9**，128-142．

周　玉慧　1995　受け取ったサポートと適応に関する因果モデルの検討――在日中国系留学生を対象として．心理学研究，**66**，33-40．

加賀美常美代　1998　コミュニティ心理学の発想に基づいた留学生相談の実践的展開．

井上孝代（編）多文化時代のカウンセリング．現代のエスプリ，**377**，96-108．
加賀美常美代　2002　留学生への相談支援体制――留学生の心とどう向き合うか．留学交流，**14(11)**，6-9．
加賀美常美代・箕口雅博　1997　留学生相談におけるコミュニティ心理学的アプローチの試み――チューター制度導入後の留学生寮相談室活動の質的変化．コミュニティ心理学研究，**1**，15-30．
近藤　裕　1981　カルチャー・ショックの心理――異文化とつきあうために．創元社．
Leong, F. T. L. & Chou, E. L. 1996 Counseling international students. In Pedersen, P. B., Draguns, J. G., Lonner, W. J., & Trimble, J. E. (eds.) *Counseling across Culture*, 4th ed., 210-242. Sage.
Lysggard, S. 1955 Adjustment in a foreign society: Norwegian Fulbright Grantees Visiting the United States. *International Social Science Bulletin*, **7**, 45-51.
松原達哉・石隈利紀　1993　外国人留学生相談の実態．カウンセリング研究，**26**，146-155．
水野治久　2003　留学生の被援助志向性に関する心理学的研究．風間書房．
水野治久・石隈利紀　2001　アジア系留学生の専門的ヘルパーに対する被援助志向性と社会・心理学的変数の関連．教育心理学研究，**49**，137-145．
野田文隆　1995　移住と精神障害．日本社会精神学誌，**4**，53-57．
Oberg, K. 1960 Cultural Shock: Adjustment to New Cultural Environment. *Practical Anthropology*, **July-August**, 117-182.
佐々木ひとみ・水野治久　2000　外国人研修生の異文化適応に関する縦断的分析．国際交流基金日本語国際センター紀要，**10**，10-16．
高井次郎　1994　日本人との交流と在日留学生の異文化適応．異文化間教育，**8**，106-116．
田中共子　1993　「留学生」相談の領域．学生相談研究，**14**，280-287．
田中共子　2000　留学生のソーシャル・ネットワークとソーシャル・スキル．ナカニシヤ出版．
Tanaka, T., Takai, J., Kohyama, T., & Fujihara, T. 1994 Adjustment patterns of international students in Japan. *International Journal of Intercultural Relations*, **18**, 55-75.
Thomas, K. & Althen, G. 1989 Counseling the Foreign Students. In Pedersen, P. B., Draguns, J. G., Lonner, W. J., & Trimble, J. E. (eds.) *Counseling across Culture*, 3rd ed., 205-241. University of Hawaii Press.
上原麻子　1992　外国人留学生の日本語上達と適応に関する基礎的研究．平成2年度科学研究費補助金（一般研究C）研究報告書．
山本多喜司　1986　異文化環境への適応に関する環境心理学的研究．昭和60年度科学研究費補助金（一般研究B）研究報告書．

異文化間問題
[3] 外国人留学生の支援体制と連携

加賀美常美代

1) 留学生の抱える問題

留学生相談の現場には多様な問題がもち込まれる。マクロレベルの問題には、環境的・物理的な要因としての経済的問題、住居問題がある。全留学生に占める割合は、アジアからの留学生が9割、なおかつ私費留学生が9割という現状では、留学生の生活基盤はアルバイト（資格外活動）を前提としたものとなる。学習・研究目的で来日しているはずの学生の最大の困難は、日本での生活保証という点で障害をもつことである。さらに、専門分野の研究によっては学位取得が長期化するため、経済的問題は私費留学生に重くのしかかってくる。

メゾレベルの問題は、マクロとミクロをつなぐような問題で、情報提供や対人関係に関連するものである。新入留学生の場合、情報ネットワークを構成する対人関係が希薄なために、知るべき情報を知らないという「情報からの疎外」がある。また、同じ寮や大学に何ヶ月も住んでいながら心の許せる友人ができないことに対し、日本人への不満・不信感・疎外感を募らせる場合も少なくない。学位取得の際には、指導教員との葛藤問題も見られ、弱い立場にある留学生は、教員とはあまり関係調整を行おうとせず、悩みを潜在化させている様子が見られる。

ミクロレベルの問題には、日本語学習、健康・心理の問題がある。言語学習が困難な例、長期間の日本語集中コースに順応できない例、自尊心を喪失した例、学習時に集中できなくなった例、学習意欲が低下して学習自体が苦痛になった例、生活の活力が失われ、気持ちが落ち込み、うつ傾向になった例もある。こうした日本語未習者の困難には、一般的に、文化的ストレス、ホームシックも伴っ

て見られることもある。さらに、個人的要因として、留学前から継続してもっていた問題、母国での心的外傷体験、ライフ・サイクル上（青年期など）の問題など、精神衛生上の危険因子が複合的に関わると、より深刻な事態に陥ることがある。

2）留学生支援における問題解決の方法

こうした問題を解決するためには、援助を必要とする留学生の**援助資源の査定**や、留学生自身の**自己解決能力**がどの程度あるかをまず見極める必要がある。前述したように、留学生の問題は、経済や制度などの違いを含む現実的問題や、文化背景の異なるために生じる問題も多いが、心理的問題などを含む場合もあるため、原因が個人的な心理の問題か文化の問題かを、分離して査定することが非常に困難である。また、ときとして受け入れ社会がもつ問題（たとえば、差別を受けているという訴え）も含むため、相談室内で個別面接を行う援助方法だけでは限界がある。したがって、受け入れ社会や学校などに所属する人々に対し、留学生が抱える問題をプライバシー保護に配慮しながら説明し、留学生の所属集団・文化の中で援助可能な専門家や非専門家を探し、適切な援助者の協力を得ながら支援体制をつくるという援助方法も必要になる。

3）留学生相談支援体制の構築と実践例

先にも述べたように、留学生支援については、問題解決へ導くために多様な援助者が必要である。水野・石隈（1998）は、学校カウンセリングの実践において、**専門的ヘルパー**（保健管理センター・留学生相談カウンセラーなど）、**役割的ヘルパー**（日本語教員、指導教員、事務職員など）、**ボランティア・ヘルパー**（同国人の留学生、日本人学生、地域社会の人々など）が協働し、効果的に連携することが重要であると述べている。

a 専門的ヘルパーとボランティア・ヘルパーとの連携

留学生の問題は、個人レベルから組織レベルまで多様な問題が生じるので、支援者間の**協働**と**連携**が必要である。留学生宿舎においては、カウンセラーと留学生の**つなぎ役**として居住する**日本人学生チューター**を介した支援活動もある（加賀美・箕口，1997；加賀美，1998）。宿舎の相談では、留学生への日常的な接触頻度は、非常勤カウンセラーよりチューターのほうが高いので、チューターを介して問題やトラブルがもちこまれる。そのため、緊急入院など**危機介入**の際には

スムーズに連携ができるように、チューターへの対応策の訓練や教育、危機対応の際のコンサルテーションが必要である。たとえば、寮内は生活の場であることから、文化差が浮き彫りになりやすく、思わぬ対立や偏見を招きやすい。このようなチューターからの相談に対し、カウンセラーは留学生との関わり方を助言したり、宿舎内のルールづくりを促したり、コミュニケーションを十分取るための工夫や提案など、コンサルテーションをすることも少なくない。また、チューターでは解決不可能な学生同士のトラブルの仲裁や週末に起きた学生の緊急入院など、カウンセラーとチューターが協働で対応する場合もある。組織管理者へのコンサルテーションも重要で、チューター制導入に当たって、チューターとカウンセラーの両方の機能を生かすために、助言や談室設計への意見交換などを行うことも重要である。

　大学キャンパスにおいても、コミュニティ心理学的発想のもとで、留学生の支援体制が整備されているところもある（高松，1997）。九州大学の場合には、大学や県、国別の留学生会などさまざまな留学生支援グループが古くからあり、**留学生指導担当教員（留学生アドバイザー）**はこれらの支援グループとの関わりを調整している。「そら」という留学生支援ボランティア・グループは、仕事をもっている80名の登録者がおり、日本語、引越し、ニューズレター、研修などを担当している（高松・白土，1997）。

　お茶の水女子大学では、20数年前から、大学院生チューターの運営する留学生相談室があり、ここでは日常的に、チューターたちが日本語のレポート添削など学習支援、生活情報提供、インターネット使用によるパソコンの管理維持、控え室の管理維持などを行ってきた。さらに、学園祭、留学生懇談会、オリエンテーションなどの補助、相談室だよりの発行もしている（加賀美，2002）。20数名の相談室チューター・メンバーには、韓国・台湾・中国からの留学生も含んでいるため、留学生利用者の立場から相談室運営を見直す際にも役立っている。留学生相談の担当教員は、チューター長と運営メンバーへのコンサルテーション、年2、3回行われるチューター総会時において、留学生支援および留学生との関わり方に関する講義、事例検討会の助言、日常的なメーリングリストによる助言など、**間接的支援**も行っている。

　大学コミュニティでは、留学生に関連するさまざまな学内部署（国際交流課、学生相談室、保健管理センターなど）、役割的ヘルパー（指導教員、日本語教員など）、ボランティア・ヘルパー（学生など）が連携しあう必要がある。お茶の

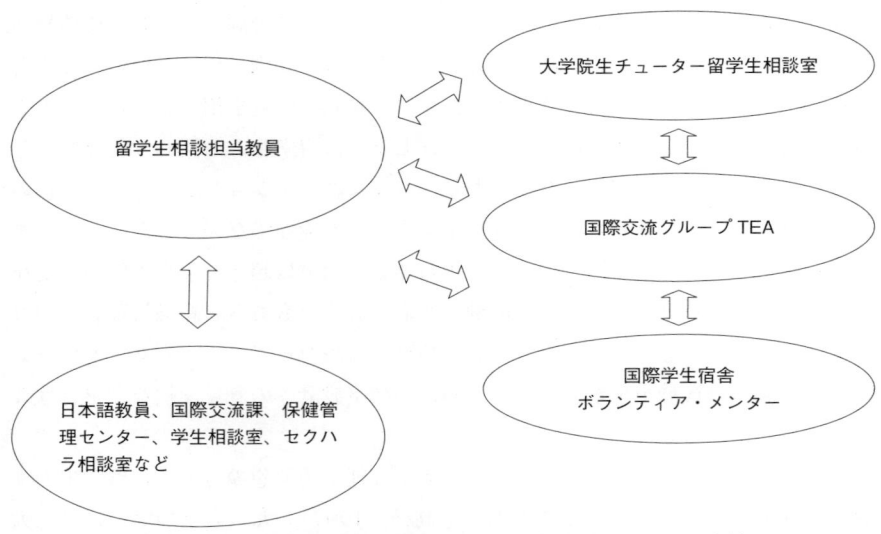

図Ⅶ-7(3)-1 留学生の学内支援体制例と連携（加賀美，2005より改変）

水女子大学では、図Ⅶ-7(3)-1のように、相談担当教員、留学生相談室の大学院生チューター、国際交流グループ（TEA）のボランティア・ヘルパー、国際学生宿舎の**ボランティア・メンター**（新入留学生のために、宿舎生活をするうえで必要な情報提供や助言を行う先輩留学生）との連携・協力のもとで、学内留学生支援・交流体制をつくっている（加賀美，2005）。さらに、包括的に保健管理センター、セクハラ相談室、学生相談室などとの相互連携を図り、危機介入や日常的な関係づくりを行っている。

b　危機における教育的援助者、指導教員、精神科医との連携

留学生の危機においては、医療や精神科医の介入も必要である。加賀美・岡野（2002）は、留学生であるクライエントの社会復帰過程と**教育的援助者**（educational coordinator: EC）（危機介入に際しカウンセラー、教師という役割にこだわらず、心のケアに積極的・教育的（成長促進的）に関わる援助者（加賀美ら，1999））、指導教員、精神科医との連携についての実践報告をしている。表Ⅶ-7-(3)-1は、クライエントの問題解決過程と援助者の役割に応じた介入を、パラダイムとしてまとめたものである。クライエントの問題解決に向けて、教育的援助者は、初期から社会復帰時期まで、非指示的面接から指示的面接へ、さらに、具体的な教育援助（補習）へとより積極的な面接技法へと変化させている。同様

表Ⅶ-7(3)-1　問題解決過程における時期と援助者の役割に応じた介入のパラダイム（加賀美・岡野, 2002より改変）

時期＼役割	クライエント	教育的援助者（EC）	精神科医	指導教員	非専門家
発症初期	問題発生・問題探索	非指示的面接 自由画	安静保持・コースからの分離・薬物療法による関与強	問題理解・観察	静観 母語での会話、集会参加
自己開示・展開期 支援ネットワーク獲得期	問題発見・明確化	非指示的面接 自由画	薬物療法による関与弱	日常生活レベルの援助	家族との会話、日本人学生との交流、母国支援者の会への参加
社会（コース）復帰準備・現実検討期	問題解決・社会復帰への不安	指示的面接 コース復帰のための教育的援助	不投薬による経過観察	研究指導への接近・情報提供と助言	留学生、地域社会の日本人との交流

積極的援助の度合い：弱 ………▶ 強

に、指導教員も、初期においては、観察や日常レベルでの援助という消極的な援助を行ったが、社会復帰時には研究指導に向けての情報提供や助言というように、段階的に積極的な援助を強めている。一方、精神科医は、初期においては、薬物療法による治療導入に関与し、その後徐々に減量して、最終的には経過観察という過程を示している。

このように、危機的状況にあった留学生の社会復帰がスムースにできた理由は、①精神科医と教育的援助者と指導教員の緊密な連携のもとで、支援者たちが経過や時期を考慮しながら役割に応じた援助を質的に変化させながら、相互に協働し合えたこと　②教育的援助者と指導教員との協力のもとで、日本語教育と専門分野の研究指導の協働と連携が行われ、クライエントの学位取得という本来の目的が明確にされ、大学院の研究指導への導入として効果をもったこと　③母国やホスト社会の友人ネットワークの拡大により、支援体制が強化されたこと、が挙げられる。

以上のように、留学生の危機介入については、その抱える問題の多様性からして、問題解決へ導くためには、医療、教育など多様な支援者の協働と連携が必要

である。その背景には、留学生と援助者の、信頼と円滑なコミュニケーションに基づく日常的な関係づくりが必要である。また、協働と連携をスムースに進行させ、留学生の問題解決に役立つためには、全体的なコーディネーションと統括を行う教育的援助者の役割が、とりわけ重要である。このように、教育的援助者は、学内外の専門的ヘルパーと非専門的ヘルパーなどの多様な資源を開発し、連携・統括させる役割を包括的に担っているのである。

なお、非専門的ヘルパーの役割も多大であるが、専門的ヘルパーと非専門的ヘルパーの連携における問題点も散見されている。非専門的ヘルパーを有効な留学生支援の社会資源とするためには、教育やスキル訓練が必要であるが、資質の問題もあり限界がある。したがって、専門的ヘルパーが非専門的ヘルパーと連携するうえでの困難が生じたときは、専門的ヘルパーが非専門的ヘルパーをカバーしながら、対処せざるを得ない状況が出てくることを、十分認識しておくことが重要であろう。

引用文献

加賀美常美代 1998 コミュニティ心理学的発想に基づいた留学生相談の実践的展開. 井上孝代（編）多文化時代のカウンセリング. 現代のエスプリ, **377**, 96-108.

加賀美常美代 2002 留学生への相談支援体制——留学生の心とどう向き合うか. 留学交流, **14(11)**, 6-9.

加賀美常美代 2005 全学留学生のピアサポートの経緯と理念. 加賀美常美代（編）お茶の水女子大学ピアサポート・プログラム報告書, **1**, 47-49.

加賀美常美代・箕口雅博 1997 留学生相談におけるコミュニティ心理学的アプローチの試み——チューター制度導入後の留学生寮相談室活動の質的変化. コミュニティ心理学研究, **1**, 15-30.

加賀美常美代・箕口雅博・瀬口郁子・奥田純子 1999 阪神・淡路大震災における被災外国人学生の支援活動と心のケア. ナカニシヤ出版.

加賀美常美代・岡野禎治 2002 来日早期にうつ病に至った留学生の症例報告——医療と教育の連携による奏功例. こころと文化, 多文化間精神医学会誌, **1(1)**, 63-72.

水野治久 2003 留学生の被援助志向性に関する心理学的研究. 風間書房.

水野治久・石隈利紀 1998 アジア系留学生の被援助志向性と適応に関する研究. カウンセリング研究, **31**, 1-9.

高松里 1997 留学生相談システムとしてのボランティア活動——サポートネットワーク〈そら〉の組織化を通して. 留学生教育, **1**, 69-83.

高松里・白土悟 1997 コミュニティ心理学から見た留学生指導——九州大学留学生センターの事例から. 九州大学留学生センター紀要, **8**, 75-88.

7

異文化間問題
[4] 留学生支援としての予防的・教育的アプローチ

加賀美常美代

　コミュニティ心理学では、問題や危機が生じたとき治療的に関わることより、問題が生じる前に予防的に関わることを重視している。本項では、大学キャンパスにおける留学生支援の**予防的・教育的活動**について、実践報告を行うとともに、多文化社会における留学生支援のあり方とコミュニティ心理学的援助について論じる。

1) 留学生の支援モデル
　石隈（1999）は、学校心理学における援助ニーズの大きさから、3段階の援助サービス・モデルを挙げ、**一次的援助サービス**（すべての学生に必要な援助）、**二次的援助サービス**（一部の学生に必要な援助）、**三次的援助サービス**（危機的状況にある学生に必要な援助）の重要性を示している。これらを留学生支援に当てはめてみると、次のようになる。
　① 留学生への一次的援助サービス
　　留学生全員に必要な援助で、留学生活に不安や混乱が生じないように、事前のオリエンテーションや情報提供のような支援活動がある。
　② 留学生への二次的援助サービス
　　一部の特別な支援が必要な留学生を対象にしたもので、日本語学習の困難な学生、学習意欲の低下した学生、欠席しがちな学生、うまく周囲の人々と対人関係やコミュニケーションができない学生、母国で深刻な問題を抱えていた学生などである。このようなハイリスクを抱えた学生に対しては、危機的

VII章—コミュニティ心理学の実践的展開

```
                    ┌ ・オリエンテーション
   一次的援助        │ ・留学生と日本人学生との交流、国際交流グル
   サービス          │   ープ TEA の活動
                    │ ・留学生相談室のパソコン利用、生活情報
     二次的援助      │ ・国際学生宿舎の情報提供、ボランティア・
     サービス        └   メンター支援

       三次的援助    ┌ ・グループ面接
       サービス      └ ・留学生相談室の学習支援など

                    ┌ ・危機介入
                    └ ・個別面接など
```

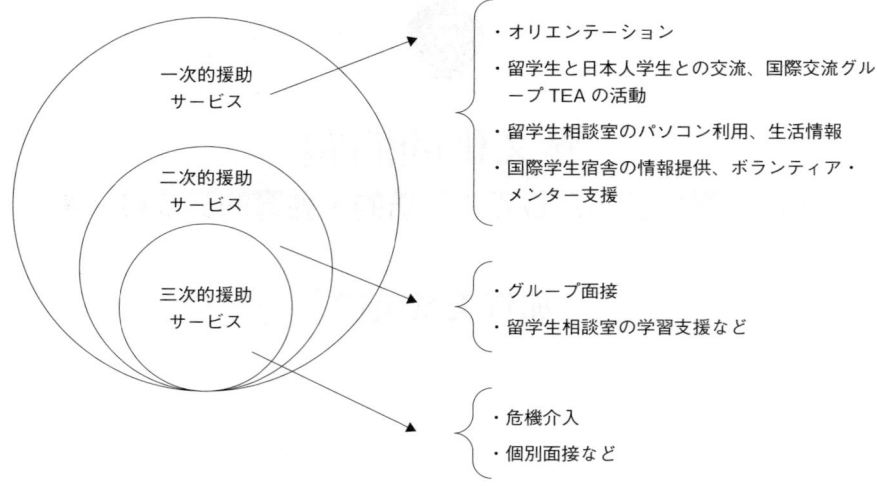

図Ⅶ-7(4)-1　お茶の水女子大学留学生相談支援システム

状況を未然に防ぐために予防的な介入を行い、注意深く観察し個別に支援体制を考えていく必要がある。

③　留学生への三次的援助サービス

危機的状況にある留学生を対象にしたもので、危機介入を行い、情緒的な均衡を取り戻すために精神科医との連携をとりつつ、個別カウンセリングや治療的関わりを行う必要がある。

これらの援助サービス・モデルを基軸に、お茶の水女子大学の国際教育センター（元留学生センター）では、図Ⅶ-7(4)-1のように、**留学生相談支援システム**をつくってきた。

特に、留学生支援の予防的・教育的アプローチは、前述した一次的援助サービス、二次的援助サービスと対応する。横田・白土（2004）は、留学生アドバイジングの側面からも、問題解決的アプローチ、予防的アプローチ、教育的アプローチに3分類し、同様の留学生支援を指摘している。以下では留学生支援の予防的アプローチ、教育的アプローチの実践活動を紹介する。

2）予防的アプローチ

a　オリエンテーション

オリエンテーションは、言語や文化背景の異なる社会に来たばかりの留学生を

対象に、ホスト社会での不安、心理的な軋轢、混乱、カルチャー・ショックを和らげるために行う支援活動である。多くの大学や留学生の受け入れ機関では、すべての新入留学生のためにオリエンテーションを実施しているが、そこでは、生活面、学習・研究面、心理健康面において、「いつ、どこで、だれが、どのような問題に、どのように対応、支援するか」という情報提供と、その支援者（組織）の周知が主な目的である。

国際交流課や留学生課などの事務担当者は、留学生が知るべき特有の情報（外国人登録、保険加入、資格外活動許可など）や、銀行口座開設などの事務手続きの説明を、また、日本語教員は、日本語補講や集中コース、日本語・日本事情などの授業紹介、履修方法の説明を行う。相談担当教員は、学内の相談関係組織（学生相談室、セクハラ相談室、留学生相談室、保健管理センター）の紹介や、異文化適応とストレス対処の助言を行っている。保健管理センターの医師は、健康診断、健康面での助言や利用方法の紹介をしている。また、相談室の大学院生チューターは、相談室と支援内容の紹介、キャンパス・ツアーなどを行っている。**国際交流グループ**（Transcultural Exchange Association : TEA）の学生たちは、活動紹介をしたりオリエンテーション終了後にウェルカム・ティーパーティを主催したりするなど、それぞれの担当者が来日初期の留学生の不安や戸惑いを解消させ、安心して留学生活が送れるように支援している。

b　留学生の居場所づくり

コミュニティ心理学では人と環境の適合性を重視するが、とりわけ、留学生が日常的に安心して過ごせるような環境整備は重要である。具体的には、気楽に歓談したり、お茶を飲んだりできる、**留学生の居場所**や**相談コーナー**などのことである。身近な支援者との自然な関わりが促進できる環境づくりが、予防的支援の基本となる。大学院生が運営する学習支援や情報提供を行う相談室、インターネットやパソコンが利用できたり、留学生が自由に弁当を食べたりできるスペースを提供することも重要である（加賀美，2003a）。

c　交流グループや自助グループの組織化とネットワークづくり

異文化適応に有効な支援は、ホスト社会の人々との接触であるという研究もある。Bochner, McLeod, & Lin（1977）は、母国、他国の留学生、ホストの学生集団にはそれぞれ異なる機能があり、留学生は、母国の集団には文化的価値を共有する機能を、ホスト（日本人）集団には、勉学遂行上必要な道具的な機能を、他国の集団にはレジャーなど娯楽的な機能を求めていることを示した。このよう

に、異文化適応の促進のためには、母国、他国、ホスト社会の人々との交流や支援が重要である。留学生と日本人学生の交流を推進する国際交流グループは、主要な多くの大学でつくられている。来日当初の新入生に対して、銀行口座開設や住民票取得などの支援活動やランチ・ミーティング、学園祭の参加、文化紹介など、大学によってさまざまな交流活動をしている。
　また、中国や台湾、韓国などは、国別に、留学生会などの**自助組織**をもち、それぞれ母語による情報提供や新入生への支援を、先輩留学生が後輩留学生に行っている大学もある。こうした学生同士の活動は、ともすると一時的な交流だけで終わってしまう場合もあるため、継続的にその活動を支え、助言するコーディネーターの存在が重要である。このような**セルフヘルプ・グループの組織化**は、留学生相談担当や日本語教員などがそのサポートの役割を担っていることが多い。

d　予防的集団面談や集団リラクゼーション

　国や地域によっては、相談室やカウンセリング、精神科医療に対するイメージは異なる。カウンセリングや相談室の存在や機能を知らなかったり、「特別な人が行く場所」というように、偏見や抵抗感をもっていたりする場合もある。また、精神科医に行くこと自体、自分へのダメージになり、社会復帰ができなくなるという非合理的な信念や思い込みをもっている学生もいる。このような場合、相談室に対する偏見の低減、相談室への近づきやすさ、カウンセラーの認知度を高めるために、新入生を対象にグループで呼びかけ、**予防的集団面談**を実施し、学校や寮内での生活、困ったこと、国の生活や家族、将来の話など身近な話をするなど相談室やカウンセラーへの理解を深め、心理的距離を縮めることも必要である。こうした活動から、個人だけでなく集団（出身地など）に共通した問題や特徴も把握でき、問題を抱えている学生が、これを契機に自然な形で、個別相談へとつながる利点もある（加賀美，1998）。さらに、心身の健康を増進させるために、カウンセラーが予防的に**集団リラクゼーション**（加賀美・箕口，1997）を導入し、学生のストレス発散に効果を高める場合もある。

3）教育的アプローチ

a　大学における異文化交流促進のための教育的介入と教育交流実践

　サポート資源が少ない留学生にとって、「友達をつくること」は何よりもメンタルヘルスのうえで、重要である。しかし、日本人学生と留学生との異文化交流は、自然な状態で放置していてもなかなか促進されない。

異文化接触における友人形成を阻むものとして、情報の壁（存在を知らない）、環境的障壁（出会う場所、時間がない）、スキルの壁（言葉、トピック、接近の仕方）、心理的な壁（知らない相手への不安、遠慮）、文化的壁（価値観、宗教、コミュニケーション上の戸惑い）などがある（横田，1991；加賀美，2001）。キャンパスにおける留学生と日本人学生の交流を円滑に行うためには、こうした壁を取り払うような教育的介入が必要である（加賀美，1999；加賀美，2006）。**教育的介入**とは、「一時的に不可避な異文化接触体験を設定することで組織と個人を刺激し、学生の意識の変容を試みる行為（p. 43）」である（加賀美，2001）。教育的介入における教育とは、目的をもって、意図的になされるコミュニケーションで、社会に望ましい行動を助長し、そうでないものを抑制する（坂田，1978）ことで、また、介入とは望ましくない状況にならないように早期に予防し、対象者に働きかけを行うことである（加賀美，2006）。このことは、コミュニティ心理学の基本概念であり、個人と個人を取り巻く人々や環境的要因への働きかけと捉えることができる。こうした教育的介入については、大学コミュニティにおける留学生を交えた異文化間交流の促進や人材育成につながるばかりでなく、マクロレベルにおける社会・組織への介入であり、ミクロレベルでは個人への認知・情動・行動の変化を促すものであると考えられる。

　教育的介入の実践には多様な形がある。①日本人学生が留学生に留学生の状況を理解できるような課題インタビューを実施するプログラム（加賀美，1999）②留学生と日本人学生との交流合宿による討論や協働的活動（加賀美，2003b）③異文化理解のためのシミュレーション・ゲームなどを導入した企画や授業（加賀美，2001；加賀美，2004）、が実践例として挙げられる。

b　講義や授業を通しての心理教育啓発活動

　大学によって科目名は異なるが、学部や大学院の異文化間コミュニケーション、日本事情などの講義を通して、心理教育（岡林，1997）や異文化間教育を行うこともできる（横田，1998）。岡林（1997）は、**心理教育**が治療教育的な考え方、予防的な考え方、発達的考え方から成り立ち、学生たちに心理的なスキル（傾聴スキル、自己主張スキル、攻撃性対処スキルなどの対人スキル）を焦点化して教授する、教育フレームによる広義のカウンセリングであるとしている。留学生を対象に行われる心理教育には、異文化接触において生じる危機事例をもとに、異文化適応のプロセスやメカニズム、カルチャー・ストレスを軽減するための知識やスキルの獲得などもある。また、留学生と日本人学生の合同授業では、

両者の意見交換を通して、自己理解・他者理解を促進させるように、討論や協同学習を中心とした参加型の体験学習を行う場合もある。

c チューター、ピア・サポーターへの教育

宿舎や大学においては、非専門家である**チューター**や**ピア・サポーター**に関わって留学生支援を行う場合がある。留学生の危機は支援者の危機にもつながるため、危機に直面した場合、どのように冷静に対応するか、また、カウンセラーや教員や職員にどのようにつないでいくかなど、ある程度の経験と訓練が必要である。留学生相談担当教員やコーディネーターは、チューターやピア・サポーターを対象として支援学生に危機対応や異文化適応過程の講義を行い、必要な知識を教えたり、事例検討会を行ったりして、危機対応のための訓練や教育を行う必要もある（加賀美・箕口, 1997）。

d 地域社会への外国人理解と偏見低減のためのプログラム

留学生支援は、**自助資源**（留学生のもつ能力）と**環境資源**（援助してくれる人・機関・体制）が開発・育成され、継続的に維持されるとき、コミュニティ援助が有効に作用する。しかし、両者が有機的に機能していない場合には、コミュニティ援助は促進されない。昨今の日本社会の急速なグローバル化と多文化状況を考慮すると、コミュニティの人々が外国人を温かく受け入れ、彼らの力が発揮できるような土壌・社会をつくるとともに、自然な形でサポートすることが重要である。そのための予防教育として、地域社会に向けた外国人理解のための公開講座や異文化講座などを実施し、**多様性の尊重**と偏見低減のための啓発活動を行っていくことも重要である。

4）支援を意識させない支援

留学生支援者は「相手が望まない援助」であれば、自尊心を傷つけ、良好な人間関係が維持できなくなる場合もあることを意識すべきだろう。ここに支援の難しさがある。そういう意味で、支援者の重要な役割は、留学生に心理的負荷を与えずに、自由に援助サービスが受けられるような仕組みや環境をつくることであろう（加賀美, 2002）。留学生支援の最終目標は、受け入れ社会において、留学生が自立した生活者として、自分自身で問題解決ができ、支援者と対等な立場で生きていけるように、多様な方策を用いて支えていくことであると定式化される。一方、留学生が日本人学生の支援者として機能する場合もある。このように、支援する人と支援される人は循環しており、**支援を意識させない支援活動**が

コミュニティに浸透していったとき、それが、コミュニティにおける留学生支援の究極の目標といえるのではないかと考える。

引用文献

Bochner, S., McLeod, B. M., & Lin, A. 1977 Friendship Patterns of Overseas Students: A Functional Model. *International Journal of Psychology*, **12**, 277-294.
石隈利紀　1999　学校心理学——教師・スクールカウンセラー・保護者のチームによる心理教育的援助サービス．誠信書房．
加賀美常美代　1998　コミュニティ心理学的発想に基づいた留学生相談の実践的展開．井上孝代（編）多文化時代のカウンセリング，現代のエスプリ，**377**, 96-108.
加賀美常美代　1999　大学コミュニティにおける日本人学生と外国人留学生の異文化間接触促進のための教育的介入．コミュニティ心理学研究，**2**(2), 131-142.
加賀美常美代　2001　留学生と日本人学生のための異文化間交流の教育的介入の意義——大学内及び地域社会へ向けた異文化理解講座の企画と実践．三重大学留学生センター紀要，**3**, 41-53.
加賀美常美代　2002　留学生への相談支援体制——留学生の心とどう向き合うか．留学交流，**14**(11), 6-9.
加賀美常美代　2003a　留学生相談．お茶の水女子大学留学生センター年報，**1**, 13-21.
加賀美常美代　2003b　教育交流．お茶の水女子大学留学生センター年報，**1**, 22-23.
加賀美常美代　2004　特別活動　国際理解．諸富祥彦（代表編）学級経営と授業で使えるカウンセリング，141-147．ぎょうせい．
加賀美常美代　2006　教育的介入は多文化理解態度にどのように効果があるか——シミュレーション・ゲームと協働的活動の場合．異文化間教育，**24**.
加賀美常美代・箕口雅博　1997　留学生相談におけるコミュニティ心理学的アプローチの試み——チューター制度導入後の留学生寮相談室活動の質的変化．コミュニティ心理学研究，**1**, 15-30.
岡林春雄　1997　心理教育．金子書房．
坂田稔　1978　教育のコミュニケーション．石川弘義（編）日常コミュニケーションの社会心理学，196-213．ブレーン出版．
横田雅弘　1991　留学生と日本人学生の親密化に関する研究．異文化間教育，**5**, 81-97.
横田雅弘　1998　留学生と日本人学生の異文化間教育．井上孝代（編）多文化時代のカウンセリング．現代のエスプリ，**377**, 109-118.
横田雅弘・白土悟　2004　留学生アドバイジング——学習・生活・心理をいかに支援するか．ナカニシヤ出版．

付　録

・日本コミュニティ心理学会　倫理綱領
・コミュニティ心理学関連科目開講状況

日本コミュニティ心理学会　倫理綱領

制定：2005年7月3日

前文

　日本コミュニティ心理学会は、社会情勢の変化や流動化および多様化に伴って発生する諸問題に対して、個々人の精神内界レベルから、家庭・学校・組織・地域社会などのコミュニティレベルまで、様々な関わりを持ちながら心理的・社会的・教育的貢献をすることが期待されている。したがって、本学会員はこれらの要請に応えて、コミュニティ心理学的研究活動、実践活動、および教育・啓発活動などを行う際、以下に述べるⅠ.からⅣ.の倫理綱領を遵守して、その社会的責任を果たさなければならない。

倫理綱領

Ⅰ．日本コミュニティ心理学会員（以下、本学会員とする）は、すべての人びとが持つ基本的人権および総合的人格権を常に尊重し、これらを侵害してはならない。
〈基本的人権の尊重〉

Ⅱ．本学会員は、調査・研究・実践・介入などを行う際、その趣旨、方法、手続き、および予想される成果などについて、対象者に分かり易く説明し、協力の同意を得なければならない。
〈インフォームド・コンセントの確認〉

Ⅲ．本学会員は、調査・研究・実践・介入などを行う際、対象者から得られた個人的情報などに関して、これらを守秘する義務を負わなければならない。また、得られた成果を公表する際、個人が特定されないように配慮するか、前もって対象者および関係者の承諾や許可を得ることが望ましい。
〈プライバシーの守秘〉

Ⅳ．本学会員は、以上の倫理綱領を遵守し日々研鑽に励み、関与するコミュニティに貢献できるように努力しなければならない。

コミュニティ心理学関連科目開講状況

(2006〜2007年度学部・大学院)

大学名	開講学部・大学院研究科名等	講義科目名	対象学年	時間数
北海道・東北				
いわき明星大学	人文学部心理学科	コミュニティ心理学Ⅰ	学部	半期2単位
		コミュニティ心理学Ⅱ	学部	半期2単位
岩手県立大学	社会福祉学部福祉臨床学科	コミュニティ心理学	修士	半期2単位
札幌学院大学	人文学部臨床心理学科	臨床心理学的地域援助論	学部3年	半期2単位
東北大学	教育学研究科臨床心理学専攻	コミュニティ心理学特論	修士	半期2単位
東北文化学園大学	医療福祉学部	地域保健論（コミュニティ心理学）	学部2年	半期2単位
福島大学	教育学研究科学校臨床心理学専攻	臨床心理地域援助特論	修士	半期2単位
北翔大学	人間文化学部福祉心理学科	心理療法論B	学部3年	半期2単位
山形大学	教育学研究科	コミュニティ・アプローチ特論	修士	半期2単位
関東				
跡見学園女子大学	文学部臨床心理学科	コミュニティ心理学	学部3〜4年	半期2単位
茨城大学	教育学部人間環境教育課程心理コース	環境・コミュニティ心理学	学部1〜4年	半期2単位 隔年
大妻女子大学	人間関係学部人間関係学科社会心理学専攻	コミュニティ心理学	学部2〜4年	半期2単位
	人間関係学研究科臨床心理学専攻	コミュニティ・アプローチ	修士	半期2単位 隔年

付録

大学	学部/研究科	科目名	対象	単位
お茶の水女子大学	文教育学部	学校カウンセリング	学部2〜4年	半期2単位
慶應義塾大学	大学院経営管理研究科	ストレス・マネジメント	修士	20コマ
国際基督教大学	教養学部教育学科心理学専攻	コミュニティ心理学	学部	2単位
	教育学研究科心理学専修分野―社会・コミュニティ心理学領域	コミュニティ心理学　プロセミナー	修士	冬学期3単位
		社会・コミュニティ介入	修士	冬学期2単位
駒澤大学	人文科学研究科心理学専攻	学校臨床心理学特論	修士	半期2単位
上智大学	総合人間科学部心理学科	コミュニティ心理学Ⅰ	学部1〜4年	半期2単位
		コミュニティ心理学Ⅱ	学部2〜4年	半期2単位
	総合人間科学研究科心理学専攻	コミュニティ心理学特殊研究	博士前期・後期	半期2単位
昭和女子大学	文学部心理学科	臨床心理地域援助	学部3年	半期2単位
	生活機構研究科心理学専攻	コミュニティアプローチ研究	修士	半期2単位
専修大学	文学部心理学科	心理学特殊講義Ⅶ（コミュニティ心理学）	学部	半期2単位
大正大学	人間学部	コミュニティ心理学	学部	半期2単位
東京女子大学	文理学部心理学科	臨床心理学（コミュニティ心理学）	学部2〜4年	半期2単位
	文学研究科心理学専攻	心理療法特論（コミュニティ心理学）	修士	半期2単位
日本女子大学	人間社会学部心理学科	人間関係心理学特講（コミュニティ心理学）	学部3〜4年	半期2単位
	人間社会研究科	臨床心理学研究Ⅲ演習（コミュニティ心理学）	博士後期	通年
法政大学	現代福祉学部現代福祉学科	コミュニティ心理Ⅰ	学部1〜4年	半期2単位
		コミュニティ心理Ⅱ	学部2〜4年	半期2単位
	人間社会研究科臨床心理学専攻	臨床心理地域援助特論	修士	半期2単位
明治大学	文学部心理社会学科	コミュニティ心理学	学部1、2年	半期2単位隔年

大学	学部・研究科	科目名	対象	単位
明治大学	文学研究科臨床人間学専攻	コミュニティ心理学	修士	半期2単位 隔年
明治学院大学	心理学部心理学科	カウンセリング心理学2（コミュニティ・カウンセリング）	学部3~4年	半期2単位
	心理学研究科心理臨床コース	コミュニティ・アプローチ特論A	修士1年	半期2単位
		コミュニティ・アプローチ特論B	修士2年	半期2単位
目白大学	心理学研究科臨床心理学専攻	臨床心理コミュニティ援助特論	修士	半期2単位
		学校臨床心理学特論	修士	半期2単位
	心理学研究科現代社会心理専攻	心理学特論（コミュニティ心理学）	修士	半期2単位
	人間社会学部心理カウンセリング学科	コミュニティ・カウンセリング	学部2~4年	半期2単位
和光大学	人間関係学部人間発達学科	コミュニティ心理学a	学部1~4年	半期2単位 隔年
		コミュニティ心理学b	学部1~4年	半期2単位 隔年
立教大学	コミュニティ福祉学部	コミュニティ心理学	学部1~4年	半期2単位
	現代心理学部	コミュニティ心理学	学部1~4年	半期2単位
	コミュニティ福祉学研究科コミュニティ福祉学専攻	コミュニティ心理学	博士前期	半期2単位
	現代心理学研究科心理学専攻・臨床心理学専攻	コミュニティ・アプローチ特論	博士前期	半期2単位
		心理学特殊研究（コミュニティ心理学）	博士前期	半期2単位

中部

大学	学部・研究科	科目名	対象	単位
愛知学院大学	心身科学研究科心理学専攻	コミュニティ・アプローチ特論	修士	半期2単位
愛知淑徳大学	コミュニケーション学部コミュニケーション心理学科	コミュニティ心理学	学部2年	半期2単位

付録

愛知淑徳大学	コミュニケーション研究科心理学専攻	社会心理学特講1・2（コミュニティ心理学）	博士前期	前後期各2単位
愛知新城大谷大学	社会福祉学部社会福祉学科福祉心理専攻	福祉心理特殊講義Ⅴ（コミュニティ心理学）	学部3年	半期2単位
静岡福祉大学	社会福祉学部福祉心理学科	コミュニティ心理学	学部	半期2単位
中京大学	心理学部心理学科	コミュニティ心理学	学部3～4年	通年4単位
	社会学部	コミュニティ心理学	学部	半期2単位
日本福祉大学	社会福祉学部心理臨床学科	コミュニティ心理学	学部3・4年	半期2単位
浜松学院大学	現代コミュニケーション学部 現代コミュニケーション学科	コミュニティ心理学	学部	半期2単位
金沢工業大学	心理科学研究科臨床心理学専攻	臨床心理地域援助特論	修士	1学期2単位（3学期制）
岐阜大学	教育学研究科学校教育専攻	学校臨床心理学特論	修士	半期2単位
新潟青陵大学	臨床心理学研究科	コミュニティ・アプローチ特論	修士	半期2単位
山梨英和大学	現代文化研究科臨床心理学専攻	コミュニティ・アプローチ特論	修士	半期2単位

近畿・中国・四国

岡山大学	文学部行動科学専修	社会心理学特講（臨床コミュニティ心理学）	学部2～4年	半期2単位
京都光華女子大学	人間関係学部人間関係学科	コミュニティ心理学	学部2～4年	半期2単位隔年
京都文教大学	人間学部臨床心理学科	コミュニティ心理学	学部4年	半期2単位
帝塚山学院大学	人間科学研究科	臨床心理地域援助学演習・実習	修士	通年
徳島文理大学	人間生活学部心理学科	コミュニティ心理学	学部2年	半期2単位
鳴門教育大学	学校教育研究科	教育実践研究（コミュニティ・アプローチ）	修士	通年
花園大学	社会福祉学部福祉心理学科	コミュニティ心理学	学部1～4年	半期2単位

比治山大学	社会臨床心理学科	コミュニティ心理学	学部3年次	半期2単位
広島国際大学	総合人間科学研究科実践臨床心理学専攻	臨床心理地域援助学演習・実習	修士	通年
山口県立大学	社会福祉学部	コミュニティ心理学	学部3〜4年	半期2単位
立命館大学	応用人間科学研究科	コミュニティ援助研究	博士前期	半期2単位
		臨床心理地域援助特論	博士前期	半期2単位

九州

鹿児島大学	人文社会科学研究科臨床心理学専攻	コミュニティ心理学特講	修士	半期2単位
九州大学	教育学部	コミュニティ心理学	学部	半期2単位
	人間環境学府人間共生システム専攻	臨床コミュニティ心理学	修士	半期2単位
	人間環境学府実践臨床心理学専攻	臨床心理地域援助学演習・実習	専門職学位課程	通年
九州産業大学	国際文化学部臨床心理学科	コミュニティ臨床心理演習	学部3年	半期2単位
	国際文化研究科臨床心理研究分野	コミュニティ・アプローチ特論	修士	半期2単位
筑紫女学園大学	文学部発達臨床心理学科	コミュニティ心理学	学部3年	半期2単位
		心理臨床論C（コミュニティ・アプローチ）	学部4年	半期2単位
長崎ウエスレヤン大学	現代社会学部社会福祉学科	コミュニティ心理学	学部4年	半期2単位
西九州大学	健康福祉学研究科	臨床心理地域援助特論	修士	半期2単位
福岡大学	人文学部教育・臨床心理学科	コミュニティ心理学	学部3年	半期2単位
福岡県立大学	人間社会学部	コミュニティ心理学	学部2年	半期2単位
福岡女学院大学	人間関係学部	コミュニティ心理学	学部2年	半期2単位
	人文科学研究科臨床心理専攻	コミュニティ・アプローチ特論	修士	半期2単位

その他

| 放送大学 | 大学院文化科学研究科 | 臨床心理地域援助特論 | 修士 | 半期2単位 |

注：この資料は、2006年度〜2007年度開講科目について、本学会会員の報告をもとに作成したものであり、①開講科目すべてを網羅したものではないこと、②記載内容に変更・修正等の可能性があることをお断りしておきます。詳細は、各大学の公式ホームページ等でご確認ください。

和文人名索引

あ 行

赤羽寿美　488
秋山　剛　765
浅野弘毅　289
葦田　万　316
阿部洋子　88
新井　励　460
有本和晃　411
安藤香織　140
安藤久美子　368
安藤延男　21, 22, 23, 24, 28, 43, 137, 444, 463
池内裕美　96
池田忠義　648
池田　満　121
石井宏典　419
石川信義　555
石川義之　368
石隈利紀　166, 310, 411, 461, 762, 766, 770, 775
石野秀明　420
石盛真徳　121, 369
伊藤亜矢子　48, 166, 310, 367, 464, 766
伊東　博　640
稲地聖一　554
稲葉昭英　91
稲村　博　340
井上孝代　465, 766
岩堂美智子　276
上田　茂　341
上田将史　480
上野千鶴子　271
上原麻子　766
植村勝彦　115, 121, 133, 306
植山起佐子　463
鵜養啓子　411, 463
鵜養美昭　166, 208, 411, 463
牛島定信　334

右田紀久恵　618
宇田英典　340
内野悌司　340
梅園朋也　703
浦　光博　88, 89, 91, 93, 94, 98
宇留田麗　112
榎本光邦　96, 97
江畑敬介　367
大石幸二　166
大河原美以　465
大倉得史　419
大路雅子　277
大島明守　139
大島　巌　108, 465
大島啓利　643
大友秀人　465
大西晶子　368
大野真司　489
大原健士郎　340
大日向雅美　271, 273
岡　知史　221, 225, 228
岡野禎治　772
岡野美年子　501, 502
岡林春雄　779
岡本エミコ　282
岡本祥浩　750
岡安孝弘　459
小川　剛　139
小此木啓吾　271
小澤　勲　588
尾関友佳子　495
呉　宣児　419
落合恵美子　271
落合美貴子　367, 465
小野瀬雅人　411
尾見康博　89
小柳晴生　642

793

か 行

加賀美常美代	762, 767, 772
柿沼儀子	88
影山隆之	342
梶　裕二	209
柏木恵子	274, 282
勝田仁美	492
加藤哲文	166
金沢吉展	37, 411
金子昌子	490
金田利子	275
上手幸治	164
神村栄一	456
亀口憲治	107
川名典子	489, 490
川畑徹朗	701
河村代志也	369
北島茂樹	535
吉川武彦	545
清永賢二	111, 175, 456, 626
刑部育子	416
鯨岡　峻	282, 417
窪田容子	578
熊澤千恵	44, 369
呉　秀三	63, 288
黒沢幸子	411, 459, 460, 464, 465
小泉令三	50
高　禎助	533, 536
古澤頼雄	420
小玉　徹	750
小林哲郎	642, 707, 709, 711
小牧一裕	91
小山　梓	121
近藤裕	764

さ 行

西條剛央	422
斎藤　環	112, 271, 633
齋藤憲司	648
三枝将史	303
坂上　香	190
坂爪洋美	435, 436
坂本真士	342
桜井美加	458
迫田裕子	91
佐古順彦	44
笹尾敏明	121
佐々木ひとみ	766
佐治守夫	444
佐藤達哉	421, 422
佐藤忠司	304
猿渡知子	279, 280
澤田慶輔	640
澤田英三	420
三本松政之	142
汐見稔幸	274
篠原弘章	533, 536
渋沢田鶴子	104
嶋　信宏	88, 90, 94
島田美喜	340
庄司洋子	142
周　玉慧	92
白土　悟	776
新　雅子	506
菅野幸恵	419
杉原保史	642
杉万俊夫	139
杉本好行	506
鈴木　護	711
瀬戸健一	367, 467
祖父江孝男	316, 317, 321

た 行

高井次郎	766
高石恭子	642
高木四郎	472
高須俊克	464
高橋　直	44, 370
高橋祥友	340, 341
高畠克子	280, 366, 506, 521
田上時子	577
高山　巌	459
武田京子	282
武光　誠	316, 318, 319
田嶌誠一	159, 160, 161
田中國夫	91, 121
田中慶司	65

田中宏二	91, 95
田中共子	95, 762
谷口　茂	750, 751
玉瀬耕二	543
田村　毅	340
曽　文星	367
津川秀夫	166, 464
津村　薫	578
都留春夫	640
鶴田和美	642
藤後悦子	282, 502

な 行

中井久夫	623, 624
中田佳代子	277
中谷奈津子	279, 280
中野良顕	630
中村弘道	640
夏目　誠	197
鳴澤　實	642, 643
新妻　大	463
新名理恵	495
西尾雅明	109
西澤　哲	273, 280
西本憲弘	44
二宮啓子	492
丹羽郁夫	507, 521
野内　類	465
野田文隆	763
野波　寛	137
信田さよ子	280
野村総一郎	545

は 行

橋本　宰	90, 325, 331
濱嶋　朗	133
原　裕視	24, 136, 155
樋口忠彦	318
久田　満	24, 87, 136
兵藤好美	95
平川和子	281
平川忠敏	24, 503
平野かよ子	340
広瀬幸雄	139, 140

廣森直子	487
福岡欣治	90
福盛英明	649
福山和女	107
福山清蔵	348
藤本忠明	121, 306
藤原武弘	96
淵上克義	91
渕上継雄	137
降旗志郎	136
古市裕一	626
古川宇一	45
古川孝順	142
保坂　隆	347
星野　命	21, 22, 23, 24, 25, 29
堀井たづ子	486
堀口美智子	276
本間道子	50, 88

ま 行

マーフィ重松, S.	320
前田典子	626
前村よう子	578
牧　裕夫	507
牧野カツコ	271
牧原　浩	107
増田未知子	505
松枝美智子	685
松尾直博	262, 459, 626
松嶋秀明	417, 420
松田ひろし	366
松原達哉	762
松村京子	277
丸山広人	466
三浦由理	43, 369
三上俊治	329
箕口雅博	24, 44, 136, 162, 165, 367, 370, 521, 767
三沢直子	281
三島一郎	83
水島恵一	21, 444
水谷聖子	750, 751
水野治久	462, 766, 770
三隅二不二	23, 533, 536, 674, 675

道又紀子	648	山上　晧	724
光岡征夫	166	山崎泰彦	274
三戸秀樹	676	山崎史郎	167
南　隆男	91	山田和子	340
峰松　修	649	山田晴義	140
箕浦康子	320, 372	やまだようこ	415
三村由夫	734	山根常男	283
宮崎清孝	421	山内宏太郎	735
宮崎朋子	347	山本和郎	21, 22, 23, 24, 37, 136, 137, 142, 149, 163, 173, 179, 180, 237, 369, 440, 441, 443, 444, 458, 463, 464, 485, 503, 542, 599, 607, 609, 615, 728, 735, 738
宮田敬一	464		
向井隆代	456		
宗像恒次	198		
村上　茂	489		
村上　久	493	山本和子	282
村瀬嘉代子	160	山本多喜司	766
村瀬孝雄	21	余公俊晴	626
村本邦子	276, 277, 368, 578	横田雅弘	776
村山祐一	274, 281	吉川　悟	464
元永拓郎	465	吉田　純	326, 333
本橋　豊	344	吉田民人	532
本山智敬	649	吉田洋子	276
本山方子	420	吉武清實	112, 643, 648, 650
森　俊夫	411, 459, 460, 464	米山俊直	318, 319
森田京子	416		
森田ゆり	577	**ら　行**	
森田洋司	111, 175, 455, 456, 626	龍島秀広	209

や　行

わ　行

矢郷恵子	272	若林一美	348
安田　勉	162	和気純子	82
柳　義子	506	渡辺圭子	735, 738
柳田邦男	327	渡辺利子	157, 158
山賀邦子	411	渡辺直登	529
山賀千博	369	渡辺久子	564

欧文人名索引

Adler, A.   276
Aguilera, D. C.   173, 177, 179
Ahearn, F. L.   176
Allinson, G. T.   431
Althen, G.   763
Altschuld, J. W.   404, 405
Antze, P.   226
Aris, S. T.   92
Austin, L. S.   612

Baarraclough, D.   365
Bagley, C.   365
Baker, R.   766
Bakhtin, M.   418
Bangert-Drowns, R. L.   391
Barker, R. G.   24, 40, 41, 42, 43, 44, 46, 48, 52, 369
Barrera, M., Jr.   92, 93, 385
Bateman, N.   552, 553
Benedict, R.   319
Berg, I. K.   182
Berkowitz, S.   403
Berry, J. W.   765, 766
Bierman, K. L.   263
Binet, A.   61
Bishop, B. J.   119
Blechman, E. A.   260
Blocher, D.   164
Bochner, S.   763, 765, 777
Boden, C.   588
Borkman, T.   223, 229
Bowlby, J.   271
Bradshaw, J.   402
Brewin, C. R.   401
Brislin, R. W.   765
Bromley, D.   431, 434
Bronfenbrenner, U.   40, 41, 48, 50, 569
Brown, D.   155, 158, 161, 163
Bruner, J.   415
Bruvold, W. H.   391
Burgess, R. L.   745

Campbell, D. T.   178

Campbell, R. J.   388, 390
Caplan, G.   22, 57, 58, 59, 60, 64, 86, 87, 95, 103, 104, 150, 153, 166, 173, 178, 200, 276, 332
Cary, A. H.   105
Cassel, J.   86, 87
Castro, F. G.   385
Catano, J. W.   577
Chamberlin, J.   78
Champion, L. A.   92
Chavis, D. M.   117, 118, 119, 120, 122, 126
Chipuer, D. M.   119
Chou, E. L.   763
Clark, D. H.   745
Clark, R. N.   290
Cobb, S.   86, 87
Cohen, R. E.   94
Cohen, S.   176
Cook, T. D.   388, 390
Coulter, E. K.   246
Cowen, E. L.   59
Crary, E.   577
Cruser, D. A.   48

Dalton, J. H.   37, 40, 52, 112, 138, 258, 262, 355, 619, 620
Dinkmeyer, D. C.   276
Drucker, P. F.   524
Duffy, K. G.   25, 36, 130, 132, 133, 134, 135, 136, 137, 441, 534
Durlak, J. A.   460
Dustin, D.   164

Elias, M. J.   37, 40, 52, 112, 138, 258, 262, 355, 619
Erikson, E. H.   248, 544
Eysenck, H.   5, 7, 9

Felner, R. D.   213
Fisher, A. T.   119
Fitzpatrick, J. L.   394
Folkman, S.   194, 195, 197, 198, 199

797

Fraire, P.   17
Freeman, H. E.   466
French, J. R. P., Jr.   532
Freud, S.   5, 607
Friedan, B.   592
Friedman, M.   198
Furnham, A.   763, 765

Gabbay, J.   402
Garland, J.   588
Gartner, A.   231
Geertz, C.   417, 421
Gesell, A. L.   271
Gibbs, M. S.   612
Ginter, M. A.   213
Glickman, L. S.   103
Gordon, T.   276
Gottlieb, B. H.   211
Gray, B.   105
Greene, G. J.   182
Gullahorn, J. E.   765
Gullahorn, J. T.   765
Gump, P. V.   24, 43, 369

Hall, D. L.   156, 167
Hansen, W. B.   390
Hayes, R. L.   102, 106
Heidegger, M.   414
Heller, K.   215, 355
Hendee, J. C.   745
Hinsie, L. E.   178
Hogan, B. E.   214, 215
Holahan, C. J.   51
Hollingshead, A. B.   516
Holmes, T. H.   197
House, J. S.   88
Hunter, J. E.   533
Hurvitz, N.   220

Illich, I.   299, 300

Jarman, M.   431
Jason, L. A.   130, 355
Jennings, C.   365
Johnson, L.   8
Jones, M.   683

Kaftarian, S. J.   390

Kanter, R. M.   249
Kardiner, A.   319
Katz, A. H.   549
Kelly, J. G.   9, 41, 44, 45, 46, 52, 63, 141
Kennedy, J. F.   8, 9
Kennell, J. H.   271
Kessler, R. C.   92
Kettner, P. M.   133
Kieffer, C.   619
Killilea, M.   225
Kilmann, R.   531
King, M. L., Jr.   7
Korchin, S. J.   23, 148, 514, 518
Kram, K.   249
Kuropotkin, P. A.   220

Lachenmeyer, J. R.   162
Lakey, B.   215
Langhout, R. D.   363
Lazarus, R.S.   194, 195, 197, 198, 199, 490, 495, 496
Leary, T.   40
Leong, F. T. L.   763
Levine, M.   40, 229, 230
Levinson, D.   248
Levy, L. H.   226, 517
Lewin, K.   39, 41, 357, 358, 379, 521
Lewis, J. A.   89
Lewis, M.   240, 241
Liberman, A.   106
Lin, A.   777
Lindemann, E.   177, 178
Linden, W.   214, 215
Linney, J. A.   387
Linton, R.   319
Lipnack, J.   135
Lipsey, M. W.   466
Lloid, W. P.   640
Long, D. A.   122
Lutz, C. J.   215
Lysggard, S.   765

Main, T. F.   683
Mannino, F. V.   164
Martinez, C. R., Jr.   385
Maslow, A. H.   401, 543, 675
Maton, K. I.   225
Mayo, E.   525

Mckillip, J. 403
McLeod, B. M. 777
McMillan, D. W. 117, 118, 119, 122, 126
Mead, M. 319
Medway, F. 164
Messick, J. M. 179
Metraux, R. 319
Moos, R. H. 40, 41, 46, 47, 48, 52
Morley, W. E. 179
Morton-Cooper, A. 370
Moss, J. 365
Murdock, G. P. 270
Murray, H. A. 46
Murrell, S. A. 23, 49, 133, 529, 530, 569, 676, 699

Najarian, B. 214, 215
Nation, M. 51
Nelson, G. 355

O'Brien, J. 764
Oberg, K. 553
Ochberg, F. M. 605
Orford, J. 14, 24, 25, 40, 51, 52
Osborn, M. 431

Perkins, D. D. 40, 122, 123, 230
Persons, F. 237
Phelan, M. 402
Pinel, P. 289
Pitcher, G. D. 188, 189
Poland, S. 188, 189
Power, M. J. 92
Pretty, G. M. H. 120
Price, R. 356, 357
Prilleltensky, I. 355
Primavera, J. 213
Proshansky, H. M. 50
Pryzwansky, W. B. 155, 158, 161, 163
Puddifoot, J. 119

Rahe, R. H. 197
Raphael, B. 190
Rapp, C. A. 81
Rappaport, J. 12, 65, 70, 71, 72, 73, 74, 75, 77, 78, 79, 80, 117, 134, 225, 230
Rappaport, R. 358

Raven, B. H. 532
Reagan, D. 526
Redlich, F. C. 516
Reese, D. J. 106
Reviere, R. 403
Riessman, F. 225, 227, 228, 231
Roberts, J. 48
Rodgers, R. 533
Roethlisberger, F. 525
Rogers, E. M. 136
Rosenman, R. H. 198
Ross, H. 51
Rossi, P. H. 466
Rudkin, J. K. 37, 40

Saegert, S. 51
Sanders, J. R. 394
Sang, B. 553
Sarason, S. B. 12, 116, 117, 119, 122
Sarbin, T. R. 40
Schulte, A. C. 155, 158, 161, 163
Scileppi, J. A. 40, 60, 134, 141, 269, 442, 544
Scribner, S. 440
Seaburn, D. B. 102
Segal, S. P. 82
Seidman, E. 40
Selye, H. 194, 195, 196
Sen, A. 249
Shadish, W. R. 390
Sheehy, G. 249
Shein, E. H. 668
Shore, M. F. 164
Silverman, C. 82
Silverman, D. 433
Siryk, B. 766
Slade, M. 402
Smiles, S. 220
Smith, J. A. 48, 431
Snow, J. 55, 521
Sommer, R. 51
Sonn, C. C. 119
Sontag, M. A. 106
Stake, R. E. 428, 434
Stamps, J. 135
Stevens, A. 402
Stewart, M. 225
Strathdee, G. 402

Stratton, H. H.　391
Sullivan, H. S.　594
Super, D. E.　668

Tanaka, T.（田中共子）　766
Teed, E. L.　40, 60, 134, 141, 269, 442, 544
Temkin, T.　82
Thomas, K.　763
Thompson, J. D.　262
Thompson, R. A.　529
Thornicroft, G.　402
Tobler, N. S.　391
Toffler, A.　524
Toro, P.　752
Torres, R. D.　40, 60, 134, 141, 269, 442, 544
Tracy, E. M.　209
Triandis, H. C.　529
Trickett, E. J.　19

Updyke, J.　164

Vailant, G.　249
Valentich, M.　592
Varah, C.　599
Vaux, A.　211, 214

Walker, A.　599
Wallace, W. A.　156, 167
Wandersman, A.　37, 40, 51, 52, 112, 117, 138, 258, 262, 355, 387, 619
Weick, J. A.　75
Weiner-Davis, M.　181
Werner, E.　249
Westheimer, I. F.　246
Wethington, E.　92
Whittaker, J. K.　209
Whyte, W. F.　431
Wicker, A. W.　24, 43
Willig, C.　432, 434
Wills, T. A.　94
Winslow, C. E. A.　55, 513
Witkin, B. R.　404, 405
Wong, F. Y.　25, 36, 130, 132, 133, 134, 135, 136, 137, 441, 534
Worthen, B. R.　394
Wundt, W.　4

Yin, R. K.　426, 427, 429, 430, 433

Zelikow, P.　431
Zimmerman, M.　77

事項索引

あ 行

アイデンティティの再建　226
アウトカム評価　381, 383
アウトリーチ　241
アクション・プラン　183
アクション・リサーチ　102, 355, 358, 520, 676, 755
アクセシビリティ　179, 519
アサーティブネス・トレーニング（AT）544, →自己主張訓練
アセスメント　158
アセット・アセスメント　408, 409
遊び　545
厚い記述　417
アドボカシー　78, 477, 551
　セルフ・——　552
アドボケイト　78, 551, 595
　——的介入　184
アノイアンス　729, 731
「アパリ」（アジア太平洋地域アディクション研究所）　719
アメリカ・コミュニティ心理学会（SCRA）11
アルコール依存症者匿名協会（AA）　219
アルコール問題　701-705
アンガー・マネジメント　578
安全教育　676
育児不安　122
医原性効果　378
意識覚醒訓練（CR）　595
いじめ　110, 175, 186, 456, 622-627
　——の過程　623
依存症　175, 185, 701-705
一次予防　56, 58, 95, 241, 256, 276, 332, 343, 446, 515
一般化可能性　433
イデオロギー　227

「いのちの電話」　338, 598-603
居場所　557
異文化間カウンセリング　241, 762
異文化
　——共生　367
　——適応　765
「今ここで」　223
医療　484-498, 683-705
　——における倫理　477
　——モデル　13
インターネット　324
インターンシップ制度　671
インパクト評価　381, 383
インフォーマルな資源　205
インフォームド・コンセント　233, 477, 698
ウェルビーイング　562
ウォーク・イン・クリニック　519
うつ，うつ病　175, 185, 657-661
　——を疑う七つのサイン　542
影響力　117
　——の基盤　532
エイズ　175, 185, 693, →HIV感染症
疫学　360, 520
　——的調査　520
エクソシステム　49
エスノグラフィー　480
　——研究　360
円環的生涯発達支援　252
援助資源の査定　770
援助者養成　579
エンパワメント　70-83, 137, 182, 225, 230, 446, 449, 549, 590, 595, 601, 607, 620, 708, 718
　コ・——　620
　個人の——　139
　コミュニティの——　139
　在宅介護者の——　489

事項索引

　　——力を得る（獲得）　225
横断的研究法　363
思いやりのある共同体　625
親
　　——教育　276, 578
　　——訓練　261
　　——支援　563
　　——の配慮権　561
オルタナティブ　71
オンライン
　　——ゲーム　330
　　——コミュニティ　330
　　——・セルフヘルプ・グループ　331

か　行

解決志向　402
　　——アプローチ　458
　　——セラピー　181
解雇　663
介護　587-591
　　——負担感　486
　　——者の孤立　488
階層線形モデル　122
回想法　587
外的妥当性（プログラム評価研究の）　387, 389
介入（プログラム）　161, 281, 377, 496, 529, 583, →危機介入
　　ソーシャルサポート——　210
外部 EAP　655
解放の社会心理学　17
解放の神学　16
カウンセラーの増員問題　643
科学者—実践家モデル　5
確証的因子分析　122
学生相談　466, 640-644, 646-650
学内資源　626
過重労働　657
仮説検証型　414
仮説生成型　414
家族　270, 518
　　——ライフ・サイクル　174, 183
学級
　　——風土　464
　　——崩壊　175, 187
学校　110, 175, 186, 366, 454-467
　　——教育　300
　　——心理学　461
　　——全体のシステム改善　630
　　——の安全性　176
　　——風土　110
　　→教育領域
家庭支援センター　572
カルチャー・ショック　763, 764
環境
　　——資源　780
　　——浄化活動　713
　　——心理学　50
　　——整備活動　710
　　——調整アプローチ　704
　　——と個人との適合性　229
　　——美化運動　715
　　——（面）への（調整・）介入　212, 447
　　内的——，外的——　678
関係性
　　——コミュニティ　120
　　——の中の自己　595
看護　484-498
看護師用ストレス反応尺度　495
監査可能性　422
がんサバイバー　488
患者クラブ　473
緩衝効果仮説　94
間接的支援　771
感度　60
完璧な生活空間　81
緩和ケア　697
キーパーソン　156
記憶クリニック　588
危機（クライシス）　173
危機介入　173-191, 460, 600, 759, 770
　　——・緊急対応　457
　　——のトライアングル　460
企業の社会的責任（CSR）　528
記述的事例研究　430
規制的手法　744
喫煙問題　701-705
機能的コミュニティ　31

802

規範的なニーズ　402
虐待の発生予防　368, 455
キャタピラー・プログラム　526
キャリア　667-672
　――教育　670
　――・コンサルタント　671
　――発達　668
キュア　450
教育的援助者　772
教育的介入　779
教育モデル　644
教育領域　622-650, →学校
教育力（地域やコミュニティの）　299-311
教師のメンタルヘルス問題　454, 629
協働（性）　100, 150, 292, 300, 359, 593, 619, 638, 759, 770, →コラボレーション
　非専門家と専門家との――　600
共同体感覚　306
共有音　728
近隣騒音　728
草の根　222
クライシス　173, →危機
クリニカルサービス・モデル　461
グループ・ダイナミックス　229
グループ・プログラム　582
グループ・プロセス　226
黒子（性）　451, 601
クロス-サイト・デザイン　390
群発自殺　342
ケア・ネットワーク　201
ケア・マネジメント　108
ケアワーカー　157
計画的変革　134
経済的手法　744
傾聴や協調　252
契約　157
欠陥型モデル　14
結実要因　174
研究協力者の基本的権利　371
健康教育　517
健康増進　343
「健康増進法」　701
「健康日本21」　540

県民性　316
権利の回復　449
効果評価研究　522
公共施策（政策）　122, 137, 396
公衆衛生（学）　55, 476, 513-522
向精神薬　289
構成的エンカウンター・グループ　510
高層集合住宅と母子分離度の関係　516
肯定的リフレーミング　107
行動場面（理論）　41
校内暴力　628-632
公民権運動　7
効力感　77
高齢者（福祉）　500, 504, 587-591
コ・エンパワメント　620
コーチング　548
コーディネーション　104, 462, 478
コーピング　194-204, 490
　情動焦点――　198
　問題焦点――　198
国際交流グループ　777
国際性　11
国際生活機能分類（ICF）　543
心のケア　446
心の相談室　518
心の相談ホットライン　613
個人情報　371, 372
個人のエンパワメント　139
個性記述的デザイン　428
子育て
　――コミュニティ　201
　――支援　270-283
　地域――支援センター　571
子ども家庭センター　564
子どもへのアドボカシー　562
子どもへの説明と同意　491
個別相談活動　457
ごみ問題　742
コミュニティ　115
　――ケア　282
　――サーベイ　368
　――再生　254
　――での健康　257
　――のエンパワメント　139

事項索引

　　――の形成　332
　　オンライン――　330
　　機能的――　31
コミュニティ・アプローチ　236
コミュニティ意識　116, 306, 316
コミュニティ・カウンセリング　236-243
コミュニティ感覚　115-126, 230, 316, 447, 496, 539, 600, 619
　　――の先行要因　121
コミュニティ・コンフリクト　132
コミュニティ心理学　4-19, 21-34, 79, 150, 201, 205, 229, 236, 246, 253, 534
　　『――研究』　22
　　――シンポジウム　22
　　――の価値　542
コミュニティ・リサーチ　354-374
コミュニティ臨床心理学　236
コミュニティ・ワーク　627
固有事例研究　428
雇用の多様化・流動化　667
コラボレーション　100-112, 209, 292, 608, →協働
　　専門家と非専門家の――　472
混在型研究法　123
コンサルタント　103, 135, 151, 155, 464, 497, 501
コンサルティ　103, 151, 501
コンサルテーション　103, 150-169, 207, 237, 406, 443, 457, 458, 501, 517, 548
　　――・リエゾン　103
　　システムズ・――　459
　　集団――　154
　　精神保健――　152, 757
コンシューマー　224
コンピテンス（強さ）　258, 449, 600

さ　行

災害後の援助技法　612
災害ボランティア　304
サイコドラマ　626
再就職支援　663-665
「在宅介護者のエンパワーメント」　487
サイバーセックス　330
採用慣行の見直し　638

殺傷事件　176, 188
サポート
　　――・グループ　213
　　――源　89
　　――・チーム　260
　　実行された――　92
　　知覚された――　92
　　必要とする――　92
参加者―理論家モデル　5
参加的理論構成者　466
参加民主主義的なリーダーシップ　708
産業領域　524, 652-682
三次予防　56, 62, 95, 256, 280, 332, 343, 515, 520
参与観察　360
ジェンダー　593
支援ネットワーク　759
支援を意識させない支援活動　780
視覚的匿名性　326
資金・資源の制限　396
資源の循環　45
自己解決能力　770
自己開示の促進　327
自己言及性　326
自己効力感　262, 708
自己主張訓練　595, →アサーティブネス・トレーニング（AT）
自己治癒　74
自殺　175, 185
　　――遺族　347, 603
　　――防止センター　338
　　――予防（運動）　338-348, 365, 598-603
　　群発――　342
指示的予防　67
自助　220, →セルフヘルプ
　　――資源　780
　　――組織　778
自助グループ　606, →セルフヘルプ・グループ
システム
　　――構築　457, 461
　　――・オーガナイザー　466
　　――ズ・アプローチ　458

——ズ・コンサルテーション　459
　　——・チェンジ・エージェント　463
　　——論的思考様式　530
次世代育成力　271
自然災害　176, 189, 368, 457, 611-615
自尊心　262
　　——の改善　226
自治会活動　548
悉皆型組織　545
実験法　389
失業　662-666
質的研究（法）　361, 363, 413-423
疾病予防　343
児童虐待　174, 184, 571-576, 577-585
　「——防止法」　577
児童発達の生態学理論　48
児童福祉　500, 501
シナノン　219
シミュレーション　360
市民運動・社会運動　221
市民参加　80, 135, 137, 140, 545
市民ボランティア　246
社会規範　311
社会教育　300
社会構成主義　355
社会資源　101, 205
社会指標研究　360
社会心理学　13
社会政策の立案　82
社会的アカウンタビリティ　377，→説明
　　責任
社会的学習論　249
社会的起業　750
社会的支援　　→ソーシャルサポート
社会的入院　109
社会的風土（尺度）　46, 47
社会的文脈内存在　447
社会統制論　249
社会発展　524
社会福祉　14, 500-511
社会復帰フォーラム　684
社会（的）変革　130-142, 134, 225
社会臨床心理学　236
住環境ストレス尺度　516

従業員支援プログラム（EAP）　526, 654
終結　163, 183
集団コンサルテーション　154
集団リラクゼーション　778
縦断的研究法　363
修復的援助　577
修復的司法　723, 725
周辺化　766
住民活動　122
住民参加　707, 713
主観的幸福感　120
準実験法　360, 389
順応　45
「障害者基本法」　475
障害者福祉　500, 502
生涯発達論　248
小規模作業所　291
小集団自主管理活動　527, 674
情緒的結合の共有　118
情動焦点コーピング　198
情動的（情緒的）サポート　89
少年サポート・チーム　716
消費者中心　79
職能集団の課題　644
職場の事故，安全教育　673-677
女性解放　221
自律的キャリア形成への支援　535
事例研究法　426-437
　固有——　428
　道具的——　428
事例性　64
人権擁護　551-564
人事相談員制度　526
新卒看護師用ストレッサー尺度　494
心理教育　256, 779
　　——的援助サービス　462
　　——プログラム　457, 459
スクール・カウンセラー（SC）　110,
　　151, 175, 444, 456
スクール・カウンセリング　461
スクール・サイコロジスト　462
スクリーニング　261
スティグマ　520
ステークホルダー　378, 395, 404

事項索引

ストレス　93, 194-204, 495, 544, 763
　——回避　545
　——・コーピング　→コーピング
　——耐性　629
　——・マネジメント　449
ストレッサー　195, 484, 494
スピリチュアル・ヘルパー　700
スワンプスコット会議　9, 21
生活音　728
生活構造　248
生活支援　291
生活の医療化　74
生活の質（QOL）　160, 370, 697
生活の発見会　219
性教育　696
青少年の社会参加活動　713
精神医療　554
精神障害
　——回復者クラブ　219
　——者家族会　219
　——の一次予防　58
　——の地域ケア　366
「精神保健及び精神障害者福祉に関する法律」475
精神保健コンサルテーション　152, 757
精神保健福祉　287-296, 505
　——士　474
生態学　44
　——的視座（視点）　39-52, 354, 357, 369, 704
　——的心理学　41
　——的理論　79
成長促進　258
成長モデル　644
性暴力被害　368
世界精神医療ユーザー・サバイバー連盟　233
セクハラ（セクシャル・ハラスメント）176, 188
世代間交流　301
積極的訓育方略　630
積極的コミュニティ治療　→ACT
説明責任　188, →社会的アカウンタビリティ

説明的事例研究　431
説明モデル　707
セルフ・アドボカシー　552
セルフヘルプ　291, →自助
　——運動　219
　——・グループ（SHGs）　71, 80, 213, 218-234, 488, 493, 517, 606
　——の組織化　778
　オンライン——　331
遷移　46
全国被害者支援ネットワーク　723
全人的ケア　489, 697
選択的予防　66
専門家と非専門家のコラボレーション　472
専門職　167, 228
専門職中心主義　81
専門的ヘルパー　770
早期発見，早期治療　343, 659
相互依存　44
相互作用　316
相互扶助　220
相談コーナー　777
ソーシャルアクション　358
ソーシャルエンタプライズ　750
ソーシャルクラブ　556
ソーシャルサポート　85-98, 200, 205, 262
　——介入　210
　——・グループ　446
　——資源　663
　——・システム　489
　病児やその家族への——　686
ソーシャルネットワーク（ネットワーキング）　205-216
　——表　209
　——・マップ　209
組織
　——開発（OD）　681
　——心理学　246, 534
　——変革　134, 241, 678-682
　——変数　529
存在論的問い　414

806

た 行

第一次制度　319
第一次変革　134
大学学生相談　111, 641, 646-650
体験的知識　223
第三次精神保健革命　87
対処　194
第二次制度　319
第二次変革　134
第二波のフェミニズム運動　10
代理受傷　725
大量飲酒者　703
多元的事例研究　429
脱施設化　9, 63, 105, 141
脱専門化　228
脱病理化　228
脱薬物プログラム　719
脱烙印化（脱スティグマ化）　228
妥当性　60
多文化間カウンセリング　241
多様性　11
　　──の尊重　780
単一事例研究　429
短期精神療法　178
断酒会　219
地域子育て支援センター　571
地域社会　300, 516
地域精神保健　13, 150
　　──運動（活動）　8, 200, 471-481
　　「──センター法」　8, 238
地域への参加　301
地域保健　340
地域メンタルヘルス　303
チーム
　　──医療　698
　　──援助　462
　　──・ケア会議　572
チェックアップ・サービス　443
遅延性 PTSD　612
知覚されたサポート　92
チャイルド・ライフ・スペシャリスト
　　492, 685
チャイルド・ライフ・プログラム　685

中国帰国者（適応支援）　755-761
チューター　780
中途障害者　490
超高層集合住宅　734
調整役　478
直接効果仮説　93
地理的コミュニティ　31, 120
地理的制約からの解放　326
治療共同体　683
治療的法学　720, 725
治療よりも予防　96
つなぎ役　770
出会い（エントリー）　156
データ収集　392, 407
デートレイプ　183
適応指導教室　110
デブリーフィング　189, 602
てんかん協会（波の会）　219
電話相談　612
同化　227, 766
道具的（手段的）サポート　89
道具的事例研究　428
統合　765
　　──とニーズの充足　117
統制感　72
統制力と意味　449
逃避性　330
同盟関係　359
同僚性　107
特異度　60
「特定非営利活動促進法」（NPO 法）　541
特別支援教育　690
匿名性（ネット社会の）　326
都市問題　728-753
ドメスティックバイオレンス（DV）
　　174, 183, 558, 582
トライアンギュレーション　427
ドラッグ・コート　720

な 行

内的環境　678
内的妥当性（プログラム評価研究の）
　　387, 388
内部 EAP　655

807

事項索引

ナラティブ　80
　──・ストーリー　80
難問発生状況　174
ニーズ　401
　──・アセスメント　264, 379, 400-411
　──・アナリシス　407, 408
　──査定　262, 612
　感じられた──　402
　規範的な──　402
　比較上の──　402
　表出された──　402
ニート（問題）　635
二次被害　727
二次予防　56, 60, 95, 241, 256, 278, 332, 343, 515, 518, 582, 583
日本学生相談学会　640
日本コミュニティ心理学会　22
日本人学生チューター　770
日本版カウンセリングセンターガイドライン　650
人間の強み　14
認識の解毒剤　227
人と環境の適合（人－環境適合）　40, 100, 117, 178, 446, 539
ネグレクト　562,→養育放棄
ネチケット　333
　──教育　334
ネット
　──自殺　341
　──社会　324-335
　──人格　331
ネットワーキング　135, 205
ネットワーク（性）　205, 300, 326, 490
　──のメンバー　209
　──分析　360
ノーマライゼーション　109, 229, 292, 475, 503

は　行

パートナーシップ　292, 359
バーンアウト　493, 510
　──の防止　106
徘徊　588

配偶者暴力相談支援センター　559
ハイリスク　261
発生予防　151
発生率　56
発達支援
　──のエージェント　248
　──方策　246
発達障害児　688-691
発達障害者支援センター　689
「発達障害者支援法」　688
発達促進的介入　254
発話の宛名性　418
パラダイム・シフト　101
犯罪者更生　718
犯罪被害者　606
　──支援　605-610, 723-727
　──の権利宣言　606
　──のトラウマ　605
　「──保護法」　606
反証可能性　421
判別点　60
ピア　546
　──・カウンセリング　459
　──・サポーター　780
　──・サポート　460, 648
悲哀の仕事　607
被害者加害者対話の会　725
ひきこもり　110, 633
　──支援　635
非計画的変革　134
非言語的コミュニケーション　325
非行（防止活動）　713-717
非専門家と専門家との協働　600
非専門家との連携　451
ビッグイシュー日本　749
ビハーラ運動　700
ヒューマン
　──サービス　224
　──ファクター　673
　──・リレーションズ運動　525, 526
病院　683-687
病児やその家族へのソーシャルサポート　686
評価　162, 421, 465

808

事項索引

――研究　164, 379
アウトカム――　381, 383
インパクト――　381, 383
プログラム――　263, 377, 466
プロセス――　381, 382
費用対効果　18
費用便益　378
貧困との戦い　8
ファミリー
　――・サポート　201
　――・ソーシャルワーク　572
フィールド
　――実験　360
　――・ワーカー　478, 479
　――ワーク　413
フィードバック　409
風土　311
フェミニスト・アプローチ　592-596
フォーマル・インフォーマルな資源　205
フォローアップ　183, 510
不完全なリアルタイム性　326
複階層分析　122
復職支援　658
不登校　110, 455
　――予後の研究　455
普遍的予防　66
ブラウン対教育委員会裁判　7
部落解放　221
ブリーフセラピー・モデル　458
プリパレーション　492
フレンドリー・ビジター　246
プログラム
　――効果のメタ分析　262
　――評価　263, 306, 377-397, 466
プロシューマー　225
プロセス評価　381
文化間妥当性　19
文化的感受性―コンピタンス　384
文化的代替物　75
文化とパーソナリティ論　319
文化に拘束される問題　742
文脈（主義）　355, 417
文脈内存在としての人間　39, 354
分離　766

ヘッドスタート・プログラム　8
ヘルシー・カンパニー　655
ヘルパー・セラピー原則　227
変革
　――のアプローチ　17
　――のステップ　680
変化への推進役　646
包括的な健康　258
包括的プログラム・モデル　461
法則定立的デザイン　428
防犯まちづくり　707-711
訪問看護ステーション　486
ホーソン
　――効果　389
　――実験　525
ホームレス　748
　「――の自立の支援等に関する特別措置法」　748
ボールダー・モデル　5
保健所デイケア　291
保護命令　559
保護要因　59
母子
　――支援　583
　――分離度　738
ポストベンション　603
ホスピス運動　700
ホスピタリズム　556
ボランティア　507, 557, 617-620
　――活動　247
　――・ヘルパー　770
　――・メンター　772
　市民――　246

ま　行

マクロシステム　49, 258
まちづくり　369, 707-711
慢性施設病　556
ミクロシステム　49
メゾシステム　49
メタ分析デザイン　390
面接交渉権　560
メンタリング・プログラム　245-254
メンタルフレンド　206

809

事項索引

メンタルヘルス　105
　　──運動　238
メンバーシップ　117
目標管理（MBO）　533
目標設定　159, 178, 182, 386
物語的思考　415, →ナラティブ
喪の作業　607
物忘れ外来　588
問題飲酒行動　703
問題志向　402
問題焦点コーピング　198
問題の「外在化」　459
問題の定義づけ　159, 182

や　行

薬物乱用者　719
役割的ヘルパー　770
有能感　252
有病率　56
『豊かな生活とこころの健康づくり』　542
養育放棄　562, →ネグレクト
ヨーロッパ・コミュニティ心理学会（ECPA）　15
ヨーロッパ・コミュニティ心理学ネットワーク（ENCP）　15
四つのケア　653
予備分析　530
予防　10, 55-68, 95, 123, 276, 448, 476, 514, 600, 766
　　──教育　241, 256-264, 648
　　──精神医学　57, 178, 239
　　──的・教育的活動　775
　　──的集団面談　778
　　──的取り組み　648, 649
　　──プログラム　256, 259, 505
　　一次──　56, 58, 95, 241, 256, 276, 332, 343, 446, 515
　　二次──　56, 60, 95, 241, 256, 278, 332, 343, 515, 518, 582, 583
　　リスク集団に対する二次──　583
　　三次──　56, 62, 95, 256, 280, 332, 343, 515, 520
より大きなシステムへの働きかけ　647
4層構造理論　111

ら　行

ライフ・サイクル論　248
ライフ・スキル訓練　702
ライフ・ヒストリー　428
ライフ・レヴュー　587
リーダーシップ訓練　536
リエゾン・コンサルテーション　152
リカバリー協会　219
罹患率　56
リサーチ　548
リスク
　　──集団に対する二次予防　583
　　──・ポピュレーション　449
　　──要因　59
リストラ失業対策　662-666
リスナー制　660
リソース　458
リテラシー教育　334
リハビリテーション　63, 108, 476
リフレーミング　180
利便性　330
留学生　762
　　──アドバイザー　771
　　──受入10万人計画　762
　　──指導担当教員　771
　　──相談　769
　　──相談支援システム　776
　　──の居場所　777
量的研究法　361, 363, 414
リワーク・プログラム　659
臨床・コミュニティ心理学　236
臨床心理学　13
　　──的地域援助（者）　150, 236, 443-452, 574
臨床心理査定　236
臨床の知　101
倫理綱領　784, 785
倫理的問題　66, 167, 168, 370, 396, 434, 477
レジリエンス（レジリエンシー）　249, 583
連携　150, 205, 770
連携・協働　486, 504, 648

810

連帯　292
労働衛生マネジメント（OHSAS18001）　677
労働の人間化　527
労働紛争の調停・あっせん　663
ロジック・モデル　387
論理実証
　——主義　122, 355
　——的思考　415

わ行

割れ窓理論　710
若者へのキャリア支援　670

A〜Z

ACT（積極的コミュニティ治療）　109, 480
AT　→アサーティブネス・トレーニング
Back to Work プログラム　659
BBBS 運動　246
CR　→意識覚醒訓練
CSR　→企業の社会的責任
DV　→ドメスティックバイオレンス
　——が子どもに与える影響　582
EAP　→従業員支援プログラム
　外部——　655
　内部——　655
ECPA　→ヨーロッパ・コミュニティ心理学会
ENCP　→ヨーロッパ・コミュニティ心理ネットワーク
Evidence Based Intervention　283
HIV カウンセリング　694
HIV 感染症患者　693-696，→エイズ
ICF　→国際生活機能分類
Kilmann の組織類型　531
MBO　→目標管理
NGO（非政府組織）　539-550
NPO（非営利組織）　304, 539-550
NPO 法　→「特定非営利活動促進法」
OD　→組織開発
OH&S（Occupational Health and Safety）　536
OHSAS18001　→労働衛生マネジメント
QOL　370, 488, 503，→生活の質
SC　→スクール・カウンセラー
SCRA　→アメリカ・コミュニティ心理学会
seeking mode　85
SHGs　→セルフヘルプ・グループ
SPS（Student Personnel Services）　640
U カーブ仮説　765
waiting mode（待っている方式）　85
WHO 憲章　539
W カーブ仮説　765

コミュニティ心理学ハンドブック

2007年6月27日　初　版

［検印廃止］

編　者　日本コミュニティ心理学会

発行所　財団法人　東京大学出版会
　　　　代表者　岡本和夫
　　　　113-8654　東京都文京区本郷7-3-1 東大構内
　　　　電話 03-3811-8814　Fax 03-3812-6958
　　　　振替 00160-6-59964

印刷所　大日本法令印刷株式会社
製本所　牧製本印刷株式会社

ⓒ 2007　Japanese Society of Community Psychology
ISBN 978-4-13-016111-4　Printed in Japan

Ⓡ〈日本複写権センター委託出版物〉
本書の全部または一部を無断で複写複製（コピー）することは，著作権法上での例外を除き，禁じられています．本書からの複写を希望される場合は，日本複写権センター（03-3401-2382）にご連絡ください．

コミュニティ心理学
──地域臨床の理論と実践
山本和郎[著] A5判・3000円

臨床心理学の倫理をまなぶ
金沢吉展[著] A5判・3200円

カウンセリングを学ぶ[第2版]
佐治守夫・岡村達也・保坂亨[著] A5判・2800円

講座 臨床心理学[全6巻]
下山晴彦・丹野義彦──[編]
A5判・並製，平均300頁．各巻定価・3500円

1巻 臨床心理学とは何か
臨床心理学の専門性／日本の臨床心理学の発展に向けて／臨床心理学と他の専門領域との関連性／臨床心理学と隣接領域との連携

2巻 臨床心理学研究
研究の理念と方法／臨床的記述研究／心理臨床活動の評価研究／因果関係を探る科学的研究

3巻 異常心理学Ⅰ
異常心理学総論／不安に関連した研究と臨床／発達過程に関連した研究と臨床

4巻 異常心理学Ⅱ
人格障害に関連した研究と臨床／抑うつに関連した研究と臨床／精神分裂病に関連した研究と臨床

5巻 発達臨床心理学
発達臨床心理学／発達前期／発達後期／関連性の発達と臨床心理学

6巻 社会臨床心理学
社会臨床心理学／各職域における臨床心理学の発展／社会における臨床心理学の展開